Alexander von Plato

Die Vereinigung Deutschlands – ein weltpolitisches Machtspiel

Schriftenreihe Band 381

Alexander von Plato

Die Vereinigung Deutschlands – ein weltpolitisches Machtspiel

Bush, Kohl, Gorbatschow und die geheimen Moskauer Protokolle

bpb:
Bundeszentrale für politische Bildung

Bonn 2003
2., durchgesehene Auflage
Lizenzausgabe für die
Bundeszentrale für Politische Bildung

Schönhauser Allee 36, 10435 Berlin
Umschlaggestaltung: Michael Rechl, 37281 Wanfried
Umschlagfoto: © dpa-Fotoreport
(Kohl, Gorbatschow und Bush zum 10. Jahrestag des Mauerfalls)
Satz: Günter Hertel, Berlin
Druck- und Bindearbeiten: Friedrich Pustet, Regensburg
ISBN 3-89331-462-8

Inhalt

Vorbemerkungen

Der Historiker als Detektiv

Es gibt Situationen, in denen die Ähnlichkeiten von historischen und kriminalistischen Arbeiten ins Auge springen: dieselbe Aufregung beim ersten Verdacht, die Ungeduld während der Spurensuche und die Spannung bei der »Überführung« der Verantwortlichen. Am 1. Oktober 2001 erlebte ich eine solche Situation, als ich den Hauptberater Michail Gorbatschows für die westlichen Staaten, Anatoli Tschernajew, in Moskau traf. Es war unsere zweite Begegnung.

Schon einmal, am 4. November 1999, hatte ich ihn in Moskau im Rahmen einer wissenschaftlichen Beratung für das Zweite Deutsche Fernsehen interviewt, in deren Verlauf ich auch mit anderen internationalen Politikern gesprochen hatte.[1] In meiner Auswertung entdeckte ich bei Tschernajew einige »falsche« Erinnerungen und Widersprüche zu schriftlichen oder mündlichen Aussagen anderer führender sowjetischer Politiker. Übrigens nicht nur bei ihm, sondern auch bei fast allen anderen befragten Akteuren aus Ost und West fanden sich derartige Widersprüche. Daher beschloss ich nun fast zwei Jahre später, ihn noch einmal zu befragen.

Es ergab sich ein erstaunliches Gespräch: Anatoli Tschernajew bestritt die Fehler in seiner früheren Erinnerung keineswegs und gab sogar Gegnern von Michail Gorbatschow in einigen konkreten Punkten Recht. Auf meine Nachfrage, wieso er sich plötzlich »anders« erinnere, antwortete er lachend, dass er inzwischen die Gespräche Gorbatschows mit anderen Partei- und Regierungschefs sowie Mitschriften von Politbüro-Mitgliedern zusammenstelle, und dabei seien eben einige Dinge herausgekommen, die ihm damals entfallen waren.

1 Neben anderen Sendern hat auch das Zweite Deutsche Fernsehen (ZDF) im Zuge der Vorbereitung für das zweiteilige »Dokudrama« mit dem Titel »Deutschlandspiel« anlässlich des zehnten Jahrestages der Einheit Deutschlands ca. 60 Interviews mit Hauptbeteiligten dieses Prozesses durchführen lassen, an denen ich beteiligt war. Das »Deutschlandspiel« wurde produziert von Ulrich Lenze, Regisseur war Hans-Christoph Blumenberg. Den größten Teil der Interviews hat Blumenberg, einen kleineren Teil haben Thomas Schuhbauer und ich geführt. Außerdem schrieb ich das Treatment und beriet das Filmprojekt wissenschaftlich.

Eine Pause entstand. Kein sowjetisches Archiv war bisher zur Wiedervereinigung beider deutscher Staaten geöffnet, kaum eine sowjetische Akte zu diesem Thema »entheimt« worden, wie die russische Direktübersetzung für die Aufhebung der Sperrung (»Desekretierung«) lautet – von den verschlossenen Archiven in Washington, Paris oder London ganz zu schweigen. Es gab nur deutsche Dokumente aus Ost und West, Memoiren[2] von Hauptbeteiligten oder Interviews mit ihnen. In dieser Situation eröffneten sich plötzlich andere Aussichten: Gegenüberstellungen könnte es geben, Vergleiche zu anderen Akten, Gegenstücke zu den westlichen Protokollen der Gespräche Gorbatschows mit amerikanischen oder europäischen, besonders den deutschen Politikern oder Konfrontationen der Erinnerungen oder Memoiren anderer Aktivisten der damaligen Politik mit den bisher vorhandenen Gesprächsprotokollen.

Nach dieser Pause fragte ich Tschernajew, ob ich diese Mitschriften wohl einsehen könne – wissend, dass jetzt wirksame Sperrfristen meine Frage eigentlich unsinnig machten und dass offizielle Politbüro-Protokolle seit Jahrzehnten nicht geschrieben worden waren. Anatoli Tschernajew überlegte eine Weile und antwortete schließlich überraschend: Er werde mich dem Archivleiter vorstellen, und der würde dann entscheiden. Wie sich herausstellte, war dies eine bescheidene Untertreibung seiner eigenen Funktion, denn Tschernajew selbst war es, der in Gorbatschows Stiftung für die Archivalien sowie deren Aufarbeitung und Nutzung verantwortlich war und entschied, wer was dort einsehen dürfe und wer nicht. Tschernajew gab dem Archivleiter grünes Licht, mir sämtliche Akten zum Thema Wiedervereinigung, die ich sehen wollte, zu überlassen. Das geschah auch, und seitdem konnte ich Mitschriften der Politbüro-Sitzungen einsehen und übersetzen lassen, die meisten sogar in der ersten handschriftlichen Notizform. Darüber hinaus konnte ich, was für die Geschichte der Wiedervereinigungspolitik besonders wichtig ist, sämtliche Protokolle der Gespräche durcharbeiten, die Gorbatschow mit anderen Politikern aus dem In- und Ausland 1989/90 geführt hatte – vermutlich als erster ausländischer Historiker überhaupt.

Trotz aller quellenkritischen Bedachtsamkeit im Umgang mit diesen Archivalien[3] sind sie eine wesentliche Erweiterung der bisherigen offiziellen

2 Vgl. die Literatur am Ende dieses Bandes.

3 Die offiziellen Protokolle der Gespräche Gorbatschows mit anderen Politikern liegen im Präsidentenarchiv. Diejenigen, die im Archiv der Gorbatschow-Stiftung in Moskau von mir eingesehen werden konnten, sind damals von den Protokollanten und Dolmetschern gemacht worden. Die meisten sind von Tschernajew selbst, dem damaligen hauptsächlichen »Note-Taker«, persönlich gegengezeichnet worden. Diese Gesprächsprotokolle haben allen Vergleichen, die ich durchführte, standgehalten und machen u.a. deshalb einen authentischen Eindruck, weil auch die kritischen Sätze oder Abschnitte enthalten sind, in denen Gorbatschow nicht in bestem Lichte steht. Ich habe auch keine »nachträglichen Vorverlegungen» bestimmter Ansichten Gorbatschows oder seiner Gesprächspartner gefunden. Die Politbüromitschriften sind keine offiziellen Protokolle, sondern nachträgliche Kompilationen aus den damals während der Sitzungen gemachten Aufzeichnungen von Medwedjew,

schriftlichen Überlieferungen des deutschen Bundeskanzleramtes[4] und der letzten Führungen der DDR bzw. der SED[5]. Und sie sind weitere Kontrollelemente der Memoiren und Interviews, die bereits veröffentlicht oder an denen ich im Rahmen der Arbeit für das Zweite Deutsche Fernsehen (ZDF) beteiligt war. Auch danach habe ich eine Reihe anderer Personen aus der Bürgerbewegung und aus der internationalen Politik interviewt.[6] Insgesamt konnten an die achtzig Gespräche mit allen internationalen Hauptakteuren herangezogen werden. Mit Gorbatschow selbst war – wegen der Krankheit und des Todes seiner Frau – kein persönliches Interview zustande gekommen und ein weiteres aus Termingründen mehr oder minder auf ein Begrüßungszeremoniell reduziert worden, aber immerhin hat er meine kritischen Fragen schriftlich beantwortet, und das ZDF stellte mir andere Interviews mit Gorbatschow zur Verfügung. Alle diese Interviews bilden eine der Grundlagen dieses Buches – neben weiteren Gesprächen und den erwähnten Aktenbeständen aus Deutschland und der Russischen Föderation.

Dank der Möglichkeiten, die mir Anatoli Tschernajew eröffnete, kann ich hier die heute zugänglichen Materialien aus der Bundesrepublik und aus der DDR mit denen der Sowjetunion vergleichen und sie in die Auseinandersetzung um die amerikanischen oder europäischen Veröffentlichungen einbeziehen. Außerdem ist es möglich, die Erinnerungen von Oppositionellen und von internationalen Protagonisten mit diesen Akten zu konfrontieren.

Bisher dominierte in der Geschichtsschreibung zur Wiedervereinigung eine amerikanisch-deutsche Perspektive; hier soll ein erweiterter, auch »europäischer Blick« auf die Vereinigung Deutschlands versucht werden. Dabei geht es zentral um die Fragen, die sich bis heute immer wieder stellen: Was hat die sowjetische Seite dazu bewogen, der Wiedervereinigung und der Mitglied-

Schachnasarow, der inzwischen gestorben ist, und Tschernajew, also von »Gorbatschow-Leuten«. Auch diese Politbüromitschriften machen, besonders natürlich in der originalen Notizform, einen glaubwürdigen Eindruck. Das legen unter anderem auch die Widersprüche nahe, bei denen ich Tschernajew »erwischt« hatte, die eher den Gegnern Gorbatschows Recht gaben und nun durch diese Mitschriften aufgeklärt werden konnten. Allerdings sind sie unvollständig, und der Grad dieser Unvollständigkeit ist selten erkennbar.

4 Dokumente zur Deutschlandpolitik. Deutsche Einheit. Sonderedition aus den Akten des Bundeskanzleramtes 1989/90, herausgegeben vom Bundesministerium des Innern unter Mitwirkung des Bundesarchivs, bearbeitet von Hanns Jürgen Küsters und Daniel Hofmann. Wissenschaftliche Leitung: Klaus Hildebrand, Hans-Peter Schwarz, Bundesarchiv: Friedrich P. Kahlenberg, München 1998. (Im weiteren zitiert als DzD.)

5 Deren Akten liegen im Bundesarchiv Berlin, vor allem im SAPMO (Stiftung Archiv der Parteien und Massenorganisationen der DDR).

6 Einige haben sich zu öffentlichen Diskussionen im Institut für Geschichte und Biographie der Fernuniversität Hagen bereit erklärt, wie der frühere Außenminister Hans-Dietrich Genscher, der Deutschlandspezialist beim ZK der KPdSU, Nikolai Portugalow, der Berater von Bundeskanzler Kohl, Horst Teltschik, der letzte Ministerpräsident der DDR, Lothar de Maizière, der damalige SPD-Chef Hans-Jochen Vogel, Ulrike Poppe, Joachim Gauck, der Spezialist für Staatssicherheitsfragen Walter Süß u.a. (Die Aufzeichnungen liegen im Institut für Geschichte und Biographie der Fernuniversität Hagen, wie alle der im Folgenden zitierten Gespräche.)

schaft eines vereinten Deutschland in der NATO zuzustimmen? Forderte sie als Vorbedingung der Einheit Deutschlands die militärische Neutralität und als Alternative zur NATO-Erweiterung ein gesamteuropäisches Sicherheitssystem? Wurde die Bundesregierung von der sowjetischen Seite unter Druck gesetzt, sich zwischen Einheit und Westbindung zu entscheiden? Hielt die amerikanische Seite dagegen? Welche Strategien verfolgten die west- und die osteuropäischen Regierungen?

Dieses Buch handelt auch von den Bedingungen für die Beendigung des Kalten Krieges und für die Entstehung einer neuen Welt mit einer einzigen Supermacht, einer Welt ohne die Konkurrenz eines realsozialistischen Systems und ohne ein europäisches Sicherheitssystem unter Einschluss der Sowjetunion.[7]

Nicht nur politische Strategien und Interessen, auch der berühmte »subjektive Faktor« spielt dabei eine wesentliche Rolle: Welche Bedeutung hatten der Charakter der Hauptbeteiligten, ihre eigene Erfahrung, Entscheidungsfähigkeit und persönliche Zielsetzung? Darüber hinaus geht es hier um das Verhältnis von schriftlichen und mündlichen Berichten als historischen Quellen, um Gedächtnis und Erinnerung, um die Interessen und Selbstdarstellungswünsche, die die Erinnerungen beeinflussen.

Übrigens: Kurz vor der Fertigstellung des Manuskriptes teilte mir Tschernajew mit, dass die gesamten Gesprächsprotokolle Gorbatschows nicht vor Ablauf der Sperrfrist veröffentlicht werden sollen[8], ich aber nach wie vor daraus – auch länger – zitieren dürfe ...

Nationaler Vereinigungsmythos?

Die Vereinigung Deutschlands war ein politisches Weltereignis, dehnte Westeuropa nach Osten aus und war dennoch wesentliches Element der Beendigung des Kalten Krieges. Um solche fundamentalen Umwälzungen ranken sich nationale wie internationale Mythen, denn für jedes beteiligte Land liefern sie Erklärungen für das gebeutelte Leben von Millionen und flechten die Ruhmes-Kränze für die Häupter der siegreichen Politiker oder die Dornenkronen der großen Verlierer.

Wir waren und sind in Deutschland am Beginn des neuen Jahrhunderts Zeugen der Herausbildung eines solchen kollektiven Mythos. Noch ehe die Akten der meisten Staatskanzleien, der Außenministerien und der Geheimdienste der beteiligten Staaten geöffnet sind, haben Fernsehanstalten, Hörfunksender und Zeitungen, manchmal auch Zeithistoriker in Deutschland in

7 Einige frühere Aufsätze, die ich während dieser Arbeit in den letzten Jahren geschrieben habe, arbeite ich in dieses Buch ein. Vgl. das Literaturverzeichnis im Anhang.

8 Aus Rücksicht gegenüber den ausländischen Gesprächspartnern.

einem medialen *overkill* ein Bild von der Wiedervereinigung und der Beendigung des Kalten Krieges in Europa gemalt, das wie die frühe Fixierung eines nationalen Mythos erscheint: Das Volk der DDR hat auf Initiative der Bürgerrechtsbewegung, geführt von einem weitsichtigen westdeutschen Bundeskanzler, unter dem Beistand des »Meistertaktikers« Gorbatschow, unter Bedrohung sowjetischer Generale, unter Nutzung eines nur kurzen Zeitraums seine Befreiung erkämpft und sich mit der Bonner Republik zu einer gemeinsamen, zukunftsträchtigen neuen Bundesrepublik vereint.[9]

Dieses Bild ist natürlich nicht (ganz) falsch, erscheint jedoch bei näherem Hinsehen als eine tendenziöse Karikatur aus beschränkter Perspektive, die es zu überprüfen gilt, wenn man sich nicht zum Teil dieser Mythenbildung machen will – und Zeitgeschichte ist fast immer in einer solchen Gefahr. Es gibt auch genügend Quellen, bereits vor meiner Sichtung der Gorbatschow-Dokumente, die ein näheres Hinschauen erlauben: Autobiographische Schriften, Interviews mit Beteiligten in Hörfunk und Fernsehen, wissenschaftliche Dokumentationen und Untersuchungen sind Legion. Außerdem sind, wie erwähnt, Akten des Bundeskanzleramtes und – fast einmalig in der Geschichte von Staatsarchiven – der staatlichen Organe der DDR geöffnet worden, obwohl die eigentlich übliche »Sperrfrist« von mindestens 30 Jahren noch längst nicht verstrichen ist.

Alle diese Quellen werden berücksichtigt, um einige der wissenschaftlichen und der medialen Imaginationen über die Wiedervereinigung zu prüfen und miteinander zu konfrontieren. Dabei geht es zum einen um die Realgeschichte dieser welthistorischen Umwälzung, zum anderen um die Bedeutung von solchen Mythisierungen, die in den verschiedenen Nationen sehr unterschiedlich sind, um das fragile Gedächtnis und Erinnerungen und um das Verhältnis von »Realgeschichte« und »erinnerter Geschichte« mit ihren kaum ausmachbaren Abgrenzungen.

9 Das ist der Extrakt aus Ankündigungen der Fernsehprogramm-Zeitschriften anlässlich der Jahrestage des Mauerfalls und der Vereinigung.

Dokumente und Erinnerungen

1 Eröffnungen

1.1 Der amerikanische Präsident als eigentlicher Stratege? Oder: Wer gab den Anstoß?

Es gab viele Voraussetzungen für die Wiedervereinigung: die Unabhängigkeitsbewegungen in Polen, im Baltikum und dann in ganz Osteuropa, der wirtschaftliche Niedergang des »Realsozialismus«, die Perestroika unter Gorbatschow und seine Nichteinmischungspolitik im sowjetischen Hegemonialbereich, die Bürgerbewegung in der DDR, die Flüchtlingsströme aus der DDR in den Westen und last, but not least die Politik der Staatskanzleien und Außenministerien der beteiligten Staaten. Ich beginne mit Letzterer.

1.1.1 Die amerikanische Perspektive

Die Akten zur Wiedervereinigung, die im Auftrag des Bundeskanzleramtes herausgegeben wurden,[1] die Reaktionen dazu in Westeuropa und auch die Interviews, die ich im Herbst 1999 mit Bush und seinem Stab führte, legen nahe, dass man im Weißen Haus in Washington – und nicht in Bonn, Paris oder London – bereits im März 1989 eine neue Europa- und Deutschlandpolitik initiieren wollte, in der die Wiedervereinigung Deutschlands eine zentrale Rolle spielen sollte. Die Mitarbeiter und der Chef des amerikanischen Nationalen Sicherheitsrates (NSC) Brent Scowcroft[2], Robert D. Blackwill[3] und Philip Zelikow[4] waren bereits zu jener Zeit davon überzeugt, dass die Wiedervereinigung Deutschlands als politische Aufgabe aufgegriffen werden müsse,[5] und kritisierten damit die offizielle Linie des NSC. So wird es von den

1 Leiter der Bearbeitergruppe, die die Akten des Bundeskanzleramtes zur Wiedervereinigung herausgab, war Hanns Jürgen Küsters.

2 General Scowcroft war schon bei Präsident Ford Sicherheitsberater gewesen, von 1989 bis 1993 war er Direktor des Nationalen Sicherheitsrates und enger Berater des Präsidenten George Bush.

3 Von 1989 an Leitender Direktor für europäische und sowjetische Angelegenheiten des Nationalen Sicherheitsrates der USA, nachdem er schon bei Präsident Ford zeitweilig für Sicherheitsfragen zuständig gewesen war.

4 Politikwissenschaftler, Mitarbeiter im Nationalen Sicherheitsrat.

5 In Kritik eines Papiers des Ausschusses zur Koordinierung der amerikanischen Europapolitik mit dem Namen »NSR-5«.

Amerikanern Zelikow und Rice berichtet. Das Weiße Haus wurde ungeduldig, weil für das Frühjahr und den Frühsommer 1989 zwei große Reisen von Präsident Bush nach West- und nach Osteuropa geplant waren, auf denen auch über die Zukunft der NATO anlässlich des 40. Jubiläums der Gründung dieses Bündnisses (am 4. April 1949) nachgedacht werden sollte – und dieser NATO-»Jubiläums-Gipfel« sollte bereits am 29. und 30. Mai 1989 in Brüssel stattfinden.

In der überarbeiteten Fassung des genannten Ausschusspapiers hieß es dennoch weiterhin[6], dass die Frage der deutschen Wiedervereinigung »stets unter der Oberfläche« gäre; doch wollten »die Deutschen selbst das Thema zu diesem Zeitpunkt nicht weiter in den Vordergrund rücken. Die anderen Europäer wollen dies ebenso wenig, (…) und es dient keinem US-Interesse, wenn wir die Initiative ergreifen und es aufwerfen.«[7] Darüber soll Scowcroft so »frustriert« gewesen sein, dass er Blackwill und Rice[8] zu sich rief und sie aufforderte, etwas zustande zu bringen, »das mehr Biss hat«. Blackwill und Zelikow hatten in dieser Debatte ein Memorandum verfasst, das Scowcroft am 20. März an Bush weiterleitete und das als Scowcrofts Memorandum gilt. Es begann mit den Worten:

> *Heute sollte die oberste Priorität der amerikanischen Europapolitik das Schicksal der Bundesrepublik Deutschland sein.* Bush solle mithelfen, Kohl zu stärken, der *derzeit in den Meinungsumfragen hinter einer Opposition zurück* liege, die *sowohl der nuklearen Abschreckung als auch der konventionellen Verteidigung zu wenig Beachtung schenkt.* Ziel der amerikanischen Politik müsse es sein*, auf dem Wege der Durchsetzung gemeinsamer Werte die Teilung des Kontinents zu überwinden. (...) Selbst wenn wir bei der Überwindung der Teilung Europas durch mehr Offenheit und Pluralismus Fortschritte machen, ist keine Vision des künftigen Europas denkbar, die nicht auch eine Stellungnahme zur ›deutschen Frage‹ enthält.*[9]

Sinn dieser auch unter amerikanischen Strategen umstrittenen Erklärung war, so Zelikow und Rice später, die deutsche Frage wieder auf die *Tagesordnung* zu setzen. In der Tat ging die im Folgenden entstandene Direktive über die Politik der Eindämmung der Sowjetunion hinaus und formulierte Bedingungen für deren internationale Einbindung. Das war die offizielle Begründung für diese neue Linie. Inoffiziell stand das Interesse dahinter, den sowjetischen Einfluss insbesondere in Europa zu verringern und den der USA zu

6 Entsprechend der Ansichten der Ausschussvorsitzenden Rozanne Ridgway.
7 Zelikow/Rice 1997, S. 55 f.
8 Condoleezza Rice, Politikwissenschaftlerin in Stanford, wurde von Scowcroft ins Weiße Haus geholt, war als Protokollantin bei den Gesprächen Bushs mit Gorbatschow dabei, und sie war Mitglied der amerikanischen Verhandlungsdelegation bei den 2+4-Verhandlungen. Rice wurde später von Bush jun. zur Chefin des Nationalen Sicherheitsrates berufen.
9 Zelikow/Rice 1997, S. 58.

verstärken. Dieses Konzept eines »Commonwealth freier Nationen« war explizit als Alternative zum »gemeinsamen europäischen Haus« Gorbatschows geplant.[10]

Scowcroft: Im Wesentlichen, denke ich, war es Gorbatschow, der wundervolle Worte dazu gesagt hat. Aber zu dem Zeitpunkt, Anfang 1989, waren diesen Worten noch keine Taten gefolgt. In Mittel- und Osteuropa galten noch die Regeln des Kalten Krieges. Was wir also sehen wollten, waren Taten, die diese Strukturen zerschlugen. Und das entscheidende Ziel war natürlich die Wiedervereinigung Deutschlands und Berlins, denn dies würde ein klares Zeichen setzen, dass der Kalte Krieg beendet sei.[11]

Scowcrofts Devise sei gewesen, dass eine Vision eines neuen Europas die Wiedervereinigung Deutschlands mit einbeziehen müsse.[12] Ein weiteres Element war eine Neugewichtung der Rolle (West-)Deutschlands, nämlich die Bundesregierung stärker als zuvor als »partner in leadership«[13] zu begreifen – eine Rolle, die jahrzehntelang Großbritannien eingenommen hatte. Die Reaktion aus London, wo man eine Verschiebung der Bedeutung der führenden Partnerschaft der USA hin zu Deutschland und weg von London vermutete, war auch so deutlich ablehnend, dass die amerikanische Politik vorsichtiger wurde.[14]

In Deutschland, behaupten Zelikow und Rice weiter, hätte die CDU noch im Frühjahr 1989 konträr zu dieser neuen Bush-Linie die Wiedervereinigung als Tagesaufgabe aus ihrem Programm streichen wollen. Zelikow und Rice zitieren niemand anderen als den damaligen Kanzleramtsminister Wolfgang Schäuble, die Bundesministerin für innerdeutsche Beziehungen, Dorothee Wilms, und Kanzlerberater Horst Teltschik. Zelikow und Rice schreiben:

Im Februar 1989 sprach der Chef des Bundeskanzleramtes, Wolfgang Schäuble, von der früher gehegten Erwartung, »daß man die Einheit Deutschlands durch eine Wiedervereinigung beider Staaten in absehbarer Zeit erreichen könnte«. Inzwischen wisse man, »daß diese Hoffnungen getrogen haben«. Spätestens 1961 sei klargeworden, »daß es vorerst keinen Weg zur Überwindung der deutschen Teilung gab«. Es gehe zunächst vor allem darum, »die Substanz der Nation, die Gemeinsamkeit der Deutschen zu bewahren, das heißt, die Kommunikation zwischen den Menschen nicht völlig zusammenbre-

10 Ebenda, S. 56.
11 Interview mit mir am 14.9.1999.
12 Siehe dazu in DzD, Hanns Jürgen Küsters' Einführung, S. 35.
13 Übersetzt bei Zelikow/Rice 1997 mit »Partner in der Führungsrolle«, S. 63.
14 Siehe hierzu die Memoiren von Margaret Thatcher, S. 1092 ff. Küsters zitiert als Beleg dafür auch Howe 1994, S. 560.

chen zu lassen.« Auch Horst Teltschik oder die damalige Ministerin Dorothee Wilms hätten diesen Positionen nahegestanden.[15]

Ganz im Gegensatz zu den Deutschen habe Bush unmittelbar nach dem NATO-Gipfel Ende Mai 1989 während seines Deutschlandbesuchs in der Rheingold-Halle in Mainz eine öffentliche Rede gehalten, die die Überwindung der Teilung Europas und Deutschlands forderte. Ziel des Westens sei es, ein »ungeteiltes und freies Europa« zu schaffen:

> *Für die Gründerväter des Bündnisses war diese Hoffnung ein ferner Traum. Jetzt ist diese Hoffnung die neue Aufgabe der NATO. (...) Der Kalte Krieg begann mit der Teilung Europas. Er kann nur beendet werden, wenn die Teilung Europas aufgehoben ist. (...)* Es könne kein europäisches Haus (à la Gorbatschow) geben, *wenn sich nicht alle seine Bewohner von Raum zu Raum frei bewegen können. (...) Wir streben die Selbstbestimmung für ganz Deutschland und alle Länder Osteuropas an. (...) Berlin muss die nächste Station sein.*[16]

Diese Rede ist nicht in den Akten des Bundeskanzleramtes abgedruckt, sondern nur das Protokoll des diplomatischen Gesprächs zwischen Kohl und Bush im erweiterten Kreis in Bonn vom 30. Mai 1989, das solche deutlichen Worte nicht enthält. Zelikow und Rice gehen sogar noch weiter und behaupten, dass Scowcroft die »radikaleren Formulierungen« der Redenschreiber gestrichen hätte, »weil er befürchtete, dass Bush damit weiter (!) gehen könnte als Kohl in seinen Äußerungen zur deutschen Frage«.

Zelikow und Rice meinen darüber hinaus, dass »die Bundesregierung nicht darauf vorbereitet (war), Bush beim Wort zu nehmen und die amerikanische Unterstützung für die Vereinigung, die der Präsident im Mai angedeutet hatte, in vollem Umfang einzufordern«.[17]

1.1.2 Die deutsche Sicht

Beide Thesen von Zelikow und Rice, die Amerikaner hätten die Wiedervereinigung initiiert und führende Politiker der CDU seien Anfang 1989 dafür gewesen, die Wiedervereinigung als Tagesaufgabe aus dem CDU-Programm

15 Zelikow/Rice 1997, S. 67. Sie beziehen sich auf die Rede von Schäuble vor der Evangelischen Akademie in Bad Boll am 25.2.1989, auf eine Rede von Dorothee Wilms vor dem deutschlandpolitischen Forum der Friedrich-Ebert-Stiftung in Bonn vom 24.1.1989 und auf ein Interview mit Horst Teltschik im Bonner Generalanzeiger vom 6.7.1989, S. 13. Kanzlerberater Horst Teltschik soll – so die beiden Amerikaner – später anerkannt haben, dass die USA in dieser Frage der deutschen Regierung weit voraus gewesen waren (in einem Interview mit ihm, das sie selbst geführt hatten, Gütersloh, Juni 1992).

16 Bushs Rede in der Rheingold-Halle nach Zelikow/Rice 1997, S. 62.

17 Ebenda.

zu streichen, werden von allen befragten deutschen Politikern zurückgewiesen.

Die These zur CDU gründet sich auf die genannten Reden von Wolfgang Schäuble, Dorothee Wilms und Horst Teltschik. Daher müssen diese Texte unter die Lupe genommen werden.

Der inkriminierte Satz bei Schäuble lautete:

> *Unter den gegebenen Umständen und auf absehbare Zeit ist eine Lösung für die deutsche Frage daher nicht erkennbar. Eine Vereinigung beider Staaten unter westlichen oder östlichen Vorzeichen kann nicht in Betracht kommen. Selbst wenn sie es wollte, könnte die DDR sich nicht aus ihren Bindungen lösen. Und wir können und wollen auch nicht unsere freiheitliche Ordnung zur Disposition stellen. Wenn wir die Einheit wollen, so wollen wir sie mit Freiheit und nicht auf Kosten der Freiheit. Aber ein Problem erledigt sich nicht allein dadurch, dass es nicht gelöst wird.*

Schäuble meinte zum Beispiel, dass die pragmatische Politik auch zu einer langfristigen Veränderung im Osten und auch zur Lösung der deutschen Frage führen werde. Wann dies geschehe, bleibt bei Schäuble ebenso wie bei den Amerikanern aus evidenten Gründen unklar bzw. im Bereich der Langzeitwirkung angesiedelt. Aber es werde eine Lösung sein, die mit den Interessen der europäischen Nachbarn abgestimmt sein werde.[18] Interessanter als die von Zelikow und Rice zitierten Sätze von Schäuble ist demgegenüber sein Gedanke, dass man gegenwärtig das Gleichgewicht zwischen Ost und West nicht destabilisieren solle, um die Wirkung der Politik, die auf Evolution setze, nicht zu gefährden. Nur in diesem Gedanken ist ein Körnchen dessen enthalten, was die beiden Amerikaner kritisieren. Aber auch dies ist kein Beleg für die Behauptung, damit solle die Politik der Wiedervereinigung aufgegeben werden. Fundamental wendet sich Schäuble gegen jede Vorstellung von Neutralität: »Kaum ein verantwortlicher Politiker in Europa dürfte deshalb ein neutrales Deutschland für akzeptabel halten«, schrieb Schäuble damals, hier den amerikanischen Positionen durchaus nahestehend.

Eine der Forderungen von Dorothee Wilms lautete:

> *Fortsetzung der bisherigen erfolgreichen, pragmatischen Politik, die an beiderseitige Interessen anknüpft und praktische Lösungen für die Bedürfnisse der Menschen beider Staaten in Deutschland sucht, ohne dabei nationale und verfassungsrechtliche Grundsatzpositionen in Frage stellen zu lassen.*

Und sie freue sich, dass die SPD mit der Bundesregierung hierin übereinstimme:

18 Bundesminister Dr. Wolfgang Schäuble: 40 Jahre getrennte Entwicklung – Deutschlandpolitische Positionen und Handlungsfelder (Rede vor der Evangelischen Akademie in Bad Boll am 25.2.1989), in: Texte zur Deutschlandpolitik, 1989, S. 43–55, hier S. 47.

Die Einheit der Nation als »Geschichts-, Kultur-, Sprach- und Gefühlsgemeinschaft«, so die von Hans-Jochen Vogel benutzte Definition, ist ungebrochen.[19]

Horst Teltschik sprach in dem von Zelikow und Rice kritisierten Interview zwar in der Tat davon, dass »es auch uns in der deutschen Frage nicht in erster Linie um eine territoriale Lösung« geht, sondern vorrangig um »Menschenrechte, Freiheit, Pluralität, Freizügigkeit«. Aber er stellt die Bedingungen klar, unter denen am Ende *nicht* die *staatliche* Einheit stehen könne: »Wenn sich die Menschen in der DDR in wirklich freier Abstimmung für die Selbständigkeit entscheiden« oder wenn sich Prozesse entwickeln, »die auf die Überwindung von Nationalstaatlichkeit gerichtet sind«, wie in der »europäischen Integration«.[20]

Alle Aussagen dieser CDU-Politiker wenden sich also zentral *gegen* ein Ausspielen der langfristigen Wiedervereinigungspolitik gegen die pragmatische innerdeutsche Tagespolitik zur Verhinderung des weiteren kulturellen, sozialen und politischen Auseinanderdriftens. Alle drei betonen die strikte Beibehaltung dieser doppelten Politik. Nach den Maßstäben wissenschaftlicher Genauigkeit und Redlichkeit muss man die Interpretation von Zelikow und Rice als eine weitgehende Verzerrung, wenn nicht als Verfälschung bezeichnen.

Alle deutschen Politiker dieser Zeit lehnen außerdem die Selbstdarstellung der Deutschland-Politik der Bush-Administration durch Rice und Zelikow ab. Der außenpolitische Berater des damaligen Bundeskanzlers weist die Behauptung einer frühzeitigen amerikanischen Wiedervereinigungspolitik zunächst diplomatisch milde zurück.

Teltschik: Das mag jetzt im Nachhinein so (von Zelikow und Rice – AvP) *erläutert werden, aber wir haben es nicht so verspürt.*

AvP: Wenn ich jetzt noch eine kleine Boshaftigkeit hinzufügen darf: Zelikow und Rice, die damals eine politische Rolle spielten, erklären in ihrem Buch, die CDU sei zu jener Zeit (Frühjahr 1989) *weit entfernt gewesen von einer solchen Politik* (Bushs) *und hätte sogar die Wiedervereinigung aus ihrem Programm als Tagesaufgabe streichen wollen.*

Teltschik: Es gab einzelne Teile der Union, die darüber nachdachten, ob sich die Union nicht einigen Strömungen in der Bundesrepublik anschließen und das Thema Wiedervereinigung nicht nur aus dem Vokabular streichen,

19 Bundesminister Dorothee Wilms: Probleme und Perspektiven der Deutschlandpolitik (Rede vor dem deutschlandpolitischen Forum der Friedrich-Ebert-Stiftung in Bonn vom 24.1.1989), in: Texte zur Deutschlandpolitik 1989, S. 26–37, hier S. 28. Vogel dürfte diese Formulierung von Renan übernommen haben, jedenfalls stammt sie von ihm in Übernahme ähnlicher Formulierungen von Herder, (Ernest Renan: Was ist eine Nation und andere politische Schriften, Wien, Bozen 1995 (urspr. 1882).

20 Interview mit Horst Teltschik im »Bonner Generalanzeiger« vom 6.7.1989, S. 13.

sondern überhaupt eine Politik betreiben sollte, die in Richtung einer politischen Anerkennung der DDR ging. Nur, das waren Einzelne, und die hatten bei Helmut Kohl keine Chance. [21]

Teltschik verweist im Gegenzug darauf, dass auch amerikanische Politiker, beispielsweise der Sicherheitschef Brent Scowcroft, noch im September 2000 die damaligen deutschen Politiker für wesentlich mutiger und weitergehend als die amerikanischen beschrieben haben, und schließt:

Ich würde meine beiden früheren Kollegen Condy Rice und Philip Zelikow nicht überbewerten. Sie waren Mitarbeiter im Weißen Haus und uns gegenüber nie in Erscheinung getreten.[22]

Auch de Maizière erklärte mir auf die Frage, wann ihm die amerikanische Strategie – für die Vereinigung Deutschlands bei Durchsetzung der Mitgliedschaft dieses neuen Deutschland in der NATO – aufgegangen sei: nachdem der amerikanische Botschafter Vernon A. Walters ihn, de Maizière, nach seiner Wahl zum Ministerpräsidenten besuchte – vorher hätte er dies nur geahnt.[23] Walters war tatsächlich einer der ersten gewesen, der die Möglichkeit der Wiedervereinigung aussprach.[24]

Die Beschreibung beider ist insofern überraschend, als bereits im Frühjahr 1989 deutliche Signale der USA-Regierung in Richtung Vereinigung ausgesandt worden sind, wie eben in der erwähnten Rede Bushs in der Rheingold-Halle in Mainz.

Nur in einem Punkt gibt Teltschik den beiden amerikanischen Kollegen bzw. mir, der deren Kritik vorstellte, Recht:

Wo Sie Recht haben ist, dass wir auch bedauern, dass wir nicht stärker eingestiegen sind in die Aussage »partner in leadership«. Das war eine sehr weitgehende Aussage, die angesichts von so starken Partnern wie Mitterrand und Margaret Thatcher natürlich Wirkungen hatte.[25]

Der damalige Außenminister der Bundesrepublik, Hans-Dietrich Genscher, bestätigt Teltschik in dieser Frage und kritisiert die Beschreibung von Rice und Zelikow.

Genscher: Ich neige eher zu der Betrachtung, dass dies eine Geschichte im Nachhinein ist, jedenfalls hat man das dann gut geheim gehalten.

21 Horst Teltschik am 27.9.2000 im Gespräch mit mir.
22 Ebenda.
23 De Maizière im »Lüdenscheider Gespräch« mit mir am 1.1.2000.
24 Walters 1990, S. 655–662; Walters 1991;Walters 1994.
25 Horst Teltschik im »Lüdenscheider Gespräch« mit mir am 27.9.2000. Hans-Dietrich Genscher äußerte sich zur gleichen Problematik ausführlich noch einmal im »Lüdenscheider Gespräch« vom 25.4.2001.

Hans-Dietrich Genscher begründet seine Behauptung mit einem Rückblick in die Politik zu einer anderen Frage:

> *Es gab im Herbst '88 und zu Beginn '89 eine schwere Auseinandersetzung zunächst in der Bundesregierung und dann im Bündnis (NATO) über die Absicht der Engländer und Amerikaner, auf der NATO-Tagung Anfang Mai 1989 einen Beschluss zu fassen,* (betont:) *1989, nach der im Sommer 1994, also fünf Jahre später, auf deutschem Boden atomare Kurzstreckenraketen mit einer Reichweite von 250 Kilometern stationiert werden sollten. Die hätten also erreichen können: die DDR, die Tschechoslowakei –*
>
> *AvP: Und Polen –*
>
> *Genscher: – und den Westteil von Polen.*

Genscher hielt dies für falsch und anti-europäisch, überdies würde diese Bewaffnung Gorbatschow und Außenminister Schewardnadse in Moskau gefährden können. Er habe deshalb am 27. April 1989 in der Bundestagsdebatte über diesen Punkt erklärt, dass er dem nicht zustimmen werde, vor allem wegen der Menschen in der DDR. Genscher fragte rhetorisch: Warum hätten die Amerikaner das gewollt, wenn sie gleichzeitig die Wiedervereinigung Deutschlands und die Einheit Europas wollten?[26]

Genscher fügt eine Spitze gegen Zelikow und Rice hinzu:

> *Sie müssen natürlich wissen, dass Frau Rice und Herr Zelikow bei den entscheidenden Verhandlungen nicht am Verhandlungstisch saßen, und dass es eine tiefe Rivalität gab zwischen den Sicherheitsberatern des amerikanischen Präsidenten und dem amerikanischen Außenminister oder Ministerium.*

Diese Rivalität sei nur durch die Freundschaft zwischen Bush und Baker kompensiert worden.

> *Genscher: Wenn Sie die Listen der Delegationen sehen, die in den Verhandlungssälen saßen und die Gespräche geführt haben, werden Sie die beiden Verfasser nicht finden.*[27]

Diese letzte Bemerkung trifft zumindest auf Condoleezza Rice nicht zu. Sie war bei den wesentlichen Gesprächen George Bushs mit Gorbatschow präsent, zumeist als »Note-Takerin«.

Deutlich anders als die Deutschen und Amerikaner erinnert sich allerdings Charles Powell, der Berater Margaret Thatchers in jener Zeit. Er sieht nicht in Bushs neuer Politik, die er implizit kritisiert, den entscheidenden Faktor für das Ende des Kalten Krieges, sondern:

> *Ich würde sagen, die beiden westlichen Politiker, die am meisten zum Ende des Kalten Krieges beigetragen haben, waren Ronald Reagan und Margaret That-*

26 Hans-Dietrich Genscher mit mir am 25.4.2001 in Lüdenscheid.
27 Ebenda.

cher. Sie waren es, die die Vision einer wieder erstarkten NATO mit modernisierten Waffen hatten, die im Stande sei, die Sowjetunion unter großen Druck zu setzen und den Untergang des Systems zu erzwingen. Und so war es dann auch ihre Stärke, die den Kern der NATO ausmachte und zum Ende des Kalten Krieges führte – und nicht die Zugeständnisse, die andere Europäer zu machen bereit waren.[28]

Auch führende sowjetische Politiker betonen, dass sie es waren, die zumindest Weichen für die Wiedervereinigung gestellt hätten. So Michail Gorbatschow selbst oder Anatoli Tschernajew. Auch sie haben die neue Linie in der amerikanischen Politik zwar bemerkt, meinen damit aber eher die »partnerschaftlichen« Signale aus Washington gegenüber Moskau, ohne darin die Komponente des Abblockens der sowjetischen Europa-Politik hervorzuheben.[29]

Schon diese wenigen Ausführungen lassen nicht nur Differenzen zwischen den Politikern aus verschiedenen Nationen sichtbar werden. Sie lassen darüber hinaus erahnen, welche Bedeutung die Frage hat, wer damals als erster die Anstöße zu einer neuen Wiedervereinigungspolitik gegeben hat, wie wesentlich diese Reklamationen des Erstgeburtsrechtes im Nachhinein werden für die Politiker, ihre Bilder und Selbstbilder – bis heute.

1.2 Frühjahr 1989 – eine neue Strategie oder: Die amerikanischen Interessen, die NATO und die deutsche Frage

Die Akten, die wir heute besitzen, die Selbstdarstellungen Beteiligter und vor allem die weitere konkrete Politik der Bush-Administration sprechen dafür, dass die amerikanische Regierung unter Bush früher als andere ihre Interessen in eine neue Europastrategie mit einem vereinigten Deutschland als Kern münden ließ. Dahinter stand vermutlich die Sorge, dass Gorbatschows Politik die USA aus Europa drängen oder zumindest ihre Stärke beschneiden könnte. Denn vier Monate nach Amtsantritt des Präsidenten »sprach Bush als erster westlicher Staatsmann offen aus, dass der Kalte Krieg erst vorüber sein werde, wenn Europa ›ungeteilt und frei‹ sei«.[30] Anders als bei Reagan[31] war

28 Powell im Interview mit mir 1999. Vgl. auch Thatchers Memoiren und Howe 1994, S. 560, Volle 1990, S. 130–144, Urban 1996.

29 Vgl. dazu die späteren Kapitel in diesem Buch, die sich mit der sowjetischen Politik zur deutschen Frage befassen. Siehe auch die Memoiren Gorbatschows 1995, die Bücher von Georgi Schachnasarow 1996 und von Anatoli Tschernajew 1992, 1993 und 1994 oder meine Interviews mit ihm sowie Pfeiler 1991, Oldenburg 1991 und 1992, Umbach 1992.

30 Zelikow/Rice 1997, S. 53 im Kapitel mit der anspruchsvollen Überschrift »Bush übernimmt das Zepter«. Vgl. auch Garthoff 1994, Beschloss/Talbot 1993, S. 52 ff.

31 Reagans Aufforderung »Mr. Gorbatschow, reißen Sie diese Mauer nieder!« gehört in diesen Zusammenhang. Vgl. Adomeit 1994a, S. 197–230, 1994b, S. 31–58.

diese Politik in eine konkrete Gesamtstrategie gebettet: Bereits am 17. April 1989 wurde Polen als Anerkennung für liberale Reformen mit einer Wirtschaftshilfe unter die Arme gegriffen. Innerhalb eines Vierteljahres sollte auch anderen osteuropäischen Staaten eine solche Wirtschaftshilfe *für Reformen* in Aussicht gestellt werden.

Außerdem soll Bush schon am 12. Mai 1989 in einem vertraulichen Brief an Bundeskanzler Kohl, der sich *nicht* in den veröffentlichten Bundeskanzlerakten befindet, aber von Herausgeber Küsters in seiner Einleitung erwähnt wird, geschrieben haben, dass sich »eine historische Chance bietet«, die Ost-West-Beziehungen zu verändern. Die sowjetische Führung solle von ihrem Glauben an den Klassenkampf, der Erblast von 1945, Abstand nehmen und den Staaten Mittel- und Osteuropas das Selbstbestimmungsrecht gewähren.[32] Und am 17. Mai 1989 legte Bakers Berater Robert D. Zoellick[33] ein Papier (»Germany«) vor, das erneut die genannten Positionen enthielt. Zeitweilig spielte man in Washington mit dem Gedanken, den Sowjets für einen Abzug der sowjetischen Soldaten aus Europa als Gegenleistung den eigenen Truppenrückzug anzubieten. Davon trat man aber schnell zurück, ehe diese Überlegungen zur praktischen Politik wurden.[34]

Ein späteres Dokument, nämlich Helmut Kohls Regierungserklärung vom 28. November 1989, der sogenannte 10-Punkte-Plan, offenbart, dass Kohl Bushs Erklärung auf der NATO-Jubiläumskonferenz Ende Mai 1989 zumindest im Nachhinein als Ausgangspunkt für eine neue Politik sah. Im zehnten der »10 Punkte« hieß es:

> *Die Wiedervereinigung, das heißt die Wiedergewinnung der staatlichen Einheit Deutschlands, bleibt das politische Ziel der Bundesregierung. Wir sind dankbar, dass wir in der Erklärung des Brüsseler NATO-Gipfels vom Mai dieses Jahres dafür erneut die Unterstützung unserer Freunde und Partner gefunden haben.*[35]

32 Einführung von Küsters, DzD, S. 35. Küsters hat diesen Brief aus dem Bundesarchiv: BArch, B 136/29806, 212 – 30101 A5 Am 4 Bd. 21. Dieser Brief war vertraulich, ohne Datum, übergeben von der Botschaft der Vereinigten Staaten in Bonn am 12.5.1989. Nach mündlicher Auskunft von Hanns Küsters lagen die Gründe für den Nichtabdruck dieses Briefes in den Akten des Bundeskanzleramtes ausschließlich in der zeitlichen Begrenzung des Bandes, und der Beginn war eben festgelegt worden mit Ende Mai 1989 unter anderem wegen des Besuchs von George Bush in Bonn. Andere Gründe habe es nicht gegeben. Es seien höchstens 10 Prozent der Kanzleramtsdokumente nicht abgedruckt worden, vor allem aus Sicherheitsgründen. Die Frage, ob etwas Bedeutsames weggelassen worden sei, wollte er weder mit Ja noch mit Nein beantworten. (Mündliche Auskunft am 14.2.2002.)

33 1989 bis 1992 Berater im Außenministerium unter Baker. Er nahm die »Spitzenposition unter den Beratern« im Außenministerium ein, schrieben Zelikow und Rice (S. 51).

34 Zelikow/Rice 1997, S. 57.

35 Presse- und Informationsdienst der Bundesregierung, 28.11.1989.

Diese neue Strategie der Bush-Administration stieß offensichtlich auf passende Entwicklungen in Ost- und Mitteleuropa.

In der Initiierung der Politik der Wiedervereinigung als *konkrete Tagesaufgabe* zeigen die bisher veröffentlichten und zugänglichen Quellen leichte »Vorteile« für die amerikanische Regierung trotz einiger Irritationen durch Politiker der Bundesrepublik.

Die zweite wichtige Frage ist: Ab wann wurde die NATO-Mitgliedschaft eines vereinten Deutschland Teil der US-amerikanischen Strategie? Oder anders formuliert: Stand für die amerikanischen Strategen die NATO-Mitgliedschaft eines vereinten Deutschland überhaupt jemals in Frage? Sicher ist, dass die Bush-Administration ein großes Interesse daran hatte, die NATO als ihr eigentliches Instrument in Europa zu erhalten.

Condoleezza Rice ließ in einem Interview Ende September 1999 keinen Zweifel daran aufkommen, dass die Stärkung der NATO immer Ziel der amerikanischen Politik gewesen sei, wobei sie die Verbindung der Wiedervereinigung mit der NATO-Erweiterung nicht nur sehr früh ansiedelt, sondern – und das scheint mir das eigentlich Interessante im Zusammenhang der Entstehungszeit dieser Strategie zu sein – gar nicht als Problem sah, da die USA in keinem Fall die NATO, ihren »Anker in Europa«, aufgegeben hätten.

> *Rice: Es ist richtig, dass die USA tatsächlich nur eine Sorge hatten, diejenige nämlich, dass die Wiedervereinigung Deutschlands die NATO zerstören könnte. Denn die NATO war die treibende Kraft für den Frieden in Deutschland, der Anker Amerikas in Europa. Und so war die einzige Sorge eben diejenige, dass die Wiedervereinigung Deutschlands die NATO zerstören könnte. Aber wir hatten keinerlei Bedenken, dass die Erlaubnis zur Wiedervereinigung Deutschlands – die Amerikaner bestanden übrigens darauf, dass Deutschland durch die Wiedervereinigung keine neuen Beschränkungen seiner Macht auferlegt würden – in irgendeiner Weise schlecht für Europa sein könnte, das lag nicht in der amerikanischen Mentalität.*[36]

Demnach lag es außerhalb des US-Interesses, sich die Wiedervereinigung oder die Einheit Europas ohne eine NATO-Erweiterung auf die frühere DDR auch nur vorzustellen. Unter diesem Blickwinkel bekommen auch die noch allgemeinen Äußerungen Bushs in der Mainzer Rheingold-Halle (»Jetzt ist diese Hoffnung die neue Aufgabe *der NATO*«[37]) einen Sinn und deuten auf Kontinuität der amerikanischen Politik mit der NATO hin.

Ein weiteres Indiz spricht für die frühe Erwartung einer Wiedervereinigung durch George Bush. Als er bei einem Treffen mit Frankreichs Präsidenten Mitterrand in Kennebunkport im Mai 1989 bemerkte, die Wiedervereinigung »kann erreicht werden«, soll Mitterrand – so sein damaliger Berater

36 Condoleezza Rice im Gespräch mit mir am 17.9.1999 in der Stanford University.
37 Hervorhebung von mir.

Jacques Attali – geantwortet haben, dass dies neben Atomwaffen in deutschem Besitz eine der beiden möglichen Ursachen für einen Krieg in Europa sei.[38]

Condoleezza Rice verweist in diesem Zusammenhang auf die (spätere) Rede Bushs am 4. Dezember 1989 beim Treffen der Staats- und Regierungschefs der 16 NATO-Mitgliedstaaten in Brüssel, die die 10 Punkte Kohls um die (gesamt-)deutsche Mitgliedschaft in der NATO erweiterte.[39] Öffentlich wahrgenommen wurde diese Strategie der Mitgliedschaft des vereinten Deutschland in der NATO durch die USA ebenfalls erst in dieser Zeit, sowohl durch diese Rede als auch durch die von Baker vor dem Presseclub in Berlin am 12. Dezember.

Das Hauptproblem für die Amerikaner war, dass in dieser Frage die Sowjetunion eine Ausweitung der NATO auf den östlichen Teil Deutschlands als gegen ihr Interesse gerichtet begriff und dass Gorbatschow sich in seiner Politik dadurch gefährdet sehen musste.[40] Condoleezza Rice beschreibt, dass der Schlüssel der amerikanischen Politik jener Zeit war, »Deutschland unter westlichen Bedingungen zu vereinigen und die Sowjetunion dazu zu bringen, das zu akzeptieren«.[41] Hier wird klar und deutlich das vorherrschende Ziel der US-Politik formuliert, das in Europa auch gegenüber der Sowjetunion durchgesetzt wurde.

Auf den Jubiläumsveranstaltungen zur Wiedervereinigung Jahre später saß Bush, zurückhaltend und höflich wie immer, neben Kohl und Gorbatschow als die »Nr. 3 der Wiedervereinigung«, obwohl er der eigentliche Stratege gewesen sein dürfte. Condoleezza Rice betonte im Interview, dass es Bush selbst war, der seinen Stab von dieser neuen Strategie überzeugt hätte. Helmut Kohl jedenfalls, der als der »oberste Wiedervereiniger« gilt, kann diese Rolle erst für die Zeit nach dem Herbst 1989 für sich reklamieren, und dies auch nur unter dem Schild der Bush-Administration. Die US-Regierung vertrat ihre Interessen in Europa, Kohl die deutschen – die Wiedervereinigungspolitik entsprach den Interessen beider. Was die amerikanische Dominanz in diesem mindestens zeitweiligen Interessenszusammenfall bedeuten könnte, insbesondere für eine europäische Sicherheitspolitik, war ungeklärt.

1.3. Der erwartete Zeitpunkt

Nicht alle beteiligten Politiker oder Angehörigen der Bürgerrechtsbewegung der DDR erliegen der Versuchung, den Zeitpunkt ihrer Erkenntnis über die baldige Wiedervereinigung und ihre Aktivität für diesen Prozess sehr früh

38 Nach Zelikow/Rice 1997, S. 19.
39 Ebenda, S. 223.
40 So Brent Scowcroft im Interview mit mir 1999.
41 Condoleezza Rice 1999 im Gespräch mit mir.

anzusiedeln. Es wird allgemein betont, dass es eine kaum abschätzbare Beschleunigung der Dynamik in der Politik hin zur Wiedervereinigung gegeben habe. Noch im Sommer und auch im beginnenden Herbst 1989 gingen die meisten Regierungsangehörigen und Oppositionellen aus der Bürgerbewegung nicht von einer baldigen Wiedervereinigung aus, die Dynamik der folgenden Monate hatte sie noch nicht ergriffen, ihre Maßstäbe waren noch die der Jahre zuvor: Gorbatschow und Schewardnadse gingen von den »geschichtlichen Tatsachen« aus, und das waren zwei deutsche Staaten.

Bundeskanzler Kohl und seine Mannschaft hatten im Sommer 1989 zunächst keine konkreten Erwartungen in Richtung baldiger Wiedervereinigung. Kohl betonte Ende November 1989, dass er keinen Zeitplan habe, und äußerte sich verschiedentlich, dass er in zehn Jahren mit einer Realisierung der deutschen Einheit rechne. Ende des Jahres verkürzte er diese Erwartung auf fünf Jahre. Der damalige KGB-Chef Wladimir Krjutschkow berichtete 1999, dass Kohl im Herbst 1989 erklärte hätte, die Wiedervereinigung könne im Jahr 2025 real werden.[42] Anders als der KGB-Chef behauptet der damalige sowjetische Außenminister Eduard Schewardnadse im Interview zehn Jahre später, schon früh für die deutsche Einheit als »Schlüssel« der Entwicklung in Europa gewesen zu sein (er hat sich politisch aber zunächst durchaus anders verhalten).

Hans-Dietrich Genscher war, wie er im Jahre 2001 erläuterte, schon 1988 der Auffassung, dass in der DDR große Veränderungen bevorstünden und dass die sowjetische Führung seine Auffassung früh übernahm, nämlich im Mai 1989. Für diese Annahme findet sich allerdings kein Beleg in den sowjetischen Akten. Mit den »erwarteten Veränderungen in der DDR und Osteuropa«, von denen Schewardnadse Genscher berichtete, meinte die sowjetische Führung zu dieser Zeit mit Sicherheit Reformen im Sinne der Perestroika.

Es ist also Unterschiedliches, was angeblich erwartet oder gar prognostiziert wurde: Veränderungen im sowjetischen Hegemonialbereich, die Einheit Deutschlands oder das Ende des Kalten Krieges mit einer Ausdehnung der NATO nach Osteuropa.

Jacques Attali, der Berater des französischen Präsidenten Mitterrand, fasste 1999 die Haltung der britischen Premierministerin Thatcher und des französischen Präsidenten zusammen: Beide seien noch im Sommer und Frühherbst 1989 *nicht* von einer baldigen Vereinigung der DDR und der Bundesrepublik ausgegangen.

Er berichtete auch, dass er gegen Teltschik gewettet habe, die Wiedervereinigung werde im kommenden Jahr »gemacht«. Mitterrand und Bush hätten im Dezember 1989 in der Karibik über Vernon Walters, den amerikanischen Botschafter in der Bundesrepublik, gelästert, der die Wiedervereinigung in fünf Jahren kommen sah. Beide hielten es für albern, so etwas zu sagen; sie gingen

42 Im Interview mit mir am 5.11.1999 in Moskau.

davon aus, dass die Wiedervereinigung frühestens nach einer Dekade kommen würde. Attali: »Das war im Dezember 1989, und sie ahnten nicht, dass sie in einem halben Jahr gemacht werden würde.«43 Das hatte natürlich Bedeutung für die Umsetzung der verschiedenen Strategien dieser Staatsmänner.[44]

Auch die meisten Oppositionellen in der DDR hatten ihre besonderen Probleme mit der Voraussicht der Wiedervereinigung, da es ihnen – bei allen Unterschieden – in jener Zeit mehr um eine Reformierung der DDR, zumeist in Richtung Perestroika, ging oder um das Verlassen der DDR. Heute berichten viele von ihnen von frühen Prognosen in Richtung Wiedervereinigung.[45]

Um es zu wiederholen: George Bush und seine Regierung waren im Frühjahr und Sommer 1989 meiner Ansicht nach die einzigen unter den damaligen Regierungen, die die Möglichkeit der Einheit Deutschlands konkret ins Auge fassten und mit dieser Politik gegen einen befürchteten wachsenden Einfluss der Gorbatschow-Politik in Mittel- und Westeuropa antraten. Dabei stand wohl die NATO als ihr Hauptinstrument außer Frage.

Ich erwähne diese abstrakten oder konkreten Erwartungen grundlegender Veränderungen in Deutschland und Europa und nachträgliche Vorverlegungen der eigenen Erkenntnisse und Aktivitäten zur Wiedervereinigung bei den damaligen Akteuren nicht deshalb, um sie zu glossieren. Vielmehr greife ich sie auf, um sie in den Rahmen der Politik stellen zu können, die von den verschiedenen Regierungen gemacht wurde, und um zu zeigen, wie Prognosen selbst Teil der politischen Auseinandersetzung werden, wenn die Wirklichkeit die Prophezeiung überholt oder obsolet macht. Ich betone sie aber auch, um deutlich zu machen, wie sehr sich die jeweiligen Politiker in den verschiedenen Staaten später zu Tradierungsgemeinschaften zusammenfinden – man denke nur an die vielen gemeinsamen Fernsehauftritte von Kohl, Gorbatschow, Genscher und Schewardnadse, obwohl ihre Politik jener Jahre – wie man sehen wird – häufig auseinander klaffte. Aber die Politiker waren »geeint« in dem Wunsch, sich als würdige Interessenvertreter ihrer nationalen Politik der Nachwelt zu überliefern. Und es ist nicht nur für Journalisten schwer, nicht zum Instrument dieser Überlieferungsinteressen zu werden, sondern auch für Zeithistoriker.

1.4 Entspannungspolitik und die deutsche Einheit

Zwischen den damals regierenden deutschen, englischen und amerikanischen Politikern gab es eine weitere tiefe Differenz in einem anderen Bereich, vielleicht in einer anderen Dimension. Gemeint ist die Einschätzung der »Ent-

43 Jacques Attali im Gespräch mit Hans-Christoph Blumenberg 1999.
44 Zu Mitterrands Deutschlandpolitik Mitte 1989 vgl. unter anderen Kolboom 1990, S. 237 ff., 1991a, 1991b, S. 470 ff., Mitterrand 1996 passim, Védrine 1996, Weidenfeld 1998, S. 56 ff.
45 Vgl. vor allem: Dowe/Eckart 1993, Gransow/Jarausch 1991.

spannungspolitik« der Regierung Brandt/Scheel seit 1969[46]: War sie Vorbedingung oder Hemmnis für eine neue Europa-Politik der Amerikaner und für die deutsche Wiedervereinigung? Während die »Ostpolitik«, wie sie auch genannt wurde, bei amerikanischen Politikern eher negativ konnotiert ist, kaum eine oder gar keine Rolle spielt,[47] sind in den Gesprächen mit den deutschen Akteuren der Wiedervereinigung differenzierende Haltungen zu beobachten: Seit den Zeiten des CDU-Chefs Rainer Barzel und seit der sozialliberalen Regierung Willy Brandts, seit Ende der 60er Jahre also, hatte die Ostpolitik vehemente Grundsatzdebatten darum ausgelöst, ob die Entspannungspolitik die Opfer oder gar die Bevölkerung der osteuropäischen Diktaturen insgesamt vernachlässige oder ihnen durch Abbau der Spannungen bzw. durch die Schaffung von internationalen Rechtspositionen nütze. Dahinter stand die Frage, die besonders in Deutschland die Gemüter erhitzte, ob die Entspannungspolitik die Spaltung zwischen den beiden deutschen Staaten festige oder aufbreche.

Nach der Vereinigung Deutschlands ist dieser Streit milder geworden, hat sich fast verflüchtigt zugunsten einer Haltung, die die Bedeutung der Entspannungspolitik für die Wiedervereinigung hervorhebt, nicht nur bei sozialdemokratischen,[48] sondern auch bei christdemokratischen Akteuren – zumindest in Teilen und eingebaut in die gesamte Ostpolitik der CDU in der Nachkriegszeit. Horst Teltschik hebt ebenso wie Helmut Kohl die beiden Fundamente hervor, auf denen die Wiedervereinigungspolitik aufgebaut hätte: die europäische Integration im engen Bündnis zwischen Deutschland und Frankreich und das atlantische Bündnis in enger Beziehung zu den USA.

> *Teltschik: Und je stabiler diese beiden Säulen sind, je enger das Vertrauensverhältnis ist, umso größer ist unser Spielraum nach Osten, umso aktiver, offensiver können die Ostpolitiker sein.*

Willy Brandt sei in dieser Politik nicht der erste gewesen, er habe die Öffnung in Richtung Osten durch die vorherige Große Koalition »gezielt weiter-

46 Dowe 1993.

47 Viele amerikanische Historiker, die sich mit der Vereinigungsgeschichte befasst haben (siehe die Bibliographie) und nicht mit der halboffiziösen Erläuterung der Politik der Bush-Administration durch Zelikow und Rice gleichzusetzen sind, wie z.B. der sehr differenzierte und »lange Wellen« berücksichtigende Charles S. Maier 1997 (1999^2), haben dieser Dimension der Entspannungspolitik im Widerstreit der innerdeutschen mehr Raum gegeben, wenn auch immer noch einen relativ geringen. Anders z.B. Garton Ash 1993 sowie 1990 und 1994 oder auch McAdams 1990, S. 55 ff. und 1993, Pittmann 1992.

48 Für die sozialdemokratischen Politiker sind diese Hervorhebungen der Entspannungspolitik selbstverständliche und notwendige Elemente ihrer Selbstbehauptung und der Gewichtung ihrer Politik für die Wiedervereinigung gegen den in der Erinnerung übermächtig gewordenen Kohl (vgl. dazu u.a. die Reden des langjährigen Fraktionsvorsitzenden und Vorsitzenden der SPD, Hans-Jochen Vogel, so auch im Gespräch mit mir am 7.11.2001). Vgl. auch Uschner 1992.

geführt«. Das ist eine integrative Position, die die Entspannungspolitik in den weiten Rahmen auch der christdemokratischen Ostpolitik zu stellen versucht.

Wie die meisten anderen deutschen Politiker fügt Teltschik weitere Vorbedingungen für die Wiedervereinigung hinzu, die fast zum Allgemeingut der deutschen Sichtweisen geworden sind: die Reformbewegungen in Polen (Solidarność) und in Ungarn, später auch der DDR, der finanzielle Bankrott der DDR und last, but not least: Gorbatschows Politik der Nichteinmischung, besonders der militärischen, in den Ländern des sowjetischen Einflussbereichs in Osteuropa. Teltschik betont darüber hinaus, dass auch die Ost- bzw. die Entspannungspolitik der SPD-Regierungen nicht linear verlief: Ein Aufleben des Kalten Kriegs habe es immerhin unter dem sozialdemokratischen Kanzler Helmut Schmidt wegen der Stationierung der Mittelstreckenraketen gegeben.

Teltschik beschreibt die CDU-Haltung nach dem Regierungsantritt Helmut Kohls:

> *Trotz des Kalten Krieges, trotz des Scheiterns der Genfer Verhandlungen war klar, wir müssen die Entspannungspolitik fortsetzen.*

Das wäre dann auch geschehen unter der Maßgabe, dass die Bindungen zum Westen nicht beschädigt werden dürfen, weil die Erfahrung gemacht wurde, dass der Spielraum der Bundesrepublik Deutschland gegenüber der Sowjetunion bzw. gegenüber den Warschauer-Pakt-Staaten entscheidend davon abhing, »wie gut das Verhältnis der beiden Weltmächte zueinander lag. Also wir haben immer davon gesprochen, wenn die Elefanten nicht miteinander können, dann haben wir keinen Spielraum.«[49]

Der oberste Dienstherr von Teltschik, Helmut Kohl, spannt den Bogen mindestens so weit wie jener, wenn es um die deutsche Ostpolitik als Vorbedingung der Wiedervereinigung geht: von der Präambel des Grundgesetzes und der Entwicklung der Adenauerschen Politik der Westbindung und einer darauf gegründeten Ostpolitik über die Abwehr von Angeboten zur Neutralität seitens der Sowjetunion durch die CDU bis hin zur festen Haltung gegen alle Vorstellungen der Anerkennung einer zweiten deutschen Staatsbürgerschaft. Nur in einem kleinen Part des Buches »Ich wollte Deutschlands Einheit« widmet sich Helmut Kohl der Ostpolitik unter Willy Brandt, in dem Teil, in dem er seine eigene Haltung 1970 im Bundesrat als noch junger Ministerpräsident von Rheinland-Pfalz erläutert:

> *Wir, die Unionsparteien, waren damals durchaus der Überzeugung, dass man für die offene deutsche Frage eine Regelung, einen modus vivendi, finden müsse, solange es keine Aussicht auf einen Friedensvertrag für Deutschland als Ganzes gab. Diesem Gedanken der Brandtschen Ostpolitik, der bereits in*

49 Alle Zitate stammen aus dem Gespräch Horst Teltschiks mit mir am 27.9.2000.

der Ostpolitik Erhards und Kiesingers angelegt gewesen war, konnten wir ohne weiteres zustimmen. Gegen die Mehrdeutigkeit der Verträge richteten wir jedoch heftige Kritik.[50]

Gegen den Grundlagenvertrag habe die CDU nach heftigen inneren Debatten mit »Nein« gestimmt, aus Befürchtung, der Vertrag zementiere die Spaltung Deutschlands. Immerhin habe man dann beim Karlsruher Verfassungsgericht ein Urteil erstritten, das keiner Regierung erlaube, die Einheit Deutschlands »als Ziel und Auftrag« aufzugeben. Er selbst sei immer wieder als Ewiggestriger beschimpft worden. Einmal habe Gromyko, Vorgänger Eduard Schewardnadses im Amt des sowjetischen Außenministers, ihn »jovial gefragt: Sie sind doch noch jung, wie können Sie immer noch an die Einheit glauben? Warum akzeptieren Sie nicht, dass das letzte Wort der Geschichte in der deutschen Frage gesprochen ist?«[51]

Kohls Darstellung läuft ebenfalls auf eine begrenzte Integration der SPD-Entspannungspolitik in die gesamte Ostpolitik der CDU hinaus, die aber der SPD jede deutsche Zwei-Staaten-Politik unterband.

Hier geht es mir nicht so sehr um die »richtigen« Elemente einer solchen Selbstdarstellung, umgekehrt auch nicht um eine Kritik an nachträglichen Beschönigungen der CDU-Politik gerade gegen die Ostverträge, sondern um den Nachweis, dass sich die Kritik Kohls und anderer CDU-Politiker an der Entspannungspolitik vor allem gegen eine vermutete Preisgabe der Einheit Deutschlands richtete, die mit der SPD-Entspannungspolitik – so Kohl – hätte geschehen können. Das war und ist jedoch in den USA nicht der wesentliche Kritikpunkt, sondern dort, zumindest in den Regierungen, wurde die Ostpolitik mit Misstrauen beäugt als eine Variante der »Appeasement-Politik«[52] gegenüber der Sowjetunion. Damit zeigt sich auch in der CDU eine andere Position als die in den politischen Führungen der Vereinigten Staaten von Amerika, die kaum thematisiert wurde und wird. Auch die Glättungen des früheren Streits um die Entspannungspolitik offenbaren in der CDU eine integrative Haltung gegenüber der Ostpolitik, die auch der SPD ihre – natürlich begrenzte – Bedeutung in der Vorgeschichte der Wiedervereinigung lässt, wenn auch kontrolliert durch die gesamte CDU-Politik gegenüber Osteuropa. Die Frage ist jedoch, inwieweit das Verhältnis von Westbindung, gesamteuropäischem Sicherheitssystem und Wiedervereinigung Deutschlands während der Realgeschichte dieses Wiedervereinigungsprozesses 1989/90 als Fortsetzung der Entspannungspolitik eine Rolle spielte, nicht nur bei FDP-Politikern in der Regierungskoalition dieser Jahre aus CDU und FDP in Bonn, sondern auch bei dem Kanzler selbst.

50 Kohl in: Diekmann/Reuth 1999, S. 20.
51 Ebenda, S. 23.
52 Appeasement = Zurückweichen, Beschwichtigung (negativ besetzt durch die Politik Chamberlains gegenüber Hitler-Deutschland).

Denn einer derjenigen, die für die Entspannungspolitik sowohl unter Schmidt als auch unter Kohl stehen, ist der frühere Außenminister Hans-Dietrich Genscher, der auf meine Frage nach der strittigen Bedeutung der Entspannungspolitik für die Wiedervereinigungspolitik ebenfalls weit ausholte: In den ersten zwanzig Jahren der Bundesrepublik habe es eine Grundentscheidung gegen Neutralität und für die Westbindung, für die Mitgliedschaft im Europarat, in der NATO und in der Europäischen Gemeinschaft gegeben. Das sei zwar richtig gewesen, der Westen jedoch hilflos geworden, was das Auseinanderdriften beider deutscher Staaten betraf. Erst 1967 gab es eine Neuformulierung der westlichen Politik mit dem so genannten Hamel-Bericht, benannt nach dem belgischen Außenminister Pierre Hamel. In diesem Bericht wurde eine starke Verteidigung bei gleichzeitigem Angebot gegenseitiger vorteilhafter Zusammenarbeit an die Sowjetunion festgelegt, und es wurden Ausführungen zur deutschen Einheit gemacht.[53]

Genscher: In diesem Hamel-Bericht heißt es, Ursache aller Spannungen ist die Teilung Deutschlands, und höchstes Ziel der NATO ist es, eine dauerhafte und gerechte Friedensordnung für ganz Europa zu schaffen.

Die deutsche Außenpolitik habe den durch diese neue Politik entstehenden Raum in der neuen Ostpolitik genutzt, beginnend mit der damaligen Regierung unter Willy Brandt und Walter Scheel, mit den deutschen Ostverträgen und dann mit der KSZE-Politik.[54]

Genscher: Die Schlussakte von Helsinki, 1975, eröffnet ein vollkommen neues Kapitel, indem sie nämlich westliche Wertvorstellungen wie Selbstbestimmungsrecht der Völker, Menschenrechte, Lösung humanitärer Fragen in den Ost-West-Dialog einführt, ja die andere Seite verpflichtet, sich auf diese Begriffe festzulegen. Und damit wurde ein Prozess in Gang gesetzt, der am Ende alle diese Entwicklungen ermöglichte, von denen Václav Havel, von denen Bürgerrechtler in der DDR profitierten, auf die sich Sacharow berufen konnte, auf die sich sehr stark Solidarność berufen hat. (...) Das war insofern eine politisch erstaunliche Entwicklung, weil eigentlich die Idee dieser Konferenz aus Moskau kam. Und die Idee der Sowjetunion war gewesen: Wir beschließen eine Akte, und da steht praktisch das drin »wie im Artikel eins der Verfassung von Mecklenburg«, alles bleibt wie es ist. Das heißt, der Status quo, die Teilung Deutschlands und Europas, wird besiegelt.

Unmittelbar im Anschluss an diese Stelle fügt Genscher zwei Elemente ein, die später im Zuge der Wiedervereinigung zu Stolpersteinen für die sowjetische Politik werden sollten, die aber erstaunlicherweise weder von Kohl

53 Genscher im Gespräch mit mir am 25.04.2001.
54 KSZE = Konferenz für Sicherheit und Zusammenarbeit in Europa.

noch von anderen internationalen Politikern betont werden, insbesondere nicht von den amerikanischen:

> *Genscher: Uns gelang es, zwei entscheidende Bestimmungen in diese Schlussakte hineinzubringen. Erstens, dass jedes Land selbst entscheiden kann, ob es einem Bündnis angehören will und welchem; das war für uns wichtig, als es um die NATO-Mitgliedschaft ging. Und zweitens, dass die Grenzen in Europa nicht verändert werden dürfen, es sei denn friedlich, während die Sowjetunion sagte, überhaupt nicht. Und ich sagte damals zu Gromyko: »Wenn die DDR und die Bundesrepublik beschließen, die Grenze zwischen sich aufzuheben und Deutschland zu vereinen, sollten wir uns das verbieten?« Und da antwortete er: »Das ist eine rein theoretische Frage« – Ich: »Wenn sie theoretisch ist, können Sie zustimmen.«*

Das sei auch geschehen. Warum westliche Politiker diesen Optionen in der Schlussakte von Helsinki über das Selbstbestimmungsrecht, die Wahl der Allianzzugehörigkeiten und über die Grenzen in Europa keine oder nur eine geringe Bedeutung beimessen, mag daran liegen, dass die deutsch-amerikanische Politik 1989/1990 den KSZE-Prozess nur begrenzt für die außenpolitischen Aspekte der Wiedervereinigung nutzen wollte, sondern vor allem die 2+4-Verhandlungen; und die amerikanische Politik hatte immer ein misstrauisches Auge auf die KSZE oder OSZE[55] geworfen: Diese hatten einen starken osteuropäischen Anteil und waren keine amerikanischen politischen Instrumente oder »Anker« in Europa – das war die NATO.

55 OSZE = Organisation für Sicherheit und Zusammenarbeit in Europa.

2 Sommer 1989 – Gorbatschow in Bonn

2.1 Vor der Ankunft

Vom 12. bis 14. Juni 1989, nicht einmal 14 Tage nach US-Präsident George Bush, kam der Generalsekretär Michail Sergejewitsch Gorbatschow mit einer hochrangigen Delegation nach Bonn. Sein Name hatte schon in dieser Zeit einen positiven Klang, auch im Westen. Besonders François Mitterrand und Margaret Thatcher sahen in ihm »einen neuen Typus« eines sowjetischen Parteiführers. So sagte Charles Powell, Berater *der britischen Premierministerin*, für die Politik unter Margret Thatcher:

> *Margaret Thatcher kannte Präsident Gorbatschow wahrscheinlich besser als jeder andere führende Politiker des Westens. Man könnte sagen, sie habe ihn entdeckt. Er kam 1984 nach Großbritannien. Es war sein erster wichtiger Auslandsbesuch. Er war noch relativ unbekannt, und erst vor kurzem hatte ihn das Politbüro in den Blickpunkt der Öffentlichkeit gerückt. Er kam nach Chequers*[1] *und verbrachte sechs Stunden mit Margaret Thatcher. Ich war selbst dabei. Für uns war das eine Offenbarung – wir erlebten eine völlig neue sowjetische Führerpersönlichkeit: einen Mann, der weder Anhänger noch Helfer brauchte, einen Mann, der nicht einfach eine vorgefertigte Rede vom Blatt ablas. Wir sahen einen Mann, der diskutieren und disputieren konnte wie ein Politiker aus dem Westen, dessen Gedanken von einem Thema zum nächsten sprangen, einen Mann, der frei über gewisse Wege sprach, die die Entwicklung in der Sowjetunion nehmen könnte. Über die Jahre, nach 1984, haben sich Margaret Thatcher und Gorbatschow häufig getroffen. Und – ja – ich möchte fast sagen, sie beanspruchte für sich eine Art Eigentumsrecht an Gorbatschow – insofern, als dass sie ihm im Westen quasi den Boden bereitet hatte. So waren unsere Hoffnungen auf ein freieres, ein menschlicheres System in der Sowjetunion denn auch hauptsächlich mit der Person Gorbatschows verbunden.*[2]

Und Hans-Dietrich Genscher berichtet, dass er vor seinem ersten Besuch bei Gorbatschow im Jahre 1988 Mitterrand traf:

1 Eine Residenz der Premierministerin
2 Charles Powell im Gespräch mit mir im September 1999.

Genscher: Ich bat ihn, mir seinen Eindruck von Gorbatschow zu vermitteln. Mitterrand sagte zu mir: »Herr Genscher, Sie werden einen völlig anderen Sowjetführer treffen. Der redet so, wie wir untereinander reden.«[3]

Dieser Eindruck wurde dann durch Gorbatschow bestätigt. Habe man beispielsweise von Breschnew nur vorformulierte Meinungen des Politbüros vorgelesen bekommen, sei dies bei Gorbatschow völlig anders gewesen.

Genscher: Er hatte mehrere Bogen weißes Papier vor sich, unterbrach mich, machte sich Notizen, und ich unterbrach ihn dann auch. Das war eine vollkommen andere Gesprächsführung, so wie Mitterrand das mir geschildert hatte, so dass ich mich dann schließlich ein paar Monate später unmittelbar nach der Bundestagswahl veranlasst sah, in Davos dem Westen ins Gewissen zu reden und zu sagen: »Wir müssen Gorbatschow ernst nehmen, wir müssen ihn beim Wort nehmen, und wir dürfen eine historische Chance nicht versäumen.« Und das ist damals mir nicht nur gut bekommen, denn es gab Kritik hier im eigenen Lande, es gab Kritik in London, gab Kritik in den Vereinigten Staaten, aber am Ende waren alle in der Bewunderung für Gorbatschow mit mir einig.

Nach all diesen wohlwollenden Beschreibungen lag es nahe, Genscher zu fragen, warum denn Kohl früher Gorbatschow mit Goebbels verglichen hatte.

Genscher: Ich weiß es nicht. Er hat ihn ja sehr viel früher getroffen als ich. (...) Ich war darüber nicht erfreut, das umso mehr, als ich in der Verlegenheit war, wenige Tage später bei der KSZE-Konferenz in Wien mit Schewardnadse zusammenzutreffen und ihm zu erklären, dass es eigentlich gar nicht so bös' gemeint war. Man sagt, die Opfer sind dann immer die Dolmetscher.

Kohl hatte Gorbatschow am 24. Oktober 1988 in Moskau getroffen, wobei sich auch seine Einschätzung des sowjetischen Generalsekretärs änderte. Bald wurde von nahezu allen, die von uns interviewt wurden, besonders positiv vermerkt, dass die Sowjetunion unter Gorbatschow seit 1988 den Ländern des Rates für gegenseitige Wirtschaftshilfe (RGW) größere Eigenständigkeiten zugestand, die zuvor kaum denkbar gewesen waren. Diese neue Unabhängigkeit ermöglichte die Entfaltung einer unabhängig(er)en Politik in Polen, in Ungarn und eben auch in der DDR sowie schließlich in ganz Osteuropa. Besonders wesentlich wurde für den Prozess der Umgestaltungen, dass die Regierung unter Gorbatschow das Prinzip der *militärischen* Nichteinmischung durchhielt. Schwankungen gab es später im Falle Litauens.

3 Genscher im Gespräch mit mir am 25.04.2001.

2.2. Grandioser Empfang

In Bonn wurde Gorbatschow ein unerwartet enthusiastischer Empfang bereitet, und zwar nicht nur von Politikern, sondern auch von Bürgern und nahezu allen Medien. Er war *das* öffentliche Ereignis dieser Wochen. Gorbatschow war kurz zuvor zum Vorsitzenden des Obersten Sowjets der UdSSR gewählt worden. Dass er in dieser Funktion seine erste Auslandsreise in die Bundesrepublik machte, unterstrich, »welche Bedeutung wir der Zusammenarbeit mit der Bundesrepublik beimaßen«.[4]

Der sowjetische Generalsekretär schrieb später in seinen Memoiren: »Zu unvergesslichen Szenen kam es auf dem Rathausplatz in Bonn. Bereits in den umliegenden Straßen überflutete uns regelrecht eine Woge von Freundschafts- und Sympathiekundgebungen. Zurufe und Glückwünsche wie ›Gorbi! Mach Liebe, keine Mauern!‹, ›Bitte weiter so, Gorbatschow!‹ begleiteten uns. Als wir auf den Balkon des Rathauses traten, brandete auf dem Platz ein Beifallssturm auf.« Ein kleiner Junge wurde hochgehoben auf das Geländer. »Es war ein ergreifender Augenblick, der über die Medien um die ganze Welt ging.«

Der Generalsekretär und seine Delegation führten Gespräche auf verschiedenen Ebenen: so mit Bundeskanzler Kohl mehrfach, mit Bundespräsident von Weizsäcker zweimal, mit Bundesaußenminister Genscher, mit der Bundestagspräsidentin Rita Süssmuth und schließlich mit Baden-Württembergs Ministerpräsidenten, Lothar Späth. Gorbatschow war auch in Dortmund bei Hoesch, wo er, von Ovationen unterbrochen, wie er selbst schreibt, vor Stahlarbeitern sprach, begleitet vom SPD-Chef Hans-Jochen Vogel, den SPD-Altkanzlern Helmut Schmidt und Willy Brandt. In Köln traf er Johannes Rau, den SPD-Ministerpräsidenten von Nordrhein-Westfalen. Die Protokolle beider Seiten[5], enthalten nichts zu diesen »inoffiziellen« Treffen, bestätigen aber die Breite der Themen in den offiziellen Begegnungen. Angesprochen wurden weniger bedeutende Fragen wie die Möglichkeit des Besuchs von Königsberg/Kaliningrad, die Kriegsgräberfürsorge und die Rehabilitierung von durch sowjetische Militärtribunale verurteilten deutschen Kriegsgefangenen. Im Zentrum standen aber die großen Veränderungen in der Welt, Abrüstungsfragen, die Einbeziehung Westberlins in diese Verhandlungen, Beziehungen der Länder der Europäischen Gemeinschaft zu den USA, untereinander und zu Osteuropa, die Entwicklung in Osteuropa selbst, dabei die störrische Haltung Erich Honeckers, der in der DDR Reformen verhindere.

4 Gorbatschow 1995, S. 706.

5 Die deutschen Protokolle sind abgedruckt in DzD, Dok. Nr. 2, 3 und 4 (Letzteres mit Delegation), S. 276 ff., S. 287 ff., S. 295 ff.; die sowjetischen Protokolle in der Gorbatschow-Stiftung, 9JUN12A + B, 89JUN13A + B, 89JUN14A+B.

Gorbatschow war besonders daran interessiert – das wird aus verschiedenen Gesprächsteilen deutlich –, Zusicherungen zu erhalten, dass es im Zuge dieser Reformprozesse in Osteuropa keine Einmischung von außen gäbe.

Nach dem deutschen Protokoll sagte der sowjetische Gast in diesem Zusammenhang:

> *Es handle sich um sensible Prozesse. Man müsse wissen, dass große Wirkungen ausgelöst würden, wenn jetzt jemand von außen mit einem Stock in diesem aufgewühlten Ameisenhaufen herumstochern würde.* Der Bundeskanzler warf unmittelbar ein: *Ihm ginge es darum, dieses zu vermeiden.* Der Generalsekretär wiederholt dann mit Sorge (und mit Weitsicht), dass diese grundlegenden Veränderungen innerhalb der sozialistischen Staaten zu gewaltigen *internen Spannungen* führen würden.
>
> *Gorbatschow: Wenn jemand versuchen würde, von außen Einfluss zu nehmen, müsse dies zu Destabilisierung und Vertrauensverlust führen und gefährde die Verständigung zwischen Ost und West.*[6]

Das sowjetische Protokoll zeigt eine ähnliche Schärfe; dort ist ein noch deutlicherer Satz im unmittelbaren Anschluss enthalten: Einmischung von außen »würde alles zerstören, was bisher geschaffen wurde. Wir wollen doch die Annäherung und nicht die Rückkehr auf die Position der Konfrontation.«[7]

Helmut Kohl beruhigte Gorbatschow mehrfach in dieser Frage, betonte, dass er mit ihm »in diesem Punkte« – so das deutsche Protokoll – übereinstimme. In der sowjetischen Mitschrift heißt es noch deutlicher: »Ich bin mit allem vollkommen einverstanden.« Er, Kohl, habe betont und würde es auch weiterhin immer wieder tun, dass er nicht an einer Destabilisierung interessiert sei, auch und besonders nicht der DDR. An einer Stelle des sowjetischen Protokolls wird Kohl folgendermaßen zitiert – und diese Passage ist für die hier behandelte Fragestellung von besonderem Gewicht: Er habe auf einem Seminar in New York

> *unter anderem gesagt, dass ich mit Gorbatschow in der Frage der Einheit Deutschlands nicht einverstanden bin. Dann fügte ich hinzu, dass ich jedoch für mich keinen Sinn darin sehe, über diese Angelegenheit von früh bis spät zu streiten. Soll jeder auf seinen Positionen bleiben – er auf seiner, und ich auf meiner. Der Kanzler der BRD ist auch verpflichtet über Berlin, über die Mauer und so weiter zu sprechen. Aber die Frage besteht darin, wie man das sagt: die bestehende Situation konstatierend oder zu ihrer Veränderung aufrufend.*

Es ist natürlich nicht bekannt, was hier unter zwölf Augen wirklich gesagt wurde – neben Kohl und Gorbatschow waren auch die beiden Berater und »Note-Takers« Anatoli Tschernajew und Horst Teltschik sowie die Dolmet-

6 Alle Zitate aus DzD, Dok. Nr. 2, S. 283.
7 Gorbatschow-Stiftung, 89JUN12B, S. 9.

scher Andreas Weiß und I. A. Kurpakow dabei. Aber für die sowjetische Seite scheint diese Zusicherung, nicht zu Veränderungen aufzurufen, wichtigster Teil der allgemeinen Vertrauensbildung gewesen zu sein. Hier sind, wenn man die feinen Unterschiede in den Protokollen bemerkt, kleine, verschieden gefärbte Mosaiksteinchen für spätere weitergehende Missverständnisse angelegt. Auf die Erklärungen Kohls, keine Destabilisierung in Osteuropa und der DDR anzustreben, sollte sich der Generalsekretär später im Verlaufe des Einigungsprozesses noch mehrfach beziehen.

Kohl hebt demgegenüber hervor, dass nicht er, sondern dass es Honecker selbst sei, der die Situation in der DDR mit seiner reformfeindlichen Politik destabilisiere. Hier ist das sowjetische Protokoll viel ausführlicher als das deutsche: »Allerdings fragt mich«, so wird Kohl zitiert, »das Volk immer wieder, warum die DDR erstarrte Positionen einnimmt. Man sagt, dass man etwas unternehmen muss, dass die Leute die Freiheit spüren, die jetzt für Ungarn, Polen und natürlich für die Sowjetunion charakteristisch ist.«[8]

Gorbatschow betonte an solchen Stellen, an denen Honecker angesprochen wurde, die Unabhängigkeit der anderen sozialistischen Parteien und Staaten, oder er schwieg, wie Kohl mehrfach feststellte.[9] Nur einmal, nämlich im Gespräch mit Richard von Weizsäcker, war es dem sowjetischen Protokoll zufolge, anders: Von Weizsäcker erwähnte, dass sogar Honecker sich positiv über die letzte NATO-Tagung in Brüssel geäußert habe. Gorbatschow fragte, warum von Weizsäcker das in diesem Zusammenhang sage, worauf der Bundespräsident antwortete, weil Honecker sich sonst nie positiv über die NATO geäußert hätte. Darauf Gorbatschow nach dem sowjetischen Protokoll:

> *Von meiner Seite möchte ich sagen, dass E. Honecker immer dafür eingetreten ist und eintreten wird, dass zwei deutsche Staaten in Europa fest das Ziel verfolgen, nicht zuzulassen, dass von deutschem Boden je wieder Krieg ausgehen soll. E. Honecker hängt konsequent der Friedenspolitik an, und seine Erwägungen zeichnen sich durch großen Realismus aus.*[10]

Eine solche scharfe Parteinahme für Honecker, für die sich von Weizsäcker, der von Gorbatschow im Übrigen hoch geschätzt wird, nach dem sowjetischen Protokoll auch noch bedankt haben soll, dürfte sich nicht mehr wiederholt haben. Dagegen ließ Gorbatschow auch gegenüber Kohl keinen Zweifel aufkommen, dass er von zwei deutschen Staaten als Ergebnis der Geschichte ausgehe und dass man daran auch festhalten solle. In ihrem mittlerweile berühmt gewordenen lockeren Gespräch am dritten Tag, nachdem also alle wesentlichen konkreten Fragen von der deutschen wirtschaftlichen

8 Gorbatschow-Stiftung, 89JUN12B, S. 9.
9 Kohl in: Diekmann/Reuth 1999, S. 38.
10 Gorbatschow-Stiftung, 89JUN12A, S. 2.

Unterstützung bis hin zur Gemeinsamen Erklärung besprochen worden waren, soll Kohl am Ende des Parks des Bundeskanzleramtes auf den Rhein gezeigt und erklärt haben: »Er (der Rhein) symbolisiert die Geschichte, sie ist nichts Statisches. Sie können diesen Fluss stauen, technisch ist dies möglich. Doch dann wird er über die Ufer treten und sich auf andere Weise den Weg zum Meer bahnen. So ist es auch mit der deutschen Einheit.« Sie beide sollten sich also überlegen, ob sie die Wiedervereinigung noch in ihrer Generation »machen« oder weiter warten sollten mit allen Problemen, die damit verbunden seien. Gorbatschow habe sich dies angehört »und nun nicht mehr widersprochen«.[11]

Die Versicherung Kohls, gegen jede Destabilisierung in Osteuropa zu sein, war für Gorbatschow mindestens so entscheidend für sein Vertrauen zu Kohl wie die Hoffnung auf die Deutschen bei den Wiener Abrüstungsverhandlungen. Er stimme zu, »dass die Festigung des Vertrauens eine entscheidende Bedeutung für das gegenseitige Verständnis zu allen Fragen besitzt. Dieser Prozess muss parallel mit den Änderungen in den Haltungen, mit der Einführung des Neuen Denkens verlaufen. Das Wichtigste ist allerdings bei diesen Prozessen die Reduzierung der militärischen Konfrontation.«[12]

Auch in seinen Erinnerungen hebt Gorbatschow diesen für ihn wesentlichen Punkt der Annäherung hervor: Er habe den Eindruck gewonnen, so schreibt er dort, dass Kohl die Modernisierung der taktischen Atomwaffen, die auf der Brüsseler NATO-Konferenz beschlossen worden war, nicht verteidigte. Kohl ließ durchblicken, so Gorbatschow, dass man auch über diese Waffen in Wien verhandeln werde. In der Tat sei es später zu einem Kompromiss gekommen: »Der Satz über die Modernisierung blieb, deren Realisierung wurde jedoch aufgeschoben.«[13]

Diese Hoffnungen auf die Deutschen in Abrüstungsfragen waren für Gorbatschow auch wichtiger als die ökonomischen Hilfsversprechen des Kanzlers, die Kohl deutlicher betont. Es waren Hilfsversprechen zur Linderung von Versorgungskrisen, die Anfang 1990, »zu einem für den deutschen Einigungsprozess enorm wichtigen Zeitpunkt«, eingelöst wurden.[14] Kohl spielt hier auf Versorgungsprobleme in der Sowjetunion an, bei denen er selbst auf Bitten von Gorbatschow hin in den folgenden 12 bis 15 Monaten helfen konnte.

Kohl: Meine Beziehungen zu Michail Gorbatschow haben sich dramatisch verändert seit dem Sommer 1989 ... Meine Beziehungen haben sich dann auch von ihm her gesehen geändert. Weil er vor allem in den darauf folgenden Mo-

11 Diese Stelle findet sich nicht in sowjetischen Protokollen, sondern nur bei Kohl in: Diekmann/Reuth 1999, S. 41, sowie im zitierten ZDF-Interview von 1999 (Take 151).
12 Gorbatschow-Stiftung, 89JUN12B, S. 12.
13 Gorbatschow, 1995, S. 710.
14 Ebenda, S. 39.

naten und dem folgenden Jahr auf einen Menschen traf, auf den er sich verlassen konnte. Beispielsweise als es darum ging, ihm zu helfen, dass die Regale in Kiew und Swerdlowsk oder sonstwo gefüllt werden – es war ja eine echte Versorgungskrise. Die Tatsache, dass dann die Deutschen innerhalb von Tagen – für ein System wie die Sowjetunion völlig undenkbar – nur aufgrund der Zusage des Regierungschefs, des Kanzlers, für ... fast 3,5 Millionen DM helfen mit Butter und mit Zucker, also mit wertvollen Nahrungsmitteln, dass die deutsche Konsumgüterindustrie ihm Hunderttausende von Schuhen und anderen Sachen, die er allerdings bezahlt hat, bis hin zu Büstenhaltern in die Sowjetunion liefert, war für ein System, das alles plant und endlose Zeiten braucht, ganz undenkbar.[15]

Nun dürfte wohl niemand annehmen, dass es in der Politik Freundschaft ohne Interessen gibt, dennoch betonen alle Beteiligten, dass sich hier ein besonderes Vertrauensverhältnis gebildet habe. Aber wir können an diesen Nuancierungen sehen, worauf sich das Vertrauen jeweils schwergewichtig gründete. Es gab wohl einige in der sowjetischen Delegation, wie das Mitglied der internationalen Abteilung des ZK der KPdSU, Nikolai Portugalow, die sich fragten, warum es zu dieser großartigen Aufnahme in Bonn kam, welche Interessen bei der Bundesregierung dahinter stünden. Auf einer der abendlichen oder nächtlichen »Lagebesprechungen« der sowjetischen Delegation habe er dies auch Gorbatschow gefragt. Der habe gestutzt und gemeint, dass er darüber nachdenken werde.[16]

Ich fragte auch Horst Teltschik.

AvP: Stimmt das eigentlich? Ist da wirklich eine solche vertrauensvolle Atmosphäre entstanden, wie das zumindest im Nachhinein so erscheint? Oder erscheinen soll?

Teltschik: Also, wenn Sie Gorbatschow erleben, dann ist das ein Russe, wie man ihn aus der Literaturgeschichte kennt. Ein sehr emotionaler Mann, dem es sehr wichtig ist, ob er ein persönliches Verhältnis zu jemandem hat oder nicht. (...) Gorbatschow hat mir selbst einmal gesagt, dass er den Eindruck gewonnen hat, er kann Helmut Kohl vertrauen. (...) Diese Reise hat ihn zweierlei gelehrt. Einmal bei der Besichtigung der Unternehmen, bei der Reise durchs Land, hat er immer gesagt: Ordnung, die Ordnung in Deutschland. Alles sauber, alles ordentlich – war er fasziniert. Und dann hat ihn fasziniert der Zustand unserer Unternehmen, der Reichtum, also die Wohlhabenheit des Landes. Mein Eindruck ist, dass da für ihn die Erkenntnis kam, dass wir, die Deutschen, der Partner in der Zukunft sein müssten, der ihnen dabei hilft, die Reformpolitik in der Sowjetunion in die Zukunft zu führen. Sie haben öfter gefragt, warum Gorbatschow die Wiedervereinigung akzeptierte. Ich glaube, am

15 ZDF-Interview aus dem Jahr 2000, Take 151, S. 8.
16 »Lüdenscheider Gespräch« mit Nikolai Portugalow am 1.11.1999.

Ende in der Hoffnung, dass er mit Deutschland den entscheidenden Partner hat, der ihm hilft, die Sowjetunion zu reformieren. (...) Er hat (später) oft zu mir gesagt: »Horst, was hätten wir, was könnten und hätten wir Deutsche und Russen zusammen alles machen können.« Dieser Traum: Russen und Deutsche arbeiten zusammen. Ich glaube, dass das damals bei dieser Reise zur Erkenntnis kam. Anatoli Tschernajew, den Sie auch erlebt haben, das war mein russischer Partner bei Gorbatschow, der sagte: Ja, diese Erkenntnis kam auch deshalb, weil wir bis dahin an unsere eigene Propaganda geglaubt haben. (Lacht)[17]

Für die Zukunft schlägt Kohl vor, »direkt, aber nicht über die Verwaltungen, Kontakt zum Thema der Wiener Verhandlungen zu halten«. Das direkte Hören der Stimme des anderen mache vieles leichter. Das sowjetische Protokoll berichtete auch, wen beide in solchen Fällen schicken wollen: Kohl Horst Teltschik und Gorbatschow Anatoli Tschernajew.

2.3 Die Bedeutung einer Formel: Recht auf Selbstbestimmung

Ein Ergebnis des Besuches von Gorbatschow in Bonn war eine Gemeinsame Erklärung, die der Bundeskanzler und der Generalsekretär am 13. Juni unterzeichneten. In ihr heißt es, »Bauelemente des Europas des Friedens und der Zusammenarbeit« müssten »die uneingeschränkte Achtung der Integrität und Sicherheit jedes Staates« und »das Recht, das eigene politische und soziale System frei zu wählen« sein. Dazu gehöre die »uneingeschränkte Achtung der Grundsätze und Normen des Völkerrechts«, besonders die »Achtung des Selbstbestimmungsrechtes der Völker«.[18]

Diese eher formelhaft erscheinende Erklärung zum Selbstbestimmungsrecht soll eine große Bedeutung für den weiteren Prozess gehabt haben. Das erklären zumindest deutsche Beteiligte; in den sowjetischen Protokollen oder in den Memoiren der Hauptbeteiligten ist von dieser Bedeutung nichts zu spüren: Entweder wird diese Gemeinsame Erklärung nicht erwähnt oder sie spielt keine Rolle.

Demgegenüber interpretiert Hans-Dietrich Genscher diese Gemeinsame Erklärung sehr weitgehend und behauptet sogar, dass »wir« damit »zum ersten Mal die Frage der Offenheit für die deutsche Einheit in ein gemeinsames Dokument hineinbekommen« haben. Überhaupt betont Genscher mehr, als dies aus den Akten des Bundeskanzleramtes hervorgehen kann und aus dem Bundeskanzleramt[19] zu hören war, den fortgeschrittenen Stand der sowjeti-

17 Gespräch mit Horst Teltschik am 27.9.2000 in Lüdenscheid.
18 Zitiert nach DzD, S. 295.
19 Die leichten Spannungen zwischen dem Bundeskanzleramt und besonders dem für

schen Positionen. Er hebt auch die Bedeutung der Delegationsgespräche, die sofort nach dem anfänglichen Besuch Gorbatschows bei von Weizsäcker begonnen haben, und das Gewicht seiner eigenen Gespräche mit dem sowjetischen Außenminister Eduard Schewardnadse hervor. In einem Vieraugengespräch hätte Genscher von ihm Folgendes gehört:

> *Und dann traf Schewardnadse eine Feststellung, die mich in meiner Einschätzung der sowjetischen Führung bestätigte: Auch die Berliner Mauer werde fallen, wenn die Zeit dafür reif sei, doch dazu sei eine gewisse Atmosphäre des Vertrauens und des Respekts unerlässlich.*[20]

Diese Aussage Schewardnadses ist für Hans-Dietrich Genscher ein neuer Beleg dafür, dass sich die sowjetische Führung schon im Frühsommer mit sehr weitgehenden Gedanken trug. Die Frage ist nur, wie konkret dies Schewardnadse meinte, oder umgekehrt, in welche weitere europäische Zukunft er diese Perspektive öffnen wollte. Auch hier zeigt sich eine Bereitschaft zu einem Missverständnis: Genscher interpretiert Schewardnadse ebenso weit in die Richtung Mauerfall und Einheit wie umgekehrt das sowjetische Protokoll Kohl in Richtung der Beibehaltung der Spaltung. Nichtsdestoweniger wird Schewardnadse früher als andere Sowjetführer solche Überlegungen äußern.

Auch aus dem sowjetischen Protokoll des Delegationsgesprächs mit Gorbatschow am 13. Juni 1989, das Genscher auf deutscher Seite leitete, gehen keine Äußerungen hervor, die man so weitgehend interpretieren könnte, wie dies Genscher eben tat.

Genscher deutet hier an, dass das gemeinsame Dokument die Formel zum Selbstbestimmungsrecht enthielt, und zwar als »Offenheit der deutschen Frage«. Nun ging aus einigen Gesprächen hervor, dass nicht das Auswärtige Amt diese Passage in die Erklärung gebracht habe, sondern das Bundeskanzleramt. Daher befragte ich Horst Teltschik zu dieser Frage, den direkten Partner oder Gegenpart des Auswärtigen Amtes im Bundeskanzleramt.

> *AvP: Das ist das, womit Historiker immer ihre Mühe haben. Wenn man später solche Erklärungen liest, dann lese ich nichts anderes als eine 08/15-Erklärung über die Akzeptanz des Selbstbestimmungsrechts der Völker. Jetzt weiß ich natürlich aus den Gesprächen: Jeder hat darum gerangelt, dass das reinkommt oder nicht reinkommt. Haben Sie mit Absicht nicht erzählt, dass das Auswärtige Amt das nicht drin gehabt hat?*
>
> *Teltschik: Außenpolitische Dokumente werden ja immer im Auswärtigen Amt vorbereitet. Das ist das zuständige Fachressort; es kommt dann ins Bundeskanzleramt in die Fachabteilung. Und in früheren Zeiten war das so, dass das*

außenpolitische Fragen zuständigen Horst Teltschik auf der einen und dem Auswärtigen Amt unter Genscher auf der anderen Seite werden immer wieder aufscheinen. Vgl. hierzu auch Fröhlich 2001, S. 9.

20 Genscher 1995, S. 628.

dann direkt dem Kanzler vorgelegt wurde. Zu meinen Zeiten war es so, dass ich mir die Freiheit genommen habe, es noch mal auch inhaltlich zu überprüfen. Und uns war das Dokument, also die Vorlage des Auswärtigen Amtes, nicht weitgehend genug. (...) Es stand drin, was immer drin stand: Friede, Freude, Eierkuchen, Entspannung, Abrüstung. Das war uns nicht gut genug. Da haben wir gesagt: Neue Qualität heißt, das müssen wir mal ausprobieren. Und wir haben es in zwei Richtungen getan. Einmal das Thema Selbstbestimmung. Wie können wir das einführen? Und das zweite war die Anerkennung des Völkerrechts nach innen und nach außen. Und beides hat dann das Auswärtige Amt in Verhandlungen auch durchsetzen können.

Teltschik versucht an einem weiteren Beispiel deutlich zu machen, welche »Auswirkung so ein Formelkram« hat: Auf dem Bremer CDU-Parteitag im September 1989 hielt Kohl eine Rede, in der er nach Teltschiks Vorlage »von der Vision der Einheit Deutschlands« sprach.

Teltschik: Und die Vision deutsche Einheit hatte ich bezogen auf dieses Dokument (vom Gorbatschow-Besuch im Juni 1989). Sehr konkret bezogen. Der Parteitag, die Delegierten – wie immer keine Reaktion. Schon wieder Wiedervereinigung, schon wieder deutsche Einheit, schon wieder. Also, nach dem Motto, muss er das schon wieder sagen? Aber wirklich keine Reaktion? Am nächsten Tag hatte ich im Bundeskanzleramt einen Besucher. Es war der sowjetische Botschafter Kwizinski[21]*. Und der hat zu mir gesagt: »Herr Teltschik, so nicht, so nicht! Also, Sie können das Dokument nicht so interpretieren.« Darauf habe ich ihm gesagt: »Herr Kwizinski, alle Deutschlandexperten in Moskau wissen, wie wir Selbstbestimmungsrecht definieren. Also werden wir das weiterhin tun.«*[22]

Übrigens: Der Generalsekretär der SED, Erich Honecker, wurde bereits am 9. Juni 1989 bei seinem Gespräch mit dem sowjetischen Außenminister Eduard Schewardnadse von der Gemeinsamen Abschlusserklärung inklusive der Äußerung zum Selbstbestimmungsrecht informiert, nahm aber dazu nicht Stellung.[23] Der Besuch Gorbatschows in Bonn wurde in der DDR verfolgt und dürfte sehr verschiedene Eindrücke hervorgerufen haben. Innerhalb der SED gab es jedenfalls einige enttäuschte Stimmen, insbesondere gegen Kohls »diffamierende« Äußerungen über die DDR und Gorbatschows zu »tolerante« Reaktionen.[24]

21 Kwizinski, Julij A., Jahrgang 1936, 1986 bis Mai 1990 Botschafter der UdSSR in der BRD, Mai 1990 bis 1991 erster Stellvertreter des Ministers für Auswärtige Angelegenheiten der UdSSR.
22 »Lüdenscheider Gespräch« mit Horst Teltschik vom 27.9.2000.
23 Vgl. Hertle/Stephan 1999, S. 45 f.
24 Vgl. den Bericht des Politbüros auf der 8. Tagung des ZK vom Juni 1989, der von Joachim Herrmann verlesen wurde, aber von Honecker selbst verfasst worden war, wie Krenz berichtet (Hertle/Stephan 1999, S. 46, Fußnote 65).

2.4 Im Hintergrund: Auseinandersetzung um die Politik George Bushs

Während des Besuchs von Gorbatschow in Bonn spielt – das kommt in allen bisherigen Darstellungen erstaunlich kurz – ein Abwesender eine große Rolle: George Bush. Bereits im Gespräch mit Richard von Weizsäcker[25] ist er nicht nur eine marginale Chimäre. Der Bundespräsident nimmt sich – zumindest nach dem sowjetischen Protokoll – eine erstaunlich lange Redezeit, um dem sowjetischen Gast ungefragt die neue amerikanische Außenpolitik verstehbar zu machen: Bei seinem letzten Besuch »über den Ozean hat sich bei mir eine eindeutige Meinung herausgebildet: Nach einer gewissen Zurückhaltung geht die amerikanische Administration auf eine Position über, die auf einer mehr konstruktiven Herangehensweise an den Komplex der Ost-West-Beziehungen beruht.« Richard von Weizsäcker erläutert dann, dass die Amerikaner Fragen an die deutsche und an die europäische Position zur Modernisierung der taktischen Atomwaffen hatten. Wichtiger noch war ihnen die Frage, wohin die Entwicklung in Westeuropa insgesamt geht. Der Kalte Krieg sei zu Ende (Juni 1989!), »es haben sich die Beziehungen zwischen der EG und dem RGW normalisiert«.

> *Von Weizsäcker: Mit einem Wort: Vieles ist in Bewegung geraten. Und in dieser Situation vergrößert die geopolitische Lage der BRD weitgehend ihr Gewicht und ihre Bedeutung. Selbstverständlich fragen sich die Amerikaner, welche Folgen die Entwicklung der »Elemente der Vereinigung« in Europa haben werden.*

Das klingt ganz nach dem Bush, den Zelikow und Rice zeichneten. Und dann stellt von Weizsäcker ganz im Sinne der Bush-Administration deren Hauptfrage:

> *Was werden all diese Veränderungen für das Zentrum des Kontinents bedeuten? Als wir unsere Meinung zu diesem Thema erörterten, versuchten wir ihnen zu erklären, dass es unabdingbar sei, dass der Westen im Ganzen einen konstruktiven Zugang zum Komplex der Ostbeziehungen finden muss. Wir versuchen in diesem Punkt mit den Amerikanern zusammenzuarbeiten und auf sie einen dementsprechenden Einfluss auszuüben. (...) Denn es ist gerade wichtig, die amerikanische Position zu transformieren und nicht den Eindruck entstehen zu lassen, man wolle sie aus Europa verdrängen (!).*[26]

Gorbatschow stimmte der Notwendigkeit der Vertrauensbildung zwischen den Amerikanern und West- wie Osteuropa zwar zu, blieb aber gegenüber der Politik Bushs misstrauisch, auch als von Weizsäcker sehr direkt für ein

25 Am 12.6.1989, ca. 13 Uhr, 20 Minuten Dauer. Gorbatschow-Stiftung, 89JUN12A.
26 Gorbatschow-Stiftung, 89JUNI12A, S. 3.

weiteres Gespräch zwischen dem amerikanischen und dem sowjetischen Führer warb. Der Generalsekretär antwortete fast ebenso lang zur Politik George Bushs, wie dies von Weizsäcker tat: In den persönlichen und privaten Gesprächen mit Bush herrsche eine sehr »wohlwollende Atmosphäre«. Man sei in Moskau auch nicht ungeduldig oder vorschnell kritisch geworden, als Bush öffentlich durch Reden hervortrat, die man als »›Reaganschen Kreuzzug gegen den Kommunismus‹ bezeichnen« müsse. Das helfe »ganz und gar nicht bei der Schaffung einer Atmosphäre für eine langfristige friedliche Zusammenarbeit, die wir der Bush-Administration anbieten«. Die USA versuchten aus Schwierigkeiten, in denen die Sowjetunion stecke, Kapital zu schlagen.

Richard von Weizsäcker wandte sich in seiner Antwort gegen einen Vergleich von Bush und Reagan. Im Gegensatz zu Reagan sei Bush ein Pragmatiker, der sich allerdings unter einem starken Druck von Rechts befinde.

Auch in den Gesprächen Kohls mit Gorbatschow[27] ging es mehrfach um George Bush und seine Politik. Gorbatschow äußerte hier fast noch deutlicher sein Misstrauen, das ich nach dem sowjetischen Protokoll wiedergebe.

Gorbatschow: Erlauben Sie mir, eine klare und absolut offene Frage zu stellen. Scheint es Ihnen nicht so, dass die amerikanische Administration und der Präsident selbst eine doppeldeutige Linie verfolgen?[28]

Kohl nahm sich ebenfalls viel Zeit, um Gorbatschows Fragen nach seiner Einschätzung des amerikanischen Präsidenten zu beantworten. Es ist die längste zusammenhängende Passage in den Gesprächen überhaupt. Wie von Weizsäcker beschrieb der Bundeskanzler seinen amerikanischen Amtskollegen als Ostküstler und Intellektuellen, vor allem aber als einen Pragmatiker. Außerdem habe er eine bemerkenswerte Frau (»eine reizende Frau, Mutter und Großmutter«), die ebenfalls in Richtung Entspannung und Pragmatismus wirke. Und er habe einen Außenminister, dessen Bedeutung Gorbatschow nicht unterschätzen sollte. Kohl beschrieb Bush in erstaunlich scharfer und offener Abgrenzung zu Reagan als »Europäer«. Kohl habe bei dem ersten Besuch Reagans einen deprimierenden Eindruck gehabt, weil es klar wurde, dass dieser keine Ahnung von Europa hatte.[29] George Bush aber »ist ein ganz anderer Mensch.« Die soziale Frage, die er als schweres Erbe von Reagan übernommen habe, könne allerdings seine Achillesferse werden. Wie von Weizsäcker versuchte Kohl Gorbatschow dadurch zu beruhigen, dass er die Politik der Bush-Administration als eine versöhnlichere im Verhältnis zum Osten beschreibt, gerade auf der jüngsten NATO-Tagung 14 Tage zu-

27 Das erste fand ebenfalls am 12.6.1989 von ca. 15.00 bis 16.30 Uhr statt, also nach dem Gespräch mit dem Bundespräsidenten.
28 Gorbatschow-Stiftung, 89JUN12B; das deutsche Protokoll nach DzD, S. 280.
29 Im deutschen Protokoll fehlt diese Schärfe, dort heißt es nur, dass Reagan »von Europa praktisch nichts gewusst« habe. Aber Reagan sei Präsident geworden.

vor: »Am nächsten waren uns übrigens die Amerikaner, aber die (gemeinsame) Distanz im Verhältnis zu London war bedeutend. Bush und auch Baker zeigten in Brüssel ihre ganze Außergewöhnlichkeit.« Bush habe ihm auch in anderen Punkten zugestimmt, so in Fragen der KSZE-Verhandlungen in Wien, auch in der COCOM-Problematik (also den Exportbeschränkungen); sogar in der Beurteilung der Entwicklung in Ungarn.

> *Kohl: Ich sagte Bush*, so heißt es im sowjetischen Protokoll, *dass wir in Bezug auf Ungarn nach dem alten Sprichwort auftreten: Die Kirche soll im Dorf bleiben. Das bedeutet, dass die Ungarn selbst entscheiden sollen, was sie brauchen, aber niemand soll sich in ihre Angelegenheiten einmischen.*
>
> *Gorbatschow: Wir haben ein ähnliches Sprichwort: »In ein fremdes Kloster geht man nicht mit seinen eigenen Regeln.«*[30]

Obwohl hier Kohl nicht ungeschickt die Hauptbefürchtungen Gorbatschows berücksichtigt, wird doch zweierlei deutlich: Gorbatschow bleibt misstrauisch gegenüber der amerikanischen Osteuropa-Politik, so dass Kohl ziemlich abrupt fragt, auf welche negativen öffentlichen Auftritte Bushs sich Gorbatschow »überhaupt« beziehe – und Gorbatschow konnte präzise zwei Veranstaltungen nennen, auf denen seiner Ansicht nach Bush sich wie Reagan präsentiert habe. Das zweite: Es wird deutlich, dass sowohl der Bundespräsident wie der Bundeskanzler unter der neuen amerikanischen Politik eher eine versöhnliche »Entspannungspolitik« verstehen und nicht eine Politik, die auf die Einheit Europas und Vereinigung Deutschlands gerichtet sei (obwohl in der Berichterstattung von Weizsäckers Anklänge dieser Politik zu hören sind). Gorbatschow dagegen sieht nicht einmal dies, sondern er hat Befürchtungen, dass die Amerikaner wieder eine Konfrontationspolitik à la Reagan betreiben könnten. Diese Befürchtungen sind aber ganz offensichtlich noch unbestimmt.

Es scheint fast, als ob Gorbatschow in jenen Tagen spürte, dass hinter der amerikanischen Politik der Integration und der Zuwendung zu Europa, auch zu Osteuropa, nicht Wohlwollen und eine wirkliche Einbeziehung der Sowjetunion, sondern die Verteidigung der amerikanischen Interessen *gegen* die Sowjetunion steckte. Aber mehr als dieses vage Gefühl einer Ambivalenz in der amerikanischen Außenpolitik ist seinen Äußerungen nicht zu entnehmen. Erst Ende des Jahres wird der sowjetischen Führung klarer, dass auch ein europäisches Haus möglich wäre, das unter amerikanischer Dominanz ohne die Sowjetunion gebaut werden könnte. Aus Sicht der Bundesregierung musste es eine Gratwanderung bedeuten, einerseits die Wiedervereinigung unter dem Schutz der Amerikaner zu forcieren, ohne jedoch andererseits die Sowjetunion zu verprellen oder Gorbatschows Position zu gefährden.

Noch aber war die Kohl-Regierung in der angenehmen Situation, dass sowohl die Amerikaner unter Bush als auch die Sowjetunion unter Gorbatschow

30 Sowjetisches Protokoll a.a.O., S. 8.

in ihrer Europa-Politik der Bundesrepublik eine entscheidende Rolle zuwiesen. In dem sowjetischen Protokoll heißt es bei Gorbatschow, dass die sowjetisch-amerikanischen Beziehungen zwar »entscheidenden Einfluss auf die Lager in der Welt ausüben. (…) Allerdings sind die sowjetisch-amerikanischen Beziehungen nicht isoliert, sie werden auch von außerhalb und besonders von Europa aus beeinflusst. Aber auf dem europäischen Kontinent spielen die Beziehungen zwischen der UdSSR und der BRD eine Schlüsselrolle.« In der deutschen Mitschrift heißt es, »dass die Sowjetunion *nach* den Beziehungen mit den Vereinigten Staaten Europa die größte Bedeutung beimesse und bilateral den Beziehungen zur Bundesrepublik Deutschland«.[31]

Genscher: Das heißt, Deutschland hatte in dem entscheidenden Jahr, 1989, einen optimalen Stand der Beziehungen zu den beiden für die deutsche Einheit wichtigsten Ländern, den Vereinigten Staaten von Amerika und zur Sowjetunion. Das zeigte, wie richtig die Anlage der deutschen Nachkriegsaußenpolitik war. Die feste Partnerschaft im Westen als Grundlage und Werben um Vertrauen und Zusammenarbeit im Osten.[32]

31 DzD, S. 280.
32 Lüdenscheider Gespräch, a.a.O.

3 Gorbatschow und die »sowjetische Vaterschaft« der DDR

3.1 »Mach weiter so, Erich« oder »Gorbi, rette uns« – Gorbatschow, die DDR-Führung und die Opposition

3.1.1 Die Opposition und ihre Wirkung auf die Politprofis

In den Darstellungen, besonders den journalistischen, über die Wiedervereinigung spielt »die« Bürgerbewegung, die sich zu Beginn noch nicht so nannte und sehr heterogen war, eine ganz entscheidende Rolle. Sie habe die Herrschenden in Ost-Berlin zum Straucheln gebracht: einmal jene, die in die Bundesrepublik auswandern wollten und die DDR-Führung unter Druck setzten, aber auch jene, die sich zeitweilig als »Hierbleiber« bezeichneten und die DDR reformieren wollten.

Ganz sicher haben die Proteste und oppositionellen Bewegungen insbesondere zuvor in Polen, in Ungarn und schließlich auch in der DDR die jeweiligen Machthaber in Berlin, Warschau, Budapest und Moskau tief beeindruckt. Als die Ausreiseanträge und Fluchtbewegungen stark anstiegen, beeinflusste dies in Ost wie West die Politiker fundamental. Es waren Symbole der Abwendung von Teilen der DDR-Bevölkerung von »ihrem« System und »ihrer« Regierung, als wegen totaler Überfüllung die Missionen der Bundesrepublik in Ostberlin (8. August 1989), in Budapest (14. August), in Prag (23. August) und später in Warschau (19. September) geschlossen werden mussten. Am 30. September 1989 verkündete Bundesaußenminister Genscher in der Prager Botschaft den Flüchtlingen die bevorstehende Ausreise in den Westen – der Jubel darüber gehört heute zu den medialen Wiedererkennungszeichen und häufig zitierten Symbolen des beginnenden Kollapses der DDR wie kaum ein anderes.[1] Mit Sonderzügen der DDR-Reichsbahn fuhren rund 5 500 DDR-Bürger aus Prag und etwa 800 aus Warschau durch DDR-Gebiet in die Bundesrepublik.

1 Übrigens zusammen mit dem zumeist vergessenen Rudolf Seiters, dem Chef des Bundeskanzleramtes (seit April 1989) und Koordinator zwischen den Ministerien, auch mit der Ständigen Vertretung in Ostberlin, der vermutlich sogar die Hauptvorbereitungen trug – ein Beispiel für die Macht der Bilder. Und Hans-Dietrich Genscher wurde ein perfekter Spieler auf dem Klavier der Medien mit großem Gespür für die Bedeutung symbolischer Situationen.

Genscher fragt sich in seinen Erinnerungen und fiktiv die damalige DDR-Führung:

Wie konnte die Führung in Ost-Berlin unterschätzen, welchen psychologischen Effekt der Transport Tausender Flüchtlinge durch die DDR haben würde? Die Wirkung war unübersehbar. Bei einer direkten Ausreise wie der von Ungarn über Österreich wären die Konsequenzen kaum so schwerwiegend gewesen; nun aber hatte der politische Urstrom sich in Bewegung gesetzt und schob sich ungehindert durch die DDR.[2]

Von Honecker war der berühmte Satz zu vernehmen: Er weine den Menschen, die aus der DDR fahren, »keine Träne« nach. Diesen Satz soll er selbst in das Neue Deutschland hineinredigiert haben.[3] Das war eine Haltung, die Oppositionelle in ihrer Position fundamental bestärkte, und es war eine Haltung, die Honecker bei seinen eigenen Genossen im Politbüro untragbar werden ließ.

Die Opposition vor allem aus der Friedensbewegung der DDR hatte sich im Neuen Forum (NF) zusammengefunden und für dieses am 19. September 1989 einen ersten Antrag auf Zulassung als »politische Vereinigung« gestellt, der zwar zunächst abgelehnt wurde, da das NF »staatsfeindlich« und »illegal« sei. Das Neue Forum wurde jedoch mit Erstarken der Bewegung toleriert und schließlich am 8. November zugelassen. Es blieb auch die stärkste Gruppierung, als sich eine Fülle anderer in den nächsten Monaten gründen sollte. Das Neue Forum, wie fast alle anderen, konnte sich auf Mitglieder stützen, die seit den frühen 70er Jahren in der Friedensbewegung Erfahrung gesammelt hatten, also Erfahrungen in der Illegalität und unter ständiger Kontrolle und Bespitzelung. Diese Bewegung, die sich zum Teil im Rahmen der Kirchen bewegen konnte, war in ihren Zielen sehr unterschiedlich. Während die »Rückkehr nach Europa« mit Blockfreiheit, Demokratie und Menschenrechten zentral für die Opposition gewesen war, und zwar in Verbindung mit den Dissidenten Polens und der Tschechoslowakei, spielte die Wiedervereinigung nur eine geringe Rolle. Letztlich kann dies auch nicht erstaunen, da die meisten führenden Persönlichkeiten der Bewegung die Wurzeln ihrer politischen Opposition in einer Zeit hatten, als es ihnen um die Reformierung der DDR ging, als Robert Havemann, Dubček und der Prager »Sozialismus mit menschlichem Antlitz« Ziele wiesen und nicht die Bundesrepublik und die parlamentarische Demokratie eines kapitalistischen Staates.[4] Der Gründungsort des Neuen Forum hatte entsprechende symbolische Bedeutung: Es war das Haus Havemanns.

2 Genscher 1995, S. 24.

3 So schreibt dies das ehemalige Politbüro-Mitglied (Kandidat) Gerhard Schürer 1998, S. 160.

4 Hierzu Poppe 1999, S. 349 ff. und im Gespräch mit mir am13.08.2002, sowie die Interviews mit Oppositionellen im Literaturverzeichnis.

3.1.2 Der 40. Jahrestag der DDR-Gründung: Gorbatschow bei Honecker

Für die künftige Entwicklung sollte ein Beschluss von größter Bedeutung werden, der die Handschrift Gorbatschows trug: Auf der Sitzung des Politisch-Beratenden Ausschusses der Mitgliedsstaaten des Warschauer Vertrages am 7. und 8. Juli 1989 in Bukarest war eine Doktrin zu Grabe getragen worden, die es offiziell niemals gegeben hat: Die Breschnew-Doktrin. Darunter wurde die Option auf Einmischung und militärische Intervention in andere Mitgliedsstaaten verstanden, wie sie in der Tschechoslowakei 1968 praktiziert worden war.[5]

Gorbatschow hatte mit der Umgestaltung und dem neuen Denken nicht nur in der Sowjetunion, sondern auch in den internationalen Beziehungen begonnen, was nicht auf die Zustimmung aller Parteiführer Osteuropas stieß. Besonders Erich Honecker war neben Rumäniens Ceaușescu ein expliziter Gegner von Perestroika und Glasnost. Schon in den Jahren und Monaten zuvor hatte es deutliche Differenzen zwischen Honeckers und Gorbatschows Politik gegeben. Gorbatschow fasst sie im Interview zusammen:

> *Honecker (war) der Meinung, nach Breschnew würde er zu einer Schlüsselfigur werden. Und als die Perestroika begann, nahm er diese Umgestaltungsprozesse mit Unmut hin. (...) Die DDR-Führung nahm eine ziemlich kritische Haltung ein. Sie begann Maßnahmen zu treffen, um eine Art Schutzgürtel gegen die Seuche aus der Sowjetunion, für die sie die Perestroika hielt, zu schaffen. Manche Zeitungen (wurden) verboten.*[6] *Eine Reihe von wichtigen Beschlüssen unserer ZK-Plenen, die reformerischen Charakter trugen, wurde mit Stillschweigen übergangen. Das galt für das ZK-Plenum im Januar 1987, auf dem unsere eigene Geschichte einer tiefgehenden Analyse unterzogen wurde und unsere schwerwiegenden Fehler scharf kritisiert wurden. Wir kamen zu dem Schluss, dass unserem Land ein Modell aufgezwungen worden war, das den Totalitarismus und als seine Folge den Verzicht auf jegliche Demokratie herbeigeführt hatte. Diese Beschlüsse wurden totgeschwiegen. Außerdem wurde in der DDR eine Art Stab im Rahmen der Akademie für Gesellschaftswissenschaften beim ZK der SED gegründet, dessen Aufgabe darin bestand, alle Aussagen Gorbatschows und seine Veröffentlichungen in der Presse zu überprüfen und zu zensieren.*[7]

In den höchsten Führungsorganen der SED hatte sich gegen die Honecker-Politik eine vorsichtige Opposition entwickelt, die jedoch bis 1988 eine Blas-

5 Kommuniqué der Tagung des Politisch-Beratenden Ausschusses der Mitgliedsstaaten des Warschauer Vertrages am 7. und 8.7.1989, in: Europa-Archiv, Folge 20/1989, S. 599.

6 Am bekanntesten war das Verbot des »Sputnik«, gegen das übrigens als einziger im Politbüro Kurt Hager sprach (Schürer 1999, S. 194).

7 Gorbatschow im ZDF-Interview, S. 46.

phemie darin sah, den Generalsekretär zu stürzen. Gerhard Schürer, selbst Politbüro-Kandidat, berichtet, dass er sich bereits im Februar 1989 wegen der mangelnden Reaktion Honeckers auf die von ihm befürchtete wirtschaftliche Katastrophe entschlossen hatte, nach einem Nachfolger für Honecker Ausschau zu halten. Ursprünglich, nämlich ein Jahr zuvor, hatte er an das Politbüro-Mitglied Werner Felfe gedacht, der aber 1988 verstarb. So habe er sich um Egon Krenz bemüht:

> *Wir trafen uns im Februar 1989 in Dierhagen und waren uns einig. Im Gespräch wurde deutlich, dass sich Krenz schon länger mit ähnlichen Gedanken getragen hatte. Ich war für einen sofortigen, natürlich risikoreichen Staatsstreich, wollte im Politbüro die Absetzung von Honecker, Mittag und Herrmann und die Berufung von Egon Krenz zum Generalsekretär vorschlagen und selbst in Rente gehen. (...) Egon Krenz gab mir zu verstehen, dass er seit Mitte der 80er Jahre mit Willi Stoph, Harry Tisch, Siegfried Lorenz*[8]*, Werner Jarowinsky und Werner Felfe Gespräche über einen notwendigen Machtwechsel an der Parteispitze geführt hatte. Auch Erich Mielke (!) würde sich nicht gegen uns stellen.*[9]

Aber es gab viel vorzubereiten und neue Verbündete zu gewinnen. Deshalb vertagte man den »riskanten« Schritt auf später.

Zum 40. Jahrestag der Gründung der DDR war noch alles »normal« verlaufen – fast normal: Im März hatte Honecker eine knappe Einladung an Gorbatschow geschickt:

> *Werter Genosse Michail Sergejewitsch!*
> *In diesem Jahr begeht die Deutsche Demokratische Republik den 40. Jahrestag ihrer Gründung. Es ist uns eine Freude, aus diesem Anlaß eine Partei- und Regierungsdelegation Ihres Landes herzlich einzuladen.*
> *Wir würden es als große Ehre betrachten, die Delegation von fünf Genossen zu den Feierlichkeiten am 6. und 7. Oktober 1989 in der Deutschen Demokratischen Republik begrüßen zu können.*
>
> *Mit kommunistischem Gruß*
> *E. Honecker*
>
> *Berlin, März 1989*[10]

8 Siegfried Lorenz: 1. Sekretär der SED-Bezirksleitung Karl-Marx-Stadt, Mitglied des Politbüros des ZK der SED.
9 Schürer, S. 191.
10 SAPMO-BArch, DY/30/J IV 2/202/47 (Bd. 230).

Botschafter Kotschemassow hatte Honecker am 24. Juli 1989 geantwortet:

Lieber Genosse Honecker, ich kann nicht umhin, mich rein privat an Sie in einer Frage zu wenden, die zweifelsohne von großer Bedeutung für unsere beiden Länder ist.

Und dann ging es ganz privat um das sowjetische Programm in der UdSSR zum 40. Jahrestag der DDR inklusive der Veröffentlichung eines Artikels von Honecker in der »Prawda«. Am 6. September wurde aus Moskau ein ausformuliertes Programm geschickt unter dem Titel: »Maßnahmen aus Anlaß des 40. Jahrestages der Gründung der Deutschen Demokratischen Republik«. Auch eine sowjetische Delegation wurde zu den Feierlichkeiten in Berlin angekündigt, allerdings ohne den Namen Gorbatschows zu erwähnen.[11]

In Moskau hatte man sich in der Tat im September 1989 nach allen kritischen bis feindseligen Signalen aus der Hauptstadt der DDR gegen den Gorbatschow-Kurs die Frage gestellt, ob es überhaupt zweckmäßig wäre, am 6. Oktober 1989 mit einer Spitzendelegation nach Berlin zu fliegen. Zwei Überlegungen führten dann doch zur Entscheidung, nach Berlin zu reisen.

Falin: Wenn er (Gorbatschow) nicht fliegt, dann wird der Sturz Honeckers noch früher geschehen, vielleicht sogar am Tage des 40-jährigen Jubiläums, weil das eine Demonstration wäre, dass Moskau der DDR die politische, psychologische Unterstützung entzieht. Zum Zweiten hatten wir Gorbatschow darauf aufmerksam gemacht, dass er alle seine Gespräche mit Honecker bisher unter vier Augen geführt hatte. Sie waren anderen Führern der DDR entweder nicht bekannt oder nur in der Fassung von Honecker. Deswegen sollte er als Vorbedingung für seine Reise nach Berlin machen, eine Gelegenheit zu bekommen, mit der ganzen Führung der Republik zusammenzukommen.[12]

Schon vor dem Besuch des sowjetischen Generalsekretärs in Berlin hatte es einen Aufschwung der Opposition und der großen Demonstrationen gegen die Honecker-Politik gegeben. Auf all diesen Veranstaltungen war Gorbatschow als Hoffnung anwesend – in Gestalt von Transparenten und »Gorbi, Gorbi«-Rufen. Das war natürlich auch der SED-Führung bekannt, wie eine Fülle an Demonstrationsberichten aus verschiedenen Städten zeigt, die das Büro des Generalsekretärs erreichten. Als Beispiel eine Notiz über die Leipziger Montagsdemonstration vom 2. Oktober 1989, vier Tage vor der Ankunft Gorbatschows.

11 Ebenda.
12 Valentin Falin im Interview mit Hans-Christoph Blumenberg 1999.

Hausmitteilung von Egon Krenz an Erich Honecker

An die Mitglieder des PB *3.10.89*

Bericht über das Montagsgebet und -demo am 2.10.89 in der Leipziger Nikolaikirche.

2.000 in der Kirche um 16h25. Bis 17h45 stieg die Zahl auf dem Vorplatz auf zusätzliche 3.000. Bei Kirchenschluß vereinigten sich diese Menschenmassen. Sprechchöre: »Wir bleiben hier«, »Jetzt oder nie«, »Freiheit, Gleichheit, Brüderlichkeit«, »Gorbi, Gorbi« und die »Internationale«
(Es folgen die weiteren Stationen der Demonstrationen, der Polizeieinsatz, Festnahmen [»Zuführungen«] und Erklärungen über die Notwendigkeit der Verbesserung der Polizeiausrüstung.)
Ich bitte um Kenntnisnahme.

Mit sozialistischem Gruß
Egon Krenz[13]

Honecker hat davon Kenntnis genommen und die Bemerkungen über die Verbesserung der Polizeiausrüstung angestrichen. Auch aus Leipzig kam ein Fernschreiben mit einem Bericht zum selben Ereignis. Der Ton war ein völlig anderer:

»informationen ueber eine erneute provokation feindlich negativer kraefte im anschlusz an das montagsgebet in der nikolaikirche leipzig am 02.10.89«.
Unterzeichnet ist das Fernschreiben von dem 2. Sekretär der SED-Bezirksleitung, Helmut Hackenberg.[14]

Neben den schon angeführten Losungen enthielt der Bericht auch scharfe Angriffe auf die Pastoren und die Kirche insgesamt.

Gorbatschow soll nach eigener Auskunft wie auch der seiner Gegner und Berater geradezu erschüttert gewesen sein, als er am 6. Oktober 1989 auf dem Weg vom Flughafen Schönefeld nur einen einzigen Demonstranten mit einem »Pro-Honecker-Schild« gesehen hatte, nämlich »Mach weiter so, Erich!«[15] Alle anderen skandierten »Gorbi, Gorbi« und trugen entsprechende Transparente.[16] Für einen Regierungschef, der vor allem erwünschte bis erzwungene Zustimmung »seiner« Bevölkerung kannte, musste dies zu jener Zeit einen Einbruch signalisieren. Gorbatschow selbst sagte im ZDF-Interview dazu:

13 SAPMO-BArch, DY 30/IV 2/2.039/317, Bl. 1–2.
14 SAPMO-BArch, DY 30/IV 2/2.039/317, Bl. 3–8.
15 So Igor F. Maximytschew, der zu dieser Zeit Gesandter an der sowjetischen Botschaft in Ostberlin war, im Interview mit Hans-Christoph Blumenberg 1999. Vgl. auch Maximytschew/Hertle 1994a–c.
16 Das berichtet Falin sowohl in seinen »Politischen Erinnerungen« (S. 484) wie im Interview für den Film »Deutschlandspiel«.

Die Menschen sahen, wie ihr Regime zu einem System wurde, das immer öfter seinen starren Konservatismus und seine Unfähigkeit, auf die Herausforderungen des Lebens zu reagieren, offenbarte. Das führte dazu, dass die Kluft zwischen der Bevölkerung und dem politischen Regime immer tiefer wurde.

Erich Honecker soll sehr verärgert und »sehr bedrückt«[17] gewesen sein über den Empfang, den die Demonstranten dem sowjetischen Gast bereiteten, sogar »wütend«, wie Falin meinte, so dass Gorbatschow zwar einerseits erfreut war, aber dennoch etwas verunsichert, wie man sich nun gegenüber Honecker verhalten sollte.

Honecker seinerseits dürfte darauf gehofft haben, dass es am Abend anders werden würde. Beim Fackelzug ausgewählter Jugendlicher – 70 000 FDJler defilierten auf der Straße »Unter den Linden« in nummerierten Blöcken und mit Fackeln in der Hand vor der versammelten realsozialistischen Elite vorbei – geschah jedoch Unerwartetes. Sogar aus den Reihen dieser Nachwuchs-Elite, geprüft und untermischt von der Stasi, ertönten laute, nicht abreißende »Gorbi, Gorbi«-Rufe.

Es sei eine »sehr gespenstische Atmosphäre gewesen«, es sei »nicht um eine politische Botschaft gegangen, sondern es ging um das Bild, und das war eben martialisch, durch dieses Feuer im Dunkel. Und die Leute, die da mitmachten, fühlten sich auch meinem subjektiven Empfinden nach nicht mehr sehr wohl damit«, beschrieb der oppositionelle Filmer Aram Radomski die Situation.[18]

Gorbatschow: Junge Menschen, angereist aus ganz Deutschland, gingen in Kolonnen – sie wurden wahrscheinlich als beste ausgesucht – und riefen Gorbatschow auf, ihnen zu helfen, Perestroika in die Wirklichkeit umzusetzen und die Reformen in der DDR zustande zu bringen.[19]

Als die Massen vorbeizogen und »Perestroika« und »Gorbi, hilf« riefen, soll sich – so Gorbatschow – Mieczyslaw Rakowski, der mit Jaruzelski ebenfalls auf der Tribüne stand, zu Gorbatschow hinübergebeugt haben: »›Michail Sergejewitsch, verstehen Sie, was für Losungen sie da schreien?‹ Und dann übersetzte er: ›Sie fordern: Gorbatschow, rette uns!‹« Gorbatschow fügt in seinen Erinnerungen hinzu: »Das ist doch das Aktiv der Partei. Das ist das Ende.«[20] Und: »Es war ›fünf Minuten vor zwölf‹«[21]

17 So Heinz Keßler im Interview. Vgl. auch Keßler 1996.
18 Alle interviewten Oppositionellen waren durchaus davon angetan, wie aus einer Jubelfeier für Honecker eine für Gorbatschow wurde. Inwieweit die meisten FDJler angesichts der nur begrenzt veröffentlichten Differenzen mitbekommen hatten, dass diese Gorbatschow-Sympathie als eine Missfallensäußerung gegen Honecker aufgefasst werden konnte, ist nicht zu klären.
19 Gorbatschow im Interview mit Guido Knopp, o. J., S. 47.
20 Gorbatschow 1995, S. 934.
21 Ebenda, S. 935.

Es ist heute schwer zu sagen, ob diese Erfahrungen nachträglich hochstilisiert werden oder ob sich damals nicht auch bei Gorbatschow eine klammheimliche Freude darüber einschlich, dass sein verknöcherter Intimfeind Honecker mit den Parolen Gorbatschows geschlagen wurde. Günter Schabowski berichtete im ZDF-Interview:

> *Es waren ja unsere Leute, stramme FDJler, die Gorbatschow applaudierten und nicht ihm* (Honecker – AvP*). Er war sehr erbittert darüber, sehr enttäuscht. Er ist ja dann auch schnell abgestiebelt.«*[22]

Gorbatschow im Interview:[23]

> *Honecker warf Krenz (später) sogar vor, er hätte solche Demonstranten extra ausgesucht, die sich direkt gegen Honecker einsetzten. Das zeugte von seinem Unverständnis. Sein Bewusstsein war benebelt, und er konnte nicht verstehen, was innerhalb der DDR und um sie herum geschah. Das zeugte von Honeckers Ende als Politiker.*[24]

Und Valentin Falin beschreibt in seinen politischen Erinnerungen, dass Gorbatschow danach mit seinen Beratern im Park des Schlosses Niederschönhausen spazieren gegangen sei und gefragt habe:

> *Was sollen wir tun? Wir können die Leute doch nicht zum Schweigen zwingen. Honecker ist außer sich. Wenn er mit seinen eigenen Parteiaktiven nicht zurechtkommt, kann man sich leicht vorstellen, welche Stimmung unter den Massen herrscht. Irgendetwas haben wir nicht mitbekommen.*[25]

Unter dem Eindruck solcher Erlebnisse tagte nun am 7. Oktober 1989 Honecker mit Gorbatschow unter vier Augen und danach mit dem Politbüro. Die Stimmung war – so Gorbatschow, Falin, Krenz und viele andere – in diesen Gesprächen entsprechend eisig.

Das zeigen die persönlichen Berichte und Erinnerungen wesentlich deutlicher als die Protokolle, die inzwischen in deutscher und russischer Sprache vorliegen.[26] Trotz einiger Unterschiede zeigen beide eher die Vorsicht auf der deutschen und der russischen Seite. Alle Lobhudeleien in Rechnung gestellt, werden dennoch prinzipielle Unterschiede sichtbar: Gorbatschow berichtete offen von den Erfahrungen der Sowjetunion und kritisierte damit nur sehr vermittelt die Honecker-Politik, argumentierte aber in Richtung einer neuen Gesellschaftspolitik mit neuem Denken und neuer Demokratie (Wurst

22 Schabowski im Interview mit Blumenberg 1999.
23 Interview mit Guido Knopp, S. 46 ff.
24 Gorbatschow äußerte sich ähnlich, aber nicht so pointiert auch in seinen Erinnerungen 1995, S. 936.
25 Falin 1993, S. 485.
26 Gorbatschow-Stiftung, 89OCT07A und 89OCT07B bzw. SAPMO-BArch, ZPA, J IV 2/2.035/60, letztere abgedruckt in Küchenmeister 1993, S. 240–251 (Vieraugengespräch) und 252–266 (mit dem Politbüro).

und Brot seien nicht alles, die Leute verlangen eine neue Atmosphäre, mehr Sauerstoff, einen neuen Atem). Gorbatschow betonte, dass sie alle Kommunisten seien und sich auf die Ideen des Oktober von 1917 bezögen. Er lobte die DDR-Führung für ihre schnellen Reformen »Anfang der 70er Jahre«. Er interpretierte die Jubiläumsrede Honeckers vom Vortage positiv im Sinne eines Reformversprechens für den kommenden Parteitag. Gorbatschow fügte in Verkennung der Sachlage hinzu, es werde der DDR leichter fallen, »Umgestaltungen durchzuführen, weil Sie keine solchen Spannungen im sozialökonomischen Bereich haben« wie die Sowjetunion.

Honecker war in diesem Vieraugen-Gespräch ebenso undeutlich, warnte jedoch die Sowjetunion vor der amerikanischen Administration, die Bereitschaft zur Hilfe signalisiere, aber versuche, »die Sowjetunion zur Aufgabe sozialistischer Werte zu bewegen«. Auch im Gespräch mit dem Politbüro wurde man nicht klarer, obwohl Honecker mit dem »Gothaer Programm« von Marx und Engels den Gast zu belehren versuchte. Die DDR-Wirtschaft inklusive modernster Mikroelektronik wurde als beispielhaft vorgestellt. »Wir werden jeden Hinweis (der sowjetischen Genossen – AvP) beachten, der dazu führen wird, den Sozialismus in der Deutschen Demokratischen Republik auf festeren Positionen zu entwickeln.« In der Debatte fielen auch andere Politbüro-Mitglieder in das gegenseitige Lob ein und stellten fast zeremoniell neue Formen der Zusammenarbeit vor.

Dass Honecker auch Sottisen formulierte, die nicht im Protokoll vermerkt waren, wird nur aus persönlichen Berichten und Erinnerungen offenbar. So soll der SED-Generalsekretär, auf die miserable Versorgungslage in der Sowjetunion anspielend, seinerseits Gorbatschow Hilfe und Kooperation bei dem »großen Mikrochip« angeboten haben. Laut Valentin Falin soll Honecker gesagt haben:

> *»Kürzlich war ich in Magnitogorsk. Die Stadtverwaltung lud mich zu einer kleinen Exkursion ein, um mir zu zeigen, wie die Leute dort leben. Ich selbst beteiligte mich nicht. Aber als die Genossen, die daran teilnahmen, zurückkamen, erzählten sie, dass in den Läden sogar Salz und Streichhölzer fehlten.« Sagte es und warf den Anwesenden einen Blick zu, als wollte er sagen: »Und jene, die das eigene Land ins Elend geführt haben, wollen uns belehren.«*[27]

Die häufig vermerkte harmonisierende Art Gorbatschows dürfte dennoch die tiefgreifenden Differenzen nicht verdeckt haben. Im Politbüro wusste schließlich jeder, worum es ging. Nach den Protokollen hatte jedoch keines der Politbüro-Mitglieder das Wort ergriffen, um die tatsächlichen Differenzen aufzugreifen – auch Gerhard Schürer nicht: Aber im Interview wurde er wesentlich deutlicher und meinte, dass es trotz der Zurückhaltung Gorbatschows – »dazu ist er ein viel zu großer Diplomat« – zu spüren war, dass »in

27 Falin 1993, S. 486 f.

der Sowjetunion Veränderungen vor sich gegangen waren und dass man unzufrieden war, dass die DDR diesen Kurs der Perestroika und Glasnost nicht mitträgt«.[28]

Der damalige Verteidigungsminister der DDR, Heinz Keßler, erklärt sich die mangelnde Offenheit in den Gesprächen zwischen der sowjetischen Delegation und dem Politbüro zehn Jahre später so:

> *Ich glaube, dass, wenn auch unausgesprochen, die Meinungsverschiedenheiten (...) doch schon tiefer waren und dass eigentlich niemand recht den Mut hatte, so würde ich das bezeichnen, wie das eigentlich unter Sozialisten, Kommunisten üblich ist, offen und ehrlich die Differenzen auszusprechen und die Differenzen zu diskutieren auf der Grundlage der gemeinsamen Vorstellungen.*[29]

Gorbatschow hat seinen Auftritt vollkommen anders gesehen, als er in den Protokollen erscheint. Im Gorbatschow-Archiv findet sich – erstaunlicherweise unter den Politbüro-Materialien, eine Tagebuchaufzeichnung von Wadim Andrejewitsch Medwedjew[30], der Gorbatschow bei seiner Rückkehr vom Flugplatz abholte. Er schrieb danach in sein Tagebuch:

> *7. Oktober 1989. Spät am Abend empfingen* (wir– AvP) *Gorbatschow, der aus der DDR angekommen ist. Die Situation ist dort weniger feierlich als angespannt. Auf den Massenversammlungen hat die Jugend unter Marschmusik ziemlich deutlich skandiert: »Gorbi, hilf uns«. Auf dem Treffen mit Honecker und allen Mitgliedern des Politbüros wurde alles von ihm »bis an die äußerste Grenze«* (bis zum »höchsten Grad«) *geäußert. Sie haben vor, die Situation* (dort– AvP) *auf der Sitzung des Politbüros zu besprechen.*

Von dieser äußersten Grenze des möglichen Sagbaren ist in den Protokollen beider Seiten nichts zu spüren.[31]

Auf dem Treffen mit den Politbüro-Mitgliedern soll Gorbatschow auch jenen Satz gesagt haben, der zum deutschen Sprichwort werden sollte: »Wer zu spät kommt, den bestraft das Leben.« Dieser Satz soll übrigens – so Nikolai Portugalow[32] – die kreative Schöpfung eines kongenialen Dolmetschers[33] ge-

28 Nach Schabowski, Interview 1999.
29 Keßler 1999 im Interview mit Hans-Christoph Blumenberg.
30 Medwedjew, Wadim Andrejewitsch, Jg. 1929, war Rektor der Akademie für Sozialwissenschaften gewesen und von 1988 bis 1990 Vollmitglied des Politbüros des ZK der KPdSU. Er gilt als Mann Gorbatschows.
31 Derselbe Medwedjew hat übrigens bei einem Treffen mit dem Kulturverantwortlichen im Politbüro des ZK der SED, Kurt Hager, die Atmosphäre im Gespräch zwischen Gorbatschow und dem Politbüro am 7.10.1989 laut Protokoll als »offen und ehrlich« bezeichnet – was die Aussagekraft von diplomatischen Gesprächen und ihren Niederschriften einmal mehr offenbart (SAPMO-BArch, SED, ZK, IV 2/2039/283; Rüdiger Stephan 1994, S. 162).
32 Portugalow im Gespräch mit mir am 1.10.1999 in Lüdenscheid.
33 Der Dolmetscher war Helmut Ettinger.

wesen sein. Das russische Sprichwort, das Gorbatschow meinte, soll eigentlich lauten: »Wer zu spät zum Essen kommt, muss mit dem vorlieb nehmen, was übrig geblieben ist.« In keiner dieser Varianten ist dieser Satz in den Protokollen vermerkt. Annähernde Formulierungen sind: »Wenn wir zurückbleiben, bestraft uns das Leben sofort.« oder: »Wir haben nur eine Wahl, entschieden vorzugehen, sonst werden wir vom Leben selbst geschlagen«.[34] In einem Interview mit dem DDR-Fernsehen tags zuvor hatte Gorbatschow erklärt: »Gefahren warten nur auf jene, die nicht auf das Leben reagieren.«

Der Besuch der sowjetischen Delegation unter Gorbatschow zum 40. Jahrestag der Gründung der DDR spielte meiner Ansicht nach trotz aller Harmonie-Inszenierungen eine wesentliche Rolle für den Niedergang der SED: Die Auftritte des sowjetischen Generalsekretärs führten weiten Teilen der DDR-Bevölkerung und der SED-Mitglieder mit Hilfe des eigenen Fernsehens vor Augen, wie beliebt Gorbatschow in der DDR war; sie demonstrierten den Dogmatismus und die Selbstgefälligkeit der SED-Führung, und sie machten den kritischen Geistern im Politbüro ein weiteres Mal klar, dass Honecker und Mittag nichts anzubieten hatten, was man als angemessene Reaktion auf die Herausforderungen der Zeit bezeichnen könnte: auf den ökonomischen Niedergang, den Schürer bereits im April 1988 im Alleingang, das heißt an Mittag vorbei, Honecker vortragen wollte[35]; die Probleme des RGW und der Beziehungen von festgelegten und Weltmarkt-Preisen, die mangelnde Demokratie, insbesondere die fehlende Reisefreiheit trotz der ansteigenden Auswanderungswelle, die Zensur und Stasipräsenz, das Verhältnis zur Sowjetunion und den dortigen Erneuerungsdebatten, um nur einige der drängendsten zu nennen.

Gorbatschows Besuch war das Fanal für Honeckers Gegner im Politbüro. Noch während des Abschieds beschlossen Egon Krenz, Günter Schabowski und Harry Tisch, nun »ernst zu machen«. Für unseren Zusammenhang ist der folgende Hinweis Schürers nicht uninteressant:

> *Von der sowjetischen Führung war keine Unterstützung zu erwarten.*[36]

Auch sämtliche sowjetischen Beteiligten bestreiten, in irgendeiner Weise am Sturz Honeckers mitgewirkt zu haben.

Krenz soll beim Abschied Falin gegenüber geäußert haben:

> *Ihrer hat alles gesagt, was gesagt werden musste. Unserer hat nichts begriffen.*

Falin antwortete:

34 Nach Küchenmeister 1993, S. 256 bzw. S. 258.

35 Honecker weigerte sich jedoch, gab die »Überlegungen« Schürers an Mittag weiter, der diese im Politbüro abschmetterte (Schürer 1999).

36 Ebenda.

Der sowjetische Gast hat mehr getan und gesagt, als man von einem Gast erwarten kann. Alles Weitere hängt von Ihnen ab.[37]

Krenz erwähnt diese kurzen Nachbemerkungen nicht, berichtet jedoch von einer »Wende«, die Gorbatschow im Politbüro-Gespräch als Wunsch geäußert und dabei in die Runde geschaut habe, als ob er prüfen wollte, ob man ihn richtig verstanden habe.

Ich entnehme seinen Ausführungen, dass er ein Einschwenken der DDR auf einen Umgestaltungskurs unter nationalen (?) Bedingungen, auf Reformen und mehr Freizügigkeit im Sinne seiner Konzeption vom neuen Denken als Grundlage für die weitere sozialistische Entwicklung der DDR sieht.

Er konnte sicher sein, dass eine Absetzung Honeckers im Sinne des sowjetischen Generalsekretärs sei, meinte aber dennoch, dass man die Möglichkeit verpasst hatte, Gorbatschow »offen und ehrlich über die tatsächliche Lage in unseren Ländern zu informieren. Wertvolle Zeit geht verloren.«[38]

Das Auftreten Gorbatschows am 40. Jahrestag der DDR-Gründung machte jedoch klar, dass man sich mindestens des passiven Beistands der sowjetischen Führung sicher sein konnte. Aktive Hilfe wollte man auch im Interesse der eigenen Unabhängigkeit nicht, wie Krenz erklärte.

Während Schabowski, Tisch und Krenz ihre Pläne schmiedeten, ließen Honecker und Mielke am Abend mit Härte und ohne Einsicht auf Demonstranten einprügeln[39] – ein Meilenstein in der Entwicklung der Opposition. So berichtete Ulrike Poppe wie viele andere von der Umzingelung der Gethsemane-Kirche in Berlin, von brutalen Schlägereien und von Agents Provocateurs:

Ich hatte Angst, weil man nicht so genau wusste, wie weit die Staatsmacht gehen würde, ob sie auch Schusswaffen einsetzen würde. (...) Ich habe auch erlebt, wie die Demonstranten immer wieder versucht haben, Provokationen zu vermeiden. Es gab gezielte Provokationen durch die Staatssicherheit, und wenn jemand einen Stein aufheben wollte, dann waren sofort drei Leute da, die ihm gesagt haben: »Lass das mal, lass den Stein da. Wir wollen friedlich bleiben.« Und das hat gut funktioniert.[40]

Es gab bei den Demonstrationen an diesem Abend mehr als 3 000 Festnahmen, gegen mehr als 700 Personen wurden Ermittlungsverfahren eingeleitet.

37 Falin 1993, S. 487.

38 Krenz 1999, S. 78. Unter »nationalen« Bedingungen meinte Krenz natürlich die der DDR, als ob er noch 1999 davon ausging, dass es die verordnete »sozialistische Nation« DDR gegeben habe.

39 Krenz berichtet, dass er davon nichts gewusst habe: ebenda.

40 Vgl. hierzu die Interviews mit Ulrike Poppe, eins von Hans Christoph Blumenberg und eins von mir, und mit anderen DDR-Oppositionellen.

3.2 Der 9. Oktober in Leipzig, die abgetauchte Berliner Führung und die mittleren Kader in Entscheidungszwang

Kurz nach den Berliner Feierlichkeiten und den Polizeieinsätzen gegen Demonstranten am Wochenende des 7. und 8. Oktober 1989 sammelten sich in Leipzig am darauf folgenden Montag in den Kirchen, auf den Straßen, in privaten Wohnungen Tausende von Menschen, um in der Innenstadt zu demonstrieren. Das stürzte die Leipziger SED-Führung in große Schwierigkeiten. Diese und andere Montags-Demonstrationen in Leipzig sowie die Haltung der SED-Bezirks- und Einsatzleitung sind in gewisser Weise symptomatisch für den Niedergang der DDR. Die Leipziger Ereignisse, häufig als entscheidend tituliert, sollen daher beispielhaft dargestellt und untersucht werden.[41]

Die Demonstranten hatten Angst, es könnte in Leipzig zu einer »chinesischen Lösung« kommen – entsprechend den Ereignissen auf dem Pekinger Tiananmen-Platz, wo Sicherheitskräfte Anfang Juni ein Blutbad angerichtet hatten. Die Einsatzleitung ihrerseits, bestehend aus dem zweiten SED-Bezirkschef Helmut Hackenberg[42], dem Leipziger Stasi-Chef Manfred Hummitzsch und dem Chef der Bezirksdirektion der Volkspolizei, Generalmajor Gerhard Straßenburg, fürchtete sich ebenfalls vor diesem Tag und hatte sich entsprechend vorbereitet. Unter den Demonstranten war man der Meinung, dass sich die Führung auf eine blutige Auseinandersetzung eingestellt hatte. Innerhalb der Einsatzleitung gab es in der Tat Vorbereitungen, »bei Provokationen« mit der geballten Kraft mindestens der Polizei zuzuschlagen, wenn nicht mehr.[43] Zu der befürchteten Schlacht kam es bekanntermaßen nicht. Je nach Standort heften sich im Nachhinein verschiedene Gruppen und Personen das Verdienst dafür an die eigene Brust. Sicher ist, dass der Aufmarsch von zigtausend Demonstranten – auch die Zahl wurde

41 Fußend auf verschiedenen Quellen, auf Akten des MdI bzw. der Volkspolizei und Interviews mit Beteiligten und Verantwortlichen wie mit Egon Krenz, dem kommissarischen SED-Bezirkschef Hackenberg, mit Unterzeichnern des Aufrufs der »Leipziger Sechs« und mit Aktivisten und Teilnehmern der Demonstrationen sowie auf Ausarbeitungen vor allem von Tobias Hollitzer und Uwe Schwabe (Hollitzer 1999, 2000; Dietrich und Schwabe 1994). Vgl. auch Süß 1999, S. 301 ff.

42 Der erste Sekretär war länger krank.

43 Allerdings bestritt Helmut Hackenberg in einem Interview mit einem Studenten vor seinem Tode ganz energisch, dass es einen »Befehl (zur Bewaffnung oder gar zum Schusswaffengebrauch – AvP) gegeben hat, sondern dass grundsätzlich der Befehl bestand, ohne Munition auszurücken. Ich verweise darauf, dass die Kampfgruppen, die zur Absicherung der ganzen Demonstration eingesetzt wurden, keine Waffen hatten.« Hingegen hätten Offiziere Waffen getragen. Auf Vorhaltungen des Interviewers, Hackenberg selbst sei entscheidend an den polizeilichen und militärischen Vorbereitungen beteiligt gewesen, bestritt Hackenberg auch nicht, dass an Wachmannschaften Waffen und Munition ausgegeben worden seien – 90 Schuss, meinte der Interviewer. Das sei üblich gewesen und hätte nichts mit der Demonstration zu tun gehabt, antwortete Hackenberg.

unterschiedlich gesehen, pendelte sich jedoch bei ca. 70 000 ein – die Einsatzleitung erschreckte und ihr klarmachte, dass jeder kleinste Funke eine Explosion auslösen könnte und dass ihre geplanten Maßnahmen angesichts der verstopften Innenstadt und ihrer Zuwege bei »Provokationen« nur unter Inkaufnahme eines Blutbades durchsetzbar gewesen wären.

Tatsache ist, dass sich die Demonstranten trotz aller Ängste nicht demoralisieren ließen und dass verschiedene Gruppen – unter ihnen die »Leipziger Sechs«[44] – Mäßigungsaufrufe verbreiteten. Helmut Hackenberg, damals also amtierender Bezirkschef der SED, berichtete, dass der Jugendforscher Walter Friedrich[45] noch am Morgen des 9. Oktober in der Berliner SED-Zentrale gewesen sei und gewarnt hätte, die Lage sei so, dass »am Abend Blut fließen würde«. In seinem Beisein, so berichtet Egon Krenz, habe er seinen engen Mitstreiter, den für Sicherheitsfragen nach Krenz zuständigen Wolfgang Herger[46], angerufen, der beide beruhigt habe, die Beschlüsse vom Vortage, in jedem Falle eine gefährliche Konfrontation zu verhindern, würden eingehalten. Außerdem wären zwei Mitarbeiter der Sicherheitsabteilung in Leipzig (von denen, wie wir bemerken werden, in den Entscheidungssituationen nichts zu sehen war). Friedrich legte außerdem ein Papier vor, das Krenz in seinem Beisein las, in dem der Wissenschaftler seine tiefen Sorgen über den Zustand der DDR und der Partei äußerte, die Ablösung Honeckers und Krenz als dessen Nachfolger vorschlug – mit Blicken nach oben, als ob er Abhörwanzen in Krenz' Büro vermutete, eine Befürchtung, die er beibehielt und Krenz Zettelchen zuschob, auch nachdem dieser ihm versichert hatte, bei ihm werde nicht abgehört. Das ist nur ein kleines, aber Einsichten in das Bewusstsein um eine angenommene Allmacht der Staatssicherheit sogar bei der Parteiführung erlaubendes Detail.[47]

Hackenberg meint demgegenüber, Krenz, der selbst »allein gestanden« hätte, habe sich nicht bei ihm, Hackenberg, gemeldet, der immerhin die oberste Befehlsgewalt in Leipzig innehatte.

Hackenberg: Ich kann nur so viel sagen: Dass an diesem Tage, und das ist das, was ich persönlich nicht für gut finde, nicht einer des Zentralkomitees

44 Die »Leipziger Sechs« waren der Gewandhaus-Kapellmeister Kurt Masur, der die Initiative ergriffen hatte, die Sekretäre der SED-Bezirksleitung, Kurt Meyer, Jochen Pommert und Roland Wötzel, sowie der Kabarettist Bernd-Lutz Lange und der Theologe Peter Zimmermann. Ihr Aufruf wurde über das Radio und über Flugblätter verbreitet. Über die Wirkung des Aufrufs gibt es unterschiedliche Meinungen: Demonstranten berichteten, dass er kaum wahrgenommen worden war; aber sicherlich hatte es große Bedeutung, dass sich so namhafte Personen, besonders Mitglieder der SED-Bezirksleitung, in dieser Weise äußerten. Der wohl vorher nicht davon informierte Hackenberg soll erbost über seine Genossen aus der Bezirksleitung gewesen sein.

45 Egon Krenz bestätigt dies in: Krenz 1990, S. 135 ff.

46 Selbst Mitglied des ZK der SED.

47 Krenz 1999, S. 90.

oder besser gesagt: des Politbüros oder Sekretariats des ZK versucht hat, mit mir zu sprechen. Nicht einer.

Diese Enttäuschung wiederholt er mehrfach und setzt fort:

Egon Krenz hat in den Prozess des Tages bis 19.15 Uhr nicht eingegriffen und auch kein anderer, sondern ich war allein auf meine Befehlsgewalt angewiesen, gemeinsam mit meinen Genossen der Bezirkseinsatzleitung. Alles das, was geschah, ist also mit unserer Befehlsgewalt ermöglicht worden.

Hackenberg hat dann den Befehl zum Rückzug gegeben und um 19.15 Uhr, also nachträglich, Krenz telefonisch informiert. Der habe gesagt, er könne das nur entgegennehmen und mit anderen führenden Genossen besprechen.

Einer der drei Bezirkssekretäre der SED, Wötzel, die den Aufruf der »Leipziger Sechs« unterzeichnet hatten, berichtet, dass sie nach Demonstrationsbeginn bei Hackenberg waren. Er habe sie gefragt, was er machen solle. Sie hätten geantwortet:

Helmut, wir müssen jetzt die Truppen zurückziehen. Es muss jetzt der Rückzug angetreten werden. Denn anders wäre ja unser Aufruf zum Dialog gar nicht mehr möglich gewesen. Dann wäre es ja zu dem gekommen, was wir vermeiden wollten. Hackenberg dachte nicht sehr lange nach, ging dann wieder zurück und telefonierte. Er hat ja mehrere Apparate dort. Und es gab auch den sogenannten Wetsche-Apparat[48]*, der war abhörsicher, und telefoniert mit Berlin. Er hat Egon Krenz am Apparat und fragt ihn direkt, Egon, die Demonstration hat begonnen, was sollen wir denn nun machen jetzt, wie soll es denn nun weitergehen? Das Gespräch war relativ kurz. Es gab ein paar Sätze hin und her. Er legte dann auf und sagte uns, Krenz ruft gleich wieder an, er will sich wahrscheinlich mit jemand abstimmen.*

Egal, ob dieser Anruf Hackenbergs bei Krenz vor (wie hier bei Roland Wötzel) oder nach der Entscheidung zum Rückzug (wie Hackenberg behauptet) stattfand, es gab keine Antwort aus Berlin. Hackenberg hat auch nach dieser Darstellung seinen Befehl zum Rückzug ohne Berliner Absicherung gegeben. Zu dieser Zeit waren die Entscheidungen gefallen. Noch nach 20 Uhr saß Hackenberg im Büro und wartete auf Krenz' Rückruf.

Hackenberg: Und er (Krenz – AvP) *hat mich dann also, sagen wir mal, nach 20 Uhr angerufen und hat mir gesagt, sie bestätigen mir meine Entscheidung. Und dabei ist noch der Satz gefallen, den will ich auch aussprechen: »Ob wir beide morgen früh noch in Funktion sitzen, weiß ich nicht, Helmut. Warten wir ab.«*

Der informierte Interviewer rechnet und fragt nach.

48 Nach der Abkürzung WTsch für ein abhörsicheres sowjetisches Hochfrequenz-Telefonsystem der politischen Führungen in Osteuropa.

Interviewer: Um wie viel Uhr haben Sie denn den Befehl gegeben, die Einsatzkräfte zurückzuziehen?
Hackenberg: 18.30 Uhr.[49]

Das heißt, dass das Telefonat mit Krenz in der Tat keine entscheidende Bedeutung mehr hatte. Das meint in eigener Sache auch Egon Krenz im Interview:

Innenminister Dickel hatte eine Fernsehstandleitung, also er konnte am Fernsehen verfolgen, wie sich dort die Dinge entwickeln. Also dieser Kontakt war mir wichtiger, um zu wissen, was dort los ist. Ich hab auch ein Telefongespräch mit dem amtierenden Ersten Sekretär der SED-Bezirksleitung, meinem Freund Hackenberg, gehabt. Manchmal wird nun so getan, dass ich ihn zu spät angerufen hätte. Aber von diesem Anruf hing überhaupt nichts ab. Sie müssen sich vorstellen, am 9. Oktober waren die staatlichen Strukturen in der DDR noch in Ordnung. Wenn es dort einen Schießbefehl gegeben hätte, wenn es ihn gegeben hätte, hätte ihn niemand anders außer Kraft setzen können als Leute, die in Berlin die Befehlsgewalt hatten. Und alles andere, was da rum sozusagen existiert, sind Legenden. Tatsache ist, dass (es) in Berlin keinen Befehl zur Gewaltanwendung gegeben hat – ein Glück – nicht gegeben hat.[50]

Krenz übersieht – abgesehen von der Frage des Schießbefehls – eines besonders: Hackenberg oder die gesamte Bezirkseinsatzleitung fühlten sich allein gelassen von Berlin, das spätestens nach dem erwähnten Besuch von Walter Friedrich wissen musste, dass angesichts der Zuspitzung in Leipzig die Gefahr des Blutvergießens bestand, unabhängig davon, was die Berliner Führung beschlossen hatte. Krenz' Argument ist daher ein echtes Bürokraten-Argument, demzufolge die Wirklichkeit nach Beschlüssen geordnet werden kann. Es werden übrigens von den Hauptbeteiligten in Leipzig nicht ein einziges Mal die zwei Mitarbeiter der ZK-Abteilung für Sicherheitsfragen erwähnt, die Herger Krenz genannt hatte und die sich als »ZK-Beauftragte« zur kritischen Zeit in Leipzig aufhalten sollten.

Ähnliche Konstellationen werden sich im Laufe der weiteren Entwicklung immer wieder zeigen: Eine in Zwangslage gebrachte mittlere Ebene vor Ort steht in einer weitreichenden politischen Entscheidungssituation letztlich allein. In Leipzig wollte Hackenberg nicht verantwortlich sein für ein mögliches Blutvergießen, das auch seiner Ansicht nach enorme Auswirkungen auf die Weltpolitik hätte haben können, und er, eigentlich ein »Hardliner«, entschied sich gegen eine Eskalation. Aber bei anderer Konstellation in den Führungsgremien hätte durchaus anders entschieden und damit eine Eskalation eingeleitet werden können – gerade wegen der unsichtbaren und kraftlosen Füh-

49 Interview mit Hackenberg.
50 Egon Krenz im Interview mit Hans-Christoph Blumenberg 1999.

rung in Berlin.[51] Hier sollte die Bürgerbewegung ihre Rolle nicht überschätzen, auch wenn die 70 000 Demonstranten den Druck auf die Bezirksleitung der SED enorm erhöht hatten.

Der »Tag der Entscheidung« in Leipzig ist symptomatisch für die ganze Entwicklung in der DDR zu dieser Zeit bis hin zum 9. November, zum Tag des Mauerfalls, als sich Ähnliches wiederholte.[52]

3.3 Rebellen ohne Neukonzept: Die Absetzung Honeckers, die neue Führung um Krenz und ihre Wirkung

Die Leipziger Demonstration vom 9. Oktober 1989 und deren Nachbereitung durch die politische Führung und die leitenden Offiziere des Sicherheitsapparats am 13. Oktober trugen schließlich zum Sturz Honeckers bei. Der Staatsratsvorsitzende wollte für den folgenden Montag, den 16. Oktober, als Demonstration der Macht Panzer durch Leipzig rasseln lassen, während Krenz, Generaloberst Streletz, damals stellvertretender, zu dieser Zeit auch amtierender Verteidigungsminister[53] und Chef des Hauptstabes der NVA, sowie andere Politbüromitglieder für einen Einsatzplan ohne militärische Gewalt waren, bei dem die Soldaten in den Kasernen des weiteren Umfeldes bleiben sollten.

3.3.1 Der zahme Putsch im Großen Haus

Kurz zuvor, am 13. Oktober, hatte es in Leipzig eine Nachbesprechung zum 9. Oktober gegeben, die Krenz nutzte, um bei Militärs Rückendeckung im Falle einer Absetzung Honeckers zu erhalten.

51 Diese Version der Leipziger Ereignisse ist hoch plausibel und abgesichert durch zahlreiche Gespräche, durch das erwähnte unveröffentlichte Interview mit Hackenberg und Berichte (so durch den »Sachstandsbericht« Straßenburgs an Innenminister Dickel vom 10.10.1989 um 02.00 Uhr wenig später, in: »Horch und Guck«, Heft 23 (2/1998), und Hollitzer 1999. Zeitweilig betonte Straßenburg seine »entscheidende« Rolle stärker (mündliche Aussage von Langener [Bürgerkomitee Leipzig], ebenso von Zarges [Hauptarchivar, Leipzig]). Und Schabowski legt absichtlich oder auch nicht ein stärkeres Gewicht auf die drei Mitglieder der Bezirksleitung, die den Mäßigungsaufruf der »Leipziger 6« unterschrieben; aber sie hatten keine Entscheidungskompetenz (Schabowski, S. 251 f.).

52 Hans-Joachim Friedrichs von den »Tagesthemen« des Ersten (West-)Deutschen Fernsehens (ARD) brachte um 22.30 Uhr ein früher aufgenommenes Telefonat mit Pfarrer Christoph Wonneberger von der Lukas-Kirche in Leipzig und sprach von der Sensation, dass drei hohe SED-Funktionäre von der Bezirksleitung den Aufruf der Sechs mit unterschrieben hätten. Das bedeute doch eine erste Öffnung der Partei gegenüber denen, die einen Dialog mit ihr suchen. Diese Interpretation dürfte damit weite Verbreitung gefunden haben – wie überhaupt das westdeutsche Fernsehen eine gewichtige Rolle in dem Vereinigungsprozess spielte.

53 Minister Keßler befand sich vom 12. bis zum 18.10 in Kuba bzw. Nicaragua.

Streletz: Auf dem Rückflug von Leipzig nahm mich Egon Krenz zur Seite und sagte sinngemäß zu mir: »Wie würde sich die Armee, vor allen Dingen die Generäle und die Offiziere verhalten, wenn Erich Honecker abgelöst wird, da es mit ihm so nicht weitergeht und wir einen neuen Generalsekretär wählen würden?« Sicherlich machte ich ein verdutztes Gesicht, weil mit dieser Offenheit mit mir noch nie einer gesprochen hatte.[54]

Streletz' Reaktion ist wenig überraschend, aber dennoch interessant für die Hauptfrage dieses Buches:

Meine Gegenfrage war sofort: »Ist eine solche Maßnahme mit der Sowjetunion abgestimmt?« Weil, ich sage noch mal, ich Stellvertreter des Oberkommandierenden der Vereinten Streitkräfte war, und mir lag viel daran zu wissen: Ist das mit der Sowjetunion, mit der Sowjetarmee abgestimmt oder nicht? Seine Antwort war: »Wir machen so etwas nie im Alleingang. Wir stimmen alles mit der Sowjetunion ab.«[55] *Und darauf sagte ich zu ihm: »Die Nationale Volksarmee hat einen Fahneneid geleistet, nicht auf eine Person, sondern im Fahneneid heißt es: ›Ich schwöre, die Deutsche Demokratische Republik gegen jeden Feind zu beschützen und sie auf Befehl der Arbeiter- und Bauernregierung standhaft zu verteidigten.‹ Das heißt, es geht nicht um Personen, sondern es geht um die Erfüllung der Aufgabe des Fahneneides.« Und da sagte er noch mal zu mir: »Ist das bloß deine Meinung oder ist das auch die Meinung der Generäle und der Offiziere?« Ich sage: »Ich kann dafür garantieren, dass das auch die Meinung der Generäle, der Offiziere der Nationalen Volksarmee ist.« Und da merkte ich, dass er sichtlich erleichtert war.*

Streletz fügt noch eine weitere wichtige Information hinzu:

Dieses Gespräch, das er mit mir geführt hat, führte er anschließend (im Flugzeug – AvP) *auch mit dem ersten Stellvertreter des Ministers für Staatssicherheit, Generaloberst Mittig, und dem Chef des Stabes des Ministeriums des Innern, Generaloberst Wagner, so dass er sich auf dem Rückflug von Leipzig nach Berlin vergewissert hat, dass die drei bewaffneten Organe einer Ablösung von Erich Honecker sicherlich zustimmen würden und dass er auf diesem Gebiet von dort keine Schwierigkeit zu erwarten hatte.*

Honecker selbst unterschrieb dann den Einsatzplan für die kommenden Demonstrationen in Gestalt des Befehls 9/89, den ihm Krenz und Streletz vorlegten. Dabei forderte er Streletz immerhin auf, bei dem Chef der sowjeti-

54 Fritz Streletz im Interview mit Hans-Christoph Blumenberg 1999

55 Ob Krenz hier ehrlich war oder nicht, ist letztlich heute nicht zu entscheiden. Jetzt erscheint es eher so, als ob es keine konkrete Vorabsprache mit den Sowjets gab außer der allgemeinen und wiederholten Erklärung Gorbatschows, sich nicht in andere Länder des Warschauer Paktes einzumischen, und außer desjenigen Gesprächs, das Harry Tisch wenige Tage später mit Gorbatschow führen sollte, also nach dem Gespräch mit Streletz im Flugzeug.

schen Truppen in der DDR, Armeegeneral Snetkow, anzurufen und zu bitten, nach Möglichkeit keine Truppenbewegung, keine Übungen in den Räumen Dresden, Leipzig, Potsdam und Berlin durchzuführen.

Armeegeneral Snetkow zeigte, so Streletz, dafür vollstes Verständnis, versprach Einhaltung, fügte jedoch etwas hinzu, das besonders interessant ist und in Widerspruch zu vielen Berichterstattungen über die Nichteinmischung der sowjetischen Armee steht.

> *Snetkow nach Streletz: »Genosse Streletz, ich unterstreiche noch mal, wenn die Nationale Volksarmee Hilfe, Unterstützung benötigt, die Gruppe ist bereit, ihren Waffenbrüdern der NVA jegliche Hilfe zuteil werden zu lassen.«*[56]

Dazu kam es bekanntermaßen nicht.

Gorbatschow selbst hat einer solchen Sicht auch immer widersprochen. Zu diesem Zeitpunkt – er meint den Oktober/November 1989 – habe es solche Kräfte, die militärisch intervenieren wollten, nicht mehr gegeben. Die sowjetischen Panzer blieben in den Kasernen.

> *Gorbatschow: Ich verstehe natürlich, dass die Menschen Ungarn und die Tschechoslowakei nicht vergessen konnten – und auch die Situation in Ostdeutschland am Anfang ihrer Entwicklung* (1953 – AvP). *Es konnten entsprechende Assoziationen auftauchen, aber für die seriösen Politiker stand fest, dass wir diesen Weg nicht mehr einschlagen werden. Weder im Politbüro noch in der sowjetischen Führung hatte ich Probleme damit.«*[57]

Der DDR-Verteidigungsminister Heinz Keßler, selbst General, sieht das etwas anders: Er habe »nicht einen einzigen« sowjetischen General gekannt, der die Perestroika unterstützt hätte. Eine ganze Reihe von diesen »waren mit mir der Auffassung, diese Politik der Perestroika und Glasnost muss zu einer schwierigen Situation führen, wenn nicht zu Schlimmerem«. Besonders Marschall Achromejew, Gorbatschows militärischer Berater, selbst ZK-Mitglied und zeitweilig Generalstabschef, sei der Meinung gewesen, »dass dieser Weg … Perestroika und Glasnost, wenn er so weitergehen wird, der Sowjetunion, der sozialistischen Staatengemeinschaft und natürlich auch der DDR zum Schaden gereichen würde«. Derselben Auffassung seien eigentlich alle Generale der Westgruppe der sowjetischen Armee in der DDR gewesen.[58]

Die Frage war nur, ob es Anlässe geben konnte, die im Oktober 1989 und auch danach einen sowjetischen Gegenschlag provozieren könnten. Inzwischen weiß man, dass es große Ängste in sowjetischen Kasernen gab, in denen man sich manchmal mit selbstgemachten Polizeiwaffen schützen wollte, um bei möglichen Anschlägen auf kleiner Flamme reagieren zu können.[59]

56 Interview mit Streletz a.a.O.
57 Gorbatschow im Interview mit Guido Knopp.
58 Heinz Keßler im Interview mit Hans-Christoph Blumenberg 1999.
59 Vgl. Wolle/Kowalczuk 2001 und die Fernsehreihe »Roter Stern über Deutschland. Sowjeti-

Zurück zu den Montagsdemonstrationen: Honecker schaute sich über Monitore bei Innenminister Dickel die nächste Demonstration in Leipzig zusammen mit anderen führenden Funktionären an. Streletz musste Honecker die Losungen vorlesen, die dort getragen wurden; der SED-Chef soll während der Demonstration den Einsatz von Fallschirmjägern gefordert haben, was die anderen ablehnten.[60]

Die Massendemonstrationen in Leipzig, Berlin und andernorts hatten die SED-Spitze, vermutlich mit Ausnahme Honeckers, »weich geklopft« – natürlich auf der Grundlage des Wissens um den Niedergang der DDR-Wirtschaft und vor dem Hintergrund der Änderungen in der Sowjetunion. Aber ohne diese »Schwächung« der politischen und militärischen Führung und ohne die Verabredungen zwischen der Generalität der DDR, ihrer politischen Führung und der sowjetischen Generalität in der DDR wären die Demonstrationen und die demokratische Entwicklung in der DDR in größerer Gefahr gewesen.

Nachdem Krenz während seiner Sondierungen ein positives Echo bei den wichtigsten sicherheitspolitischen Führern der DDR gegen Honecker gefunden hatte, trafen sich am 16. Oktober 1989 konspirativ die »Hauptverschwörer« Egon Krenz, Günter Schabowski und Gewerkschaftsvorsitzender Harry Tisch in dessen Wandlitzer Haus nach Einbruch der Dunkelheit, dessen Interieur aus altdeutschen Möbeln mit einer »umfangreichen Sammlung von Bierseideln, die mehrere Bücherregale in Anspruch nahm«, schon manche Anmerkung hervorgerufen hat.[61] Dort wurde der »Fahrplan« für die Sitzung des Politbüros festgelegt, auf der Erich Honecker abgesetzt werden sollte. Willi Stoph hatte sich bereit erklärt, dort den Antrag auf Absetzung selbst zu stellen. Er wollte nach dem nächsten Parteitag zurücktreten. Über einen Nachfolger (Krolikowski oder Tisch) musste man nachdenken. Das Wichtigste war aber, die verpasste Chance vom 40. Jahrestag auszubügeln und Gorbatschow vorher zu informieren – explizit nur zu informieren: Man wollte kein Placet und keine Botschaft. Harry Tisch sollte dies bei seinem kommenden Besuch in Moskau erledigen.[62]

Tisch fuhr in der Tat am 17. Oktober nach Moskau und erledigte diese Aufgabe mit der ihm eigenen filmreifen Diskretion. Sein Auto scherte unabgesprochen aus dem Konvoi aus und schlug die Kremlroute ein. Gorbatschow nahm die Erklärung mit Genugtuung zur Kenntnis und ließ Krenz und

sche Truppen in der DDR«. Dass es in dieser Mixtur aus unmittelbarer Angst und der politischen Sorge, der Gorbatschow-Kurs könnte zum Auseinanderfallen des Warschauer Vertrages oder gar der Sowjetunion führen, nicht zu militärischen Revolten kam, ist ein bis heute erstaunliches Phänomen, dem weiter unten noch einmal nachgegangen werden soll (Kap. Das Militär, der Marschall und Gorbatschows Sessel).

60 Das erklären die Beteiligten in den Interviews 1999.

61 Schabowski, 1991a, S. 260. Schürer hält bei fundamentaler Kritik an Schabowskis Haltung nach der Wende dessen Bericht (Schabowski 1991b) über die Absetzung für sachlich richtig (Schürer S. 193). Vgl. auch Süß 1999, S. 298 ff.

62 Schürer spricht demgegenüber von einer regelrechten Abstimmung zwischen Gorbatschow und dem FDGB-Vorsitzenden.

seinen Freunden die besten Wünsche für den Erfolg ihrer Sache übermitteln.[63]

Die Absetzung Honeckers wurde fast gefährdet durch einen Artikel in der Berliner Ausgabe der »Bild-Zeitung« vom 13. Oktober, der überschrieben war: »Honecker – Mittwoch letzter Arbeitstag«.[64] Höchstrangige Kreise der DDR hätten der »Bild-Zeitung« mitgeteilt, dass Honecker in fünf Tagen entmachtet werde. Offenbar unterschätzte Honecker die »westliche Journaille« – jedenfalls ist nichts über einen Versuch bekannt, eine solche Möglichkeit zu verhindern. Die Frage, wer ein Interesse an einer solchen »gezielten Indiskretion« haben konnte und die »Bild-Zeitung« informierte, ist bis heute unklar.

Am Dienstag, dem 17. Oktober 1989, um 10 Uhr war es dann so weit: Tagung des Politbüros in Berlin. Ziel der Gruppe um Krenz: Absetzung Honeckers. 25 Mitglieder und Kandidaten waren anwesend. Verteidigungsminister Keßler fehlte, weil er noch auf seiner Mittelamerikareise war. Honecker eröffnete die Sitzung, fragte, ob es weitere Vorschläge zur Tagesordnung gebe. Darauf meldete sich Willi Stoph und stellte den Antrag, »den Genossen Honecker von seiner Funktion als Generalsekretär zu entbinden«.[65] Honecker versuchte zunächst ohne größere Reaktion, den Antrag zu überspielen, was Proteste auslöste. Honecker sagte später: »Ich habe sofort gewusst, dass das ein abgekartetes Spiel war und dass ich mit diesem Kollektiv nicht mehr zusammenarbeiten kann.«[66]

Nacheinander sprachen sich alle Mitglieder des Politbüros – selbst mitverantwortlich für die katastrophale Lage – für die Absetzung Honeckers aus; Schabowski forderte auch die Ablösung Honeckers von den Posten des Staatsratsvorsitzenden und Vorsitzenden des Nationalen Verteidigungsrates. Günter Mittags Votum für die Ablösung des langjährigen Generalsekretärs soll lebhafte Zwischenrufe ausgelöst haben – immerhin war er der Mann, der bei den Gegnern Honeckers als der eigentliche Drahtzieher für eine »unrealistische Politik« und die Abkehr von der Sowjetunion galt. Daher wurde von einigen Mittags Ablösung und die von Joachim Herrmann zugleich mit der von Honecker gefordert. Honecker soll sich all dies ohne Regung angehört haben. Nur bei Mielke, dem Stasi-Chef, soll Honecker aufgefahren sein. Es kam zu einem Wortwechsel, in dessen Verlauf Mielke auch undeutliche Drohungen ausgestoßen haben soll. Erst im November 1990 wird bekannt, worauf sich Mielke bezogen haben könnte. In dem Büro des Stasi-Chefs wird

63 Nach Schabowski 1991a, S. 260. Über dieses Gespräch Harry Tischs mit Gorbatschow gibt es kein Protokoll in der Gorbatschow-Stiftung, zumindest wurde es mir nicht vorgelegt.

64 Vgl. Hertle/Stephan 1999, S. 50.

65 So Honeckers Version bei Andert/Herzberg 1990, S. 30, während bei Krenz 1999, S. 116, Stoph den Antrag auf »Wahl von Egon Krenz zum Generalsekretär« gleich mit stellte. Bei Schabowski hat Stoph mit der Absetzung Honeckers auch die von Mittag und Herrmann gefordert. Vgl. insgesamt zur Absetzung Honeckers: Schabowski 1990 und 1991.

66 Andert/Herzberg 1990, S. 30.

im Panzerschrank ein roter Koffer mit Akten u.a. der nationalsozialistischen Justiz über den damaligen Zuchthaus-Häftling Erich Honecker gefunden. Im Gegensatz zu seiner Heldenlegende soll Honecker damals andere verhaftete Genossen belastet haben – allerdings unter Folter. Und Mielke hielt dieses Material für alle Fälle in seinem Safe.[67]

Krenz sprach gegen Ende der Sitzung: Dies sei ein entscheidender Augenblick. Er habe es sich wohl überlegt: Wenn das Politbüro dem Antrag des Genossen Stoph folge, dann stehe er für das Amt des Generalsekretärs zur Verfügung. Honecker sprach als Letzter und soll davor gewarnt haben zu glauben, mit seiner Absetzung werde auch nur eines der inneren Probleme gelöst werden. »Mein Auswechseln zeigt«, so zitiert ihn Egon Krenz, »dass wir erpressbar sind.«[68]

In Punkt 1 des Politbüro-Protokolls von Willi Stoph heißt es: »Das Politbüro stimmt dem Vorschlag des Genossen Willi Stoph zu, Genossen Erich Honecker von der Funktion als Generalsekretär und als Mitglied des Politbüros des ZK der SED aus Gesundheitsgründen zu entbinden.« Egon Krenz werde dem ZK am nächsten Tag zum neuen Generalsekretär vorgeschlagen. Es war ein einstimmiger Beschluss. Honecker, Mittag und Herrmann stimmten wie alle anderen für ihre Absetzung. Mit der Erklärung des Politbüros, Honecker sei aus Gesundheitsgründen vom Amt zurückgetreten, enthob man alle Seiten, die Kontroversen um die reale Lage und um das Verhältnis zur Demokratie – auch parteiintern – öffentlich zu machen, und gab dem ZK auch keine Gelegenheit, sich eventuell doch noch für Honecker zu entscheiden.

Das ZK wählte am folgenden Tag, dem 18. Oktober 1989, wie erwartet Krenz zum Nachfolger Honeckers.

3.3.2 Zurückhaltung der Sowjetunion?

Gorbatschow selbst behauptet ebenso wie Krenz, wie auch alle sowjetischen Berater und wie der sowjetische KGB-Chef jener Tage, Krjutschkow, dass es keine konkrete Hilfe aus der Sowjetunion zum Sturz Honeckers gegeben habe.

Das mag stimmen, es wäre jedoch naiv, wenn man zum heutigen Zeitpunkt mit Gewissheit sagen wollte, dass es keine sowjetischen Drahtzieher im Hintergrund gegeben habe. Vieles spricht allerdings dafür, dass man in Moskau auf einen wesentlich früheren Wechsel gehofft hatte, den man aber nicht erzwingen wollte. Noch nach dem Mauerfall äußerte Gorbatschow in einem Telefonat mit Mitterrand am 14. November 1989: »Wenn diese Ereignisse (also die Führungswechsel in der DDR – AvP) früher stattgefunden

67 Przybylski 1991, vgl. auch die »Frankfurter Allgemeine Zeitung« vom 11.11.1990.
68 Krenz 1999, S. 118.

hätten, dann würde (heute – AvP) alles ruhiger ablaufen.«[69] Wenn es eine direkte Einflussnahme gegeben hätte, dürfte man mit einer gewissen Wahrscheinlichkeit davon ausgehen können, dass dies inzwischen »ausgeplaudert« worden wäre von einem der ehemaligen Genossen, die sich zum Teil heute spinnefeind sind. Dennoch ist unbekannt, ob der KGB damals in der DDR in diese Richtung arbeitete. Zeitweilig gab es Gerüchte über eine KGB-Gruppe, die eventuell die Hand im Spiel gehabt haben könnte. Nach diesen Gerüchten wurde Nikolai Portugalow im ZDF-Interview befragt.

> *Blumenberg: Ich bin auf etwas Merkwürdiges gestoßen, einerseits durch das Buch von Gregor Gysi*[70] *und dann auch durch einen Bericht der »Berliner Zeitung«, nämlich auf den Hinweis, dass es innerhalb des KGB eine Gruppe gegeben haben soll, die ab 1987/88 speziell damit befasst war, sich das Führungspersonal in der DDR anzuschauen und zu gucken, wer in Frage käme für den Fall, dass Honecker endgültig scheitert. Diese Gruppe hatte angeblich den Namen Strahl, Ljusch. Haben Sie je davon gehört, halten Sie das für real?*
>
> *Portugalow: Sehr in Maßen. Sehr in Maßen. Ljusch gab es wirklich. Nur nicht so sehr wegen der Suche nach einem passenden Kandidaten (für Honecker – AvP), sondern (...) Ljusch bestand immer als eine Art Werbeoperation, wenn Sie wollen: Agentensuche, Agentenwerbung. Nur, dass diese Leute ernstlich, ohne Gorbatschow, (...) irgendwie den Honecker ersetzen könnten? (...) Die konnten höchstens ein paar Tipps geben, und nicht einmal die haben sie gehabt. Im Grunde genommen wurde daraus ein Flop.*[71]

Außer dieser etwas dunklen und offensichtlich hochgespielten Geschichte gibt es bisher auch keine anderen Indizien für sowjetische »Strippenzieher« bei Honeckers Absetzung im Hintergrund, auch nicht in den Politbüro-Notizen im Gorbatschow-Archiv.

Kaum war die Sitzung des SED-Zentralkomitees zu Ende, kam ein Glückwunschtelegramm von Gorbatschow, und Botschafter Kotschemassow erschien. Der sowjetische Generalsekretär schickte überdies persönliche Botschaften an die Westmächte, auch an Helmut Kohl über den sowjetischen Botschafter in Bonn, Kwizinski. Es läge ihm, heißt es dort, fern, mit Kohl die inneren Angelegenheiten eines anderen Staates zu erörtern, aber er erinnerte Kohl an dessen Versicherung, die er jüngst (am 11. Oktober) in einem Telefonat wiederholt habe, er sei in keiner Weise an einer Destabilisierung der DDR oder Osteuropas interessiert.[72]

69 Telefonat Gorbatschows mit Mitterrand am 14.11.1989, Gorbatschow-Stiftung, 3713-3722.

70 Gysi/Falkner 1990.

71 Nikolai Portugalow im Interview mit Hans-Christoph Blumenberg 1999.

72 Der Text, den Botschafter Kwizinski übermittelte, findet sich in SAPMO-BArch, DY 30/IV 2/2.039/319, Bl. 11 und 12. Das Telefonat Gorbatschow – Kohl ist abgedruckt in: DzD, S. 449 f.

Im sowjetischen Protokoll wird diese Versicherung Kohls abermals wesentlich deutlicher formuliert als im deutschen. Dort wird Kohl mit dem Satz zitiert: »Ich möchte Ihnen versichern, dass die BRD keineswegs an der Destabilisierung der DDR interessiert ist und ihr nichts Schlechtes wünscht.«[73]

In der von Kwizinski übermittelten Botschaft, die sich nicht in den veröffentlichten Bundeskanzleramtsakten befindet und auch nicht in den Ausarbeitungen des Ministerialdirigenten Duisberg für Kohl über die Absetzung Honeckers[74], hieß es weiter:

> *Michail Gorbatschow erwartet, dass entsprechend diesen Versicherungen und der breiten Verständigung, die bei den Gipfeltreffen in Moskau und Bonn erreicht wurde, der Kanzler und die BRD insgesamt zu den Vorgängen in der DDR eine Position einnehmen, die den Interessen der Berechenbarkeit der Handlungen aller und der Festigung der Stabilität in Europa entspricht.*[75]

Gorbatschow scheint offensichtlich bereits am Tage der ZK-Sitzung, die Honeckers Absetzung bestätigte, in Sorge um die DDR unter Krenz gewesen zu sein.

3.3.3 Schleusenöffnung wird zum Dammbruch

In seinem Schlusswort auf der Tagung des Politbüros am 17. Oktober soll Krenz gesagt haben: »Ohne die Sowjetunion gibt es keine DDR. Wenn wir nicht sofort eine Wende in der Partei einleiten, kann es zu bürgerkriegsähnlichen Ausbrüchen kommen.«[76] Er dürfte nur eine leise Ahnung gehabt haben, wie sehr und wie anders er Recht bekommen sollte. Am 18. Oktober wurde Egon Krenz vom Zentralkomitee bestätigt. In seiner Schlussrede legte er in alter Sprache dar, was er neu zu tun gedenke: von ökonomischen Reformen über die Demokratie und neue Beziehungen zu den Verbündeten bis hin zu seiner Bereitschaft, »Wege und Möglichkeiten zu prüfen, um langfristig die Beziehungen zwischen der DDR und der BRD enger und vertraglich geregelt zu gestalten.« Zugleich machte er in diesen Tagen klar, woran er festhalten wollte: an der DDR als souveränem Staat und am Sozialismus in der DDR.[77]

Nach allem, was an Originaldokumenten heute zur Verfügung steht, war meines Erachtens Krenz' vorsichtige Opposition und schließlich der zahme und späte Politbüro-Putsch aus Überzeugung geboren. Seine nun folgenden Maßnahmen wurden von dem Impetus getragen, sowohl die Lage der DDR-Bevölkerung zu verbessern als auch mehr Demokratie, insbesondere Reise-

73 Gorbatschow-Stiftung, 89OCT11.
74 Duisbergs Vorlage für Kohl in DzD, S. 455 ff.
75 SAPMO-BArch, DY 30/IV 2/2.039/319, Bl. 11 und 12.
76 Krenz 1999, S. 117.
77 Ebenda, S. 124 und S. 129.

freiheiten, zuzulassen – innerhalb seiner Vorstellungen vom realen Sozialismus, von dem er geprägt war.

Damit wollte er wohl reguliert Schleusen öffnen, aber das reichte in jenen Tagen nicht mehr – es wurde ein Dammbruch. Es war eben ein vergeblicher und allzu später Versuch, ein Volk zu gewinnen, das sich bereits in seiner Mehrheit auf weitergehenden Wegen befand. Und bei den Oppositionellen galt Krenz ohnehin als ein Vertreter des Ancien Régime, dessen Bild durch Wahlfälschungsvorwürfe und durch seine Rechtfertigung des Blutbades auf dem Pekinger Tiananmen-Platz[78] zu einer feindlichen Fratze geworden war.

Ulrike Poppe:

> *Ich glaube, niemand im Land hatte eine Hoffnung, dass mit Krenz etwas anders werden konnte. Das war der Kronprinz, der war von Honecker gekürt.*[79] *Der hat zwar vorgegeben, vieles anders zu machen, aus der Not heraus, aber er hatte keine Chance.*

Für die meisten aus der Opposition, mit denen ich sprach, war die Wahl von Egon Krenz bereits eine Bankrott-Erklärung des Neuanfangs. Und Krenz tat auch nichts Besseres, als eben die Rede, die er vor dem ZK gehalten hatte, nun auch im Fernsehen von sich zu geben mit der Anrede »Liebe Genossinnen und Genossen« – ohne ein Gespür dafür zu haben, was das für die Mehrheit der Bevölkerung bedeuten musste. Krenz selbst erklärt allerdings, dass ein weniger parteilicher Vorspann weggelassen oder überhört worden sei, in dem er unter der Anrede: »Liebe Bürgerinnen und Bürger der DDR« über die ZK-Tagung demokratisch »informieren« wollte, in dem »ich den vollen Text vortrage«.[80]

Obwohl sich er und die anderen Politbüro-Mitglieder mühten, man glaubte ihnen nicht. Schabowski hoffte damals: »Wir haben Zeit jetzt. Wir werden jetzt alles machen können – das war unsere große Illusion. Wir hatten das bisschen an Luft, das wir meinten, uns damit zu verschaffen, fast sofort verbraucht.« Und Krenz: »Die Schonfrist haben mir weder die westlichen Medien gegeben noch die eigene Bevölkerung. Insofern war ich immer ein Ge-

78 Auch Gorbatschow hatte eine verwirrende Bemerkung gemacht, als im Politbüro des ZK der KPdSU Lukjanow am 3.11.1989 nach seinem Besuch in China berichtete, dass auf dem Tiananmen-Platz tatsächlich 3 000 Personen umgekommen seien: »(Wir) sollten Realisten sein. Sie müssen sich genauso halten wie wir. Drei Tausend. Und was hat es gebracht? Manchmal ist man gezwungen, eine Position aufzugeben. Strategie und Taktik eben.« (Eine andere Übersetzung lautet: »Na und? Manchmal ist man gezwungen zurückzutreten«), Gorbatschow-Stiftung, Politbüro-Mitschriften vom 3.11.1989.

79 So war es auch wirklich: Honecker hatte ganz zum Schluss selbst entgegen der Planung Egon Krenz als Nachfolger vorgeschlagen. »Damit erweckt er den Eindruck, er selbst habe mich als seinen Nachfolger vorgeschlagen. Tatsächlich aber war es das Politbüro (Krenz 1999, S. 126).

80 Ebenda, S. 133.

triebener. Wir waren oft morgens anderer Meinung, als wir dann abends sein mussten.«[81]

In der Tat: Nach dem Sturz Honeckers ging es Schlag auf Schlag. Am 23. Oktober demonstrierten ca. 300 000 in Leipzig: »Wir sind das Volk!« Stündlich gingen beim Generalsekretär katastrophische Meldungen aus dem Lande ein. Austritte, Bitten, Erklärungen, Vorwürfe, Kritiken. Wenn man heute all das liest, was in den folgenden Wochen auf den Tisch des Generalsekretärs flatterte[82], dann ahnt man, dass es nicht mehr schwankende Planken waren, auf denen Krenz und seine Mannschaft die Kommandobrücke errichtet hatten, sondern es waren die Reste eines sinkenden Schiffes. Die Oppositionellen waren der Führung der SED seit langem bekannt – es gab einen eigenen, keineswegs vollständigen Ordner für die Opposition beim Generalsekretär.[83] Aber nun zeigten sich erste Auflösungserscheinungen auch *in* der Partei, wo es eine »fast religiöse Beziehung zur Einheit und Reinheit« gegeben hatte.[84] Das ging von Bezirkssekretären über die Freidenker und die Urania bis hin zu Einzelverfassern von Briefen, mit denen sich Personen wegen der verheerenden Stimmung in der Partei an Krenz wandten. Aber die wirkliche Katastrophe sollte erst noch kommen.

Außerdem stand eine Reihe internationaler Gespräche an – darunter mit Gorbatschow und mit einigen Repräsentanten des politischen Lebens der Bundesrepublik, wie die »Abteilung für Internationale Politik und Wirtschaft« schon am 20. Oktober schrieb: Übersicht über die bis Dezember 1989 vereinbarten bzw. seitens der DDR zugesagten Aktivitäten mit politischen Kräften der BRD bzw. Berlin (West).

Darunter befanden sich Gespräche mit Otto Graf Lambsdorff, Vorsitzender der FDP (Oktober 1989), Edmund Stoiber, Innenminister von Bayern (»Vorschlag: Bereitschaft, aber Verschiebung«), mit der SPD zu sicherheitspolitischen Fragen, der Friedrich-Ebert-Stiftung zum passenden Thema »Zwei deutsche Staaten, welcher Zukunft zugewandt?«, mit Gerhard Schröder (»Termin verschieben auf Jan. oder Februar«), mit Vertretern der Westberliner »Alternativen Liste« und dem Umweltminister Töpfer (»sollte stattfinden«) sowie dem Regierenden Bürgermeister von Westberlin Walter Momper (»etwas später«) und vielen anderen.[85]

81 Beide im Interview mit Blumenberg 1999.
82 SAPMO-Barch, DY 30/IV 2/2.039/317 von Bl. 9 bis Ende.
83 SAPMO-BArch, DY 30/IV 2/2.039/312. Er beginnt mit einem Grundsatz-Brief von Bärbel Bohley und Monika Haeger vom 2.4.1986, »abgegeben am 3.4. um 8h 45«, und reicht bis in den Herbst 1989.
84 Krenz 1999, S. 123.
85 SAPMO-BArch, DY 30/IV 2/2.039/328 Bl. 6–11.

Das wichtigste Gespräch war das mit Gorbatschow, das schon in den Glückwünschen angesprochen und für einen baldigen Termin vorgesehen war.

3.4 Der Niedergang der DDR-Wirtschaft

Am Ende der ZK-Sitzung am 18. Oktober wünschten einige Mitglieder des ZK wie Manfred Ewald und Hans Modrow eine Grundsatzdiskussion im Plenum. Aber Krenz sah sich außerstande: Es fehle die inhaltliche Vorbereitung. »Das ZK muss wissen: Wie steht es um die tatsächliche wirtschaftliche Situation? Wie um die Staatsfinanzen? Welche ökonomischen Reformen sind machbar?«

Dass die miserable wirtschaftliche Lage den Mitgliedern des ZK unbekannt gewesen sein sollte, ist kaum glaubhaft. Wie mehrfach angedeutet, hat Gerhard Schürer schon früh versucht, dem Politbüro die ökonomische Situation ungeschminkt darzustellen. Er erwähnt, dass seine »Überlegungen« dazu 1988 immerhin als Material den Politbüro-Mitgliedern übermittelt worden waren. Darin ging es ihm hauptsächlich um die Kürzung von »alle(n) nicht sozial begründete(n) Subventionen«, um den Ausbau der Exporte in den Westen bei Nutzung der »wachsenden Guthaben in der UdSSR«, um die Verlangsamung des »Wachstums der Ausgaben für gesellschaftliche Konsumtion (Staatsapparat, Erziehung, Gesundheit – AvP)«, um die Sperrung jeden Zuwachses bei Armee, Staatssicherheit, Polizei und Parteien, um die Einsparung von Energie etc.[86]

Er begründete solche Maßnahmen damit, dass in der zweiten Hälfte der 80er Jahre das geplante Wachstum von 4 Prozent nicht mehr erreicht wurde, während gleichzeitig die Subventionen und die Einnahmen der Bevölkerung »im Selbstlauf jährlich um 7 Prozent stiegen«, wodurch es wachsende Disproportionen im Haushalt gab. Der Export in die »Nichtsozialistischen Wirtschaftsgebiete« verringerte sich, und die Verschuldung »galoppierte in Richtung von 20 Milliarden US-Dollar«. Eine weitere Ursache für die Verschlechterung war, dass die Weltmarktpreise für Rohöl Kapriolen schlugen: »Kostete uns 1972 eine Tonne Rohöl aus der UdSSR 14 Rubel, kletterte er bis 1981/82 auf 182 Rubel pro Tonne, ging danach wieder auf 90 Rubel pro Tonne zurück, was aber im RGW-Preis erst zeitversetzt wirksam wurde, denn der RGW-Preis für das kommende Jahr bildete sich stets auf der Basis des Weltmarktpreises der letzten 5 Jahre.« Es trat also die Situation ein, »dass wir für das sowjetische Erdöl noch 170 – 180 Rubel pro Tonne bezahlen mussten, aber für den Export von Erdölprodukten nur der aktuelle Weltmarktpreis erlöst wurde. Damit schmolz auch der Exportüberschuss der Jahre

86 Schürer 1999, S. 184 ff.

1981–1985 zusammen.« Überdies reduzierte die UdSSR die Exportlieferungen in die DDR von 19 Mio. Tonnen auf 17,1 Mio. Tonnen.[87]

Lothar de Maizière meint, dass die erste wirklich schonungslose Untersuchung der realen Lage der DDR-Wirtschaft zehn Tage nach Honeckers Absetzung unter der Ägide von Krenz erfolgte. »Am 27. Oktober legten die fünf Wirtschaftsweisen der DDR (...) Studien zur wirtschaftlichen Situation der DDR vor. (...) Diese Studie wurde sofort unter GVVS[88] gestellt, also die höchste Geheimhaltungsstufe.«[89] Denn wenn diese Daten in der Bevölkerung bekannt geworden wären, hätte es einen Aufstand gegeben; und schlimmer noch, wenn die westeuropäischen Banken davon erfahren hätten, wäre es mit der Kreditfähigkeit der DDR sofort vorbei gewesen. Auch er habe darüber geschwiegen. Nach dieser Studie, an der neben Schürer auch Schalck-Golodkowski[90], der Finanzminister und andere beteiligt waren, gab es fundamentale Mängel in der DDR-Wirtschaft:

Erstens die mangelnde Reinvestition in die Produktion, »was zu einer totalen Veralterung« der Anlagen geführt habe. »Im Prinzip muss eine Volkswirtschaft, wenn sie gesund ist, 50 Prozent reinvestieren.«

Zweitens: »Die Effizienz der ostdeutschen Wirtschaft beträgt maximal 40 Prozent der vergleichbaren Situation in der Bundesrepublik.« Es sei in den letzten 20 Jahren unverhältnismäßig mehr in den konsumtiven Bereich investiert worden.

Drittens: »Die Staatsquote, d. h. der Verbrauch der öffentlichen Hände, betrug in den letzten Jahren der DDR über 80 Prozent, und wir wissen, dass sie z. Zt. (Ende 1999 – AvP) in der Bundesrepublik 53 Prozent« beträgt.[91]

Viertens die Verschuldung: Nach de Maizière betrugen die Schulden der DDR 1989 »mehr als 500 Milliarden DDR-Mark: 220 für die Betriebe, 110 für den Wohnungsbau, 167 gegenüber dem westlichen Ausland[92] (die dann auf 50 Milliarden DM am Ende ansteigen sollten). Die Zahlungsbilanz mit den RGW-Staaten sei über die Jahre gesehen »einigermaßen ausgeglichen« geblieben.

De Maizère: Die Ersparnisse der DDR-Bevölkerung von 160 Milliarden waren so viel wert wie das Papier auf dem es gedruckt war. Allein in den letzten fünf Jahren (der DDR – AvP) *waren die Zinseinnahmen der Bevölkerung – und die hatten einen gesetzlichen Festzins von 3¼ Prozent – höher als die Zunahme des Waren-*

87 Schürer 1999, S. 186 f.
88 Geheime vertrauliche Verschlusssache.
89 Lothar de Maizière im Gespräch mit mir am 1.11.2000.
90 Alexander Schalck-Golodkowski, Jahrgang 1932, wurde 1966 Leiter des Bereichs Kommerzielle Koordinierung (KoKo), war 1983 maßgeblich am Zustandekommen des Milliardenkredits der BRD an die DDR beteiligt, seit 1986 ZK-Mitglied, war von Krenz zunächst als Ministerpräsident in Betracht gezogen worden. Schalck-Golodkowski stellte sich am 6.12.1989 nach Parteiausschluss den Westberliner Behörden.
91 Alle Zitate stammen aus dem Gespräch, das ich 1999 mit Lothar de Maizière führte.
92 De Maizière 1996, S. 95.

kaufs. Das heißt, wir hatten also den Beginn einer galoppierenden Inflation. Letztendlich ist uns nur durch die Währungsunion das erspart geblieben, was die Polen, die Tschechen und vor allen Dingen die Russen an Inflationen erlebt haben.[93]

Die Neuverschuldung scheint von heute aus gesehen begrenzbar gewesen zu sein, aber:

Wir mussten 4,40 Mark aufwenden, um ein Produkt zu erzeugen, das für 1 DM dann in der Bundesrepublik oder sonstwo verkäuflich war. Das heißt, 50 Milliarden DM Schulden sind umgerechnet rund 225 Milliarden Mark der DDR-Schulden. Und das ist mehr oder fast das Doppelte eines Jahreshaushaltes. Außerdem kommt es nicht auf die Höhe der Verschuldung an, sondern es kommt darauf an, wie weit ist die Volkswirtschaft in der Lage, die sich aus der Verschuldung ergebende Kapitallast zu tragen und die Tilgung zu bewerkstelligen usw. Und das war eben zum Schluss praktisch nicht der Fall. Deswegen auch die Versuche, mit fast kriminellen Methoden Kredite zu erlangen. Zum Beispiel Schalck-Golodkowskis »Scheckreiterei«.[94]

Ein weiteres Element wird von de Maizière eingeführt, das ansonsten – auch in den Gesprächen der DDR- mit der sowjetischen Führung – zumindest in den Protokollen keine Rolle spielt, die Umtauschsätze innerhalb des RGW und die Kosten für die sowjetischen Truppen in der DDR.

Es gab im Grunde genommen drei Umrechnungskurse zum Rubel. Der touristische Kurs waren 3 Mark der DDR gleich 1 Rubel. (...) Im Rahmen des RGW gab es den Rubel nicht als Währung, sondern als Verrechnungseinheit, den sogenannten Verrechnungsrubel. Dort lieferten wir für 2,34 Mark Produkte, um dafür einen Rubel bei der RGW-Bank zu bekommen. Ganz anders bei den Stationierungskosten. Seit 1957 zahlt die DDR im Jahr im Voraus etwa 4 Milliarden Mark Stationierungskosten für die Rote Armee. Und die wurden im Laufe des Jahres refinanziert durch Öllieferung, und zwar dort zum Verhältnis 5,50 Mark für einen Verrechnungsrubel, das heißt zweieinhalbmal schlechter als der wirtschaftliche Rubelkurs. Das musste von der DDR aufgebracht werden neben den kostenlos zu erbringenden Bauleistungen, Straßenbauleistungen und ähnliches, wie es die Truppen in Anspruch nahmen. Und mit diesem Geld, das sie so bekamen, kauften sie in aller Regel hoch subventionierte Waren. Denn die Grundnahrungsmittel, Kinderkleidung und all solche Dinge, die sie kauften, waren hoch subventioniert, so dass man das noch mal umrechnen musste.[95]

93 Gespräch mit de Maizière 1999.
94 Ebenda.
95 Ebenda.

Zusammengefasst[96] heißt dies für die DDR-Wirtschaft:

- Veraltete Produktionsanlagen, hohe Reparaturkosten;
- In der BRD wurden 53 Prozent des Bruttosozialprodukts, in der DDR nur 15 Prozent für Investitionen ausgegeben (1989);
- Schlechte und ebenfalls veraltete Infrastruktur von den Straßen bis zur Kommunikation (besonders im Telefonnetz);
- Rückläufiger Westhandel: Nicht nur mit der BRD, sondern mit den OECD-Ländern[97] insgesamt;
- Dramatischer Rückgang der Devisenrentabilität der DDR-Produktion: für 1 DM im Westhandel mussten im Jahre 1980 2,40 DDR-Mark aufgewendet werden; 1990 4,40 DDR-Mark;
- Verschuldung der DDR: Ende der 80er Jahre mehr als 550 Mrd. DDR-Mark, darunter 167,2 Mrd. DDR-Mark Westverschuldung (1975 waren es 10 Mrd. DM = 22 Mrd. DDR-Mark bei einem Kurs 1:2,2, 1989 waren es 38 Mrd. DM = 167,2 DDR-Mark bei einem Kurs von 1:4,4, 1990: 50 Mrd. DM). Die jährlichen Zinskosten der DDR lagen 1988 bei 22 Mrd. DDR-Mark;
- Im Konsumtionsbereich musste 1989 ein vierköpfiger Arbeiter- oder Angestelltenhaushalt in der DDR für den privaten Bereich ausgeben: 45,4 Prozent für Industriewaren (34,9 Prozent in der BRD), 40 Prozent für Nahrungs- und Genussmittel (23,2 Prozent in der BRD), 4,8 Prozent für Miete (25,8 Prozent in der BRD, Sonstiges 9,8 Prozent (16,1 Prozent in der BRD).

Der Niedergang der DDR-Wirtschaft vor allem in der zweiten Hälfte der 80er Jahre wurde im Westen zwar beobachtet, aber merkwürdigerweise nicht als so dramatisch eingeschätzt. Meiner Ansicht nach war es für die überzeugten Sozialisten und Kommunisten in der DDR besonders deprimierend, dass die DDR-Ökonomie und Konsumtion im Systemvergleich mit der Bundesrepublik Deutschland (und mit dem Nationalsozialismus, den beiden Hauptfeinden des DDR-Systems) unterlag. Das zeigen sowohl die Interviews, die 1987 in der Industrieprovinz der DDR gemacht wurden, als auch einige Memoiren.[98]

96 Diese Zusammenfassung beruht auf den verschiedenen Berichten von Schürer, auf den Vorbereitungsmaterialien der SED-ZK-Abteilungen für das Gespräch von Egon Krenz mit Gorbatschow, auf dem Bericht des früheren Präsidenten der DDR-Staatsbank, Stoll, für de Maizière und auf den Berichten von Lothar de Maizière selbst.

97 OECD = Organization for Economic Cooperation and Development (Organisation für wirtschaftliche Zusammenarbeit und Entwicklung).

98 Niethammer/v. Plato/Wierling 1991; oder Schürer 1999, S. 324 ff. Vgl. zur Verfassung der DDR-Elite auch Jarausch 1995.

3.5 »Anständige Leute stehen zu ihrer Vaterschaft« – Krenz bei Gorbatschow

Am 27. Oktober 1989 kam die Mitteilung für Egon Krenz, »dass man in Moskau bereit ist, Sie am 31. Oktober und 1. November 1989 zu einem Arbeitsbesuch zu empfangen«. Es folgte ein Programm, eine Pressemitteilung – übrigens zunächst ohne Erwähnung, dass Krenz von Gorbatschow empfangen werden sollte. Auf Seite 3 heißt es: »Genossen Krenz mit der Bitte um Beachtung. Wir schlagen vor: Von einer Verabschiedungs- und Empfangsgruppe auf dem Flughafen Schönefeld abzusehen.«[99] Offensichtlich wollte man in Moskau, dass man sogar in Berlin nicht viel Aufhebens von dem Besuch machen solle. Jakowlew[100] werde Krenz und 13 weitere Personen empfangen. Am 1. November um 10 Uhr: Gespräch Gorbatschow und Krenz (nur die Dolmetscher H. Ettinger und S. J. Netschajew sollen dabei sein). Beim Mittagessen würden Jakowlew und Schewardnadse hinzukommen.

In den Akten des Generalsekretärs der SED sind die umfangreichen Vorbereitungsmaterialien für diesen Besuch enthalten.[101] Nach dem Programm folgt als eine völlig neue Geste die Empfehlung des Außenministeriums (MfAA), das DEFA-Dokfilmstudio nicht mitzunehmen, aber dafür (!) vom Jugendsender »Elf99« Jan Carpentier (Redakteur), Frank Däumich (Kameramann) und Harald Reichmann (Technik).[102]

In den Materialien wird betont, dass Krenz die Wirtschaftslage der DDR offen legen will. »Dafür brauchen wir schnellen Vorlauf, sonst ist die Lage sehr schwer beherrschbar und kaum noch vorauszusehen.« Handschriftlich setzt Krenz in Klammern hinzu: »ohne einen Schock auszulösen«. In diesen Materialien ist auch die negative Zahlungsbilanz mit Forderungen an die Sowjetunion enthalten.[103] Außerdem gibt es zahlreiche Vorbereitungs- bzw. Informationsmappen zu diversen Themen sowie die »Bitte der DDR auf Erhöhung der Lieferungen an Erdgas« und das Angebot, diese durch Bau- und Montageleistungen sowie durch wichtige Warenlieferungen aus der Pharmazie zu bezahlen.[104]

99 SAPMO-BArch, DY 30/IV 2/2.039/329.

100 Alexander Nikolajewitsch Jakowlew, Jg. 1923, früher Botschafter in Kanada, dann Direktor des Instituts für Weltwirtschaft und Internationale Beziehungen der Akademie der Wissenschaften der UdSSR, 1986 bis 1990 Sekretär des ZK der KPdSU für Propaganda, Kultur und Außenpolitik, 1987 bis 1990 Vollmitglied des Politbüros. 1990 bis 1991 Berater Gorbatschows.

101 SAPMO-BArch, DY 30/IV 2/2.039/329.

102 SAPMO-BArch, DY 30/IV 2/2.039/329, S. 10.

103 Hier findet sich auch der bemerkenswerte Satz, dass man den Ausverkauf durch Flucht in die Sachwerte verhindern will, um keine Inflation zuzulassen, da das der schnellste und wirksamste Weg zur Destabilisierung wäre.

104 SAPMO-BArch, DY 30/IV 2/2.039/319, Bl. 128–169. Schließlich ist in diesem Bestand auf den Blättern 128–169 auch die Niederschrift des Gesprächs zwischen Krenz und Gorbatschow am 1.11.1989 in Moskau enthalten, über dessen erster Seite Krenz handschriftlich »Streng geheim!« vermerkte.

Wie geplant, so geschah es auch: Am 1. November 1989 traf sich Egon Krenz in Moskau mit Vertretern der sowjetischen Führung, darunter auch Michail Gorbatschow. Es war die »allerletzte Begegnung«, meinte Hans Modrow später, zwischen den Generalsekretären der SED und der KPdSU. Krenz habe das Gefühl gehabt, er werde von einer »mehrheitlichen Zustimmung« der Bevölkerung der DDR und auch des Zentralkomitees getragen. So sei er aufgetreten und habe über die Situation in der DDR informiert.

Modrow: Die tatsächliche Situation im Lande war auch ihm nicht bewusst. Die Krise der SED und der DDR war komplexer, als sie der neue Mann erfasste und folglich auch widerspiegelte. Krenz besaß ... auch kein schlüssiges Konzept für ihre Lösung. Und Gorbatschow hatte sich auch nicht sehr intensiv vorbereitet. Der Dialog erhob sich über weite Strecken nicht über das Niveau eines freundlichen, aber unverbindlichen Geplänkels und behielt darum insgesamt allenfalls protokollarischen Charakter.[105]

Dieses harsche Urteil Modrows entspricht der allgemeinen Einschätzung dieses Besuchs. Meiner Ansicht nach ist dies nach den nun vorliegenden Protokollen[106] jedoch eine grobe Fehleinschätzung. Kaum ein Besuch in jener Zeit hatte so weitgehende Folgen für die Überlegungen der sowjetischen Führung wie dieser Krenz-Besuch am 1. November 1989.

Dass sich Krenz schlecht vorbereitet hätte, kann man ebenfalls nicht behaupten, wenn man das fast 130 Seiten umfassende Vorbereitungsdossier aus seinem Büro liest. Es waren ganz verschiedene Themen, die dort mit den verschiedenen Ressortchefs besprochen werden sollten.[107]

»Das alles entscheidende« Thema waren für Krenz die ökonomischen Beziehungen zur Sowjetunion.[108] So führten beide Seiten das Gespräch auch nach dem sowjetischen Protokoll: Sämtliche problematischen Fragen wurden angesprochen. Krenz zeichnete ohne jede Beschönigung ein realistisches Bild der DDR-Wirtschaft mit einigen hoffnungsvollen Einsprengseln, um, wie er sich vorgenommen hatte, keinen »Schock auszulösen«. Gleichwohl dürfte genau dies geschehen sein. Denn es war noch nicht einmal einen Monat her, da hatte Honecker fast mit Arroganz ein völlig anderes Bild der DDR gemalt, so dass Gorbatschow noch davon ausgehen konnte, wie er dies in

105 Modrow 1998 (Die Perestroika), S. 125.

106 Das Protokoll der deutschen Seite liegt im Bundesarchiv Berlin SAPMO-BArch DY 30/IV 2/2.039/319, Bl. 128–169, auf sowjetischer Seite im Archiv der Gorbatschow-Stiftung, 89NOV01.

107 Dort ist auch ein Vermerk über ein Gespräch des Genossen Günter Sieber enthalten (Mitglied des ZK und Leiter der Abteilung Internationale Verbindungen des ZK der SED) mit Valentin Falin (dem Leiter der Internationalen Abteilung des ZK der KPdSU) am 1.11.1989 im Hause des ZK der KPdSU mit Fragen von Falin zur Situation der DDR, das m. E. etwas »konventioneller« verlaufen ist als das zwischen Gorbatschow und Krenz (SAPMO-BArch, DY 30/IV 2/2.039/319, Bl. 170–174 mit einer Anlage Bericht über den Arbeitsbesuch von Krenz in Moskau, Bl. 176–178).

108 So schreibt er 1999 über sein Hauptinteresse im Gespräch mit Gorbatschow (S. 194).

seiner Rede vor dem Politbüro des ZK der SED in Berlin ausgedrückt hatte, dass in der DDR Neuerungen ohne die schlechten wirtschaftlichen Voraussetzungen wie in der Sowjetunion durchgeführt werden könnten. Das erwies sich nun als große Illusion mit weitreichenden Folgen für die sowjetische Politik. Denn wenn die DDR ökonomisch am Rande des Bankrotts lavierte, dann würde die »deutsche Frage«, die beide immer wieder besprachen, eine ganz andere Dimension bekommen, dann müssten notwendige Kosten von der Sowjetunion übernommen werden, um die DDR politisch zu halten. Oder aber man müsste die Bundesrepublik stärker dafür einspannen. Alles damals unübersehbare Variablen. Aber es waren Variablen, die Gorbatschow in diesen Tagen bewusst wurden, und zwar am Negativ-Beispiel Polen und Ungarn.

> *Gorbatschow: In Ungarn und Polen ist jetzt die Situation entstanden, dass sie, wie man so sagt, sich nirgendwo mehr verstecken können, so sehr haben sie sich in die finanzielle Abhängigkeit vom Westen begeben. Jetzt macht mancher uns den Vorwurf: Wo hat eigentlich die Sowjetunion ihre Augen, warum erlaubt sie es Polen und Ungarn, in den Westen »wegzugleiten«? Aber wir können doch Polen nicht finanzieren. Gierek hat* (an die 100 Milliarden Dollar – AvP) *Schulden angehäuft, Polen hat davon schon 49 bezahlt und muss trotzdem noch fast 50 Milliarden bezahlen. Und was Ungarn betrifft, so hat der Internationale Währungsfonds schon unter Kádár 1987 dem Land ein strenges Ultimatum gestellt.*[109]

Und nun musste Gorbatschow nach dem Bericht über die tatsächliche ökonomische Lage in der DDR befürchten, dass auch die DDR zu einem nicht finanzierbaren Klotz am Bein der Sowjetunion werden könnte – mit entsprechenden Folgen für den gesamten RGW und den Warschauer Pakt.

Gorbatschow gab nach den sowjetischen Protokollen interessanterweise auch nicht die Zusicherung, dass die Sowjetunion alles tun werde, um ihre Verpflichtungen zu erfüllen, was die Rohstofflieferungen aus der Sowjetunion betraf, und dass dies bereits im Fünfjahresplan berücksichtigt sei, wie es bei Krenz steht.[110] Im sowjetischen Protokoll heißt es lediglich:

> *Wir sind bestrebt, unsere Verpflichtungen gegenüber der DDR zu erfüllen. Unsere Rohstofflieferungen – sie sind eine große Erleichterung für euch.*
>
> *Krenz: Wir sind der Sowjetunion sehr dankbar für diese Lieferungen. Leider wissen sehr viele in unserer Bevölkerung nicht sehr gut, was diese für die DDR bedeuten. Kürzlich hat Schürer vorgetragen, welches Heidengeld wir auf dem kapitalistischen Markt für diese Waren bezahlen müssten.*

109 Gorbatschow nach dem sowjetischen Protokoll der Gorbatschow-Stiftung, 89NOV01.
110 Krenz 1999, S 195.

Aber Gorbatschow sah, dass wenigstens *politisch* etwas geschehen musste, um die DDR zu stützen, wenn man ihr auch ökonomisch kaum helfen konnte. Politisch müsse man die Bundesrepublik überdies gewinnen, um sie wirtschaftlich für Hilfen an die DDR in die Pflicht nehmen zu können.

> *Gorbatschow zu Krenz: Ihr würdet euch offenbar sicherer fühlen mit unserer Teilnahme an dreiseitigen Kontakten. Das wäre für alle günstig und wäre gleichzeitig hilfreich in euren politischen Beziehungen zur BRD, es würde die Festigung der Position der DDR insgesamt fördern. Außerdem solltet ihr mutiger Kontakte zu anderen westlichen Staaten ansteuern, und nicht nur zur BRD. Das wird eure Position im Verhältnis zu Bonn auch stärken.*

Später wird dieses »Dreieck« Bundesrepublik – Sowjetunion – DDR immer mehr zur ökonomischen Hoffnung Gorbatschows sowohl für die DDR als auch für die Sowjetunion werden – dann nämlich, als die Gefahr des Zusammenbruchs der DDR bedrohlich und bundesrepublikanische Hilfe dringend notwendig wird. Ob er hier bereits am 1. November 1989 nach der realistischen Schilderung der DDR-Wirtschaft daran dachte, darf bezweifelt werden, aber ein Gedanke in diese Richtung taucht hier zum ersten Mal auf.

Im Interview von 1999 gibt Krenz einen Abschnitt des Gesprächs mit Gorbatschow wieder, das mir für die sowjetische Position zur Wiedervereinigung wesentlich zu sein scheint:

> *Und in dem Gespräch mit Gorbatschow sage ich: »Sag mal, Michail Sergejewitsch, welchen Platz haben die beiden deutschen Staaten in deinem Konzept vom Europäischen Haus?« Er schweigt, guckt mich an, als ob er die Frage nicht versteht. »Na gut«, sage ich, »dann will ich eindeutiger formulieren. Im Unterschied zu den anderen sozialistischen Ländern sind wir euer Kind. Steht ihr weiter zu eurer Partnerschaft oder Vaterschaft?« Da sagt er: »Wie kannst du überhaupt eine solche Frage stellen. Also ich kenne keinen vernünftigen Politiker, der die deutsche Einheit will, einschließlich Bundeskanzler Kohl.« Und er* (Gorbatschow – AvP) *hat erzählt, dass er mit Mitterrand gesprochen hat, dass seine Freunde aus dem Politbüro mit Bush gesprochen hätten, mit Brzezinski gesprochen haben, mit Andreotti, mit Jaruzelski – und alle seien der Meinung, die deutsche Einheit sei keine Aufgabe der Tagespolitik, weil niemand wisse, was passiert, wenn sich der Warschauer Vertrag auflöst. Und deshalb ist man auch dagegen, dass Polen und Ungarn aus dem Warschauer Vertrag austreten. So Gorbatschow noch am 1. November 89.*[111]

In diesem Interview berichtet Krenz auch, dass auf seine Frage nach der sowjetischen Vaterschaft Gorbatschow sich leise mit seinem Dolmetscher unterhalten und dabei ein russisches Sprichwort zitiert habe: »Und ist der Faden noch so lang, er wird einmal ein Ende haben.«

111 Interview Egon Krenz mit Hans-Christoph Blumenberg im Jahre 1999.

In dem sowjetischen Protokoll lautet diese gesamte Passage zunächst nur unwesentlich anders.

Krenz: Wir gehen davon aus, dass die DDR ein Kind der Sowjetunion ist. Und anständige Leute stehen zu ihren Kindern, auf jeden Fall erlauben sie ihnen, den Vatersnamen zu tragen. (Lebhaft.)[112]

Gorbatschow reagierte nach dem sowjetischen Protokoll dann allerdings etwas anders als in Krenz' Bericht: nämlich ohne eine empörte Reaktion auf die Frage nach der Vaterschaft. Gorbatschow gibt nur indirekte Antworten, indem er andere anführt und seine Haltung vorsichtiger formuliert:

Gestern hat A. N. Jakowlew Z. Brzezinski getroffen, und der ist, wie man weiß, ein Kopf mit »globalem Denken«. Und der sagte: »Würden sich die Ereignisse so umkehren, dass die Wiedervereinigung zur Realität würde, dann wäre dies eine allgemeine Katastrophe.« Ich denke, wir folgen einer richtigen Linie, wir sind immer für die Koexistenz zweier deutscher Staaten eingetreten, und im Ergebnis sind wir zu einer allgemeinen Anerkennung der DDR gekommen, wir haben den Moskauer Vertrag durchgesetzt, dem Helsinki-Prozess Schwung gegeben. Deswegen muss man diese Linie selbstbewusst fortsetzen. Du musst wissen, alle ernsthaften Politiker wie Thatcher und Mitterrand, Andreotti und Jaruzelski, sogar die Amerikaner, obwohl in deren Position neue Nuancen sichtbar werden – alle wollen nicht die Wiedervereinigung. Deswegen denke ich mir, wir alle müssen von der Formel ausgehen: Die Geschichte hat so entschieden, dass es zwei deutsche Staaten gibt.

Der Generalsekretär ging in diesem Gespräch davon aus, dass die Unterstützung für die Wiedervereinigung, die von Mitterrand oder den Amerikanern offiziell geäußert worden ist, nur den Westdeutschen zuliebe und zum Schein erfolgt sei und fügt – langfristig gesehen – in Verkennung der Lage hinzu:

Ich denke, sie machen das nur für Bonn, weil sie gewissermaßen Angst haben, wenn sich die BRD und die UdSSR annähern.

Der sowjetische Generalsekretär vermutete also bei den USA und den Westeuropäern die Sorge, dass es eine Annäherung zwischen Bonn und Moskau geben könne ohne den Westen. Wahrscheinlich hoffte er sogar, mit dieser Sorge politischen Spielraum zu gewinnen. Krenz befiel in dieser Gesprächssituation eine ähnliche, dennoch andere Befürchtung, nämlich die, dass bei einer Annäherung von UdSSR und BRD auch die DDR außen vor gelassen werden könnte.[113]

Das Gespräch Gorbatschows mit Krenz ist nicht nur wegen dieser zumindest langfristigen Fehleinschätzung bedeutsam, das eigentlich Folgenreiche

112 Nach der Fassung des sowjetischen Protokolls: Gorbatschow-Stiftung, 89NOV01.
113 Krenz 1999, S. 192.

für Gorbatschow liegt – um es zu wiederholen – in der erschreckenden Erkenntnis, dass die DDR ökonomisch ganz und gar nicht gesund ist. Er soll Krenz nach dessen Darstellung der ökonomischen Lage in der DDR gefragt haben: »Steht es wirklich so schlimm?« oder: »So prekär habe ich mir die Lage nicht vorgestellt.«[114] Nach dem sowjetischen Protokoll hat Gorbatschow nicht so reagiert, sondern behauptet:

> *Wir kannten die Situation bei euch, eure wirtschaftlichen und finanziellen Verbindungen mit der BRD, uns war klar, dass sich das umkehren kann. Von unserer Seite aus erfüllten wir unsere Verpflichtungen gegenüber der DDR gewissenhaft, darunter auch die Lieferung von Erdöl, obwohl wir seinerzeit dessen Menge etwas verringern mussten.*

Aber auf meine Frage vom 5. März 2002, ob Gorbatschow im Gespräch mit Krenz gemeint habe, die Vaterschaft der Sowjetunion für die DDR ginge zu Ende, und wie überrascht er über die reale ökonomische Lage in der DDR war, antwortete Gorbatschow im Gegensatz zum sowjetischen Protokoll:

> *Ich erinnere mich nicht, aber es ist möglich, dass ich im Gespräch mit Krenz die sowjetische »Vaterschaft« im Verhältnis zur DDR nicht verneint habe, obwohl ich in der Seele davon überzeugt war, dass die Teilung Deutschlands nicht ewig dauern kann und muss. Ich war wirklich erstaunt, als nach der Ablösung Honeckers ein reales Bild der Lage in der DDR zu Vorschein kam.*

Der sowjetische Generalsekretär muss den Politbüro-Mitgliedern diese überraschende katastrophale wirtschaftliche Lage übermittelt haben. Denn in der Mitschrift der Politbüro-Sitzung des ZK der KPdSU, die bereits am 3. November 1989 stattfand, findet sich nur ein einziger Satz zur »Bilanz«, die Egon Krenz bei seinem Besuch in Moskau zwei Tage zuvor vorgelegt hatte. Und der lautet:

> *Die DDR lebt zu einem Drittel über ihre Verhältnisse.*[115]

Mehr nicht.

Seitdem wusste die sowjetische Führung, dass die DDR-Wirtschaft bei weiterer politischer Destabilisierung zu einem Mühlstein am Hals der selbst gerade krisengeschüttelten Sowjetunion werden würde. Das ist keine Überinterpretation, das zeigt auch die folgende, in den bisher nicht zugänglichen Mitschriften des Politbüros knapp zusammengefasste Debatte.

114 So lautet es im deutschen Protokoll dieses Treffens von Krenz und Gorbatschow (SAPMO-BArch, DY 30/IV 2/2.039/319, Bl. 128–169, hier Bl. 142). Vgl. auch Krenz 1999, S. 194.

115 Zitiert nach den Mitschriften der Politbüro-Sitzung vom 3.11.1989, S. 589 ff. Krenz hatte gegenüber Gorbatschow am 1.11. eine etwas andere Formulierung gewählt: »Um die Zahlungsbilanz auszugleichen, müsste das Lebensniveau in Prozenten ausgedrückt um 30 gesenkt werden.« (Gorbatschow-Stiftung, 89NOV01).

Sie beginnt mit einem Hinweis des Geheimdienstchefs auf die Demonstration der Kulturschaffenden der DDR am bevorstehenden 4. November 1989.

Krjutschkow: Morgen werden 500 000 Menschen auf die Straßen Berlins und anderer Städte hinausgehen.

Und dann folgt eine für die damaligen Bedingungen weitsichtige Erörterung, die m. E. von großer Bedeutung ist:

Gorbatschow: Hoffst du, dass Krenz sich halten kann? Wenn wir die DDR verlieren, können wir uns nicht vor dem eigenen Volk rechtfertigen. Aber ohne die Hilfe der BRD (!) werden wir sie nicht »über Wasser« halten können.

Schewardnadse: »Die Mauer« sollten sie besser selbst beseitigen.

Krjutschkow: Sie werden es schwer haben, wenn man diese wegmacht.

Gorbatschow: Sie werden mitsamt Eingeweiden ausverkauft (...). Und wenn sie auf den Weltmarkt mit Weltmarktpreisen treten, wird der Lebensstandard sofort sinken. Der Westen will die Einigung Deutschlands nicht. Er möchte mit unserer Hilfe (eigentlich: mit unseren Händen – AvP) *diesen Prozess verhindern, uns mit der BRD konfrontieren, um ein »Komplott« der UdSSR mit Deutschland auszuschließen. Ich habe Krenz gesagt: Bei der Kaderauswahl orientieren Sie sich nicht nur auf das Zentralkomitee, sondern auch auf die Gesellschaft. Sonst wird diese euch diejenigen aufzwingen, die für euch unannehmbar sind. Mit der BRD werden wir dieses Werk in einem »Dreieck« führen, das heißt unter Teilnahme der DDR-Leute, und zwar mit offenen Karten.*[116]

Manches, was Krenz in seinen Memoiren oder im Interview erwähnt, findet sich nicht in dem sowjetischen Protokoll: So das Drängen Gorbatschows, eine befriedigende Reiseregelung zu finden, damit Verwandte im Westen besucht werden können. Oder die Zusatz-Erklärung zu dem Satz, dass kein westlicher Politiker für die Wiedervereinigung sei: »einschließlich Bundeskanzler Kohls«. Oder, dass man in der DDR Dinge verteidigen müsse, die nicht mehr in die Zeit passen, aber notwendig sind. In beiden Protokollen behandelt man die Tatsache, dass Honecker gehen musste, als menschlich schwierig, aber politisch notwendig und eigentlich zu spät.[117]

116 Ebenda.

117 Portugalow berichtet, dass Gorbatschow von Krenz angetan war im Gegensatz zu ihm und Falin: »Merkwürdigerweise hat er dem Michail so gut gefallen, weil er schon Monate, ja fast jahrelang an der Idee geklebt hat: Die Perestroika in der DDR ist genau das Richtige. Dann bauen wir zusammen in der DDR – womöglich zusammen mit den Amerikanern – ein europäisches Haus. Und alles wird Friede, Freude, Eierkuchen. Falin war dabei gewesen (bei dem Gespräch Krenz – Gorbatschow), ich selbstverständlich nicht. Falin kam zurück, rief mich zu sich und sagte: ›Weißt du, was Michail Sergejewitsch über Krenz gesagt hat?‹ – ›Was denn?‹, frage ich. – ›Haltet mir den Krenz, bringt ihn mal über die Runden.‹ Und da hatte ich wirklich die Schnauze voll. ›Wie soll denn das möglich sein? Eine Leiche auf Urlaub kann man nicht über die Runden bringen. Also, dem gebe ich zwei Wochen.‹ Ich habe mich vielleicht um ein paar Tage geirrt. Den Krenz, den wollte schon wirklich keiner.« (Portugalow im Interview mit Blumenberg 1999).

Schon hier im Politbüro kurz nach dem Gespräch mit Krenz wurde die Zwangslage der obersten sowjetischen Führung und zugleich ihr Schwanken in Richtung einer neuen Strategie offenbar. Einerseits entstand der Gedanke, die Bundesrepublik in ein Dreieck BRD – DDR – Sowjetunion zu ziehen und für die ökonomische Hilfe an die DDR zu gewinnen, andererseits fiel die DDR bereits so schnell und tief, dass sie in diesem Dreieck bald eine geringe oder gar keine Rolle mehr spielen konnte. Eine Strategie jedenfalls, die den Niedergang der DDR, der nach den sowjetischen Protokollen offensichtlich erwartet wurde, bis hin zu ihrem Ende einkalkulierte, entstand nicht. Und ganz sicherlich wurde keine Politik entwickelt, die die eigenen Bedingungen – politisch, ökonomisch und militärisch – für den Eventualfall der Wiedervereinigung Deutschlands klärte und dem Westen präsentierte. Und dies, obwohl dieser »worst case« bereits zu dieser Zeit befürchtet wurde. Die in der Folgezeit entscheidende Frage stellte sich hier zum ersten Mal sehr konkret: Was und bis wann kann man noch etwas für die Einheit Deutschlands bekommen? Bei einer verschwindenden DDR würde der »Preis« dieses deutschen Teilstaates immer mehr sinken. Viel Zeit hatte man für die Ausarbeitung einer solchen Politik nicht, denn Washington und Bonn sollten schnell eine Strategie vorlegen, die diesen Eventualfall konkret in Rechnung stellte und die Sowjetunion unter Druck setzte.

4 Der Zufall als Gehilfe – Aktivisten als Getriebene

4.1 Der Mauerfall

4.1.1 Die Großdemonstration in Berlin, der Rücktritt der Regierung und des Politbüros

Einen Tag nach der Politbürositzung in Moskau demonstrierten am 4. November 1989 in der Tat nicht nur Hunderttausende, wie Krjutschkow es vermutet hatte, sondern fast eine Million Menschen in Berlin. Diese Demonstration vereinigte unterschiedliche Strömungen. Im Unterschied zu Leipzig waren Parolen zur demokratischen oder demokratisch-sozialistischen Erneuerung der DDR dominierend. Daher wurde in einer »Erste(n) Einschätzung der Demonstration und Kundgebung am 4. November 1989 in Berlin« der Abteilung Propaganda für das Politbüro erleichtert festgestellt, dass es vorrangig um einen »Protest gegen Fehlentwicklungen in der DDR« gegangen sei. »Niemand hat sich für die Restauration des Kapitalismus hierzulande ausgesprochen.«[1] Die Abteilung schlug dem Politbüro vor, einige der auf der Demonstration gestellten Forderungen aufzunehmen, die einen »vorrangigen Platz« in der Politik der SED einnehmen sollten. Dazu zählten: Gewaltfreiheit zu praktizieren, das Verhältnis von Demokratie und Sozialismus neu zu gestalten, Meinungsfreiheit und Versammlungsfreiheit zu schaffen; freie Wahlen vorzubereiten – allerdings unter Beibehaltung der Nationalen Front, damit »dem bürgerlichen Parteienpluralismus hierbei nicht Tür und Tor geöffnet« werde, Reform des »Systems der Staatssicherheit«, jedoch keine Abschaffung der Stasi. Allerdings: Die »Forderungen nach Beseitigung der führenden Rolle der SED sind für uns Kommunisten nicht annehmbar.«[2] Dagegen wurden empfohlen: »Einberufung einer Tagung der Volkskammer zur Lage in der DDR und Rücktritt der Regierung«.[3]

1 Abteilung Propaganda: »Erste Einschätzung der Demonstration und Kundgebung am 4. November 1989 in Berlin«, 6.11.1989, SAPMO-BArch, DY 30/IV 2/2.039/317, Bl. 59 ff. Sie unterscheidet sich fundamental von den Berichten über die Leipziger Demonstrationen z.B. vom 9.10.1989.

2 Ebenda, Bl. 63.

3 Ebenda, Bl. 65.

Das Politbüro entschied schnell, aber angesichts der rasanten Entwicklung halbherzig: Am 6. November beschloss Krenz, die gesamte Reiseproblematik auf die Tagesordnung des höchsten Parteigremiums zu setzen, zumal der tschechoslowakische Parteichef Jakeš gedroht hatte, die Grenzen zur DDR zu schließen, wenn es keine Ausreiseregelung für DDR-Bürger gebe.[4] Daraufhin wurde am 7. November 1989 beschlossen, dass der Ministerrat noch vor dem Reisegesetz der Volkskammer eine »vorgezogene Reiseverordnung« unverzüglich in Kraft setzen soll. An diesem Tage trat auch die Regierung und am folgenden Tag das Politbüro zurück. Krenz blieb.

Am 7. November gab es ein Telefonat zwischen Alexander Schalck-Golodkowski und Kanzleramtsminister Rudolf Seiters, bei dem Bundeskanzler Kohl dem Generalsekretär Krenz ausrichten ließ, dass die Bundesrepublik finanzielle Hilfe im Reiseverkehr nur leisten werde, wenn Krenz eine öffentliche Erklärung abgebe, dass die DDR innerhalb einer bestimmten Zeit oppositionelle Gruppen zulassen und die »Durchführung von freien Wahlen« gewährleisten würde. Krenz fühlte sich dadurch erpresst und erinnerte sich der Warnung von Gorbatschow, sich nicht von Kohl unter Druck setzen zu lassen. Schewardnadse empfahl in einem Brief sogar, Kohl stark zu bedrängen.

> *Wenn man, sagen wir, dem Kanzler vertraulich mitteilen würde, dass im Falle der Fortsetzung der entfachten Anti-DDR-Kampagne und der Aufnahme von Flüchtlingen durch die Botschaften der BRD die Behörden der DDR gezwungen sein würden, die Zahl der Übersiedler in diesem und im nächsten Jahr spürbar zu verringern, würde dies eine solche Warnung vor den Bundestagswahlen sein, die, wie es scheint, Bonn zumindest zum Überlegen zwinge.*[5]

Hier zeigt sich, wie wenig realistisch Schewardnadse die Situation einschätzte: Der Kessel DDR stand gerade wegen der Reiseproblematik kurz vor dem Platzen, und er machte einen solchen, die Lage nur verschärfenden Vorschlag.

4 Zu den Regelungen bei einer Öffnung der DDR-Grenzen gab es Überlegungen in Bonn bereits am 6.11.1989, man erwartete eine größere »Fluchtbewegung« und dachte über ein Begrüßungsgeld in DM durch die Bundesrepublik nach und nicht durch die DDR in Mark, damit diese nicht als »Wohltäter« erscheine. Vgl. dazu die ausführliche Niederschrift der »Besprechung der beamteten Staatssekretäre« über deutschlandpolitische Fragen (Ministerialdirigent Dr. Claus-Jürgen Duisberg in: DzD, Nr. 74, S. 482 ff.) und dazu die Anlage 4 (Dokument 74 a, Vermerk des Ministerialdirigenten Ernst G. Stern, in: DzD, S. 487).

5 Krenz 1999, S. 229.

4.1.2 Die Maueröffnung und die internationalen Befürchtungen

Am 3. November 1989 hatte Schewardnadse intern die Ansicht geäußert, in der DDR solle man selbst die Mauer abreißen, was seiner Meinung nach eine Entlastung für die sowjetische Politik bedeuten könnte. Nur sechs Tage später sollte diese Hoffnung, an deren Erfüllung er sicherlich selbst nicht geglaubt hatte, bereits Realität werden. Aber eine Entlastung für die sowjetische Führung brachte dies ganz und gar nicht.

Natürlich war der Mauerfall für fast alle befragten internationalen und nationalen Politiker ein weltpolitisches Ereignis, das jedoch unterschiedlich überraschte. Alle erinnern sich, wo sie an diesem Tage waren.[6] Viele waren beeindruckt von der bei Deutschen nicht vermuteten Lockerheit, der Gewaltlosigkeit, den tanzenden Menschen auf der Mauer und der allgemeinen Jubelstimmung. Manche hatten es vorhergeahnt. Besonders bei der »Germanistenfraktion«[7] im ZK der KPdSU war diese Ahnung zugleich eine Befürchtung, denn der Mauerfall und die Zustimmung der SED-Führung zur Öffnung der Grenzen gerade in Berlin berührten bekanntlich nicht nur Interessen der Sowjetunion, sondern die Weltgrenze zwischen den Blöcken des Kalten Krieges und in Berlin zudem den Viermächtestatus.

> *Portugalow: Die Großdemo in Leipzig war für unsere Begriffe der Anfang der Revolution, der ersten und einzigen gelungenen deutschen Revolution. Und wenn Sie die moderne europäische Geschichte Revue passieren lassen, so finden Sie nur einen einzigen Slogan, der es ohne weiteres mit Liberté, Fraternité, Egalité aufnehmen kann, das ist: »Wir sind das Volk«. Aber dass sich diese edlen Worte ziemlich schnell, höchstens in ein paar Wochen, ein bisschen abändern und ein bisschen anders klingen und deshalb zur großen Politik gehören würden – das hätte man doch vorausahnen müssen. Die* (Germanisten – AvP) *haben das vorausgeahnt. Gorbi hat eigentlich keine Vorstellung davon gehabt. Wir sind nicht nur das Volk, wir sind ein Volk, und damit begann die Geschichte der Wiedervereinigung. Damit wurde die Mauer per se morsch. Ich will damit nicht sagen, dass wir voraussehen konnten, wann sie fällt. Sie könnte heute fallen, sie könnte morgen fallen. Und die unglücklichste, ich will sagen: die glücklichste Fehlformulierung von Herrn Schabowski hätte daran nichts geändert.*[8]

Portugalow meint die Pressekonferenz am 9. November 1989, als Politbüro-Mitglied Günter Schabowski, ohne ausreichend informiert gewesen zu sein, die Maueröffnung für sofort verkündete, obwohl sie als gestaffelter Prozess gedacht war, der sich über Wochen hinziehen sollte. Er hatte auf die Frage nach dem Zeitpunkt des Inkrafttretens der neuen Reiseregelung gesagt:

6 Vgl. neben unseren Interviews dazu Hertle/Elsner 1999.
7 So wurden die Deutschlandspezialisten in der internationalen Abteilung des ZK der KPdSU um Valentin Falin genannt. Portugalow wurde dazu gerechnet.
8 Im Interview mit Hans-Christoph Blumenberg 1999.

»Nach meiner Kenntnis tritt das – ist das sofort, (nickend) unverzüglich«; dann las er wie zur Selbstvergewisserung noch einmal den Text. Das westliche Fernsehen verbreitete diese Meldung sofort, so dass zahllose Menschen an die Mauer strömten und die Offiziere der Grenzpolizei vor die Entscheidung stellten, ihre Grenze zu öffnen oder gewaltsam einzuschreiten. Bis heute unglaublich: Das Zentralkomitee der SED tagte und bekam zunächst nichts mit. All dieses ist gut erforscht und nachzulesen.[9]

Schwieriger ist es mit den internationalen Reaktionen. George Bush sprach an, was viele befürchteten: Würde es zu einer militärischen Konfrontation kommen? Könnte die Sowjetunion, insbesondere das Militär, diesen Fall der Grenze ihres Imperiums einfach hinnehmen? Sollte dies auch den Sturz Gorbatschows nach sich ziehen? Würden umgekehrt die Westmächte eingreifen, wenn die Sowjetunion die Grenze wieder schließen (lassen) würde?

> *Bush: Ich entsinne mich, diese Berichte (im Oval Office) bekommen zu haben, und ich erinnere mich daran, dass die Führungsriege des US-Kongresses, in dem die Demokraten die Mehrheit hatten, und (...) der Sprecher der Demokraten mich bat, nach Berlin zu fliegen und dem Osten zu zeigen, dass wir im Recht waren. Und ein Reporter – sehr berühmt hierzulande – fragte mich: »Warum drücken Sie nicht einfach aus, was das amerikanische Volk empfindet?« Und es hätte meinem Image als Politiker im eigenen Lande sicher sehr gut getan, nach Berlin zu fliegen. Wer weiß, vielleicht hätte das ein paar Stimmen mehr gebracht. Aber – nach Berlin zu gehen und quasi »den Finger auf die Wunde zu legen« und Gorbatschow und das sowjetische Militär »mit der Nase auf die Mauer zu stoßen« – das wäre sicher (...) das Dümmste gewesen, was ein amerikanischer Präsident hätte tun können. Denn, so schrieb Schewardnadse später, wir wussten nicht, ob das sowjetische Militär sagen würde: »Jetzt reicht's. Wir müssen etwas tun.« Und ich weiß nicht, was sie hätten tun können, aber eine militärische Konfrontation mit Russland, mit dem sowjetischen Militär konnten wir nicht gebrauchen. Sie hatten ja viele Truppen in der DDR, in Ungarn und in anderen Ländern.*[10]

Kohl, Genscher, Teltschik und viele andere waren in Warschau, hatten gerade mit Lech Wałęsa, damals Vorsitzender von Solidarność, und Tadeusz Mazowiecki, dem polnischen Ministerpräsidenten, gesprochen[11] und mussten nun, nach der dramatischen Entwicklung in Berlin, die polnische Führung davon überzeugen, dass der Bundeskanzler seinen Platz jetzt in Berlin sah. Schließlich wurde dies hingenommen (»die waren total konsterniert«[12]), so dass Kohl über Umwege und mit dem Flugzeug, das der amerikanische Botschaf-

9 Hervorzuheben Hertle 1996.
10 George Bush im Interview mit mir 1999.
11 Das Protokoll dieses Treffens in: DzD, Dok. Nr. 76 und 77, S. 492 ff. und S. 497 ff.
12 Kohl im ZDF-Interview 1999. Er, Kohl, habe »darauf bestanden, dann gab es viele Ausreden, und dann sind wir geflogen, das war richtig absurd«.

ter Vernon Walters besorgte, nach Westberlin zur großen Kundgebung am 10. November um 16.30 Uhr flog. Außenminister Genscher hatte noch am Morgen in Warschau Lech Wałęsa getroffen, der begleitet wurde von Bronisław Geremek, dem außenpolitischen Sprecher von Solidarność, später zeitweilig Außenminister. Es sei unverkennbar gewesen, berichtet Genscher, dass Wałęsa durch die Ereignisse in Berlin »verunsichert« war, was der Fall der Mauer bedeutete.

Genscher: Als Lech Wałęsa einige Fragen aufwarf, merkte offenbar Geremek, wie mein Gesicht immer versteinerter wurde. Da unterbrach er ihn und sagte: »Man muss natürlich genau untersuchen, was das für uns Polen bedeutet, denn wenn die Mauer fällt, bedeutet das: Deutschland wird vereint, und wenn Deutschland vereint wird, dann ist das ein großer Tag auch für Polen. Denn wenn Deutschland vereint sein wird, dann wird Polen Nachbar der Europäischen Gemeinschaft und der NATO.« Das war die richtige politische und strategische Sicht. (...) Man fühlte sich in der Klammer der Sowjetunion im Osten und der DDR im Westen, wo immerhin 300 000 sowjetische Soldaten stationiert waren. Und aus dieser Sicht heraus war es verständlich, dass Geremek sagte, das sei ein großer Tag für Polen.[13]

Das Verhältnis zu Polen und zu polnischen Ängsten blieb ein Dauerthema während des gesamten Wiedervereinigungsprozesses.

Eduard Schewardnadse, der sowjetische Außenminister jener Zeit, beschreibt die angespannte Situation dieses Abends für sich und die sowjetische Führung:

Ich war damals in Moskau. Natürlich war ich auf dem Laufenden. Wir wussten alle Bescheid. Ich meine jetzt die sowjetische Leitung.[14] *Ich wusste, dass es Demonstrationen gab und Meetings. Die Lage hatte sich so zugespitzt, dass die Sitzungen des Politbüros fast jeden Tag stattfanden. Ich hatte Verbindung mit der sowjetischen Botschaft und bekam stündlich, fast jede Stunde Nachrichten.*[15]

Blumenberg: Waren Sie ... über den Zeitpunkt überrascht? Über den Zeitpunkt, nicht über die Tatsache?

Schewardnadse: Um ganz aufrichtig zu sein, um ganz ehrlich zu sein, muss ich sagen, dass es etwas früher geschah, als ich mir vorgestellt hatte. Obwohl Sie natürlich Recht haben, die Tatsache musste geschehen früher oder später, die Mauer musste fallen.[16]

13 Genscher im »Lüdenscheider Gespräch« am 25.4.2001.
14 Das widerspricht der Ansicht einiger anderer, vor allem von Krenz (s.u.).
15 Wenn dies stimmt, kann es nur über den Gesandten Maximytschew gegangen sein.
16 Eduard Schewardnadse im Interview mit Blumenberg 1999.

Anatoli Tschernajew, der Berater Gorbatschows für die westlichen Staaten, erinnert sich ganz ähnlich:

Es gab für mich nichts Unerwartetes, als der Prozess der deutschen Wiedervereinigung einsetzte, ... als letztendlich die Mauer fiel. Man fragte uns immer wieder: Wie reagierte man in Moskau, als die Mauer fiel? Vielleicht war es ein großer Schock? Nichts dergleichen. Ich habe noch in Erinnerung, wie diese Fragen auf der Sitzung des Politbüros erörtert wurden. (...) Da saßen die Leute und besprachen es, aber was konnte man tun? Das war unvermeidbar. Gorbatschow war doch einen Monat zuvor in der DDR gewesen, und hatte gesehen, dass das Regime Honeckers ... nicht zu retten war. Was hätten wir hier auch machen können? Es war auch nicht unsere Sache, etwas zu unternehmen. Lasst die Deutschen es machen. Aber was Gorbatschow Sorgen bereitete: Er befürchtete, dass der Mauerfall einen bewaffneten Konflikt herbeiführen könnte. Und von seiner ganzen Philosophie her konnte er nicht zulassen, dass die russischen Soldaten sich einmischen und die Kasernen verlassen würden ..., weil dieser Konflikt an der Grenze zwischen zwei Blöcken stattgefunden hätte. Es konnte zu einer Kollision zwischen der NATO und dem Warschauer Pakt führen. Das durfte absolut nicht sein, und wir hielten uns eigentlich ganz ruhig dem gegenüber, was nun später auf uns zukam. Das gilt für den Mauerfall und auch für die Beseitigung von Honecker. Da spreche ich für mich persönlich und auch für die Politbüromitglieder. Sie wissen wohl, im Politbüro gab es verschiedene Leute, unter anderem Leute, die sich dann später von Gorbatschow aus ideologischen Gründen getrennt hatten. Aber keiner von diesen Leuten setzte sich für Gewaltanwendung ein. Es waren auch Leute da, die sich dann später am Putsch beteiligten. Aber die verstanden allzu gut, was für eine Antwort nun erfolgen musste.

Auch bei Helmut Kohl gab es die allgemeine Befürchtung einer solchen Fundamentalkollision zwischen Warschauer Pakt und NATO. Wie Gorbatschow ängstigte ihn weniger eine eskalierende Entscheidung der Führung auf der anderen Seite als vielmehr ein Befehl zum Gegenschlag von besorgten oder provozierten sowjetischen Militärs in der DDR.

Ähnlich war dies auch bei Schewardnadse.

Blumenberg: Bestand, nach Ihrer Einschätzung, wirklich die unmittelbare Gefahr in dieser Nacht oder in den nächsten Tagen, dass irgend ein Befehlshaber die Nerven verlieren würde?

Schewardnadse: Eine solche Gefahr bestand, obwohl für einen solchen Befehl die Zustimmung der politischen Leitung notwendig war. Wenn aber ein General, der einen großen Einfluss oder eine ziemlich große Macht hat, sieht, dass möglicherweise sein Lebenswerk kaputt geht, der könnte im gegebenen Fall ohne Zustimmung der politischen Leitung einen solchen Befehl ausgeben. Das war das, was mich besonders beunruhigte. (...) Die politische Führung der Sowjetunion hatte die Weisheit und hatte den Mut, hier nicht die unnötigen und falschen Befehle zu geben und den Lauf der Geschichte, den »richtigen Lauf der Geschichte« sozusagen zu akzeptieren und die entstandene Situation in Kauf zu nehmen.[17]

Für Mitterrand-Berater Jacques Attali war dies ein Tag der Freude:

Ein Augenblick unbeschreiblicher Freude – und der Anfang vom Ende. Ich erinnere mich, ich war an diesem Abend auf einem Konzert in Córdoba. Dort hörte ich, wie Montserrat Caballé all diese spanischen Freiheitslieder sang und jüdische Lieder über die Verbreitung des Judentums. Das war schon ein bewegender Moment.[18]

Mitterrand sei ebenfalls – sich an die Stelle Kohls versetzend – positiv beeindruckt gewesen. Dass dies dennoch für Mitterrand nicht ganz einfach war, wird in späteren Situationen sichtbar.

Für die britische Regierung kam alles überraschend.

Powell: Mit dem plötzlichen Zusammenbruch des DDR-Regimes und dem Fall der Berliner Mauer hatte niemand von uns gerechnet. Als der Moment der Wiedervereinigung immer näher rückte, war man sich innerhalb der NATO deshalb auch uneins darüber, wie schnell wir diesen Prozess vorantreiben sollten.[19]

Das war der springende Punkt für die internationale Politik: Plötzlich wurde die Wiedervereinigung – jahrzehntelang eine Chimäre – eine reale Möglichkeit. Das war vielleicht die wichtigste, eventuell sogar die erschreckende Botschaft des Mauerfalls für westliche Staatsführer mit Ausnahme Bushs und natürlich Kohls. Statt der NATO-Sonntagsreden war eine konkrete Politik zu dieser nun möglichen Vereinigung gefragt, mit den notwendigen Schritten unter Klärung der internationalen Voraussetzungen und Bedingungen. Die meisten europäischen Regierungen waren gegen diese sich nun konkret andeutende Vereinigung, nicht nur wegen der potentiellen Machtverschiebung in Mitteleuropa zugunsten Deutschlands, sondern vor allem wegen der zu erwartenden allgemeinen Destabilisierung der Nachkriegsordnung zwischen Ost und West. An dieser Stelle gab es durchaus Ähnlichkeiten in den Befürchtungen der sowjetischen Führung und denen der westeuropäischen Regierungen.

Powell: Wissen Sie, viele europäische Politiker waren vor allem beunruhigt, dass sich ein zu schnelles Vorantreiben der deutschen Wiedervereinigung

17 Schewardnadse im ZDF-Interview mit Hans-Christoph Blumenberg 1999.
18 Im Interview mit Hans-Christoph Blumenberg 1999.
19 Interview mit mir 1999.

wiederum destabilisierend auf Präsident Gorbatschow in der Sowjetunion auswirken könnte.

Auch Krenz und der DDR-Führung dürfte an diesem Abend des 9. November, nachdem sie nun endlich von der Maueröffnung gehört hatten, angst und bange geworden sein, was aus diesem weltpolitischen Ereignis folgen könnte. Krenz war davon ausgegangen, dass die »vorgezogene« Reiseverordnung erst am 10. November, also am folgenden Tag, in Kraft treten sollte, und sich dann die Menschen bei der Polizei anstellten, um Pässe zu beantragen. Schabowskis »Fehler« auf der berühmten Pressekonferenz war entstanden, weil er zu der Zeit nicht im ZK gewesen war, als Krenz dort dieses Thema behandelt hatte.

Schabowski: Ich kam nach fünf Uhr (von Journalistengesprächen – AvP) *wieder ins ZK, setzte mich neben Krenz, und da gab er mir diese Regierungsverordnung.*

Krenz: Ich musste ja annehmen, dass er als Politbüro-Mitglied gehört hatte, was ich da verlesen habe. Er kann ja nicht zu der Pressekonferenz gehen und gar nicht an der Tagung teilgenommen haben, über die er eigentlich informieren will.

Schabowski: Dieser Regierungsbeschluss, dessen Entwurf ich da in der Hand hatte, war von der Regierungsbürokratie mit einer Sperrfrist belegt.

Krenz: Und wenn sie so in Kraft getreten wäre, am 10. – es ist jetzt Spekulation zu sagen, wäre es dann genauso gekommen wie am 9. oder wäre es ordentlicher gewesen. Aber eines war in jedem Fall klar: Am 10. hätten die Grenztruppen Befehle gehabt. Und beim Militär gelten nun mal Befehle und nicht irgendwelche Versprecher von Politbüro-Mitgliedern.

Schabowski: Also, ich ging ohne die Kenntnis einer Sperrfrist in die Pressekonferenz, und ich bin mir nicht einmal sicher, ob Krenz von dieser Sperrfrist wusste. Er behauptet zwar, er hätte mir das mitgeteilt – das ist absoluter Kokolores.[20]

Hier zeigt sich also die andere Seite der »Führungsrolle der Partei«. Galten militärische Befehle oder galt das, was ein einziges Politbüro-Mitglied gesagt hatte? Oder anders: Was glaubten die Menschen, die an die Grenze liefen, und was die Offiziere an den Grenzübergängen?

Die Antwort des Militärs Streletz:

Was in der Grenzübergangsstelle geschah, bei wem der Schlagbaum hochging oder nicht, wer mit welchen Dokumenten passieren durfte, das war alles Angelegenheit der Staatssicherheit. Ich versuchte, Minister Mielke zu erreichen. Er war nicht in seinem Arbeitszimmer. Ich habe dann nur seinen Stellvertre-

20 Zusammenschnitt aus »Deutschlandspiel« nach den Interviews mit Krenz und Schabowski.

ter, Generalleutnant Neiber, erreicht, der für die Grenze im Ministerium für Staatssicherheit zuständig war. Ich sage zu ihm: »Sag mal, was ist denn an der Grenze los?« Und da sagt der: »Pass mal auf, der Schabowski hat irgendwelchen Mist verzapft, wir müssen versuchen, das jetzt zu klären. Ich versuche, meinen Minister zu erreichen. Wenn ich ihn erreicht habe, kriegst du Bescheid.« Aufgrund dessen habe ich den Stabschef des Ministeriums des Inneren, Generaloberst Wagner, angerufen. Ich sage: »Karl-Heinz, was ist denn da an der Grenze los, was geht denn da vor?« Er sagte: »Pass auf, der Schabowski hat irgendwelchen Mist dort erzählt, wir müssen jetzt sehen, wie wir dort zurechtkommen.« So, das war gegen 22 Uhr, 22.30 Uhr.[21] *Aufgrund dessen befahl Minister Keßler dem Chef der Grenztruppen: »Fahr sofort nach Pätz, das war ungefähr eine halbe Stunde Fahrtzeit, zum Kommando der Grenztruppen, übernimm dort die Führung und melde mir, was an den Grenzübergangsstellen los ist.« Generaloberst Baumgarten fuhr weg und meldete dann gegen 22.30 Uhr ungefähr: »An einigen Grenzübergangsstellen, wie Bornholmer Straße, sind die Schlagbäume hochgegangen, bei einigen noch nicht. Es soll angeblich einen Befehl geben von Egon Krenz an Minister Mielke, dass die Schlagbäume zu öffnen sind.« Das war das, was wir auf diesem Weg so erfahren haben.*

Blumenberg: Und was haben Sie sich dabei gedacht, bei dieser Situation?

Streletz: In dieser Situation kann ich Ihnen sagen, was ich da gedacht habe. Wir haben unzählige Übungen durchgeführt mit den leitenden Partei- und Staatsorganen, mit den bewaffneten Organen, wo wir immer die Führungsprinzipien, das Zusammenwirken, die Führungsentscheidungen trainiert haben. Für mich war nicht klar, wie in einer solchen Situation das Führungssystem, das Informationssystem, das Zusammenwirken, so zusammenbrechen kann. Erstens, warum kriegt Minister Keßler keinen Befehl von Egon Krenz? Der war ja Vorsitzender des Nationalen Verteidigungsrates? Zweitens, warum informiert Minister Mielke, wenn er einen solchen Befehl erhalten haben soll, nicht den Minister für Verteidigung? Denn er war verpflichtet, das uns mitzuteilen. Warum informiert er nicht darüber? Und drittens, wie soll das jetzt auf diesem Gebiet weitergehen, wenn keiner richtig weiß, was sich da vorne abspielt? Das heißt, in kritischer Nachbetrachtung muss ich ehrlich sagen, diese Nacht vom 9. zum 10. November 1989 war weder für die politische Führung noch für die militärische Führung ein Ruhmesblatt. Man muss ehrlich sagen, wir haben in dieser Situation versagt. Und nur der politisch bewussten Handlung der Soldaten an den Grenzübergangsstellen ist es zu verdanken, dass es zu keiner Eskalation gekommen ist.

21 Hertle geht in der 6. Auflage seiner Chronik des Mauerfalls nach neuen Recherchen davon aus, dass die Meldung erst um 23.30 Uhr kam.

In der Tat: Wieder waren es die unteren und mittleren Führungskader, die unterschiedlich, aber alle gegen einen Schusswaffeneinsatz entschieden, während die SED-Führung ohne jede klare Vorstellung reagierte.

Der damalige Verteidigungsminister Keßler sieht dies etwas anders, nämlich ganz im Sinne der führenden Rolle der Partei:

> *Der Ausgangspunkt ist, dass etwas von Schabowski verkündet wurde, wovon niemand etwas wusste, niemand. So, davon gehe ich aus, weil sein Auftrag ganz anders lautete. Während wir uns alle in Bewegung gesetzt hatten, hat er verkündet: ab sofort, ja. Ab sofort heißt: sofort. (...) Wir wollten und konnten dem nicht mehr entgegenwirken.*

Die wesentliche Frage, inwieweit der DDR-Verteidigungsminister sich mit den sowjetischen Militärführern abgesprochen hatte, beantwortet Keßler in der ihm eigenen Weise.

> *Keßler: Erstens kannten die* (die sowjetischen Militärs – AvP) *die Situation aus ihrer eigenen Information, und zweitens haben wir sie von dieser von uns angestrebten Richtung informiert, und sie haben diesen Standpunkt auch aus ihrer Sicht akzeptiert. Wobei ich damals den Eindruck hatte, dass sie von ihren Vorgesetzten, das kann ich nicht belegen, die Order hatten, sich rauszuhalten. Das war mein Eindruck.*
>
> *Blumenberg: Das heißt also, sie hatten den Befehl, auf keinen Fall einzugreifen?*
>
> *Keßler: Das ist mein Eindruck, den kann ich nicht belegen.*
>
> *Blumenberg: Hatten Sie persönlich mit Armeegeneral Snetkow*[22] *telefoniert?*
>
> *Keßler: Ja, habe ich.*
>
> *Blumenberg: Und was haben Sie mit ihm besprochen, konkret?*
>
> *Keßler: Ich habe ihm die Lage geschildert, habe ihn über unsere Absichten* (informiert – AvP), *wie wir das also gemeinsam mit anderen regeln wollen, so dass er im Bilde war, ... Und er hat mir gesagt: »Also, sie* (die sowjetischen Truppen – AvP) *bleiben vor Ort, wo sie sind«, und hat mir nicht gesagt, warum und weshalb, aber ich glaube, sie hatten die Orientierung.*
>
> *Blumenberg: War er sehr überrascht über die Situation am 9.?*
>
> *Keßler: Ich hatte den Eindruck: nicht.*
>
> *Blumenberg: Aha, das ist aber sehr interessant.*
>
> *Keßler: Sicher ist es das. Das ist doch alles interessant*

Das Westberliner und westdeutsche Fernsehen spielte eine große Rolle an diesem Abend. Walter Momper, der sozialdemokratische Regierende Bürgermeister von Westberlin, sprach bereits um 19.40 Uhr im Westberliner Fernsehen: »Das ist ein Tag, den wir uns lange ersehnt haben, seit 28 Jahren.

22 Boris Snetkow war Oberkommandierender der Westgruppe der sowjetischen Streitkräfte.

Die Grenze wird uns nicht mehr trennen.« Der Journalist Hans-Joachim Friedrichs meinte in den Tagesthemen, dass man das Risiko eingehen könne, diesen Tag einen »historischen Tag« zu nennen: »Die Tore in der Mauer stehen weit offen«. Wie unklar die Situation auch immer war – nun strömten die Massen an die Grenze.

Der oppositionelle Video-Filmer Aram Radomski berichtet, dass er als einer der ersten zur Mauer an der Bornholmer Straße kam. Nur 30 bis 40 Personen waren dort. Die Grenzposten glaubten zunächst nichts und wollten die Leute nach Hause schicken. Radomski rief den Posten zu, dass man mit einem gültigen Personalausweis der DDR die Grenze nach Westberlin passieren dürfe. Außerdem forderte er aus der Menge heraus, den diensthabenden Offizier zu sprechen, der nach einer Weile auftauchte und antwortete: »Ja, wer das wünscht, kann das heute tun.« Und dann gingen die ersten »rüber«, mehr und mehr kamen dazu, so dass es schließlich ein nicht enden wollender Strom war, der sich nach Westberlin wälzte. Die meisten ahnten nicht, dass der Stempel, den sie erhielten, ihnen eigentlich nach noch geltendem Recht die DDR-Staatsbürgerschaft nahm.[23]

Der sowjetische Gesandte Maximytschew erinnert sich seiner Empörung: Die DDR-Führer hätten der Botschaft mitgeteilt, dass die Reiseregelung erst *morgen* in Kraft trete, und außerdem sei von einer Öffnung nach Westberlin *nie* die Rede gewesen, da dies den Viermächtestatus beträfe. Dennoch habe er den Botschafter Kotschemassow beruhigt; der sei auch schlafen gegangen, während er selbst – Maximytschew – versuchte, Krenz zu erreichen. Aber der sei noch in der Sitzung des ZK gewesen und durfte nicht gestört werden. Maximytschew konnte sich nicht vorstellen, dass die SED-Führung hinter dem Rücken der sowjetischen Botschaft in Berlin mit Moskau oder Gorbatschow persönlich Absprachen getroffen hätte.[24]

> *Schabowski: Das war* (mit der sowjetischen Führung – AvP) *in der Tat überhaupt nicht abgesprochen. (...) Es war nur über das Reisegesetz zwischen Krenz und Gorbatschow mal geredet worden. Da hat der gesagt: »O.k., macht das«, aber diese Öffnung und Westberlin – das war etwas anderes. Aber wissen Sie, wenn Sie da sind, kann ich ja nicht plötzlich anfangen, über Westberlin zu stottern. Ich sagte mir – es war ja in Bruchteilen von Sekunden – wir müssen diese Grenze ohnedies aufmachen und was soll's: Westberlin muss darin einbezogen sein.*[25]

Über die Reisefragen gab es in den sowjetischen oder deutschen Protokollen des Krenz-Besuchs bei Gorbatschow am 1. November überdies, wie schon deutlich wurde, unterschiedliche Aussagen.

23 Aram Radomski im Interview mit Thomas Schuhbauer 1999.
24 Interview von Blumenberg mit Igor Maximytschew 1999.
25 Interview mit Schabowski 1999.

Noch spät in der Nacht des 9. auf den 10. November versuchte Egon Krenz, der nach eigener Auskunft erst nach 20.45 Uhr von der vorzeitigen Verkündung Schabowskis informiert wurde, seinen sowjetischen Amtspartner Gorbatschow zu erreichen. Vergeblich.

Krenz: Ich war ja im Zwiespalt. Sehen Sie, was berichte ich nach Moskau? Berichte ich, als stünden wir vor einem Weltkrieg, dann hätte ich natürlich auch Gorbatschow aus dem Schlaf holen können, er hätte sich sicherlich mit mir verbinden lassen. (...) Die Deschurnaja, die Diensthabende dort auf der anderen Seite, meinte, der Generalsekretär sei nicht zu erreichen. Aber wenn ich es dringend gemacht hätte und gesagt hätte, es geht hier um Leben oder Tod, dann hätte sie mich sicherlich verbunden. Also, das ist eine Frage, die ich deshalb so dramatisch nicht gemacht hatte, weil ich nicht wollte, dass durch eine dramatische Schilderung möglicherweise falsche Entscheidungen getroffen werden.

Blumenberg: Aber Sie haben in der Nacht, an dem Abend mit (Botschafter – AvP) *Kotschemassow gesprochen?*

Krenz: Nein, mit Kotschemassow habe ich nicht gesprochen (denn der schlief bereits – AvP). *Mit Kotschemassow habe ich am andern Morgen früh gesprochen. Sie müssen ja sehen, an dem Abend klingelten alle Telefone, die in meinem Zimmer waren, nicht nur einmal, sondern in Permanenz sozusagen. Also es waren ja Entscheidungen zu treffen. Es war festzulegen, wie reagieren wir morgen. Wir haben dann eine Arbeitsgruppe gebildet, eine operative Gruppe des Nationalen Verteidigungsrates, in der alle bewaffneten Kräfte vertreten waren, die durch Streletz geleitet wurde. Das musste ja alles vorbereitet werden. Und deshalb muss ich sagen, ich hatte an dem Abend für anderes keinen Sinn.*[26]

In Moskau saß nach eigener Schilderung Nikolai Portugalow noch in seinem Büro in der Internationalen Abteilung beim ZK der KPdSU als Falins »bester Unteroffizier vom Dienst«.

Portugalow: Und da plötzlich kommen die ersten Nachrichten: Da braut sich was an der Mauer zusammen. Man ruft per Sondertelefon unsere Botschaft an, und die können überhaupt nichts Vernünftiges sagen. Fragen Sie mal den Kotschemassow, der wird Ihnen das Blaue vom Himmel herunterlügen. Das ist ihm über den Kopf gewachsen. Die wussten nicht, was passiert.

Der Gesandte Maximytschew erklärt demgegenüber: Kotschemassow schlief, und er selbst beschloss, nichts zu tun, damit eine solche Nachricht, während in Moskau »die Obrigkeit schlief«, nicht in falsche Hände geriet mit unangenehmen Folgen.

26 Interview Hans-Christoph Blumenberg mit Egon Krenz 1999.

Portugalow: Und wissen Sie, warum (man Gorbatschow schlafen ließ – AvP)? *Für uns war zunächst einmal in dieser Nacht eines klar, was für uns das Wichtigste war: Es hat kein Blutvergießen gegeben, es ist zu keinem Zusammenstoß gekommen, und man hat nicht aufeinander gedroschen. (...) In diesem Sinne war das keine gewaltsame Revolution, und es bestand nicht die geringste Gefahr, dass Gorbatschows Prinzipien irgendwie verletzt werden und dass die Panzer rollen.*

Blumenberg: Also, es ist tatsächlich so, dass Krenz an diesem Abend noch versucht hat, Gorbatschow zu erreichen?

Portugalow: Ja, so war es. Zwar nicht über meine Wenigkeit, aber ich wusste ganz genau, dass er das versucht hatte.

Blumenberg: Es war immer klar, dass die sowjetischen Streitkräfte in der DDR auf keinen Fall, unter keinen Umständen eingreifen würden?

Portugalow: Jawohl.[27]

Am nächsten Tag erhielt Krenz zwei völlig unterschiedliche Reaktionen aus Moskau. Beide wurden ihm von derselben Person, nämlich vom Botschafter Kotschemassow, vorgetragen.

Krenz: Das erste Gespräch verlief sinngemäß so: »Also, Genosse Krenz, in Moskau ist man beunruhigt über die Situation, die sich heute Nacht an der Berliner Mauer vollzogen hat.« Und darauf sagte ich: »Das wundert mich.« Ich wollte ja nun nicht gleich (in) Selbstkritik machen. Ich sagte: »Das wundert mich, denn unsere Reiseverordnung hat doch Außenminister Fischer mit Ihnen abgestimmt.« Und da sagt er etwas für mich völlig Neues (!): »Ja, ja, das stimmt, aber nicht für Berlin. Das stimmt für die Grenze zwischen der DDR und der Bundesrepublik Deutschland, aber in Berlin sind die Interessen der Alliierten berührt.« Dieses Argument haben die sowjetischen Verbündeten das erste Mal gebraucht, weil sie immer davon ausgegangen waren, dass an der Grenze oder dass das vierseitige Abkommen nur für West-Berlin gilt und nicht für die Hauptstadt der DDR.

Das ist eine merkwürdige Argumentation, offensichtlich auch der Ablehnung einer Selbstkritik geschuldet, denn natürlich betraf die Grenze der »Hauptstadt der DDR« zu Westberlin den Viermächtestatus der Stadt auch nach damaligen Vorstellungen der DDR – selbst wenn man dagegen auftrat.

Krenz fährt fort:

Und dann habe ich zu ihm gesagt: »Na ja, gut, Genosse Wjatscheslaw, das ist jetzt nur noch eine theoretische Frage. Wir hätten das heute Nacht nur verändern können, wenn wir Militär eingesetzt hätten. Und das hätte ein Blutbad gegeben. Und daran warst du oder daran waren Sie ja auch nicht interessiert.« Und da sagt er: »Sie haben Recht oder du hast Recht, Genosse Krenz«,

27 Interview von Hans-Christoph Blumenberg mit Portugalow 1999.

das (»Duzen« oder »Siezen« – AvP) *war mal so und so, »Sie haben Recht, Genosse Krenz, so denke ich auch.« Und dann hat Streletz ihm noch militärisch Bericht erstattet. Streletz hat das fließend in Russisch gemacht, der kann hervorragend Russisch. Und ich bin wieder zur Tagung des Zentralkomitees gegangen. In der Zwischenzeit hatte Streletz ein Staatstelegramm an Gorbatschow fertiggemacht.*[28] *Darin haben wir Gorbatschow informiert* (am 10. November! – AvP) *über die Details, auch wie viele Bürger bereits wieder zurückgekommen waren aus West-Berlin. Meine Bitte an Gorbatschow war, seinen Botschafter Kotschemassow zu beauftragen, mit den West-Alliierten Kontakt aufzunehmen, damit die Sicherheit in der Stadt gewährleistet bleibt. Kurze Zeit später kriegte ich also einen zweiten Anruf von Kotschemassow, den ich entgegennahm in einem Nebenraum der Tagung des Zentralkomitees. Dort sagt Kotschemassow: »Also, im Namen von Michael Sergejewitsch Gorbatschow, im Namen der sowjetischen Führung, beglückwünschen wir Sie und alle Genossen zu dem mutigen Schritt, die Berliner Mauer geöffnet zu haben.« Da habe ich mir natürlich schon die Frage gestellt: Was ist in Moskau passiert? Was ist hinter den Kulissen gewesen, wie war die Stimmung im Außenministerium, wie bei Schewardnadse, wie bei Gorbatschow, wie war sie bei Falin, wie bei Portugalow? Wer hat wen beeinflusst und was ist dort letzten Endes gelaufen? Das werden für mich natürlich nach wie vor Geheimnisse bleiben, und ich denke, vieles ist auch manchem in der Sowjetunion noch nicht bekannt. Das wird vielleicht bekannt werden, wenn auch diese Akten mal so offen sind, wie die Akten des Ministeriums für Staatssicherheit.*[29]

Offensichtlich war es aber einfach so, dass man in Moskau wusste, dass man ohnehin nichts mehr ändern konnte ohne Einsatz von Militär. Tschernajew bestätigt diese Sicht im Großen und Ganzen.

AvP: Sind die beiden verschiedenen Erklärungen von denselben Ebenen verfasst worden? Oder die erste von Kotschemassow?

Tschernajew: Wissen Sie, es ist ganz einfach. (Lacht) *Die sowjetischen Botschafter in den Ländern des Warschauer Vertrages fühlten sich für alles verantwortlich, was in »ihrem« Land passierte. Kotschemassow befürchtete vielleicht, man könnte meinen, es lag an ihm, dass die Mauer gefallen war, er habe nicht gut gearbeitet. Ich denke, er und der KGB in Ostberlin haben Botschaften oder Formulierungen weitergegeben, denen dann zunächst zugestimmt wurde. Ich bin mir sicher, dass Kotschemassow diese Entwicklung nicht erwartet hatte. Falin hat zum Beispiel einmal Kotschemassow gefragt, wie er sich eigentlich über die Lage in der DDR informiere. »Ganz einfach«, habe*

28 Denn Gorbatschow war es selbst, der über Kotschemassow einen Bericht verlangt haben soll (Krenz im Interview 1999).

29 Im Interview 1999.

Kotschemassow geantwortet, »ich nehme den Hörer ab und rufe Honecker an.« Die zweite Erklärung jedenfalls war von Gorbatschow selbst gekommen.

Gorbatschow machte in seiner Gratulation an Krenz aus der anarchischen Öffnung der Mauer einen bewussten Akt der SED-Führung und gratulierte ihr zu »diesem mutigen Schritt«. Das entspricht bekanntermaßen nicht ganz den Tatsachen, obwohl die Mannschaft um Krenz in der Tat rasch eine neue Reiseregelung gewollt hatte.

Auch wenn die SED-Führung am folgenden Tag versuchte, »Ordnung« in die aus ihrer Sicht verfahrene Situation zu bringen, die Mauer war nicht mehr zu schließen, der Zug in Richtung Einheit war abgefahren.

Am Morgen nach der Maueröffnung, also am 10. November, um 11.30 Uhr informierte Kanzleramtsminister Seiters in Bonn die Botschafter der Westmächte, Boidevaix, Mallaby und Walters, dass der Bundeskanzler seine Reise nach Polen unterbrochen habe und unterwegs nach Berlin sei, was zumindest Walters wusste, der ja Kohl ein amerikanisches Militärflugzeug hierfür zur Verfügung gestellt hatte. Seiters verwies auf Kohls Bericht zur Lage der Nation vom 8. November, worin er der DDR seine Bereitschaft zur Hilfe bei grundlegenden Reformen in der DDR erklärt hatte. Dazu zählte der Kanzler die Zulassung von »unabhängigen Parteien«, eine »verbindliche Zusicherung« zu »freien Wahlen« und den Verzicht der SED »auf ihr Machtmonopol«. Unter diesen Voraussetzungen sei er bereit, über eine »völlig neue Dimension unserer wirtschaftlichen Hilfe« zu sprechen. Das war eine Zusage, an die ihn später Modrow noch erinnern sollte. Seiters wies dann auf die Folgen der Maueröffnung vom Vortag hin. So sei es unklar, ob »diese neue Reisefreiheit stabilisierend wirken oder ob sich daraus eine weitere große Abwanderungswelle ergeben werde. Er bat die Alliierten zu prüfen, ob sie, insbesondere in Berlin, bei der Unterbringung und Versorgung von Übersiedlern helfen« könnten. Mallaby antwortete, dass die Premierministerin in einer Erklärung schon vom selben Tag die Bereitschaft zur praktischen Hilfe sowohl in der Bundesrepublik als auch in Westberlin zum Ausdruck gebracht hätte. Walters hatte aus diesem Grunde bereits mit dem britischen Stadtkommandanten gesprochen, und der französische Botschafter verwies auf Maßnahmen der französischen Seite, um Quartiere zur Verfügung zu stellen. Ministerialdirigent Duisberg erläuterte, dass sich in Westberlin eine überproportionale Belastung ergeben werde, da man dort die Übersiedler aus Ostberlin unterbringen werde, während man die Flüchtlinge aus der DDR in das Bundesgebiet weiterleite.[30]

In Westberlin fand am 10. November eine Kundgebung statt, auf der Momper, Brandt, Kohl und andere sprachen. Über »einen Mordsumweg« war Kohl schließlich dort angekommen.

30 In DzD, Dok. Nr. 78 vom 10.11.1989, S. 501 f.

Kohl: Als ich in Berlin landete, war ich der Meinung, es gäbe eine Veranstaltung aller demokratischen Parteien vor dem Schöneberger Rathaus. Ich habe dann im Auto zu meiner Bestürzung erfahren, dass die untereinander so verkracht waren, dass sozusagen die Berliner Linke und die Koalition mit Herrn Momper als Bürgermeister eine Kundgebung am Rathaus machten, und die Berliner CDU zu einer eigenen Kundgebung in der Nähe der Gedächtniskirche aufgerufen hatte. Und dann bin ich dort angekommen, und schon beim Aussteigen bin ich mit Pfiffen und Pfui-Rufen empfangen worden, im Schöneberger Rathaus. (...) Es war ein Teil der Linken, symbolisiert durch den damaligen Berliner Bürgermeister, Herrn Momper, der ja auch gesagt hat in seiner Rede, es geht nicht um Wiedervereinigung, sondern es geht um Wiedersehen. Und als ich von Wiedervereinigung sprach, war ja dann die Stimmung entsprechend. Da bin ich ja niedergeschrien, niedergepfiffen worden.[31]

Teltschik: Und ich sagte nur spontan zum Bundeskanzler, das kann doch nicht wahr sein, dass wir für solche Leute jetzt hierhergekommen seien. Warum diese Abneigung, warum dieser schrille Protest stattfand, war nicht zu erklären. Das Gegenteil wäre eigentlich zu erwarten gewesen, da sich jetzt eine historische Entscheidung abzeichnet. (...) Und das wiederholte sich dann in der Kundgebung selbst. In dem Augenblick, als der Bundeskanzler sprach, begann auf dem Platz ebenfalls ein gellendes Pfeifkonzert. (...) Es ist ja kein Geheimnis, dass der Bundeskanzler Helmut Kohl sehr impulsiv und sehr eruptiv sein konnte. Also er hat, wenn er Groll empfand, ihn auch lautstark zum Ausdruck gebracht.[32]

Diese Pfiffe hörte man auf der ganzen Welt, wie Kohl selbst formulierte.[33] Ich vermute, dass sie im Ausland eher beruhigend wirkten; denn die international verbreitete Furcht bestand ja vor einem überbordenden deutschen Nationalismus. Das war die Angst Gorbatschows gewesen, der in Bonn angerufen und nicht nur an Kohl, sondern auch an Thatcher, Mitterrand und Bush Telegramme gesandt hatte. Als der Bundeskanzler seine Rede beginnen wollte, erhielt Teltschik einen Anruf vom sowjetischen Botschafter in Bonn, so dass er den Balkon des Schöneberger Rathauses verlassen musste.

Teltschik: Am Telefon war Botschafter Kwizinski. Er teilte mir mit, dass er eine dringende Botschaft von Präsident[34] *Gorbatschow an den Bundeskanzler habe, die ich dem Herrn Bundeskanzler doch sofort übermitteln möchte. Als ich ihm sagte, das sei schwierig, weil die Kundgebung bereits stattfände und der Bundeskanzler kurz vor seiner Rede stünde. Aber er machte es sehr dringlich, und seine Botschaft war sehr einfach. Es war die Botschaft, dass der*

31 Im Interview mit Guido Knopp 2000.
32 Teltschik im ZDF-Interview 1999.
33 Im Interview mit Guido Knopp.
34 Damals Generalsekretär und Vorsitzender des Obersten Sowjet. Präsident wird Gorbatschow erst 1990.

Bundeskanzler gerade auch auf dieser Kundgebung öffentlich darauf hinwirken solle, dass die Menschen Ruhe bewahren sollten, um zu verhindern, dass ein Chaos ausbrechen könne. Die große Sorge von Gorbatschow war, aufgrund der Tatsache, dass zur gleichen Zeit in Ost-Berlin eine große Kundgebung stattfand, dass die Emotionen hoch kochen würden. (...) Und die große Sorge bestand ja generell in dieser Phase bis hin nach Weihnachten/Neujahr, dass irgendeiner die Nerven verlieren würde, ein sowjetischer Soldat oder ein Volkspolizist, und zur Schusswaffe greifen würde. Die Auswirkungen hätten ja unübersehbar sein können. (...) Ich hab das dem Bundeskanzler noch mitteilen können, bevor er sprach. Und wenn Sie seine Rede noch mal nachlesen, dann werden Sie sehen, dass er auch in dieser Richtung versucht hat, beruhigend einzuwirken, was aber nicht so leicht war.[35]

Kohl rief in seiner Rede, die ansonsten die Wiedervereinigung ansprach und seiner Freude über die Maueröffnung Ausdruck gab, ganz im Sinne der Gorbatschow-Wünsche dazu auf, »besonnen zu bleiben und klug zu handeln« sowie »radikalen Parolen und Stimmen nicht zu folgen«.[36] Er fasste in dem ZDF-Interview zehn Jahre später Gorbatschows Anruf so zusammen, dass dieser die Frage gestellt hatte, »ob es stimme, dass jetzt angesichts der Verhältnisse – Öffnung der Mauer –, die sowjetischen Einheiten, Soldaten und Zivilpersonen Gefährdungen ausgesetzt seien. (…) Hatten ihm seine Hardliner gesagt.«

Horst Teltschik formuliert in seinem schriftlichen Protokoll dieses Anrufes vom 10. November 1989 die Aussagen des sowjetischen Generalsekretärs wesentlich schärfer im Sinne der Notwendigkeit der Beibehaltung zweier deutscher Staaten, als er und Kohl dies in den Interviews taten. Die in der Bundesrepublik abgegebenen Erklärungen, so Gorbatschow, können in dieser Situation »die Emotionen und Leidenschaften anheizen. Die Losungen der Unversöhnlichkeit und der Intoleranz gegenüber der Realität, dass zwei souveräne deutsche Staaten existieren, verfolgen nur das Ziel, die Lage in der DDR zu destabilisieren. Sie seien geeignet, die sich in der DDR entwickelnden Prozesse der Demokratisierung und Erneuerung auf allen Gebieten des Lebens und der Gesellschaft zu unterminieren. … Angesichts der jetzt tatsächlich erfolgten Öffnung und der massenhaften Bewegung von Menschenströmen in beiden (!) Richtungen könne eine chaotische Situation entstehen, deren Folgen unübersehbar wären.« Die Öffnung schilderte Gorbatschow auch hier als bewusste »Entscheidung der Führung der DDR … den Bürgern der DDR die freie Ausreise in die Bundesrepublik und nach Berlin zu eröff-

35 Teltschik im Interview mit Hans-Christoph Blumenberg 1999.
36 DzD, S. 504, Fußnote 1.

nen. Es sei verständlich, dass diese Entscheidung der neuen Führung der DDR nicht leicht gefallen sei.«[37]

Es ist erstaunlich, aber von der Angst vor der Gefährdung der sowjetischen Soldaten und Zivilpersonen, die sowohl Kohl wie Teltschik in ihren Interviews zehn Jahre später hervorhoben, ist im Protokoll von 1989 nicht die Rede.[38] Es ging Gorbatschow dagegen vor allem um die Anerkennung einer »Zwei-Staaten-Realität« in Deutschland und um die Stabilität in der DDR für eine neue Demokratie – gegen die Wiedervereinigung.

Weniger bekannt ist, dass auf Initiative von Hans-Dietrich Genscher am 11. November 1989 ein Telefonat mit seinem sowjetischen Amtskollegen Schewardnadse zustande kam, in dem Genscher die Stabilitätsfaktoren in Europa erwähnte und hinzufügte: »Wir streben nicht danach, die bei diesen Prozessen auftretenden Schwierigkeiten einseitig auszunutzen«. Das begrüßte zwar Schewardnadse, aber er formulierte eine Kritik an Kohls Rede vom Vortag: »Jedoch waren leider in der Rede Helmut Kohls auf dem Meeting Thesen enthalten, die zu Besorgnis Anlass geben«, ohne dass er diese Kritik konkretisierte.[39]

Der Bundeskanzler führte am gleichen Tag von 10.10 Uhr bis 10.25 Uhr auch mit dem »Staatsratsvorsitzenden Krenz« ein Telefonat, auf das sich dieser mit einem eigenen Konzeptionspapier vorbereitet hatte. Darin heißt es:

> *2. Bekräftigung der Politik des Friedens und normaler Beziehungen zur BRD (Gegenseitige Achtung der Souveränität, stabile Beziehungen). Die Frage der »Wiedervereinigung« steht für die DDR in keiner Weise.*

Man will »radikale Reformen« ankündigen wie freie Wahlen, möchte aber auch in punkto Reiseverkehr die »dringliche Frage nach Geld (›Reisezahlungsmittel‹)« stellen, wie es in den Vorbereitungsnotizen heißt:[40] »Wegfall Mindestumtausch, Reisezahlung von DM zu M = 1:4,40. Die Valutamittel werden von BRD bereit gestellt: ca. 3,8 Mrd. DM, jeder DDR-Bürger erwirbt Reisezahlungsmittel 300 DM pro Jahr: Geld für Umweltschutz und Grenzübergangsstellen.«

In dem dann geführten Telefonat erklärte Krenz in der Tat, dass er zu »radikalen Reformen« bereit sei, aber vom Geld war nicht die Rede. Neben den Versicherungen, dass man an einer Stabilität in der DDR interessiert sei, betonte Krenz, dass »die Grenzen bestehen blieben und nicht abgeschafft würden«, wie es im Bonner Protokoll dieses Gesprächs hieß. »Aber die Grenze

37 DzD, Dok. Nr. 80 vom 10.11.1989, S. 504 f. Die mündliche Botschaft ist auch an Krenz weitergeleitet worden und ist im Inhalt nahezu gleich, allerdings in der Wortwahl etwas schärfer und in den Begriffen »östlicher«: also »Berlin (West)« statt »Berlin«, »BRD« statt »Bundesrepublik« usw.

38 SAPMO-Barch, DY/30/IV 2/2.039/319, Bl. 15 und 16.

39 Aus dem Büro Krenz in SAPMO-Barch, DY 30/IV 2/2.039/319, Bl. 22–25.

40 SAPMO-Barch, DY/30/IV 2/2.039/Bl. 38–46.

durchlässiger zu machen, bedeutet ja noch nicht, die Grenze abzubauen. Da wäre ich Ihnen sehr dankbar, wenn Sie in dieser Beziehung beruhigend einwirken könnten.« So wurde es im DDR-Protokoll zusammengefasst.[41]

> *Er* (Krenz – AvP) *sei sich sicherlich mit dem Bundeskanzler absolut darin einig, dass gegenwärtig die Wiedervereinigung nicht auf der politischen Tagesordnung stünde. Der Bundeskanzler erwiderte, dass in diesem Punkt ihr Verständnis auseinander ginge. Er sei auf das Grundgesetz vereidigt und habe in dieser Frage sicherlich eine andere Grundauffassung als der Staatsratsvorsitzende.*

Der Kanzler fügt dann jedoch einen sibyllinischen Satz hinzu:

> *Die Wiedervereinigung beschäftige uns jedoch im Augenblick nicht am meisten.*[42]

Bei einem Telefongespräch des Bundeskanzlers mit Gorbatschow ebenfalls am 11. November äußerte der sowjetische Generalsekretär keine solche Kritik an der Rede Kohls vom Vortag wie Schewardnadse gegenüber Genscher. Kohl betonte, dass er jede Radikalisierung ablehne, Chaos verhindern wolle und eine Politik des »Augenmaßes« betreibe. 230 000 Übersiedler seien bisher gekommen. Sie stellten ein wirkliches Problem dar. Gorbatschow zeigte sich erfreut über Kohls beruhigende Erklärung. Es sei nötig, der DDR Zeit zu geben für eine Umgestaltung »in bezug auf Freiheit, Demokratie und wirtschaftliches Leben«. Kohl stimmte dem Zeitargument explizit zu, man müsse dies nur auch den Menschen in der DDR klarmachen. Gorbatschow erklärte auch hier, dass sich ein Dreieck zwischen der Bundesrepublik, der Sowjetunion und der DDR entwickeln müsse, in dem »alles balanciert und ausgewogen« sein müsse.[43]

Diese Balance kam nie zustande – und Gorbatschow wird Kohl dafür (mit) verantwortlich machen.

4.2 Modrow wird Ministerpräsident

Am 13. November 1989 wurde Hans Modrow auf Vorschlag von Egon Krenz zum Ministerpräsidenten der DDR berufen – jener Hans Modrow, der im Westen als Gorbatschows Favorit gehandelt wurde. Er war nicht Mitglied im Honecker-Politbüro gewesen, was ihm nun positiv angerechnet wurde. Krenz hatte ihn nach der Absetzung von Honecker, Mittag und Herrmann ins Politbüro geholt, obwohl Modrow weder für Wirtschaft noch für Agitation

41 SAPMO-Barch, DY/30/IV2/2.039/319.
42 DzD, Dok. Nr. 86, S. 513 ff.
43 DzD, Dok. Nr. 87 vom 11.11.1989, S. 515 ff.

verantwortlich sein wollte. Krenz soll gesagt haben: Er gehört ins Politbüro oder er muss in Rente gehen.[44] Als Krenz dem Politbüro Hans Modrow als Kandidaten der SED für das Amt des Ministerpräsidenten vorschlug, protestierte Gerhard Schürer, um Siegfried Lorenz gegen Modrow ins Feld zu führen. Doch der lehnte ab. Ursprünglich hatte der Generalsekretär außer Lorenz auch KoKo-Chef Alexander Schalck-Golodkowski und Bauminister Wolfgang Junker ins Auge gefasst, aber: »Schalck und Junker kommen dafür nicht mehr in Frage«[45], beide hatten wenig Sympathie in der Bevölkerung. Insofern war Modrow Krenz' zweite Wahl.

Es ist schwer auszumachen, ob Modrow wirklich von Gorbatschow favorisiert worden war. Im Gespräch mit Krenz am 1. November hatte Gorbatschow für Modrow Partei ergriffen, als er meinte, dass es ihm leid getan hätte, wie Honecker ihn »gestutzt« habe. Er fragte sogar in einer Weise nach ihm, die Krenz zu einer Richtigstellung seiner eigenen Haltung bei einer früheren Rüge für Modrow veranlasste.[46] Aber nicht nur über Modrow äußerte sich Gorbatschow in dieser Weise, sondern mehr noch über Willi Stoph, den Honecker zeitweilig »gedemütigt« habe. Überhaupt wird Stoph von Gorbatschow ausgesprochen gelobt. Er hielt große Stücke auf ihn, weil der ihn bereits Mitte der 80er Jahre über die reale wirtschaftliche Lage in der DDR informiert und dabei wohl auch Kritik an Honecker geäußert hatte.

Anatoli Tschernajew erklärte auf meine Frage, wen man in Moskau als Nachfolger Honeckers bevorzugt hätte:

> *Auf privater Ebene gab es Personen, die man lieber hatte als andere, aber wir hatten keinen Einfluss genommen, keinen Versuch gemacht, Honecker zu ersetzen. Willi Stoph zum Beispiel jammerte immer über die Lage im Allgemeinen und über Honecker im Besonderen. Aber mehr nicht, niemand tat etwas gegen ihn.«*[47]

Auch KGB-Chef Wladimir Krjutschkow beschreibt die Moskauer Haltung und Parteinahme ähnlich.

> *AvP: Haben Sie denn versucht von Moskau aus, Modrow früher in eine höhere Position zu bringen? Vielleicht als Nachfolger von Honecker oder Stoph?*
>
> *Krjutschkow: Wir dachten darüber nach. Die Frage wurde in Moskau so gestellt und erörtert. Aber damals hat ein anderer Standpunkt Oberhand gewonnen. Und der bestand darin, dass es nicht sinnvoll ist, sich einzumischen.*

44 Krenz 1999, S. 210.

45 Ebenda. Schalck-Golodkowski wurde nur einen Monat später aus der SED-PDS ausgeschlossen.

46 Gorbatschow-Stiftung, 89NOV01 sowie Krenz 1999, S. 193 f. Krenz nimmt in seinen Memoiren sogar an, dass Gorbatschow »zwei Jahre später immer noch glaubte, ich hätte Modrow vor der Absetzung in Dresden gerettet. Das war aber nicht notwendig.« (Ebenda, S. 194).

47 Interview mit Anatoli Tschernajew am 2.10.2001 in Moskau.

(...) Man solle alle Nachteile in Kauf nehmen und die Leute selber ihre Probleme lösen lassen, die sich nach und nach angesammelt hatten. (...) Von Seiten des KGB und anderer machtausübender Strukturen haben wir keine aktiven Handlungen unternommen in dieser Hinsicht. Unsere Armee verhielt sich ganz ruhig und hegte keine Einmischungspläne. (...) Die Hauptaufgabe bestand darin, die Sicherheit für alle Sowjetbürger, die sich in der DDR aufhielten, zu gewährleisten. Hätte es der Westen gewagt, etwa eine direkte Einmischung vorzunehmen, dann hätten wir auch diese Frage erörtern können.

Es spricht viel für diese Darstellung der mangelnden sowjetischen Einflussnahme auf die Wahl Modrows wie schon auf die von Krenz, wenn sich auch nicht ausschließen lässt, dass es doch im Hintergrund Aktivitäten in diese Richtung gab. Aber Indizien dafür habe ich nicht gefunden.

Hans Modrow entfaltete rasch eine Fülle von Aktivitäten, die die Bonner Politiker unter Zugzwang setzten. Zunächst erweiterte er seine politische Basis in der Regierung, in der Volkskammer und darüber hinaus, indem er eine Koalitionsregierung bildetete und u.a. den gerade zum CDU-Vorsitzenden gewählten, noch relativ unbekannten Politiker Lothar de Maizière in seine Regierung aufnahm, und zwar unter Preisgabe früherer eherner Prinzipien der SED. Lothar de Maizière berichtet, dass er einen Anruf von Modrow erhielt mit dem Vorschlag, ein Gespräch über die künftige Regierung zu führen. Dieses Gespräch kam auch zustande.

De Maiziere: Er kam auf mich zu, und ich sagte: »Das erste ist: Ich mache überhaupt nur mit, wenn in der Verfassung Artikel eins über die führende Rolle der SED gestrichen wird.« Denn in der Verfassung der DDR war in Artikel eins der Machtanspruch, die führende Rolle der SED (verankert – AvP). *Ich sagte: »Zweitens, es muss für uns klar sein, dass das, was wir tun, eine Übergangsregierung ist, dass hier freie Wahlen sein müssen. Und den freien Wahlen muss sich die SED genauso stellen, wie alle andern auch.« Und drittens müsste man konsequente Wirtschaftsreformen einleiten, ansonsten läuft uns das Land leer. (...) Seit dem 4. November gingen pro Tag 4 000 Menschen. Es begann eine Währungskriminalität, die nicht zu beherrschen war. Wir hatten Wechselkurse bis zu eins zu zwanzig. Zwanzig Mark DDR für eine D-Mark usw.*

Modrow sagte zu, denn er hatte selbst bereits ähnliche Gedanken geäußert, und de Maizière wurde stellvertretender Ministerpräsident und zugleich Minister für Kirchenfragen. In der Tat gingen auf die Regierung Modrow einige Wirtschaftsreformen zurück (unter anderem die »Treuhand«); der Führungsanspruch der SED wurde durch die Volkskammer aus der DDR-Verfassung gestrichen (schon am 1. Dezember); andere Gruppen und schließlich auch andere Parteien wurden zugelassen; freie Wahlen wurden durch diese Regierung beschlossen und organisiert. (s.u.).

De Maizière: In dieser Phase war Modrow, glaube ich, ein relativ redlicher Manager des Übergangs. Es gab ja Zeiten in dieser Zeit der Modrow-Regierung, wo die Zustimmung zur SED nach Meinungsumfragen 10 Prozent, aber die persönliche Zustimmung zu Modrow über 60 Prozent betrug. Er wurde ja auch so ein bisschen als der Gorbatschow der DDR vom Westen aus gesehen. War ja der einzige, der hier als hoffähig galt. Also ich glaube, dass er dieses Amt, bei aller Begrenztheit, die aus seiner Biographie erklärbar ist, relativ redlich gemacht hat, und das war auch der Grund, warum ich ihm in der Regierungserklärung der neuen Regierung gedankt habe. Ich habe ihm gesagt: »Wir danken Ihnen für den friedlichen Übergang in die Demokratie.« Das sieht mancher Historiker heute anders. Aber ich verlasse mich da mehr auf meine eigene Wahrnehmung, als auf das, was ich in Büchern lese.«[48]

Bereits am 17. November plädierte Modrow in seiner Regierungserklärung vor der Volkskammer für eine »Vertragsgemeinschaft« mit der Bundesrepublik, »die weit über den Grundlagenvertrag und die bisher geschlossenen Verträge und Abkommen zwischen beiden deutschen Staaten hinausgeht«, die der Sonderbeziehung zwischen den beiden deutschen Staaten durch Einzelverträge auf verschiedenen Gebieten Rechnung tragen sollte.[49] Für die Fragestellung in diesem Buch ist wesentlich, inwieweit dies mit der Sowjetunion abgesprochen war. Modrow behauptet: Es sei seine Idee gewesen, und er wird darin von Anatoli Tschernajew unterstützt.

Tschernajew: Das war für Gorbatschow zu jenem Zeitpunkt völlig neu. Das erklärte er auch bei dem Besuch Genschers kurze Zeit später in Moskau.[50]

Demgegenüber wurden in der »Germanistenfraktion« der Internationalen Abteilung des ZK der KPdSU solche Überlegungen durchgespielt. Der »Germanist« Portugalow behauptet nun: »Das (die Vertragsgemeinschaft – AvP) haben wir Modrow doch eingeflüstert.«[51] Ich neige Tschernajews und Modrows Ansicht zu; denn in dieser Zeit lag Gorbatschow ein solcher Gedanke noch fern, und es ist unwahrscheinlich, dass Portugalow oder andere aus der Internationalen Abteilung Modrow hinter dem Rücken Gorbatschows in diese Richtung »geimpft« hätten.

In den europäischen Hauptstädten wurde dieser agile neue Ministerpräsident ernst genommen, denn er war für sie Garant einer souveränen DDR zumindest auf Zeit und damit eines langsamen Umgestaltungsprozesses, obwohl er ab dem 3. Dezember ohne das Politbüro des ZK der SED, ab dem 6. Dezember ohne Krenz als Staatsoberhaupt und zwischenzeitlich ohne SED

48 Beide Zitate aus dem »Lüdenscheider Gespräch« mit Lothar de Maizière am 1.11.2000.
49 Im »Neuen Deutschland« vom 18./19.11.1989, die Rede selbst hielt Modrow also nur vier Tage nach Übernahme der Funktion des Ministerpräsidenten.
50 Interview mit Tschernajew am 1.10.2001.
51 Portugalow mehrfach, zuletzt in dem Gespräch mit mir am 1.10.2001.

regieren musste oder konnte, weil das ZK nach einem Parteiputsch am 3. Dezember von einem »Arbeitsausschuss« als Führungsgremium abgelöst wurde; am 9. Dezember, auf dem vorgezogenen Sonderparteitag, musste Egon Krenz und das gesamte ZK zurücktreten, und Gregor Gysi wurde neuer Chef der SED. Am 16. Dezember brach die SED zumindest offiziell mit ihrer kommunistischen Programmatik und ergänzte ihren Namen. Sie hieß jetzt SED-PDS (Partei des Demokratischen Sozialismus) und nach dem 4. Februar nur noch PDS. Einer der Hauptanlässe für diese Veränderungen lag bei den »Wandlitz-Vorfällen«, die die Lebensweise der DDR-Elite offenbarten und, wie es in einem Brief an den Generalsekretär hieß, »einen (weiteren) Schock« auslösten. Ein weiterer Skandal gehört zu dieser Fundamentalkrise, nämlich die Flucht des »Außenhändlers« und KoKo-Chefs Alexander Schalck-Golodkowski in den Westen, nachdem seine fragwürdigen Methoden, Devisen zu beschaffen, herauskamen. Solche Skandale ließen die Empörung über die SED-Führung zu einer Massenbewegung werden.[52]

Diese Empörung reichte bis in die Stasi-Elitetruppe hinein: Der Redakteur des DDR-Jugendsenders »Elf99« Jan Carpentier wurde am 5. Dezember 1989 von Soldaten des »Wachregiments Felix Dzierżyński« abgefangen, wie er erzählt, und in einen Saal in Berlin Adlershof geführt, wo ca. 600 bis 800 empörte Soldaten dieses Regiments derart harsche Kritik an der SED- und DDR-Führung vortrugen, die bis dahin undenkbar war. Sie seien von Informationen systematisch abgeschnitten worden und wünschten nun Öffentlichkeit. Sie berichteten auch von Aktenverbrennungen. Das Kamerateam von »Elf99« filmte. Der Redakteur und das Team wurden mit einer Begeisterung empfangen, die an 1968 im Westen erinnert, wenn es nicht lauter Uniformierte gewesen wären. Ein Ausschnitt aus der Rede des leitenden Offiziers:

> *Ich fühle mich, auch wenn ich Oberst bin, genauso beschissen und betrogen wie du auch. Das kannst du mir glauben.* (Begeisterter Applaus.) *In Anbetracht der dramatischen Zuspitzung der Situation in unserem Lande, der Aufdeckung immer neuer Verbrechen der Mitglieder der ehemaligen Partei- und Staatsführung, für deren Sicherheit wir mit Verantwortung getragen haben, erkläre ich:*

Und dann folgte ein Katalog der Enttäuschungen. Der Redakteur Georg Langerbeck erinnert sich, dass dort sogar gesagt wurde: »Die haben uns gequält, jetzt werden wir sie quälen.«[53] Diese Szenen offenbaren einen Einbruch in die Sicherheitseliten der DDR von kaum abschätzbaren Ausmaßen.

52 SAPMO-BArch, DY 30/IV 2/2.039/317, Bl. 168 ff., besonders Bl. 169.

53 Ausschnitte aus dem Material von »Elf99« und aus den Interviews mit den Redakteuren Jan Carpentier und Georg Langerbeck mit Thomas Schuhbauer 1999 und 2000.

4.3 Der Kundschafter als Anstifter: Portugalow in Bonn oder das produktive Missverständnis

Die folgenden Abschnitte befassen sich mit der Geschichte eines diplomatischen Missverständnisses, das Folgen haben sollte: Am 21. November 1989 kam Nikolai Portugalow[54] nach Bonn. Er war Deutschlandspezialist bei der Internationalen Abteilung des ZK der KPdSU unter der Leitung von Valentin Falin. In Bonn wurde er von Horst Teltschik im Kanzleramt empfangen. Dort erschien Portugalow nicht nur mit einem vorher von Falin abgesegneten amtlichen Papier, sondern zusätzlich mit einem handschriftlichen »Non-Paper«[55], das er im Hotel selbst geschrieben hatte, wie er im Gespräch mit mir berichtete.[56]

Nach den Akten des Bundeskanzleramtes stand eher Übliches in dem amtlichen Papier[57]: Die Führung der Sowjetunion sei sich vom Beginn ihrer eigenen Reformpolitik an bewusst gewesen, »welche Folgen dies für die DDR haben werde«; »Ablauf, Qualität und Tempo der Umgestaltung in der DDR hingen jedoch – im Gegensatz zur SU – entscheidend von der Politik der Bundesregierung ab.« In »dieser entscheidenden Phase der Zäsur« könnten die deutsch-deutschen Beziehungen in eine für die Sowjetunion »unerwünschte und gefährliche Richtung« gehen. Die Entwicklung müsse »auf absehbare Zeit« in »Einklang mit der deutsch-sowjetischen Erklärung vom 12. Juni 1989 bleiben«[58], besonders was die Anerkennung der bestehenden Grenzen betreffe bei vorbehaltloser Anerkennung des deutsch-sowjetischen Grundlagenvertrages

Der Inhalt des nichtamtlichen Papiers lautete demgegenüber vollkommen anders und ließ Teltschik aufhorchen:

> *Rein theoretisch gefragt: Wenn die Bundesregierung beabsichtigen würde, die Frage der Wiedervereinigung bzw. Neuvereinigung in die praktische Politik einzuführen, dann wäre es vernünftig, öffentlich über die Vorstellung der zukünftigen Allianzzugehörigkeit beider deutschen Staaten, also NATO und Warschauer Pakt, und ebenso über die Mitgliedschaft in der europäischen Gemeinschaft nachzudenken.* [59]

54 Zur Erinnerung: Portugalow, Jg. 1928, war kein hoher Funktionär, hatte aber exzellente Deutsch-Kenntnisse und viel Erfahrung mit Deutschland. Er bezeichnet sich als Mitglied der sog. »Germanistenfraktion«.

55 Ein »Non-Paper« meint in der Diplomatie ein nicht offiziell unterzeichnetes Schriftstück eines anderen Staates.

56 Nikolai Portugalow im »Lüdenscheider Gespräch« am 1.11.1999.

57 Zitiert nach DzD 1998, 616 ff.

58 Gemeint ist die Gemeinsame Erklärung während des Gorbatschow-Besuchs in Bonn.

59 DzD 1998, 616 ff.

Das waren nun völlig neue Signale, die Teltschik »elektrisierten«[60]: Die Wiedervereinigung wurde in Moskau konkret diskutiert und offensichtlich erwartet! Teltschik betonte daher später den »Focus Wiedervereinigung Deutschlands«, um den sich das Non-Paper gedreht habe.[61] Man kann jedoch hinzufügen: Das Neue war hier nicht nur, dass es um die Wiedervereinigung ging, sondern bereits um Fragen der Zugehörigkeit eines vereinten Deutschlands zu bestimmten Bündnissen. Fragen also, die man in Moskau noch Monate später nur versteckt handelte oder nicht stellen wollte.

Auf meine Frage an Portugalow, ob er bestätige, was in diesem Bericht Teltschiks an Kohl vom 6. Dezember 1989 geschrieben war, antwortete er: »Ja, mit der Ausnahme der Mitgliedschaft in der Europäischen Gemeinschaft.«[62] Das wiederum weist Teltschik zurück, da er nichts zitiert habe, was nicht auf dem Zettel von Portugalow gestanden hätte.[63]

Es stellt sich natürlich sofort die Frage, wer Portugalow eigentlich geschickt hatte. Denn die Antwort könnte klären, wie früh man in Moskau so weitgehend über die mit der Einheit Deutschlands verbundenen Probleme diskutierte, wie die NATO-Mitgliedschaft oder die Zugehörigkeit zur Europäischen Gemeinschaft. Es könnte damit auch geklärt werden, wann Strategien über die Bedingungen der deutschen Einheit entwickelt wurden, die das Verhältnis von NATO und Warschauer Pakt, ein gesamteuropäisches Sicherheitssystem und ähnliche Fragen betrafen, um sich vorzubereiten und zu wappnen für entsprechende Verhandlungen mit dem westlichen Ausland.

Nach Portugalows Auskunft war er von seinem Chef Valentin Falin geschickt worden,[64] dem Leiter der Internationalen Abteilung beim ZK der KPdSU. Falin selbst hat dies bis 1999 sehr zum Ärger von Portugalow bestritten, vermutlich um seine Rolle in dieser Wiedervereinigungspolitik und bei deren Beschleunigung als späterer Gegner Gorbatschows herunterzuspielen. Erst 1999 hat Falin in einem der hier angeführten Interviews zugegeben, dass Portugalows Angabe richtig war.

In Bonn vermutete man hinter Portugalows Vorstoß höhere Stellen.

Teltschik: Er sei beauftragt, und der Herrgott sei es gewesen. Er hat nicht gesagt von wem, ob von Falin oder Gorbatschow. Er hat mir den Eindruck vermittelt, also mindestens Gorbatschow. Na, gut, er hat halt versucht, seine Bedeutung zu unterstreichen. Ist ja auch legitim.

60 Teltschik 1991, S. 44.

61 Teltschik im Interview am 27.9.2000. So wird der Inhalt dieses Gesprächs bei den meisten historischen Arbeiten interpretiert, auch bei Weidenfeld in dessen hochinformativem Buch (1998, S. 81 ff.), weil die Wirkungen des Besuchs vor allem die Wiedervereinigungspolitik betrafen und zu dieser Zeit weniger die Fragen der Allianzzugehörigkeiten.

62 Im Gespräch mit mir am 1.11.1999 in Lüdenscheid. Ich habe Portugalow mehrfach interviewt: zweimal 1999 und in den Jahren 2000 und 2001 je einmal.

63 So Horst Teltschik im Gespräch mit mir am 27.9.2000. Dieses »Non-Paper« befindet sich in seinem Privatbesitz.

64 Im »Lüdenscheider Gespräch« am 1.11.1999.

Der Gorbatschow-Berater für das westliche Ausland, Anatoli Tschernajew, zeigt sich über das Auftreten Portugalows in Bonn bis heute tief verärgert.

> *AvP: Waren die* (Papiere – AvP) *mit Ihnen oder mit Gorbatschow abgesprochen?*
>
> *Tschernajew: Wissen Sie, Portugalow nimmt sich zu wichtig.*
>
> *AvP: Na, er wurde in Bonn wichtig genommen mit dem, was er mitbrachte. Es waren ja neue Inhalte, von der Wiedervereinigung bzw. Neuvereinigung Deutschlands bis hin zur Fragen der Allianzzugehörigkeit.*
>
> *Tschernajew: Dass Portugalow nach Bonn fuhr, wusste ich, jedoch nicht Gorbatschow,*[65] *aber ich wusste nichts Genaues, vielleicht wusste Falin mehr. Aber ich bin mir sicher, dass Portugalow weder das offizielle noch das inoffizielle Papier* (mit mir – AvP) *abgesprochen hatte. Wenn da von Konföderation oder Wiedervereinigung die Rede war, hätte ich das Gorbatschow gesagt.*[66]

Die Frage, von wem Portugalow eigentlich geschickt worden war, blieb jedoch nicht nur wegen Falins jahrelanger Ablehnung jedweder Verantwortung für diesen Besuch unklar, sondern auch wegen der Annahme in Bonn, Gorbatschow sei der Auftraggeber gewesen. Denn Teltschik selbst schrieb in seinem Bericht vom 6. Dezember 1989 über das Treffen mit Portugalow an Kohl, das amtliche wie das nichtamtliche Dokument seien ihm »auf dem zwischen Ihnen (Kohl) und Generalsekretär Gorbatschow verabredeten vertraulichen Wege übermittelt worden«.[67] Demnach hätte dieser Besuch Portugalows doch zumindest mit dem Wissen Tschernajews oder Gorbatschows stattgefunden.[68] Ein Jahr nach unserem Gespräch fragte ich Horst Teltschik 2002 erneut nach der Interpretation seines Berichtes an Kohl: Hat Gorbatschow nun Portugalow als Kurier benutzt oder nicht? Seine Antwort:

> *Eine Klärung der Portugalow-Verbindungen kann dieser nur selbst beantworten. Mir hat er zu verstehen gegeben, dass alles, was er vortrage, mit der obersten Führung der Sowjetunion besprochen sei. Er nannte jedoch keinen einzigen Namen, obwohl er mir zu verstehen gab, dass Gorbatschow selbst gemeint sei.*[69]

Gorbatschow antwortete auf meine Frage, ob er von dem Inhalt der Reise Portugalows informiert war, mit einem klaren »Nein«: »Über die Aktivitäten Portugalows habe ich nichts gewusst.«[70]

65 Das deckt sich mit den Aussagen Portugalows und Modrows.
66 Interview mit Tschernajew vom 2.10.2001.
67 DzD 1998, 616 ff., wobei in der Fußnote der Herausgeber noch einmal explizit auf Portugalow als Überbringer hingewiesen wird.
68 Diese Protokollnotiz führt zu der Frage, warum Portugalow von Kohl »als kleines Licht« und von Teltschik höchstens als »Wetterfahne« für die Moskauer Winde beschrieben wird, wenn er der »verabredete« Kurier Gorbatschows war.
69 Horst Teltschik in einem Brief an mich vom 19.2.2001.
70 Brief an mich vom 6.3.2002.

Portugalow blieb auch in späteren Gesprächen zwar bei seiner Erklärung, er sei von Falin geschickt worden, aber er erläuterte darüber hinaus, dass Kohl nach seinem Regierungsantritt einen »vertraulichen Kanal« über Egon Bahr für das Bundeskanzleramt habe organisieren lassen. »Ich war Träger dieses vertraulichen Kanals, den Kohl aber *nicht* über Gorbatschow ausgemacht hatte.« Es sei das dritte oder vierte Mal gewesen, dass an den Botschaften vorbei über die KGB-Residentur in Deutschland ein solches Treffen organisiert worden sei. Aber auch die hätten vom Inhalt der Gespräche nur das »Minimum minimorum« (Portugalow) gewusst, ungefähr das, was man mit Tschernajew abgesprochen oder was Tschernajew ihm (Portugalow) in den Mund gelegt hätte. Das Wichtigste sei in den Gesprächen zuvor zwischen Falin und Portugalow *mündlich* festgelegt worden.[71]

Interessanterweise hat der damalige KGB-Chef Krjutschkow eine etwas andere Theorie. Auf meine Frage, wer seiner Meinung nach Portugalow betraut hätte, antwortete er, es sei Alexander N. Jakowlew, ein Mann Gorbatschows im Politbüro, gewesen, der schon seit 1987 für die Wiedervereinigung »intrigiert« hätte. Auf meine Frage nach Falin als Auftraggeber Portugalows antwortete er:

> *Ich denke, dass Falin so eine Anweisung nicht geben konnte. Das schließe ich aus. Also Falin kann man dessen nicht beschuldigen. Ich habe bloß gesagt, dass Portugalow ein Mann von Jakowlew war. Und dann kann man diese Situation, die ich angedeutet habe, ergänzen, zu Ende denken.*[72]

Vermutlich meint Krjutschkow, dass Falin aus Gründen der Hierarchie eine solche Mission nicht durchführen konnte. Er traut dies aber vor allem deshalb Falin nicht zu, weil der in den Augen von Krjutschkow ein »Gleichgesinnter« in der späteren Gegnerschaft zu Gorbatschow war, der so etwas eben nicht gemacht hätte. Wiederum ein interessanter Hinweis auf die Gedächtnisleistung im Sinne fraktioneller Zugehörigkeit. Nur, Falin hat sich eben selbst revidiert.

Der Hauptgegner im Politbüro, Jegor Ligatschow[73], will die Reise Portugalows nicht kommentieren, da er zu wenig davon wisse, fügt aber dennoch etwas hinzu, das eher Teltschiks ursprünglichem Protokoll entspricht:

> *Das machte Gorbatschow offensichtlich auf eine ganz vertrauliche Weise, und deswegen fällt es mir sehr schwer, diese Episode zu kommentieren.*[74]

71 Portugalow im Gespräch mit mir am 1.10.2001 in Moskau.

72 Das Gespräch mit Krjutschkow führte ich, bevor Falin seine Position in dieser Frage revidierte, nämlich am 5.11.1999 in Moskau.

73 Jegor Kusmitsch Ligatschow, Jg. 1920, 1983 bis 1990 Sekretär des ZK der KPdSU für Kader, Parteiverwaltung und seit 1988 auch für die Landwirtschaft, von 1985 bis 1990 Vollmitglied des Politbüros.

74 Im Gespräch mit mir am 5.11.1999 in Moskau.

Falin korrigierte sich 1999 und steht nun dazu, dass er und nicht Gorbatschow Portugalow geschickt habe. Aber er erklärt nach wie vor, dass Portugalow in seinem Auftrag nur eine begrenzte Mission erfüllen sollte: Eruierung der Bonner Politik, ansonsten sei es nur um Fragen der Gewaltverhinderung und der Akzeptanz der DDR durch die Bundesrepublik gegangen sowie um die Sorge über »unüberschaubare Ereignisse«. Das passt nun eher zu dem offiziellen als zu dem nichtamtlichen Dokument.

Interessant finde ich dies nicht nur wegen Falins Glaubwürdigkeit, sondern weil in allen diesen Selbsterklärungen deutlich wird, wie sich damalige Hoffnungen und spätere Legitimation gegenüber dem eigenen, nämlich Gorbatschow-feindlichen Umfeld widersprechen. Man möchte heute nicht der gewesen sein, der man damals war. Das trifft für Krjutschkow ebenso zu wie für Falin, aber auch für den damaligen offenen Hauptgegner Gorbatschows Ligatschow, weniger jedoch für den geschmeidigen Portugalow oder für den Gorbatschow-Vertrauten Tschernajew.

Dieser präzisiert seine Sicht zwei Jahre später mit anderen Argumenten:

Tschernajew: Vielleicht hat Falin auch seine eigene Politik gemacht. Ich glaube sowieso, dass er enttäuscht war, als nicht er, sondern Schewardnadse zum Außenminister berufen wurde. Ich war 1972 schon einmal in Bonn, als Falin dort sowjetischer Botschafter war. Schon damals sagte Falin mir, dass die Wiedervereinigung eines Tages kommen wird, »und wir können das nicht verhindern«. Aber er (Falin – AvP) *wollte das damals nicht, vor allem hatte er Angst, dass sich die Wiedervereinigung hinter dem Rücken Moskaus vollziehen würde, abgesprochen nur zwischen den Deutschen* (Regierungen – AvP).

AvP: Teltschik schreibt in einer Notiz an Kohl, die mit den Akten des Bundeskanzleramtes veröffentlicht wurde, dass diese Nachrichten Portugalows »auf dem zwischen Gorbatschow und Ihnen (Kohl – AvP) *vereinbarten vertraulichen Weg« nach Bonn gekommen seien. War die Reise Portugalows doch mit Gorbatschow selbst abgesprochen? Und die Überraschung gespielt?*

Tschernajew: Nein, ganz sicher nicht, was immer auch Teltschik geglaubt haben mag.

AvP: Oder mit Jakowlew, wie Ligatschow meint?

Tschernajew: Nein, auch nicht. Jakowlew hätte das nicht gegen Gorbatschow gemacht, und das hätte er in diesem Falle tun müssen.

Alles deutet daraufhin, dass Gorbatschow nichts von Portugalows Non-Paper wusste, was man aber in Bonn nicht annehmen konnte. Der Besuch Portugalows zeigte dem Bundeskanzleramt, dass »man« in Moskau sehr weitgehende strategische Sandkastenspiele betrieb und dass dieses »Man« ganz weit oben angesiedelt sein könnte. Der Diplomatiehistoriker der deutschen Einheit, Werner Weidenfeld, der die meisten Moskauer Dokumente noch nicht kennen konnte, aber dennoch hochinformiert ist, meint in seinem monumentalen Buch »Außenpolitik für die deutsche Einheit« sogar: Mit Portugalows Besuch sei in Bonn deutlich geworden, »dass Gorbatschow und seine Mitarbeiter – abweichend von den offiziellen Darstellungen – sich sehr wohl darüber im klaren waren, dass die deutsche Frage wieder auf der Tagesordnung stand.«[75] Das dürfte für diese Zeit noch nicht stimmen. Sicherlich wird sich Gorbatschow über die Virulenz der »deutschen Frage« schon damals Gedanken gemacht haben, aber er sprach sich Ende November nicht nur nach außen, sondern auch nach innen gegen jede Form der praktischen Schritte zur deutschen Einheit, auch in »konföderativen Strukturen«, aus. Seine Mitarbeiter waren nicht einheitlich derselben Ansicht, und die Feindseligkeiten, Kritiken und Sticheleien zwischen den »Germanisten« der Internationalen Abteilung des ZK der KPdSU und dem engeren Kreis um Gorbatschow, repräsentiert vor allem durch Tschernajew, Schachnasarow und Jakowlew, sind bis heute spürbar.

Mir scheint die Erklärung Gorbatschows, er habe »über die Aktivitäten Portugalows … nichts gewusst« und sei auch über dessen Gespräch mit Teltschik nicht informiert worden, plausibel; sie deckten sich überdies mit denen von Anatoli Tschernajew und Nikolai Portugalow. Es passte darüber hinaus nicht zu Gorbatschow, so weitgehende Überlegungen dem deutschen Bundeskanzleramt mitzuteilen. Außerdem spricht die jahrelange Verärgerung Portugalows über Falins mangelnde Bereitschaft, die Verantwortung für diesen Besuch zu übernehmen, und dessen späte Anerkennung für die Urheberschaft der Internationalen Abteilung des ZK der KPdSU. Aber das »Non-Paper« dürfte Portugalow nicht nur eigenhändig geschrieben, sondern auch in »kreativer Selbstauslegung« der Abteilungspolitik eigenständig formuliert haben. Damit hat er einen Moment lang Weltpolitik betrieben.

Meine These ist, dass es auf beiden Seiten ein Missverständnis gab, das den Wiedervereinigungsprozess vorantrieb: In Moskau glaubte »man«, die Deutschen seien schon sehr weit in ihren Plänen über die Wiedervereinigung und über Allianzzugehörigkeiten eines vereinten Deutschlands (was aber für den damaligen Zeitpunkt nicht zutrifft). Und im Bundeskanzleramt vermutete man Gleiches: In Moskau sei man schon sehr weit in diesen Fragen (was zu jenem Zeitpunkt ebenfalls nicht stimmt) und ebenso in Ost-Berlin, denn der frisch gekürte Ministerpräsident Modrow sprach bereits von einer »Vertragsgemeinschaft« zwischen den beiden Teilen Deutschlands.

Helmut Kohl und Horst Teltschik beschlossen nun in aller Eile, ein Grundsatzpapier für die Rede des Bundeskanzlers nicht einmal eine Woche später vor dem Bundestag zu erarbeiten. Diese Eile ist sicherlich Folge dieses Missverständnisses, das als Katalysator beschleunigend wirkte wie kaum ein anderes diplomatisches Ereignis.[76]

75 Weidenfeld 1998, S. 82.
76 Beide, Portugalow wie Teltschik, stimmten im Übrigen dieser Interpretation zu.

Diese äußerst produktive gegenseitige Missdeutung offenbart aber auch, wie unklar man sich in Bonn über die Führung der UdSSR war und wie widersprüchlich die Positionen in Moskau waren.

4.4 Der 10-Punkte-Plan – Übernahme der Initiative durch ein überholtes Programm?

4.4.1 Die »10 Punkte«

Der durch Portugalow »elektrisierte« Horst Teltschik schloss aus dessen Besuch: Jetzt müsse der Bundeskanzler, wenn er nicht in den Hintergrund gedrängt werden wolle, die Initiative ergreifen und die Führung übernehmen. Kohl teilte diese Ansicht und gab Teltschik und seinen Mitarbeitern den Auftrag, ein entsprechendes Papier zu erarbeiten.

Teltschik: Ich habe am Donnerstag um Mitternacht den Auftrag bekommen: Bereiten Sie die Rede vor. Freitag früh habe ich mir vier oder fünf kluge Leute geholt, nicht einmal nur aus meiner Abteilung, sondern aus der Deutschland-Arbeitsgruppe und aus einer anderen Abteilung. (...) Diese Mannschaft von fünf oder sechs Personen[77] *hat eben laut gedacht. Was muss der Bundeskanzler in dieser Situation sagen? Was könnte die Strategie sein? Wir haben also gemeinsam eine Diskussion über diesen Prozess entwickelt. Und die 10 Punkte sind mehr zufällig. Ich bin ein Typ, der immer sagt: erstens, zweitens, drittens und am Ende waren es dann zehn. (Lacht.) Dass es zehn waren, hat uns geholfen.*

Die »10 Punkte« wurden formuliert, von Kohl am Wochenende zusammen mit Freunden und seiner Frau redigiert[78] und am Dienstag, dem 28. November 1989, vor dem Bundestag in seiner Haushaltsrede vorgetragen.

All dies geschah höchst konspirativ, also ohne Informierung anderer, eben auch nicht Hans-Dietrich Genschers, dem Kohl und noch deutlicher Teltschik misstrauten, weil sie befürchteten, dass der Außenminister sofort Bedenken äußern oder gar am Sonntagabend ein Interview geben würde und sich das Verdienst an die Brust heften würde.[79]

77 Claus-Jürgen Duisberg und Rüdiger Kass (Arbeitskreis Deutschlandpolitik), Norbert Prill, Michael Mertes und Martin Hanz (die »Ghostwriter« der Reden des Kanzlers), Horst Teltschik, sein Stellvertreter Peter Hartmann und zwei Referatsleiter aus Teltschiks Abteilung, nämlich Uwe Kaestner und Joachim Bitterlich.

78 Dabei waren auch die Brüder Rammstetter, Freunde und persönliche Vertraute. Die Frau des Kanzlers, Hannelore Kohl, soll auf ihrer alten Schreibmaschine getippt und korrigiert haben – eine Geschichte, die Teltschik abwehrend kommentiert (vgl. das Interview Guido Knopps mit den beiden Kohls, o. J. [1998] und das Gespräch Teltschiks mit mir am 27.9.2000).

79 So Teltschik im Gespräch mit mir am 27.9.2000.

Helmut Kohl gab in seiner Erklärung vom 28. November 1989 den Zehn-Punkte-Plan für die deutsch-deutsche Politik bekannt, den ich in längeren Auszügen zitieren will, weil er gerade im internationalen Klima zwischen den westlichen Verbündeten und besonders im Verhältnis zu Gorbatschow Verstimmungen schuf:

Erstens seien wegen der Fluchtbewegung Sofortmaßnahmen erforderlich. Zweitens sei auf allen Gebieten engere Kooperation mit der DDR notwendig.

> Drittens: *Ich habe angeboten, unsere Hilfe und unsere Zusammenarbeit umfassend auszuweiten, wenn ein grundlegender Wandel des politischen und wirtschaftlichen Systems in der DDR verbindlich beschlossen und unumkehrbar in Gang gesetzt·wird. »Unumkehrbar« heißt für uns und vor allem für mich, dass sich die DDR-Staatsführung mit den Oppositionsgruppen auf eine Verfassungsänderung und auf ein neues Wahlgesetz verständigt. Wir unterstützen die Forderung nach freien, gleichen und geheimen Wahlen in der DDR unter Beteiligung unabhängiger, das heißt selbstverständlich auch nichtsozialistischer, Parteien. Das Machtmonopol der SED muss aufgehoben werden. (...) Wirtschaftliche Hilfe kann nur dann wirksam werden, wenn grundlegende Reformen des Wirtschaftssystems erfolgen. (...) Wir wollen nicht unhaltbar gewordene Zustände stabilisieren. Wir wissen: Wirtschaftlichen Aufschwung kann es nur geben, wenn sich die DDR für westliche Investitionen öffnet. (...) Wer in diesem Zusammenhang den Vorwurf der Bevormundung erhebt, den verstehe ich nicht.*
>
> Viertens: *Ministerpräsident Modrow hat ... von einer Vertragsgemeinschaft gesprochen. Wir sind bereit, diesen Gedanken aufzugreifen. Denn die Nähe und der besondere Charakter der Beziehungen zwischen den beiden Staaten in Deutschland erfordert ein immer dichteres Netz von Vereinbarungen in allen Bereichen und auf allen Ebenen ...*
>
> Fünftens: *Wir sind aber auch bereit, noch einen entscheidenden Schritt weiterzugehen, nämlich konföderative Strukturen zwischen beiden Staaten in Deutschland zu entwickeln mit dem Ziel, eine Föderation, das heißt eine bundesstaatliche Ordnung, in Deutschland zu schaffen. Das setzt aber eine demokratisch legitimierte Regierung in der DDR zwingend voraus.*

Nach freien Wahlen könnten verschiedene gemeinsame Institutionen gebildet werden. »Wie ein wiedervereinigtes Deutschland schließlich aussehen wird, das weiß heute niemand. Dass aber die Einheit kommen wird, wenn die Menschen in Deutschland sie wollen, dessen bin ich sicher.«

In Punkt 6 und 7 betont Kohl die europäische Dimension. Die innerdeutsche Entwicklung bleibe eingebettet in den gesamteuropäischen Prozess, auch in die West-Ost-Beziehungen, in die EG und müsse sich einfügen in das gemeinsame europäische Haus Gorbatschows.

Achtens: *Der KSZE-Prozess ist ein Herzstück dieser gesamteuropäischen Architektur. Wir wollen ihn vorantreiben und die bevorstehenden Foren nutzen ...*

Neuntens: *Die Überwindung der Trennung Europas und der Teilung Deutschlands erfordert weitreichende und zügige Schritte in der Abrüstung und Rüstungskontrolle ...*

Zehntens: *Mit dieser umfassenden Politik wirken wir auf einen Zustand des Friedens in Europa hin, in dem das deutsche Volk in freier Selbstbestimmung seine Einheit wiedererlangen kann. Die Wiedervereinigung, das heißt die Wiedergewinnung der staatlichen Einheit Deutschlands, bleibt das politische Ziel der Bundesregierung.*

In den dann folgenden Goodwill-Erklärungen zu mehr Gemeinsamkeit, Frieden und Freiheit in Europa findet sich auch der Satz, der deutlich macht, dass Kohl schon früh die neue amerikanische Europapolitik aufgenommen hat:

Wir sind dankbar, dass wir in der Erklärung des Brüsseler NATO-Gipfels vom Mai dieses Jahres dafür erneut die Unterstützung unserer Freunde und Partner gefunden haben.[80]

4.4.2 Die Wirksamkeit eines »veralteten Konzepts« – der übergangene Genscher und die reklamierende SPD

Der »Zehn-Punkte-Plan«, wie er allgemein genannt wurde, obwohl er keinen Zeitplan enthielt, führte zu scharfen Reaktionen im In- und Ausland, die man heute im Rückblick, nach der Wiedervereinigung, kaum verstehen kann. Horst Teltschik, der der maßgebliche Autor des Entwurfs dieser 10-Punkte-Rede war, erläutert, warum man dies nicht nur konspirativ tat, sondern auch, warum man die Verbündeten auf unterschiedliche Weise vorher informierte.

Teltschik: Warum haben wir die vier Mächte mit dieser Rede unterschiedlich behandelt? Wir haben dafür Sorge getragen, dass diese Rede auf den Punkt dem amerikanischen Präsidenten auf dem Tisch lag, bevor sie gehalten wurde. Na ja, es stand nicht drauf, dass es eine besonders wichtige Rede sei. Aber das hätte er sich denken können, weil wir sie ihm geschickt haben. Er hatte sie nicht gelesen, als sie gehalten wurde. Er hat sie erst nachher gelesen. Aber er hatte sie vorher. Also die amerikanische Seite hatte es als einzige, bevor sie gehalten wurde. Wie überhaupt das Grundprinzip war: Es gibt einen Partner, der immer wissen soll, was wir tun. Gerade in dieser Frage war es das Weiße

80 Presse und Informationsamt der Bundesregierung, Informationen aus Bonn, November/Dezember 1989.

Haus. Das Weiße Haus war immer von uns im Detail informiert, weil wir verhindern wollten, dass da irgendein Misstrauen hochkommt.[81]

Anders als Bush behandelte man die westeuropäischen Verbündeten und den sowjetischen Generalsekretär:

Teltschik: Wir haben Mitterrand, Thatcher und Gorbatschow nicht unterrichtet.

Bundeskanzler Helmut Kohl begründet ebenso wie sein außenpolitischer Berater Teltschik auch, warum: Die Reaktion wäre von allen gewesen, übrigens auch von Genscher: Vorsicht, es sei der falsche Augenblick, insbesondere wegen der Position Gorbatschows.

Teltschik: Wir hätten nur Bedenken gehört. Da bin ich absolut sicher. Jetzt stellen Sie sich mal vor, das (...) wäre die Reaktion der vier Mächte gewesen am Montag. Und Kohl hätte dann gesagt: »Das mag ja alles so sein, ich setze mich darüber hinweg und halte trotzdem die Rede.« Es wäre ein noch größerer Affront gewesen. Dann ein zweites Argument. Kein Partner würde in einer vergleichbaren Situation je einen ausländischen Partner um Erlaubnis fragen, ob er in einer zentralen nationalen Frage handeln darf oder nicht?

AvP: Zwischen Erlaubnis und Information wären ja noch Unterschiede.

Teltschik: Ein französischer Präsident würde da nüchtern entscheiden und sagen, das merken die schon.

Die vermutete Reaktion folgte in der Tat: Von London über Paris und Rom bis hin zu Gorbatschow gab es Kritik, und auch im Inland: Genscher war nicht erfreut.

AvP: Einerseits wird berichtet, Sie hätten Kohl zu dieser großen Rede gratuliert, und auf der anderen Seite hätten Sie (etwas später) *gesagt, im Prinzip ist das, was an dieser Rede neu war, bereits überholt.*

Genscher: Ja. Es ist ja bekannt, dass dieser sogenannte 10-Punkte-Plan nicht abgestimmt war in der Regierung –

AvP: Ja, mit Ihnen auch nicht.

Genscher: – und mithin auch nicht mit dem Außenminister. Ich hätte ihm auch in dieser Form nicht zustimmen können, und zwar deshalb, weil er geschichtlich überholt war. Denn er ging ja nicht von der deutschen Vereinigung als Nahziel aus, sondern er ging von konföderativen Strukturen aus zwischen der Bundesrepublik und der DDR und einem mehrjährigen Nebeneinander von DDR und Bundesrepublik, was ja durch die Vereinigung von unten längst überholt war. Bei den Demonstrationen hieß es, wir sind ein Volk, und nicht, wir sind zwei Konföderationsstaaten oder irgendetwas. Das heißt, die geschichtliche Entwicklung war sehr viel weiter.

81 Horst Teltschik im Gespräch mit mir am 27.9.2000.

Es ist sehr die Frage, ob man für Ende November schon von einer bereits vollzogenen Vereinigung von unten sprechen kann. Aber es sollte bald so kommen. Vielleicht war es gerade diese Tatsache, dass die »10 Punkte« nur ein wenig vor der realen Entwicklung »herliefen«, die sie so wirksam machte. Sie waren eher wie ein Startsignal der Bundesrepublik »von oben«, das bald hinter dem weiteren Verlauf zurückbleiben würde, wie man eben die Startblöcke hinter sich lässt. Und so wurde diese Rede in den betroffenen Regierungen auch wahrgenommen, als Startschuss für eine sofortige und konkrete Wiedervereinigungspolitik Bonns. Dennoch hat Genscher Recht: Sie war nur in diesem Sinne »avantgardistisch«, auf längere Sicht nicht. Er führt dafür auch die beiden wichtigsten Gründe an, die für die internationalen Verhandlungen wesentlich waren und es weiter bleiben sollten:

> *Er* (der 10-Punkte-Plan – AvP) *beantwortete zwei für die deutsche Einheit zentrale Fragen nicht, nämlich: a) Was wollen wir eigentlich vereinigen? Das heißt, das ist die Grenzfrage. Und b): Was ist der Standort des vereinigten Deutschlands? Wird es Mitglied der westlichen Gemeinschaften bleiben oder wird es ein neutralisiertes Deutschland sein? Die Nichtbeantwortung der letzten beiden Fragen war ja auch das, was im Westen im hohen Maße mindestens Unruhe hervorgerufen hatte. Auf der anderen Seite fühlte sich Gorbatschow, sagen wir, überrumpelt, und zwar aus einem ganz anderem Grund. Gorbatschow hatte instinktiv gefühlt: Das geht jetzt in Richtung Vereinigung. Wir hatten uns im Juli'89* (er meint im Juni – AvP), *also ganze fünf Monate vorher, versprochen, dass wir uns in allen wichtigen Fragen konsultieren. Und nun fühlte er sich als Getriebener einer Entwicklung, die er nicht mehr steuern kann, was für ihn ja auch in seiner inneren Lage nicht einfach war. Das war der Grund seiner Verärgerung, die ich dann abbekam, als ich Anfang Dezember dorthin kam. Das ist auch der Grund, warum im Grunde von diesem 10-Punkte-Plan schon drei Wochen später kein Mensch mehr gesprochen hat, weil jetzt etwas ganz anderes auf der Tagesordnung stand, nämlich die Einheit. Wie wird die Einheit arrangiert?*[82]

So verständlich Genschers Argumentation ist, entscheidend war für das Kanzleramt, dass mit diesem Plan eine allgemeine Debatte eröffnet wurde, durch die die Wiedervereinigung als konkrete Möglichkeit der westdeutschen Regierungspolitik erschien und entsprechende Reaktionen hervorrief; weiterhin, dass der Plan aktuell in aller Munde war und dass Kohl als derjenige erschien, der die Initiative übernommen hatte, und zwar durchaus in Konkurrenz zu dem aktiven Modrow, wovon heute ebenfalls niemand mehr spricht.

> *Teltschik: Da ist der Punkt Vertragsgemeinschaft. Modrow hatte den Vorschlag einer Vertragsgemeinschaft gebracht. Wir wussten nicht, was denn eine*

82 Genscher im »Lüdenscheider Gespräch« mit mir am 25.4.2001.

Vertragsgemeinschaft ist. So etwas gibt es im Völkerrecht nicht – Vertragsgemeinschaft. Da habe ich gesagt: Das macht nichts. Wir nehmen den Punkt auf. Da kann Herr Modrow gegen diesen Punkt schon nichts sagen. Auch die Sowjetunion kann gegen diesen Punkt nicht sein, denn es ist ein Modrow-Vorschlag. Und irgendwas fällt uns schon zur Vertragsgemeinschaft ein. Also, es war ein rein taktischer Grund. (...) Wir wussten, dass wir da Widerstand auslösten. Nicht nur in Moskau. Also mussten wir die Rede so anlegen, dass wir möglichst viel Widerstand von vornherein abbauen.[83]

Damals, Ende November 1989, sprach die FDP-Führung mit zwei Zungen: Genscher hielt sich zurück, Lambsdorff kritisierte die »10 Punkte«, und zwar in dem einen genannten wesentlichen Punkt, weil sie in der deutsch-polnischen Grenzfrage die Interessen und Befürchtungen der polnischen Regierung nicht berücksichtigten. Der andere von Genscher genannte Kritikpunkt wurde damals nicht geäußert: Von einer von unten bereits vollzogenen Einigung, hinter der der Konföderationsgedanke zurückblieb, war auch bei Lambsdorff nicht die Rede. Insgesamt sah die FDP die »10 Punkte« doch eher in der Kontinuität der eigenen Deutschlandpolitik.

Eine andere inländische Reaktion: Die Grünen standen der Wiedervereinigung zunächst in ihrer Mehrheit skeptisch gegenüber. In ihrer Schrift mit dem Titel *»Kooperation statt Anschluß«* heißt es beispielsweise in Bezug auf den 10-Punkte-Plan: »Die Politik von Kohl, die die DDR einverleiben und kapitalistisch umwandeln will, stellt eine Gefahr für Europa dar.«[84]

Am 1. Dezember wurde im Bundestag über die 10 Punkte abgestimmt. Die Regierungskoalition aus CDU/CSU und FDP votierte mit »Ja«. Die FDP forderte jedoch zusätzlich eine klare Aussage zur Oder-Neiße-Grenze. Die Grünen-Sprecherin Jutta Oesterle-Schwerin warf dem Bundeskanzler eine »Heim-ins-Reich-Politik« vor.[85] Die SPD enthielt sich nach heftiger Debatte der Stimme. In der Partei gab es zahlreiche Kritiker des 10-Punkte-Plans. Es gab sogar einen Alternativ-Entwurf, weil der 11. Punkt fehle, nämlich die »Anerkennung der Oder-Neiße-Grenze« (so Herta Däubler-Gmelin, die die sonstigen Punkte begrüßte).[86] Es gab aber auch einige Befürworter in der SPD, wie zum Beispiel den außenpolitischen Sprecher Karsten Voigt[87], und auch der SPD-Vorsitzende Hans-Jochen Vogel dürfte zu diesem Zeitpunkt dem 10-Punkte-Plan nicht fern gestanden haben, obwohl auch er kritisierte, dass keine Aussage zur Oder-Neiße-Grenze enthalten war. Er hatte am 28. November auf derselben Parlamentssitzung, auf der Kohl seine »10 Punkte« vorstellte, ebenfalls Punkte vorgetragen, nur waren es fünf. Darin spielten

83 Teltschik im Gespräch mit mir am 27.9.2000.
84 Die Grünen – Bundesgeschäftsstelle: Kooperation statt Anschluß, Bonn 1990.
85 Diekmann/Reuth, S. 157.
86 »Stuttgarter Zeitung« vom 2.12.1989.
87 Karsten Voigt unmittelbar nach der Rede Kohls: »... stimmen wir Ihnen in allen zehn Punkten zu.«

konföderative Strukturen zwischen den beiden Deutschlands eine zentrale Rolle. Sehr zu seinem Ärger spricht auch davon heute niemand mehr.[88]

Willy Brandt sagte in einem »stern«-Interview:

> *Ich frage mich: Was hat eigentlich an dieser bescheidenen Skizzierung von Punkten* (Kohls – AvP) *überrascht? Es sei denn, Sie wären überhaupt gegen jede Form eines engeren Zusammenrückens der beiden deutschen Staaten.«*[89]

Die Reaktion der Modrow-Regierung in Ostberlin war eindeutig: »Solche Erklärungen gehen an den Realitäten vorbei«, »es ist von Souveränität und Gleichberechtigung auszugehen«, »die Wiedervereinigung steht nicht auf der Tagesordnung«.[90] Modrow: »Niemand wollte die Wiedervereinigung damals, weder in Ost noch West. Auch nicht die Bevölkerung der DDR.«[91] Laut »Spiegel« waren in einer nichtrepräsentativen Umfrage 71 Prozent der DDR-Bevölkerung gegen die Wiedervereinigung, nur 27 Prozent dafür.[92] Dennoch war für Modrow nicht ohne Bedeutung, dass Kohl von »konföderativen Strukturen« sprach und von gemeinsamen Kommissionen. Das passte durchaus zu der von ihm vorgeschlagenen Vertragsgemeinschaft – nur hoffte er auf eine Konföderation zweier souveräner Staaten und schreibt deshalb in seinen Memoiren: »Das Zehn-Punkte-Programm war als Schlag gegen meine (!) Idee einer Vertragsgemeinschaft konzipiert.«[93]

4.4.3 Beunruhigung und Enttäuschung in Moskau

Die schärfste Reaktion auf die »10 Punkte« kam aus Moskau. Gorbatschow sollte schnell nach deren Verkündung die Gelegenheit haben, sich zu beschweren, und zwar bei George Bush während des Gipfeltreffens auf der »Maxim Gorki« vor Malta am 2. und 3. Dezember: Gorbatschow ging nach dem sowjetischen Protokoll die »deutsche Frage« sehr direkt an:

> *In diesem Zusammenhang möchte ich über die »deutsche Frage« etwas sagen. Wir haben den Eindruck, dass Herr Kohl antreibt, hetzt, nicht seriös und verantwortungsbewusst handelt. (...) Aber für Sie und für mich ist es sehr wichtig, anderen mitzuteilen, dass gewisse Aktivitäten den positiven Entwicklungen Schaden zufügen könnten, es könnten außerdem sehr wichtige und ernste Angelegenheiten in Frage gestellt werden, unter anderem auch das Vertrauen zu der Regierung der BRD. Was soll dabei herauskommen? Wird das vereinigte Deutschland neutral ... oder wird es NATO-Mitglied?*

88 »Lüdenscheider Gespräch« mit Hans-Jochen Vogel am 7.11.2001.
89 »stern« vom 7.12.1989.
90 Vgl. auch Kohl in Diekmann/Reuth, S. 163.
91 Erklärung der Regierung der DDR in: »Neues Deutschland« vom 29.11.1989.
92 Vgl. »Der Spiegel« vom 18.12.1989, Zelikow/Rice 1997, S. 541.
93 Modrow 1998, S. 103.

Eine andere Alternative erwähnt Gorbatschow hier nicht, was erstaunlich ist, da in Moskau, wie wir sehen werden, andere Optionen diskutiert wurden. Marschall Achromejew soll Gorbatschow danach vorgeworfen haben, keine Antwort auf die deutsche Frage gegeben zu haben, woraus der Westen geschlossen habe, von Gorbatschow aus gebe es keinen Widerstand gegen die Wiedervereinigung.[94] Aber auch Bush geht auf diese Frage nach dem Status eines vereinigten Deutschland dem sowjetischen Protokoll folgend überhaupt nicht ein. Gorbatschow macht dann lediglich deutlich,

> *dass es zu früh ist, diese oder andere (Alternativen) zu diskutieren. Dieser Prozess soll sich entwickeln, man darf ihn nicht künstlich vorantreiben. Nicht wir, Sie und ich, sind für die Teilung Deutschlands verantwortlich. (...) Aber im Gegensatz zu Ihren Verbündeten und Ihnen sage ich direkt: Es gibt zwei deutsche Staaten, so hat die Geschichte entschieden. Und die Geschichte soll entscheiden, wie dieser Prozess weiter verlaufen soll und wohin er führen wird im Kontext des neuen Europa und der neuen Welt. Auf jeden Fall ist es diejenige Frage, die von uns mit der größtmöglichen Vorsicht behandelt werden muss, damit die Veränderungen, die jetzt in Gang gekommen sind, nicht gefährdet werden. (...) Ich denke, dass wir in dieser Hinsicht miteinander im Einvernehmen sind.*
>
> *Bush: Ich stimme Ihnen zu. Wir werden nicht vorschnell handeln, keine Versuche zur Beschleunigung der Einheit unternehmen. Wenn Sie mit Kohl sprechen werden, werden Sie feststellen, dass auch er mit meiner Betrachtungsweise einverstanden ist.*[95]

In dem mir vorliegenden sowjetischen Protokoll verteidigt Bush an keiner Stelle die Bonner Politik zugunsten der deutschen Einheit, obwohl er dies in der Pressekonferenz vier Tage später so angab. Bush bat nur um Verständnis für die »emotionale Seite« dieses Problems auch bei Kohl. Offensichtlich wollten Bush und Gorbatschow – befasst mit anderen weltpolitischen Themen wie Afghanistan und Kuba – ihre Gespräche nicht zusätzlich belasten.

In Bonn schätzte man das Treffen zwischen Gorbatschow und Bush auf der »Maxim Gorki« vor Malta am 2. Dezember 1989 sehr viel positiver im Sinne der Kohlschen Politik ein[96], als es nach den sowjetischen Protokollen gerechtfertigt war. Auf dem »Malta-Treffen« habe Gorbatschow gegenüber Bush, wie das Bundeskanzleramt bzw. Horst Teltschik in seinem Vermerk an den Bundeskanzler vom 11. Dezember feststellte, die »deutsche Frage« und Bushs »Vier Punkte« (!) »grundsätzlich positiv« behandelt. Außerdem habe der »GS (=Generalsekretär) Gorbatschow Unterstützung der ›Vertragsge-

94 Ebenda. Modrow zitiert ohne genaue Angaben Erinnerungen von Achromejew.
95 Gorbatschow-Stiftung, 89DEC02.
96 Am 29.11.1989 hatte sich Baker positiv zur Wiedervereinigung geäußert und Bush wiederholte in seinem Bericht vor der Presse über das Malta-Gipfeltreffen mit Gorbatschow am 6.12.1989 diese Auffassung seiner Regierung (DzD, S. 633, Fußnote 2).

meinschaft‹, jedoch keine zu rasche Entwicklung (signalisiert) und fortdauernde WP (= Warschauer Pakt)-Mitgliedschaft« betont. Schließlich habe Gorbatschow in diesem Zusammenhang die »Bedeutung beider Bündnisse für Stabilität in Europa« angesprochen, wobei er die »zunehmend politische Rolle« beider Allianzen hervorhob. Teltschik merkt an, dass »noch im Juli in Straßburg« von der »Abschaffung beider Bündnisse« die Rede war.[97] Aber auch Gorbatschow konnte mit dem Missverständnis nach Hause fahren, die Amerikaner unterstützen nicht eine allzu rasche deutsche Wiedervereinigungspolitik.

Von Malta kehrte Gorbatschow nach Moskau zurück und empfing bereits am 5. Dezember Hans-Dietrich Genscher. Kaum ein anderer internationaler Auftritt offenbart die Positionen, Sorgen und Ängste – eben auch die Ängste – des sowjetischen Generalsekretärs so scharf wie dieses Treffen. Der Generalsekretär machte seinem Ärger über die »10 Punkte« Kohls und vor allem über die mangelnde vorherige Konsultation in unüblich deutlicher und zum Teil aggressiver Form Luft. Gorbatschow war, bestärkt durch einen Bericht Falins nach dessen Besuch in Ostberlin kurz zuvor, aufgeschreckt; denn dieser hatte ihn informiert, dass sich in der DDR die Stimmen für die Einheit mehrten.

Genscher zufolge erschien Schewardnadse ausgesprochen bedrückt, was der deutsche Außenminister darauf zurückführt, dass die »eben abgereiste DDR-Führung gegen die Erklärung (die »10 Punkte« – AvP) Stimmung machte.«.[98] Schewardnadse habe wohl begriffen, dass die Situation »Probleme und Erschütterungen« für sein Land bringen würde. Es gab noch einen anderen Hintergrund: Der sowjetische Botschafter in Bonn, Kwizinski, hatte inzwischen von dem Treffen Portugalows mit Teltschik nach Moskau berichtet[99] und eine rasche Initiative in der Deutschlandpolitik der Sowjetunion gefordert. Man solle den Konföderationsgedanken ausbauen und damit Kohl zuvorkommen, dabei die DDR als souveränen Staat mit einem anderen Gesellschaftssystem stützen. Andernfalls sei die »Existenz der DDR nur eine Frage der Zeit«. Die Initiative für diese neuen Aktivitäten müsste allerdings nicht von der SED ausgehen, sondern von der Bürgerbewegung der DDR.[100] Überhaupt schien sich in der sowjetischen Diplomatie wegen der Dynamik in der Entwicklung der deutschen Frage eine besorgte bis »panische Stimmung« breit zu machen.[101]

97 Vgl. DzD, Dok. Nr. 119, S. 633 ff.
98 Zum Besuch der DDR-Delegation und dem entsprechenden Umfeld vgl. Nakath/Stephan 1996, S. 231–255.
99 Das ist ein weiteres Indiz dafür, dass zumindest das sowjetische Außenministerium von dem Treffen erst unterrichtet werden musste – wie genau auch über das »Non Paper«, ist bis heute unbekannt.
100 So Kwizinski in seinem Buch »Vor dem Sturm«, zitiert nach Modrow 1998, S. 103.
101 Zusätzlich zu den hier vorgelegten Belegen berichten Biermann 1997, S. 342 ff., und Schewardnadse 1993, S. 240, von solchen Stimmungslagen.

Genscher beschreibt diese Begegnung ausführlich in seinen Memoiren[102], in der wissenschaftlichen Literatur ist sie ebenfalls präsent,[103] die Mitschriften dieses Treffens sind bisher jedoch nur in knappen Auszügen oder zusammengefasst veröffentlicht worden. Der Bedeutung entsprechend möchte ich daher ausführlich aus dem sowjetischen Protokoll zitieren.

Zunächst kleidete Gorbatschow seine geplante Kritik an Kohl, aber auch an Genscher, in ein Lob:

> *Sie sind für uns ein privilegierter Gesprächspartner, weil wir Sie seit langem kennen und schätzen. Neue, wenig bekannte Menschen werden üblicherweise geschont, aber mit alten Bekannten kann man direkt und offen sprechen. Bei Ihnen ist es erlaubt, sich gleich mit komplizierten Angelegenheiten auf Sie zu stürzen.*

Aber dann ging es hart her, auch wenn er Genscher zunächst das Wort gab: »Wie schätzen Sie die aktuelle Lage ein?« Darauf machte Genscher ziemlich allgemeine Ausführungen zu den Veränderungen in der jüngeren Zeit und fuhr dann fort:

> *Wir wollen aus den Prozessen, die in Osteuropa vonstatten gehen und Probleme hervorbringen, die bei der Durchführung gewaltiger Reformen unvermeidbar sind, keinen einseitigen Vorteil für uns ziehen. Unser Ziel ist die Stabilisierung der Lage durch die Entwicklung der Beziehungen mit der Sowjetunion, Polen, Ungarn und der DDR. Das ist uns ein Herzensbedürfnis. Wir streben keine Einzelaktionen, keinen separaten deutschen Weg an. Unser Land ist in die EWG integriert, obwohl das nicht ganz Europa ist. Wir beabsichtigen auch die Entwicklung des Helsinki-Prozesses zu fördern, weil er ein Garant für die Stabilität auf dem Kontinent ist. Von den Deutschen soll man keine Schritte erwarten, die die europäische Entwicklung schädigen könnten. Wir sind für Stabilität in Europa, für die Annäherung ihrer Staaten und Völker.*

Genscher schloss seine Einleitung mit der Erklärung:

> *Ich sage das nicht als Privatperson, sondern als Außenminister der BRD. Die Politik unserer Regierung ist nicht die Politik einer Minderheit, sondern eine Linie, die die Bevölkerungsmehrheit der BRD unterstützt und die allergrößte Zustimmung des Bundestages hat. Das garantiert uns einen großen Vertrau-*

102 Genscher 1995, S. 682 ff., vgl. auch Gorbatschow zu den »10 Punkten« und dem Besuch Genschers 1995, S. 712 f.

103 Es lassen sich nicht alle wissenschaftlichen Arbeiten dazu aufzählen, stellvertretend für die amerikanische Literatur will ich Zelikow/Rice 1997, S. 199 ff., nennen, da sie am ausführlichsten die allgemeinen Quellen angeben und sich darüber hinaus als einzige auf ein sowjetisches Protokoll berufen, das offenbar auch Weidenfeld, der hier für die deutsche Literatur steht, als Quelle nutzte (Weidenfeld 1998, S. 120 ff.), ansonsten Biermann 1997, S. 230 ff. und S. 340 ff., Teltschik 1991, S. 67 f., Kiessler/Elbe 1993, S. 69.

ensvorschuss von all jenen, die mit uns zusammenwirken und natürlich von Seiten der Sowjetunion. Wir sind bestrebt, diesen Vorschuss zu vergrößern.

Gorbatschow antwortete:

Ich habe Ihre Äußerungen mit Aufmerksamkeit und Vertrauen aufgenommen. Falls das von Ihnen Gesagte der Wirklichkeit entspräche, so könnte man das nur begrüßen, und wir könnten unsere Unterhaltung mit einem Gefühl des Vertrauens und des Optimismus abschließen. Es gibt allerdings einige Bemerkungen. Es gibt zwei Ebenen. Eine ist die philosophisch-konzeptionelle, auf die sich Ihre Ausführungen beziehen. Die andere Ebene betrifft die reellen, praktischen Schritte, die wir sehr aufmerksam beobachten. In Europa und in der ganzen Welt vollziehen sich jetzt gewaltige Umwälzungen. Das ist eine Wendung zum Besseren. Die Konfrontation und das Wettrüsten wird eingestellt, es wächst das gegenseitige Vertrauen. Und es wäre sehr gefährlich, falls hinsichtlich dieser Umwälzung provinzielle, regionale, egoistische und utilitaristische Herangehensweisen dominieren würden.

Anschließend kritisierte der sowjetische Generalsekretär die »10 Punkte« Kohls.

Gorbatschow: Ich sage offen, dass ich den Bundeskanzler Kohl nicht verstehen kann, der mit seinen zehn bekannten Punkten, die die Absichten der BRD gegenüber der DDR betreffen, aufgetreten ist. Es gilt, offen zu erklären, dass das ultimative Forderungen sind, die in Bezug auf einen selbständigen und souveränen deutschen Staat erhoben wurden. Das vom Kanzler Gesagte betrifft, obwohl es um die DDR geht, uns alle.

Erstens, diese zehn Punkte tauchten auf, nachdem wir einen konstruktiven und positiven Meinungsaustausch und Vereinbarungen in einer Reihe grundlegender Fragen (erreicht) hatten. Eigentlich hätte man mit einem solchen Dokument erst nach entsprechender Konsultation mit den Partnern auftreten dürfen. Oder braucht das der Bundeskanzler alles nicht mehr? Er meint offensichtlich, dass seine Musik, ein Marsch, erklingt, und er schon selbst nach ihr zu marschieren beginnt.[104] *Ich denke nicht, dass diese Schritte die Festigung des Vertrauens und gegenseitigen Verständnisses bewirken und einen Beitrag leisten, um die zwischen uns erreichten Vereinbarungen mit Leben zu erfüllen. Wie kann man von einem »europäischen Aufbau« sprechen, wenn man so agiert? Sie wissen, dass wir mit Kanzler Kohl telefoniert haben. Ich sagte ihm, dass die DDR nicht nur ein Faktor der europäischen, sondern der weltweiten Politik ist und dass sowohl der Osten als auch der Westen alles aufmerksam beobachten werden, was vor sich geht. Kohl stimmte dem zu, beteuerte, dass die BRD die*

104 Bei Weidenfeld wurde dieser Satz nach der Doppelübersetzung vom Russischen ins Amerikanische und dann ins Deutsche freier, dafür besser formuliert: »Er glaubt offenbar, dass er den Ton angibt, und marschiert vorneweg.«

Lage in der DDR nicht destabilisieren will und abgewogen handeln wird. Allerdings stimmen die praktischen Handlungen des Kanzlers nicht mit seinen Beteuerungen überein. Ich sagte Kohl, dass die DDR für die Sowjetunion ein wichtiger Partner und Verbündeter ist. Wir sind auch an der Entwicklung unserer Beziehungen zur BRD interessiert. Das ist das Dreieck, das eine besondere Rolle in der europäischen und Weltpolitik spielt. In ihm sollte alles sorgfältig ausgewogen sein. Aber jetzt werden ultimative Forderungen gestellt. Es werden Weisungen gegeben, welchen Weg die DDR beschreiten soll, welche Strukturen geschaffen werden sollen. Die Führung der BRD drängt regelrecht danach zu kommandieren. Und das fühlen alle, das kann ich Ihnen versichern.

Unmittelbar im Anschluss an diese Sätze stellte sich Gorbatschow eine Frage:

Heizt Bush möglicherweise die Situation an? Aber man muss doch seine Schritte immer 2, 3, 5 Schritte im Voraus bedenken und die Folgen voraussehen.[105]

Und er wiederholte dann – selbst wenig vorausschauend – die Sätze, die er immer wieder, eben noch auf dem Malta-Treffen gesagt hatte:

Die Realität besteht darin, dass beide deutsche Staaten souverän und selbständig sind. So hat es die Geschichte entschieden. Um Realisten zu bleiben, müssen wir davon ausgehen, dass die Geschichte über das Schicksal und die Prozesse, die insgesamt auf dem Kontinent vor sich gehen, entscheidet und dabei auch den Platz und die Rolle dieser beiden Staaten bestimmt. Es vollzieht sich ein gesamteuropäischer Prozess, wir wollen ein neues Europa gestalten, ein gesamteuropäisches Haus bauen. Dafür braucht man Vertrauen. In diesem Rahmen sollen sich die Beziehungen zwischen den beiden deutschen Staaten entwickeln. Sie werden offenbar noch enger. Aber all diese Prozesse sollen normal verlaufen. Jede künstliche Forcierung würde nur die große bedeutende Umwälzung, die in der Entwicklung der europäischen Staaten vonstatten geht, verkomplizieren oder belasten, also in einem zentralen Punkt der Weltpolitik. Ich denke, eine künstliche Forcierung wäre nicht im Interesse der Völker der beiden deutschen Staaten. Gerade im Streben nach Stabilität, auf der Grundlage von Ausgewogenheit und gegenseitiger Achtung, gerade in diesem Kontext sollten beide deutschen Staaten ihre Beziehungen anpassen.

Nach diesen noch eher allgemeinen und milden Ausführungen wurde Gorbatschow schärfer:

Was allerdings in Wirklichkeit vor sich geht, zeugt vom Gegenteil. Gestern erklärte Kanzler Kohl, ohne dabei besonders geschickt vorzugehen, dass Präsident Bush die Idee einer Konföderation unterstützt. Was soll das heißen? Was bedeutet Konföderation? Konföderation setzt doch eine einheitliche Verteidigung, eine einheitliche Außenpolitik voraus. Wo befindet sich dann die BRD –

105 Diesen Satz gibt es weder bei Zelikow/Rice noch bei Weidenfeld.

in der NATO, im Warschauer Vertrag? Oder wird sie neutral? Aber was stellt die NATO ohne die BRD dar? Überhaupt, wie wird das weitergehen? Haben Sie das alles bedacht?[106] *Wo bleiben dann die zwischen uns existierenden Vereinbarungen? Ist das etwa Politik?*

Und dann warf der sowjetische Außenminister einen Satz ein, der historische Assoziationen nahe legt oder nahe legen sollte:

Heute geht man in diesem Stil mit der DDR um, morgen womöglich mit Polen, der Tschechoslowakei und dann mit Österreich.

Gorbatschow wendete sich mit einer bissigen Bemerkung direkt an Genscher, die im diplomatischen Umgang mindestens als ungewöhnlich bezeichnet werden kann:

Mit aller Verantwortung erkläre ich Ihnen, dass Sie nicht den besten Politikstil vorführen, da Sie sich nicht von Herrn Kohl distanzieren. Auf jeden Fall kann man ihn nicht verantwortungsvoll und vorausschaubar nennen.

Genscher antwortete dem sowjetischen Protokoll zufolge unbeeindruckt mit allgemeinen Bemerkungen über die Vorausschaubarkeit und Berechenbarkeit der Politik der Bundesrepublik, die auf Frieden in Europa abziele, und fährt dann fort:

Zur Erklärung (der Aussagen – AvP) *des Bundeskanzlers im Bundestag ist zu sagen, dass sie die Langfristigkeit der Politik der BRD demonstriert. Sie zeigt, dass sie ein Grundbestandteil des gesamteuropäischen Integrationsprozesses ist. Indem er sich an die DDR gewandt hat, wollte der Bundeskanzler in erster Linie unterstreichen, dass wir in der gegenwärtigen Etappe bereit sind zur Hilfe und Zusammenarbeit, aber auch die Möglichkeiten für eine Annäherung in der Zukunft demonstrieren. Das von ihm Gesagte ist kein Diktat oder Ultimatum, sondern nur ein Vorschlag. Die DDR entscheidet auf freier und unabhängiger Grundlage, wie sie auf diesen Vorschlag reagieren soll. Gerade davon gehen wir aus. Die DDR versteht natürlich auch ihre Verantwortung für die europäische Entwicklung. Am Vorabend meines Abfluges habe ich mich mit Kanzler Kohl in Brüssel unterhalten. Seine Zehn-Punkte-Erklärung ist kein Kalender unaufschiebbarer Maßnahmen, sondern er bestimmt die Perspektiven für einen langen Zeitraum. Die DDR bestimmt selbst, antwortet selbst auf seine Vorschläge mit ja oder nein. Wir sind an der inneren Stabilität der DDR interessiert. Mit seiner Erklärung, so scheint mir, hat der Bundeskanzler einen Beitrag zur Festigung dieser Stabilität geleistet. Hier gibt es kein Diktat und keine ultimativen Forderungen. Uns ist bekannt, dass weder Polen noch Ungarn einen*

106 In der deutschen Übersetzung bei Zelikow und Rice lautet dieser Satz genauso. Bei Weidenfeld klingt er noch schärfer: »Das alles ist doch nicht durchdacht«, stimmt aber nicht mit dem Original überein.

solchen Eindruck haben. Diese zehn Punkte, unsere Politik, unterstützen alle im Bundestag vertretenen Parteien, inklusive die SPD.

Gorbatschow war jedoch nicht beruhigt, im Gegenteil. Er wiederholte seine Enttäuschung, dass Genscher sich zum Anwalt Kohls mache. Er wiederholte auch, dass die angeblichen Hilfsmaßnahmen und Kohls Forderungen nach Reformen grundlegende Veränderungen im gesellschaftlichen und politischen System der DDR bedeuten würden und damit »schwerste Einmischungen in die inneren Angelegenheiten eines souveränen Staates« darstellten.

Und dann warf Schewardnadse einen Satz ein, der fast wie eine »Revanche« für den früheren Vergleich Gorbatschows mit Goebbels durch Kohl erscheint.

Schewardnadse: Nicht einmal Hitler hätte sich so etwas erlaubt.[107]

Daran schloss Gorbatschow an: »Nicht genug damit. Kanzler Kohl fordert, dass die SED auf ihr Machtmonopol verzichtet.« Und er zeigte in scharfer Form seine Empörung darüber, dass sich Kohl direkt an die DDR-Bürger gewandt hätte, als ob sie »seine eigenen« Staatsbürger seien. Das sei übelster Revanchismus, der allen Versprechungen Kohls auf Stabilisierung der DDR und Osteuropas, die er Gorbatschow gemacht hätte, widerspräche und alles in Frage stelle, was bisher erreicht wurde. Als Genscher den Vorschlagscharakter der »10 Punkte« hervorhob, über die die DDR selbst entscheiden müsste (Gorbatschow: »Hören Sie doch auf damit, den Anwalt [Kohls] zu spielen!«), erklärte der sowjetische Generalsekretär schwer nachvollziehbar.

Gorbatschow: Dann ist das umso mehr ein Ultimatum. Offensichtlich haben Sie das Begräbnis des europäischen Prozesses vorbereitet, und auch noch in solch einer Form.

Genscher: So ist das nicht.

Nun versuchte Genscher vehement, den Vorwurf der Einmischung mit dem Hinweis zu entkräften, dass man schließlich nicht für den Niedergang der DDR verantwortlich sei. Er betonte in aller Deutlichkeit, dass er nicht der Anwalt von irgendjemand sei. »Ich spreche im Namen aller Parteien, des Bundeskanzlers und der Bundesregierung.« Nichtsdestoweniger zog Gorbatschow ebenfalls eine Linie zum Nationalsozialismus.

Gorbatschow: Die Deutschen sollten sich daran erinnern, wohin in der Vergangenheit schon einmal eine Politik ohne Sinn und Verstand geführt hat.

107 Gorbatschow-Stiftung, 89DEC05. Diesen Satz zitiert Hans-Dietrich Genscher nicht in seinen Memoiren, ebenso wenig wie andere zugespitzte Äußerungen. Dass er dies damals nicht tat zur Beschwichtigung der Situation, ist verständlich. Warum er dies noch Jahre nach der Wiedervereinigung nicht wiedergibt, ist kaum nachvollziehbar – möglicherweise aus persönlicher Rücksichtnahme gegenüber Schewardnadse und Gorbatschow.

Genscher: Wir kennen unsere historischen Fehler und haben nicht die Absicht, sie zu wiederholen. Das, was heute in der BRD und in der DDR vor sich geht, verdient keine solch harte Bewertung. Die Menschen in der DDR fordern ihre Rechte ohne irgendeine Aggressivität, ganz friedfertig. Sie werden wissen, dass die DDR meine Heimat ist, und die Forderungen ihrer Bevölkerung nehme ich mit Befriedigung und Sympathie auf. Und die Bevölkerung der BRD schaut mit Sympathie und Anteilnahme auf die Ereignisse in der DDR. Alle verantwortlichen Politiker bei uns sagen, dass die Menschen in der DDR selbst darüber entscheiden, was sie brauchen.

In diesem Ton ging es weiter. Gorbatschow deutete an, dass andere den Deutschen nicht ins Gesicht sagen würden, was sie wirklich denken, sie hier dagegen offen miteinander sprächen. Genscher fragte nach, wer denn die anderen seien. Gorbatschow: »Ihre und unsere Hauptpartner im Osten und im Westen.« Genscher versuchte, eine Überwindung der verfahrenen Situation anzudeuten, die sowjetischen Vertreter sprachen erneut vom »Anheizen« der Situation durch Kohl. Gorbatschow: »Er nimmt doch nicht etwa an, dass wir nicht in der Lage sind, seine Handlungen und Haltungen nüchtern einzuschätzen.« Und: »Improvisieren in der Politik (ist) gefährlich.« Genscher versicherte seinerseits erneut, dass die Deutschen an einer Stabilität in Europa interessiert sind.

Schließlich stellte Gorbatschow fest, dass man sich wiederhole. Er möchte aber darum bitten, solche »Geschenke« (wie die »10 Punkte«) »uns und anderen« nicht mehr zu machen. Genscher fragte nach, was man denn jetzt auf der Pressekonferenz sagen solle, und Gorbatschow antwortete. »Wenn man wollte, dass die Beziehungen zur BRD gestört würden und Schaden nähmen, dann würde man wohl den Inhalt unseres Gespräches nach außen tragen.«

Gegen Ende des Gesprächs konnte sich Gorbatschow eine kleine Sottise nicht verkneifen. Er hätte den Eindruck gehabt, dass auch Genscher selbst erst mit der Rede Kohls vor dem Bundestag von den zehn Punkten Kenntnis erhalten habe.

Genscher: Ja, das stimmt, aber das ist unsere innere Angelegenheit. Wir klären das selbst.

Gorbatschow: Aber wie Sie selber sehen, berührt diese Ihre innere Angelegenheit alle. Das Wichtigste ist, dass wir uns gegenseitig verstehen. Wie ich sehe, ist es Ihnen recht, was wir vorhaben, der Presse mitzuteilen. Heute reden wir noch so. Aber wenn man bei Ihnen zur Vernunft kommt, dann werden wir morgen eine andere Mitteilung abgeben.

Genscher: Ich versichere Ihnen, dass wir äußerst verantwortungsbewusst vorgehen werden. Bitte denken Sie nicht, dass ich nicht meine, was ich sage.

Gorbatschow schloss versöhnlich:

Nehmen Sie nicht alles, was ich gesagt habe, persönlich, Herr Genscher. Sie wissen, dass wir uns Ihnen gegenüber anders verhalten als zu anderen. Ich hoffe, dass Sie alles richtig aufgenommen haben. Ich danke Ihnen für die Unterhaltung.[108]

Kaum nach Hause gekommen, versuchte Genscher, dieses »unangenehmste« Gespräch seiner Laufbahn, wie er es mir gegenüber erneut nannte, zu entdramatisieren, offensichtlich um dadurch weitere Störungen des deutsch-sowjetischen Verhältnisses zu vermeiden. So trat er auch auf und dementsprechend fiel der Vermerk von Horst Teltschik an Bundeskanzler Kohl über die Ausführungen des »BM Genscher vor dem Auswärtigen und dem Innerdeutschen Ausschuss« am 11. Dezember aus: Gorbatschow habe gegenüber Genscher am 5. Dezember in Moskau erklärt, die Sowjetunion habe die Entwicklung in der DDR nicht nur »toleriert«, sondern »angestoßen«. Er stelle das Endziel der Einheit nicht in Frage, sondern kritisiere die Geschwindigkeit und habe Sorge vor unkontrollierbaren Entwicklungen »auch wegen« der sowjetischen Streitkräfte in der DDR. Genscher habe gemeint, es habe dahinter keine Drohung mit dem Einsatz dieser Streitkräfte gestanden, sondern die Befürchtung vor Provokationen der DDR-Bevölkerung (»hierzu offensichtlich Vorstellungen der sowjetischen Militärs bei der politischen Führung«)[109].

Das ist eine geradezu absurd euphemistische Zusammenfassung angesichts des wirklichen Gesprächsverlaufs in Moskau.

Es ist hoch wahrscheinlich, dass Genscher anders und sensibler als viele andere Politiker auch wegen dieser harschen Kritik Gorbatschows eine Politik des Brückenschlagens finden wollte, die die Zielsetzungen des Außenministers und der Bundesregierung mit den grundlegenden Interessen der Sowjetunion verbinden sollte, wie sie Gorbatschow – man muss trotz der Schärfe des Tons im Gespräch mit Genscher sagen – nur angedeutet hatte.

Für mich zeigt dieses Gespräch Gorbatschows mit Genscher wie auch das mit Bush zuvor die ganze Hilflosigkeit der sowjetischen Politik angesichts der Zerfallsprozesse in der DDR und in Osteuropa. Als ich Anatoli Tschernajew im Jahre 2001 danach frage, antwortet er ziemlich selbstkritisch:

Gorbatschow und wir hatten doch keine Strategie in Bezug auf Deutschland, nur allgemeine Ideen. Zu dem Zeitpunkt hatten wir nur die Vorstellung, dass es irgendwann einmal zur Wiedervereinigung kommt. Wir haben das (die »10 Punkte« – AvP) *damals nicht positiv gesehen. Gorbatschow meinte, dass Kohl übereilt handele. Drei Tage nach Kohls 10-Punkte-Plan hat sich Gorbatschow mit Bush in Malta getroffen. Bush hat wohl Gorbatschow zugestimmt, dass Kohl es langsamer angehen lassen solle. Erst die folgenden Ereignisse*

108 Alle Zitate nach dem sowjetischen Protokoll in der Gorbatschow-Stiftung, 89DEC05.
109 DzD, S. 634.

haben gezeigt, dass man schnell reagieren musste. Die Entscheidungen von Kohl waren richtig gewesen. Das Problem war nur, dass er Gorbatschow nicht angerufen hatte, das hätte er tun sollen.

AvP: Was wäre gewesen, wenn Kohl angerufen hätte? Wie hätte Gorbatschow reagiert?

Tschernajew: Ich glaube, Kohl hätte Gorbatschow, wenn er ihn angerufen hätte, überzeugen können, wie er ihn auch in anderen Fällen überzeugen konnte. Und es gab damals in Ostberlin keine Führungsfigur, auf die man sich hier hätte verlassen können.

Die sowjetische Führung unter Gorbatschow hatte in der Tat kein Konzept in dieser Situation. Anstatt nüchtern zu analysieren, dass in der DDR die Zeichen in Richtung Einheit wechselten, die DDR auch ökonomisch verfiel, anstatt die Folgen für den Warschauer Pakt bzw. für die Sowjetunion zu bedenken und für eine solche Wiedervereinigung Deutschlands die sowjetischen Bedingungen möglichst früh auszuarbeiten, wurde ausgerechnet von Helmut Kohl verlangt, sich gegen seine Grundüberzeugung einer Politik in Richtung Einheit Deutschlands zu enthalten. Es wurde eine unpolitische Vorwurfshaltung gegen den Bundeskanzler an den Tag gelegt, obwohl der den ökonomischen Verfall der DDR nicht zu verantworten hatte und gegen die Massenbewegungen in Richtung Westen kaum etwas tun konnte. Ein Grundfehler sowjetischer Politik setzte sich hier fort: Ebenso wenig wie die sowjetische Führung diese Bewegungen von unten berücksichtigte, ebenso wenig wurde von ihr in der praktischen Politik die DDR (noch nicht) als Besonderheit einer »halben Nation« behandelt. Sie übersah – trotz vieler anderslautender Äußerungen – die Bedeutung der anhaltenden Bindungen zwischen Deutschland-Ost und Deutschland-West, die sofort mit dem Wegfall der Mauer wirksam werden mussten.

Stattdessen wurde in der konkreten sowjetischen Politik die westdeutsche Haltung gegenüber der DDR so kritisiert, als ob es sich um Polen und die Tschechoslowakei handelte[110], als ob eine »Einmischung« Bonns in die DDR dasselbe wäre wie in Osteuropa (wo es allerdings keine »Einmischung« gab). Dabei wurde die Entwicklung durch den wirtschaftlichen und politischen Niedergang in der DDR selbst in Gang gesetzt; Kohl konnte nur darauf aufbauen und die Richtung bzw. das Tempo der Entwicklung mitbestimmen.

Anstatt die Westeuropäer für ein konkretes gesamteuropäisches Sicherheitssystem unter Einschluss der Sowjetunion (und der USA) zu gewinnen und nicht abstrakt vom Europäischen Haus zu reden, wurde von sowjetischer Seite versucht, die übrigen Westeuropäer gegen die Einheit Deutschlands zu mobilisieren, wie das im Gespräch mit Mitterrand in Kiew am Tag nach dem

110 Das lehnte übrigens Mitterrand explizit bei seinem Arbeitsfrühstück mit dem Bundeskanzler am 11.12.1989 in Straßburg ab, wo er Kohl von seinem Treffen mit Gorbatschow in Kiew wenigstens kursorisch berichtete. (DzD, Dok. Nr. 117, S. 628 ff.)

Genscher-Streit einmal mehr deutlich wurde. Allerdings waren auch die Westeuropäer in altem Denken befangen und versuchten, Gorbatschow für ihre Politik gegen die Vereinigung Deutschlands zu nutzen.

4.4.4 Verärgerung im europäischen Westen – Unterstützung durch die Amerikaner

4.4.4.1 Die verschiedenen Positionen Mitterrands und Thatchers

Bei den westlichen Verbündeten war die Reaktion auf die »10 Punkte« diplomatisch abgefedert, aber dennoch mehr als abwehrend. Helmut Kohl hat sich in seiner Regierungszeit zurückgehalten, aber danach unverhohlen von seiner Enttäuschung berichtet, dass die westeuropäischen Partner mit Ausnahme des sozialistischen González in Spanien einem (raschen) Wiedervereinigungsprozess mit Misstrauen begegneten. Insbesondere trifft dies für Margaret Thatcher zu, aber auch für François Mitterrand.[111] Italiens Ministerpräsident Andreotti kritisierte scharf den »Pan-Germanismus« Kohls.[112]

Dazu einige Schlaglichter, zunächst aus Großbritannien von Charles Powell, dem Thatcher-Berater, den ich am 27. September 1999 in London befragte:

> *Als die Mauer dann im November fiel, waren wir natürlich alle sehr glücklich, denn darauf hatten wir alle gewartet. Und Kanzler Kohl ließ in seiner ersten Stellungnahme anklingen, dass darauf nun nicht die schnelle Wiedervereinigung folgen würde. Er sprach davon, wie notwendig jetzt Stabilität sei, damit die Situation nicht aus dem Ruder liefe, und gab zu verstehen, dass die Wiedervereinigung schrittweise erfolgen müsse. Wenig später, etwa eine Woche, denke ich, fand in Paris ein Gipfeltreffen der europäischen Staatschefs statt, und auch hier hob Kohl hervor, dass man sich der Wiedervereinigung langsam und Schritt für Schritt nähern müsse. Und wiederum eine Woche später, am 24.* (28. – AvP) *November, stellte er dann seinen berühmten Zehn-Punkte-Plan vor. Und der war schon ein kleiner Schock für die meisten von uns. Denn er sah ein viel schnelleres Tempo der Wiedervereinigung vor, als wir bis zu diesem Zeitpunkt erwartet hatten.*[113]

Jacques Attali berichtet von der Reaktion des französischen Präsidenten.

> *Hans-Christoph Blumenberg: Ich denke, François Mitterrand war wirklich aufgebracht, oder?*

111 Beide mit dem Hinweis darauf, dass man durch diese Vereinigungspolitik die Position Gorbatschows gefährde.

112 So Kohl im ZDF-Interview 1999 mit Guido Knopp.

113 Interview mit Charles Powell, dem engen Berater der britischen Premierministerin und direkten Kontaktpartner von Horst Teltschik. Vgl. auch Anderson/Kaltenthaler/Luthardt 1993.

Attali: Er war überrascht, weil wir regen Kontakt mit Helmut Kohl hatten, wie ich auch zu Horst Teltschik seit 1982 Kontakt hatte – und wir waren ahnungslos. Aber unsere Wut ließ nach, als wir hörten, dass selbst der Außenminister der Bundesrepublik Deutschland nichts von Kohls Plan wusste. Und Mitterrand dachte, dass er an Stelle des Kanzlers wohl ebenso gehandelt hätte. (...) Ich meine, für einen Außenminister, der sein Leben den Beziehungen zwischen Ost und West widmet, ist es schon eine fatale Situation, nicht Bescheid zu wissen, wenn es um einen sorgfältig entwickelten Plan geht, der die Zukunft seiner Nation bestimmen soll. Wäre ich an Genschers Stelle gewesen – angesichts einer solchen Situation wäre ich wohl zurückgetreten.[114]

Dies ist eine eher zurückhaltende Beschreibung; denn Mitterrand zeigte im Verhältnis zur Wiedervereinigung durchaus ambivalente Haltungen. Öffentlich hatte er die Politik hin zur Wiedervereinigung gestützt, zuletzt bei den deutsch-französischen Konsultationen am 2. und 3. November 1989 in Bonn, wo er erklärte: »Der weitere Aufbau Europas werde uns dem Tag näher bringen, an dem die Trennung Europas überwunden wird, an dem Deutschland wiedervereinigt werden kann.«[115]

Horst Teltschik schildert den weiteren Verlauf:

Helmut Kohl hat zu François Mitterrand gesagt: »Wir haben anschließend eine gemeinsame Pressekonferenz. Es wäre vielleicht klug, wenn du auf dieser Pressekonferenz angesichts dieser Entwicklungen die französische Position zur deutschen Frage erläutern würdest.« Und Mitterrand hat es getan in einer für uns überraschend positiven Weise. Bezogen auf unser Interesse überraschend positiv. Das heißt, wir waren uns eigentlich auch sicher, dass wir hier eine gemeinsame Position haben. Also, nachdem sie gerade miteinander über diese Themen gesprochen haben, konnte Mitterrand nicht überrascht sein, was Helmut Kohls Position war. Er konnte nur überrascht sein, dass Kohl damit (mit den »10 Punkten« – AvP) *jetzt an die Öffentlichkeit ging.*[116]

Das war die eine Seite Mitterrands, aber in den Besprechungen mit Gorbatschow und mit Thatcher oder auch mit Bush zeigte er auch eine andere. Ich habe bereits erwähnt, dass er im Mai 1989 bei einem Treffen mit Bush gesagt haben soll – so sein damaliger Berater Jacques Attali –, dass die Wiedervereinigung neben Atomwaffen in deutschem Besitz eine der beiden möglichen Ursachen für einen Krieg in Europa sei.[117]

Als Mitterrand am 6. Dezember, einen Tag nach Genschers Moskau-Besuch, Gorbatschow in Kiew traf, unterrichtete Gorbatschow ihn vom Malta-Treffen mit Bush, das er als atmosphärisch »gut« bezeichnete, auch

114 Interview Hans-Christoph Blumenberg mit Jacques Attali 1999.
115 DzD, S. 473.
116 »Lüdenscheider Gespräch« mit Horst Teltschik am 27.9.2000.
117 Nach Zelikow/Rice 1997, S. 19.

vorwärtsweisend in Abrüstungsfragen.[118] Aber er meinte, dass das amerikanische Denken veraltet sei gemessen an den Anforderungen der Zeit. Die USA wollten der Welt ihre Werte aufdrücken, aber es gebe allgemeinere Werte. Mitterrand stimmte mit der Bemerkung zu:

> *Die Amerikaner haben eine sehr beschränkte Weltsicht. (...) Es gibt eine Vergötterung des Marktes und des Kapitals in den USA.*

Zur deutschen Frage, die Gorbatschow als neuralgische bezeichnete, betonten beide, dass sie nur im Rahmen eines gesamteuropäischen Kontextes gelöst werden könne. Mitterrand betont explizit:

> *Die deutsche Frage dürfte nicht den europäischen Prozess bestimmen, sondern umgekehrt.* Und: *An erster Stelle – ich wiederhole es – muss die europäische Integration stehen, die osteuropäische Entwicklung, der gesamteuropäische Prozess und die Schaffung einer europäischen Friedensordnung. Wenn die USA daran teilnehmen werden, dann gibt uns das zusätzliche Garantien.*

Das ist eine der wenigen Andeutungen, in denen es um eine gesamteuropäische Friedensordnung geht, aber sie wird nicht konkretisiert. Mitterrand fährt fort, Kohls »10 Punkte« hätten »alles von den Beinen auf den Kopf gestellt. Er hat alle Faktoren vermischt, er prescht voraus.« Mitterrand habe darüber mit Genscher gesprochen, und der habe sich nicht dagegen gewehrt. Gorbatschow und der französische Staatspräsident waren sich einig in der Kritik Kohls, was die »10 Punkte« betrifft, wegen des Inhalts, aber vor allem wegen der mangelnden Konsultation. Gorbatschow berichtete von seinem Gespräch mit Genscher vom Vortage in fast genau denselben Formulierungen und in derselben Schärfe, wie sie in dem Protokoll des Gesprächs enthalten sind. Sogar der schärfste Satz des sowjetischen Außenministers wurde wiedergegeben: »Schewardnadse sagte in diesem Zusammenhang, dass sogar Hitler nicht in einem solchen Ton gesprochen hat.« Aber hier scheint es nur um den Ton zu gehen, während Schewardnadse im Originaltext dieses Protokolls auch Bedrohlichkeiten gegenüber Österreich, der Tschechoslowakei und Polen im Sinne der Hitlerschen Politik anklingen ließ.

Als Gorbatschow wiederholte, dass er Genscher gegenüber von einem deutschen »Diktat« gesprochen habe, fragte Mitterrand: »Das haben Sie so direkt gesagt? ›Diktat‹ ist doch ein deutsches Wort.« Gorbatschow: »Ich habe mich sogar noch schärfer ausgedrückt.« Denn auch im Russischen heißt das Wort »Diktat«. Dann kam Gorbatschow direkt auf Kohl zu sprechen: »Die letzten Ereignisse zeigen, dass bei unserem Freund Kohl noch sehr viel Provinzialität vorhanden ist.«[119] Der Bericht über das Gespräch mit Gen-

118 Dieses und die folgenden Zitate zum Treffen in Kiew aus dem Protokoll der Gorbatschow-Stiftung, 89DEC06.

119 Auch die britische Premierministerin wurde kritisiert: »Frau Thatcher reagiert nicht adäquat auf die Veränderungen in der Welt und isoliert sich selbst.«

scher nimmt in dem sowjetischen Protokoll des Treffens Mitterrand – Gorbatschow einen erstaunlich großen Raum ein. Gorbatschow gegen Ende seines Berichts: »Wir werden sehr aufmerksam das beobachten, was weiter (in Bonn – AvP) geschehen wird, weil die Handlungen der BRD uns an den Auftritt eines Elefanten im Porzellanladen erinnern.«

Darauf denken beide über Modrows schwierige Lage nach. Mitterrand: »Ja, die Lage ist kompliziert. Ich beabsichtige, am 20. Dezember in die DDR zu reisen.« Was in der Literatur als Vorschlag des französischen Staatspräsidenten erscheint, nämlich die DDR zusammen mit Gorbatschow zu besuchen, nimmt sich im sowjetischen Protokoll etwas bescheidener aus. Gorbatschow antwortete nämlich: »Man muss alles abwägen. Sollte ich auch dorthin reisen?«

Mitterrand: »Was soll's? Fahren wir doch zusammen.«

Gorbatschow begründete auch, warum er gegen diesen gemeinsamen Besuch beider in Berlin sei, obwohl der für Modrow, vermutlich auch als sowjetisch-französisches Europa-Signal, eine kaum zu überschätzende Bedeutung gehabt hätte: Er wies auf den Kongress der Volksdeputierten hin, der ihm einen solchen Besuch nicht erlauben würde – und machte damit erneut deutlich, wo für ihn in jener Zeit die Prioritäten lagen: in der sowjetischen Innenpolitik.

Die Bemerkung über den schlechten politischen Schachspieler, der nur einen Zug vorherplanen könne, erscheint im Protokoll ohne direkte Nennung Kohls. Gorbatschow zu Mitterrand: »Vergessen Sie nicht, dass sogar mittelmäßige Politiker ihre Aktivitäten zwei bis drei Züge vorherplanen müssen.« Diese Bemerkung Gorbatschows veranlasst später Mitterrand-Berater Attali, der den französischen Staatspräsidenten nach Kiew begleitete, zu dem Ausspruch, es hätte sich dann herausgestellt, dass Kohl der bessere Schachspieler als Gorbatschow sei.[120]

Auf diesem Treffen in Kiew mussten beide ihre Ohnmacht angesichts der Dynamik in Deutschland feststellen. Gorbatschow zeigte sich ohne Konzept, wie sein »europäisches Haus« zu einer Strategie für die sowjetischen Sicherheitsinteressen in einem Gesamteuropa mit einem vereinten Deutschland werden könnte.

Mitterrand soll von dem Gespräch mit dem sowjetischen Generalsekretär tief enttäuscht gewesen sein. Das hat sein Berater Attali dem Berater Gorbatschows für Europa-Fragen, Wadim Sagladin, berichtet: Gorbatschow hätte sich offensichtlich mit der Wiedervereinigung abgefunden, was er – so Sagladin – relativiert habe. Mitterrand hätte – so Sagladin weiter – aus dem Gespräch den Schluss gezogen, dass man jetzt noch schneller den Aufbau »gesamteuropäischer Strukturen«, und zwar über die Ost-West-Grenze hinweg,

120 Attali im Interview 1999.

vorantreiben müsse. Nur dadurch könne ein deutscher Alleingang und deutsches Hegemonialstreben verhindert werden.

Das ist ein weiterer der wenigen Hinweise auf Mitterrands Überlegungen in die Richtung gesamteuropäischer Ost-West-Vereinbarungen inklusive der Sowjetunion *vor* oder *zugleich mit* der deutschen Vereinigung. Sie finden sich allerdings so nicht im sowjetischen Protokoll und nicht einmal im Tagebuch Attalis, sondern nur in dem Bericht Sagladins.[121]

Bei dem erwähnten Arbeitsfrühstück mit Kohl am 9. Dezember berichtete Mitterrand, dass Gorbatschow erstaunlich gelassen gewesen sei trotz der alarmierenden Entwicklungen in Osteuropa und in der Sowjetunion, so dass er sich fragte, wie Gorbatschow reagieren werde, wenn die Entwicklung zur Einheit Deutschlands sehr rasch stattfinde. Er fragte sich auch, ob Gorbatschow diese Folgen seiner Reformpolitik nicht doch von Anfang an eingeplant hätte. Dann informierte Mitterrand Kohl von der Überlegung Gorbatschows am 6. Dezember (!), das vereinte Deutschland in beiden Militärbündnissen, die NATO und den Warschauer Pakt, zu lassen. Er, Mitterrand, könne sich nicht vorstellen, wie zwei Bündnisse in einem Land koexistieren könnten. Das Erstaunliche daran ist: Gorbatschow hatte nach dem sowjetischen Protokoll diese Idee gegenüber Mitterrand gar nicht formuliert, sondern lediglich von seiner empörten Frage an Genscher berichtet, wohin denn eine gemeinsame Verteidigungspolitik in einer deutsch-deutschen Konföderation gehen solle: in die NATO, in den Warschauer Vertrag oder in die Neutralität. Leider ist nicht genau feststellbar, ob Gorbatschow diesen Gedanken wirklich äußerte, er aber nicht protokolliert wurde, oder ob dies ein Versuchsballon Mitterrands gegenüber Kohl war. »Für Gorbatschow sei der Warschauer Pakt quasi das letzte Bollwerk«, sagte Mitterrand im Anschluss daran zu Kohl, aber das sei wohl nur noch für die Sowjetunion so.

Am Rande einer Tagung des Europäischen Rates in Straßburg am 8. Dezember, deren Stimmung Kohl später als »eisig« oder gar als »feindselig« ihm gegenüber beschrieb[122], trafen sich Margaret Thatcher und François Mitterrand, nur begleitet von Charles Powell und Jacques Attali: Der Berater Mitterrands hielt in seinem Tagebuch folgende Episode fest: Margaret Thatcher habe dort gesagt, dass in der DDR die Leute mehr und mehr von der Wiedervereinigung sprechen. Wenn das so weiterginge, gerate Gorbatschow in eine Zwangslage, aus der er nicht mehr herauskäme. Mitterrand soll so etwas wie ein »Weiß Gott« gemurmelt haben. Margaret Thatcher fuhr fort, dass Kohl keine Ahnung von den Sensibilitäten in Europa habe. Deutschland

121 Nach Weidenfeld 1998, S. 157.

122 So Kohl unter anderem im ZDF-Interview 1999: »Da war eine, ja, beinahe feindselige Stimmung im Raum. Ich habe in meinen ganzen Jahren als Bundeskanzler innerhalb der EU/EG nie eine vergleichbare Stimmung erlebt.« Sogar Andreotti habe von einer« Pan-Germanisierung« gesprochen, sei dann aber später zu einem Freund in der Einheitspolitik geworden.

sei geteilt, weil die Deutschen uns den grausamsten aller Kriege aufgezwungen haben. Man müsse sicherstellen, dass Deutschland Europa nicht beherrsche so wie Japan Asien. Gorbatschow müsse ganz schön nervös sein im Moment. Wenn die deutschen Massen die sowjetischen Militärbasen angriffen, würden die Konsequenzen schrecklich sein. Mitterrand meinte, dass sich Gorbatschow ihm gegenüber härter gezeigt hätte, als er es öffentlich zeige. Er habe von seinem Gespräch mit Genscher berichtet und von einem deutschen Diktat gesprochen. Aber Gorbatschow habe »auch nicht mehr Mittel als wir«.

Die britische Premierministerin holte zwei Europakarten aus ihrer Handtasche, eine aus der Zeit vor dem Zweiten Weltkrieg, eine aus der Nachkriegszeit, klopfte auf diejenige von vor 1945, auf Pommern und Ostpreußen, und rief dabei: »All das werden sie sich wiederholen, und die ČSSR dazu.« Darauf hätte Mitterrand hinzugefügt: Eine Beschleunigung dieser Entwicklung würde extrem gefährlich. Margaret Thatcher: Kohl heizt das alles noch an. Gorbatschow könne das nicht verhindern und die USA auch nicht, erwiderte Mitterrand. Worauf Thatcher verächtlich gemeint hätte, die USA wollten das doch gar nicht. Außerdem gebe es in Washington eine starke prodeutsche Lobby. Mitterrand zeigte sich erstaunt, dass der amerikanische Botschafter in Bonn, Walters, von einer Wiedervereinigung bereits in fünf Jahren spreche. »Und wir haben Deutschland gegenüber keine Gewaltmittel (›les moyens de force‹). Wir befinden uns in der Situation der Regierungen Frankreichs und Englands vor dem Zweiten Weltkrieg. (…) Wir dürfen uns nicht in der Situation von München wiederfinden.«[123]

Die Schärfe dieser Szene wird von Charles Powell, selbst Augenzeuge, bestritten, insbesondere hätte Thatcher nicht davon gesprochen, dass Kohl die östlichen Territorien zurückerobern wolle. Dennoch bestätigt er die Grundkonstellation, bezieht allerdings die Äußerungen Thatchers zu Pommern und Ostpreußen auf die Ängste der Polen.

Im Interview beschreibt Attali diese Situation etwas weniger dramatisch, fügt aber noch etwas hinzu, das fast noch bedeutsamer ist:

> *Was Margaret Thatcher Angst machte, war der Gedanke, Deutschland könnte das Territorium des Dritten Reiches wieder auferstehen lassen. Aber dieser Gipfel* (in Straßburg – AvP) *war nur die Folge eines anderen Gipfels, auf dem Mrs. Thatcher schon sehr verärgert gewesen war. Das lag einen Monat zurück: Zur Vorbereitung des Straßburger Gipfels war ein »Last-minute-Gipfel« ins Palais de l'Élysée einberufen worden. Das war im November. Und als der Kanzler sagte, dass die NATO sich bereits 1971 mit der Wiedervereinigung Deutschlands einverstanden erklärt hatte, rief das den Unmut Margaret Thatchers her-*

123 Jacques Attali: Verbatim III (1988–1991), Paris 1995, S. 450; ähnlich auch im Interview mit Hans-Christoph Blumenberg 1999.

vor.[124] *Mrs. Thatcher reagierte ungehalten und sagte: »Ja – aber als wir das sagten, wussten wir, dass es unmöglich ist!« Und der Kanzler erwiderte: »Eben. Das haben Sie ja selber gesagt.« Und ich glaube, von dem Punkt an kamen Kohl und Thatcher nicht mehr auf einen Nenner, fanden keine gemeinsame Sprache mehr. Aber sie fühlten sich auch nicht recht wohl in ihrer Haut.*

An keiner Stelle zeigt sich so deutlich, dass Thatcher und auch Mitterrand von der Generationenangst getrieben waren, dass Deutschland Europa wie in der ersten Hälfte des 20. Jahrhunderts beherrschen könne. Immer wieder hat die britische Premierministerin die Situation von 1989 mit München 1938 verglichen. So berichtet einer ihrer Minister, Alan Clark, von folgender Szene mit Thatcher auf dem Landsitz der Premierministerin, Chequers, am 28. Januar 1990: Er, Clark, hätte gemeint, ihm werde hier zuviel von München geredet. Man müsse jetzt die Wiedervereinigungspolitik Kohls unterstützen. »Jetzt geben die Deutschen noch etwas dafür. Sie kommt sowieso.« Charles Powell hätte ihn unterstützt mit demselben Gedanken, dass man später nichts mehr bekäme. Jetzt werde Kohl zum Beispiel der Erweiterung der NATO zustimmen. Clark: Niemand wisse, wie es später sein werde, und fuhr fort:

Thatcher (mit »blitzenden Augen«[125]): *»Das bedeutet ein Zurückweichen vor Kohls Großmachtambitionen. Und das werde ich nicht tun.«*

Clark (lacht)*: »Sie liegen falsch, absolut falsch.«*

Thatcher: »Ich bin keine Zurückweichlerin!«[126]

So als ob sie in München 1938 wäre und Adolf Hitler ihr Gegner, nicht Helmut Kohl. Und, muss man heute hinzufügen, als ob in der Zukunft die Einzelstaaten Europas entscheidend bleiben würden und nicht Vereinigte Staaten von Europa. Solch ein Gesamteuropa gab es in ihrer Zukunftsvorstellung nicht.

Das war auch Thema im Gespräch mit Horst Teltschik.

AvP: Diese Situation zeigt für mich, dass die beiden offensichtlich ihre Erfahrung aus der Zeit bis 1945 wichtiger nahmen als alle Erfahrungen mit der Bundesrepublik aus 50 Jahren Nachkriegszeit.

Teltschik: Also, ich gebe Ihnen Recht, dass gerade die Reaktion von Margaret Thatcher bestimmt war von ihren Erfahrungen, Kriegserfahrungen, Bombardierungen Londons durch deutsche Flugzeuge hier. Ich hab mal mit Charles Powell – er war ja praktisch mein Konter-Partner in der Gesellschaft

124 Dasselbe berichtete Genscher im Gespräch 2001, dass er das damals bei den Formulierungen zur Schlussakte von Helsinki gegenüber Gromyko durchgesetzt habe. Vgl. dazu Genscher im Kapitel 2.4.2 »Entspannungspolitik und deutsche Einheit«.

125 So Alan Clark in seinen Memoiren.

126 »I'm not an appeaser!« (ebenda). Das war die Bezeichnung für Chamberlain nach 1938 gewesen.

– darüber gesprochen. Er sagte mir im Gespräch: »Horst, das musst du verstehen, das ist eine andere Generation.«

Gorbatschow wurde von der französischen Regierung unter Mitterrand und besonders von der britischen unter Thatcher zwiespältig gesehen und genutzt: Zum einen gab es die reale Sorge, dass ein überstürzter Vereinigungsprozess in der Sowjetunion eine Gegenreaktion hervorrufen würde, derer Gorbatschow und seine Mitstreiter nicht mehr Herr werden könnten. Darüber hinaus wurde diese Sorge auch instrumentalisiert, um die Wiedervereinigung und damit ein übermäßig starkes Deutschland zu verhindern. Portugalow spricht von einer »erbärmlichen« Politik Thatchers, die die sowjetische Führung zu all dem gegen die Wiedervereinigung gedrängt habe, was sie sich selbst als Verbündete der Bundesrepublik Deutschland nicht getraut hätte.[127]

Jacques Attali wehrt sich jedoch dagegen, dass die Positionen von Thatcher und Mitterrand zur Vereinigung Deutschlands gleichgesetzt werden:

François Mitterrand und Mrs. Thatcher waren sich nicht einig. Mrs. Thatcher war gegen die Wiedervereinigung Deutschlands. François Mitterrand hatte seine politische Laufbahn an der deutsch-französischen Freundschaft ausgerichtet, um Europa zu bauen. Darauf beruht alles in seinem Leben. Dazu kommt, dass er nicht etwa gegen die Wiedervereinigung Deutschlands an sich war, sondern dagegen, dass sie durchgesetzt würde, ohne Bedingungen daran zu knüpfen, denn er nahm an, dass eine solche »bedingungslose« Wiedervereinigung Deutschlands dazu führen könnte, dass Deutschland zu mächtig würde und womöglich von seiner eigenen Geschichte heimgesucht werden könnte. Dann gingen die Standpunkte leicht auseinander.

Blumenberg: Aber man muss wohl sagen, dass der Ton in dieser Zeit sehr rau war. Ich entsinne mich an etwas, was Sie geschrieben hatten, als Präsident Mitterrand Genscher getroffen hatte und Ihnen das erzählte, was er Genscher gesagt hatte, nämlich »wenn Sie die deutsche Wiedervereinigung vor der Einigung Europas durchsetzen, werden Sie die Tripelallianz – Frankreich, Großbritannien und die Sowjetunion – gegen sich haben. Das wird in einem Krieg enden.«

Attali: Ja, das ist genau das, was ich Ihnen gerade sagte. François Mitterrand sieht die einzige Gefahr eines Krieges in Europa dann, wenn ein geeintes Europa nicht gebaut werden würde. Und ein geeintes Europa könnte nur durch den deutschen Traum von einem geeinten Deutschland verhindert werden, das ohne positiven Einfluss auf die Einheit Europas bleibt. Vergessen Sie nicht, dass die Entscheidung für den Euro im November 1989 noch gar nicht gefallen, sondern erst für die darauffolgenden vier Monate vorgesehen war. Und dann befürchteten wir, dass der Prozess der Wiedervereinigung Deutschlands den Euro verhindern und so den Prozess der deutsch-französischen Integration zunichte machen könnte. Und deshalb glaubten François Mitterrand

127 Portugalow im »Lüdenscheider Gespräch« am 1.11.1999.

und ich, dass Deutschland ohne europäische Integration wieder zu einer Bedrohung für den Frieden werden könnte, genauso wie Russland ohne europäische Integration heute eine Bedrohung für den Frieden ist. (...) Wenn Deutschland unseren Segen will, so bekommt es ihn laut François Mitterrand unter drei Bedingungen: keine Nuklearwaffen auf deutschem Boden, die Bestätigung der Oder-Neiße-Grenze und das Vorantreiben der Einheit Europas. Mrs. Thatcher hat versucht, die Wiedervereinigung Deutschlands zu verhindern. François Mitterrand hat versucht, etwas daraus zu machen.[128]

Hier werden die Unterschiede zwischen Thatcher und Mitterrand deutlich benannt: Mitterrand ging es in seiner Kritik an dem Tempo der Wiedervereinigungspolitik Helmut Kohls in der Tat um Europa, weil er die Sorge hatte, die europäische Integration könnte durch die deutsche Vereinigung auf der Strecke bleiben, dadurch würden zukünftig Konflikte in Europa wachsen mit möglichen Kriegsgefahren. Daher plädierte er für den Vorrang der europäischen Einheit *vor* der deutschen oder zumindest für eine Parallelität der Vereinigung Deutschlands mit der europäischen. Im Versuch der Umsetzung dieser Haltung stieß er jedoch auf den Gegendruck der deutsch-amerikanischen Koalition – wobei Kohl und Genscher wesentlich »europäischer« blieben als die Amerikaner – und auf die »traditionellen« Nachkriegsängste in Ost- und Westeuropa gegenüber Deutschland, besonders bei Thatcher und, wenn auch geringer, bei Gorbatschow. Der sowjetische Generalsekretär wollte (zu) lange die DDR als souveränen Staat erhalten, obwohl sie schon in Auflösung begriffen war, so dass dann nicht mehr die Möglichkeit bestand, die Vereinigung Deutschlands in den gesamteuropäischen Rahmen einzubetten. Die meisten westeuropäischen (aber auch die osteuropäischen) Regierungen waren geeint in der Sorge vor einem erstarkenden Deutschland und halfen damit letztlich der amerikanischen Interessenpolitik in Europa. Hier lag Mitterrands Dilemma, und daher scheint mir auch Sagladins Bericht über Mitterrands Enttäuschung nach Kiew äußerst glaubwürdig. Die Mitterrandsche Konzeption der Parallelität der Vereinigung von Deutschland Ost und West und Europa West und Ost hätte nur eine Chance gehabt, wenn Gorbatschow *früh* eine gesamteuropäische Politik entwickelt, mit Durchsetzungswillen vertreten und deutlich eine Koalition mit Mitterrand gesucht hätte. Je länger Gorbatschow damit wartete, desto geringere Möglichkeiten bestanden dafür. Für solche gesamteuropäischen Ziele mit der Sowjetunion war allerdings eine Thatcher nicht zu haben. Eine »Tripel-Allianz« aus England, Frankreich und der Sowjetunion gegen Deutschland wäre daher ein Bündnis gewesen, das nur durch die Ängste vor Deutschland zusammengehalten worden wäre, nicht durch das Ziel eines einigen Europa.

128 Attali im Gespräch mit Hans-Christoph Blumenberg 1999.

4.4.4.2 Die amerikanische Position

So unklar Bush seine Position zur deutschen Frage gegenüber Gorbatschow am 2. Dezember 1989 auf der »Maxim Gorki« zumindest nach dem sowjetischen Protokoll äußerte, so deutlich wurde sie nach außen, sei es gegenüber der Presse, sei es gegenüber den NATO-Verbündeten, vertreten.

Am 29. November 1989 hatte Bush in Washington eine Rede gehalten, in der er seine »Vier Prinzipien« zur deutschen Vereinigung erläuterte, die als Unterstützung der Kohlschen »10 Punkte« begriffen werden können. Er wiederholte bzw. präzisierte sie wenige Tage später, am 4. Dezember, in Brüssel beim Treffen der Staats- und Regierungschefs der 16 NATO-Mitgliedsstaaten. Die vier Kernpunkte sind: Selbstbestimmung, Bekenntnis zur NATO, friedliche und schrittweise Vereinigung, Bestätigung der Grenzen in Europa, wie sie in der Schlussakte von Helsinki festgelegt waren.

Damit war die NATO-Mitgliedschaft des vereinten Deutschland wieder klar auf dem Tisch. Mit dieser Rede stärkte er die Position Kohls zur Wiedervereinigung gegenüber den anderen westeuropäischen Regierungen und auch gegenüber Gorbatschow, was auch so gedacht war. Allerdings war die Betonung des Grenzproblems mit Polen ein Wink mit dem Zaunpfahl für den in dieser Frage merkwürdig und für manche beängstigend zurückhaltenden Kohl.

4.4.4.3 Konsensbemühungen in Europa

Wenige Tage später, nämlich am 8. und 9. Dezember, fand in Straßburg die erwähnte Sitzung des Europäischen Rates statt, auf der nach heftigen Diskussionen und nach deutlicher deutscher Zustimmung zur europäischen Währungsunion mit dem Euro als gemeinsamer Währung (für Mitterrand und Genscher besonders wichtig) eine Erklärung angenommen wurde:

> *»Wir streben die Stärkung des Friedens in Europa an, in dem das deutsche Volk in freier Selbstbestimmung seine Einheit wieder erlangt«, auf »friedliche und demokratische Weise, unter Wahrung der Abkommen und Verträge sowie sämtlicher in der Schlußakte von Helsinki niedergelegten Grundsätze im Kontext des Dialogs und der Ost-West-Zusammenarbeit.«*[129]

Dieser kunstvolle Satz macht sämtliche Kompromisszwänge deutlich, die in Europa zu jener Zeit zwischen den EG-Staaten untereinander, besonders zwischen Deutschland und Großbritannien, zwischen den USA und der Sowjetunion bestanden. Zelikow und Rice betonen die Ähnlichkeiten dieser Resolution zu den »Vier Grundsätzen« George Bushs in Brüssel[130], für mich offenbaren sie eher im Gegenteil nicht nur die Konsensbemühungen inmitten der

129 Zelikow/Rice 1997, S.202
130 Ebenda, Fußnote 104.

Widersprüche in Europa, sondern auch eine Verwässerung der klaren Position Bushs zur NATO und dem vereinten Deutschland – wie man auch immer dazu stehen mag. Die Mitgliedschaft des vereinten Deutschland in der NATO erschien hier nicht mehr als der entscheidende Punkt, der auch zu weiteren Auseinandersetzungen gerade mit der Sowjetunion führen sollte, sondern tauchte nur noch als Teil der allgemeinen Abkommen und Verträge auf.

Für die französische Regierung unter Mitterrand war die Europäische Annäherung entscheidender als die NATO-Frage: Durch die Schritte hin zu Europa und einer gemeinsamen europäischen Währungsunion sollten die Gefahren der (schnellen) deutschen Wiedervereinigung aufgefangen werden, daher die Bedeutung der positiven deutschen Haltung zur Währungsunion für den Präsidenten. In seinem Bild eines zukünftigen Europa sollten die Ost-West-Teilungen aufgehoben sein; daher hätte auch die Sowjetunion darin einen integrierten Platz gehabt. Angesichts der geringen Resonanz, die er nur zwei Tage zuvor bei Gorbatschow gefunden hatte, ging es auch für ihn zumindest um eine schrittweise und langsamere Vereinigungs-Politik, als er sie nach den »10 Punkten« bei Kohl vermutete.

Margaret Thatcher saß ebenfalls in einer, wenn auch einer anderen, Zwickmühle, sie wollte die Einheit Deutschlands mindestens verschieben[131], um die internationale Bedeutung Großbritanniens nicht zu verringern, sah aber zugleich, dass ihr Gewicht bei den Amerikanern dadurch zusätzlich abnahm, da die nun zur Stärkung ihrer eigenen Position die Karte der Mitgliedschaft des vereinten Deutschland in der NATO spielten. Gegen eine solche NATO-Erweiterung konnte die britische Premierministerin wenig sagen, hätte dafür aber die Kröte Deutsche Einheit schlucken müssen. Um dies aufzuhalten, bemühte sie sich um eine Annäherung an Mitterrand und Gorbatschow.

Gegenüber den zögerlichen westlichen Staaten argumentierte Genscher:

Die Frage, was macht ihr Deutschen, wenn die Sowjets euch die Wiedervereinigung anbieten, ist immer wieder gekommen, von unseren westlichen Verbündeten. Und ich habe unseren Freunden im Westen immer gesagt: »Da ihr euch darauf verpflichtet habt, uns bei der Wiedervereinigung zu unterstützen, kann euch das ja nur genauso erfreuen wie uns. Ein Problem könnte für euch nur dann entstehen, wenn ihr entgegen euren Verpflichtungen, euch dagegen stellen und die Russen dafür stellen würden. (!) Das würde in Deutschland zu einer politischen Klimaveränderung führen, wenn aber der Westen uneingeschränkt zur deutschen Vereinigung steht, gibt das überhaupt kein Problem, sondern das bedeutet in Wahrheit, dass der Einfluss der Sowjetunion in Europa zurückgeht. (...) Ich habe im November 1989 eine Reise angetreten nach Washington, dann nach London, dann nach Paris und Anfang Dezember nach Moskau, und zwar

131 »Aufhalten oder verschieben« waren ihre späteren Worte.

jeweils mit der Frage: Wie haltet ihr das mit der deutschen Einheit? Und da gab es ganz klar von Bush und von Baker die Erklärung, die Vereinigten Staaten stehen voll auf der Seite Deutschlands (sehr betont – AvP), *wenn sie jetzt alles unternehmen, um die Gunst der Stunde zu nutzen. Da gab es nicht die geringsten Zweifel. Übrigens ist bei diesem Gespräch auch zum ersten Mal die Frage, wer wird über die deutsche Vereinigung verhandeln, besprochen worden.*[132]

Doch wurde im November/Dezember 1989 die in dieser Zeit existierende Chance, eine eigenständige europäische Position zu entwickeln, die auf ein von den europäischen Staaten dominiertes gesamteuropäisches Sicherheitssystem mit dem vereinten Deutschland abzielte, das zwar mit den USA verbündet blieb, zugleich aber die Sowjetunion nicht ausgrenzte, verspielt.

4.5 »Johann ohne Land«, seine internationale Anerkennung und die Bürgerbewegung

4.5.1 Modrows internationale Erfolge und Enttäuschungen

In diesem Netz von internationalen Widersprüchen musste Hans Modrow, der Ministerpräsident der DDR, seine Politik betreiben: Einerseits wollte er die Souveränität der DDR bei unklaren Möglichkeiten einer »Vertragsgemeinschaft« mit der Bundesrepublik wahren, andererseits eine Ankurbelung der Wirtschaft bei hoher Verschuldung und kaum noch funktionierenden ökonomischen Beziehungen mit der Sowjetunion erreichen und eine Demokratisierung in Gesellschaft und Politik angehen. Das waren Aufgaben, die auch unter normalen Bedingungen kaum zu bewältigen waren, geschweige denn auf einem untergehenden Schiff. Aber Modrow war auf überraschende Weise nicht allein: Denn einige westliche und östliche Politiker sahen in ihm einen, wenn auch gefährdeten, Garanten für einen langsameren Prozess in Richtung Wiedervereinigung. Das zeigte das etwas hilflose Treffen Mitterrands mit Gorbatschow in Kiew in dem eher beiläufig geäußerten Vorschlag des französischen Präsidenten, einen gemeinsamen französisch-sowjetischen Besuch zur Stärkung der Position Modrows zu unternehmen, aus dem aber nichts wurde.

Am 4. Dezember flog Modrow mit dem Stellvertretenden DDR-Außenminister Harry Ott[133] und auf dessen Wunsch auch mit Egon Krenz zur Sitzung des Politisch Beratenden Ausschusses des Warschauer Paktes nach Moskau. Modrow vermutete, dass Gorbatschow dieses Treffen nur einberu-

132 Genscher im »Lüdenscheider Gespräch«.
133 So in Modrow 1999, S. 376, demgegenüber war nach Modrow 1998 Außenminister Fischer selbst dabei gewesen.

fen hatte, um wenigstens *nach* dem Malta-Gipfel mit Bush die Verbündeten zu informieren, während Bush dies vorher im Sinne einer Konsultation mit seinen westlichen Verbündeten getan hätte.[134] Zur Vorbereitung hatte Gorbatschow allerdings schon am 24. November ein Sechs-Punkte-Dokument[135] zu den Grundlagen seiner internationalen Politik an die Teilnehmer dieses Treffens verschickt. Dieses Dokument ist deshalb interessant, weil hier weitere neue, wenn auch kleine Schritte auf dem Wege der Beendigung des Kalten Krieges und der Blockkonfrontation genannt werden:

In Punkt 1 wird als entscheidende Grundlage sowjetischer Politik die Respektierung des Rechts jedes Volkes auf Selbstbestimmung seiner Entwicklung wiederholt. Punkt 2 hatte den wesentlichen Inhalt: Schluss mit den »Überresten des Kalten Krieges«. Dabei könne vor allem auf der Helsinki-Schlussakte aufgebaut werden und auf den KSZE-Prozess insgesamt. Punkt 3: Die Stabilität in Europa müsse erhalten bleiben (Anerkennung der bestehenden Grenzen, keine Gebietsansprüche). Punkt 4 betraf die »deutsche Frage«: Die Entwicklungen in der DDR hätten Gerede entstehen lassen über die Aussichten auf eine »Vereinigung Deutschlands«. Die Existenz der DDR als souveräner Staat und Mitglied des Warschauer Vertrages sei jedoch ein Garant der Stabilität in Europa. Die DDR sei »unser strategischer Verbündeter«. Punkt 5 drehte sich um die »Entideologisierung der zwischenstaatlichen Beziehungen«. Punkt 6: »Der Übergang zur Friedensperiode in Europa bedarf zuverlässiger gegenseitiger Sicherheitsgarantien«, neue Rollen der NATO und des Warschauer Vertrages als »politische Verteidigungsorganisationen«. Bei Stärkung der Sicherheit und des Vertrauens kann »die Auflösung beider Bündnisse ins Auge« gefasst werden.[136]

Diese »Sechs Punkte« zeigten einmal mehr, dass das Bedrohliche der Lage gerade in der DDR, aber auch in den Warschauer Vertragsstaaten, nur ansatzweise begriffen wurde, geschweige denn, dass man um schlüssige Strategien angesichts dieser Situation bemüht war. Die Frage, was die sowjetische Seite oder der Warschauer Vertrag tun müsse, wenn die DDR und das gesamte eigene Verteidigungsbündnis erodierten, wurde nicht ernsthaft behandelt bzw. nur im bisherigen Sinne der Weiterexistenz der Zweistaatlichkeit Deutschlands. Der Ernst der Situation war im Atmosphärischen der Begegnung jedoch sehr wohl zu spüren.

134 Diesen Vorwurf macht Modrow Gorbatschow insgesamt: »Während die USA nichts taten, ohne sich vorher mit der Bundesrepublik über ihre Schritte zu verständigen, informierte Gorbatschow nicht einmal mehr in den eigenen Reihen gründlich, und die DDR bildete in der Informationskette eh immer das letzte Glied.« (Modrow 1999, S. 416).

135 Die »Punkte«-Form war offensichtlich verbreitet: Gorbatschow sechs, Vogel fünf, Kohl zehn – Bush vertrat immerhin »Vier Grundsätze«. Ob diese fast mechanisch anmutende Zählung dem Wunsch entsprach, grobe Schneisen in die Komplexität der Entwicklung zu schlagen, ist natürlich nur eine Vermutung.

136 Nach Modrow 1998, S. 126 ff.

Modrow schildert die Stimmung auf dem Treffen des Politisch Beratenden Ausschusses des Warschauer Vertrages in Moskau so: »Es lag so etwas wie Aufstörung in der Luft.« Alle waren verunsichert, ebenso wie er selbst als »Neuer« in diesem Gremium. »Ein Hauch von trauriger Verstörtheit umgab gerade die polnischen Politiker.« Denn zum ersten Mal war auf diesem Treffen ein nichtkommunistischer Politiker dabei, eben Mazowiecki aus Polen. Und die anderen wussten alle nicht, ob sie noch lange im Amt bleiben würden. Es habe zwar eine Debatte um diese »Sechs Punkte« und um die internationale Politik in Europa gegeben, aber sie sei ohne Einfluss auf den Gang der Dinge geblieben. Sie gingen eben auch nicht von der realen Entwicklung aus, sondern hinkten ihr hinterher. Dazu gehört auch Gorbatschows etwas kleinliche Ablehnung eines Besuchs von Kohl in Moskau, quasi als Bestrafung für die »10 Punkte«.

Gorbatschow sei, beschreibt Modrow weiter, nach seiner etwas verkrampften Rede im Ausschuss geradezu aufgekratzt gewesen und habe sich mit Herzlichkeit um Modrow bemüht, der sich ein ausführlicheres Gespräch gewünscht hatte, weil er sich »dadurch eine Stärkung meiner Autorität in Deutschland« versprach, also auch in der Bundesrepublik. »Gorbatschow meinte, für ihn sei meine (!) Idee einer Vertragsgemeinschaft nur akzeptabel, wenn sie nicht zur deutschen Einheit« führe. Daran sollte ihn Modrow bald erinnern …

Im Nachhinein springt die Tatsache ins Auge, dass alle schönen Gorbatschow-Pläne entweder an einer anderen als der angenommenen Realität oder an der Dynamik der Entwicklungen scheiterten. Der sowjetische Generalsekretär reagierte eher auf die Entwicklung, als wirklich »Züge« im Voraus zu planen. Das war aber seine Kritik an Kohl gewesen. Gorbatschow gelang es nicht, seine strategischen Grundsätze in die internationale Diskussion zu bringen und dort auch zu behaupten.

Modrows denkwürdigster außenpolitischer Erfolg war der Besuch des US-amerikanischen Außenministers, James Baker, am 12. Dezember in der DDR, genauer: in Potsdam. Nach Rücksprache mit seinen Beratern, mit Kohl und Genscher hatte sich Baker entschlossen, am Abend des 12. Dezember von Westberlin nach Potsdam zu fahren, um mit Modrow und einigen Kirchenvertretern zu sprechen. Baker hätte Kohl – so erklären dies Zelikow und Rice[137] – am Abend davor und am Morgen des 12. Dezember bei einem Arbeitsfrühstück konsultiert. Nach den Akten des Bundeskanzleramtes hat Baker Kohl nur mitgeteilt, »er werde im Übrigen auch heute Nachmittag MP Modrow sehen sowie einige Vertreter der Opposition, insbesondere auch Kirchenführer«.[138] Helmut Kohl hätte den Besuch Bakers bei Modrow durchaus als Affront wegen der impliziten, aber dennoch deutlichen Aufwertung des zweiten

137 Zelikow/Rice 1997, S. 211.
138 DzD, S. 637.

deutschen Staates empfinden können in einer Zeit, da die Wiedervereinigung die klare Perspektive sein sollte, wie Kohl sich bei dem Frühstücksgespräch mit Baker ausdrückte. Aber er ließ nichts gegen den Besuch Bakers verlauten. Das »Neue Deutschland« titelte am 13. Dezember 1989 dann auch entsprechend: »USA an stabiler Entwicklung in der DDR interessiert«.

Es ist heute noch nicht ganz klar, warum Baker diese Reise überhaupt antrat, denn immerhin waren solche Leute wie der amerikanische Botschafter in Bonn, Vernon Walters, und der amerikanische Missionschef in Berlin, Harry Gilmore, vehement dagegen. Aber ebenso leidenschaftlich soll der US-Botschafter in der DDR, Richard Barkley, den Besuch befürwortet haben.[139] Zelikow und Rice wie auch andere schreiben, dass ein CIA-Papier den Grund genannt habe: »Der Schlüssel« für die Veränderungen der deutsch-deutschen Beziehungen »liegt in der DDR«. Baker nannte später ziemlich klar und undiplomatisch noch einen anderen, vielleicht den wirklichen Grund:

> *Da ich aber wusste, dass Präsident Mitterrand für die kommende Woche einen Besuch in der DDR geplant hatte, wollte ich die Führungsrolle der USA demonstrieren, indem ich ihm zuvorkam. Außerdem glaubte ich, dass dieser Besuch dem Prozess des friedlichen Wandels nur dienlich sein konnte.*

Laut Baker gehörte diese Fahrt nach Potsdam »zu den surrealsten Reisen, die ich je als Außenminister unternommen habe«. Die Fahrt über die Glienicker Brücke erinnerte ihn an Spionage-Szenerien: Der amerikanische Spion Powers wurde hier ausgetauscht. Der Übergang von West nach Ost wurde von seiner Assistentin als »Wechsel von Farbe in Schwarz-Weiß« beschrieben, obwohl Baker schon Westberlin nicht gerade farbig vorgekommen war. An den Inhalt des Gesprächs erinnert er sich nicht. »Dieses Gespräch ist meinem Gedächtnis genauso schnell entschwunden wie Modrows Regime.«

Modrow ist freundlicher und hat das Treffen in besserer Erinnerung: »Das Gespräch selbst war durchaus angenehm. Baker sagte Wirtschaftshilfe zu, machte allerdings fundamentale politische und ökonomische Reformen zur Bedingung. Da konnte ich ihn durchaus beruhigen, und wie ich hörte, bescheinigten mir die Kirchenvertreter, mit denen er sich nach mir traf, den nötigen Reformwillen.«[140]

Diese unterschiedliche Erinnerung scheint mir nicht untypisch: Modrow war damals international anerkannter, als man es heute wahrhaben will, und er agierte erfolgreicher mit westlichen Politikern, als er selbst es heute kundtun möchte.

Dass Baker sich nicht an das Gespräch erinnert, mag auch noch eine andere Ursache haben: Nach seinem Treffen mit Modrow gab es eine Pressekonferenz, auf der Baker sagte, den Vereinigten Staaten liege »sehr daran, dass

139 Baker 1996, S. 167.
140 Ebenda, S. 167; Modrow, 1998, S. 105 f.

dieser Prozess (Baker bezieht sich auf Reformen in der DDR – AvP) auf friedliche und stabile Weise vor sich geht. Das wollten wir bekunden, und darin liegt das politische Signal, dass wir mit unserer Anwesenheit hier geben wollten.« So wurde es durch ADN und in der DDR-Sonderausgabe des »Spiegel« vom 13. Dezember verbreitet. »Le Figaro« interpretierte, dass für die Vereinigten Staaten »eine ›wilde‹ Wiedervereinigung beider deutschen Staaten« nicht akzeptabel sei und dass Baker damit auf die Viermächte-Verantwortung verwiesen habe. Auch Egon Bahr sprach im »Saarländischen Rundfunk« von einem Dämpfer für Kohl.[141]

Die Bundesregierung hat sich nichtöffentlich offensichtlich irritiert geäußert, so dass Baker einen Brief an den Bundeskanzler schrieb: »Lieber Helmut, ich bedauere es sehr, dass meine Bemerkung während einer Pressekonferenz Probleme für Sie verursachte. Ich wollte genau das Gegenteil erreichen.«[142] Die unterschiedlichen Erinnerungen Bakers und Modrows sind wieder ein Beispiel für das Verhältnis von Erinnerung (»aus dem Gedächtnis entschwunden«) und Interesse bzw. persönlicher Legitimation.

Condoleezza Rice erklärte im Interview die Vorgehensweise Bakers entgegen dessen diplomatischer Entschuldigung doch in derselben Richtung wie »Le Figaro« und ADN, sogar noch etwas schärfer gegen Bundeskanzler Kohl.

> *Erinnern Sie sich mal an den Besuch Bakers bei Kohl im Dezember: Baker und sein Gefolge waren in den Osten Deutschlands* (in die DDR – AvP) *gereist. Und sie hatten diese Transparente gesehen, diese Bilder von Kohl, und die Rufe nach einer Nation, einem Volk, einem Staat gehört. Und Baker war sichtlich beunruhigt. Er dachte, dass Kohl nun übereilt reagieren und womöglich einer Angelegenheit vorgreifen könnte, die man besser diplomatisch regelt. Und beim Dinner* (das allerdings ein Frühstück war und vor Bakers Besuch in der DDR lag – AvP)*, sagte er: »Wissen Sie, es ist wichtig, die Gemüter nicht zu erhitzen.«*

Hier musste Kohl offensichtlich mit Irritationen auf der Seite der USA rechnen und sie überzeugen, dass ohne die Perspektive einer Einheit die Emotionen in der DDR viel eruptiver sein könnten. Und das erklärte er auch.

> *Rice: Und Kohl sagte: »Das Schlimmste, der größte Fehler wäre es, die Gefühle der Deutschen außer Acht zu lassen.« Und für Baker war das irgendwie eine »kalte Dusche«, zu erkennen, dass Kohl uns womöglich davonlaufen könnte.*[143]

141 DzD, Fußnote 1, S. 658.
142 Schreiben des Außenministers Baker an Bundeskanzler Kohl, ohne Datum, in: DzD, Dok. Nr. 125, S. 658.
143 Rice im Interview mit mir 1999.

Beide, Modrow wie Baker, erinnern sich jedoch einer amüsanten Geschichte am Rande: Mitten in einer kleinen Rede unterbrach sich Baker. Empört wandte er sich an Modrow mit der Bemerkung, das sei nicht abgemacht. Modrow wusste nicht, was gemeint war. Dann wurde klar: Baker hatte geglaubt, Egon Krenz plötzlich hereinkommen zu sehen, aber – es war nur der Kellner.[144]

Sowohl Modrow wie Baker behaupten, Bakers Besuch sei der einzige, der erste und letzte Besuch eines US-amerikanischen Außenministers in der DDR gewesen, was nicht ganz stimmt: John-Foster Dulles und Bill Rogers hatten früher zumindest Ostberlin besucht.

Schon vor Baker war der Stellvertreter Falins, Rafael Fjodorow, zur ersten Runde des Sonderparteitages der SED am 8. und 9. Dezember in die Hauptstadt der DDR gekommen. Fjodorow betonte erneut, dass die Existenz der DDR eng mit den sowjetischen Interessen verbunden sei, und warnte vor einer Namensänderung der SED. Kaum war Gregor Gysi dort zum Parteivorsitzenden gewählt, kam ein Glückwunschtelegramm Gorbatschows. Beide telefonierten am Abend des 10. Dezember miteinander, wobei sie betonten, die Souveränität der DDR und die Partei sollten erhalten bleiben. Der sowjetische Generalsekretär informierte Gysi auch über seine ZK-Rede vom Vortag in Moskau, die wesentliche Elemente der Deutschlandpolitik enthielt (siehe unten). Zur zweiten Runde des Parteitages kam dann Politbüro-Mitglied und Gorbatschow-Vertrauter Jakowlew und mit ihm eine Neuerung: Er wollte Bärbel Bohley als Oppositionsvertreterin sprechen, was nicht zustande kam; dafür sprach Jakowlew mit Kirchenvertretern. Er hatte aber vor allem lange Unterhaltungen mit Modrow, Gysi und anderen aus der SED-PDS. Bei diesen Begegnungen erteilte er Ratschläge, wie üblich verkleidet in den Bericht über Erfahrungen mit der Perestroika in der Sowjetunion. Unter anderem kritisierte Jakowlew eine scheinbare Kleinigkeit, nämlich den harschen Umgang der neuen SED-Führung mit den früheren Parteigrößen der SED.[145]

Mitterrands Besuch am 20./21. Dezember ging auf eine Einladung noch aus der Honecker-Zeit zurück, die von dem inzwischen zurückgetretenen Egon Krenz bestätigt worden war. Edith Cresson, die französische Europaministerin, brachte Mitterrand am 1. Dezember eine vertrauliche Bitte von DDR-Außenhandelsminister Gerhard Beil: Der französische Staatspräsident möge doch bei seinem anstehenden Besuch die Souveränität der DDR und die Gemeinsamkeiten mit Frankreich betonen. Es könne doch nicht im französischen Interesse liegen, wenn Deutschland zu einem Staat von 80 Millionen anwachse.[146] Im Vorfeld dieses Besuchs hatte es nicht gerade Verstim-

144 Baker 1995, S. 168; Modrow 1998, S. 105; Zelikow/Rice 1997, S. 212.
145 Modrow 1998, S. 130 ff.
146 Nach Weidenfeld 1998, S. 159.

mungen, aber doch gewisse Irritationen in Bonn gegeben; das betraf sowohl die Reise an sich zu einer Zeit, in der die Wiedervereinigung auf die Tagesordnung gesetzt wurde, als auch den Zeitpunkt, der sich ursprünglich mit dem Termin Kohls in Dresden überschnitt.[147]

Die französische Diplomatin Caroline de Margerie fuhr Anfang Dezember in die DDR zur Vorbereitung des Mitterrand-Besuchs, sprach an vielen Orten mit Vertretern unterschiedlicher Gruppen und wurde immer unsicherer, was sie Mitterrand raten sollte:

> *Ich habe einen Bericht darüber geschrieben, was ich gesehen hatte, wen ich gesehen hatte, wen ich nicht gesehen hatte, und den Schluss gezogen: Eigentlich weißt du gar nicht, was los ist. Die aber offensichtlich auch nicht, und vielleicht ist jetzt nicht der richtige Moment für dich, nach Berlin zu gehen. Und der Präsident rief mich an – das hatte er noch nie getan – und fragte: »Denken Sie, ich sollte nicht fahren?« Ich atmete einmal tief durch und sagte: »Monsieur le Président, ich denke, Sie sollten nicht fahren.« Und er antwortete: »Ich werde darüber nachdenken.« Ob er nun darüber nachgedacht hat oder nicht – ein paar Tage später hörte ich ihn dann im französischen Fernsehen sagen, dass er die Absicht habe, in ein paar Tagen zu fahren.*[148]

Genscher berichtet, dass ihn kurz vor der Reise Mitterrands sein Kollege Dumas gefragte habe, ob Mitterrand in die DDR fahren sollte oder nicht. Er habe geantwortet: Die Entscheidung sei eine Sache Frankreichs. Aber er fügte hinzu: Man müsse sich bewusst sein, dass Ministerpräsident Modrow und der Staatsratsvorsitzende Gerlach (LDPD) eine Übergangsregierung repräsentierten. Wichtig sei, dass Mitterrand »ein deutliches Ja zur deutschen Einheit sage, wichtig auch, dass man Leipzig als dem Zentrum der friedlichen Revolution die Reverenz erweise. Dort, so empfahl ich, sollte man auch mit Kurt Masur zusammentreffen.«[149] Mitterrand habe sich auch nicht anders verhalten, »als ich es von ihm erwartet hatte«. Mitterrand drückte sich allerdings während aller Gespräche, die er mit dem Staatsratsvorsitzenden Gerlach und dem Parteivorsitzenden der SED-PDS Gysi führte, eher vorsichtig und pragmatisch aus: Er verwies auf die freien Wahlen, die inzwischen für den 6. Mai 1990 vorgesehen waren und deren Ergebnis man abwarten und respektieren werde, sprach sich für eine KSZE-Gipfelkonferenz in Paris zur europäischen Ordnung aus und betonte die Unverletzlichkeit der Grenzen, entsprechend den KSZE-

147 Am 9.12.1989 hatte Mitterrand in Straßburg Kohl gegenüber betont, er wolle keine Konkurrenz mit Kohl um seinen Besuch in der DDR und besonders nicht um dessen Zeitpunkt (den 20. Dezember), wie dies in Medien vermutet worden war. Aber den Anflug eines solchen Problems hat auch Mitterrand darin gesehen, sonst hätte er dies bei Kohl nicht angesprochen. Kohl seinerseits erklärte zwar, das sei doch »ein idealer Zeitpunkt« für den Besuch Mitterrands in der DDR, besuchte dann aber vor dem französischen Staatspräsidenten die DDR (DzD, Dok. Nr. 117, S. 628 ff.).

148 Interview de Margerie mit Hans-Christoph Blumenberg 2000.

149 Genscher 1995, S. 704 f.

Vereinbarungen. Gysi versuchte ihn davon zu überzeugen, dass nur ein Drittel der DDR-Bevölkerung die Einheit wolle, ein Viertel sei ganz dagegen, die übrigen wünschten die Einheit in einem vernünftigen Zeitrahmen – was gegen den Strich Gysis gelesen bedeutete, dass drei Viertel die Einheit wollten. Gysi betonte, dass er nach wie vor für einen demokratisch-sozialistischen Staat DDR als Mitglied einer Föderation europäischer Staaten eintrete.

Ganz im Gegensatz zu Genscher sah Ministerpräsident Hans Modrow den Besuch Mitterrands als Zeichen der Hoffnung »auf einen gleichberechtigten Platz der DDR in der Völkergemeinschaft«. Mitterrands Wunsch, nicht im Schloss Niederschönhausen, sondern im zentralen Palasthotel zu wohnen, unterstrich »unsere Auffassung von Berlin als der Hauptstadt der DDR«. Mitterrand habe ihn sehr beeindruckt. Selbst das gemeinsame Arbeitsfrühstück am 21. Dezember, wo man sich normalerweise beim Kaffeetrinken zusehe, »war geprägt von engagiertem Interesse für die Entwicklung der DDR zu einem hoffentlich stabilen Staat«. Auch ein späterer Briefwechsel »bestätigte meinen Eindruck gegenseitiger Sympathie und Achtung. Ein wohltuender Ausgleich für die erlebte Arroganz westdeutscher Politiker« – so Modrow.[150]

Es ist schon erstaunlich, wie unterschiedlich dieses eine Ereignis, dieser Staatsbesuch, gesehen werden kann: Das lag natürlich an den Hoffnungen auf den verschiedenen Seiten; das lag aber auch an der Ambivalenz des Auftretens von Mitterrand.

Auch wenn Genscher in seinen gesamten Memoiren Mitterrand vor aller Kritik wegen seiner Politik gegenüber der Wiedervereinigung in Schutz nimmt, blieb dennoch in Bonn eine gewisse Vorsicht gegenüber Mitterrand nach diesem Besuch. Horst Teltschik merkte an: »Der Besuch Mitterrands zu diesem Zeitpunkt wirkt anachronistisch. Wem soll er nützen?« Nach seiner Rückkehr berichtete Mitterrand, dass er überall auf Ratlosigkeit gestoßen sei. Sorge habe man nur, dass Kohl ein zu rasches Tempo einschlage. »Dabei sei nicht einmal sicher, ob die Mehrheit der Bevölkerung in der DDR die Wiedervereinigung wolle.« Teltschik merkt spitz an: »Wieder hat mal jemand seinen nassen Finger in den Wind gehoben.«[151] Wir wissen heute, dass Gysi Mitterrand von der vorgeblichen Stimmung in der DDR-Bevölkerung informierte. Mitterrand habe weiter berichtet, dass keiner seiner Gesprächspartner in der DDR den Wunsch nach sofortiger Wiedervereinigung geäußert habe. Ganz anders war dagegen die Stimmung auf der Straße. Zwei Tage zuvor waren Helmut Kohl in Dresden laute Forderungen nach »Deutschland einig Vaterland« entgegengeschallt.

Mitterrand betonte die freien Wahlen, das Mitspracherecht der Nachbarn und der vier Siegermächte und kündigte seine Bereitschaft an, unter Einbe-

150 Alle Zitate aus Modrow 1999 (Ich wollte ein neues Deutschland), S. 393 f.
151 Teltschik 1991, S. 95

ziehung beider deutschen Staaten über »eine Neugestaltung des Viermächteabkommens über Berlin zu verhandeln.«[152]

Bis heute sind letztlich die Motive Mitterrands nicht klar: Der DDR zu diesem Zeitpunkt die Reverenz zu erweisen, als ihr baldiger Untergang als selbständiger Staat nicht mehr zu übersehen war, hat etwas von einer vielleicht sympathischen, aber fast unpolitisch anmutenden Donquichotterie. Wenig früher oder im Verein mit Gorbatschow wäre dieser Besuch noch ein Zeichen entweder für den Status quo oder vielleicht sogar für ein gemeinsames Europa gewesen. Aber nun – nach Kohl und ohne Gorbatschow – war es eher Ausdruck einer verlorenen Hoffnung und wenig mehr als eine Tröstung der machtloser gewordenen DDR-Elite. Und es war ein Beleg dafür, wie rasch die Dynamik der Ereignisse alte Strategien überholte.

Eine seiner größten Enttäuschungen erlebte Modrow dann auf der RGW-Tagung in Sofia am 8./9. Januar 1990: die Anlehnung an den Weltmarkt, »und zwar auf der Grundlage von Verrechnung in frei konvertierbarer Währung«. Die dort beschlossene Kommmission sollte eine grundlegende Reform des RGW erreichen – sie »tagte nie, stattdessen vollzog sich die Auflösung des RGW«.[153]

4.5.2 Von Weizsäcker, Genscher und Kohl in der DDR

Die mangelnde Sympathie Modrows für die arroganten westdeutschen Politiker kennt eine Ausnahme: Richard von Weizsäcker; denn auch der Bundespräsident besuchte die DDR, allerdings als Privatperson. Trotzdem gab es am 17. Dezember ein Treffen zwischen von Weizsäcker und Modrow sowie eine Pressekonferenz. Modrow bezeichnet diesen Besuch als einen mit »Signalbedeutung«. Nach dem traditionellen Weihnachtssingen in der Nikolaikirche in Potsdam habe man sich zu einem Gespräch im Cecilienhof zusammengefunden – ein etwas auffälliger Ort für ein privates Treffen, denn hier hatte nach 1945 die Konferenz der Sieger über Deutschland stattgefunden. Das Ergebnis war ein Appell an einen friedlichen Weg in die Zukunft und an die gegenseitige Achtung zwischen den Bürgern beider Staaten. »Sicher kein Vater fürs Volk, aber ein bravouröser Staatspräsident.« Und dies aus dem Munde des realsozialistischen Ministerpräsidenten.

Übrigens: Auch von Weizsäcker hat wie Willy Brandt den berühmten Satz gesagt: »Meine Meinung ist, dass wir eine Nation sind, und *was zusammengehört, wird zusammenwachsen*. Es darf nicht der Versuch gemacht werden, dass es zusammenwuchert.«[154] Und dies schon am 15. Dezember 1989.

152 Teltschik 1991, S. 96.
153 Modrow 1999, S. 403 f.
154 In einem Interview mit dem DDR-Fernsehen, nach: Presse- und Informationsamt der Bundesregierung (Hg.): Bulletin vom 15. Dezember 1989.

Der gebürtige Hallenser Hans-Dietrich Genscher besuchte im letzten Monat des Jahres 1989 ebenfalls die DDR, wie viele andere westdeutsche Politiker auch. Denn jetzt ging es bereits darum, die ersten politischen Kontakte mit Blockparteien und oppositionellen Gruppen zu schaffen für die Wiedervereinigung und die Wahlen in der DDR. Genscher wurde am begleitet von seiner Frau sowie von den FDP-Politikern Baum und Hirsch. Die erste Station war am 16. Dezember Eisenach, von dort ging es weiter nach Halle. Gespräche wurden mit Vertretern der evangelischen Kirche und des Runden Tisches geführt. Beeindruckt war Genscher von der Zivilcourage, dem Optimismus und dem Stolz bei diesen Aktiven der Bewegung. Abends sprach er mit Vertretern der Hallenser LDPD, der liberaldemokratischen Blockpartei. Der westdeutsche Außenminister sagte am 17. Dezember auf einem Vortrag in der Marktkirche in Halle: »In der Bundesrepublik hätten wir unsere Entscheidung getroffen, nun richte sich die Frage an die Deutschen in der DDR.« Danach ging es nach Leipzig zum Gründungskongress des Demokratischen Aufbruchs, wohin es auch andere bundesrepublikanische Politiker getrieben hatte, unter anderen Rita Süssmuth, die Bundestagspräsidentin. Auch hier sprach er über die deutsche Einheit, »wobei ich jedoch weder in Halle noch in Leipzig die Vertragsgemeinschaft erwähnte. Noch stärker als im November war mittlerweile meine Überzeugung geworden, dass die Entwicklung darüber längst hinweggegangen war.« Ein kleiner Seitenhieb gegen Kohl und seine »längst überholten« »10 Punkte«. Nach einem für ihn und seine Begleitung organisierten Privatkonzert im Gewandhaus sprach der FDP-Politiker abends zum Bezirksvorstand der LDPD, wo Genscher begriff, wie er später über Mitglieder der DDR-Blockparteien schrieb, dass »uns im Westen jedenfalls es nicht zu(stand), über sie zu richten«.[155]

Was für ein weiter Weg, der in dieser kurzen Zeit seit dem Mauerfall Anfang November zurückgelegt worden war: Jetzt ging es schon um gemeinsame politische Parteiarbeit für Wahlen in einem vereinten Deutschland – und Gorbatschow hoffte immer noch auf eine souveräne DDR und grollte mit Kohl.

Der Auftritt, der jedoch am meisten im Inland wie im Ausland wahrgenommen wurde, war der erste offizielle Besuch von Helmut Kohl in der DDR, am 19. und 20. Dezember. Er wurde von Ministerpräsident Modrow am Flughafen in Dresden abgeholt.

Kohl: Ja, das war ein Bild, mit dem ich nicht gerechnet hatte. (...) Wissen Sie, wir wussten doch gar nichts in Wahrheit. Was die Menschen dachten, konnten wir ahnen und konnten es an Einzelbeispielen erkennen. Die Maschine rollte aus, ich stand noch auf der Treppe der Maschine, Modrow und die Seinen, der damalige Oberbürgermeister und andere standen so 20 Meter davor, und der Teppich war gerollt wie bei Staatsbesuchen. Dann gucke ich auf das Ge-

155 Genscher 1995, S. 697 ff.

bäude: Hunderte und Aberhunderte auf den Dächern. Überall Rufe. Und in dem Moment war mir klar: Es bricht jetzt aus den Leuten heraus.

Kohl beschreibt im Interview, dass er natürlich wusste, wie schwierig die Situation für Modrow im Allgemeinen und im Besonderen jetzt in Dresden war.

Er selbst war ja in Dresden aus seiner Sicht in einer furchtbaren Lage. Er war immerhin vorher der entscheidende Mann über Jahre in diesem Parteibezirk gewesen. (...) Und jetzt holt er mich, den Kapitalistenanführer, am Flugplatz ab, und der ganze Flugplatz ist übersät von Leuten, die Beifall schreien, und Bundesfahnen oder DDR-Fahnen mit dem Zirkel – das Symbol war zum Teil herausgeschnitten. Und in dieser Situation musste er mit mir in die Stadt fahren.

Unterwegs versuchte er mit Modrow ins Gespräch zu kommen. Wie es Kohls Art war, hatte er sich vorher über die Biographie seines Gesprächspartners informiert. Er habe es immer für wichtig gehalten, »dass man sich in der Politik, auch in der Begegnung in der Politik, genauso verhält wie im privaten Leben.«[156] Und er fährt in diesem Zusammenhang fort:

Mein Problem war doch in dem Gespräch mit der DDR-Führung: Das waren ja alles neue Leute. Was wussten wir denn schon? Unsere nachrichtendienstlichen Kenntnisse tendierten gegen den Nullpunkt, wobei ich überhaupt große Reserve habe gegen nachrichtendienstliche Kenntnisse. Ich will jetzt niemanden zu nahe treten, aber in meiner Amtszeit habe ich nicht erfahren, dass die Nachrichtendienste mich besonders (gut informiert hätten – AvP). *Ich rede jetzt nicht nur von den deutschen.*

Was er über Modrow erfahren hatte, »stimmte mich eigentlich optimistisch, dass das ein nüchterner Mann ist, der die Zeichen der Zeit erkannt hat, dass er versuchte, in der konkreten Lage das Beste zu machen – natürlich nicht, die deutsche Einheit zu erreichen, aber sozusagen eine Reform des SED-Regimes durchzusetzen. (…) Und ich muss Ihnen ganz offen sagen, ich habe auch an meine Gespräche mit ihm überhaupt keine negative, jetzt persönlich gesehen, negative Beziehung. Wenn die Dinge sich anders entwickelt hätten, hätten wir uns mal so einfach miteinander … (Er bricht den Satz ab.)«[157]

Modrow: Er war so gut vorbereitet, dass er meine Biographie kannte. Der wusste genau, in welchem Dorf ich geboren bin, dass das Hasenjetz hieß. Ich wusste nichts und war schlechter vorbereitet als der Herr Bundeskanzler[158] *(...). Erst später habe ich begriffen, dass das offensichtlich die Art von Helmut Kohl ist, dass er versucht, über diese ganz persönliche Begegnung, Zugang zu*

156 Kohl im Interview 1999 mit Guido Knopp.
157 Ebenda.
158 ZDF-Interview Modrow Band 83/05:17 f.

den Personen zu finden, was ihm ja mit Jelzin ungeheuer gut gelungen ist. (...) Für mich war es aber nicht überzeugend. Für mich war es gelernt. Der Mann hatte sich damit beschäftigt, aber daraus habe ich überhaupt nicht geschlussfolgert: Jetzt wirst du der gute Freund von Helmut Kohl werden. (...) Also, so blauäugig war ich auch nicht.«[159]

Modrow hatte den Eindruck, dass dieser Empfang vom Westen aus gut vorbereitet worden sei. Sonderzüge seien organisiert worden. Die bundesdeutschen Flaggen, die in Dresden zu Hunderten geschwenkt wurden, habe es in der ganzen DDR nicht gegeben.

Es fand dann ein Vier-Augen-Gespräch statt, das ca. zwei Stunden dauerte.[160] Dort sei beiden Seiten bewusst geworden, dass man handeln müsse. Der Bundeskanzler, so Modrow im Interview, hatte nur einen einzigen Punkt, er wollte über die Bedingungen und Voraussetzungen für den Reiseverkehr sprechen. Doch in Bonn hatte man sich darauf vorbereitet, welche Kosten insgesamt auf die Bundesrepublik zukämen durch Zahlungen für die DDR und welche Aufstockungen es geben müsse. Dabei spielten vor allem Kreditabsicherungen, also Bürgschaften, eine Rolle.[161] Außerdem gab es eine Gesprächsvorlage für Dresden, in der auf der Grundlage der Politik für die »Einheit in freier Selbstbestimmung« die Bereitschaft zur Hilfe signalisiert wurde unter der Voraussetzung einiger Reformen, vor allem im Verfassungs- und Strafrecht, und für eine marktwirtschaftlich orientierte Ökonomie. »Falls Wunsch nach verstärkter Finanzhilfe von DDR-Seite angesprochen wird«, so heißt es in der Vorlage, wird Hilfe angeboten im Kreditbereich bei präziser vorheriger Bestandsaufnahme, für die man ebenfalls Beratung anbot. Auch für die Verhandlungen bei OECD oder IWF[162] wollte man Beratungshilfe aus Bonn geben.

Zur Absicherung hatte Kohl ein ausführliches Schreiben an den sowjetischen Generalsekretär Gorbatschow geschrieben, womit er »am Vorabend meiner Gespräche mit dem Ministerpräsidenten der DDR, Hans Modrow … erneut die deutschland- und europapolitischen Ziele der Bundesregierung erläutern und die konkreten Zielsetzungen, die ich mit der Begegnung mit Ministerpräsident Modrow verfolge, umreißen« wollte.[163] Darin betont Kohl

159 ZDF-Interview Modrow Band 84/06:01:25 ff. (ohne Angabe der gesprächsführenden Person).

160 Das Vier-Augen-Gespräch zwischen Modrow und Kohl selbst ist nicht in den Bundeskanzleramtsakten abgedruckt, sondern nur das unmittelbar folgende im erweiterten Kreis, in dem es nur Berichte gab über das Vier-Augen-Gespräch zuvor (DzD, Dok. Nr. 129, S. 668 ff.).

161 Vorlage des Ministerialrats Ludewig an den Chef des Bundeskanzleramtes Seiters, Bonn, 13.12.1989 in DzD, Dok. 122, S. 643 f.

162 IWF = Internationaler Währungsfonds.

163 DzD, »Schreiben des Bundeskanzlers Kohl an den Generalsekretär Gorbatschow«, Bonn, 14.12.1989, Dok. 123, S.645 ff. Der Brief wurde erst später, vermutlich am 18.12.1989, auf vertraulichem Wege übermittelt.

wieder, dass alle bisherigen Abmachungen mit der Sowjetunion Gültigkeit haben, dass er nach wie vor jede Destabilisierung in Europa vermeiden und keine einseitigen Vorteile aus den gegenwärtigen Entwicklungen ziehen möchte. Kohl ist natürlich klar gewesen, dass Gorbatschow die Veränderungen in der DDR und die Politik in Richtung Einheit als beunruhigendste Destabilisierung begriff. Deshalb schrieb er: »Dabei dürfen allerdings Ursache und Wirkung nicht verwechselt werden.« Die Hauptquelle der Destabilisierung sei der mangelnde Reformwillen in der DDR, wenn sich Probleme auftürmen »und wenn vor allem Reformen durch das Vorbild der eigenen Partner nahegelegt werden«. Kohl fügte hinzu, dass man die positive Rolle der Sowjetunion und Gorbatschows eigene zu schätzen wisse. In dem halben Jahr seit dem Sommer seien wegen dieser mangelnder Reformen ca. 500 000 Menschen[164] in die Bundesrepublik übergesiedelt. Das sei nicht im Interesse der Bundesregierung, aber die Menschen hätten ihre freie Selbstbestimmung eingefordert. »Kurzum: Die Menschen selbst haben die deutsche Frage auf die Tagesordnung gesetzt!« Und alles, was danach passiert sei, zeige die Umsicht und die Verantwortung der Menschen. Danach erläuterte Kohl seine »10 Punkte« und betonte den »gesamteuropäischen Rahmen« seiner Politik, der auf die vorhandenen Instrumente KSZE und Abrüstungsverhandlungen sowie auf bilaterale Beziehungen zu Polen und Ungarn setze. Er nahm noch einmal seinen Gedanken der Konföderation auf, der einerseits von zwei »souveränen Staaten« ausgehe, andererseits eine »klare Absage« sei an »jegliche Form zwangsweiser Vereinigung«. Man spürt den Wunsch Kohls, durch solche Sätze zu beruhigen. Aber entsprachen sie noch seiner realen Politik?

Dann folgte der einzige Satz, den man als Hinweis auf einen neuen Ansatz in Richtung einer raschen Wiedervereinigung gegenüber den Ausführungen von Ende November verstehen könnte:

> *Dass sich aus gemeinsamer Geschichte, Sprache und Kultur darüber hinaus Ansatzpunkte erweiterter Zusammenarbeit* (zwischen DDR und Bundesrepublik – AvP) *ergeben können, halte ich für wahrscheinlich.*[165]

Das ist alles, und es ist nur eine magere Andeutung einer weitergehenden Politik, ansonsten verweist der Kanzler auf seine Rede vor der ungarischen Nationalversammlung am 18. Dezember. Diese Erläuterungen an Gorbatschow entsprachen also ganz und gar nicht dem Stand der Diskussion, den Kohl bereits mit den Amerikanern und der Bundesregierung erreicht hatte. Eine wirkliche Unterrichtung war das nicht, sondern eher eine weitere Beruhigungspille für Gorbatschow. Das scheint auch Gorbatschow bemerkt zu ha-

164 Teltschik gibt für das ganze Jahr 1989 343 854 Übersiedler an.
165 Alle Zitate aus DzD, Dok. Nr. 123, S. 645.

ben, denn er antwortete mit einem Brief ein paar Tage später, in dem es heißt: »Wir möchten diesen Versicherungen Glauben schenken.«[166]

Zurück zum Vier-Augen-Gespräch mit Modrow am 19. Dezember in Dresden und zu dem Punkt Reiseregelungen.

Modrow: Und das war ein teures Spiel. Wir hatten nichts in der Tasche, und die Bundesrepublik sollte zahlen.

Über das Vier-Augen-Gespräch selbst liegt von bundesrepublikanischer Seite kein Protokoll vor, sondern nur vom anschließenden Gespräch in erweitertem Rahmen. Darin fasste Modrow die Hauptpunkte des vorangegangenen Gesprächs mit Kohl zusammen: In der DDR drohe eine »Eskalation der Auseinandersetzung mit extremistischen und Vereinigungskräften«, die Grenze zur Gewalt sei manchmal überschritten. »Der Neuerungsprozess werde in seiner Breite von demokratischen Kräften getragen und ziele auf freie Wahlen ab. Die Wahlen seien eine Angelegenheit der DDR; der Wahlkampf in der Bundesrepublik sollte nicht in die DDR hineingetragen werden und umgekehrt.« Die wirtschaftliche Lage sei angespannt. »Im Verhältnis zur Bundesrepublik müsse an einen Lastenausgleich gedacht werden in Höhe von 15 Milliarden DM für die Jahre 1990/91.« Einigkeit habe bestanden hinsichtlich der Verantwortung für die Lage in Europa und für »Helsinki II«. Die DDR stehe positiv zur Vertragsgemeinschaft zwischen den beiden deutschen Staaten und zu offiziellen Beziehungen zwischen der NATO und dem »Warschauer Pakt«, den Modrow sicherlich nicht so genannt hatte. Die Existenz der beiden deutschen Staaten sei eine erstrangige Frage der Weltpolitik.

Der Bundeskanzler machte »eine persönliche Bemerkung« zur »Bedeutung dieser Stunde«, da jede Veränderung zwischen der DDR und der Bundesrepublik die Statik in Europa berühre. Er erklärte sich einverstanden mit einer weiteren Helsinki-Konferenz und machte einige Ausführungen zu den Abrüstungsverhandlungen. Es bestünden in vielen Punkten Meinungsverschiedenheiten, aber es gebe auch viel Gemeinsames. Dann sprach er die freien Wahlen, die Unumkehrbarkeit der Reformen, speziell des Strafrechts, und einige Fragen an, die schon in der vorbereitenden Gesprächsvorlage enthalten waren. »Man solle jetzt den Gedanken einer Föderation beiseite lassen und sehen, was heute getan werden kann.« Der Bundeskanzler wandte sich gegen den von Modrow benutzten Begriff »Lastenausgleich«. »In der Bundesrepublik Deutschland seien nach dem Krieg insgesamt 150 Mrd. DM als Lastenausgleich bezahlt worden; die Bundesrepublik habe außerdem 100 Mrd. DM Wiedergutmachungsleistungen erbracht. Der Begriff sei damit besetzt.« Kohl wiederholte:

166 DzD, Dok. Nr. 126, S. 658 f.

Keinesfalls soll die DDR destabilisiert werden. Unser Ziel ist es nicht, dass viele Menschen in die Bundesrepublik kommen, sondern die wirtschaftliche Entwicklung in der DDR nachhaltig zu verbessern. Die DDR muss daher Möglichkeiten für Investitionen schaffen. (...) Wir müssen einerseits den Eindruck vermeiden, dass die DDR von der Bundesrepublik ausgekauft werde, aber auch andererseits den Eindruck, dass die DDR ein Fass ohne Boden sei.

Mit einigen Veränderungen stimme er der Absichtserklärung zur Vertragsgemeinschaft zu. Auf eine Frage von Minister Seiters erklärte Modrow, dass 25 verurteilte Spione zwischen dem 18. und 22. Dezember entlassen würden. Modrow betonte außerdem, dass der Wegfall des Mindestumtauschsatzes einen Verlust von 150 Mio. DM verursache, wofür ein Ausgleich notwendig sei. Das fand die bundesrepublikanische Seite zu hoch, sollte überdies nicht zum Gegenstand des Handels gemacht werden. Wenn eine Kompensation überhaupt notwendig sei, solle dies an anderer Stelle erfolgen.

Modrow sprach die Öffnung des Brandenburger Tores für Fußgänger an, die unter Anwesenheit der beiden Bürgermeister, »OB Krack und dem RBM Momper«, und eventuell von Kohl und Modrow erfolgen solle.[167] Das wurde dann auch auf der anschließenden Pressekonferenz bekannt gegeben.

Hans Modrow hat dieses Gespräch verständlicherweise nicht in guter Erinnerung:

Kohl ging mit großer Distanz in die Verhandlungen, er erwartete von mir Zustimmung zu vorbereiteten Erklärungen, und daher plauderte er ins Blaue hinein ... ein früher Sieger. (...) Weder in Dresden noch später tat Bonn das geringste für die wirtschaftliche Stabilität der DDR und die soziale Sicherheit der Bevölkerung ... weder zu den 15 Milliarden DM, die wir dafür vorschlugen (und für die wir eine detaillierte Aufstellung an die Bundesregierung übergaben[168]), noch zu einer Leistung in Verbindung mit der vorzeitigen Öffnung des Brandenburger Tores ist es gekommen.[169]

Modrow und seine Mannschaft waren sich der symbolischen Bedeutung des Brandenburger Tores durchaus bewusst und haben deshalb in mehreren Vorlagen Wege gesucht, wie man der Bundesrepublik »die Schau stehlen und die ganze Sache etwas niedriger hängen« könnte. In einer Vorlage des Politbüros heißt es: »Gesichert werden müsste, dass die Öffnung evtl. von der DDR einseitig angekündigt wird und ein ranghoher Regierungsvertreter (Außenminister) bei Öffnung eine Erklärung abgibt.«[170] Schließlich entstand der Vor-

167 Alle Zitate aus DzD, Dok. Nr. 129, S. 668 ff.
168 Diese Aufstellung ist nicht in den Akten des Bundeskanzleramtes abgedruckt.
169 Modrow 1999, S. 392.
170 »Information für die Mitglieder des Politbüros«, ohne Datum (aber noch für Krenz!), (SAPMO-BArch, DY 30/IV 2/2.039/320, Bl. 5–7). In ihr hieß es außerdem zunächst abwehrend, »die Öffnung des Brandenburger Tores bedeutet die Anerkennung der Einheit Deutschlands«; außerdem würden die anderen Sicherungsmaßnahmen in Zweifel

schlag, dies über die Bürgermeister aus West- und Ostberlin machen zu lassen, den Kohl mit seinem Sinn für Symbolik sofort veröffentlichen wollte.

Abends hielt der Bundeskanzler eine seiner öffentlichkeitswirksamsten Reden überhaupt, nämlich vor der Frauenkirche in Dresden.

> *Kohl: Ich war in meinem ganzen Leben nie bei einer Rede so unsicher, was ich sagen soll, weil ich auf der Seite* (des Platzes – AvP) *diese Batterien von Dutzenden von Fernsehkameras aus der ganzen Welt sah. Ein riesiges Journalistenkorps von ein paar hundert Leuten. Und hunderttausend Leute.*

Darunter seien auch Menschen mit SED-Fahnen gewesen, die nun Kohl seinerseits für »bestellte Claqueure« hielt.

> *Kohl: Ich wusste überhaupt nicht: Wird das jetzt überschlagen? (...) Wir haben überlegt: Was passiert, wenn die Menge plötzlich das Deutschland-Lied anstimmt vor der Weltöffentlichkeit? (...) Und dann hatten wir eine Idee. (...) Da haben wir uns einen Kantor beschafft. (...) Und ich habe ihm gesagt: »Wenn mir das aus der Hand läuft, dann kommen Sie und stimmen den alten Choral an: ›Nun danket alle Gott‹. Das war aber natürlich totaler Unsinn, denn der Choral war den Leuten dort nicht bekannt.«*

Der Choral war überflüssig,[171] keine Krawalle, kein nationalistisches Überschwappen, allerdings viele und laute »Deutschland«- und »Helmut«-Rufe. Es gab Umarmungen von einer Frau, die auf die Tribüne kam. Er sei nach der Rede durch die Absperrung hindurch »gestreichelt« worden, die von jungen Uniformierten gebildet wurde und an der er vorbeiging, erzählt Kohl im Interview. In seiner Rede hatte er von Vereinigung gesprochen, aber zugleich vor Gewalt und Radikalisierungen gewarnt.

gezogen werden, auch bei den Grenztruppen. Aber dann gibt es eine Wende in dieser Information: »Falls ein Übergang am Brandenburger Tor nicht zu vermeiden ist, sollte eine schriftliche Garantie-Erklärung bzw. bilaterale Vereinbarung ins Auge gefaßt werden, nach der die Westberliner Polizei sowie die Alliierten die Grenze Berlin (West) – Berlin, Hauptstadt der DDR, absichern.« »Für die Öffnung des Brandenburger Tores muß unsererseites (sic!) ein Preis ausgehandelt werden.« Öffnung ohne Autos, Beschränkung auf Fußgängerübergang. Der amerikanische Botschafter Vernon Walters hatte am 12.11.1989 auf einem Treffen zwischen ihm und dem sowjetischen Botschafter in Ostberlin, Kotschemassow, erklärt, es sei nur seine persönliche Meinung, wenn er sage, das Brandenburger Tor müsse geöffnet werden. (SAPMO-BArch, ZK der SED – Büro Egon Krenz, DY30/IV 2/2.039/ 319, Bl. 26–33).

171 Kohl hätte, so berichtet Horst Teltschik, an dieser Idee festgehalten, obwohl Seiters und er, Teltschik, dagegen waren (Teltschik 1991, S. 88). Das ist eine Geschichte, die nicht der historischen Ironie entbehrt, denn schon einmal spielte ein Choral statt des »Deutschland-Liedes« eine Rolle, wenn auch mit entgegengesetzten Vorzeichen: Nach der Beratung über das Grundgesetz sollen die Parlamentarier 1949 in Ermangelung einer Nationalhymne – das Deutschlandlied war nicht erlaubt – einen Choral gesungen haben: »Ich hab' mich ergeben mit Herz und Hand«.

Kohl: Es war meine schwerste Rede überhaupt. Es galt vor der nächtlichen Ruine der Frauenkirche alles zu vermeiden, was im Ausland als Ausbruch nationalistischen Überschwangs hätte interpretiert werden können.«

Als ein Resümee fasste er zusammen:

> *Die Wirkungen im Fernsehen, die Bilder von der Rede an der Frauenkirche und das ganze Drumherum waren ein weltpolitisches Ereignis. Das war ein Ereignis, das Deng Hsiao Ping in Peking genauso gesehen hat wie alle meine Kollegen in der EU, alle, so wie es Gorbatschow gesehen hat, wie es die Amerikaner gesehen haben, die sich im Weißen Haus den Film immer wieder angeschaut haben. Und das war ja ganz offenkundig, das waren keine bestellten Claqueure, das war das Volk, das da stand. Insofern war dieses Bild sozusagen die Wiedergutmachung für diese elenden Bilder des linken Pöbels vor dem Berliner Rathaus* (nach dem Mauerfall – AvP).[172]

Condoleezza Rice war und ist ebenfalls von der Bedeutung dieser Rede überzeugt, offenbart aber erneut die Sorgen der amerikanischen Führung nach den Rufen »Deutschland – einig Vaterland«, »Deutschland, Deutschland«, »Wir sind ein Volk« besonders auf den Leipziger Montags-Demonstrationen in diesen Tagen:

> *Ich glaube, Dresden war für Kohl von eminenter Bedeutung, denn Kohl war (...) jemand, der Politik aus dem Bauch heraus machte, nicht vom Kopf her. Und als er dann dieses gewaltige Echo bekam, in Dresden, wo er von einer deutschen Nation sprach und die Leute riefen: »Deutschland – einig Vaterland!«, da hat er, glaube ich, sehr genau gespürt, dass die Wiedervereinigung nicht nur möglich war, sondern vom Volk der DDR geradezu gefordert wurde. Und das war ein sehr wichtiger Moment für ihn. Ich muss allerdings zugeben, dass die USA in diesem Moment eher nervös waren, denn, während die USA die deutsche Wiedervereinigung sehr unterstützten und sich dafür einsetzten, für eine schnelle Wiedervereinigung zumal, so verstanden sie zugleich, dass es sich hier um ein Problem handelte, das ganz Europa und auch die Sowjetunion mit betraf und wollten nicht, dass nun eine Art Massenbewegung die Ausarbeitung der Details erschwerte.*[173]

Teltschik: »Die Situation blieb auch im Innern angespannt. Die Zahl der Übersiedler aus der DDR in die Bundesrepublik stieg 1989 fast um das Zehnfache gegenüber 1988.[174] Wie sollte das weitergehen? Denn die DDR konnte

172 Kohl im Interview mit Guido Knopp 1999.

173 Rice im Interview mit mir 1999. In ihrem Buch hatten Zelikow und Rice geschrieben, dass »die begeisterte Teilnahme der Bevölkerung aller Welt den Willen der Ostdeutschen zur Wiedervereinigung vor Augen (führte), und Kohl nutzte die Gelegenheit, die sich ihm bot. (…) Sogar in Washington begann sich die Sorge breit zu machen, dass der Kanzler und seine Partei unbesonnen handeln könnten.« (Zelikow/Rice 1997, 214 f.)

174 Genau: 1989 = 343 854 gegenüber 39 832 im Jahr 1988.

trotz unserer Hilfe den Menschen nicht so schnell eine neue Perspektive geben.« – Drei Tage später wird das Brandenburger Tor geöffnet; einen Monat später wird – wie in Dresden angesprochen – volle Gewerbefreiheit gewährt, auch für Firmen mit ausländischer Beteiligung.

Am Ende des Jahres 1989 hatte sich in der Bundesregierung also der Standpunkt durchgesetzt: Jetzt geht es um die Wiedervereinigung. Aber das war im Ausland keineswegs der Fall. Kohls Vorsicht in der Benennung dieses konkreten Ziels könnte man als Rücksichtnahme auf Gorbatschow interpretieren, aber es bedeutete natürlich auch, dass er Gorbatschow damit *kein Angebot* machte, *früh* eine gemeinsame Strategie zu entwickeln, die zwar von einer schnelleren Vereinigung als angenommen ausging, aber zugleich eine *europäische Lösung mit der Sowjetunion* suchte. Gorbatschow seinerseits ließ wichtige Zeit verstreichen und vermochte es nicht, eine Antwort auf die Frage zu finden, wie sich ein gemeinsames europäisches Haus mit der Sowjetunion in dieser explosiven Entwicklung bauen ließ. Und die meisten anderen Westeuropäer waren noch bemüht, die Einheit Deutschlands zu verhindern oder hinauszuzögern. Darauf mussten wiederum die Amerikaner Rücksicht nehmen. Ihnen kam beides, die Uneinigkeit der Westeuropäer *und* die mangelhafte Strategie Gorbatschows für den Fall des totalen Kollapses und des Verlustes einer souveränen DDR für den sowjetischen Hegemonialbereich entgegen, in jedem Fall nicht ungelegen. Die Vereinigten Staaten bauten damit ihre Führungsrolle aus, und die sowjetischen Karten wurden immer schlechter. Denn die Moskauer Politik lebte nach wie vor von diesem Faustpfand einer noch lebenden, wenngleich sterbenskranken DDR als souveränem Staat. Was konnte man tun, wenn dieses Faustpfand verschwand?

Die ersten sechs Wochen des neuen Jahres sollten die entscheidenden in dieser dynamischen und spannungsreichen Zeit werden.

4.5.3 Modrow und der Runde Tisch – Die Bürgerbewegung, die deutsche Einheit und die vergebliche Hoffnung auf »gleiche Augenhöhe«

Die Bürgerbewegung wurde im Laufe des Herbstes und des Winters stärker und öffentlichkeitswirksamer. Es bildeten sich gegen Ende des Jahres nach dem Neuen Forum eine Reihe von weiteren Gruppen, die vom konservativen Lager bis zu trotzkistischen Organisationen reichten, und es entstanden überall Runde Tische, an denen Staatsvertreter und Oppositionelle über anstehende Reformen berieten.[175] Der Niedergang der SED kam der Opposition dabei

175 Vgl. zur Oppositionsbewegung in der DDR vor allem: Lindner 1998, Meckel/Gutzeit 1994, Dowe/Eckart 1993, Gransow/Jarausch 1991, Thaysen 1990, Gesamtdeutsches Institut 1990, Fricke/Lechner/Thaysen 1990, Knabe 1989, Rein 1989.

ebenso zugute wie die mangelnde Basis der Regierung Modrow: Bereits am 1. Dezember hatte – wie erwähnt – die Volkskammer die Führungsrolle der Staatspartei SED aus der Verfassung gestrichen, am 3. Dezember mussten das seit knapp einem Monat amtierende SED-Politbüro unter Krenz und das Zentralkomitee zurücktreten, und am 6. Dezember war Krenz gezwungen, sein Amt als Staatsratsvorsitzender niederzulegen. Modrow als neuer Regierungschef geriet so unter Druck, dass er eine Erweiterung seiner Legitimation brauchte. Das versuchte er einerseits durch die Einbeziehung von Vertretern der Blockparteien, wie des CDU-Vorsitzenden de Maizière, in eine Koalitionsregierung; andererseits akzeptierte er einen Runden Tisch. Das heißt: Modrow musste sich mit Vertretern von Oppositionsgruppen beraten. Der zentrale Runde Tisch in Berlin tagte das erste Mal am 7. Dezember. Manche haben diese Form der begrenzten Machtbeteiligung sogar als »Doppelherrschaft« bezeichnet.[176] Ganz schnell wurden freie Wahlen beschlossen, und zwar damals noch zum 4. Oktober 1990.

Der zentrale Runde Tisch in Berlin tagte zwischen dem 8. Dezember 1989 und dem 12. März 1990 insgesamt 16 Mal. Unter der Leitung von »Moderatoren« (aus den Kirchen bzw. aus dem Ministerrat) kamen hier Mitglieder des Ministerrats der DDR (Regierungschef Hans Modrow und seine drei Stellvertreter aus den Blockparteien, L. de Maizière für die CDU, P. Moreth für die LDPD und Ch. Luft für die SED-PDS sowie 27 Minister der neuen DDR-Regierung) mit Vertretern aus der Bürgerbewegung (19) bzw. der Blockparteien und Massenorganisationen (19) zusammen.

Zusammensetzung des Zentralen Runden Tisches

auf der Regierungsseite:	*auf der »anderen« Seite:*
3 SED-PDS	2 Vereinigte Linke
3 CDU	2 SDP/SPD
3 NDPD	2 Demokratie Jetzt
3 LDP(D)	3 Neues Forum
3 DBD (Bauernpartei)	2 Grüne Partei
3 VdgB	2 Initiative Frieden + Menschenrechte
2 FDGB[177]	2 Grüne Liga
	2 Unabhängiger Frauenverband
	2 Demokratischer Aufbruch

176 Ein Begriff aus der Zeit zwischen der Februar- und der Oktoberrevolution 1917 in Russland, als die Räte eine quasi regierende Funktion neben der »eigentlichen« Regierung übernahmen.

177 NDPD = National-Demokratische Partei Deutschlands, DBD = Demokratische Bauernpartei Deutschlands, VdgB = Vereinigung der gegenseitigen Bauernhilfe, FDGB = Freier Deutscher Gewerkschaftsbund

Außerdem gab es 3 Moderatoren und 3 Pressesprecher sowie 1 Vertreter des sorbischen Runden Tisches jeweils ohne Stimmrecht. Die beiden stimmberechtigten Vertreter des FDGB hatten einen Sonderstatus, obwohl sie eigentlich der Regierungsseite hätten zugeschlagen werden müssen.[178] Durch solche Ungereimtheiten war die eigentlich gewünschte je gleiche Zusammensetzung von 19:19 für Opposition und Vertreter des »alten Systems« immer wieder ein Problem.

Trotz dieser Runden Tische blieb das Verhältnis zur Macht, an der sie nun partiell beteiligt waren, für die meisten Oppositionellen zwiespältig – dies zeigen u.a. auch Interviews mit Angehörigen der Opposition.

> *Ulrike Poppe: Wir hatten eine Vorstellung von Demokratie, dass wir uns nicht in eine Position begeben wollten, in der wir nicht legitimiert waren, Macht auszuüben. Und deshalb haben wir es als sinnvoller erachtet, so ein Gremium zu schaffen, das die mangelnde Legitimierung der Volkskammer ausgleicht und für die Übergangszeit eine Koordinierung übernimmt.«*[179]

Die SED hatte offensichtlich jede Macht unattraktiv gemacht. Ein Mitglied des Neuen Forum berichtete von seiner ersten Begegnung mit westdeutschen Politikern:

> *Begenau: Ich hatte die große Vorstellung, man müsste mich nur lassen, dann könnte ich schon Politik machen. Das hat man also zwanzig Jahre mit sich 'rumgeschleppt. Aber als ich dann gesehen habe, wie das so ablief,* (lacht) *da habe ich gemerkt: Ich kann es nicht. Also, ich, ich konnte es nicht. Ich hätte mich da nicht hinstellen können und den Leuten irgendwas erzählen können, wie es andere gemacht haben.*

Er beschloss mit Politik, genauer: mit Parteipolitik, nichts zu tun haben zu wollen, und machte gewerkschaftliche Arbeit in einer wissenschaftlichen Funktion.

Die eigentlich wesentliche Frage für dieses Buch ist jedoch: Wer der dort am Runden Tisch agierenden Repräsentanten vertrat im Dezember 1989 bzw. im Januar 1990 eine Position, die auf die Vereinigung mit der Bundesrepublik abzielte? Fast alle neuen Gruppen – von wenigen Ausnahmen abgesehen – hatten zunächst die Vereinigung mit der Bundesrepublik nicht in ihrem Programm, geschweige denn als Ziel in den Köpfen ihrer Mitglieder. Auch diejenigen, die in diese Richtung dachten, »haben es als einen Prozess des Aufeinander-zu-Reformierens definiert«, wie dies in einem Thesenpapier bei »Demokratie Jetzt« formuliert wurde. Mit den Worten von Ulrike Poppe:

> *Deutsche Wiedervereinigung ja, aber eben in einem Prozess. Das hieß für uns nicht einfach ein Anschluss, sondern auf beiden Seiten sind Reformen nötig,*

178 Nach Lindner 1998, Thaysen 1990, S. 45, Maier 1990, S. 29.
179 Ulrike Poppe im Interview mit Blumenberg.

um ein wiedervereinigtes Deutschland zu schaffen. Das hieß nicht, dass sich der Osten dem Westen anpassen muss, sondern dass sie beide nach vorne reformieren sollten, so etwa, aber sehr unbestimmt.«[180]

Ein anderes Detail: Einige der Oppositionellen hatten den Aufruf »Für unser Land«, quasi ein Aufruf zur Rettung einer eigenständigen DDR, unterschrieben. In diesem Aufruf hieß es:

Entweder können wir auf der Eigenständigkeit der DDR bestehen und versuchen, mit allen unseren Kräften und in Zusammenarbeit mit denjenigen Staaten und Interessengruppen, die dazu bereit sind, in unserem Land eine solidarische Gesellschaft zu entwickeln, in der Frieden und soziale Gerechtigkeit, Freiheit des einzelnen, Freizügigkeit aller und die Bewahrung der Umwelt gewährleistet sind.

Oder wir müssen dulden, dass, veranlasst durch starke ökonomische Zwänge und durch unzumutbare Bedingungen, an die einflussreiche Kreise aus Wirtschaft und Politik in der Bundesrepublik ihre Hilfe für die DDR knüpfen, ein Ausverkauf unserer materiellen und moralischen Werte beginnt und über kurz oder lang die Deutsche Demokratische Republik durch die Bundesrepublik vereinnahmt wird.

Noch haben wir die Chance, in gleichberechtigter Nachbarschaft zu allen Staaten Europas eine sozialistische Alternative zur Bundesrepublik zu entwickeln. Noch können wir uns besinnen auf die antifaschistischen und humanistischen Ideale, von denen wir einst ausgegangen sind.

Diese klare Alternative eines entweder DDR oder Bundesrepublik zeigt, dass es vielen Oppositionellen eben um eine reformierte, bei einigen um eine sozialistisch erneuerte DDR ging – auch Ende November und auch noch in den Monaten danach. Unterzeichnet hatten diesen Aufruf nicht nur Oppositionelle und Schriftsteller, sondern bald auch Funktionsträger der SED, als Prominentester Egon Krenz.[181] Später haben einige Oppositionelle ihre Unterschrift für einen Fehler gehalten, wie zum Beispiel Ulrike Poppe.

180 Ebenda.

181 Unterschrieben hatten zunächst auf der Pressekonferenz am 26.11.1989: Götz Berger, Rechtsanwalt; Wolfgang Berghofer, Kommunalpolitiker; Frank Beyer, Regisseur; Volker Braun, Schriftsteller; Reinhard Brühl, Militärhistoriker; Tamara Danz, Rocksängerin; Christoph Demke, Bischof; Siegrid England, Pädagogin; Bernd Gehrke, Ökonom; Sighard Gille, Maler; Stefan Heym, Schriftsteller; Uwe Jahn, Konstruktionsleiter; Gerda Jun, Ärztin/Psychotherapeutin; Dieter Klein, Politökonom; Günter Krusche, Generalsuperintendent; Brigitte Lebentrau, Biologin; Bernd P. Löwe, Friedensforscher; Thomas Montag, Mediziner; Andreas Pella, Bauingenieur; Sebastian Pflugbeil, Physiker, Ulrike Poppe, Hausfrau; Martin Schmidt, Ökonom; Friedrich Schorlemmer, Pfarrer; Andrée Türpe, Philosoph; Jutta Wachowiak, Schauspielerin; Heinz Warzecha, Generaldirektor; Konrad Weiss, Filmemacher; Angela Wintgen, Zahnärztin; Christa Wolf, Schriftstellerin; Ingeborg Graße, Krankenschwester. Walter Janka, der – wie bekannt gegeben wurde – aus organisatorischen Gründen an der Pressekonferenz nicht teilnehmen konnte, stimmte dem Aufruf zu, hat diesen jedoch nicht unterzeichnet.

Bärbel Bohley, die Mitbegründerin des Neuen Forums, hatte kurz nach der großen Demonstration am 4. November in Berlin erklärt:

> *Mit das Beeindruckendste am vergangenen Samstag war, dass da nichts aufkam von wegen Wiedervereinigung, dass keiner »wir wollen Kohl« oder ähnliches verlangt hat. (...) Nur wer unser zartes Pflänzchen kaputt treten will und nicht an Demokratisierung in der DDR interessiert ist, kann der Wiedervereinigung das Wort reden.*[182]

Aber natürlich begannen die Ereignisse und Demonstrationen, die ökonomische Krise und auch die Politik der Bundesrepublik die deutsche Frage virulent werden zu lassen. So setzte sich im Neuen Forum Anfang Dezember Joachim Gauck gegen Bärbel Bohley mit einem Antrag durch, der auf die Wiedervereinigung abzielte – zumindest dank der anwesenden Mehrheit, was aber nicht bedeutete, dass diese Frage im Neuen Forum damit geklärt war.[183]

Die Positionen zur deutschen Frage wurden jedoch bald differenzierter in der Opposition. Ein Beispiel für die Nachdenklichkeit in dieser Frage ist die Gemeinsame Erklärung des Demokratischen Aufbruchs, des Neuen Forums und der Sozialdemokratischen Partei der DDR vom 12. Dezember:

> *Wer jetzt träumt: heute Wiedervereinigung, morgen Mercedes, übermorgen Mallorca – wird schnell erwachen. (...) Was wollen wir: ein demokratisches und blockfreies Deutschland im europäischen Haus, wo Grenzen nicht mehr trennen, sondern verbinden. Ein Deutschland mit ökologischer Wirtschaft und verantwortbarem Konsum. Ein Deutschland mit sozialer Gerechtigkeit und ausgeglichenem Lebensniveau im Westen und Osten und mit Verantwortung für die 2/3-Welt. (...) Die Umstellung einer Ökonomie dauert mindestens 5 bis 10 Jahre. Der Zeitplan ist wichtig.*

Und dann werden Stufen von der Vertragsgemeinschaft zu einer Konföderation unter bestimmten Bedingungen formuliert, unter anderem heißt es da: Wir müssen »auch wirtschaftlich akzeptierte gleichberechtigte Partner werden und Benachteiligungen« vermeiden.[184]

Aber genau hier lag bei allen sympathischen Zielsetzungen das Problem: Würde die DDR-Wirtschaft überhaupt die Grundlage zu gleichberechtigten Verhandlungen liefern können?

Ulrike Poppe meint, dass im Januar 1990 bereits die Mehrheit der Opposition die Wiedervereinigung wollte, allerdings mit Vorbedingungen, vor allem sei es um gleichberechtigte Verhandlungen mit der Bundesrepublik gegangen. Was das für die Einzelnen in der praktischen Politik bedeutete, eher eine Verzögerung der Wiedervereinigung oder gar eine verkappte Ablehnung, ist

182 Interview in der »Frankfurter Rundschau« vom 9.11.1989, nach Kontrovers. Die Wende in der DDR, Bonn Juli 1990.
183 Das bestätigte mir Joachim Gauck am 26.2.2002.
184 Aus der »Leipziger Volkszeitung« vom 12.12.1989.

schwer auszumachen. Ebenso schwer ist die Frage zu entscheiden, welche Mehrheiten bei welchen Gruppierungen Ulrike Poppe meint. Bei den Vertretern am zentralen Runden Tisch jedenfalls ist die Ablehnung der *real* stattfindenden Entwicklung der Vereinigung deutlich und schwer abzugrenzen von einer prinzipiellen Ablehnung.[185]

Wie schwer dies zu bestimmen ist, zeigt auch ein Treffen von führenden Vertretern des Runden Tisches mit Kanzleramtsminister Rudolf Seiters in Ost-Berlin am 25. Januar 1990. Alle dort vertretenen Oppositionsgruppen nahmen teil mit Ausnahme der Sozialdemokraten (wegen der Trauerfeierlichkeiten für Herbert Wehner). Nahezu alle sprachen sich gegen die Wiedervereinigung aus. Es sei – fasst Seiters zusammen – die tiefe Sorge um die innere Entwicklung der DDR ausgedrückt worden.

> *Das Gespräch zeigte, dass die Gruppen z. T. nur unter der Last der Probleme bereit sind, pragmatische Lösungen zu akzeptieren. Sie werden die eigene Position nicht zu den Akten legen und um Mehrheiten kämpfen, zur Stabilisierung der DDR aber Abstriche an eigenen Wunschvorstellungen hinnehmen. Der Vertreter der Vereinigten Linken ließ erkennen, dass er eine marktwirtschaftliche Ordnung des DDR-Wirtschaftssystems ablehnt. Mehrfach wurde die Bundesregierung gebeten, deutlich zu erklären, dass eine sofortige und schnelle Wiedervereinigung keines der anstehenden Probleme lösen werde.*[186]

Hier wie insgesamt in den oppositionellen politischen Strömungen herrschte Misstrauen gegenüber der Bundesregierung.

Misstrauisch beäugten die Vertreter des Runden Tisches auch die eigene Regierung, vor allem Modrow in seiner Politik gegenüber der Staatssicherheit. Schon bei der Konstituierung des Runden Tisches wurde eine Arbeitsgruppe gebildet: »Auflösung der Staatssicherheit«.[187] An dieser Frage kam es zur schärfsten Auseinandersetzung mit dem Ministerpräsidenten, die schließlich am 15. Januar 1990 zum »Sturm auf die Stasi-Zentrale« in der Normannenstraße in Berlin führte.

> *De Maizière: Ich weiß nicht, ob es die Überzeugung von Modrow war, dass man* (Geheim-)*Dienste noch brauche, oder ob er den Konflikt mit dem MfS scheute – er war dafür, dieses Ministerium für Staatssicherheit umzubenennen in Amt für Nationale Sicherheit, und zwar bei parlamentarischer Unterstellung, und eine Trennung der drei Bereiche vorzunehmen. In dem Ministerium*

185 Vgl. zu den Sitzungen des Runden Tisches SAPMO-BArch, DY30/J IV 2/2/2309.

186 DzD, S. 716 ff. Danach nahmen an dem Gespräch neben Seiters teil: »Demokratischer Aufbruch: Erhard Neubert, Fred Ebeling, Dr. Gericke, Andreas Apelt; Demokratie Jetzt: Konrad Weiß, Dr. Hans-Jürgen Fischbeck; Grüne Partei: Dr. Christine Weiske; Initiative Frieden und Menschenrechte: Herr Weißhuhn; Unabhängiger Frauenverband: Dr. Ina Merkel (SED-PDS); Neues Forum: Bärbel Bohley, Dr. Brandenburg; Grüne Liga: Gisela Henze, Falk Zimmermann; Vereinigte Linke: Bernd Gehrke.«

187 SAPMO-Barch, DA/3/1 vom 7.12.1989.

für Staatssicherheit waren ja sowohl der Militärische Auslandsabwehrdienst, also MAD, ... als auch die Auslandsspionage HVA und der Inlandsüberwachungsapparat unter einer Hand. Das sollte getrennt werden. Aber die Mehrheit der Parteien und Gruppierungen am Runden Tisch war der Meinung: Überhaupt keine Dienste mehr, und es kam zu heftigen Auseinandersetzungen am Runden Tisch und dann zu dieser Situation am 15. Januar in der Normannenstraße.

AvP: Weil man Modrow misstraute, ob er nicht unter dem Mantel dieser jetzt etwas spezielleren Politik nicht doch eigentlich nur eine Rettung der Staatssicherheit wolle.

De Maizière: Richtig. Und es ist bis heute noch unklar, wie weit dieser Sturm tatsächlich auch selbst vom MfS, von der Staatssicherheit mit initiiert war. Denn zeitgleich ist auch eine ganze Menge dort verschwunden. Wie auch mir noch heute nicht ganz erklärlich ist, warum also besonders brisante Akten ausgerechnet beim CIA in New York aufgetaucht sind, die wohl, wie man meint, bis zum 3. Oktober noch in der DDR gewesen sind. (...) Es ist nicht gelungen in dieser Modrow-Zeit, den reinen Spitzelüberwachungsapparat zu isolieren und aufzulösen in notwendigen anderen Diensten. Zum Beispiel war beim Ministerium für Staatssicherheit die gesamte (ein Großteil – AvP) *Kriminaltechnik angesiedelt. Kein Land kann auf die Kriminaltechnik verzichten.*

Den meisten Oppositionellen, auch und gerade den Ministern ohne Geschäftsbereich, ging es nach eigener Auffassung um die Eigenständigkeit ihrer Politik auch gegenüber der Bundesrepublik, um selbst verantwortete demokratische Veränderungen in der DDR, um eine verfassunggebende Versammlung für ein neues Gesamtdeutschland, nicht um die Übernahme des Grundgesetzes. Und ganz besonders wollte damals niemand die NATO-Erweiterung auf das Staatsgebiet der DDR. Im Gegenteil: Man befürchtete dadurch eine Gefährdung der Politik Gorbatschows in der Sowjetunion, wie insbesondere der Außenminister der späteren de-Maizière-Regierung und Mitbegründer der SDP, Meckel, im Laufe des Jahres 1990 formulieren sollte. Nicht nur Meckel, fast alle Vertreter des zentralen Runden Tisches waren in »Großwetterlagen«-Konzepten mit einer immer noch überschätzten Sowjetunion als Zentrum Ost- und Mitteleuropas und in einer Voreingenommenheit gegen die Bundesrepublik befangen. Und sie waren – verständlich genug – voller Sorge um die Position Gorbatschows.

4.6 Gorbatschow, seine Gegner und die deutsche Einheit

In der Sowjetunion wurde und wird die Politik Gorbatschows interessengemäß anders gesehen[188] als im Westen. In seine Regierungszeit fielen zwar »Perestroika« und »Glasnost«, eine Demokratisierung der KPdSU und die Führung aus totalitären Strukturen[189] mit einer Verstärkung von Marktelementen in der Wirtschaft. Aber in seiner Führungszeit gab es eben auch einen drastischen Einbruch des Lebensstandards, einen scharfen ökonomischen Niedergang, den Austritt zahlreicher Republiken aus der Union sozialistischer Sowjetrepubliken, ihren schließlichen Zerfall und damit den Verlust ihrer bedeutenden Rolle als Supermacht. Die Kritik an Gorbatschows und auch an Schewardnadses Politik ist entsprechend scharf und reicht von Unfähigkeit über Verrat an den kommunistischen Zielen und Korruption bis hin zum Landesverrat. Nur auf Seiten einer kleinen Gesellschaftsgruppe bzw. der späteren kleineren demokratischen Parteien wird er positiv als der Pionier der Entwicklung zu Demokratie und Marktwirtschaft gesehen.

Die Politik der Sowjetunion unter Gorbatschow war für den gesamten deutschen Vereinigungsprozess von besonderer Bedeutung, weniger wegen der konkreten und bewussten Politik hin zur Wiedervereinigung im Rahmen eines neuen »europäischen Hauses«, sondern wegen der demokratischen Hoffnungen, wegen des Vorbildcharakters für viele, nicht nur für Oppositionelle in Osteuropa und der DDR und wegen seiner Politik der Nichteinmischung in die Angelegenheiten anderer Staaten des sowjetischen Hegemonialbereichs.

Die sowjetische Führung sah sich im Innern jedoch wachsenden Problemen gegenüber: Die Wirtschaft stand seit Mitte der 80er Jahre vor enormen Schwierigkeiten, und der innere Zusammenhalt der Union der sozialistischen Sowjetrepubliken begann tiefe Risse zu zeigen; hinzu kamen die Reformbewegungen in den Ländern des Rats für gegenseitige Wirtschaftshilfe – um die wichtigsten drei fundamentalen Problemfelder zu nennen.

Um die inneren Schwierigkeiten, besonders die ökonomischen, zu entspannen, war es für die Sowjetunion notwendig, die Ausgaben für die Rüstung zu reduzieren, weshalb es einen engen Konnex zwischen der Deutschland- und Europa-Politik, den Abrüstungsfragen, den zu kürzenden Rüstungsausgaben und den inneren Problemen gab. Das hat besonders Schewardnadse in verschiedenen Reden und Verhandlungen geäußert.

188 Vgl. Timofeewa 2002.

189 Hier sind die Aufzeichnungen von Georgi Schachnasarow (1996), der allgemein als Freund und politischer Vertrauter Gorbatschows beschrieben wird, besonders interessant, da er von einem militärisch-industriellen Komplex spricht, gegen den sich Gorbatschow behaupten musste und auch behauptet hätte.

Auch Kanzlerberater Horst Teltschik sieht eine wesentliche konkrete Ursache für die schwierige Lage der Sowjetunion im Wettrüsten mit den USA, dem die sowjetische Wirtschaft nicht mehr gewachsen war:

> *Gorbatschow hat später gesagt, (...) ihm sei klar geworden, sie können ein Wettrüsten mit dem Westen nicht mehr ökonomisch, finanziell durchhalten. Denn gleichzeitig kam ja die Initiative von Reagan mit dem Krieg der Sterne. Ein Programm, das wenig Realität hatte, was die Durchführung betraf. Aber ich habe damals schon gesagt: Das Entscheidende an Reagans Vorschlag war nicht, dass er das machen wollte, sondern, dass die Sowjets geglaubt haben: Wenn er es will, kann er es. Das war entscheidend. Ein Kollege von mir im Pentagon, jetzt einer der engsten Berater von Bush-Junior, sagte damals, man stülpt eine Käseglocke über die Sowjetunion. Nichts kommt mehr raus, aber alles geht rein. Das war diese Formulierung, die damals durch die Weltpresse ging, das war für die Sowjetunion ein Albtraum. Und die haben es den Amerikanern zugetraut, dass sie das können. Und dies war im Prinzip die Befürchtung in Moskau, dass hier ein Wettrüsten beginnt, dem sie nicht mehr gewachsen sind. Gorbatschow hat später immer gesagt, das war für uns der Punkt zu sagen, wir müssen unsere Politik ändern.*[190]

Als dann die Reformbewegungen in Osteuropa, beginnend in Polen, Bedeutung gewannen und als die Flüchtlingsströme aus der DDR im Spätsommer 1989 die westdeutschen Botschaften überfüllten, war dies wie ein Donnergrollen, das eine riesige Gewitterfront über den gesamten sowjetischen Hegemonialbereich ankündigte. Spätestens dann war in der sowjetischen Führung eine initiativreiche und konkrete Politik gegenüber Deutschland und den Westmächten gefragt, um früh Bedingungen zu formulieren, für die man die DDR »freigeben« würde, wenn sie denn nicht zu halten sein sollte. Und diese Bedingungen, das wurde immer deutlicher am Ende des Jahres 1989, mussten über allgemeine Hoffnungen auf ein »neues europäisches Haus« hinausgehen, mit denen Gorbatschow die Herzen der Oppositionellen in Osteuropa gewonnen hatte.

4.6.1 Die Schwankungen in der Politik der sowjetischen Führung zur Wiedervereinigung bis zum Januar 1990

Unter dem Druck der innen- und außenpolitischen Ereignisse zum Jahresbeginn 1990 musste die sowjetische Führung also eine Strategie der Wahrung sowjetischer Interessen gegenüber einer immer wahrscheinlicher werdenden Wiedervereinigung Deutschlands entwickeln. Und damit tat man sich 45 Jahre nach dem Sieg über Deutschland, nach 40jähriger Existenz der DDR als »Kind

190 Horst Teltschik im Gespräch mit mir am 27.9.2000.

der Sowjetunion« und als Vorposten gegenüber dem Westen besonders schwer. Die Führung glaubte überdies, dass der Verlust der DDR für die russische bzw. sowjetische Bevölkerung kaum zu verkraften sei, die den »Großen Vaterländischen Krieg« noch eindrücklich in Erinnerung hatte, die Schrecknisse und die Verluste ebenso wie den Sieg über Deutschland. Möglicherweise war diese Sorge der Führung übertrieben, denn nur anderthalb Monate später, im März 1990, befürworteten immerhin 60 Prozent der Sowjetbürger die Wiedervereinigung Deutschlands (gegenüber nur 45 Prozent in Großbritannien) und 24 Prozent waren dagegen, 19 Prozent hatten keine Meinung, aber 67 Prozent sprachen sich gegen die Einbeziehung eines vereinigten Deutschlands in Militärblöcke aus.[191]

Man musste in der Führung rasch zu Entscheidungen kommen, nicht nur weil die USA und die Bundesrepublik Druck machten und Ende Januar und Anfang Februar 1990 hoher internationaler Besuch ins Haus stand, sondern weil die DDR zusammenbrach. Bald würde nichts mehr übrig bleiben, was man als »Faustpfand der sowjetischen Interessen« einsetzen könnte. Allein im November 1989 hatten »an die 130 000 Menschen die DDR in Richtung der Bundesrepublik verlassen, im Januar gingen täglich rund zweitausend«, wie Hans Modrow feststellen musste, der diesen Druck von den Regierenden wohl am deutlichsten zu spüren bekam.[192] Er machte auch die Sowjetunion dafür mitverantwortlich, denn die »wirtschaftliche Zusammenarbeit war auf ein kaum vorstellbar niedriges Niveau gesunken. In Moskau sah man sich außerstande, die eigenen Bedürfnisse zu formulieren, weil man die Zahlen aus dem Lande nicht hatte, um die Handelsverträge mit der DDR zu gestalten.«[193] So wurden kaum noch Rohstoffe geliefert, besonders dringend benötigte man in der DDR Erdöl.

In Moskau stellte man sich seit dem Krenz-Besuch vom 1. November 1989 die bange Frage, ob man in dieser Situation des Wegbrechens des sowjetischen Einflussbereichs noch mit dem Erhalt der DDR rechnen konnte? Wie hätte sie (dann noch) in eine »Vertragsgemeinschaft« oder später in eine Konföderation mit der Bundesrepublik überführt werden können? Welche »Vehikel« waren geeignet für die Behauptung der sowjetischen Interessen? Die Wahrnehmung der Viermächteverantwortung oder die KSZE? Welchen militärischen Status sollte das künftige Deutschland haben? Neutralität oder Einbindung in Militärbündnisse? In den Warschauer Pakt oder die NATO? Oder in beide? Oder in ein neues gesamteuropäisches Sicherheitssystem? Wie könnte man die Mitgliedschaft eines vereinten Deutschland, mindestens des DDR-Teils, in die NATO verhindern? Wäre ein möglicher Abzug der sowjetischen Truppen aus der (dann ehemaligen) DDR unter der Voraussetzung

191 Institut für Soziologie der sowjetischen Akademie der Wissenschaften, wiedergegeben in der Zeitschrift »Argumenty i Fakty« und zitiert nach Maier 1990, S. 100.
192 Modrow 1998, S. 111.
193 Ebenda.

des gleichzeitigen Abzugs der amerikanischen durchsetzbar? Das waren nur die wichtigsten der anstehenden strategischen Fragen.

Für die Westmächte zeichneten sich die sowjetischen Positionen bei diesen Grundproblemen nicht klar ab. Das lag vor allem daran, dass in den Veröffentlichungen bzw. Verhandlungspapieren wenig Einheitlichkeit zu erkennen war.

Schon der Portugalow-Besuch in Bonn Ende November 1989 hatte, als er der westdeutschen Regierung das »Non-Paper« als Köder und Zungenlöser darbot, um mehr über die deutschen und amerikanischen Überlegungen zu erfahren, gezeigt, dass die Internationale Abteilung des ZK der KPdSU mit anderen Überlegungen spielte als Gorbatschow und sein Außenministerium. Dieser Besuch war nicht von Gorbatschow abgesegnet und löste eine so nicht beabsichtigte Beschleunigung der Entwicklung in Richtung Einheit aus. Dass auch Gorbatschows Berater Tschernajew nichts von dem »Non-paper« Portugalows wusste, bemerkten aber auch sehr schnell die Deutschen, die die Widersprüche zwischen der engeren Gorbatschow-Führung und der Internationalen Abteilung unter Falin in Rechnung stellen mussten. Falins Abteilung setzte, weil er eine Entwicklung hin zur Vereinigung befürchtete, eher auf die Sozialdemokraten in Deutschland, auch auf eine Politik harter Bedingungen für den Abzug der sowjetischen Truppen aus Mitteleuropa und auf den KSZE-Mechanismus für die Lösung der anstehenden Probleme.

Gorbatschow hatte nach dem Portugalow-Besuch im Vorfeld des Politisch Beratenden Ausschusses des Warschauer Paktes am 4. Dezember 1989 ein Positionspapier[194] erarbeit und verbreiten lassen, das ganz anders geprägt war: Er wollte über Abrüstung Stabilität erreichen, allerdings bei Anerkennung der politischen und territorialen Realitäten mit den nach dem Zweiten Weltkrieg entstandenen Grenzen. Die Erhaltung der Existenz der DDR als souveräner Staat und Mitglied des Warschauer Vertrages war für ihn wesentlich für das Gleichgewicht in Europa. Angestrebt war die Umwandlung der Verteidigungsbündnisse Warschauer Vertrag und NATO in politische Verteidigungsorganisationen.[195] Von einer Anerkennung des Strebens der Deutschen nach Wiedervereinigung, wie Gorbatschow es in seinem später erschienenen quasi zweiten Buch über die deutsche Wiedervereinigung »Wie es war«[196] für diese Zeit beschrieb, war hier keine Rede: Es ging um die Anerkennung der historisch gewachsenen Realitäten nach dem Zweiten Weltkrieg mit zwei deutschen Staaten.

Gorbatschows Missbilligung der »10 Punkte« Kohls, die Genscher am 5. Dezember in Moskau zu spüren bekam, offenbarte, dass selbst der Begriff Ver-

194 Vgl. das Kapitel: Modrows internationale Erfolge und Enttäuschungen.

195 Nach Modrow, der dieses Papier 1995 zitiert mit der Bemerkung, es sei bis dato nicht veröffentlicht worden (S. 126).

196 Gorbatschow 1999, S. 84 f.

tragsgemeinschaft, den man in Bonn nach Portugalows Besuch für eine sowjetische Erfindung hatte halten müssen, von ihm abgelehnt worden war.

Gorbatschows Rede vor dem ZK-Plenum am 9. Dezember zeigte einen wesentlich weniger kompromissbereiten Generalsekretär, wie dies noch kurz zuvor in seinen Besprechungen mit Bush bei Malta erschienen war: In dieser Rede habe Gorbatschow – wie man im hellhörigen Bundeskanzleramt bemerkte – »erstmalig und explizit auf die für die Außenpolitik der SU wichtige sicherheitspolitische Dimension der DDR hingewiesen« und die DDR als »strategischen Verbündeten« bezeichnet, hieß es in einer Vorlage für Kohl.[197] Gorbatschow trat mit Schärfe für die Weiterexistenz der DDR und die Anerkennung der Nachkriegsrealitäten ein. Ob diese Schärfe daran lag, dass er im ZK die Widersprüche zu seiner Politik besänftigen musste oder daran, dass Falin die Rede geschrieben haben soll und deshalb Gorbatschow Falins Linie vertrat, wie Zelikow und Rice betonen[198], oder an beidem, ist heute nicht auszumachen und war es damals noch weniger.

Bundeskanzler Kohl sah sich seinerseits veranlasst, nach der deutlich gewordenen sowjetischen Kritik an seiner Politik am 14. Dezember 1989 einen Brief an Gorbatschow zu schreiben. »Sie haben in allen diesen Gesprächen (Bush, Mitterrand, Andreotti und »nicht zuletzt« Genscher) die Politik der Bundesregierung mit Kritik bedacht. Ich halte die sowjetischen Wertungen, die dieser Kritik offenbar zugrunde liegen, für nicht berechtigt.« Und er wiederholt abermals: »Die Menschen selbst haben die deutsche Frage auf die Tagesordnung gesetzt!«

Wenige Tage später – der Vermerk Hartmanns weist den 18. Dezember 1989 aus – ließ Gorbatschow über den sowjetischen Botschaftsrat in Bonn, Kurnikow, einen Brief ohne Datum an den Bundeskanzler übermitteln, der keine Antwort auf Kohls Schreiben brachte, sondern vor dem Besuch Kohls in Dresden »in aller Deutlichkeit« die »Besorgnisse der sowjetischen Führung hinsichtlich unserer Deutschlandpolitik noch einmal drastisch vor Augen« führen wollte. »Die Sprache ist teilweise hart und geht über die Formulierung von Gorbatschows ZK-Rede hinaus«, fügte der Ministerialdirigent hinzu. Die Kritik an den »10 Punkten« nehme die scharfen »Schewardnadse-Vorwürfe (›ultimative Forderungen‹) gegenüber BM Genscher vom 5. Dezember 1989 auf und gibt damit dieser Linie den Vorrang gegenüber einer früheren weicheren Reaktion Schewardnadses in Rom.« Andererseits erhebe Gorbatschow »keine Bedenken gegen eine weitere Entwicklung des deutsch-deutschen Verhältnisses«.[199] Da der Bundeskanzler aber gerade einen Brief an Gorbatschow geschrieben habe, der Antworten und Entgegnungen auch auf diesen Brief ent-

197 DzD, Dokument Nr. 127, S. 660. Hervorhebung von Ministerialdirigent Hartmann, der die Vorlage für Kohl schrieb.
198 Zelikow/Rice 1997, S. 217. Gorbatschow selbst erklärt diese Rede nicht.
199 Ebenda, S. 217

halte, solle man, schlug Hartmann vor, von einer weiteren Antwort absehen, was auch geschah.

Besondere Verwirrung stiftete im Westen die Rede Schewardnadses vor dem Politischen Ausschuss des Europäischen Parlaments am 19. Dezember 1989, in der er einerseits – anders als Gorbatschow zehn Tage zuvor – die Wiedervereinigung als Möglichkeit zulassen, zugleich aber Probleme der europäischen Stabilität, des Warschauer Paktes und der sowjetischen Sicherheitsinteressen ansprechen wollte. Schon um den Entwurf der Rede soll es Streit gegeben haben. Der Leiter der Deutschland-Abteilung im Außenministerium (bzw. der Dritten Europäischen Abteilung), Alexander Pawlowitsch Bondarenko, soll »entsetzt« gewesen sein wegen der Widersprüche zu Gorbatschows ZK-Rede und teilte dies dem Schreiber der Rede, Sergej Tarassenko, der selbst Leiter der Politischen Planung im sowjetischen Außenministerium war, mit. Der wollte nun seinerseits, dass Bondarenko seine Kritik Schewardnadse direkt vortragen sollte. Schewardnadse soll auf die Kritik Bondarenkos gesagt haben, er sei Außenminister und kein Papagei. Er könne in Brüssel den Westen nicht nur abblocken, sondern müsse ein positives Konzept vortragen.[200] Sein Entwurf blieb im Wesentlichen bestehen, war aber nicht mit dem Politbüro abgesprochen. Allerdings gab er dem Botschafter der Sowjetunion in Bonn, Juli A. Kwizinski, das Redemanuskript nochmals zur Durchsicht, wobei dieser die Tendenzen für eine sowjetische Wiedervereinigungspolitik abgeschwächt und die Bedingungen verschärft haben soll, wogegen wiederum Tarassenko ohne Erfolg protestiert habe.

Offensichtlich waren die verschiedenen Positionen im Text deutlich spürbar, so dass die von Schewardnadse am 19. Dezember in Brüssel gehaltene Rede eher Unklarheiten im Westen schuf. Sie offenbarte die Zwickmühlen, in denen sich die sowjetische Außenpolitik befand. Ministerialdirigent Hartmann, der am 20. Dezember 1989 wieder die Vorlage an den Bundeskanzler über die »Äußerungen des sowjetischen Außenministers« schrieb, berichtete, dass Schewardnadse diese Rede »nach eigenem Bekunden als ›lautes Denken‹« bezeichnet habe.[201] Daher gäbe es ständig ein »Einerseits – Andererseits«. Schewardnadse stellte vor allem Fragen, die er selbst kaum beantworten konnte oder die erst von der Zukunft beantwortet werden konnten. So erklärte er sich und seiner Zuhörerschaft, »die Frage der deutschen Einheit, in welcher Form auch immer«, könne nicht gestellt werden, »ohne Klarheit über mehrere höchst wichtige Aspekte zu haben: 1. Wo sind die politischen, rechtlichen und materiellen Garantien dafür, dass die deutsche Einheit nicht

200 Zelikow/Rice 1997. Die beiden Autoren stützen sich auf Interviews, die sie selbst mit Tarassenko im Oktober 1991 (Rice) und im Juni 1993 (Zelikow) geführt haben.

201 DzD, S. 676 ff. Die Rede selbst lag als Anlage dabei: »Wortlaut der Rede AM Schewardnadses vor dem politischen Ausschuß des EP zur deutschen Frage«, in: Presse- und Informationsamt der Bundesregierung. Nachrichtenspiegel I. Nr. 353, 20. Dezember 1989, Anhang III. Siehe auch Europa-Archiv (Dokumente 5/1990, D 129–D132).

die Sicherheit anderer Staaten und den Frieden in Europa gefährdet? Es gibt keine Antwort auf diese Frage.« Und so stellte er noch weitere Fragen mit der Bemerkung, diese »Liste könne noch weitergeführt werden«. Die anderen Fragen betrafen: welche Grenzen ein »hypothetisches Deutschland – wenn es im Laufe der Zeit zustande kommt«, hätte; welchen Platz es in den bestehenden militärisch-politischen Strukturen hätte, was das Potential seiner Streitkräfte wäre, ob es zur Entmilitarisierung, zur Neutralität bereit sei, wie es mit der »Präsenz alliierter Truppen auf deutschem Boden« stünde, mit dem Viermächte-Abkommen von 1971, mit dem Helsinki-Prozess usw.?

Das waren alles wichtige Fragen, aber strategische Antworten oder Zielsetzungen der sowjetischen Außenpolitik konnte Schewardnadse nicht geben. Allerdings gab er eine Antwort zur militärischen Struktur eines zukünftigen Deutschland: »Man kann nicht ernsthaft denken, dass das Statut der DDR sich radikal verändert, aber das Statut der Bundesrepublik gleich bleibt.«[202]

Hartmann bemängelt neben all diesen Unklarheiten vor allem eins, dass Schewardnadse in Bezug auf die DDR »den massiven Bürgerprotest als auslösenden Faktor« nicht erwähne, aber er stellt auch fest, dass Schewardnadse in seinen sieben Fragen »bemerkenswerterweise von der Hypothese eines vereinten Deutschland« ausgeht.

Condoleezza Rice antwortete auf meine Frage zu der Wirkung dieser Rede in den USA:

> *Für mich war das eines der interessantesten Missverständnisse während dieser ganzen Zeit. Schewardnadse hat diese große Rede über die Wiedervereinigung gehalten und hat sie als eine Reihe von Fragen zu dieser Problematik konzipiert. Von seinem Berater Sergej Tarassenko, zu dem wir sehr guten Kontakt hatten, habe ich dann später erfahren, dass Schewardnadse dachte, dass er einen Durchbruch signalisiert hätte und sie bereit wären, die Wiedervereinigung irgendwie zu akzeptieren. Diese Rede verwirrte uns jedoch ein wenig, denn sie schien eine ganze Reihe von Fragen aufzuwerfen, auf die sie allerdings keine Antworten gab. Das bekräftigte die Tatsache, dass dies ein Dilemma für die Politik der Sowjetunion war. Wir wussten mit dieser Rede einfach nichts anzufangen. Und trotzdem dachten sie, sie hätten ein wichtiges Signal ihrer Kooperationsbereitschaft gegeben. Dieses Beispiel bringe ich jetzt in meinen Vorlesungen und sage meinen Studenten: »So entstehen Missverständnisse in der Diplomatie!«*[203]

202 DzD, S. 676.
203 Condoleezza Rice im Gespräch mit mir am 17.9.1999.

4.6.2 Die Gegner Gorbatschows im Politbüro

Alle Schwankungen in Schewardnadses und Gorbatschows Haltungen zur Wiedervereinigung führte der sowjetische Außenminister später etwas anders als Gorbatschow selbst auf die Widersprüche und Gegner im Politbüro zurück. Eigentlich hätten er und Gorbatschow schon früh die Wiedervereinigung Deutschlands für unumgänglich gehalten, seien aber in ihrer Politik durch das Politbüro gebremst worden.[204] Dagegen sprechen viele Äußerungen von ihm selbst (man erinnere sich an seine Kohl-Hitler-Anspielungen im Gespräch mit Genscher am 5. Dezember). Außerdem hat er sich selbst immer wieder auf »konservative« leitende Mitarbeiter seines Ministeriums gestützt, wie Zelikow und Rice betonen.[205] Schewardnadse reagierte in diesen Wochen manchmal abwehrender auf Wiedervereinigungssignale der Bundesrepublik als sein Generalsekretär.

Wie stark Schewardnadse die Gegner im Politbüro in ihrer Wirkung auf die sowjetische Außenpolitik einschätzt, wird an folgendem Interviewausschnitt erkennbar:

> *Aber innerhalb des Politbüros ging ein scharfer Kampf vor sich. (...) Es gab solche Augenblicke, in denen ich dachte, dass die Politik scheitern könnte. Ich kann es ihnen menschlich gar nicht übel nehmen, das war der konservative Teil und der mehrheitliche Teil im Politbüro. Die Logik dieser konservativen Mehrheit war so: 30 Millionen*[206] *sowjetische Menschen sind im Krieg gegen Deutschland umgekommen. Und dass Deutschland gespalten ist, dass inmitten Deutschlands die sowjetischen Truppen stehen, das ist – sozusagen – das Ergebnis oder, wenn man so will, die Beute dieses Todes und dieses Sterbens. Und ihre Logik war: Das sowjetische Volk wird uns nicht verzeihen, wenn wir einen solchen Kurs* (in Richtung Wiedervereinigung – AvP) *einschlagen würden, wenn wir einen entsprechenden Beschluss fassen.*

Das Problem der sowjetischen Politik war nur, dass ein zu langes Festhalten an zwei souveränen deutschen Staaten die frühzeitige Ausarbeitung einer Strategie mit der Formulierung der sowjetischen Bedingungen für eine Wiedervereinigung behinderte, bis es (fast) zu spät sein würde.

> *Schewardnadse: Ich muss sagen, es ist ein großes Verdienst von Gorbatschow, aber auch von mir wohl, dass die sowjetische politische Führung doch endlich eine positive Einstellung zur deutschen Wiedervereinigung aus-*

204 Vgl. das Interview mit Schewardnadse von 1999, das Hans-Christoph Blumenberg für das ZDF-Dokudrama »Deutschlandspiel« führte.

205 Zelikow/Rice 1997, S. 217 ff. Die beiden Autoren stützen sich auf Interviews, die sie selbst mit Tarassenko im Oktober 1991 (Rice) und im Juni 1993 (Zelikow) geführt haben.

206 Das ist etwas hoch gegriffen, die gängigsten Schätzungen liegen bei der immer noch enorm hohen Zahl von ca. 20 Millionen Toten.

gearbeitet hatte. (...) Und sogar der konservative Teil im Politbüro verstand, dass etwas verändert werden muss.[207]

Bedingungen konnte man bald nicht mehr stellen. Falin führt demgegenüber die Schwankungen des Politbüros und vor allem Gorbatschows selbst darauf zurück, dass »Gorbatschow im Herbst 1989 und im ersten Halbjahr 1990 den ›Konservativen‹ näher stand als den ›Liberalen‹ Eduard Schewardnadses.«[208]

Man sieht, im Nachhinein werden die Kämpfe noch einmal, nun um die historischen Verdienste und Fehler bzw. ihre Wirkungen, ausgefochten. Daher stellt sich nach den letzten widersprüchlichen Sätzen zwingend die Frage: Wer waren eigentlich die Gegner im Politbüro und welche Positionen vertraten sie in der »deutschen Frage«?

In der engeren Führung der damaligen Sowjetunion, also im Politbüro, fand Gorbatschows Politik in der Tat Gegner: Insbesondere Jegor Ligatschow wird vom Generalsekretär selbst genannt, später reihen sich auch der KGB-Chef Wladimir Krjutschkow und der Marschall Sergej Achromejew (»unser Hauptgegner«[209]) ein. Schewardnadse fügt Valentin Falin hinzu, der als Deutschlandspezialist und Leiter der Internationalen Abteilung des ZK der KPdSU fast naturgemäß in Konkurrenz zum »Newcomer« im Außenministerium, Eduard Schewardnadse, geriet, aber selbst nicht im Politbüro saß. Nahezu alle Beteiligten betonen überdies, dass Falin damit gerechnet hatte, selbst Außenminister zu werden.[210] Im Jahr 1989 war von dieser internen Gegnerschaft allerdings im Ausland noch wenig zu spüren.

Über diese inneren Auseinandersetzungen in der unmittelbaren Führungsgruppe gibt es gegenwärtig im Wesentlichen nur die Aussagen und Memoiren der Beteiligten selbst – und die sind mehr als widersprüchlich, was angesichts der enormen Anforderungen, vor denen die sowjetische Führung innen- wie außenpolitisch stand, und angesichts der Wandlungen, die die Sowjetunion durchmachte bis hin zur Änderung der Fundamente in Partei, Staat und Gesellschaft, kaum verwundern kann. Die Politbüro-Notizen lassen einige Aussagen zu, sind aber nicht so gleichmäßig und vollständig bearbeitet, dass sie eine umfassende Beschreibung seiner Mitglieder und ihrer Positionen erlauben.

Hinzu kam, dass Gorbatschow seine Gegner funktionalisierte, um im Westen die Gefahren zu betonen, vor denen er stand, um damit westliche Gegenleistungen zu erhöhen. Daher zeigen sich auch auf seiner Seite nachträgliche Versuche, seine und Schewardnadses Politik stringent aussehen zu lassen, die für äußere, westliche Augen nur deshalb schwankend erscheine, weil die

207 Schewardnadse in Gespräch mit Hans-Christoph Blumenberg.
208 Falin 1997, S. 199 f.
209 So Schewardnadse im Interview 1999.
210 So Anatoli Tschernajew im Gespräch mit mir am 2.10.2001: »Ich glaube sowieso, dass er (Falin) enttäuscht war, als nicht er, sondern Schewardnadse zum Außenminister berufen wurde.«

dort wenig bekannten inneren Gegner dieser Politik hätten im Zaum gehalten werden müssen. Diese Gegner – mit Ausnahme von Marschall Achromejew, der als späterer gescheiterter Putschist Selbstmord beging – haben ihrerseits in ihrer heutigen Kritik und in ihrem heutigen Umfeld ein Interesse daran, ihre Position zum einen diametral entgegengesetzt zu der von Gorbatschow zu beschreiben. Zum anderen müssen sie sich als von ihm Getäuschte und Hintergangene erscheinen lassen, damit erklärbar wird, warum sie nicht schon früher offen Front gegen Gorbatschow gemacht haben. Bei allen gibt es nach den bisher zugänglichen Quellen also legitimierende Erklärungen, Legenden und überzogene Feindbilder, die ein hohes Maß an Vorsicht in den Interpretationen ihrer Aussagen verlangen. Deshalb sind die sowjetischen Protokolle, die ich nun einsehen konnte, von besonderem Interesse, weil sie offenbaren könnten, was von diesen Widersprüchen damals spürbar war oder gar aufgezeichnet wurde.

4.6.3 Wer in der engeren sowjetischen Führung war gegen die Wiedervereinigung?

Im Angesicht all dieser Widersprüche, in der Beschreibung der Probleme, vor denen die Regierung unter Gorbatschow stand, und in der Darstellung der Gegner Gorbatschows wird weder in der Wissenschaft noch in den Memoiren der Beteiligten eine einfache Frage überhaupt nur gestellt[211], nämlich die: Wer von diesen immer wieder zitierten »Feinden« oder »politischen Gegnern« Gorbatschows in der sowjetischen Führung war eigentlich grundsätzlich gegen die Wiedervereinigung? Dazu gehört auch die Frage: Wie unterschiedlich werden Positionen zur Wiedervereinigung von Gegnern wie politischen Freunden Gorbatschows erinnert?

Zunächst Jegor Ligatschow.

AvP: Herr Ligatschow, Sie gelten allgemein als der schärfste Gegner der Gorbatschow-Politik in Bezug auf die Wiedervereinigung Deutschlands und der Mitgliedschaft des vereinigten Deutschland in der NATO. Wie sehen Sie selbst Ihre Rolle?

Ligatschow: Erstens will ich sagen, dass ich ein Gegner, und zwar ein unerbittlicher Gegner von Gorbatschow bin, nicht nur in der deutschen Frage und auch nicht vorwiegend in der deutschen Frage, sondern eher in der Frage der Zerstückelung der Sowjetunion und der Zerstörung des sowjetischen Systems.[212]

211 Selbst bei Zelikow und Rice, die als Angehörige des Stabs im Weißen Haus eigentlich ein genaues Bild der politischen Strömungen im Politbüro zeichnen können müssten, gibt es kein Persönlichkeitsprofil des Politbüros.

212 Jegor Ligatschow im Gespräch mit mir am 5.11.1999 in Moskau.

Nach einem historischen Rückblick, der die Verantwortung für die Teilung Deutschlands den westlichen Alliierten gibt, fährt er fort:

Wir, als Mitglieder der politischen Führung der Sowjetunion in den achtziger Jahren, meinten, und das ist sehr wichtig, dass die Teilung einer solchen Nation wie der deutschen Nation nicht ewig bestehen bleiben kann. Früher oder später soll es zur Wiedervereinigung der deutschen Nation kommen. Also gingen wir von einer Selbstbestimmung der deutschen Nation aus, das heißt, wir gingen davon aus, dass die deutsche Nation selber das Wahlrecht haben soll.

Diese Worte müssten nicht nur die professionellen »Moskau-Watchers« erstaunen, sondern alle diejenigen, die Ligatschow eben auch in der Frage der Wiedervereinigung als Hauptgegner Gorbatschows im Politbüro sahen. Zumindest stellt sich Ligatschow heute als einer dar, der ebenfalls für die Wiedervereinigung eintrat, und zwar nicht nur unter bestimmten Bedingungen, wie dies von Ligatschow zu erwarten war, sondern nach direkter Wahl durch die DDR-Bevölkerung.

AvP: Wann haben Sie denn real für das Selbstbestimmungsrecht der Deutschen gestimmt?

Ligatschow: Wir waren der Meinung, dass es keine Einverleibung der DDR durch die BRD geben dürfte, wie es tatsächlich geschehen war. Denn es fand keine Wiedervereinigung Deutschlands statt, sondern eine Einverleibung der Deutschen Demokratischen Republik durch Westdeutschland. Es fand eine Schaffung des einheitlichen Deutschland statt auf der Grundlage des bürgerlichen Systems und des Verlustes der sozialistischen Werte. Wir schlugen vor, und das war ein grundsätzlicher Vorschlag, diese Frage mit Hilfe eines Referendums zu lösen. Von unserem Standpunkt aus war es die demokratischste Methode, diese wichtigste Frage zu lösen. Leider trat Kohl, Herr Kohl, der an der Spitze der Regierung stand, sowie andere westliche Politiker, kategorisch gegen die Durchführung eines Referendums auf. (...) Vielleicht haben sie dem folgenden Umstand Rechnung getragen, dass in der DDR die Mehrheit der Bürger die Beibehaltung des sozialistischen Systems befürwortete.[213]

AvP: Wo ist der Unterschied zwischen dem, was Sie (mit dem Referendum) *wollten, und dem, was bei der Wahl von 1990 geschah? Da hat die (ost)deutsche Bevölkerung doch abgestimmt.*

Ligatschow: Es handelt sich vor allem um ein Referendum Ende 1989. Ich meine die Zeit, als die sogenannte Berliner Mauer gefallen war, zerstört wurde. (...) Ich wiederhole, das wäre eine richtige Lösung, aber es wurde be-

213 Ähnliches verlautete von Modrow Ende November 1989: »Niemand wollte die Wiedervereinigung damals, weder in Ost noch West. Auch nicht die Bevölkerung der DDR.« Laut »Spiegel« waren in einer nichtrepräsentativen Umfrage 71% der DDR-Bevölkerung gegen die Wiedervereinigung, nur 27% dafür. (Erklärung der Regierung der DDR in: »Neues Deutschland« vom 29.11.1989).

kannt, dass dieser Vorschlag von Kohl abgelehnt worden war. Und um ein Referendum durchzuführen, braucht man natürlich die Zustimmung sowohl von Kohl als auch von der DDR-Führung.[214]

War für Ligatschow entscheidend, dass es noch Ende 1989 eine Mehrheit in der DDR für die Beibehaltung der DDR gab? Oder war er, Ligatschow, für die Wiedervereinigung auf der Grundlage des Selbstbestimmungsrechts – einerlei, wie eine Wahl auf einer solchen Grundlage ausging?

Da mir damals keine sowjetische Initiative für ein Referendum in den Bundeskanzleramtsakten – und dementsprechend auch keine Ablehnung eines solchen Vorschlags – begegnet war, fragte ich 1999 nach dem Gespräch mit Ligatschow den Vertrauten und Westberater Gorbatschows in jener Zeit, Anatoli Tschernajew, was denn von diesem Ligatschowschen Referendum zu halten sei. Er antwortete kurz, dass das »Quatsch« sei. Zwei Jahre später fragte ich ihn wieder, und er relativierte das ein wenig, denn in den Mitschriften und Notizen von Sitzungen des Politbüros war ich in der Tat auf diesen Vorschlag eines Referendums gestoßen. »Damals hat sich niemand um diesen so genannten Antrag gekümmert«, erklärte Tschernajew, der dann mit deutlicher Körpersprache beschrieb, wie man einen solchen Vorschlag machen könne:

Wissen Sie, man kann Anträge auf zweierlei Weise stellen. Die eine ist (steht auf) *die offizielle, man verlangt einen Antrag, der besprochen werden soll. Die andere geht so* (setzt sich)*: Man fragt mitten in einer unpassenden Situation,* (mit leiser Stimme) *könnte man nicht, sollte man nicht, wäre es nicht sinnvoll, dass (...) man eine Volksbefragung durchführt, weil man schon weiß, dass das niemand ernst nimmt. So hat das Ligatschow getan. Und in der Tat hat sich niemand darum gekümmert.*[215]

Daher ist diese Idee dann wohl auch nicht in Form einer Note an die Bundesregierung gegangen. Allerdings kommt Eduard Schewardnadse, drei Monate später, auf diesen Vorschlag zurück, und zwar beim Besuch Bakers in Moskau, am 8. Februar, also im Gespräch zwischen den beiden Außenministern.[216] Baker gibt diese Referendumsidee Schewardnadses in seinen Memoiren wieder.[217] Sie gehörte offensichtlich zur Palette der Optionen, die in der obersten sowjetischen Führung für die Formung des Vereinigungsprozesses diskutiert, in den internationalen Verhandlungen jedoch nur einmal erwähnt, aber nicht behauptet worden war.

214 Ebenda.
215 Gespräch vom 2.10.2001.
216 Von dieser Sitzung liegt mir kein sowjetisches Protokoll vor, da ich nur die Protokolle der Gespräche, an denen Gorbatschow beteiligt war, durchsehen konnte.
217 Baker 1996, S. 182.

Prinzipiell gegen eine Wiedervereinigung war auch Ligatschow nicht – nur wollte er sie an Bedingungen im sowjetischen Interesse geknüpft und zeitlich »gestreckt« sehen.

Als einen anderen (späteren) Gegner Gorbatschows im Politbüro habe ich den damaligen KGB-Minister, Wladimir Krjutschkow, zu den Auseinandersetzungen um die Vereinigung Deutschlands im Politbüro gefragt. Krjutschkow, der übrigens der Mann Andropows bei der Niederschlagung des Ungarn-Aufstandes 1956 war, antwortet etwas differenzierter als Ligatschow:

> *Sie haben eine sehr komplizierte Frage gestellt. Die Sache ist die, dass es im Jahre 1989 so schien, als ob es in der Sowjetführung keine (!) Unterschiede in den Standpunkten zu diesem Problem* (der Wiedervereinigung – AvP) *gegeben hätte. Alle waren der Meinung, dass es früher oder später zur Vereinigung Deutschlands kommen sollte. Aber natürlich meinten alle, dass es dazu auf eine Art und Weise kommen sollte, die keine negativen Folgen nach sich gezogen hätte, und zwar für alle Seiten. (...) Alle gingen davon aus, dass auch Gorbatschow einen rationalen Standpunkt vertreten sollte. Aber sehr bald, Ende des Jahres 1989, wurde absolut klar, dass die Standpunkte in unserer sowjetischen Führung zu diesem Problem diametral entgegengesetzt waren.*

Diese Unterschiede bezieht auch er vor allem auf die Bedingungen der Wiedervereinigung und den Zeitplan. Krjutschkow beruft sich auf Kohl, der zunächst von einer Wiedervereinigung im Jahre 2025 ausgegangen sei. Das hätte allen Zeit gelassen, den Zusammenschluss vorzubereiten und die Interessen aller Nachbarstaaten zu berücksichtigen. Georgi Schachnasarow, enger Berater Gorbatschows für die sozialistischen Länder, berichtet ebenfalls von einem anderen Zeitplan Kohls: »1990 sollte eine Gemeinschaft mit Ostdeutschland auf vertraglicher Grundlage entstehen, 1991 oder 1992 konföderative Strukturen ins Leben gerufen werden, und erst für 1993/94 war die abschließende Vereinigung geplant.«[218] Das heißt, dass man Ende 1989 in Moskau annahm, dass auch Kohl damals von einem sehr viel längeren Prozess ausging, wie er selbst immer wieder betont hat. Nur hatte der damalige Bundeskanzler auf die raschen Veränderungen schneller reagiert als die sowjetischen Politiker.[219]

Krjutschkow meinte im Gespräch: Die USA hätten einen anderen Standpunkt als Kohl eingenommen, überdies seien die Monate vom Oktober bis Dezember 1989 sehr stürmische Monate gewesen.

> *Krjutschkow: Zuerst hatte Gorbatschow gar keine Position hierzu (zur Wiedervereinigung), dann aber bildete sich eine Position bei ihm heraus, die auf keine Weise den Interessen der Sowjetunion entsprochen hatte. Alexander Jakowlew ging noch weiter in diese Richtung. Auch Medwedjew, ein anderes Politbüromitglied, schlug eine falsche Richtung ein. Dabei gab es aber eine*

218 Schachnasarow 1996 (in deutscher Sprache), S. 150, und die dortige Fußnote 9.
219 Anatoli Tschernajew im Gespräch am 2.10.2001.

ganze Gruppe von Personen, und diese Gruppe bildete die Mehrheit, die die Meinung vertrat, dass die Methode, mit deren Hilfe man Deutschland zu vereinigen beschloss, letztendlich in keiner Hinsicht den Interessen von Moskau, den Interessen von einer Reihe von Ländern und im Endeffekt auch den Interessen der Deutschen selbst entsprochen hat, ganz zu schweigen davon, dass weder Thatcher noch Mitterrand mit dem stürmischen Vereinigungsprozess klarkommen konnten, der sich offensichtlich anbahnte.[220]

Interessant ist hier, dass Krjutschkow grundsätzlich für die Wiedervereinigung gewesen war, aber wie die *Mehrheit im Politbüro* die »Methode« der Durchführung der Wiedervereinigung kritisierte.

Auch Valentin Falin haben wir befragt, der sich nach 1990 immer schärfer zu einem Gegner Gorbatschows stilisiert.[221] Und im engeren Führungskreis um Bundeskanzler Kohl wurde er als »Störer« der Wiedervereinigungspolitik gesehen[222]. Horst Teltschik meinte sogar, dass er das Haupt eines möglichen Putsches Anfang 1990 gegen Gorbatschow gewesen sei, was höchst unwahrscheinlich ist und wofür es keine Belege gibt.

Falin ist einerseits deutlicher als andere in seinen Positionen zur deutschen Frage, schon aufgrund seiner Botschaftszeit in Bonn, zugleich komplizierter, weil er in den 70er und 80er Jahren diese Einheit offensichtlich fürchtete, aber die Honecker-Regierung als »negativen« Katalysator in Richtung Einheit begriff. Er nimmt Gorbatschow besonders übel, dass dieser auf seine frühen Hinweise auf Fundamentalprobleme in der DDR, durch die die deutsche Frage erst virulent geworden sei, nicht reagiert habe.

Falin: Meine erste Prognose, wohin es läuft, war im September 1986. Ich habe Gorbatschow damals informiert, dass Ende 1989/Anfang 90 praktisch alle Länder des COMECON (RGW) in ein ökonomisches Loch geraten, aus dem sie nicht hinauskommen werden, mit weitgehenden, unüberschaubaren Folgen ökonomischer, sozialer und politischer und anderer Art. Keine Reaktion (von Gorbatschow). 1987 berichtete ich direkt an Gorbatschow allein: Die DDR in ihrer Entwicklung hat die Schwelle überschritten, wo man dieser Republik noch helfen könnte, eine Heilung noch möglich wäre. Keine Reaktion. Im März 1988 bekam Gorbatschow von mir zu lesen: In den bevorstehenden drei Monaten kann die Situation in der DDR völlig destabilisiert werden. Keine Reaktion.[223]

Solche frühen Aussagen Falins wurden von westlichen Korrespondenten, besonders durch den westdeutschen Korrespondenten Dirk Sager, bestätigt.

220 Wladimir Krjutschkow im Gespräch mit mir am 5.11.1999 in Moskau.
221 Vgl. dazu seine beiden auch auf Deutsch erschienenen Bücher: Politische Erinnerungen und Konflikte im Kreml (siehe Literaturliste).
222 So Teltschik im Gespräch mit mir am 27.9.2000.
223 Valentin Falin im Gespräch mit Hans-Christoph Blumenberg 1999.

Auch Anatoli Tschernajew berichtet von Falins Sorgen um eine unkontrollierte deutsche Vereinigung:

> *Ich war 1972 schon einmal in Bonn, als Falin dort sowjetischer Botschafter war. Schon damals sagte Falin mir, dass die Wiedervereinigung eines Tages kommen wird, »und wir können das nicht verhindern«. Aber er – Falin – wollte das damals nicht, vor allem hatte er Angst, dass sich die Wiedervereinigung hinter dem Rücken Moskaus vollziehen würde, abgesprochen nur zwischen den deutschen Regierungen.*[224]

Es gibt viele weitere Hinweise darauf, dass Falin befürchtete, dass die sowjetischen Interessen bei einer Wiedervereinigung zu kurz kämen, besonders dann, wenn man zu spät reagiere.[225] Er war sicherlich keiner derjenigen in der Führung, die die »drohende Wiedervereinigung« einfach nicht wahrhaben wollten, nur wollte er sie anders gestalten.[226]

Kurzum: Weder Krjutschkow noch Ligatschow noch Falin, also jene, die als Hauptgegner der Deutschland-Politik Gorbatschows im Politbüro tituliert werden, stellen sich als prinzipielle Widersacher der Wiedervereinigung dar. Und sie inszenieren sich nicht einmal im Nachhinein als radikale Gegner der deutschen Einheit. Sie hätten von ihrer heutigen Position aus gesehen durchaus ein Interesse daran haben können, sich als frühe »entschiedene Gegner« zu offenbaren, wie sie das in allen Fragen, die direkt mit dem Zerfall der Sowjetunion verbunden sind, durchaus tun.

Sie glaubten sich anfänglich sogar einig mit Gorbatschow und wären dann, als es um die »Preisgabe sowjetischer Interessen« ging, etwa in der Frage der NATO-Erweiterung auf das Gebiet der DDR, von der autoritären Politik Gorbatschows und besonders Schewardnadses überrumpelt worden. Ligatschow empörte sich noch zehn Jahre danach, dass zu jeder anderen internationalen Krise eine Kommission auf höchster Ebene gebildet worden sei,

> *... aber in der deutschen Frage nahmen Gorbatschow mit Schewardnadse und Jakowlew alles in ihre Hände, und es wurde keine Kommission gebildet. (...) Hier wurde alles von diesen drei Personen übernommen, die alle Treffen und alle Verhandlungen geführt hatten zu diesem Problem.*
>
> *AvP: Aber die mussten sich im Politbüro durchsetzen.*

224 Anatoli Tschernajew im Gespräch mit mir am 2.10. 2001 in Moskau.

225 Vgl. auch Falin 1999 (ursprünglich 1997), S. 198 ff., oder Falin 1993, S. 492.

226 Nun wird von einigen Beteiligten die Glaubwürdigkeit Falins bestritten (so von Teltschik, Tschernajew, in Teilen Portugalow), vor allem wegen seiner widersprüchlichen Positionen, von denen wir nicht immer wissen, ob sie aus dem wachsenden Gegensatz zu Gorbatschow entstanden, die er früher wegen der allgemeinen Parteidisziplin und der Loyalität eines Diplomaten nicht allzu deutlich äußern durfte, oder ob er sie erst später nach dem Zerfall der Sowjetunion deutlicher herausstellte.

Ligatschow: Also gegen diesen Zustand gab es eigentlich keine Widerstände (!), aber es schien trotzdem etwas seltsam zu sein. Ich wollte diese Tatsache einfach hier nur mal festhalten.

Anatoli Tschernajew erklärt demgegenüber, dass dies Unsinn sei, alle seien damals informiert worden und niemand von jenen, die sich im Nachhinein als Gegner Gorbatschows (und Tschernajews) bezeichnen, habe sich in *dieser* Frage aus dem Fenster gelehnt.

AvP: Und die Ligatschowsche Position, die Wiedervereinigung sei gar nicht diskutiert worden?

Tschernajew: Vielleicht war er dagegen. Aber ich, ich persönlich war doch auf allen Politbürositzungen dabei. Vielleicht hat er sich in diesem Sinne in einem engeren Kreise irgendwie geäußert. Aber auf den Politbürositzungen hat keiner dagegen protestiert. Nicht am Anfang, also nach dem Mauerfall, und nicht Anfang des Jahres 1990.

Erst im April sei der Wind schärfer geworden:

Aber das gilt schon dem Beitritt Deutschlands zur NATO. Dort war es wirklich sehr krass, und Gorbatschow selber erklärte auch, dass er auf keinen Fall einer Lösung zustimmen würde, in der das vereinigte Deutschland zum NATO-Mitglied wird. Und alle waren damit einverstanden. Das war aber erst so einen Monat später. Im Verlaufe dieser Monate Januar, Februar und März habe ich keine derartigen Äußerungen der Politbüromitglieder in Erinnerung, also, dass die dagegen protestiert hätten.[227]

Man muss sich in Erinnerung rufen, dass Ligatschow und auch der KGB-Chef Krjutschkow nicht von Anfang an als Gegner Gorbatschows im Politbüro saßen. Falin wurde in der Gorbatschow-Zeit zwar nicht Außenminister, aber 1988 Chef der einflussreichen Internationalen Abteilung des ZK der KPdSU. Auch Marschall Achromejew war von Gorbatschow (wieder) in die Politik geholt worden. Und der Generalsekretär galt allgemein als unangreifbare »Institution«. In der Frage der NATO-Erweiterung auf die DDR dürften die späteren Feinde schon sehr irritiert gewesen sein, hatten aber noch keinen Widerstand geäußert oder sich fraktionell organisiert – auch nicht im Politbüro, wie immerhin der bekannteste Gegner, nämlich Ligatschow, selbst zugibt und nicht nur Tschernajew behauptetet.

Aber von den Gegnern Gorbatschows, mit leichten Abstrichen bei Falin, kam auch kein Gegen-Konzept zur Politik des Generalsekretärs. Dazu hätte man auf dem entscheidenden Treffen der inneren Führung zur deutschen Frage am 25. Januar 1990 Gelegenheit gehabt.

227 Anatoli Tschernajew im Gespräch mit mir am 5.11.1999 in Moskau.

4.6.4 Entscheidung für die Zulassung der deutschen Einheit? Das Beratertreffen vom 25. Januar 1990

Das Treffen Gorbatschows mit einigen Ministern und Beratern am 25. Januar 1990[228] sollte die sowjetische Politik zur Wiedervereinigung Deutschlands bestimmen und vereinheitlichen. Denn die Ereignisse überstürzten sich, und mehrere Besuche wichtiger Partner standen an: Am 30. Januar sollte Hans Modrow nach Moskau kommen, am 7. Februar James Baker für drei Tage und am 10. Februar Helmut Kohl.

Bis heute ranken sich viele Legenden um dieses Beratertreffen, von dem aus dem Jahr 1993 Ergebnisprotokolle von Michail Gorbatschow und Anatoli Tschernajew[229] sowie ein abweichender Bericht von Valentin Falin[230] vorliegen. 1997 legte er noch einmal mit einer weiteren Einschätzung nach.[231] Georgi Schachnasarow hat diese Sitzung in seinen Buch »Preis der Freiheit« (deutsch 1996) ebenfalls beschrieben.[232] Außerdem gibt es Interview-Äußerungen dazu, u.a. vom damaligen KGB-Chef Krjutschkow.[233]

Nun konnte ich im Dezember 2001 im Gorbatschow-Archiv das Protokoll einsehen, das Anatoli Tschernajew im Anschluss an diese Sitzung geschrieben hat. »Der Autor bürgt für die Authentizität all dessen, was in diesem Manuskript steht«, heißt es in der Fußnote zu diesem Protokoll. Daneben hat Tschernajew seine handschriftliche Unterschrift gesetzt und darunter eine erläuternde, aber offensichtlich später geschriebene Fußnote angefügt:

> *Dieses Protokoll wurde vom Berater M. Gorbatschows, A. Tschernajew, unmittelbar nach der Sitzung geschrieben, wobei ein Stenogramm nicht geführt wurde* (sogar auch kein Protokoll – AvP*). In seinem Buch »Sechs Jahre mit Gorbatschow«* (deutsch: »Die letzen Jahre einer Weltmacht« – AvP) *berichtet er* (Tschernajew – AvP) *kurz über die Diskussion und die dort gefassten Beschlüsse. Die haben im Wesentlichen bedeutet, dass die sowjetische Führung zum ersten Mal die Unvermeidlichkeit der Wiedervereinigung feststellte und dass sie im Geiste des neuen Denkens fest entschlossen war, diesen Prozess nicht zu verhindern.*
>
> *Diese Mitschrift war von Anfang an nicht vollständig. So hat der Autor sie nicht in seine Rede* (? – AvP) *aufgenommen; auch das nicht, was Falin, Achromejew und Schachnasarow damals gesagt hatten. Wahrscheinlich schien*

228 Falin schreibt, dass dieses Treffen das erste eines von ihm angeregten Krisenstabes zur deutschen Einheit gewesen sei. Das wiederum erwähnt kein anderer Beteiligter. Falin 1995, S. 489 ff.

229 Gorbatschow 1993, S. 714 f., und Tschernajew 1993, S. 296 f.

230 Falins Politische Erinnerungen erschienen zunächst 1993, dann als Taschenbuchausgabe 1995.

231 Valentin Falin: Konflikte im Kreml. Zur Vorgeschichte der deutschen Einheit, München 1997, zitiert nach der Ausgabe bei Siedler 1999.

232 Schachnasarow 1996, S. 150.

233 Krjutschkow im Interview November 1999.

ihm das damals nicht so wichtig für das Wesen der bei dieser Sitzung getroffenen Entscheidungen.[234]

Während der Einsicht und der Prüfung dieses Dokuments konnten Anatoli Tschernajew, die Historikerin Elke Scherstjanoi[235] und ich zugleich das Datum dieser Sitzung korrigieren, über das es Differenzen gibt. Gorbatschow[236] selbst ging ebenso wie die meisten Historiker[237] vom 26. Januar aus (Tschernajew: »Das haben die von mir«). Die Überschrift des Protokolls weist den 27. Januar aus. Wir konnten nun anhand des Original-Tagebuchs von Tschernajew, der selbst immer vom 26. ausgegangen war, und anhand der Wochentagsbestimmung auch zu seiner Überraschung eindeutig den 25. Januar, einen Donnerstag, festmachen.

Das von Tschernajew in der Fußnote zusammengefasste Ergebnis – keine Verhinderung der Wiedervereinigung Deutschlands – ist im Protokoll selbst jedoch nicht so eindeutig. Und die Datumsdifferenz ruft fast dasselbe Misstrauen gegen dieses Protokoll hervor wie gegen die differierenden Berichte von Falin oder Gorbatschow bzw. Tschernajew von 1993. Allerdings wirkt das Protokoll in vielem authentisch und der Zeit von Anfang 1990 entsprechend: So führt Gorbatschow lange Monologe, und die Berater und Gegner spielen eine geringere Rolle, als sie sich selbst später in ihren Büchern zuschreiben. Außerdem werden die schwimmenden Positionen und die verzweifelten Versuche jener Wochen offenbar, als man noch nicht wusste, wie man den aus der Sicht der Sowjetunion katastrophalen Entwicklungen begegnen wollte, während man sich aber dennoch weiterhin als Supermacht zu verstehen und darzustellen versuchte.

Zum Inhalt des Protokolls: Es trafen sich an jenem 25. Januar 1990 im Arbeitszimmer Gorbatschows im ZK-Gebäude, »6. Stock, zweiter Eingang«, folgende Teilnehmer, die das Protokoll in folgender Reihenfolge und ohne Vornamen aufführt: Gorbatschow, Ryschkow[238], Schewardnadse, Krjutschkow, Achromejew, Tschernajew, Schachnasarow, Jakowlew, Falin und sein Stellvertreter Fjodorow. Falin fügt den sowjetischen Verteidigungsminister Jasow[239] hinzu, vergisst aber Fjodorow. Schachnasarow erwähnt noch

234 Dieser Fußnoteninhalt stammt aus der Fassung, die uns als Original vorgelegt wurde, obwohl es, wie man dem Fußnoteninhalt entnehmen kann, offensichtlich eine spätere Abschrift ist. Dass diese Fußnote später geschrieben worden sei, erklärte Anatoli Tschernajew mir gegenüber mit einer früheren geplanten Veröffentlichung.

235 Elke Scherstjanoi half mir freundlicherweise bei den Übersetzungen.

236 Noch am 6. März 2002 in seinen schriftlichen Antworten an mich.

237 Zum Beispiel Biermann 1997, S. 388 ff.; Zelikow/Rice 1997, S. 233. Falin hatte vermutlich ebenfalls Probleme bei der Datumsbestimmung, denn er schreibt nur, dass es »in dieser Zeit« stattfand (Falin 1995, S. 489).

238 Ryschkow, Juri Alexejewitsch, Jg. 1930, von 1985 bis 1991 Vorsitzender des Ministerrates der UdSSR und von 1985 bis 1990 zugleich Vollmitglied des Politbüros der KPdSU.

239 Jasow, Dmitri Timofejewitsch , Jg. 1923, Marschall der Sowjetunion, 1987 bis 1991 Verteidigungsminister der UdSSR, späterer Putschist gegen Gorbatschow.

Iwaschko[240]. Es habe zum Teil hitzige Debatten gegeben während dieses vier Stunden dauernden Treffens, was man allerdings in den schriftlichen Belegen nicht bemerken kann.

Nach dem Tschernajew-Protokoll eröffnet Gorbatschow die Sitzung mit folgendem Gedanken[241]:

> *Mit der DDR steht es so wie mit unserem Aserbaidschan. Auf niemanden können wir uns verlassen. Mit keinem haben wir vertrauliche Beziehungen. Und wenn wir mit jemandem etwas vereinbaren, hat das keine Folgen. Sogar Modrow entfernt sich von der SED.*[242] *Und es hat keine Bedeutung, dass er ein wirklicher Freund ist. Es gibt keine einflussreichen Kräfte mehr in der DDR. Das heißt, dass wir die Entwicklung nur durch die BRD beeinflussen können. Und hier haben wir die Wahl: Kohl oder die SPD. Die Sozialdemokraten – bei allen beruhigenden Äußerungen und Beschwörungen von Brandt und seinen Kollegen – wollen unbedingt die DDR für ihren Wahlkampf nutzen. Wir können das alles geschickt ins Spiel bringen.*[243]

Dann beginnt Gorbatschow ein Rollenspiel mit einem fiktiven Helmut Kohl, den er ganz im Gegensatz zur später inszenierten Männerfreundschaft vom nationalen auf den europäischen Teppich holen und ihn unter Druck setzen will, und zwar vor allem durch die Anwesenheit der sowjetischen Truppen in der DDR.

> *Man muss Kohl einladen und ihm sagen: Schau mal* (es wird geduzt – AvP), *was passiert, du spielst dieses Spiel mit. Aber du kannst auch verlieren. Die Sozialdemokraten haben in der DDR mehr Chancen als du. Wir betrachten das deutsche Problem nicht durch eure Wahlkampfbrille, wir betrachten es im*

240 Iwaschko, Wladimir Antonowitsch, 1932 bis 1994, 1989 bis 1990 Erster Sekretär des ZK der Kommunistischen Partei der Ukraine.

241 Nach Falin eröffnete Gorbatschow ebenfalls die Sitzung, aber mit einem völlig anderen Satz: »Was kann man tun? Alle Modalitäten können ins Gespräch kommen außer dem Einsatz unserer Truppen.« (Falin 1993, nach der Taschenbuchausgabe von 1995, S. 489) In seinem Buch »Die letzten Jahre einer Weltmacht« schrieb Tschernajew, dass er (Tschernajew) »als erster das Wort« ergriff und vorschlug, »uns streng an der Haltung der BRD zu orientieren, weil wir in der DDR keinerlei Rückhalt« mehr hätten (1993, S. 296). Nach dem Protokoll war dies Gorbatschows eigene Überlegung.

242 Wörtlich: Modrow haut ab von der SED (!).

243 Bei Schachnasarow lauten die ersten Sätze Gorbatschows etwas anders: »Die Ereignisse in Deutschland bringen uns, unsere Freunde, aber auch die westlichen Mächte in eine schwierige Lage. Die SED zerfällt. Nunmehr ist klar, dass die Vereinigung unausweichlich ist, und wir haben kein moralisches Recht, uns ihr zu widersetzen. Unter diesen Bedingungen kommt es darauf an, die Interessen unseres Landes maximal zu wahren. Dazu zählen die Anerkennung der bestehenden Grenzen, ein Friedensvertrag, der den Austritt der Bundesrepublik aus der NATO, zumindest aber den Abzug ausländischer Truppen vorsieht, und eine Entmilitarisierung ganz Deutschlands.« Außerdem habe Gorbatschow den Freunden geraten, über einen Zusammenschluss von SED und SPD nachzudenken (Schachnasarow 1996, S. 150). Dieses klingt alles sehr nach einer späteren Glättung, und Schachnasarow schreibt diesen Passus auch in einem Zusammenhang, der die sowjetische Interessenwahrnehmung durch Gorbatschow belegen soll.

europäischen und im globalen Kontext. Auch deine Verbündeten in der NATO sehen es so. Und du kennst den Unterschied zwischen dem, was sie öffentlich sagen, und dem, was sie in Wirklichkeit[244] *denken. Das heißt, wir machen dir ein Angebot, lieber Helmut, in der deutschen Frage den europäischen Standpunkt – und zwar in Wirklichkeit, und nicht nur Worten – einzunehmen. Dies bedeutet konkret: In der DDR stehen unsere Truppen, in der BRD NATO-Truppen. Das ist eine reale Tatsache, die den rechtlichen Ergebnissen des Zweiten Weltkrieges entspricht, wie sie von den Siegern bestimmt wurden. Und daher leitet sich das Recht der vier Mächte ab, die deutsche Entwicklung mitzubestimmen* (am deutschen Prozess teilzunehmen – AvP). *Dir und besonders Brandt gefällt es nicht, dass unter den Siegern auch Frankreich ist, die »ehrenvollen Sieger«, wie ihr sie ironisch nennt. Gut, allerdings gibt es jetzt eine andere Realität als 1945. Und lass uns nicht vier, sondern fünf versammeln, mit deiner, Kohls, Teilnahme. Und diese* (fünf) *werden die Rechte der Deutschen und der anderen festlegen.*

Tschernajew: Michail Sergejewitsch, ich glaube, man muss nicht »5», sondern »6» versammeln – vier Sieger und zwei (Vertreter) *der deutschen Staaten.*

Gorbatschow: Lasst uns das dann besprechen. Ich setze erst einmal fort.

Der dann folgende Gedanke zeigt, dass Gorbatschow die sowjetischen Truppen als Faustpfand einsetzen möchte, um die NATO-Mitgliedschaft eines vereinten Deutschland zu verhindern:

Das Wichtigste ist, dass niemand damit rechnen sollte, dass das vereinte Deutschland in die NATO geht. Die Anwesenheit unserer Truppen wird das nicht zulassen. Und unsere Streitkräfte abziehen können wir erst dann, wenn die Amerikaner ihre abziehen. Und die werden das auf längere Sicht (noch lange) *nicht tun. Und damit muss Kohl rechnen und auch damit, dass sie* (die Westdeutschen – AvP) *mehrere Jahre brauchen, um die DDR wirtschaftlich zu schlucken. Also diese Jahre stehen sowohl uns wie euch zur Verfügung. Lassen Sie uns alle diese Zeit vernünftig nutzen. Und bereiten wir uns alle vor zu einem europäischen Treffen auf oberster Ebene 1990. Eine Aktion mit vier oder fünf* (Regierungsvertretern – AvP) *entsprechend unserer Initiative bringt uns wieder in die Rolle eines aktiven Teilnehmers, den man nicht aus der deutschen Entwicklung wegdrängen kann. Das ist ein günstiger Verlauf.*

Schewardnadse: Michail Sergejewitsch, die Hauptfrage für Kohl ist jetzt die »Vertragsgemeinschaft«, die zur Konföderation der BRD und der DDR führt. Für uns ist es besser, wenn wir uns nicht in die Diskussion über die Vereinigung einschalten. Das ist nicht unsere Sache. Lassen wir doch die

244 In einer anderen Fassung dieses Protokolls sind die Worte »in Wirklichkeit« hinzugekommen. Beide Fassungen sind in der Gorbatschow-Stiftung unter dem Datum des 27.1.1990 archiviert. Ob diese andere Fassung eine Vorläufer-Fassung der von Tschernajew vorgelegten ist, konnte nicht geklärt werden. Vermutlich stammt sie ebenfalls von ihm.

DDR mit ihren Initiativen auftreten. Aber über die Truppen sollten wir nur mit den USA verhandeln. Ich bin gegen eine Verhandlungs-Kommission (Institution)*, an der die vier Sieger teilnehmen. Das heißt nur, dass die NATO-Leute dort dominieren werden.*

Dies ist – wenn Schewardnadse dies denn so gesagt haben sollte – eine neue, von der späteren 2+4-Modalität abweichende Position, die interessant ist, jedoch kaum eine Rolle spielen sollte. In der anderen Fassung dieses Protokolls, ebenfalls aus dem Gorbatschow-Archiv, wird Schewardnadse in ziemlich anderer Weise zitiert: »Die Frage der Vertragsgemeinschaft führt zur Konservierung BRD-DDR«, nicht wie in der eben zitierten Fassung »zur Konföderation«. Und der letzte Satz lautet dort: »Ich bin gegen eine Institution der vier Mächte. Die NATO wird sich darauf nicht einlassen« statt »dass die NATO-Leute dort dominieren werden«. Dass Schewardnadse gegen die Vertragsgemeinschaft sei, weil sie vom Westen nicht akzeptiert würde, passt m. E. eher zu seinem sonstigen Denken.

Krjutschkow setzte, dem Protokoll zufolge, die Debatte mit einer allgemeinen Beschreibung der Situation in der DDR fort:

Die Tage der SED sind gezählt. Sie ist keine Stütze und kein Hebel (mehr – AvP)*. Modrow ist nur eine Übergangsfigur, er hält sich nur noch mit Zugeständnissen, aber bald wird das nicht mehr ausreichen. Man muss der SPD in der DDR mehr Aufmerksamkeit schenken. Unser Volk hat Angst, dass Deutschland erneut zu einer Bedrohung wird. Es* (das vereinte Deutschland – AvP) *wird niemals unseren jetzigen Grenzen*[245] *zustimmen. Man muss unser Volk langsam an den Gedanken der Wiedervereinigung Deutschlands gewöhnen. Unsere Streitkräfte in der DDR sind ein Faktor im allgemeinen europäischen Prozess* (womit er den KSZE-Prozess meinen dürfte – AvP)*. Wir müssen unsere Freunde – ehemalige KGB- und Innenministeriums-Mitarbeiter – aktiv unterstützen.*[246]

Jakowlew, eigentlich ein Kenner der Situation in Deutschland, weil er im Dezember 1989 ja Modrow besucht und viele Gespräche, darunter auch mit Oppositionellen, geführt hatte, macht noch weiter gehende Vorschläge:

245 Die polnischen Grenzprobleme könnten sich nicht nur auf die deutsch-polnischen, sondern auch auf die polnisch-sowjetischen beziehen; denn 1945 wurde die Ostgrenze Polens nach Westen verschoben. Die Klärung der deutsch-polnischen Unstimmigkeiten könnte daher auch ähnliche Klärungswünsche für Ostpolen in den sowjetisch-polnischen Beziehungen nach sich ziehen und damit eine potenzielle Verunsicherung auch für die Sowjetunion darstellen.

246 Tschernajew im Interview vom 7.12.2001 zu Krjutschkow: »Krjutschkow war wie immer für das, was mehrheitlich angenommen wird.« Aber für die Fragestellungen dieses Buches ist erneut interessant, dass der KGB-Chef auch in diesem Protokoll von der Notwendigkeit der Wiedervereinigung ausging und damit seine Haltung aus dem Interview bestätigt.

Modrow muss sich in die SPD einbringen und sich an die Spitze (!) ihres Ostteils stellen. Amerika braucht unsere Truppen in der DDR mehr als wir selbst. (...) Es wäre gut, wenn Modrow mit einem Wiedervereinigungsprogramm aufträte – ohne Vorurteile, von der Realität ausgehend,[247] *und wenn wir ihn aktiv unterstützen würden. Auf diese Weise werden wir die Sympathie des deutschen Volkes erringen. Und dabei sollten wir uns darauf berufen, dass wir schon seit 1946 für die Wiedervereinigung des deutschen Volkes eingetreten sind. Und die Bedingungen* (müssten sein – AvP)*: Neutralität, Entmilitarisierung. Es wird zum Widerspruch seitens Englands, Frankreichs und der kleineren europäischen Staaten kommen, das wird die USA zum Nachdenken bringen. Und wir können dann auf dem Berg sitzen und von oben dem Scharmützel zusehen. Was unser Volk anbetrifft, sogar Stalin ist gleich nach dem Krieg für den Erhalt eines einheitlichen Deutschland eingetreten. Jedenfalls so wie bisher abwarten kann man nicht.*

Fjodorow: Aber das wird den Revanchisten nützen. Nach meinen Information will man in Westdeutschland jetzt keine Wiedervereinigung.[248] *Modrow hat ein Referendum vorgeschlagen, aber erst nach dem 6. Mai.*[249]

Ryschkow: Man muss realistisch die Entwicklung sehen. Man kann diesen Prozess (der Vereinigung – AvP) *nicht mehr aufhalten. Das Wichtigste ist jetzt die Taktik, weil wir die DDR nicht erhalten können. Alle Barrieren sind gefallen. Die Wirtschaft zerbricht sie. Alle staatlichen Institutionen sind zusammengebrochen. Die DDR zu erhalten ist eine unrealistische Sache. Eine Konföderation – ja. Wir müssen jedoch die Bedingungen für eine Konföderation vorbringen. Es ist falsch, dem Kohl alles einfach zu geben. Wenn das passiert, wird Deutschland in 20 bis 30 Jahren einen dritten Weltkrieg anfangen.*

247 So deutlich tat Modrow dies nicht, als er am selben Tage Kanzleramtsminister Seiters traf und, ohne sich mit dem Runden Tisch abgesprochen zu haben, einen weitergehenden Vorschlag zur »Vertragsgemeinschaft« übergab (»Modrowplan«). Obwohl hier vom Antrag auf Mitgliedschaft der DDR in der EG die Rede war, ging er von einem ersten Schritt zur Konföderation in einem weiteren Prozess aus, während Kohl zu dieser Zeit schon ohne Zwischenschritte direkt zur Einheit nach der Wahl in der DDR voranschreiten wollte. Seiters stellte dementsprechend »klar, dass weiterreichende vertragliche Regelungen nicht vor der Wahl zum Abschluss gebracht werden können«. (DzD, S 707). Der »Modrow-Entwurf« ist ebenfalls in DzD abgedruckt, S. 713 ff. Manche sehen in diesem Entwurf einen »Stellungswechsel« in Ostberlin (Weidenfeld, S 224 f.), was zwar nicht unmittelbar aus dem Dokument hervorgeht, aber nach den damit verbundenen »positiven Signalen« eines verzweifelnden Modrow, der unbedingt Finanzhilfe brauchte, auch nicht ganz falsch sein dürfte.

248 Tschernajew im Interview am 7.12.2001, als wir in seinem Tagebuch von 1990 blättern und auf eine dort festgehaltene ähnliche, aber nicht im Protokoll wiedergegebene Bemerkung Falins stießen: »Ich (Tschernajew) notierte hier noch: ›Und das sagt der Hauptsachverständige für Deutschland!‹« Hier wie in seinem Buch von 1993 bestätigt Anatoli Tschernajew, dass auch Falin diese Vorstellung vertreten habe (S. 296).

249 Der 6.5.1990 war der ursprüngliche Wahltermin in der DDR, der dann durch Modrow und den Runden Tisch auf den 18.3.1990 vorverlegt wurde.

Nur, was konnte man noch für Bedingungen für die Einheit stellen, wenn die DDR bereits »zerbrach«? Eigentlich blieben nur noch Sicherheitsbedingungen für den Abzug der sowjetischen Truppen, möglichst auch noch gleichzeitig mit den amerikanischen, wie Gorbatschow dies am Anfang des Gesprächs zu entwickeln versuchte.

Valentin Falin meinte später in seinem Bericht von dieser Sitzung im Gegensatz zu diesen hier wiedergegebenen Positionen, die »Berater des Generalsekretärs« seien dafür gewesen, »dass wir die DDR ihrem Schicksal überlassen und uns damit abfinden, dass das vereinigte Deutschland der NATO beitritt: Man muss mehr daran denken, das eigene Gesicht zu wahren«. Krjutschkow habe erläutert, dass in der DDR eine Doppelherrschaft Fuß gefasst habe und dass die Repräsentanten der BRD sich »auf dem Territorium der DDR auf(führten), als seien sie da schon zu Hause«. Schewardnadse habe – auch hier legt das Protokoll eine andere Haltung nahe – keine Meinung geäußert, vielleicht um abzuwarten, was der Generalsekretär von sich gebe. Er selbst, also Falin, habe demgegenüber gemeint, »sich dem deutschen Willen zur Einheit zu widersetzen, wäre dumm. Doch es sei auch dafür Sorge zu tragen, dass bei der Vereinigung zweier souveräner Staaten die internationalen Verpflichtungen eines jeden einzelnen nicht verloren gehen.«[250] Ihm sei es um diese äußeren Bedingungen der Einheit gegangen, die inneren würden die Deutschen selbst lösen. Falin war sicherlich derjenige in dieser Runde, der sich am längsten mit der deutschen Problematik befasst hatte. Dennoch klingt diese seine Darstellung mit ihrer Trennung zwischen den äußeren und den inneren Bedingungen der Vereinigung Deutschlands sehr nach einer später eingenommenen Perspektive, als nämlich in den 2+4-Verhandlungen die äußeren Bedingungen der Einheit verhandelt wurden und die inneren zwischen den Deutschen selbst. Dennoch dürfte sein Hauptgedanke auf seiner bisherigen Linie liegen, besonders natürlich seine Abwehr, die »Ausdehnung der NATO-Sphäre auf Ostdeutschland als quasi fatale Unvermeidlichkeit« hinzunehmen. Aber hier stand er nicht allein, wie das Protokoll ausweist. Jakowlew habe seine – Falins – Position vertreten. Auch Gorbatschow hatte sich gegen jede Ausdehnung der NATO ausgesprochen.

Gorbatschow setzte – nach dem Wortlaut des Tschernajew-Protokolls vom 25. Januar – auch in dieser internen Runde sehr allgemein fort:

> *Die Entwicklung ist sowohl bei uns als auch in Osteuropa ein objektiver Prozess. Und er ist schon überhitzt. Dort wo dieser Prozess die festeren Kettenglieder erreicht hat, wie zum Beispiel die DDR, die Tschechoslowakei, Rumänien, dort hat es stärkere Explosionen gegeben. Das lehrt uns: Wir müssen schnell reagieren. Nichts* (ungelöst – AvP) *liegen lassen, immer die Wirklichkeit vor Augen haben.*

250 Falin 1995, S. 489.

Von besonderem Interesse ist jedoch Gorbatschows Sicht auf die Situation in der Sowjetunion, die hier »nebenbei« ausgesprochen wird: Er gibt die Einschätzung, dass sich das sowjetische Volk nicht gegen die Perestroika wenden wird. Aber: Die sowjetische Gesellschaft sei im »Vergleich zu ähnlichen« »am meisten verfault, und nichts kann die Gesellschaft retten«. Seine Politik hätte begonnen, sie umzugestalten, dabei müsse man bleiben und die Initiative behalten. Die eigene Gesellschaft sei zu stark ideologisiert (eigentlich »verideologisiert«), und deshalb seien die Entwicklungen schneller als wir, die Menschen. »Und die Partei ist nicht in der Lage, sich zu erneuern.« (!)

Dies sind zu dieser Zeit für damalige sowjetische Ohren extrem kritische Einschätzungen der Reformierbarkeit der »führenden Kraft der Sowjetunion« und werfen ein Licht auf Gorbatschows wirkliche Haltungen in den Auseinandersetzungen im Politbüro und im ZK der KPdSU, wo er sie nicht so scharf formuliert haben soll. Gorbatschow fügt dann weitere sehr pessimistische Überlegungen über die internationale Situation an:

> *Es gab den Friedensvertrag in Brest Nr. 1, jetzt sind wir in der Situation eines Friedensvertrags Brest Nr. 2. Wenn wir die nicht schaffen, dann droht uns ...*[251] *man wird uns wieder das halbe Land wegnehmen. Es ist sehr wichtig, das zu verstehen.*

In Brest-Litowsk (ab 1921 Brest) wurde am 3. März 1918 der Friedensvertrag des besiegten Russland mit dem an der östlichen Front im Ersten Weltkrieg siegreichen Deutschland bzw. den Mittelmächten geschlossen. Die junge Sowjetmacht musste dabei Finnland, die baltischen Länder, Polen, die Ukraine, Georgien und die armenischen Gebiete abtreten, die Russland 1878 von der Türkei erhalten hatte.

Dass Gorbatschow Anfang 1990 zu jenem Friedensvertrag die Parallele zieht, offenbart seine tiefe Beunruhigung und Niedergeschlagenheit, vielleicht sogar hoffnungslose Verzweiflung über die Möglichkeiten der Sowjetunion in den Verhandlungen um Deutschland und Europa. Denn eigentlich ging es 1990 um die völkerrechtliche Besiegelung des 1945 im Zweiten Weltkrieg geschlagenen Deutschland, wenn nicht um einen Friedensvertrag à la Versailles. In dieser bedrückten Haltung monologisiert Gorbatschow weiter, hofft zwar, dass die anderen mittelost- und osteuropäische Staaten wie Ungarn, die Tschechoslowakei oder Bulgarien ein Interesse an der SU haben, »eine Krankheit durchmachen, aber uns nicht weit davonlaufen« werden. Aber am schwierigsten sei es mit der DDR:

> *Denn die können wir verlieren: Es gibt die BRD, und es gibt die Europäische Gemeinschaft, mit der ist sie schon lange verbunden. Für uns gibt es auch einen moralischen Faktor – die Reaktion des russischen Volkes.*

251 Die Punkte im Original.

Und dann folgt wieder ein Satz, der die strategischen Grenzen, aber auch die Beliebigkeit seiner Rede offenbart:

Ich würde alles auf die Karte des Zeitgewinns setzen. Das Wichtigste ist jetzt – den Prozess zu verzögern, wie das am Ende auch aussehen wird (Wiedervereinigung)[252]*. Sowohl die Deutschen als auch die Menschen in Europa und in der UdSSR müssen dieses Ziel zuerst innerlich aufgenommen haben. Die Strategie ist folgende: Ganz Westdeutschland hat doch ein Interesse, die Verbindungen mit uns nicht zu verlieren. Es braucht uns, und wir brauchen Westdeutschland. Aber nicht absolut. Brauchen wir etwa nicht auch Frankreich und England? So zu denken wäre ein großer Fehler. Die Deutschen brauchen uns. Wir sind gezwungen, mit dieser Abhängigkeit zu rechnen. Die Finanzkreise brauchen keine Kostgänger. Die BRD – 58 Millionen, die DDR – 16 Millionen. Frankreich will keine Vereinigung. England fürchtet auf dem Hinterhof zu landen. Alle diese Momente muss man bedenken.*

Die Strategie des Zeitgewinns dürfte in der gegebenen Situation, die er und seine Berater sowie auch Falin beschrieben hatten, wenig geeignet gewesen sein, um den Deutschen oder den Amerikanern etwas Beeindruckendes entgegenzusetzen – Eindruck hätte vermutlich nur noch gemacht, den Abzug der sowjetischen Streitkräfte aus Deutschland an Bedingungen zu knüpfen.

In seiner Zusammenfassung setzt der Generalsekretär dann

- auf die Beziehungen zu den anderen Großmächten,
- auf den Wiener Prozess, in den die deutsche Frage »einzuschleusen« sei,
- auf eine (begrenzte) Beziehung zur SED (er oder der Protokollant nennen sie hier noch so),
- auf die Beziehung zur BRD.

Insgesamt sei – so wörtlich – die »Position der Sieger nicht aufzugeben«, die »Idee der 4+2« sei vorzubringen. Zuerst müsse man sich aber mit Frankreich einigen.

Gorbatschow: Was das Problem der Truppen in Europa betrifft, muss man so vorgehen, dass es nicht so aussieht (!), als ob wir zum 50. Jahrestag des Sieges einfach abziehen. Die Anwesenheit der Truppen in Deutschland ist eng verbunden mit dem Wiener (Abrüstungs-)Prozess. Und Kohl sagen wir: Misch dich nicht ein. Was das anbetrifft, werden wir uns mit allen einigen können. Mit der BRD werden wir die besonderen Beziehungen beibehalten: Mit ihr und der DDR. Darauf muss man bestehen. Es gibt gemeinsame Interessen, es gibt auch eine Basis für das gegenseitige Verstehen.

Wie Gorbatschow allerdings die Beziehungen zur DDR beibehalten will, die er gerade als entschwindende Staatsformation beschrieben hat, ist vollkommen unklar. Er hofft, Zeit über das Angebot der »Vertragsgemeinschaft mit

252 Klammer im Original.

Konföderationselementen« zu gewinnen, obwohl alle Zeichen auf Einheit standen. Es sei auch über die SED, so der Generalsekretär, »das Kreuz noch nicht zu schlagen« – jene SED, die eben noch als belanglose Kraft beschrieben worden ist. Sie habe »immerhin 2 Millionen Mitglieder, meinetwegen jetzt nur noch 700 000. Sie vollkommen abzuschreiben wäre unvernünftig. Es wird sich eine (neue) linke Kraft entwickeln. Wir hören mal den Gysi an.« Ebenso sei es bei den anderen sozialistischen Ländern.

Man muss den Eindruck gewinnen, dass Gorbatschow im Einerseits und Andererseits befangen bleibt: Die Lage ist zwar katastrophal, aber es wird schon anders kommen … Gorbatschow zum Schluss dieser Sitzung:

Unsere nächsten Schritte:

1. *Modrow in Moskau am 2. Februar empfangen und dann Gysi. Hier haben wir moralische Verpflichtungen.*
2. *Kohl gleich nach Baker und gleich nach Modrow empfangen. Und dann Modrow über das Gespräch mit Kohl informieren.*
3. *Die Ideen für das Gespräch mit Kohl auf der Basis der Gespräche mit Baker und Modrow führen.*
4. *Thatcher gleich nach dem Gespräch mit Modrow informieren.*
5. *Einen Brief an Mitterrand schreiben.*

Frage: Wann müssen wir unsere Botschafter wechseln?

Schewardnadse: Das ist die Hauptfrage.

Gorbatschow: Aufträge:

- *Propagandistische Absicherung der Entwicklungen in Osteuropa. (Jakowlew, Falin, Fjodorow)*
- *Interview mit Gorbatschow über die Wiedervereinigung Deutschlands nach den Treffen mit Modrow und Kohl. Nicht ausschließen: Kurzbesuche für einen Tag nach London und einen Tag nach Paris.*
- *Achromejew muss sich auf den Rückzug der Truppen aus Deutschland vorbereiten.*
- *Modrow und Kohl ist die »wirtschaftliche Anfälligkeit«*[253] *der DDR klarzumachen (!).*

Im Jahre 1993 schrieb Gorbatschow eine ähnliche, aber doch andere Zusammenfassung dieser Sitzung. In seinen Memoiren heißt es als erstes: »Die Wiedervereinigung Deutschlands sei unvermeidlich. Die UdSSR solle die Initiative zu einer Konferenz der ›Sechs‹ ergreifen, also der Siegermächte und der beiden deutschen Staaten.« Dann folgt: Aufrechterhaltung der Beziehung zur DDR, engere Koordination unserer Politik mit London und Paris, und Achromejew müsse die Bedingungen des Abzugs unserer Streitkräfte aus der DDR prüfen.[254]

253 Anführungszeichen im Original.
254 Gorbatschow 1993, S. 715.

Valentin Falin fasst im Ergebnis dieser Sitzung zusammen, dass man sich viele Überlegungen gemacht habe, aber es »gab keinen Überfluss an Gedanken«. Sogar in der Frage, wie man verhindern will, dass »die NATO (…) an unsere Grenze« gebracht werde, habe Gorbatschow gemeint, »man müsse darüber nachdenken«. Seine eigene Haltung fasst Falin so zusammen: »Ich habe nicht geschwankt. Vereinigung – ja, Anschluss – nein.«[255]

Anatoli Tschernajew präsentiert noch eine andere Variante dieses zusammenfassenden Schlusses: Eine »Sechsergruppe« 2+4 solle gebildet werden, man wolle »sich an Kohl orientieren, aber die SPD nicht ignorieren; Modrow und Gysi einladen.« Und Achromejews Auftrag sei folgendermaßen begründet worden: »Das ist eher ein innenpolitisches als ein außenpolitisches Problem: 300 000 Mann, darunter 100 000 Offiziere mit Familie müssen untergebracht werden!« Außerdem hätten sich Falin, Fjodorow, aber auch Jakowlew und Schachnasarow an der SPD orientieren wollen.[256] Alles andere, nämlich dass man mehr für die Wiedervereinigung herausschlagen müsse, habe Falin erst in einem ausführlichen Aktenvermerk im April 1990 niedergelegt: »Und dort hat er all diese Fragen aufgeworfen. Der Vermerk war sehr sorgenvoll und war darauf gezielt, diese Prozesse etwas zu bremsen.«[257]

Es hat mich in allen Gesprächen mit sowjetischen Politikern interessiert, warum Gorbatschow und andere wie Anatoli Tschernajew so deutlich auf die CDU setzten und so wenig auf die SPD. Es wurde zwar auf der Sitzung vom 25. Januar 1990 im erwähnten Rollenspiel versucht, die SPD gegen Kohl auszuspielen, aber weder in den Monaten zuvor noch im Laufe der weiteren Entwicklung in eine Politik gegossen. Tschernajew antwortete im Dezember 2001, indem er aus seinem Originaltagebuch zitiert.

> Tschernajew liest aus Tagebuch vom 28. Januar 1990: *Kohl hält trotz allem stärker an der Idee der Wiedervereinigung im Rahmen des gesamteuropäischen Prozesses fest. Außerdem ist er den NATO-Verbündeten gegenüber ängstlicher und Gorbatschow gegenüber vertrauenswürdiger in persönlicher Hinsicht. Er versteht, dass er in einem Wahlkampf auf DDR-Gebiet Brandt und Vogel unterlegen ist.*

Er fügt fast entschuldigend hinzu: »Das hatte ich so eingeschätzt.«[258] Ich frage noch einmal direkter nach:

> *AvP: Anatoli Sergejewitsch, noch einmal die Frage: Warum haben Sie auf Kohl gesetzt und nicht (wie geplant) Kohl gegen die Sozialdemokratie ausgespielt?*

255 Falin 1993, in der Fassung von 1995, S. 490. Dieser Satz klingt sehr nach späterer prophylaktischer Rechtfertigung gegen vermutete Anklagen.

256 Tschernajew 1993, S. 296. Diese wesentlichen Passagen werden auch durch sein Tagebuch aus dem Jahre 1990 bestätigt.

257 Anatoli Tschernajew im ZDF-Interview mit mir vom November 1999.

258 Tschernajew im Interview am 7.12.2001.

Tschernajew: Ich verstehe ja, die Sozialdemokraten wollten sich auch die Einigung der Nation als Verdienst an die Brust heften. Und sie wollten damit ihre Position, die Position ihrer Partei, ausbauen. Das ist klar. Und da Falin als Freund von Egon Bahr und anderen Sozialdemokraten dafür eintrat, dass der Prozess der Vereinigung verlangsamt wird, begriff ich, dass Falin den sozialdemokratischen Standpunkt vertrat. Sie hatten ihm das eingeflüstert. Alles hinauszögern – und wenn dann Wahlen sind, werden wir die Einiger Deutschlands sein, und nicht Kohl. So war deren Taktik. Das habe ich damals schon begriffen.[259]

Demgegenüber habe Tschernajew Kohl vertraut und sich mit Teltschik angefreundet.

In diesem Interview bestätigt er, als wir in sein damaliges Tagebuch sehen konnten, dass er seine persönlichen Aufzeichnungen am 28. Januar 1990 geschrieben hat, auch sein Protokoll der Sitzung vom 25. Januar.

Dieses Protokoll vom 25. Januar 1990 macht deutlicher als alle anderen bisher veröffentlichten Beschreibungen dieser Sitzung, dass hier nicht im Rahmen einer politischen Strategie der Beschluss gefasst wurde, die Wiedervereinigung Deutschlands als Sache der Deutschen zuzulassen, sondern dass man als Getriebene der Entwicklung in der DDR kaum eine andere Möglichkeit sah. Ebenso klar wird bei dieser Lektüre, dass man in der sowjetischen Führung ein ziemlich genaues Bild über die katastrophale Lage in der DDR besaß, in der angesichts der miserablen Ökonomie große Teile der Bevölkerung und die westdeutschen Politiker auf eine Wiedervereinigung drängten, und man hatte auch eine deutliche Vorstellung von der eigenen immer schwieriger werdenden Lage in der Sowjetunion. Dennoch glaubte man, einige Trümpfe in der Hand zu haben, um für die Wiedervereinigung etwas zu bekommen, das die sowjetischen Interessen abdecken könnte:

- kein Eintritt in die NATO,
- weitere Abrüstung,
- gleichzeitiger Abzug der amerikanischen und der sowjetischen Truppen, wobei Achromejew, ehe es zum Abzug kam, dessen Bedingungen vorbereiten sollte,
- Bezahlung des Truppenrückzugs aus der DDR durch die Bundesrepublik.

Darum will man mit den anderen Regierungen verhandeln. Von Entmilitarisierung oder gar Neutralität ist in der Zusammenfassung gar nicht mehr die Rede – nur Jakowlew sprach davon. Hier liegen die Gründe, weshalb diese Sitzung von so großer Bedeutung ist. Zugleich musste den Beteiligten im Laufe der Sitzung immer deutlicher werden, dass sie eigentlich nur noch einen Trumpf in der Hand hatten, und das waren die eigenen Truppen in der DDR. Und deren

259 Ebenda.

Heimkehr zog man bereits hier am 25. Januar ins Kalkül, und zwar – und das ist das Wesentliche – ehe man mit den Amerikanern über einen gleichzeitigen Abzug der US-amerikanischen Einheiten verhandelt hatte. Wie kann man Gorbatschows Satz anders verstehen: dass es »nicht so aussieht, als ob wir zum 50. Jahrestag des Sieges einfach abziehen«? Ausgerechnet Achromejew sollte sich damit befassen. Das Problem soll nach Wien verlagert werden; dort soll die Anwesenheit der sowjetischen »Truppen in Deutschland«, weil sie »eng verbunden mit dem Wiener (Abrüstungs-)Prozess« ist, in die Abrüstungsverhandlungen einbezogen werden.

Daher stellt sich die Frage: Ging es überhaupt noch um den gleichzeitigen Truppenabbau der sowjetischen *und* der amerikanischen Einheiten, wie dies Gorbatschow in eben dieser Sitzung auch behauptet, ja sogar als einziges ernst zu nehmendes Unterpfand beschrieben hatte? Fast noch wesentlicher: Das »europäische Haus«, mit dem Gorbatschow die zurückliegenden Monate in Ost und West eine Vision eröffnet hatte, spielte auf dieser Sitzung weder in dieser Allgemeinheit noch in irgendeiner strategischen Umsetzung, geschweige denn als europäisches Sicherheitssystem alternativ zur NATO-Mitgliedschaft des vereinten Deutschland eine Rolle.

Diese Sitzung macht außerdem deutlich, dass Gorbatschow keine Sorge vor putschenden Generalen hatte, besonders nicht vor dem anwesenden Marschall Achromejew.

4.6.5 Putsch gegen oder für Gorbatschow?

4.6.5.1 Das Militär, der Marschall und Gorbatschows Sessel

Ein Mann wird immer genannt, wenn es um die Militärs geht, die Gorbatschow feindlich gesonnen waren oder gar bedrohten: Marschall Sergej Fjodorowitsch Achromejew. Diese Bedrohung wurde in Bonn und Washington dann an die Wand gemalt, wenn die Schnelligkeit des Einigungsprozesses begründet werden musste. Dass eine der westlichen Forderungen, nämlich die NATO-Mitgliedschaft des vereinten Deutschland, diese Gefahr virulenter werden ließ als vieles andere, wurde dabei eher in den Hintergrund gedrängt. Wie ernsthaft war eine Putschgefahr durch Militärs in den Monaten des Einigungsprozesses wirklich, insbesondere durch diesen Marschall?

Marschall Achromejew, Jahrgang 1923, war Leningrad-Kämpfer im Zweiten Weltkrieg gewesen, offensichtlich angesehen und beliebt. Und er war der bedeutendste spätere Putschist im August 1991 neben Krjutschkow und Jasow. Gorbatschow selbst holte Achromejew nach dessen Pensionierung als Berater in das politische Machtzentrum zurück. Der Marschall hat auf der Beratersitzung am 25. Januar 1990 in Moskau die Verantwortung für die Vorbereitung der Rückführung der sowjetischen Soldaten übernommen. Diese

Soldaten könnten nach ihrer Rückkehr Schwierigkeiten machen, da sie sich an die besseren Lebensbedingungen in der DDR gewöhnt hatten. Tschernajew: »Er (Achromejew) sagte, das wird nunmehr eher zu unserem inneren Problem als zu einem Problem der Außenpolitik.«[260]

Die Haltung Achromejews ist deshalb von Bedeutung, weil er vermutlich der Marschall war, den Gorbatschow meinte, als er Ende 1989 seinen später berühmt gewordenen Satz vom »sowjetischen Marschall« sprach, der am Tage nach einer Unterzeichnung von Verträgen zur Wiedervereinigung auf »seinem Sessel« säße.[261]

Am 9. November 1999, also zehn Jahre später, fragte der Historiker Timothy Garton Ash als Moderator der großen Jubiläums-Veranstaltung mit Bush, Gorbatschow und Kohl, die von der ARD ausgestrahlt wurde, Michail Gorbatschow, ob es diese Bedrohung durch das Militär, durch diesen Marschall wirklich gegeben habe. Gorbatschow antwortete im Gegensatz zu früheren Äußerungen mit einem deutlichen »Njet!«. Kohl setzte jedoch schnell hinzu, dass es diese Bedrohung sehr wohl gegeben habe. Denn diese Gefahr sei die Hauptsorge in dem gesamten hoch dynamischen Jahr 1990/1991 gewesen. Das war eine Sorge, die im Westen präsent war und die sogar Condoleezza Rice im Tausende von Kilometern entfernten Washington nach eigener Aussage nicht ruhig schlafen ließ.

Die ganze Zeit ließ uns die Angst nicht los, dass wir eines Morgens aufwachten und Gorbatschow gestürzt worden wäre und die alten sowjetischen Machthaber entschieden hätten, das Ende des Kalten Krieges in Frage zu stellen. Das war eine ständige Sorge – ich ging abends damit zu Bett und wachte jeden Morgen damit auf.[262]

Aber an eine konkrete Gefahrensituation in jenen Monaten kann sie sich auch nicht erinnern, nur an den späteren Rücktritt von Schewardnadse im Dezember 1990 wegen der Bedrohung der neuen Demokratie in der Sowjetunion, also schon nach der Wiedervereinigung.

Diese Bedrohung war sicherlich die entscheidende Begründung für die Annahme eines »nur kurze Zeit geöffneten Fensters« für die Wiedervereinigung, wie der damalige Bundeskanzler meint.[263]

260 Tschernajew im Interview 1999.

261 Als Quelle wird das Telefonat Gorbatschows mit Mitterrand am 14.11.1989 angegeben (Zelikow/Rice 1997, S. 200). Mir liegt das sowjetische Protokoll dieses Telefonats vor; darin ist allerdings diese Bemerkung nicht enthalten (Gorbatschow-Stiftung, 89NOV14). Dieses Telefonat ist eigentlich nur deshalb interessant, weil es um das nächste Treffen zwischen beiden geht. Beide sind sich im Übrigen einig in der Ablehnung der Schnelligkeit des Vereinigungsprozesses, setzen aber dennoch oder deshalb beide auf Kohl; insgesamt »würde Gorbatschow diese Entwicklung (in der DDR) begrüßen können«, wenn nicht die Einheitsbestrebungen in der Bundesrepublik wären.

262 Condoleezza Rice im Interview mit mir am 17.9.1999 in der Stanford University.

263 So zitiert Knopp im ZDF-Interview mit Kohl denselben im Interview 1999.

Horst Teltschik fügt diesen Bedrohungsszenarien sogar noch eine weitere Variante hinzu. Das Treffen zwischen Kohl und Gorbatschow in Moskau, das am 10. Februar 1990 stattfand, wäre schon für den Januar geplant gewesen, und man hätte sich in Bonn gefragt, ob in Moskau irgendetwas mit Gorbatschow geschehen sei. Später habe Teltschik Schewardnadse nach den Gründen gefragt, als der nicht mehr im Amt war. Und Schewardnadse habe berichtet, dass sie im Januar 1990 in Moskau wichtige Gespräche gehabt hätten, ob man nicht doch in der DDR (militärisch) eingreifen solle.

Teltschik: Und es gab auch Befürworter einer militärischen Intervention. Er (Schewardnadse – AvP) *nannte mir auch einen Namen.*

AvP: Wen?

Teltschik: Falin. Und Falin bestreitet das ja entschieden. Der bestreitet ja alles. Ich, ich habe Ihnen ja schon auch persönlich gesagt, ich halte von Falin überhaupt nichts aufgrund verschiedener Erfahrungen. Aber warum sollte Schewardnadse mich in dieser Situation anlügen? Es gibt keinen Anlass dafür. Und ich habe persönlich immer ein sehr gutes Verhältnis zu Schewardnadse gehabt.[264]

Diese Annahme von Teltschik bzw. von Schewardnadse scheint mir angesichts der realen Machtstellung Falins und seines Einflusses gerade innerhalb der Militärs nach heutigem Wissensstand kaum haltbar. Es scheint viel plausibler, dass Gorbatschow dem Bundeskanzler nach dem Zehn-Punkte-Plan und nach Kohls Auftritt in Dresden am 19. Dezember 1989 größere Ablehnung entgegenbrachte, als man dies in Bonn annahm oder wahrhaben wollte. Immer wieder hatte Gorbatschow erklärt, dass er damals glaubte, Kohl würde hinter seinem Rücken den Nationalismus anheizen und entgegen seinen Erklärungen die DDR destabilisieren.[265]

Derselbe Teltschik sagt auch: »Wir hatten keinerlei Berichte, wer, wo, was, wie diskutiert, argumentiert und durchzusetzen versucht (in Moskau – AvP). Hatten wir nicht. Weder vom CIA noch von jemand anders. Und wir konnten also nicht feststellen, ob sich hier neue Unsicherheiten, neue Krisen abzeichneten.«[266]

Zurück zu Achromejew und dem Militär: Sogar noch im Juni 1990, so berichtet auch der Kronzeuge Schewardnadse im Interview, sei der Marschall bei dem Treffen Gorbatschows mit Kohl und Schewardnadses mit Genscher

264 Teltschik im Gespräch mit mir, a.a.O.

265 So im Gespräch mit Modrow, Tschernajew Interviews mit mir vom 2.10.2001, Gorbatschow in seinen Erinnerungen 1993, S. 712 ff. Auch Zelikow und Rice vermuten, dass Gorbatschow Kohl mit seinen Besuchswünschen hätte »abblitzen« lassen wegen der »10 Punkte« (Zelikow/Rice 1997, S. 214).

266 Schewardnadse begründete allerdings seinen 11 Monate später erfolgenden Rücktritt mit einer solchen Bedrohung.

im Kaukasus anwesend gewesen, auf dem bereits alles Wesentliche entschieden war, Einheit Deutschlands und NATO-Mitgliedschaft.

> *Schewardnadse: Er musste die Interessen der Militärs ausdrücken. Und ich muss jetzt zum Lob des Bundeskanzlers, des Bundesaußenministers und von Gorbatschow und Schewardnadse sagen, dass sie damals eine Formel angenommen haben, die den Rückzug der sowjetischen Truppen und die ganze Problematik damit erleichterte. Sie* (die Deutschen – AvP) *haben damals die Verantwortung oder Verpflichtung übernommen, einige Milliarden auszugeben. Es waren – ich weiß jetzt nicht mehr – 15 oder 20 Milliarden*[267]*, um eine Infrastruktur zu schaffen, um Gebäude, Häuser zu bauen für die Menschen, die Deutschland verlassen würden. Also eine Methode ausgearbeitet, diese Soldaten Deutschland als Freunde und nicht als Feinde verlassen zu lassen. Unser Hauptopponent war General Achromejew. Er hat übrigens später Selbstmord begangnen. Sogar er hat an diesem Abend keinen Widerstand geleistet, er hat nicht widersprochen, weil wir eine solche Lösung auf den Tisch legten. Nachts um drei Uhr hatten wir unsere Sitzung beendet – ohne Abendessen.*

Das Erstaunliche ist nun, dass ausgerechnet Falin, der sich selbst als Hauptgegner Gorbatschows in dieser Phase stilisiert, sich zehn Jahre später als dessen Vertrauter in der Frage der Bedrohung des Generalsekretärs durch sowjetische Militärs in der Westgruppe der sowjetischen Armee beschreibt.

> *Falin: Ich habe Gorbatschow im Jahre 1990 eine sehr, sehr vertrauliche Information geliefert: Dass man ihn in die DDR einladen will auf Initiative unserer Truppengruppe dort. Und während dieses Aufenthalts kann er dort verhaftet werden. Seine Reaktion war folgende: »Krjutschkow hat mir darüber nichts gesagt. Ja, es wäre gut, wenn du nach Berlin fliegst zum Gespräch mit deiner Quelle,* (finde heraus, – AvP) *inwieweit das Gerücht realen Boden unter den Füßen hat«, wie die Russen sagen. Das habe ich gemacht, ich habe in der DDR diese sogenannte Quelle getroffen. (...)*
>
> *Blumenberg: Und diese Gespräche haben stattgefunden? Und wie ernst muss man diese Gespräche nehmen?*
>
> *Falin: Ich habe erfahren und später Gorbatschow berichtet: Über vage Gespräche, über Abtastungen zwischen Generälen der DDR und der Sowjetunion ging die Entwicklung nicht hinaus.*[268]

Das erscheint alles mehr als fragwürdig: Falin nennt auch keine Namen, meint auch offensichtlich nicht Achromejew, der eben erst später gegen Gor-

267 Üblicherweise werden 13 Milliarden DM angegeben, realiter waren es 12 Milliarden Hilfe plus 3 Milliarden zinslosen Kredit (s. u.).

268 Gespräch zwischen Falin und Blumenberg, a.a.O.

batschow putschte. Ich fragte deshalb Anatoli Tschernajew nach dieser Geschichte Falins:

Tschernajew: Wann soll das passiert sein?
AvP: Vermutlich in den ersten Monaten von 1990, meint er.
Tschernajew: Ich höre das erste Mal davon. Und ich denke, das alles ist unwahrscheinlich.
AvP: Ich dachte mir das schon.
Tschernajew: Das ist unwahrscheinlich.[269]

Wirklich alarmiert waren die späteren Putschisten erst, als das Sowjetreich bedroht war, als es auseinander zu fallen begann und einzelne Republiken gegen die Moskauer Zentrale einen Unabhängigkeitskurs fuhren, wie eben schon Ende 1989/Anfang 1990 in Litauen die Kommunistische Partei und dann die Litauische Sowjetrepublik. Und auch dann brauchte es mehr als ein Jahr, ehe sich die Putschisten organisiert hatten und den Putsch nach allgemeinem Urteil dilettantisch begannen.

Auf meine Frage nach der Gefahr eines Putsches Ende 1989/Anfang 1990 antwortet Anatoli Tschernajew am 2. Dezember 2001 ziemlich scharf:

Das war vielleicht ein Witz. Es hat damals keine Gefahr durch das Militär gegeben. Wer das behauptet, redet Blödsinn.
AvP: Falin erzählt neuerdings von einer Verschwörung der Westgruppe der sowjetischen Streitkräfte (in der DDR) gegen Gorbatschow?
Tschernajew: Nein, es hat keine militärische Gefahr gegeben damals. Nein! (Der einzige Moment von Temperament bei Tschernajew in diesem Gespräch – AvP). *Gorbatschow war sehr selbstsicher geworden. Ab dem Frühling* (1990 – AvP) *hat er sich nicht mehr mit dem Politbüro beraten. Nur mit Schewardnadse.*
AvP: Als Gorbatschow sich mit Bush Ende Mai/Anfang Juni in Washington traf und »Ja« zur Bündnisfreiheit der Deutschen sagte, sollen alle sowjetischen Beteiligten, auch Achromejew, sehr erschreckt gewesen sein.
Tschernajew: Absolut. Gorbatschow hat damals keine Angst mehr gehabt. (Tschernajew fügt etwas leiser hinzu:) *Leider später auch nicht, als er sie hätte haben müssen.*

Vieles spricht dafür, dass die Bedrohung Gorbatschows durch das Militär in diesen Monaten zwischen Ende 1989 und Ende 1990 für alle Beteiligten in Europa ein vielfach instrumentalisiertes Argument war: für Kohl, um seine Wiedervereinigungspolitik zu forcieren, für Mitterrand und Thatcher, aber auch für die SDP und andere Oppositionelle der DDR allerdings genau umgekehrt, nämlich um die Entwicklungen hin zur Wiedervereinigung zu verlangsamen im Interesse der Stabilität der Moskauer Führung. Für beide gegenläufigen Argumente sprach einiges.

269 Interview mit Anatoli Tschernajew am 11.12. 2001.

Auf meine Frage, ob es eine reale Bedrohung seiner Position in diesen Monaten durch Partei und Militär gegeben habe, antwortete Gorbatschow selbst:

> *Anfang 1990 gab es keine realen Pläne und Möglichkeiten einen Generalsumsturz oder einen anderen Umsturz zu organisieren. Murren, Geschimpfe auf verschiedenen Versammlungen und Proteste gab es in verschiedenen Kreisen, aber keine Verschwörungen.*[270]

4.5.5.2 Jakowlew »fleht« um einen Coup d'État gegen die Partei

Tschernajew berichtete von einer weiteren Variante, die alle bisherigen Spekulationen über die Putschgefahr in der Sowjetunion Anfang 1990 auf den Kopf stellt: Er informierte uns von Plänen eines Coup d'État – für Gorbatschow. Um diese weitgehenden Pläne zu belegen, las er aus seinem Original-Tagebuch vom 28. Januar 1990. Gorbatschow, Jakowlew und Tschernajew hätten sich außerhalb von Moskau in einer Staatsdatscha getroffen, um über die Vorlage für ein neues Parteiprogramm zu beraten.

> *Tschernajew: Und wenn Sie wollen, lese ich Ihnen jetzt etwas vor, einen Auszug aus meinen Aufzeichnungen, die davon künden, in welch schwieriger, kritischer Lage sich das Land und auch Gorbatschow persönlich befanden.*

Natürlich wollten wir. Und Tschernajew bat uns, einfach zuzuhören, man müsste es auch nicht festhalten, aber er ließ doch das Tonband zu: »Ich möchte nur, dass Sie sich nicht vom Kontext für die außenpolitischen Entscheidungen lösen.« Denn das ist der Sinn seiner Offenheit, er möchte unser Verständnis erweitern dafür, dass die Wiedervereinigung vom Kontext der innenpolitischen Krisensituation abhängig war. Die Wiedervereinigung hätte nur einen kleinen Teil der Debatten ausgemacht, sogar auf dem Treffen vom 25. Januar 1990 sei es weit mehr (ca. 70 Prozent) um die Innenpolitik gegangen.

> *Tschernajew: Jakowlew sagte zu Gorbatschow Folgendes: »Man muss handeln, Michail Sergejewitsch. Das größte Hindernis für die Perestroika und Ihre gesamte jetzige Politik sind das Politbüro und das Plenum des ZK. Und es ist unsinnig, sie so oft zusammenzurufen. (...) Wenn Sie weiterhin mit der Übernahme der Macht zögern, dann bricht alles zusammen. Es ist notwendig, bereits in der nächsten Woche vielleicht, anstelle des Obersten Sowjets, der für Mitte Februar einberufen worden ist, einen Kongress der Volksdeputierten einzuberufen und die Machtposition eines Präsidenten zu schaffen.« Gorbatschow war damals noch nicht Präsident, er war nur Generalsekretär und Vorsitzender des Obersten Sowjet. »Und der Kongress sollte Sie zum Präsidenten wählen.«*

270 In einem Brief an mich vom 6.3.2002.

Tschernajew berichtet dann weiter, dass Jakowlew vorschlug, ein Mehrparteiensystem auszurufen. Wenn Gorbatschow dies nicht mache, würde »alles zusammenbrechen«. Jakowlew habe gedrängt:

> *Sie müssen unbedingt alle Entschlossenheit aufbringen und unverzüglich handeln, nicht auf den Mai, nicht auf den Herbst verschieben, die volle staatliche Macht in Ihren Händen konzentrieren, das Politbüro und selbst die Schwatzbude* (den schwatzhaften Obersten Sowjet) *von den Hebeln der Macht verdrängen. In den nächsten Tagen, vor dem ZK-Plenum, das jetzt auf den 5./6. Februar anberaumt ist, müssen Sie im Fernsehen auftreten, unmittelbar an das Volk appellieren und erklären, dass Sie die Verantwortung übernehmen, die reale, außerordentliche Verantwortung, unter der Losung: Das Land den Bauern, die Fabriken den Arbeitern, reale Unabhängigkeit den Republiken, keinen Unions-Staat, sondern Staatenbund, Mehrparteiensystem, faktische Absage an das Monopol der KPdSU, große Kredite im Westen aufnehmen, Armeereform, die Generale davonjagen und ersetzen durch kluge Oberstleutnants, Truppenabzug aus Osteuropa, Auflösung der Ministerien, energische Kürzungen aller Apparate inklusive Parteiapparat, und – mit besonderer Nachhaltigkeit – außerordentliche Maßnahmen im Wirtschaftsbereich. In der Vorlage Sljunkows ist das schon enthalten.* (Sljunkow war Politbüromitglied und für Wirtschaft zuständig. – AvP) *Es liegt schon ein fertiges Papier in dieser Sache vor.*

Gorbatschow solle Ryschkow als Regierungschef absetzen, den Parteiapparat zusammenstreichen und die Staatliche Plankommission auflösen.

> *Jakowlew* (weiterhin zitiert nach dem Tagebuch Tschernajews – AvP)*: »Denn mit so einem Premier, der auf dem Niveau eines Betriebsdirektors denkt, mit so einer Institution wie dem GOSPLAN, die geprägt ist vom militärisch-industriellen Komplex, ist keine Reform zu realisieren.« Gorbatschow unterbrach ihn: »Und wen sollen wir an ihre Stelle setzen?« – »Es gibt genug Leute, man muss sie nur kühn einsetzen. Dafür ist das auch eine Revolution«* (kurze Pause, Tschernajew sucht nach Worten – AvP). *Gorbatschow reagierte darauf: »Fahren Sie wieder nach Wolynsk zurück, befassen Sie sich mit Ihrer Aufgabe. Reden Sie mit niemandem darüber. Wir werden hier alles durchdenken. Ich lasse mir durch den Kopf gehen, ob ich im Fernsehen auftreten werde.« Kurz, das was Jakowlew hier vorgeschlagen hatte, war, um es französisch zu sagen, ein Coup d'État. Es wäre ein Staatsstreich gewesen, hätte man das alles umgesetzt.*[271]

Ich fragte nach, ob der Begriff »Präsidialdiktatur« gefallen sei.

271 Tagebuchaufzeichnung von Anatoli Tschernajew vom 28.1.1990.

Tschernajew (beim Stichwort »Präsident« – AvP)*: Ziel war es, das Politbüro und das Zentralkomitee zu verdrängen und alle Macht in den Händen des Präsidenten zu konzentrieren, in staatlichen Strukturen.*

AvP: Was hätte das für die Partei bedeutet?

Tschernajew: Nun, wissen Sie, die Abschaffung des Artikels 6 der Verfassung (führende Rolle der Partei – AvP) *war bereits in der Diskussion. Die Sache hätte selbstverständlich zu einer Spaltung der Partei geführt. Ein bedeutender Teil hätte auf orthodoxen Anti-Perestroika-Positionen beharrt. Aber ein Teil, der fortschrittliche Teil, wäre Gorbatschow gefolgt.*

Tschernajew meint, dass Gorbatschow falsch reagiert, vielleicht den Grundfehler seines Lebens gemacht habe, indem er Jakowlews Vorschlag nicht gefolgt sei.

Gorbatschows größter, entscheidender Fehler war es, an der Partei festzuhalten, weil er meinte, die Partei könnte die Avantgarde der Perestroika sein, was schon aus dem Selbstverständnis der Partei heraus, wegen ihrer Natur, gar nicht so sein konnte. Und dass er Generalsekretär dieser Partei blieb, womit er sich selbst die Hände band.

Gorbatschow selbst antwortete auf die Frage, warum er Jakowlews Vorschläge zu einem Coup d'État abgelehnt hätte, nur:

Wer mich auch nur ein wenig als Politiker und Mensch kennt, kann nicht ernsthaft die Frage stellen, ob Gorbatschow die Fähigkeit habe, selbst einen Umsturz im Staat durchzuführen.

5 2+4, 4+2 oder 33+2? Die Machtzentren übernehmen die Verhandlungen über die internationalen Aspekte der Einheit

5.1 Wer verhandelt über Deutschlands Einheit?

5.1.1 Unterschiedliche Konzeptionen

Ende 1989 und Anfang 1990, als die Mehrheit der Bevölkerung in Europa die reale Möglichkeit der Wiedervereinigung gerade erst wahrzunehmen begann, dachte man in allen beteiligten Machtzentren bereits fieberhaft über deren Formung nach: Wer sollte über die Modalitäten der Vereinigung Deutschlands verhandeln? Die europäischen Staaten? Die Siegermächte des Zweiten Weltkriegs allein? Oder diese »Großen Vier« und die beiden Deutschlands? Oder die KSZE, also die europäischen Staaten inklusive der beiden Deutschlands sowie den USA und Kanada? Wie könnten die internationalen und die nationalen Vereinigungsprobleme am günstigsten miteinander verbunden werden und – kann man getrost hinzufügen – wie sind die eigenen Interessen und Ziele am besten zu verwirklichen?

Mehrere Möglichkeiten wurden in Betracht gezogen: Zum einen hätte eine gesamteuropäische Konferenz versuchen können, einen Friedensvertrag nach dem Zweiten Weltkrieg zustande zu bringen mit der KSZE als »Vehikel«[1], weil an der KSZE neben 33 europäischen Staaten auch die USA und Kanada und damit alle, die es anging, beteiligt gewesen wären. Für die Strategen im Bundeskanzleramt und im Auswärtigen Amt der Bundesrepublik oder im State Department der USA kam dieses »Vehikel« dennoch nicht in Frage, weil – wie es immer wieder formuliert wurde – viel zu viele Entscheidungsträger in einer so delikaten Frage beteiligt gewesen wären und auch die kleineren Staaten ein »ihrem Rang nicht gemäßes« (Baker) Vetorecht gehabt hätten[2]. Ähnlich sah es auch Genscher, »die Verhandlungen hätten sich an der Reparationsfrage festgefahren«[3] und:

Ein Friedensvertrag für Deutschland hätte bedeutet, dass wir eine Konferenz hätten abhalten müssen mit allen Ländern, mit denen wir im Krieg gewesen

1 Dieses Wort – nicht den KSZE-Plan – nutzte Baker in seinen Erinnerungen (Baker 1996, S. 172).
2 Ebenda.
3 Genscher 1995, S. 709.

waren oder ihren Rechtsnachfolgern, das heißt, wir hätten zum Beispiel in die Friedensverhandlungen einbeziehen müssen alle Nachfolgestaaten des englischen Imperiums, des französischen Imperiums, des holländischen und des portugiesischen, wir hätten also mit Kenia und mit Sambia über die deutsche Vereinigung verhandeln müssen, außerdem mit allen lateinamerikanischen Staaten, selbst Uruguay –

AvP: Na, also das finde ich etwas weit gehend, denn, wenn Sie daran denken, auch Potsdam hat nicht unter Teilnahme all dieser anderen Staaten stattgefunden –

Genscher: – Moment. Nein, nein, nein. Ein Friedensvertrag hätte diese Länder (auf den Plan gerufen – AvP) *– es war ja auch das Ziel vieler, eine solche Verhandlung zu haben. Wir hatten ein elementares Interesse, nur mit den vier Mächten zu sprechen.*[4]

Eine weitere Möglichkeit, die vor allem bei den anderen ehemaligen siegreichen Großmächten des Zweiten Weltkrieges diskutiert wurde, bestand in einer Siegermächtekonferenz à la Jalta oder Potsdam, also ohne die kleineren Staaten, aber eben auch ohne die beiden Deutschlands.[5] Die amerikanischen Politiker sowohl im Weißen Haus wie im Außenministerium nahmen an, dass eine Viermächtekonferenz von Moskau und vermutlich auch von den Regierungen in London und Paris favorisiert wurde, weil sie bessere und einfache Entscheidungsstrukturen gebracht hätte und vor allem die Interessen der Siegermächte auch gegenüber Deutschland leichter hätten durchgesetzt werden können.

Dafür gibt es auch einige Indizien: Gorbatschows »Sechs Punkte«, die er vor dem Treffen des Poltisch Beratenden Ausschusses des Warschauer Vertrags verbreiten ließ oder Schewardnadses verwirrende Rede vor dem Politischen Ausschuss des Europäischen Parlaments. Dieser Logik entsprach auch – symbolisch am bedeutsamsten – das von der Sowjetunion[6] initiierte Botschaftertreffen der vier Siegermächte am 11. Dezember im Kontrollratsgebäude in Berlin, bei dem über den Viermächte-Status Berlins gesprochen wurde. Am 10. Januar 1990 übermittelte der sowjetische Botschafter in Washington dem State Department die mündliche Botschaft, »unter den Großen Vier (zeichne) sich der Konsens (ab), dass ein Gedankenaustausch über deutschen Angelegenheiten auch weiterhin erwünscht« sei. Diese deutschen Angelegenheiten hätten eine große Bedeutung »für ganz Europa, wenn nicht für die ganze Welt«, bei deren Ordnung den Siegermächten noch immer »eine begreifliche Verantwortung« zukäme. Oder: Es könne für die Siegermächte

4 Genscher im »Lüdenscheider Gespräch« am 25.4.2001.

5 Vgl. zu den Parallelen zwischen Jalta und den späteren 2+4-Verhandlungen: Timothy Garton Ash 1993, S. 508 ff.

6 Modrow behauptet allerdings, dass dieses Treffen eher eine Initiative des sowjetischen Botschafters in Ostberlin als eine Moskaus gewesen sei (Modrow 1998, S. 106).

»erforderlich werden, einige parallele oder koordinierte Schritte in Bezug auf die deutschen Angelegenheiten zu unternehmen«[7].

Und noch am 25. Januar 1990 auf dem Moskauer Beratertreffen, auf dem die Zulassung der Wiedervereinigung Deutschlands beschlossen wurde, betonte Gorbatschow stark den Sieger-Status, der den damaligen Alliierten Rechte über das zukünftige vereinte Deutschland gebe. Er sprach dort zunächst von fünf Verhandlungspartnern, also die Siegermächte plus Bundesrepublik, wurde jedoch – zumindest nach dem Protokoll – von Tschernajew darauf aufmerksam gemacht, dass es auch noch die DDR gebe. Außerdem sollte die Formel »Vier plus zwei«, die dort als »Sechsergruppe« besprochen wurde, das Gewicht der Alliierten über Deutschland erhöhen.[8]

5.1.2 Gegen ein neues »Versailles«

Gegen eine reine Viermächte-, also eine »Sieger«-Konferenz, sprach sich mit aller Schärfe vor allem das bundesdeutsche Außenministerium aus, aber auch das State Department.

Für die Außenpolitik der Bundesregierung kamen überhaupt keine Friedensverhandlungen in Frage, von wem auch immer sie geführt worden wären. Es war vor allem der demütigende Status, den die Bundesrepublik und die DDR durch die früheren Alliierten inklusive aller beteiligten Kriegsgegner zugewiesen bekommen hätten. Abgesehen davon sollte jede Erinnerung an den »Versailler Vertrag« vermieden werden, zum einen, weil dadurch die neue Rolle der Bundesrepublik in EG, NATO und UNO reduziert werden würde, zum anderen, weil allen Strategen die Folgen von »Versailles« und der sich anschließenden Reparationsverhandlungen vor Augen standen: nämlich deren Bedeutung für den Aufstieg der deutschnationalen Parteien und schließlich der NSDAP. Wie tief dies in der Generation Genschers und Kohls saß, soll an einer Episode deutlich gemacht werden.

Am 13. Dezember 1989 fand, wie erwähnt, in Brüssel ein Treffen der Außenminister der EG-Staaten mit ihrem US-Kollegen Baker statt. Abends gab es ein Essen mit den Außenministern der USA, Frankreichs, Großbritanniens und der Bundesrepublik Deutschland, ein schon traditionelles Vierertreffen.[9] Man diskutierte eher entspannt über dieses und jenes. Nur der deutsche Außenminister war gereizt. Ihn hatte das Treffen der Botschafter der vier Sie-

7 Bei Baker ist es der 10.1., vermutlich ist aber der 12.1. gemeint, wie aus den Akten hervorgeht (DokUS-AM 11920 »Shevardnadze Message on Germany – Corrected Text«, nach Zelikow/Rice 1997, S. 559, Fußnote 10).

8 Protokoll des Beratertreffens vom 25.1.1990. Siehe das Kapitel: Entscheidung für die Zulassung der deutschen Einheit? Das Beratertreffen vom 25. Januar 1990.

9 Genscher 1995, S. 692 ff.

germächte im alten Alliierten Kontrollratsgebäude in Berlin am 11.[10] Dezember 1989 verstimmt.[11] Dort hatte der sowjetische Botschafter in Ostberlin, Kotschemassow, die Positionen Gorbatschows vom 9. Dezember 1989 auf dem Plenum des ZK der KPdSU vertreten: gegen Einheit, für die weitere Existenz zweier deutscher Staaten als Ergebnis des Zweiten Weltkriegs und gegen die Herabwürdigung der DDR. Die Sowjetunion werde nicht akzeptieren, erklärte Kotschemassow, dass diese Nachkriegsrealitäten ständig in Frage gestellt werden. Der französische Botschafter betonte zwar, dass es nur um Berlin ginge, unterstrich aber hierbei die Bedeutung des Viermächte-Status.

Nach diesem Botschaftertreffen hatte der britische Labour-Abgeordnete Ted Rowlands gefragt: »Ist es nicht anachronistisch, dass man über deutsche Fragen spricht, ohne die Deutschen dabei zu haben?«[12] Genscher war empört über dieses Treffen, besonders über dessen demonstrative Form, und verteilte nun in Brüssel unter den Teilnehmern der EG-Außenministerkonferenz ein Papier, in dem vor einem neuen Friedensvertrag à la Versailles gewarnt wurde. Genscher hielt dort beim Abendessen ein Foto des Treffens der Botschafter hoch und sagte erregt:

> *Ein solches Treffen der vier Siegermächte ist hoffentlich das letzte seiner Art gewesen. Es hat die Würde des deutschen Volkes verletzt. Wir sind stolz auf die friedliche Revolution in der DDR. Ein derart spektakuläres Treffen im Kontrollratsgebäude entspricht somit auf gar keinen Fall unserem wechselseitigen Verhältnis. Nie wieder dürfen die Deutschen am Katzentisch sitzen.*[13] *Sie müssen sich entscheiden zwischen der Zusammenarbeit mit uns in der NATO und in der Europäischen Gemeinschaft oder mit der Sowjetunion im Kontrollrat.*[14]

Es hat einen gewissen Witz, dass ausgerechnet Genscher den westlichen ehemaligen Siegern, besonders den USA, die ihm manchmal ein Liebäugeln mit der Sowjetunion vorwarfen, diese Alternative entgegenschleuderte und sich damit zugleich als derjenige darstellte, der demonstrativ die Gemeinsam-

10 Baker folgend fand dieses Treffen am 12.12. statt und der sowjetische Botschafter Kotschemassow existiert bei ihm nur mit seinem Vornamen »Wjatscheslaw« (Baker 1996, S. 165).

11 Von einer solchen Verärgerung ist übrigens in dem Protokoll des Gesprächs, das Kanzleramtsminister Rudolf Seiters nach dem Botschaftertreffen der vier Siegermächte mit den drei westlichen Botschaftern führte, nichts zu spüren. (Vgl. DzD, Nr. 121 Gespräch des Bundesministers Seiters mit den Botschaftern der Drei Mächte, Bonn, 13. Dezember 1989, S. 641 f.).

12 Wie man überhaupt heute vergisst, dass es in Großbritannien die Labour-Party und besonders ihr Vorsitzender Neil Kinnock waren, die im Gegensatz zu Margaret Thatcher die Wiedervereinigung unterstützten, während in Deutschland die SPD bzw. Lafontaine (anders als Hans-Jochen Vogel) zurückhaltender war in einigen Aspekten der Vereinigung.

13 Diese Sätze sind eine Kompilation aus Baker 1996, Genscher 1995, Zelikow/Rice 1997, sowie meinen Gesprächen mit Baker und Genscher.

14 Diese letzten Sätze habe er, so Genscher selbst (1995, S. 696), mit Schärfe und auf Englisch gesagt.

keit der Deutschen mit den anderen Westmächten in der NATO betonte. Die Geschichte fand einen passenden Abschluss, passend wegen des Pathos und wegen dieser Ermahnung zugunsten der Zusammenarbeit mit den Deutschen in der NATO. Baker legte beruhigend die Hand auf Genschers Arm und sagte:

Hans-Dietrich, wir haben Dich verstanden.[15]

Genscher fährt nach der Schilderung der beruhigenden Geste von Baker in seinen Memoiren fort: »Auch in den Gesichtern von Roland Dumas und Douglas Hurd las ich, dass sie mich nicht nur verstanden hatten, sondern meine Reaktion durchaus begreiflich fanden.«[16]

James Baker erwähnt in seinen Memoiren diese Episode zwar auch, aber er streift das Symbol des Anstoßes, nämlich die Veranstaltung der Botschafter der »Großen Vier« im Kontrollratsgebäude, nur am Rande. Deshalb habe ich ihn im Interview nach den Gründen für dieses Treffen gefragt.

Baker: Die Wiedervereinigung musste im Zusammenhang mit der Viermächtefrage behandelt werden. Und der Sowjetunion war es hierbei wichtig, dass ein Treffen zwischen den Botschaftern der vier Besatzungsmächte zustande kam. Und das haben wir getan, um diesen Prozess voranzubringen und die Sowjets bei der Stange zu halten. (...) Na ja, wir wollten keinen Friedensvertrag. Ich glaube nicht, dass die Deutschen das wollten. Und, wissen Sie, an dem, was Hans-Dietrich (Genscher) gesagt hat, ist bestimmt etwas dran. Aber wir brauchten dieses Treffen (...), um die Sowjetunion auf unseren Kurs zu bringen, denn es galt, die Rechte aller vier Besatzungsmächte zu berücksichtigen. Und es gab interne Aspekte der deutschen Wiedervereinigung, in denen wir durchaus übereinstimmten. (...) Es gab Rechte und Pflichten der vier Mächte, die Deutschland ausschlossen. Zwar galten sie für Deutschland – schlossen es aber trotzdem aus. Und damit mussten wir uns befassen. Und ich halte es für sehr wahrscheinlich, dass diese Vorstellung Hans-Dietrich Genscher nicht sonderlich gefiel. Aber es musste sein.

Hans-Dietrich Genscher schrieb später, dass auch die »demütigende Behandlung der ersten deutschen Demokratie bei den Verhandlungen über den Versailler Friedensvertrag, ja auch nur eine Diskussion über einen Friedensvertrag« vermieden werden musste. »Das vereinigte Deutschland sollte ohne offene Fragen und ohne diskriminierende Auflagen in die Zukunft gehen können. Die demokratische Stabilität in Deutschland durfte nicht ein zweites Mal gefährdet werden. Einer rechtsradikalen Opposition sollte sich keine neue Chance bieten.«[17]

15 Baker und Genscher im Interview mit mir, auch Genscher 1995, S. 696, Zelikow/Rice 1997, S. 213.
16 Genscher 1995, S. 696.
17 Ebenda, S. 716.

5.1.3 Deutsche Einheit, NATO-Mitgliedschaft und europäisches Sicherheitssystem

Viel wichtiger als das Botschafter-Treffen der vier Siegermächte in Berlin war nach Bakers Ansicht, so beschreibt er es in seinen Memoiren, seine Rede vor dem Berliner Presseclub am 12. Dezember 1989. Die Gesamtsituation in Europa erschien ihm so, als ob die Europäer von den Amerikanern Rettung nach der erdbebenhaften Zerstörung der Nachkriegsordnung erwarteten: »Und ein Großteil Europas suchte nun die Anleitung zum Aufbau in den Vereinigten Staaten.« Kurz vor dieser Rede hatte er von der Mauer aus nach Ostberlin geschaut und die »für Ostberlin typische, in Auflösung begriffene Farblosigkeit« gesehen, was ihm »mit aller Deutlichkeit vor Augen« geführt habe, »weshalb die Männer und Frauen in der DDR mit friedlicher Entschlossenheit die Dinge in ihre eigenen Hände genommen hatten. Dies war ihre Revolution, und es war die Aufgabe von Männern wie mir, ihnen zu helfen, die Freiheit zu sichern, um die sie sich so sehr bemühten.«

In dieser Haltung hielt Baker seine Rede über Europa vor dem Presseclub, die von Bob Zoellick geschrieben worden war: Man müsse nicht ganz von vorne anfangen nach diesem politischen Erdbeben in Europa, sondern hätte die drei wesentlichen Institutionen, nämlich NATO, EG und KSZE, wovon sich nun »jede von ihnen entwickeln müsste, um ›einen neuen Atlantizismus in einer neuen Ära‹ hervorzubringen«[18]. Mit der Feststellung, die NATO müsse zu einer »politischeren« Allianz werden, »wollte ich nicht zuletzt die Sowjets darauf vorbereiten, den Fortbestand dieses Bündnisses selbst dann zu akzeptieren, wenn sich der Warschauer Pakt auflösen würde, und sie außerdem dazu bringen, mit einem vereinten Deutschland in der NATO einverstanden zu sein«.[19] Das war das eigentliche Ziel der US-amerikanischen Politik in Europa, so dass alle Äußerungen zur notwendigen Zusammenarbeit mit den Sowjets in der *Vier*mächte-Verantwortung, die er damals wie heute betonte, eher als taktisch-diplomatische Kunstgriffe zum Erreichen dieses Ziels erscheinen müssen.

Ich habe Baker aus zwei Gründen hier so ausführlich zitiert: Zum einen offenbart dieser Text – ebenso wie seine Rede – ein fast messianisches Selbstbewusstsein hinsichtlich seiner eigenen persönlichen und politischen Rolle sowie der der US-Regierung; dieselbe Haltung zeigt sich auch in seiner Annahme, dass die Europäer eine »amerikanische Anleitung«, also Führung, erwarteten. Und zum anderen wird in dieser Rede die amerikanische Position in der NATO-Frage deutlich, und dies nur zwei Wochen nach dem Zehn-Punkte-Plan Helmut Kohls von Ende November, in der diese Problematik

18 Das war ein Begriff von Rick Burt gewesen, wie Baker feststellte, der früher Botschafter in der Bundesrepublik gewesen war und Unterhändler in den START-Verhandlungen (Baker 1996, S. 166).

19 Ebenda.

ausgespart worden war; denn für die Deutschen war eben die Einheitsfrage das Entscheidende, wie Teltschik noch zehn Jahre später erläuterte[20], während es für die amerikanische Regierung die NATO-Frage war. Dies ist keine Selbstdarstellung im Nachhinein, denn das war die Linie, wie sie Bush schon in seinen »Vier Grundsätzen« vorgegeben und Anfang Mai 1989 in Mainz angedeutet hatte, und sie wird bei Bakers Besuch Anfang Februar in Moskau fortgesetzt werden.

Baker hatte mit Kohl am Morgen dieses 12. Dezember in Westberlin gefrühstückt. Der Bundeskanzler erklärte dort dem amerikanischen Außenminister in aller Ausführlichkeit, dass es notwendig sei, den Menschen in Deutschland ein Ziel zu zeigen, nämlich die Verwirklichung der Vertragsgemeinschaft und die Einheit unter einem europäischen Dach, zugleich aber zu betonen, dass diese erst am Ende eines längeren und mühseligen Prozesses stehen könnte, der »geraume Zeit« in Anspruch nehmen würde. Das habe er mit seinen »10 Punkten« getan. Baker berichtete von den Sorgen der anderen Regierungen, besonders von Margaret Thatcher, die er gerade getroffen habe. Kohl dazu: »Wir heizen die Entwicklung nicht an.« Weiter erklärte Kohl nach dem Protokoll dieses Treffens, »es sei der Fehler von PM Thatcher, dass sie meine, man sollte die Dinge lieber laufen lassen. Wenn aber er (Unterstreichung im Original – AvP) nicht das Ziel klar herausstelle, würden es andere tun.« Gorbatschow würde dann zum Beispiel den Austritt Deutschlands aus der NATO fordern, wenn Deutschland vereinigt würde. Baker äußerte Verständnis und antwortete, das hätte Gorbatschow bei den Amerikanern schon angedeutet, weshalb die USA ja auch die Politik Kohls unterstützten. »Diese Unterstützung sei eingebettet in den Rahmen der 4 Punkte, die der Präsident letzte Woche formuliert habe. Damit bewege man sich sehr nahe an der Formulierung, die der ER (Europäische Rat – AvP) in Straßburg gefunden habe.«[21] Mit diesem Hinweis wollte Baker wohl andeuten, dass nur diese amerikanische Hilfe und die Kooperation mit Bundeskanzler Kohl das Treffen in Straßburg zu einem Erfolg gebracht habe. Kohl hätte dort »Großartiges« geleistet. Kohl erklärte bei dem Frühstück auch, dass er die Entscheidung für die (europäische) Wirtschafts- und Währungsunion mitgetragen habe, wie dies von Mitterrand gewünscht worden war, obwohl sie »gegen deutsche Interessen« ginge. Aber Deutschland brauche Freunde. »Er gönne gerne Frankreich den Ruhm für den Erfolg von Straßburg, aber ohne ihn wäre die Sache dort nicht gelaufen.«

Baker brachte dann das sensible deutsch-polnische Grenzproblem zur Sprache. Kohl ging darauf ein, indem er den Punkt 8 seiner »10 Punkte« anführt, der dieses Problem klargestellt und zugleich auf die KSZE-Schlussakte ver-

20 Siehe das Kapitel zur Entstehung des 10-Punkte-Plans und den entsprechenden Ausschnitt aus dem Interview mit Horst Teltschik.
21 Siehe das Kapitel »Konsensbemühungen in Europa«.

wiesen hätte. Außerdem gebe es vertragliche Verpflichtungen durch den Moskauer und den Warschauer Vertrag. Das Bundesverfassungsgericht habe jedoch den Warschauer Vertrag so interpretiert, dass »die Bundesrepublik Deutschland keine Erklärung für Gesamtdeutschland abgeben könne«. Kohl weist in diesem Zusammenhang auch auf die Vertriebenen-Charta von 1950 hin. Er betont, dass es nur um die Oder-Neiße-Grenze ginge, nicht aber um die innerdeutsche Grenze oder die Sektoren-Grenzen in Berlin. »Wenn es zur deutschen Einheit komme, werde die Grenzfrage mit Polen keine Sekunde ein Problem darstellen.«[22]

Es wurde aber immer wieder als Problem gesehen, besonders in Polen und in Westeuropa.[23] Genscher ging dieses Grenz-Problem etwas anders als Kohl an, indem er meinte, dass nach den Wahlen in der DDR beide deutschen Parlamente eine gemeinsame Erklärung zum Fortbestand der Oder-Neiße-Grenze abgeben sollten.

Genscher empfand stärker noch die Notwendigkeit einer anderen Klärung, nämlich des Verhältnisses von Vereinigung und Allianzzugehörigkeit. Er schreibt, dass er »1989 immer wieder« die Bündnistreue Deutschlands im Vereinigungsprozess betont habe, aber dennoch Anfang des Jahres 1990 öffentlich in Richtung Bush und Baker klarstellen wollte, was »ich intern längst erklärt hatte: Wir werden auch als vereinigtes Deutschland Mitglied von NATO und EG bleiben.« Das habe er dann auch im Rahmen des Drei-Königs-Treffens der FDP am 6. Januar in Stuttgart und am 31. Januar 1990 in Tutzing getan. Das stimmt in der allgemeinen Zielsetzung, aber seine Ausführungen in Stuttgart und Tutzing zeigen, wie sehr Genscher in dieser allgemeinen Strategie darum bemüht war, die sowjetischen Sicherheitsinteressen nicht zu verletzen. In Stuttgart erklärte er zwar ähnlich wie Bush und Baker: »Den Bündnissen NATO und Warschauer Pakt kommt in diesem Prozess eine besondere politische Steuerungsfunktion zu.« Aber er setzte etwas hinzu, was zumindest in sowjetischen Ohren differenzierter geklungen und bei den Amerikanern Sorgen geweckt haben dürfte: »Die den Völkern Europas von den Bündnissen gewährte Sicherheit muss in einem ersten Schritt durch kooperative Sicherheitsstrukturen gestärkt werden.« Damit kann nur die Voranstellung neuer kooperativer Sicherheitsstrukturen zwischen Warschauer Pakt (oder mindestens der Sowjetunion) und NATO gemeint gewesen sein. Genscher fuhr denn auch fort: »In einem zweiten Schritt müssen die dann kooperativ strukturierten Bündnisse in einen Verbund gemeinsamer kollektiver Sicherheit überführt werden, das heißt, es sollen *zwischen* den Bündnissen

22 Alle Zitate aus DzD, Dok. Nr. 120 Gespräch des Bundeskanzler Kohls mit Außenminister Baker Berlin (West), 12. Dezember 1989. S. 636 ff.

23 Vgl. zum Beispiel den Brief des polnischen Ministerpräsidenten Mazowiecki an Bundeskanzler Kohl vom 30.1.1990, in: DzD, S. 744 f., der allerdings nur noch eine versteckte Kritik enthielt.

Strukturen entstehen, die den Antagonismus Schritt für Schritt überwinden.«[24]

Hier wird besonders deutlich, dass es nicht dasselbe ist, was er und die amerikanischen Führer zur NATO sagten, wie der frühere Außenminister der Bundesrepublik im Nachhinein der Leserschaft seiner Memoiren einreden will. Dass die Amerikaner dies bemerkten und Genscher mit Vorsicht behandelten, erklärt Condoleezza Rice auf meine Frage fast zehn Jahre später:

> *Genscher hatte, glaube ich, eine andere Sicht der Dinge. Meine Befürchtung war, dass er womöglich an der Ostpolitik festhalten wolle. Und nun, da diese »Ostpolitik« überwunden war, weil sie einfach nicht mehr zeitgemäß war und es darum ging, eine Wiedervereinigung Deutschlands nach den Vorstellungen des Westens einzuleiten und die Sowjetunion dazu zu bringen, dass sie dies akzeptiert, befürchtete ich, dass er den sowjetischen Interessen vielleicht ein wenig zu sehr entgegegenkam.*
>
> *AvP: Es ging das Wort vom »Appeaser« um.*
>
> *Rice: Oh, ich glaube, »Appeaser« ist viel zu stark. Ich denke, Genscher hatte verstanden, welche Rolle Deutschland für den Westen spielte. Aber ebenso geradlinig vertrat er die Ansicht, dass die Sowjetunion hier nicht übergangen werden dürfe, allerdings auf eine Art und Weise, die ich als* (eher – AvP) *ungeeignet ansah. (…) Genscher war der geeignete Partner, in dieser Frage mit der Sowjetunion zu verhandeln. Ich denke, dass Kohl eher die Kommunikation mit dem Westen lag, besonders mit uns – mit den USA. (…) Vielleicht, weil Kohl auch eher an der westlichen Variante des Weges der Wiedervereinigung gelegen war.*

Aber auch Kohl geriet zeitweilig in Verdacht, die NATO-Mitgliedschaft der Einheit Deutschlands zu opfern. Am 18. Januar fragte man sich in der »Washington Post« anlässlich eines Interviews mit Helmut Kohl, ob es Differenzen zwischen den Regierungen Bush und Kohl gäbe, weil es so scheinen müsse, »als stimme er (Kohl – AvP) nicht mit dem beharrlichen Argument der Regierung Bush überein, dass die deutsche Wiedervereinigung im Kontext der fortbestehenden deutschen Verpflichtungen in der NATO herbeigeführt werden müsse«. Kohl soll in dem Interview gesagt haben: »Ich denke nicht, dass es klug wäre, solchen Gedanken beim gegenwärtigen Stand der Diskussion Raum zu geben.« Die Nachrichtenagentur »AP« berichtete: »Zum Thema Wiedervereinigung sagte der Kanzler, die Entwicklung in Osteuropa habe die amerikanische Position überholt, die deutsche Einheit könne nur im Zusammenhang mit einer deutschen NATO-Mitgliedschaft erreicht werden. Kohl sagte, zu dieser Frage gebe es Meinungsverschiedenheiten mit Washington. Er denke aber,

24 Genscher 1995, S. 712. Hervorhebung von ihm.

dass sich die amerikanische Auffassung bei einer Veränderung des Verhältnisses zwischen NATO und Warschauer Pakt ändern könne.«[25]

Genscher zitiert diese Kritik an Kohl ausführlich – vielleicht kam und kommt es ihm nicht ganz unrecht, dass auch der Bundeskanzler in einen Verdacht kam, dem ansonsten eher der Außenminister ausgesetzt war. Aber Genscher kannte nach seinen eigenen Worten Helmut Kohl »viel zu gut«, so dass er sich in der Sache keine Sorge gemacht habe, aber es hätte unbedingt in diesen Fragen der Bündniszugehörigkeit eines vereinten Deutschland für die Öffentlichkeit Klarheit geschaffen werden müssen.

Nikolai Portugalow, Mitglied der Internationalen Abteilung des ZK der KPdSU, erklärte 1999, einer der großen Fehler der sowjetischen Politik sei der gewesen, »den Dicken (also Kohl – AvP) nicht auf die Folterbank gespannt zu haben, sich zwischen Einheit und Westbindung zu entscheiden«.[26] George Bush und sein Außenminister Baker sowie Condoleezza Rice betonen jedoch zehn Jahre später vermutlich zu Recht, dass sie niemals Zweifel daran gehabt hätten, dass sich Kohl in der Alternative Vereinigung oder Westbindung für die Westbindung entschieden hätte. Sie hätten daher Kohl in seiner Wiedervereinigungspolitik »offensiv« (Baker) unterstützt, eben unter der Voraussetzung, dass die NATO-Frage klar und die Oder-Neiße als Grenze anerkannt sei und gegenüber Polen dokumentiert werde. Dennoch stellte ich dieselbe Frage an Baker:

AvP: Eine andere Frage: Hatten Sie je Zweifel daran, dass Bundeskanzler Kohl sich angesichts der Alternative »Wiedervereinigung oder Westbindung« für die Wiedervereinigung entscheiden würde?

Baker: Nein, das haben wir nie bezweifelt, weil wir (...) mit Helmut Kohl schon zu Beginn des Prozesses in wesentlichen Fragen einig waren. Und er wusste, wie wichtig es aus unserer Sicht war, dass ein gesamtdeutscher Staat Mitglied der NATO wird. Und deshalb hatten wir wirklich keine Angst – wir vertrauten ihm. Das war einfach der richtige Weg. Wir befürchteten nicht, dass er sich für ein neutrales Deutschland aussprechen könnte – ein vereintes Deutschland, das aber nicht Mitglied der NATO war. Das machte uns wirklich kein Kopfzerbrechen.

AvP: Und ich denke, es war ihm eine Hilfe (...) hinsichtlich Premierministerin Thatcher und Mitterrand.

Baker: Sie meinen unsere Unterstützung?

AvP: Ja, als Sie sagten, das vereinte Deutschland würde Mitglied der NATO sein, konnte niemand etwas dagegen sagen.

25 Zitiert nach Genscher 1995, S. 713.
26 Gespräch zwischen Nikolai Portugalow, Ulrich Lenze und mir am 10.5.1999 in Berlin.

Baker: Es half uns dabei, den Briten und Franzosen zu zeigen, dass wir – was die Wiedervereinigung betraf – im Recht waren. Im Hinblick auf die Sowjetunion machte es die Sache allerdings schwieriger.[27]

Am 31. Januar 1990 in Tutzing war Genscher deutlicher – seiner eigenen Auffassung nach, wie er sie in den Memoiren äußerte: Er machte klar, was vereint werden sollte, nämlich die DDR, die Bundesrepublik und Berlin, sonst nichts. Das war an die Adresse der Polen einerseits und an alle Deutschen gerichtet, die die Oder-Neiße-Grenze in Frage stellen wollten. »Eine Grenzgarantie an alle unsere Nachbarn muß die erste gemeinsame Willensbekundung der beiden deutschen Parlamente und Regierungen sein.« Das war die bereits erwähnte andere Zugangsweise als die des Bundeskanzlers, der zu dieser Zeit eine solche (neuerliche[28]) Erklärung ja auf ein gesamtdeutsches Parlament verschieben wollte. Die Mitgliedschaft in der EG sei unwiderruflich, was an die Adresse Mitterrands gerichtet gewesen sei. Und das Gleiche gelte für die Mitgliedschaft im westlichen Bündnis. »Ein neutralistisches Gesamtdeutschland wollen wir nicht.« Er fügte jedoch die im Kern nicht ganz einfach damit in Einklang zu bringende Aussage hinzu: »Vorstellungen, daß der Teil Deutschlands, der heute die DDR bildet, in die militärischen Strukturen der NATO einbezogen werden soll, würden die deutsch-deutschen Annäherungen blockieren.«[29] Es scheint so, als ob Genscher im Nachhinein seiner Leserschaft vormachen möchte, dass seine Position nicht von der amerikanischen abwich, dass er aber dennoch seine differenzierte Position zu den sowjetischen Sicherheitsinteressen und seine Unterschiede in der Einbeziehung der DDR in die NATO-Strukturen deutlich konturieren wollte. Zugleich stand Genscher vor der komplizierten Situation, dass weder er noch die Sowjetunion eine ausgereifte Vorstellung davon hatten oder haben konnten, wie denn ein europäisches Sicherheitssystem aussehen sollte, das die NATO und den untergehenden Warschauer Pakt, die USA und die Sowjetunion einbezog. Und dies im Angesicht deutlich formulierter Interessen des hauptsächlichen westlichen Vertragspartners, der USA, der jedem deutschen Anzeichen für eine eigenständige Annäherung an die Sowjetunion einen Riegel vorschieben würde.

Am 25. April 2001 habe ich Genscher nach diesen Widersprüchen gefragt.

AvP: Wenn ich Sie und Ihre Politik in diesen Jahren richtig verstehe, dann haben Sie nicht so eindeutig nur auf diese Komponente (Westbündnis) gesetzt, sondern auf ein gesamteuropäisches Sicherheitssystem unter Einschluss der Sowjetunion. Ist das richtig?

Genschers Antwort setzt auf nicht ungeschickte Weise seine bisher dargestellte Widersprüchlichkeit fort:

27 Baker im Interview mit mir 1999.
28 Denn es gab ja schon Erklärungen dieser Art in Helsinki und dem Warschauer Vertrag.
29 Genscher 1995, S. 714.

Ja. Das war übrigens eine deutsch-amerikanische Position, denn wir mussten ja der Sowjetunion etwas bieten. Sie gab praktisch ihren Einflussbereich auf, sie sollte in der Konsequenz dieser deutschen Vereinigung Deutschland verlassen. Und für die Sowjetunion war klar, wenn sie die DDR verlässt, bedeutet das, sie verlässt Polen, sie verlässt die Tschechoslowakei, sie verlässt im Grunde alle Staaten, die zwangsweise im Warschauer Pakt gewesen waren. Was konnten wir ihnen bieten? Wir sagten, dass die Bundesrepublik Deutschland 500 000 Soldaten hat, die DDR 180 000, sind zusammen 680 000, das vereinte Deutschland wird 370 000 Soldaten haben.

AvP: Also Truppenreduktion.

Genscher: Dann sagten wir, es werden alliierte Truppen nicht auf dem Gebiet stationiert, das ihr in Deutschland freigebt. Es sind ja in den neuen Bundesländern keine verbündeten Streitkräfte stationiert, sondern die sind in den westlichen Bundesländern und auch in der jetzt reduzierten Form.

Meine erste Frage, inwieweit Genscher damals ein europäisches Sicherheitssystem, das die Sowjetunion einschloss, im Auge hatte, wird mit dem Satz »Ja, das war eine deutsch-amerikanische Position« nicht wirklich beantwortet. Denn das war damals gerade nicht die amerikanische Position – es geht um den Januar 1990. Und es war damals überhaupt noch nicht klar, insbesondere nicht bei den Amerikanern, inwieweit die dann ehemalige DDR einen militärischen Sonderstatus erhalten sollte. In dieser Frage sollte sich auch innerhalb der Bundesregierung ein ausgewachsener Streit, ausgetragen vor allem zwischen Genscher und Verteidigungsminister Stoltenberg, entwickeln.

Genscher weiter:

Aber viel wichtiger, glaube ich, war, dass wir gesagt haben, wir, die NATO, treten euch anders gegenüber in der Außenministerkonferenz in Schottland und dann in der Londoner Gipfelkonferenz der NATO, alles im Frühsommer 1990, sagten wir, wir sind nicht mehr Feinde, sondern wir betrachten uns als Partner. Und wir bieten der Sowjetunion Partnerschaft für die Sicherheit in Europa an. Dann erklärten wir uns bereit, über eine Idee von Gorbatschow zu verhandeln, nämlich eine Charta für ganz Europa zu beschließen.

Das ist eine nicht unwichtige Feststellung, die den Erwartungen der Sowjetunion entsprach, wie wir gleich sehen werden, aber sie kommt erst *nach* der Wiedervereinigung, die damit zur *Voraussetzung* für die Europäische Charta wird, und die ist wiederum alles andere als ein militärisches Sicherheitsbündnis. Das europäische Sicherheitsbündnis war jedoch als *Voraussetzung* oder *Teil* der sowjetischen Politik zur Wiedervereinigung gedacht.

Genscher: Das (die Europa-Charta – AvP) *geschah dann im Herbst 1990 im Paris, wo wir uns noch einmal über alle wirklich wesentlichen Grundsätze, über Menschenrechte, Freizügigkeit verständigten. Selbst die Marktwirtschaft wurde Teil der europäischen Charta. (…) Für ihn* (den sowjetischen Generalsekretär – AvP) *war die Öffnung des Westens zu einer Zusammenarbeit, und zwar zu einer gleichberechtigten Zusammenarbeit mit der Sowjetunion von großer Bedeutung.*

AvP: Letztlich sind die hard facts natürlich dennoch welche, die die Sowjetunion außerhalb dieses sich erweiternden Westeuropas gebracht haben.

Denn am Ende des Wiedervereinigungsprozesses war der Warschauer Pakt auseinander gefallen, die NATO erweitert und kein europäisches Sicherheitssystem geschaffen worden, das die Sowjetunion einbezogen hätte. Für Nikolai Portugalow war es 1999 klar:

Die Amerikaner und Deutschen waren überhaupt nicht bereit, uns in irgendeiner Form in ein europäisches Sicherheitssystem zu holen. Der kluge Genscher, der hier scheinbar Zugeständnisse machen wollte, hat sofort eins aufs Dach bekommen. Gerade in dieser Zeit geisterte das Wort vom »Genscherismus« herum, was nichts anderes als »appeasement« bedeutete, und zwar ein Zurückweichen vor unseren, den sowjetischen Interessen.[30]

In jedem Fall stärkte die Regierung Bush/Baker im Laufe der weiteren Entwicklung Kohl den Rücken gegen die Kritik aus Westeuropa im Herbst 1989, indem sie die NATO-Erweiterung als Teil der Wiedervereinigung deutlich formulierte. Denn wie sollte eine Margaret Thatcher die Wiedervereinigungspolitik torpedieren, wenn sie dafür die NATO-Erweiterung erhielt?

Bush: Ich will nicht übertreiben und es so darstellen, als hätten wir England und Frankreich regelrecht überfahren müssen. Es herrschte keine feindselige Atmosphäre. (…) Wie ich Ihnen schon sagte, haben wir sehr deutlich gemacht, dass wir wollten, dass Deutschland … und Kohl hat das ganz deutlich zum Ausdruck gebracht – in der NATO bleiben solle, und (…) General Scowcroft, Jim Baker und ich dachten: je schneller, desto besser. Vorausgesetzt allerdings, dass Deutschland die Oder-Neiße-Grenze respektiert, vorausgesetzt, dass Deutschland nicht seine NATO-Mitgliedschaft aufgeben würde. So hatten wir Sicherheit in diesen Punkten und konnten einem vereinten Deutschland begeistert entgegensehen.[31]

Auch diese Darstellung des ansonsten zurückhaltenden Bush ist ein Indiz gegen die Darstellung Genschers und Teltschiks, man habe von dieser Strategie der USA im Frühjahr und Sommer 1989 nach dem Bush-Besuch auf dem NATO-Jubiläumsgipfel in Brüssel und Bonn nichts erfahren.

In einer der Voraussetzungen für die deutsche Wiedervereinigung, die Baker und Bush hier in diesem Zusammenhang nennen, nämlich in der Frage

30 So in einem Gespräch mit dem Produzenten des »Deutschlandspiel«, Ulrich Lenze, und mir am 10.5.1999 (siehe Protokoll) und noch zwei Mal in späteren Gesprächen, zuletzt in einem Gespräch Anfang Oktober 2001 in Moskau.

31 Im Gespräch mit mir am 25.9.1999 in Washington.

der Anerkennung der Oder-Neiße-Grenze, habe Kohl allerdings eine »mittlere PR-Katastrophe« verursacht, indem er diese Anerkennung erst durch ein gesamtdeutsches Parlament und nicht wie Genscher durch die Parlamente sowohl der BRD wie der DDR nach den Wahlen vom 18. März 1990 bestätigen lassen wollte. Über die zögerliche bis abwehrende Haltung Kohls zu einer erneuten Anerkennung der Oder-Neiße-Grenze vor der Vereinigung gab es die einzige ernst zu nehmende Differenz zu den Amerikanern. Das löste naturgemäß vor allem in Polen, aber auch im übrigen Europa und in den USA tiefe Besorgnis aus.[32] Kohl hatte, wie erwähnt, das Bundesverfassungsgerichtsurteil gegenüber Baker ins Feld geführt, vielleicht gab es auch die Sorge, dass es größere Auseinandersetzungen mit Vertriebenenverbänden und deutschnationalen Strömungen geben könnte.[33]

Ein weiteres Problem hatte die amerikanische Regierung unter Bush nicht:

> *AvP: Einige Politiker sahen die deutsche Teilung als Folge des Nationalsozialismus und des Zweiten Weltkrieges – oder sogar als Strafe für die Verbrechen des Nationalsozialismus. Sie nicht?*
>
> *Bush: Nein, ich nicht. Aber ich denke, Sie haben Recht. Ich denke, einige Menschen empfanden die Strafe für Deutschland, das* (Belgien und – AvP) *die Niederlande brutal überfallen und Krieg mit dem größten Teil der freien Welt geführt hatte, nur als gerecht. (…) Aber ich sehe das so: Die Bundesrepublik Deutschland hat sich ihren Platz durch ihr Einhalten von demokratischen Prinzipien – freie Wahlen, Demokratie, Freiheit – verdient. Und ich fand, wenn man diese Prinzipien in der DDR einführen würde, wäre das gut für den Frieden. Diese Teilung war unnatürlich. Und unnatürliche Teilungen sind keine Katalysatoren für den Frieden.*

5.1.4 Die Formel

5.1.4.1 2+4: Die deutsche und die amerikanische Position

Die Formel 2+4 als Synonym für die Verhandlungen zwischen den beiden deutschen Regierungen und denen der vier Siegermächte über die äußeren Aspekte der deutschen Einheit war die Formel westlicher Regierungen. Besonders die deutsche Seite trat ebenso wie die amerikanische für sie ein, um deutlich zu machen, dass hier nicht – nach dem sowjetischen Muster 4+2 – die

32 Vgl. Zelikow/Rice 1997 oder auch das Interview mit Rice aus dem Jahre 1999.

33 Allerdings sollten, wie noch dargestellt werden wird, die beiden deutschen Parlamente im Sommer 1990 eine Erklärung zur deutsch-polnischen Grenze abgeben, und die Bundesregierung wird einen Schlusspunkt unter diese Debatte durch den deutsch-polnischen Grenzvertrag vom 14.11.1990 setzen, also nach der Wiedervereinigung. Vgl. die Kapitel »Die Volkskammer, der Bundestag, die polnische Regierung und die Grenzfrage« sowie »Die Abschlüsse«.

Sieger mit den Deutschen eine Friedenskonferenz veranstalten. Die beiden Außenminister Baker und Genscher beschreiben fast, aber eben nicht ganz gleich, wie diese Formel zustande kam.

James Baker antwortet zunächst auf meine Frage im Interview aus dem Jahre 1999:

Das ist in der Tat in meinem Büro im Außenministerium gewesen.

In seinen Memoiren ist er etwas bescheidener und meint ebenso wie Genscher, dass diese Formel das Ergebnis der Verhandlungen zwischen Vertretern des amerikanischen State Department und des deutschen Auswärtigen Amtes, vor allem zwischen Frank Elbe, Dieter Kastrup und Bob Zoellick, im Januar 1990 gewesen sei.

Diese Formel entsprach Genschers Vorstellungen, und er vertrat sie vehement. Die »Zwei« müsse der »Vier« allerdings vorangestellt bleiben, wie er gegenüber Baker bei seinem Besuch am 3. Februar in Washington betonte. Das sei nicht nur Semantik, denn die vorangestellte »Zwei« mache deutlich, dass die Deutschen die Führung bei der Vereinigung übernehmen. »Vier plus zwei« wäre dagegen Ausdruck des »Viermächte*diktats*« »und daher politisch wie emotional inakzeptabel.«[34]

Im Interview setzt Baker 1999 noch etwas hinzu:

Ursprünglich kam diese Idee von einigen meiner Mitarbeiter im Ministerium. Ich glaube, sie haben mit einigen Leuten im Umfeld von Hans-Dietrich Genscher gesprochen – Frank Elbe, Dieter Kastrup vielleicht – und noch mit einigen anderen. Und der Tenor war: Das sieht nach einer guten Lösung aus, alle wichtigen Fragen werden beachtet. Wir werden zwei deutsche Staaten haben. Sie werden sich mit den inneren Angelegenheiten befassen. Und zusammen mit den Besatzungsmächten Frankreich, Großbritannien, den USA und der Sowjetunion werden sie sich um die äußeren Angelegenheiten kümmern. Und das war eine denkbare Möglichkeit und ein gangbarer Weg. Darauf haben wir uns schließlich geeinigt. Ich habe jedes Treffen, das nötig war, um diese Zustimmung zu bekommen, genau protokolliert – ich brauchte die Zustimmung von Douglas Hurd, die von Roland Dumas und die von Schewardnadse. Und als wir alle diese Einverständniserklärungen hatten, wollten wir einen Schritt weitergehen und das auf der »Open-Skies« Konferenz in Ottawa offiziell bekannt geben. Wir wollten etwas tun, solange wir die Dinge in der Hand hatten und bevor jemand etwa seine Meinung änderte. Und, offen gesagt, hatten wir zu jener Zeit tatsächlich ein internes Problem in der US-Regierung: Der Nationale Sicherheitsrat war angesichts dieser Herangehensweise etwas besorgt. So musste ich mit Präsident Bush telefonieren. Und ich musste ihm sagen: Augenblick mal. Wir müssen das jetzt tun. Das ist eine große Chance.

34 Baker 1996, S. 176, Genscher 1995, S. 716 f.

Das ist der Weg, den wir gehen sollten. Aber entwickelt worden war das im Außenministerium, in Absprache mit Genschers Leuten.

Demnach musste Baker nicht nur die französische, die britische und sowjetische Regierung von der gemeinsam mit der bundesdeutschen Regierung ausgearbeiteten Linie überzeugen, sondern auch den Nationalen Sicherheitsrat (NSC), vielleicht sogar Präsident Bush.[35]

5.1.4.2 Die sowjetische Erfindung »4+2«

In der Sowjetunion stellte die Führung ähnliche Überlegungen an, aber eben mit anderer Schwerpunktsetzung. Anatoli Tschernajew nimmt für sich in Anspruch, die Formel 4+2 erfunden zu haben. Deshalb schrieb er über das Beratertreffen am 25. Januar 1990 in seinem Buch, das auf Deutsch »Die letzten Jahre einer Weltmacht« heißt: »Einstimmig wurde jedoch mein Vorschlag angenommen, die Bildung eines sechsköpfigen Gremiums zur Erörterung aller Probleme, die sich im Zusammenhang mit der deutschen Wiedervereinigung ergäben: Die vier Siegermächte (UdSSR, USA, England, Frankreich) und die beiden deutschen Staaten (BRD und DDR).« Und er setzt in einer Fußnote hinzu: »Später ist dieser Begriff in den diplomatischen Gebrauch unter der Formel ›Vier-plus-Zwei‹ eingegangen, bei den Deutschen (nicht ohne Unterton!) als ›Zwei-plus-Vier‹.«[36]

Beim Beratertreffen vom 25. Januar 1990 hatte Gorbatschow ja die DDR zunächst nicht berücksichtigt, so dass Anatoli Tschernajew ihn daran erinnern musste, dass es nicht fünf, sondern sechs potenzielle Verhandlungspartner sein müssten.

Das heißt einerseits: Gorbatschow hatte die Potsdamer »Großen Vier« im Kopf, als er Kohl zum Fünften für eine erweiterte Friedenskonferenz machen wollte. Das bedeutet auch, dass der sowjetische Generalsekretär die DDR bereits abgeschrieben hatte, wenige Tage vor dem Besuch des DDR-Ministerpräsidenten Hans Modrow, aber im Protokoll wurde dann die Sechserlösung Tschernajews festgehalten. Damit ist das Datum des sowjetischen Einschwenkens auf die Linie einer Verhandlung von Siegermächten und den beiden deutschen Staaten klar bestimmbar und damit zugleich der Abschied von der Idee, die KSZE als Vehikel der Entscheidungen über Deutschland zu nutzen, obwohl Schewardnadse sie – erneute Schwankung – beim folgenden Besuch des amerikanischen Außenministers noch einmal vortragen sollte. Die vorangestellte »Vier« offenbart die grundlegende Hoffnung der Gorbatschow-Führung auf eine dominierende Rolle der vier ehemaligen Sieger-

35 Das wiederum steht bei Zelikow und Rice entsprechend ihrer Position im Weißen Haus nicht.

36 Tschernajew 1993, S. 296 und S. 457.

mächte und damit auch die Hoffnung auf ein großes Gewicht der Sowjetunion in den Verhandlungen um die deutsche Einheit.[37]

Andererseits wird in dieser Konzeption die DDR benötigt, denn wie will man ohne sie die Mitgliedschaft des vereinten Deutschland in der NATO verhindern. »Die Anwesenheit unserer Truppen wird das nicht zulassen«, sagte Gorbatschow, aber diese Truppen liegen in der DDR, die sich bald kaum noch aus eigener Kraft halten würde und deren Bevölkerung immer deutlicher in Richtung Bundesrepublik verschwand. Der Satz Gorbatschows: »Und unsere Streitkräfte abziehen können wir erst dann, wenn die Amerikaner ihre abziehen«, verlangte deshalb nach einer schnellen Initiative, um hier noch das Faustpfand DDR einsetzen zu können, das bald kein Pfand mehr sein würde.

Um so erstaunlicher, dass die Sowjets hier nicht sofort die Initiative ergriffen.

5.2 Die »Schlüssel zur Einheit« – die Besuche Modrows, Bakers und Kohls Ende Januar und Anfang Februar in Moskau

5.2.1 Modrow bei Gorbatschow am 30. Januar 1989

Modrow kam am 29. Januar 1990 nach Moskau und hatte nicht nur einen Plan im Gepäck, der später von Gorbatschow und von den Amerikanern als »Modrow-Plan« bezeichnet wurde, sondern auch »verheerende« Nachrichten über den Zustand der DDR-Wirtschaft und über den Willen der DDR-Bevölkerung zur Wiedervereinigung. Außerdem übte er konkrete Kritik an der sowjetischen Wirtschaftspolitik, die er für mitverantwortlich hielt an der wirtschaftlichen Misere in der DDR. Später schrieb er: »Es wurden kaum noch die dringend benötigten Rohstoffe, vor allem Erdöl, in die DDR geliefert, die bestehenden Verträge waren Makulatur. Verheerend auch die von der Sowjetunion herbeigeführte Entscheidung im Januar, die Zahlungen im RGW auf Valuta-Basis umzustellen und den transferablen Rubel ad acta zu legen. Das war ja der eigentliche Sinn des RGW-Geschäfts gewesen: wechselseitige Lieferungen nicht mit Devisen, sondern mit Waren zu verrechnen.« Modrow schließt seine spätere Kritik an der Sowjetunion mit dem harten Satz, der an Krenz' Gespräch mit Gorbatschow am 1. November 1989 auch sprachlich anzuschließen scheint: »Das Kind der Sowjetunion, die DDR, lag

37 Inwieweit Schewardnadse eine etwas andere Haltung dazu hatte, kann leider aus den beiden Protokollen nicht genau herausgelesen werden: In dem einen ist er für die 4+2, in dem anderen befürchtet er, wie erwähnt, dass diese Lösung oder auch eine reine Viserer-Konferenz die »NATO-Leute« dominieren lassen würde.

todkrank auf der Intensivstation – und Moskau begann (!) die Lebensstränge abzuklemmen.«[38]

In seinen beiden einschlägigen Büchern berichtet Modrow, dass er nicht von den Ergebnissen des Beratertreffen wenige Tage zuvor, am 25. Januar, informiert worden sei. Er zeigte sich deshalb auch erstaunt über die Antwort Gorbatschows auf die Frage eines Korrespondenten zur deutschen Einheit auf dem Flugplatz, die später das Format eines Standardsatzes annahm:

Es ist das Selbstbestimmungsrecht der Deutschen, darüber zu entscheiden, die Sowjetunion werde keinesfalls im Wege stehen.[39]

Modrow beschreibt, wie an seinem Plan noch während des Hinfluges gefeilt worden sei. Dieser Plan sah vor, dass nach einer ersten Phase der wirtschaftlichen Zusammenarbeit zweier souveräner Staaten die staatlichen Befugnisse an die Konföderation übergehen sollten, »an deren Ende dann, drittens, die Bildung eines einheitlichen Staates in Form einer Föderation oder eines Deutschen Bundes stehen könnte. Alles in allem hatte ich dafür einen Zeitraum von ein bis zwei Jahren vorgesehen.« Solche Schritte zur Einheit standen wenige Tage zuvor nicht in dem »Entwurf der Regierung der DDR. Vertrag über Zusammenarbeit und gute Nachbarschaft zwischen der Deutschen Demokratischen Republik und der Bundesrepublik Deutschland«, den Modrow am 25. Januar an Bundesminister Seiters übergeben hatte.[40] Dort hieß es noch über die Konföderation, dass in ihr »die Deutschen in beiden Staaten über ihr künftiges Zusammenleben im Einklang mit ihren Nachbarn entscheiden können«.[41] Diese Änderungen hin zum Modrow-Plan in wenigen Tagen zeigen wieder einmal die enorme Geschwindigkeit der Entwicklungen, die ebenfalls Reaktionen darauf notwendig werden ließen.

Seiters und Kohl hatten diesen Entwurf von Anfang an mit Nichtachtung gestraft, da sie über so einen Vertragsentwurf nicht vor den Wahlen in der DDR entscheiden wollten. Nun wurde er von Modrow selbst zu Makulatur gemacht – wahrscheinlich wegen dieser westdeutschen Reaktion und der sich täglich verändernden Situation in der DDR. Das Neue Forum hatte am 27. Januar seinen offiziellen Gründungskongress quasi als Partei durchgeführt und sich dabei erstmals nach der Willenserklärung vom Dezember, die keine politische Bedeutung bekam, für eine schrittweise Annäherung beider deutschen Staaten ausgesprochen. Am 28. Januar folgte eine Tagung der Regierung mit einigen Vertretern des Runden Tischs, bei der Ibrahim Böhme von der SPD überraschend den Vorschlag einbrachte, die Wahlen vorzuziehen. Nach heftiger Diskussion wurde der 18. März als Wahltag festgelegt – übri-

38 Modrow 1998, S. 111.
39 Modrow 1999, S. 414.
40 DzD, Dok. 145A, S. 713 ff.
41 Ebenda, S. 114.

gens war auch Gregor Gysi (SED/PDS) dafür.[42] Am 29. Januar wurde auf der 10. Tagung des Runden Tischs die desolate Wirtschaftslage in der DDR erörtert und ein neues Wahlgesetz vorgeschlagen, das auch der Opposition gleiche Chancen einräumen sollte.[43] Nach dieser Sitzung fuhr Modrow zum Flugplatz und überarbeitete während des Fluges mit seinen Kollegen den »Modrow-Plan«.

Gorbatschow ist in seinen Memoiren bemerkenswert zurückhaltend, was das Gespräch mit Modrow am 30. Januar 1990 betrifft. Alle seine Treffen mit dem DDR-Regierungschef seien eher eine Art »Krisenstab« gewesen. Modrows Kabinett habe Großartiges geleistet unter extrem schwierigen Bedingungen. Dann zitiert er eine Modrow-Passage aus dem gemeinsamen Gespräch: Modrow hätte die für ihn, Gorbatschow, nicht unerwartete Feststellung getroffen, dass die wachsende Mehrheit der Bevölkerung der DDR die »Idee zweier deutscher Staaten nicht mehr« unterstütze. Man könne »diese Idee« auch nicht mehr aufrechterhalten. Besonders in den Grenzregionen wie in Thüringen seien die Wiedervereinigungstendenzen unübersehbar. Modrow nach Gorbatschow: »Die überwiegende Mehrheit der gesellschaftlichen Kräfte – von kleinen linken Sekten abgesehen – gruppiert sich um die Vereinigungsidee. Wenn wir jetzt nicht die Initiative ergreifen, dann wird sich der eingeleitete Prozess spontan und eruptiv fortsetzen, ohne dass wir dann darauf noch Einfluss nehmen können.«[44] Das könnte fast aus Kohls Mund gekommen sein, der mit diesem Argument seine westeuropäischen Kollegen und sogar zeitweilig Baker, was das Tempo betrifft, überzeugen musste.

Gorbatschow berichtete von diesem Treffen:

> *Übrigens hat Modrow in dem Gespräch gesagt: »Die Deutschen sind für die Wiedervereinigung. Sie wollen jetzt nicht einmal die Union zweier deutscher Staaten akzeptieren. Sie sind für die Fusion.« (...) Aber (trotzdem) handelte das Modrow-Team in dieser Periode im Osten sehr verantwortungsbewusst. Ich denke, jener Winter wurde nur deswegen überstanden, weil er viele Fragen erfolgreich gelöst hatte. Man muss Modrow Gerechtigkeit widerfahren lassen.*[45]

Modrow zeichnet in seinem ausführlicheren Bericht ein anderes Bild von diesem Treffen. Obwohl beide wussten, dass Modrow als DDR-Gorbatschow gehandelt worden war, habe es nicht einmal ansatzweise jene »Euphorie der Strickjacken- und Pulloverfreundschaft (gegeben), wie sie die Welt wenig später im Kaukasus zwischen Michail und Helmut erleben sollte«. Er betont mehrfach, dass er nicht informiert worden sei über die jüngste sowjetische

42 SAPMO-BArch, DA/3/ /10 vom 29.01.90; Modrow 1999, S. 412; vgl. auch Herles/Rose 1990.
43 10. Sitzung des Runden Tisches SAPMO-BArch, DA/3/ /10 vom 29.01.1990.
44 Gorbatschow 1995, S. 714.
45 ZDF-Interview mit Guido Knopp, S. 53.

Entscheidung zur Wiedervereinigung. Das sei nicht verwunderlich, weil ihm zunächst als Gast das Wort gegeben worden sei (was nicht stimmt); aber auch im Verlaufe des Gesprächs sei nur kommentiert und gefragt, aber nicht unterrichtet worden. Und dies, obwohl die Wiedervereinigung Deutschlands auch in ihrem Gespräch im Vordergrund gestanden habe. Gorbatschow habe Hoffnungen auf Frankreich, England und die SPD geäußert. Dann besprachen beide den Modrow-Plan, wie er von Gorbatschow genannt worden sei, also die Vereinigung in Stufen und unter bestimmten Bedingungen.

Modrow: Einen wichtigen Aspekt bildete die militärische Neutralität. (...) Die Übereinstimmung war groß. Es gab keine bedenkliche Situation, die etwa gravierende Unterschiede offengelegt hätte.

Modrow wirft Gorbatschow mehrfach nicht nur mangelhafte Konsultation, sondern auch mangelnde Offenheit vor. Die dringend notwendige ökonomische Hilfe habe er nicht versprochen, überhaupt habe Gorbatschow bei ökonomischen Fragen auf Ryschkow verwiesen. Gorbatschow habe zwar guten Willen gezeigt, »aber praktische Ergebnisse brachte seine Verantwortlichkeit nicht«.[46] Hier sind also deutliche Unterschiede in den Darstellungen Gorbatschows und Modrows zu beobachten.

Da Informationen über dieses Gespräch bisher fast nur aus Memoiren der Beteiligten stammen, möchte ich einige Auszüge aus dem sowjetischen Protokoll der Gorbatschow-Stiftung veröffentlichen.

Das Gespräch zwischen Modrow und Gorbatschow fand – so steht es im Titel – unter Anwesenheit Ryschkows und Schewardnadses statt. Aber nach der Bemerkung des Protokollanten am Ende waren auch Falin und Fjodorow (von der Internationalen Abteilung des ZK der KPdSU) und der stellvertretende Außenminister der DDR, Harry Ott, sowie der DDR-Botschafter in Moskau, König, beteiligt. Gorbatschow begann nach der Begrüßung mit der Feststellung, dass man sich in einer besonderen Zeit befände, voller Unruhe und Hoffnungen, dass bei allen, die jetzt am politischen Ruder stehen, besonders in Europa, Entscheidungen anstünden, deren Bedeutung weit über die Grenzen der Zeit, in der sie leben, hinausgingen. Man wolle sich bei niemandem beklagen, sagte er und setzt dann fort mit einem (selbst)kritischen Satz, der als Motto über seiner Politik der letzten Monate stehen könnte.

Gorbatschow: Es hätte alles früher gemacht werden sollen, bei Ihnen und in unserem Land. Aber die Vulkanologen arbeiten selbst dann, wenn ihnen die Asche auf den Kopf fliegt.[47]

46 Modrow 1999, S. 415 f.
47 Das Gespräch mit Modrow ist in der Gorbatschow-Stiftung archiviert unter der Signatur: 90JAN30.

Gorbatschow fühlte sich noch einig mit Staatsführern auch des Westens, als er die westdeutsche Regierung kritisierte:

> *Jetzt stellen viele die Sache so dar, als ob sich nur die Sowjetunion zurückhaltend bei einer Forcierung der Vereinigung Deutschlands verhält. Aber in Wirklichkeit beunruhigt das Frankreich, England und viele andere Staaten. Was die westdeutschen Politiker angeht, so drängen sie alle beharrlich auf Vereinigung, obwohl sie offiziell erklären, dass sie nicht beabsichtigen, sie voranzupeitschen.*

Dabei zeichnete der sowjetische Generalsekretär ein durchaus realistisches Bild:

> *In der letzten Zeit sieht es so aus, dass Kohl es vorzieht, die Bildung einer neuen Regierung bei Ihnen abzuwarten, um mit ihr die praktischen Angelegenheiten zu klären. Aber bis dahin unterstützt er faktisch die Destabilisierung der Situation in der DDR. Scheinbar beabsichtigt er in dieser Atmosphäre einen tödlichen Schlag gegen die SED, die staatlichen Strukturen und die Kader in der Republik, die mit der Partei verbunden sind, zu führen.*

Dennoch hat Gorbatschow Hoffnungen auf die DDR-Bevölkerung, die sich bei den Wahlen in sechs Wochen als Illusion erweisen sollten:

> *Bei uns entsteht der Eindruck, dass ein großer Teil der Bevölkerung der DDR daran interessiert ist, seinen Arbeiterstaat zu erhalten. Aber das will nicht eine sehr aktive Minderheit, die recht geschickt und, um es direkt zu sagen, immer unverfrorener agiert. Offensichtlich gehen die Fäden nach Bonn.*

Modrow gab dann – auf die Situation im Lande angesprochen – seinen ungeschminkten, fast dramatischen Bericht über die Lage in der DDR. Er begann mit der Information über die Bestrafung von Schuldigen an dieser Entwicklung:

> *Die Situation ist bei uns sehr schwierig. Die Zeit ist jetzt für die DDR buchstäblich schicksalhaft. Es wird immer offensichtlicher, dass an dem Ausmaß der Krise die ehemalige Führung die Schuld trägt. Gestern wurde die Entscheidung getroffen, Honecker, Mittag, Mielke und Herrmann des Staatsverrats zu verklagen. Es werden 29 ehemalige Funktionäre der zentralen und 290 Menschen der unteren Ebene angeklagt. Sie werden der Verletzung von Menschenrechten, von in der Verfassung fixierten Rechten, der Zerstörung der Wirtschaft und des Amtsmissbrauchs beschuldigt.*

Jetzt sei der »Zorn der Massen«, nachdem sie vom Missbrauch der ehemaligen Funktionäre erfahren hatten, gegen die »Partei im Ganzen« und gegen die Staatssicherheit gerichtet. Ihre Koalitionsregierung sei das »einzige Organ« gewesen, »welches die Autorität des Staates stützte«. Unter Krenz sei der Versuch unternommen worden, »die alte Führung in Schutz zu nehmen«. »Es wurde eine große Inkonsequenz bei der Erneuerung der Partei an den Tag gelegt.« Modrow berichtete vom Runden Tisch, von der wachsenden Zahl der oppositionellen Gruppen. Er habe es erreicht, dass »die« Partei nicht aufgelöst worden sei, aber sie werde sich nicht nur dem Namen nach verändern. Am 22. Januar habe er der Opposition vorgeschlagen, an der Regierung teilzunehmen. Einige Parteien wollten aber wieder aus der Regierung austreten.

Die ökonomische und soziale Spannung wachse und berühre das Alltagsleben. Forderungen nach Erhöhung der Löhne, Verlängerung des Urlaubs und Renten werden laut.

Modrow: Das würde zusätzliche Ausgaben von etwa 40 Milliarden Mark erfordern, was die reellen Möglichkeiten der DDR weit überschreitet.

Gorbatschow: Wie sieht jetzt Ihr Staatsbudget aus?

Modrow: Das ganze Budget – 230 Mrd. Mark. Die innere Verschuldung beträgt 170 Mrd. Mark und die äußere 20 Mrd. Dollar[48]*. Unsere Probleme können wir nur durch die Erhöhung der Effektivität der Wirtschaft lösen. Aber die wirtschaftliche Lage verschlechtert sich immer weiter. Es haben schon Streiks begonnen. An vielen Orten wird kurzzeitig die Arbeit unterbrochen, wird langsam gearbeitet. Hier besteht die Gefahr einer Kettenreaktion. Es gibt Schwierigkeiten bei der Versorgung mit Waren des täglichen Bedarfs. Negativ wirken sich die offenen Grenzen aus. Die Menschen fürchten die Instabilität unserer Währung. Daraus resultiert der Kaufboom.*

Modrow berichtete weiter, dass die Machtorgane in den Bezirken auseinanderfallen, die Radikalisierung wachse. Auch die Angst der politischen Führer nehme zu, so dass sogar ein bekannter Sozialdemokrat (der DDR) ständig seinen Wohnsitz wechsele. Es gebe Selbstmorde in der Staatssicherheit. Die Volkspolizei jedoch sei noch relativ stabil.

Modrow: Es wachsen die negativen Stimmungen hinsichtlich der sowjetischen Truppen. Auch hier können Probleme entstehen. Das betrifft insbesondere die Fälle, wenn Übungen auf den Schießplätzen durchgeführt werden. In einer Reihe von Orten beobachtet die Bevölkerung sehr aufmerksam die sowjetischen Garnisonen.[49]

Im Januar verließen ca. 50 000 Bürger die DDR, am Ende des Jahres könnten es wieder 500 000 sein. Die DDR werde massiv von der BRD aus beeinflusst. Kohl und Brandt führten den Wahlkampf in der DDR. Brandt spreche vor »vieltausendköpfigen« Veranstaltungen und fordere die Wiedervereinigung. Die Angriffe auf die SED nehmen zu. Er wisse nicht einmal mehr, wie viele Mitglieder sie noch hätte: fünfhundert- oder sechshunderttausend?

48 Was mindestens 150 Mrd. Mark damaliger Währung bedeutete.

49 Zuvor hatte es in Einzelfällen auch Beschwerden gegeben (vgl. SAPMO-BArch, Büro Egon Krenz DY/30/2/2.039/206 – GSSD – 1984–1989), aber nun nahmen diese Verärgerungen in der Tat zu, es gab auch neue Themen der Kritik, wie z.B. die Zerstörung der Umwelt (vgl. z.B. SAPMO-BArch Büro Egon Krenz 1983–1989. DY 30/IV 2/2.039/334).

Modrow berichtete von dem auf den 18. März 1990 vorgezogenen Wahltermin – nur die Kommunalwahlen sollten noch am 6. Mai stattfinden. Es werde gerade eine Regierung der nationalen Verantwortung mit Ministern ohne Geschäftsbereich aus den Oppositionsgruppierungen des Runden Tisches zusammengestellt.

Dann kam die Passage Modrows, die Gorbatschow in seinen Memoiren zitierte:

> *Aus all dem ist der Schluss zu ziehen, dass die Idee der Existenz zweier deutscher Staaten von einem wachsenden Teil der Bevölkerung der DDR schon nicht mehr unterstützt wird. Es scheint mir, dass diese Idee nicht mehr zu halten ist.*

Ein Satz in seinen Ausführungen zeigt Modrows Erbitterung mit aller Deutlichkeit: Was heute unternommen werde, »ist seinem Wesen nach der Versuch, die Nachkriegsstrukturen in Deutschland zu demontieren«. Wer die DDR-Fahne trage, werde angegriffen – »die Straße ist jetzt leider in den Händen des Gegners«.

> *Modrow: Ich halte es für außerordentlich wichtig, das ganze Problem, das beide Staaten auf deutschem Boden und die damit zusammenhängenden Schritte betrifft, zu beraten. Es geht darum, dass die Ideen und Formulierungen, die wir bisher benutzt haben, nicht mehr greifen. Der Großteil der gesellschaftlichen Kräfte, mit Ausnahme kleiner linker Sekten, gruppieren sich so oder so um die Idee der Vereinigung. Wir haben unsere Überlegungen dazu vorbereitet. Ich möchte Sie bitten, sich nach Möglichkeit gleich jetzt und hier damit bekannt zu machen (überreicht das Dokument, den »Modrow-Plan«).*[50]

Modrow stellte dann die große Frage: »Wie können wir den Gang der Ereignisse beeinflussen?« Und er gab eine Antwort, die gerade von Genscher und Kohl sowie von Baker abgelehnt und von Gorbatschow *nicht* auf dem Beratertreffen aufgeworfen worden war:

> *Es ist wichtig, den Prozess abzubremsen und in eine gesamteuropäische Bahn umzulenken, sonst wird der Einfluss der anderen Seite anwachsen und unser Einfluss wird fallen.*

Dieser »gesamteuropäische Gedanke« Modrows wurde erstaunlicherweise in dem Gespräch nicht vertieft – weder in Form einer KSZE-Initiative noch in Gestalt eines europäischen Sicherheitssystems als Alternative zu NATO und Warschauer Vertrag. Demgegenüber wurde, obwohl dies nicht der Logik dieses gesamteuropäischen Gedankens entsprach, eine Viermächte-Initiative von Modrow vorgeschlagen, was beide in ihren Büchern nicht erwähnen.

Modrow sagte nach dem sowjetischen Protokoll:

50 Alle Zitate aus der Gorbatschow-Stiftung, 90JAN30.

Ich denke, die Sowjetunion sollte zusammen mit den anderen drei Mächten an ihre Rechte in Deutschland erinnern. Es wäre gut, wenn sich die Vier Mächte über eine Partnerschaft bei der Stabilisierung der Lage schnell einigen könnten.

Die beiden Deutschlands wurden bei dieser möglichen Viermächte-Überlegung nicht erwähnt. Modrow fragte dann aber Gorbatschow nach der internationalen Ebene, die über Europa und besonders über Zentraleuropa beraten sollte.

Man bedenke, dass Baker und Genscher gerade ein Konzept der 2+4-Verhandlungen entwickelten und dass auch Gorbatschow und Tschernajew bereits die 4+2-Formel vorgeschlagen hatten. Nach diesem Protokoll formulierte Gorbatschow einen solchen Gedanken gegenüber Modrow aber nicht. Modrow schlug seinerseits explizit in Verkennung des deutsch-amerikanischen Verhandlungsstandes vor, den amerikanischen Außenminister um eine Erklärung in die Richtung der Viermächte-Verantwortung bei seinem kommenden Besuch in Moskau zu bitten.

Außerdem fragte Modrow nach einem Besuch in der DDR an:

Eine große Hilfe für uns wäre ein Besuch von Michail Sergejewitsch (Gorbatschow) *und Nikolai Iwanowitsch* (Ryschkow) *in der DDR, besonders vor dem Hintergrund, dass in der letzten Zeit höchste Politiker aus dem Westen in ihrer Reisetätigkeit sehr aktiv sind.*

Modrow ging dann zu ökonomischen Problemen über, weil man sie gerade mit Silajew, dem Vorsitzenden des Ministerrates, erfolglos beraten hätte.

Sehr ernst ist das Problem der Öllieferungen aus der Sowjetunion. Im Januar haben wir 508 Tausend Tonnen weniger bekommen, als die Vereinbarung vorsieht. Im ersten Quartal reduzieren sich die Lieferungen um 1,127 Millionen Tonnen. Das führt zu großen negativen Folgen in unserer Chemieindustrie, wirkt sich aus auf die Arbeit des Transportes und auf die Versorgung der Bevölkerung mit Brennstoff, auf die Absicherung der Frühjahrsbestellung. Im Januar gelang es uns, die Lage etwas auszugleichen, aber weiter wird das nicht möglich sein, weil wir wegen der hohen Außenverschuldung praktisch keinen Spielraum haben. Ich bitte nochmals, die Möglichkeit der Lösung dieses für uns schwierigen Problems auf höchster Ebene zu prüfen, weil es in der Unterredung mit Genossen Silajew nicht gelang, eine Absprache zu erreichen.

Die offiziellen Umtauschkurse seien für die DDR katastrophal. Der Wechselkurs liege bei 3 Mark Ost für eine DM West, aber der Handelskurs bei 8:1. »Die ganze Sozialpolitik war nur effektiv unter den Bedingungen der geschlossenen Grenze. Jetzt wenden sich alle sozialen Errungenschaften gegen uns«, da sie von Spekulanten ausgenutzt werden.

Man sieht: Modrow hat gegenüber Gorbatschow wirklich sämtliche Probleme, die der DDR-Regierung auf den Nägeln brannten, angesprochen.

Gorbatschow behauptete zwar, dass diese Lage in der DDR nicht unerwartet kam, aber es dürfte ihn dennoch bei dieser konkreten dramatischen Schilderung tiefe Sorge erfasst haben, ob es überhaupt noch Konzepte für eigene Initiativen geben könnte oder ob nicht alles zu spät kommen würde.

Gorbatschow antwortete zunächst mit Dank für die Offenheit Modrows, stimmte ihm zu, was die Schicksalhaftigkeit der Stunde für die DDR bedeute, meinte ebenfalls, es wäre alles weniger schmerzhaft verlaufen, wenn zu einer Zeit der stabilen DDR gehandelt worden wäre. Der sowjetische Generalsekretär sprach dem DDR-Ministerpräsidenten Mut zu: »Wir haben nicht wenige Möglichkeiten, und wir nutzen sie in London, Paris und den USA.« Kohl werde noch merken, dass seine Destabilisierungspraxis für alle, auch für die BRD negative Folgen haben werde. »Wir beabsichtigen ihm das bei einem persönlichen Treffen zu sagen«, das bald in Moskau stattfinden werde. Es gebe »eine besondere Verantwortung unserer drei Staaten für die Prozesse, die sich jetzt im Zentrum in Europa vollziehen«.

Über die USA sagte der sowjetische Generalsekretär:

Es gibt viele Anzeichen dafür, dass die USA die deutsche Karte spielen wollen. Sie beunruhigt die Perspektive der eigenen Position im zukünftigen Europa. Ihnen passt die westeuropäische Integration nicht, und schon gar nicht die von ganz Europa.

Diese Zusammenfassung der amerikanischen Befürchtungen und Interessen hat Gorbatschow in keinem anderen Gespräch mit einem ausländischen Gast vorgelegt, auch nicht gegenüber Mitterrand, bei dem es durchaus sinnvoll gewesen wäre. Man muss sich allerdings fragen, warum Gorbatschow diese Interessen der USA bis dato so wenig berücksichtig hat. Dieser hier geäußerte Gedanke offenbart, dass sich Gorbatschow in diesen Tagen eher in Richtung Westeuropa bewegen möchte, aber er verknüpft diesen Gedanken zugleich mit einer Illusion.

Gorbatschow: »Anscheinend wägen sie (die USA – AvP) *die Möglichkeit einer Vereinigung und Neutralisierung Deutschlands ab, sogar wenn das zum vollständigen Abzug der amerikanischen Truppen (!) aus Westeuropa führt.*[51]

Es ist kaum zu verstehen, wie Gorbatschow mit einer solchen Perspektive zu einer Zeit rechnen konnte, da sich die Bundesregierung gegen jede Neutralisierung aussprach und die NATO-Politik der USA fundamental unterstützte, schon deshalb, weil die britische Regierung eindeutig, die französische Regierung zumindest deutlich spürbar und die anderen westeuropäischen Staaten von wenigen Ausnahmen abgesehen die Wiedervereinigung, zumindest das Tempo der Entwicklung kritisierten.

Hier liegt der Kern der strategischen Probleme, wenn man will, die eigentliche Crux Gorbatschows: Die Westeuropäer in ihrer Strategie der Verhinde-

51 Übrigens hatte Gregor Gysi Mitte Januar einen Vorschlag mit der Forderung nach Abzug aller ausländischer Truppen gemacht (Zelikow/Rice 1997, S. 235).

rung oder Verzögerung der deutschen Einheit haben die Bundesregierung eng mit der amerikanischen NATO-Politik verschweißt. Und Gorbatschow hat das Seinige dazu getan, die Westeuropäer in ihrer Haltung gegen die (oder zumindest gegen die rasche) Wiedervereinigung zu bestärken. Gorbatschow hoffte dennoch, auf die Amerikaner in Richtung Abzug ihrer Truppen aus Westeuropa wirken zu können. Warum sollte dies jedoch im amerikanischen Interesse liegen, wenn sie doch die deutsche Regierung an ihrer Seite wussten? Wir werden sehen, inwieweit Gorbatschow in dem nächsten Gespräch mit James Baker am 9. Februar diesen Abzug der amerikanischen Truppen aus Europa zu erreichen versucht.

Nach diesem eigentlichen Höhepunkt des Gesprächs zwischen Gorbatschow und Modrow wurden die bekannteren, aber meines Erachtens um nichts weniger illusionären Hoffnungen in dieser Zeit vorgetragen.

> *Gorbatschow: Die Hauptfrage ist die militärische Neutralität der DDR und BRD oder: Es steht nicht die Frage der Neutralität überhaupt, sondern die militärische Neutralität als Etappe.*

Dabei prognostizierte Gorbatschow realistisch eine für ihn unangenehme Zukunft, in der nämlich »die militär-politische Struktur im Osten zerstört wird«, und zwar vor jeder politischen Sicherheitslösung zwischen Ost und West. Dadurch werde »eine jähe Veränderung in der Kräftebalance entstehen«.

Und dann erneut, kaum glaubhaft:

> *Gorbatschow: Das Wichtigste ist der Erhalt der staatlichen Souveränität der DDR, die Nichteinmischung in ihre inneren Angelegenheiten.*

Er sagte dies, obwohl beide gerade den Niedergang der DDR konstatiert und mit den Wahlen in ca. sechs Wochen erwartet hatten – zumindest eine weitgehende Konföderation. Die »Einmischung« in die DDR würde bald keine mehr sein, da die Mehrheit der Bevölkerung für die deutschen Einheit votierte. Was besagt dann noch das Wort Einmischung? Oder hoffte der sowjetische Generalsekretär bereits darauf, dass die Bundesrepublik die DDR übernehmen würde, um die Verträge mit der Sowjetunion, vor allem die wirtschaftlichen, zu übernehmen?

Man kann sich des Eindrucks nicht erwehren, dass hier zwei in Bedrängnis geratene Staatsführer die Welt, wie sie sich akut entwickelte, zwar ziemlich präzise sahen, sich aber dennoch gegenseitig Mut machten in eine andere, die erhoffte Zukunftsrichtung: Neutralität und Abzug der amerikanischen Truppen aus Zentraleuropa sowie andauernde Existenz einer souveränen DDR. Oder aber Gorbatschow hielt ähnlich wie die Bundesregierung Modrow nur noch hin bis zu der Zeit nach den Wahlen mit einem gesünderen Wirtschaftspartner: der Bundesrepublik.

Noch vor dem Ende des Gesprächs bedankte sich Modrow mit der Bemerkung, dass all diese »aufgeworfenen Fragen von Ihnen schon früher durchgearbeitet wurden. Und was Sie gesagt haben, ist eine große Unterstützung für uns: Wir müssen uns halten.«

Es ist erstaunlich, wie der Generalsekretär mit diesen Gedanken auf einen Mann wie Modrow wirken konnte, der voller Kritik nach Moskau gekommen war. Es muss, wenn der DDR-Ministerpräsident dies wirklich gesagt hat, Gorbatschows persönliche Ausstrahlung gewesen sei, die den eigentlich realistisch denkenden Modrow zu dieser Bemerkung veranlasst hat.

Aber Gorbatschows strategische Überlegungen, die er zumindest gegenüber Modrow äußerte, überlebten keine zwei Wochen. Möglicherweise hat er Modrow nicht reinen Wein über seine wirklichen Perspektiven einschenken wollen, damit Modrow noch eine Weile durchhält. Beide Interpretationen dürften nicht zu Gorbatschows Selbstbildern passen: dem des vorausplanenden politischen Schachspielers und dem des offen und demokratisch informierenden Politikers, der Modrow als »wirklichen Freund« behandeln wollte.

Modrow erinnert sich in einem Punkt nicht ganz richtig: Gorbatschow hat das Beratertreffen vom 25. Januar auch gegenüber dem DDR-Ministerpräsidenten erwähnt, wenn das Protokoll stimmt.

> *Gorbatschow: Offen gesagt, die große Übereinstimmung unserer* (seiner und Modrows – AvP) *Vorstellungen und Herangehensweisen erklärt sich dadurch, dass wir buchstäblich vor einigen Tagen, am Freitag, an diesem Tisch mit unseren kompetenten Genossen aus der Führung und mit Spezialisten ausführlich Fragen, die mit den Entwicklungen in der DDR zusammenhängen, beraten haben. Deshalb reagiere ich jetzt so auf Ihre Vorschläge.*

Das bedeutet jedoch nicht eine wirkliche Information über dieses Treffen, darin hat Modrow Recht.[52]

Am Ende des eigentlichen Gesprächs entwickelte sich ein Disput darüber, wie die Presse informiert werden soll, Gorbatschow war für eine Veröffentlichung des Modrow-Plans und ihrer Gesprächsergebnisse noch vor Kohls Besuch in Moskau am 10. Februar, überlegte aber, wer informieren sollte: Modrow oder der Runde Tisch.

Ryschkow sprach sich für eine Veröffentlichung durch das Parlament, also die Volkskammer, aus.

Schewardnadse fragte Modrow:

> *Sind Sie sich sicher, dass Sie die Unterstützung der Regierung haben?* (Modrow hatte nämlich erzählt, dass er das einzige Politbüromitglied der SED sei, das noch im Amt wäre, aber die Angriffe auf ihn zunähmen. – AvP)
>
> *Modrow: »Ich denke, dass wir sie im wesentlichen erhalten. (…)*

52 Übrigens: Der Freitag war der 26. Januar, entgegen Tschernajews Tagebuch, in dem es ein Donnerstag, nämlich der 25. war. Es ist nur ein kleiner Unterschied, der vielleicht weniger Bedeutung für den Inhalt hat als für die Einschätzung der Quellen.

Schewardnadse: Wahrscheinlich entwickelt sich ein Kampf um die Frage der Neutralität.

Gorbatschow war dennoch dafür, weder Parlament noch Regierung zu übergehen.

Plötzlich und unvermittelt – zumindest nach dem Protokoll – fragte Modrow erneut:

Ich wollte die Frage hinsichtlich des Öls konkretisieren. Kann man mit Hilfe rechnen?

Ryschkow: Das ist eine komplizierte Frage für uns. Die Ölproduktion fiel um 17 Millionen Tonnen. Wir sind in einer schwierigen Lage mit all unseren Freunden. Wir schauen nochmals, falls die kleinste Möglichkeit auftaucht. Aber ich wiederhole abermals, die Situation ist sehr schwierig.

Gorbatschow: Im allgemeinem werden wir alles tun, um eine Zerstörung der zweiseitigen ökonomischen Verbindungen nicht zuzulassen. Ich denke, ihre Notwendigkeit wird auch in der BRD verstanden werden. Es ist wichtig, die Westdeutschen in ein dreiseitiges ökonomisches Zusammenwirken, in die Schaffung von dreiseitigen Gemeinschaftsbetrieben einzubeziehen. Wir haben doch mit der DDR und der BRD die allergrößten Verbindungen. Außerdem müssen die Westdeutschen auch verstehen, dass es kaum in ihrer Kraft steht, allein die ökonomischen Probleme der DDR zu übernehmen. Sind sie denn zum Beispiel in der Lage, die DDR mit Rohbrennstoff zu versorgen? Mit einem Wort, wir sind im Prinzip dafür, dass die gegenseitig vorteilhaften zweiseitigen Verbindungen erhalten bleiben. Diese Fragen müssen mit der BRD beraten werden.

Hier wird also wie schon auf dem Beratertreffen fünf Tage zuvor die BRD als Finanzgeber ins Spiel gebracht, obwohl alle Beteiligten eigentlich wussten, dass so kurz vor der Wahl die Bundesregierung keine Gelder mehr in die DDR stecken würde, sondern erst danach unter einer anderen Regierung. In seinem Buch »Ich wollte ein neues Deutschland« meint Modrow, dass er den Schluss aus der mangelnden Hilfe der Sowjetunion gezogen habe, »dass die künftige ökonomische Stabilität in der DDR ohne enges Zusammenwirken mit der Bundesrepublik nicht mehr zu erreichen sei«. Gorbatschow hätte sich zur Wirtschaft »ohnehin nicht geäußert«, sondern auf Ryschkow verwiesen.[53] Beides stimmt nach dem Protokoll nicht ganz: Gorbatschow hat mehr als Ryschkow versprochen, sich für die DDR einzusetzen – was dies auch immer hieß –, und er hat die BRD als Kreditgeber in dem deutsch-sowjetisch-deutschen Dreieck benannt.

Ganz konkret spricht Modrow von »14 bis 15 Mrd. Westmark«, mit denen er von der Bundesregierung rechne. »Außerdem für 4–5 Mrd. Waren«. Mo-

53 Modrow 1999, S. 416.

drow behauptet sogar, dass in der Bundesrepublik die Rede »von einer Art Marshall-Plan« sei.

Diese Erwartung sprach er gegenüber der sowjetischen Führung aus, obwohl ihm in Dresden, aber auch jüngst von Seiters die kalte Schulter in Finanzfragen gezeigt wurde. Wie gesagt, das klingt wirklich alles nach »Mutmachen« …

Weit empörter als bei allen bisherigen Fragen zeigte sich Gorbatschow über die Verfolgungen und Beschimpfungen von SED-Funktionären, besonders nach der Bemerkung Modrows, dass es Bestrebungen gebe, »die ganze Partei zur verbrecherischen Organisation zu erklären«.

Gorbatschow: »Das darf man nicht zulassen, man muss kämpfen.« Es dürfe hier »nur ein Kriterium geben – das Gesetz«.

Und schließlich ganz zum Schluss wiederholte der zähe Modrow noch einmal seine Einladung an Gorbatschow und Ryschkow. Das wäre »eine große Hilfe«, weil die Führer der BRD »sehr aktiv die DDR« im Wahlkampf besuchten.

Gorbatschows Antwort ist bemerkenswert: Er dankt für die Einladung und setzt fort:

> *Ich denke, wir könnten Ihre Einladung annehmen. Ich war allerdings unlängst bei Ihnen. Möglicherweise könnte jetzt Nikolai Iwanowitsch (Ryschkow) die Antwortreise nach Berlin unternehmen.*[54]

Gorbatschow hatte den Sinn dieser Einladung entweder sehr gut oder sehr schlecht verstanden: Er sollte als Wahlkämpfer in die fast verlorene DDR kommen. Aber diesen Gefallen tat er der SED/PDS nicht. Nur: Was sprach aus seiner Sicht dagegen? Es konnte nur die Sorge vor der Konfrontation mit der Bundesrepublik sein, die er sich und der Sowjetunion als zukünftigen wirtschaftlichen Partner wünschte.

Schon auf der Pressekonferenz in Berlin am 1. Februar unmittelbar nach seiner Rückkehr erläuterte Modrow, dass in seinem Plan und in den Gesprächen mit Gorbatschow neben der Viermächte-Verantwortung eine Wirtschafts-, Währungs- und Verkehrsunion vorgesehen sei sowie eine Angleichung der Rechte und Gesetze.

Im Modrow-Plan ist auch die »Militärische Neutralität« eines vereinten Deutschland enthalten – zumindest in der deutschen Fassung, die am 2. Februar 1990 im »Neuen Deutschland« veröffentlicht wurde, aber eben auch in der russischen Fassung, die Gorbatschow am Anfang des Gesprächs von Modrow erhalten hatte, also *vor* Gorbatschows Erwähnung dieses »Hauptpunktes« im Gespräch.[55] Es wurde vermutet, dass es Gorbatschow gewesen

54 Alle Zitate aus Gorbatschow-Stiftung, Dok. 90JAN30.

55 Die Fassung aus dem »Neuen Deutschland« ist abgedruckt in: Texte zur Deutschlandpolitik III/Bd.8a – 1990, Bonn 1991, S. 49 ff., bzw. in Gorbatschow-Stiftung, 90JAN30 als Anlage.

war, der den Punkt der Neutralität des vereinten Deutschland als »Essential« der weiteren Verhandlungen eingeführt hätte.[56] Das sowjetische Gesprächsprotokoll bestätigt diese Sicht zunächst, da diese »Hauptfrage« (Gorbatschow) nicht von Modrow, sondern von Gorbatschow angesprochen wurde. Aber Modrow erklärt im Interview, er sei sich seit Dezember 1989 mit Gorbatschow einig gewesen, die Wiedervereinigung könne nur unter der Bedingung der Neutralität erfolgen. So deutlich spricht er dies für die konkrete Situation am 30. Januar in seinen Büchern nicht aus. Die Neutralität sei in den Diskussionen »ein wichtiger Aspekt« gewesen, schreibt er dort.[57] Er soll auch fast zeitgleich Anfang Februar 1990 bemerkt haben, dass die »Neutralität verhandelbar« sei, was Kohl interessant gefunden haben soll.[58]

Auf Modrows Pressekonferenz in Berlin am 1. Februar jedenfalls war die »militärische Neutralität« ein wesentlicher Punkt für die beiden Deutschlands auf ihrem Weg »zur Föderation«. Gorbatschow informierte seinerseits, wenn auch mager, Bundeskanzler Kohl in einem Schreiben vom 2. Februar über sein Gespräch mit Ministerpräsident Modrow, vor allem von dem »Ziel der Schaffung einer Vertragsgemeinschaft als Etappe auf dem Weg zur Konföderation der zwei deutschen Staaten« – wissend, dass für diese »Etappe« nicht viel Zeit bleiben würde angesichts des Wahltermins am 18. März.[59]

5.2.2 Baker am 9. Februar in Moskau: die Mitgliedschaft Deutschlands in der NATO und der 2+4-Mechanismus

Am 7. Februar, nur acht Tage nach Modrows Gespräch in Moskau und vier Tage nach Genschers Besuch in Washington, kam der US-amerikanische Außenminister James Baker in Moskau an,[60] also noch während des dramatischen ZK-Plenums der KPdSU, auf dem die gesamte Politik Gorbatschows zum Teil mit großer Schärfe debattiert wurde und auf dem sich Gorbatschow zunächst einmal durchsetzen konnte. Baker blieb bis zum 10. Februar und gab sich dann mit Bundeskanzler Kohl die Klinke in die Hand. Bakers Treffen war von besonderer Bedeutung für die weitere Entwicklung der Wiedervereinigung Deutschlands und besonders wichtig für die Verhandlungen um die äußeren Aspekte der Einheit, also um die Frage der Mitgliedschaft des

56 Weidenfeld S. 228; Biermann 1997, S. 395 f.
57 Modrow 1999, S. 415.
58 Weidenfeld 1998, Fußnote 42, S. 719.
59 DzD, Dok. Nr. 156, S. 748 f.
60 Gorbatschow schreibt in seinen Memoiren, dass Baker am 9.2.1990 nach Moskau kam; er verwechselt das Datum seiner Gespräche, die in der Tat am 9.2.1990 stattfanden, mit der Ankunftszeit. Aber Baker hatte noch vor diesen Gesprächen Treffen mit seinem sowjetischen Amtskollegen, und zwar schon am Abend des 7. Februar. Baker betont mehrfach nach dem sowjetischen Protokoll, dass er sich Zeit nehmen würde, um Probleme auszuräumen.

vereinten Deutschland in der NATO und um die Frage der 2+4-Verhandlungen.

Zunächst traf sich Baker mit seinem Amtskollegen Schewardnadse und äußerte sich dort – seinem eigenen Bericht folgend – gegen den wachsenden Antisemitismus in der Sowjetunion und sprach dann die 2+4-Verhandlungen an. Schewardnadse wandte sich gegen die Eile der Wiedervereinigung gerade bei den Deutschen und favorisierte die KSZE als geeignetes Verhandlungsinstrument für die Vereinigung Deutschlands, gestand aber nach Baker zu, dass dabei der Viermächte-Mechanismus effektiv genutzt werden sollte. Außerdem sprach er sich für ein Referendum in Deutschland aus, ohne dies jedoch zu konkretisieren. Offensichtlich hatte die vom »Erzfeind« Jegor Ligatschow aufgebrachte Idee eines Referendums ausgerechnet bei seinem politischen Gegner Schewardnadse Spätfolgen gezeitigt. Baker führt diese Haltung Schewardnadses darauf zurück, dass er im ZK-Plenum angegriffen worden war und man ihn persönlich verantwortlich gemacht hatte, Osteuropa und Deutschland »verloren« gegeben zu haben.[61]

Nach dem Treffen mit Schewardnadse empfing Gorbatschow den amerikanischen Außenminister. Weil dieses Treffen von so großem Gewicht war und bisher keine sowjetischen Dokumente[62], sondern nur Memoiren sowjetischer Politiker[63] vorliegen, möchte ich aus den sowjetischen Protokollen[64] ausführlich zitieren. Überdies wird das Gespräch Gorbatschows mit Baker manchmal unterschätzt.[65]

Nach den allgemeinen Begrüßungen und einem kurzen Bericht des sowjetischen Generalsekretärs über das Plenum des ZK und die Situation im Land gab Baker Ratschläge zur sowjetischen Ökonomie und zu einem notwendigen neuen Preisbildungssystem in der Sowjetunion. »Manchmal wacht in mir der Finanzminister auf, ein Posten, den ich früher einmal einnahm. Also, das sind meine kostenlosen Ratschläge, und ich hoffe, dass sie etwas wert sind.« Danach geht es in diesem ersten Teil – im zweiten werden die anderen »gro-

61 Baker 1996, S. 182.

62 Zelikow und Rice haben ebenfalls Passagen dieser Treffen zitiert, aber sie stützen sich auf das amerikanische Protokoll, das von Dennis Ross, dem Chef des politischen Stabes im State Department, geführt worden war. Dieses Dokument ist jedoch insgesamt nicht desekretiert, die beiden Autoren hatten vermutlich aufgrund ihrer politischen Mitarbeit einen besonderen Zugriff. Vgl. Zelikow/Rice 1997, S. 259 ff. und Fußnote 58. Vgl. auch Beschloss/Talbott 1993, Oberdorfer 1991.

63 Vgl. vor allem Gorbatschows Erinnerungen selbst (1995) oder die von Schachnasarow und Tschernajew 1993.

64 Alle folgenden Zitate stammen aus dem sowjetischen Protokoll zweier Gespräche M. S. Gorbatschows mit J. Baker am 9.2.1990, eines Vier-Augen-Gesprächs unter mindestens zeitweiliger Anwesenheit von E. Schewardnadse, und ein zweites in »erweiterter Zusammensetzung« (Archiv der Gorbatschow-Stiftung, 90FEB09a und 90FEB9b).

65 So steht bei Weidenfeld über dem Kapitel des Treffens Kohls mit dem sowjetischen Generalsekretär: »Gorbatschow gibt den Weg frei«, obwohl auch Weidenfeld klar ist, dass von den Ergebnissen her diese Überschrift durchaus über den relativ kurzen Abschnitt über Gorbatschows Gespräch mit Baker passen würde (Weidenfeld 1998, S. 234 bzw. 237 ff.).

ßen« anstehenden politischen Probleme wie die deutsche Frage oder die 2+4-Verhandlungen angesprochen – um Abrüstungsfragen und Rüstungskontrolle, besonders um luft- und seegestützte Marschflugkörper, was für die sowjetische Führung von großer Bedeutung war. Darüber hatte Schewardnadse zunächst allein mit Baker verhandelt, nun war man bei Gorbatschow. Baker meinte, dass die USA den sowjetischen Vorstellungen in der Abrüstung weitgehend entgegengekommen seien.

Das sowjetische Protokoll des Gesprächs Bakers mit Gorbatschow unter Anwesenheit von Schewardnadse und Bakers Stellvertreter Bartholomew zeigt, dass Gorbatschow die Frage der Stärke der amerikanischen und sowjetischen Truppen in Mitteleuropa ansprach, wie er das am 25. Januar und dann erneut im Gespräch mit Modrow am 30. Januar angekündigt hatte. Zu Beginn macht er dem amerikanischen Außenminister klar, dass er in den amerikanischen Abrüstungsvorschlägen nur in Ansätzen ein Entgegenkommen sah.

Gorbatschow: Als wir uns Ihre ersten Vorschläge angeschaut haben, hat sich herausgestellt, dass ihre Realisierung Ihnen eine bedeutende Überlegenheit gibt, wenn ich mich nicht täusche, von 2 000 Gefechtsköpfen. Das ist keineswegs eine Gleichheit. Wir können nicht abweichen vom Prinzip der Gleichheit. Dem stimmt weder der Kongress noch der Oberste Sowjet zu.

Die Reichweite der Raketen und vor allem die Kontrollen der Rüstungsbegrenzungen, auch der chemischen Waffen, spielten für Gorbatschow eine wesentliche Rolle. Für die Einzelheiten der Ausarbeitung wurde Marschall Achromejew hinzugezogen, der Gorbatschow hier zustimmte. Bakers Staatssekretär Reginald Bartholomew übernahm die Rolle des Spezialisten auf der amerikanischen Seite. Ein weiterer Kritikpunkt Gorbatschows betraf den amerikanischen Vorschlag der Truppenreduktion in Zentraleuropa auf 195 000 Mann.

Gorbatschow: Sie schlagen ein Niveau von 195 000 Personen vor. Wir sind einverstanden, aber nicht für Zentraleuropa, sondern für die ganze europäische Zone, das heißt für die sowjetischen und amerikanischen Truppen, die sich in Europa außerhalb ihrer nationalen Territorien befinden. Falls das für Sie nicht ganz annehmbar ist, weil Sie Truppen nicht nur in Zentraleuropa, sondern auch in einigen anderen Ländern haben, kann man eine andere Herangehensweise probieren. Das ist ein Niveau von 225 000 Personen für das sowjetische und das amerikanische Heer in Europa. Unser Vorschlag ist also flexibel. Die zweite Zahl von 225 000 Personen berücksichtigt den Fakt, dass Sie Truppen in Großbritannien, Italien, der Türkei und einigen anderen Ländern in einer Gesamtstärke von 65 000 Personen haben. Weil diese Truppen ihre Aufgaben und Bestimmung haben, dachten wir, dass für Sie ein Niveau von 225 000 Personen womöglich annehmbarer ist.

Baker: Wir schauen uns diese Zahlen an und bemühen uns, heute in der zweiten Tageshälfte zu antworten.

Nur zwei Tage später, am 11. Februar 1990 in Ottawa, blieb von dieser gewünschten Gleichheit wenig übrig, wie wir im nächsten Kapitel sehen werden.

Deutlicher wurde Gorbatschow in der Frage der Beschränkung der Atomtests, und die Art und Weise, wie er dies zur Sprache bringt, wirft übrigens ein Licht auf seinen persönlichen Stil in solchen Verhandlungen:

> *Jetzt zu einer anderen Frage: Unlängst, als ich auf der Beratung des ökologischen Forums auftrat, sagte ich, dass wir zu jeder Zeit, an jedem beliebigen Tag bereit sind, die Atomversuche einzustellen, falls sich die Vereinigten Staaten uns anschließen würden. Und regelrecht der ganze Saal erhob sich und applaudierte. Diese Information ist für Sie zum Nachdenken.*

Auch wenn man von einer stufenweisen Beschränkung der Atomtests spreche, solle man die Aufgabe der vollständigen Einstellung der Versuche nicht vergessen. Darauf antwortet Baker nach dem sowjetischen Protokoll:

> *Baker: Wir sind auch für einen etappenweisen Prozess.*
>
> *Gorbatschow: Es ist notwendig, dass dieser Prozess ohne Unterbrechung verläuft.*
>
> *Schewardnadse: Gestern stimmte der Außenminister dieser Position zu.*
>
> *Baker: Ja, wir wenden uns nicht von der Idee der ununterbrochenen Verhandlungen und dem langfristigen Ziel der Einstellung der Atomversuche ab. Der* (amerikanische – AvP) *Präsident weicht nicht von diesen Positionen ab. Unsere Aufgabe besteht jetzt darin, die Arbeit an den Protokollen über die Kontrolle der beiden Verträge zur Begrenzung der Atomtests abzuschließen. (…) Ich kann bestätigen, wie ich bereits gestern sagte, dass wir uns von einem etappenweisen Herangehen und von den langfristigen Zielen der Gespräche nicht abwenden.*[66]

Baker geht dann – laut Protokoll – unvermittelt zu Problemen der KSZE über, denn in seinen Gesprächen mit Schewardnadse sei ihm klar geworden, dass der sowjetische Außenminister die KSZE als Hauptgremium für die Lösung der großen europäischen Fragen, das heißt auch der deutschen Wiedervereinigung, sieht.[67]

> *Baker: Uns ist bekannt, dass Sie an der Durchführung eines gesamteuropäischen Treffens auf höchstem Niveau interessiert sind. Wir haben Ihre Vorschläge studiert. Anfangs standen wir ihnen etwas distanziert gegenüber, weil nicht klar war, was für ein Ziel das Treffen haben soll. Unlängst haben wir al-*

66 Gorbatschow-Stiftung, 90FEB09a.

67 Das ist erstaunlich, da Schewardnadse auf dem Beratertreffen am 25. Januar, auf dem das Sechsergremium (4+2) beschlossen worden war, anwesend war. Entweder hat er dem »4+2«-Vorschlag nicht zugestimmt (aber eine Abstimmung war nicht protokolliert worden) oder er lehnte ihn ab, wie aus der zweiten Version dieses Protokolls anzunehmen ist. Schewardnadse soll jedoch nach Falin (1993 [Taschenbuch 1995], S. 491) und in dessen Anwesenheit von Gorbatschow später »die strikte Anweisung« erhalten haben, auf der Version »4+2 zu bestehen«.

lerdings unsere Zustimmung zur Teilnahme an diesem Treffen erklärt, wobei wir drei prinzipielle Momente hervorhoben.

Erstens. Dieses Treffen soll eine Etappe zur Vorbereitung des für 1992 geplanten gesamteuropäischen Treffens auf höchstem Niveau sein. Zweitens. Es ist notwendig, auf diesem Treffen eine Vereinbarung über die Reduzierung der konventionellen Truppen in Europa zu unterzeichnen oder es auf jeden Fall dazu zu benutzen, um die Bewegung zu einer Vereinbarung hin zu forcieren. Und schließlich, drittens: Wir möchten gerne, dass auf diesem Treffen die Zustimmung zu unseren Vorschlägen über freie Wahlen als Menschenrecht fixiert wird.

Gorbatschow erklärte sich im Prinzip einverstanden, wollte aber, dass dieses Treffen vor dem Parteitag der KPdSU stattfindet, damit Zeit bleibt, in der Sowjetunion »freie Wahlen der Parteitagsdelegierten« durchzuführen. Wie die weitere Geschichte zeigt, war das Zugeständnis Bakers zur KSZE keines, das auch nur ansatzweise den weiteren Gang der deutschen Wiedervereinigung beeinflusste.

All dies und andere hier nicht wiedergegebene Gesprächspunkte zeigen im sowjetischen Protokoll einen äußerst kooperativen, klaren und schnörkellos auftretenden amerikanischen Außenminister. Im zweiten Gesprächsteil wird von ihm wiederum sehr direkt die Vereinigung Deutschlands angesprochen:[68]

Baker: Heute früh hatte ich mit Minister Schewardnadse eine gründliche Unterredung zur deutschen Frage. Ich möchte gern auch Ihre Meinung zu dieser Angelegenheit erfahren.

Gorbatschow: Ich möchte Sie anhören.

Baker: Erstens, dieser Prozess verläuft viel schneller, als das im vorigen Jahr und sogar im Dezember vorigen Jahres jemand hätte erwarten können. Im Verlauf der vergangenen Woche habe ich mich mit den Außenministern Großbritanniens, Frankreichs und der BRD getroffen. Alle stimmen dieser Auffassung zu. Am 18. März wählt das Volk der DDR. In seiner übergroßen Mehrheit ist es für die Vereinigung, wählt Führer, die die Idee der Vereinigung Deutschlands unterstützen. Bald beginnen die beiden deutschen Staaten die Beratung der inneren Aspekte der Vereinigung, solche Fragen wie die Vereinigung der Regierungen, Parlamente, gemeinsame Hauptstadt, gemeinsame Währung, ökonomisches Bündnis. De facto passiert das alles schon.

Mir ist die Beunruhigung der Sowjetunion bekannt, über die wir ausführlich mit dem Minister (Schewardnadse – AvP) *gesprochen haben. Dabei verstehen wir Ihre unlängst gemachte Erklärung und den Auftritt E. A. Schewardnadses in Brüssel im Dezember vorigen Jahres als Äußerung des Verstehens des Faktums, dass eine Vereinigung unvermeidlich ist. Das Wich-*

68 Gorbatschow-Stiftung, 90FEB9b.

tigste ist, dass dieser Prozess unter stabilen Bedingungen verläuft und eine Stabilität in der Zukunft absichert. Wir meinen, dass dafür Rahmen oder Mechanismen zur Entscheidung der Fragen, die die äußeren Aspekte der Vereinigung betreffen, nötig sind. Gleichzeitig ist es notwendig, an die Schaffung solcher Mechanismen äußerst vorsichtig heranzugehen, um nicht ein Aufflackern des deutschen Nationalismus hervorzurufen. An ihre Schaffung sollte erst herangegangen werden, wenn die zwei Deutschlands die inneren Aspekte der Vereinigung zu beraten beginnen. Wir begannen vorläufig mit den Franzosen und den Deutschen, bisher ohne die Ausrichtung auf eine Vereinbarung, die Beratung über die Möglichkeit zur Schaffung eines Mechanismus »zwei + vier«.

Hier werden also in ziemlich direkter Sprache die ersten wesentlichen Punkte benannt, um die es Baker und auch der westdeutschen Führung ging. Baker legte offen, dass er mit Genscher und mit den Außenministern der anderen beiden westlichen Siegermächte gesprochen hätte, die ja zeitweilig den Status quo einfrieren lassen wollten (Thatcher) oder eine Viermächte-Konferenz über Deutschland favorisierten. Das ist deshalb nicht ohne Bedeutung, weil dies den Sowjets mit äußerster Dringlichkeit klarmachte, dass bereits ihre Beratungen vom 25. Januar überholt waren. Es ging nicht nur um eine Sechser-Konferenz, sondern um die zwei deutschen Regierungen, die nicht über sich von den Siegermächten verhandeln lassen wollten und deshalb an erster Stelle stehen wollten, und nicht umgekehrt, wie dies das Beratertreffen vom 25. Januar nahe legte. Gorbatschow fragt vorsichtig im Sinne dieser Linie des Beratertreffens nach:

Ich wollte Sie fragen, was Sie über den Mechanismus »vier + zwei« denken?

Baker: Ich denke, es ist besser, gerade einen Mechanismus »zwei + vier« zu haben. Ich erklärte Herrn Schewardnadse, warum unserer Meinung nach ein vierseitiges Herangehen nicht funktioniert. Ich denke, dass die Idee über die Benutzung des KSZE-Prozesses auch schwer realisierbar ist, weil es sehr sperrig wäre. Ich möchte auch unterstreichen, dass ich von Seiten der BRD keine Versicherung habe, dass die Deutschen der Behandlungsart »zwei + vier« zustimmen.

Der Westberater Gorbatschows, Anatoli Tschernajew, hält dies im Jahre 2001 für eine schwache List, denn »in Wirklichkeit hatte Baker bereits mit Genscher gesprochen« (was Baker nicht verschwiegen hatte, sondern »nur« dessen positive Haltung zum 2+4-Mechanismus). Aber auch Gorbatschow sei – so Anatoli Tschernajew – »raffiniert« gewesen, indem er so getan hätte, als diskutiere er diese Frage »zum ersten Mal«.[69]

Baker fährt fort:

69 Anatoli Tschernajew im Gespräch mit mir am 6.12.2001.

Selbstverständlich müssen bei der Erarbeitung der äußeren Aspekte der Vereinigung im gewissen Maße auch die Befürchtungen der Nachbarn Deutschlands berücksichtigt werden. Deshalb ist es sehr gut möglich, dass das Forum KSZE zur Ratifizierung einer Vereinbarung, die im Rahmen des Mechanismus »zwei + vier« ausgearbeitet wird, genutzt werden könnte.

Was hier im sowjetischen Protokoll als Bakers Meinung erscheint, hat eine deutlich andere Stoßrichtung, als Baker sie in seinen Memoiren wiedergibt. Dort ist keine Rede davon, dass die KSZE zur »Ratifizierung« dessen genutzt werden könnte, was im Rahmen der 2+4-Verhandlungen entstehen sollte. Im Gegenteil: Baker widerspricht in seinen Memoiren Schewardnadse, der die KSZE ins Spiel bringen will, insgesamt, weil die KSZE zu »schwerfällig« sei. Das scheint nur ein kleiner Unterschied, aber er bekommt sofort Gewicht, wenn man bedenkt, dass hier im sowjetischen Protokoll Baker Zugeständnisse im Sinne einer gesamteuropäischen Lösung zu machen scheint, was für die Sowjetunion extrem wichtig war und weiterhin werden sollte. Ob diese Differenz nur an den verschiedenen Protokollen liegt oder an der geschickten Verhandlungsführung Bakers, der solche Erklärungen ohne jede Verpflichtung abgab, wenn sie geeignet waren, die sowjetische Seite zu überzeugen, dies dann aber später eher herunterspielte, oder an beidem, sei dahingestellt. Es kann aber auch sein, dass Baker deshalb dieses Zugeständnis in Bezug auf die KSZE später bagatellisiert, weil diese Linie von Bush nicht aufgenommen wurde und auch in seinem Brief an Kohl vom selben Tage, dem 9. Februar, keine Rolle spielte, ebenso wenig wie in den weiteren Verhandlungen.

Baker fährt fort:

Wir haben mit Ihnen zusammen gekämpft, brachten zusammen Europa den Frieden. Leider haben wir dann schlecht über den Frieden verfügt, und das führte zum »Kalten Krieg«. Damals konnten wir nicht zusammen agieren. Jetzt, wo sich in Europa grundlegende und schnelle Umwälzungen vollziehen, haben wir eine sehr günstige Möglichkeit, um im Interesse der Erhaltung des Friedens zusammenzuwirken. Ich möchte sehr, dass Sie wissen: Weder der Präsident noch ich beabsichtigen, einseitige Vorteile aus den sich vollziehenden Prozessen zu ziehen.

Unmittelbar nach diesem Zugeständnis zur KSZE – denn das dürfte es in den Augen Bakers gewesen sein – und nach diesem ausgesprochen höflichen Satz, keine einseitigen Vorteile aus diesen Prozessen ziehen zu wollen, geht Baker zu dem *Hauptpunkt* über, nämlich *der Neutralitätsfrage*, der nun in der Tat den amerikanischen Vorteilswillen am deutlichsten offenbart:

Baker: Jetzt noch einige Momente. Wir sind mit Entschiedenheit dagegen, dass Deutschland neutral wird. Auch die Westdeutschen sagten uns, dass für sie eine solche Entscheidung nicht befriedigend ist. Ich möchte Ihnen erklären, warum.

Wenn Deutschland neutral wird, so wird es nicht notwendigerweise antimilitaristisch. Im Gegenteil, es kann, anstatt dass es sich auf die amerikanischen atomaren Abschreckungskräfte verlässt, eine Entscheidung zur Schaffung eines eigenen Atomwaffenpotenzials treffen. Alle unsere westeuropäischen Verbündeten und eine Reihe osteuropäischer Länder haben uns zu verstehen gegeben, dass sie möchten, dass die Vereinigten Staaten ihre militärische Anwesenheit in Europa beibehalten. Ich weiß nicht, ob Sie eine solche Perspektive unterstützen. Aber ich möchte Ihnen versichern, falls unsere Verbündeten uns sagen, dass sie gegen unsere Anwesenheit sind, führen wir unser Heer nach Hause.

Schewardnadse: Hinsichtlich Ihrer Verbündeter weiß ich nicht Bescheid, aber eine Vereinigung Deutschlands könnte das (den amerikanischen Abzug – AvP) *durchaus erfordern.*

Baker: Wenn das so ist, so kehrt unser Heer heim. Wir gehen aus jedem Land raus, welches unsere Anwesenheit nicht will. Dafür gab es immer starke Stimmungen im amerikanischen Volk. Allerdings, wenn an der Spitze des vereinigten Deutschland die gegenwärtige westdeutsche Führung stehen wird, so sagte uns diese Führung, dass sie dagegen ist, dass wir abziehen.

Das sind Überlegungen, die seit den 50er Jahren, seit den Zeiten des amerikanischen Außenministers John Foster Dulles und seines sowjetischen Kollegen Wjatscheslaw Molotow, ein Element der Deutschlandpolitik beider Staaten waren, nämlich die Einbindung Deutschlands in die beiden Militärbündnisse des Kalten Krieges, NATO und Warschauer Pakt, um eine potenzielle nationalistische oder aggressive deutsche Politik fesseln zu können.[70] Nur mit dem kleinen Unterschied zu den 50er Jahren, dass jetzt faktisch nur noch die NATO bestand; denn der Warschauer Vertrag war in Auflösung begriffen.

Diese Passagen der sowjetischen Protokolle bestätigen im Wesentlichen die bisherigen westlichen Darstellungen in der Frage des Überzeugungsarguments Bakers für die Mitgliedschaft auch des vereinten Deutschland in der NATO. Darüber hinaus lassen sie keinen Zweifel daran aufkommen, dass die Sowjets spätestens zu diesem Zeitpunkt durch den Besuch Bakers von der Haltung des Westens gegen die Neutralität und für die weitere Anwesenheit der amerikanischen Truppen in Europa auch nach der Wiedervereinigung informiert waren – und mehr noch, dass sie diese Haltungen in Rechnung stellen mussten.

Baker: Und zum Schluss: Der Mechanismus, der für die Anwesenheit der Vereinigten Staaten in Europa sorgt, ist die NATO. Wenn die NATO liquidiert

70 Der damalige Außenminister John Foster Dulles schrieb z. B. am 9.5.1958: »Ich denke über Deutschland, dass es solange eine Gefahr für die Welt darstellt, bis es so fest mit anderen Ländern verbunden ist, dass eine Trennung nicht mehr möglich ist. Die Anbindung Deutschlands an Frankreich, die Niederlande, Großbritannien und die USA – das ist der Weg, um Deutschland ungefährlich zu machen.« (nach Link 1984, S. 22).

wird, so gibt es auch keinen Mechanismus für die Anwesenheit der USA in Europa mehr.

Das ist ein bisher unbekanntes Argument. Hier wird der fast hegemoniale Anspruch der damaligen amerikanischen Regierung in Europa formuliert, hier liegt aber auch der Schwachpunkt in der Logik Bakers aus Sicht der Sowjetunion und ihrer Interessen. Warum sollte die Anwesenheit der amerikanischen Truppen in Europa im sowjetischen Interesse liegen? Nur wegen der möglichen Bedrohung eines neutralen Deutschlands? Hätte es nicht andere Mechanismen der Einbindung Deutschlands gegeben, zum Beispiel durch veränderte NATO-Strukturen oder sogar beider Militärbündnisse, wie sie noch Genscher in Tutzing formuliert hatte? Oder durch ein neues europäisches Sicherheitssystem? Was hätte sich Gorbatschow von einer Zustimmung zu dieser amerikanischen, möglicherweise gemeinsamen westlichen Logik erwarten können? Oder war es für alle diese anderen Möglichkeiten zu spät, hatte man in Moskau zu spät begriffen, dass, weil man so lange gezögert hatte, der europäische Zug in eine andere Richtung und ohne die Sowjetunion bereits abgefahren war?[71]

Baker nahm einige dieser möglichen Fragen vorweg – Gorbatschow hatte noch nicht geantwortet – und bot etwas an:

Wir verstehen, dass es nicht nur für die Sowjetunion, sondern auch für die anderen europäischen Staaten wichtig ist, dafür Garantien zu geben, dass, wenn die Vereinigten Staaten im Rahmen der NATO ihre Anwesenheit in Europa aufrechterhalten werden, eine Ausweitung der Jurisdiktion oder militärischen Anwesenheit der NATO nicht um einen Zoll in östliche Richtung vonstatten geht.[72] *Wir meinen, dass Konsultationen und Beratungen im Rahmen des Mechanismus »zwei + vier« Garantien dafür geben müssen, dass die Vereinigung Deutschlands nicht zur Ausweitung der militärischen Organisation der NATO auf den Osten führt.*

Diese Garantie ist ein entscheidender Punkt: Der amerikanische Außenminister bietet *nicht etwa für die Wiedervereinigung, sondern für die Anwesenheit der amerikanischen Truppen in Europa* im Rahmen der NATO an, dass im Falle der Einheit Deutschlands die NATO sich nicht nach Osten ausdehnen wird. Und er meint damit offensichtlich nicht eine Ausdehnung über die DDR *hinaus*, sondern auf diesen östlichen Teil Deutschlands selbst. So mussten es die Sowjets verstehen, und so wurde es verstanden.

Baker fährt unmittelbar im Anschluss fort:

71 Letzteres meint Falin in seinen Erinnerungen an jene Zeit wörtlich von Gorbatschow gehört zu haben (siehe Falins politische Erinnerungen 1995 [Taschenbuch] S. 489 ff.).

72 Diese Formulierung zielt sowohl auf eine allgemeine NATO-Mitgliedschaft wie auf eine »französische« begrenzte Mitgliedschaft für das vereinte Deutschland ab.

Das sind unsere Überlegungen. Es kann sein, dass man eine bessere Herangehensweise finden kann. Wir haben noch nicht die Zustimmung der Deutschen zu dieser Art Problemlösung. Ich habe sie Genscher vorgestellt, er sagte nur, dass er sie bedenkt. (…) Jetzt habe ich diese Herangehensweise Ihnen vorgestellt. Ich wiederhole, es kann sein, das man noch was viel Besseres ausdenken kann, aber bisher ist uns das nicht gelungen.

Bakers lange Ausführungen waren eine klar, höflich und geschickt formulierte geballte Ladung amerikanischer Interessen. Nun war Gorbatschow am Zuge, der Baker lange zugehört und ihn nur einmal unterbrochen hatte.

Er antwortete, angesichts dieser den sowjetischen Interessen entgegengesetzten Vorschlägen, erstaunlich zögerlich, nachdenklich, vorsichtig und zum Teil unklar, dem Stil Bakers geradezu entgegengesetzt.

Gorbatschow: Ich möchte sagen, dass wir im Großen und Ganzen diese Gedankengänge teilen (!). Der Prozess hat begonnen, er entwickelt sich. Und wir müssen uns bemühen, uns den neuen Realitäten anzupassen. Es wird ein Mechanismus gebraucht, (...) damit die Stabilität in Europa – einem sehr wichtigen Zentrum der Weltpolitik – nicht zerstört wird. Natürlich, wir haben mit Ihnen einige Unterschiede in der Sicht auf die Situation. Ich denke, darin ist nichts Schreckliches. Das Wichtigste ist, die Situation nicht zu vereinfacht anzugehen.

Denn die Frage, was das vereinte Deutschland für ein Deutschland sein werde, wie bedrohlich es werden könne, werde unterschiedlich in Paris, in London, in Warschau, in Prag, in Budapest aufgefasst. Insbesondere für Polen, so hätte Jaruzelski ihm gegenüber gerade geäußert, sei die deutsche eine besondere Frage. Und dann zitiert Gorbatschow Jaruzelski, um vermutlich seine eigene Position auf indirekte Weise deutlich zu machen:

(Jaruzelski) äußerte die Meinung, dass die Anwesenheit der amerikanischen und sowjetischen Truppen in Europa ein Element der Stabilität ist.

Niemand würde die Ängste vor den Deutschen offen formulieren, die Deutschen würden heute auch keine Ansprüche auf das Sudetengebiet oder Österreich aussprechen. »Aber, was wird morgen?« Auch Frankreich und Großbritannien hätten die Sorge, ob sie nach der Wiedervereinigung »große Spieler in Europa«[73] blieben.[74]

73 In Bakers Memoiren bzw. im amerikanischen Protokoll, das er zitiert, formuliert Gorbatschow ähnlich, was Frankreich und Großbritannien betrifft: »Wer Hauptakteur in Europa werden wird« (Baker 1996, S. 183). Bei Zelikow und Rice erscheint dieselbe Version wie bei Baker (Zelikow/Rice 1997, S. 260).

74 In Bakers Wiedergabe dieses Gesprächsteils ist Gorbatschow Antwort wesentlich positiver: »Wir müssen uns den Gegebenheiten anpassen«, so lässt Baker hier Gorbatschow sagen, »und dürfen nicht passiv bleiben, damit die Stabilität in Europa auf keinen Fall zerstört wird. Nun, für uns ist die Aussicht auf ein vereintes Deutschland genauso wenig

Gorbatschow fährt nach dem sowjetischen Protokoll fort, dass die USA und die Sowjetunion es mit Deutschland leichter hätten, weil Kohl und seine Mannschaft wüssten, welche Bedeutung diese beiden (Super-)Mächte hätten.

In dieser »Großmacht«-Äußerung meint Baker den Grund zu bemerken, warum Gorbatschow hier anders denke als Schewardnadse, weil Gorbatschow nämlich im Gegensatz zu seinem Außenminister eines nicht »wahrhaben wollte: den Niedergang der Sowjetunion als Großmacht«.[75]

> *Gorbatschow: Was den Mechanismus »vier + zwei« oder »zwei + vier« betrifft: Ein Mechanismus, der sich auf eine internationale Rechtsgrundlage stützen würde, gäbe eine Möglichkeit zur Konsultation und Bewertung der Situation. Vielleicht ist es notwendig nach unserem Meinungsaustausch – Sie, wie Sie es für nötig halten, und wir auf entsprechende Weise –, die Konsultationen mit unseren Partnern in West und Ost fortzusetzen.*
>
> *Das bedeutet noch nicht, dass zwischen uns eine Übereinstimmung existiert, aber man muss danach suchen. Sie sagten, dass sich die BRD gegen diese Herangehensweise* (die 2+4) *äußerte* (was Baker so nicht gesagt hatte – AvP). *Was Modrow betrifft, wenn man nach unseren Beratungen mit ihm urteilt, so unterstützt er eine solche Herangehensweise. Morgen können wir Kohl fragen, was er darüber denkt.*

Wieder wird hier deutlich, dass Gorbatschow auf Zeit spielte, obwohl er gerade die nicht hatte angesichts der anstehenden Wahlen in der DDR. Es zeigt sich auch, dass er offensichtlich keine klare Verhandlungslinie hat, er stimmt nicht dem 2+4-Mechanismus zu, lehnt ihn aber auch nicht ab, bleibt – anders als am 25. und 30. Januar angekündigt – zurückhaltend in der Neutralitäts- und NATO-Frage, will aber abwarten, was Kohl sagt, von dem er jedoch angeblich wusste, dass er sich mit den Amerikanern abgesprochen hatte.[76]

> *Baker: Das wäre gut. Aber ich möchte eine Warnung äußern. Wenn wir eine Chance haben, die Deutschen davon zu überzeugen, die Herangehensweise »zwei + vier« zu unterstützen, dann nur nach dem 18. März, nur nach der Selbstbestimmung der DDR, nachdem sie beginnen, die inneren Aspekte der Vereinigung zu beraten. Im anderen Fall sagen sie: Der Druck der vier Mächte ist nicht annehmbar, die Vereinigung ist eine rein deutsche Frage. Unsere Herangehensweise berücksichtigt, dass die inneren Aspekte der Vereinigung*

erschreckend wie für Sie, ungeachtet all unserer unterschiedlichen Ansichten.« (Baker 1996, S. 183) Das ist ein Gedanke, der im sowjetischen Protokoll fast entgegengesetzt erscheint. Die Angst vor möglichen zukünftigen deutschen Expansionen, und sei es bei den östlichen Nachbarn Deutschlands, wird im sowjetischen Protokoll zu einem wesentlichen Argumentationsstrang Gorbatschows. Für Baker ist außerdem erstaunlich, dass hier zum ersten Mal Schewardnadse einen Punkt ablehnte, zu dem sich Gorbatschow offen bekannte, nämlich der mangelnden Bedrohung durch ein vereintes Deutschland (aber eben nur im amerikanischen Protokoll).

75 Baker 1996, S. 183.

76 Gorbatschow 1993, S. 716.

wirklich eine Angelegenheit der zwei Deutschlands sind. Allerdings müssen die äußeren Aspekte unter Berücksichtigung der Sicherheitsinteressen der Nachbarn Deutschlands beraten werden, sie müssen für alle annehmbar sein. Außerdem müssen wir den Status von Berlin besprechen. Wenn wir die Angelegenheit auf diese Art und Weise angehen, so gibt es eine Chance, dass die Deutschen dem vorgeschlagenen Mechanismus zustimmen.

Ich muss nochmals gestehen, dass ich das mit dem Kanzler überhaupt nicht besprochen habe, auch Genscher gab mir keine Antwort. Er sagte nur, dass er sich diese Herangehensweise genau ansehen wird. Ich denke, dass er sie befürwortet. Aber der Kanzler, das ist eine andere Sache.[77] *Er gilt doch als Kandidat der bevorstehenden Wahlen.*

Gorbatschow: Das ist ein sehr wichtiger Faktor, welcher der Situation seinen Stempel aufdrückt.

Baker: Das sind die Wunderlichkeiten der Demokratie. Er muss sehr vorsichtig vorgehen, so dass in Deutschland nicht der Eindruck erweckt wird, dass er die Frage der Vereinigung des Landes in andere Hände gibt.

Unmittelbar im Anschluss an diesen Konversationsabschnitt macht Gorbatschow eine Wende, die die unterschiedlichen Gesprächsstile zwischen ihm und Baker einmal mehr unterstreicht: »Ich möchte Ihnen von einem Symposium erzählen«, sagt Gorbatschow nach dem sowjetischen Protokoll, nirgends bisher sonst erwähnt, »welches unlängst von der Evangelischen Akademie (in Deutschland – AvP) organisiert wurde und an dem Vertreter aller Parteien und Gruppen der BRD und der DDR teilnahmen, außer der Partei von Modrow.« Und dann folgt ein langer Bericht. Als Erstes:

Im Ergebnis der Beratung sprach sich ein Großteil der Teilnehmer für eine Konföderation aus. Die Vertreter der DDR unterstrichen, dass die ökonomische Annäherung beider Deutschlands nicht den Verkauf oder die Kolonialisierung der DDR bedeuten soll. Sie sagten, dass sie nicht wollen, dass mit ihnen gesprochen wird wie mit kleinen Kindern.

Hier äußert Gorbatschow wie häufig in Gestalt des Zitats anderer sehr früh den Gedanken der Kolonialisierungsgefahr, der später eine große Rolle spielen sollte.

Zweite Schlussfolgerung: Die Vereinigung soll sich bei der Achtung der existierenden Grenzen und bei der Beibehaltung der Mitgliedschaft beider Teile Deutschlands in der NATO und im Warschauer Vertrag nur auf dem Territorium der gegenwärtigen BRD und DDR vollziehen.

77 Hier wird Anatoli Tschernajews Annahme, dass Baker taktisch listig über die angeblich nicht bekannte Position der deutschen Regierung in der Frage 2+4 geredet habe, verständlich; denn natürlich wusste Baker, dass es gerade die Deutschen waren, die zu dieser Zeit die Form des »2+4« bevorzugten. So hatte er einen für diese Form – wie Baker selbst schreibt – »begeisterten« Genscher am 3.2.1990 in Washington empfangen.

Unterschiedliche Meinungen habe es auf dieser Tagung der Evangelischen Akademie in der Frage der Neutralität und der Mitgliedschaft des vereinten Deutschland in den Militärbündnissen gegeben. Die Mehrheit habe sich für die Mitgliedschaft in beiden Allianzen ausgesprochen, die sich strukturell in politische umwandeln sollten.

> *Gorbatschow: Das Erstaunlichste war der Auftritt von Brandt. Er bestätigte, dass sich niemand in die Selbstbestimmung Deutschlands einmischen soll. Er sagte, dass die Deutschen nicht auf den KSZE-Prozess warten können, dass eine gesamteuropäische Annäherung nicht der Vereinigung Deutschlands vorausgehen kann, im Gegenteil, eine Vereinigung Deutschlands muss früher stattfinden. Er lehnte die Konföderation ab und trat für einen föderativen deutschen Staat ein. Wobei der westdeutsche Teil in der NATO bleiben soll, und was die DDR betrifft, sagte er, darüber muss man nachdenken. Viele Vertreter der BRD kritisierten Brandt für das Anfachen des deutschen Nationalismus, dafür, dass er versuchte, sogar Kohl zu überholen.*

Nur wenige Wochen später war die hier zitierte Position Willy Brandts, die der bereits vorgetragenen Meinung Genschers sehr nahe kam, die allgemeine – sogar inklusive des Sonderstatus der DDR. In dem bereits zitierten Brief Bushs an Kohl vom 9. Februar[78] findet sich ebenfalls diese Position Brandts, wobei Bush eine Bemerkung vom damaligen NATO-Generalsekretär Wörner aufgenommen habe zum Sonderstatus der DDR[79], aber eben *nicht* Bakers Zusagen gegen jede Ausdehnung der NATO, was in diesem Fall Ausdehnung auf die DDR meinte.

Gorbatschow führt gegen Brandt den Bruder des Bundespräsidenten Carl Friedrich von Weizsäcker an, der vor einer Verschärfung des Nationalismus in der Sowjetunion als Gefahr nicht nur für die Perestroika warnte, oder Günter Grass, der seine Sorge vor einem aggressiven Chauvinismus bei einem vereinten Deutschland äußerte. Außerdem seien die ökonomischen Kosten der Vereinigung mit 50 Milliarden Mark beziffert worden für die nächsten acht bis zehn Jahre, weshalb die Menschen es sich dreimal überlegen würden, »ob sich eine Vereinigung lohnt«.

> *Gorbatschow: Was für ein interessantes Meinungsspektrum. Ich habe Ihnen deshalb darüber so ausführlich erzählt, weil ich meine, man sollte sich nicht von dieser emotionalen Welle beeinflussen lassen, sich nicht beeinflussen lassen von diesem Druck, nicht abgehen von den Überlegungen und Prognosen darüber, was das alles bedeutet und wie man diesen Prozess kanalisieren kann. In beiden deutschen Staaten gibt es Kräfte, welche eine Gefahr sehen. Und das ist wichtig.*

78 DzD, Dok. Nr. 170, S. 784 f.

79 Zelikow/Rice 1997, S. 265. Die Formulierung »besonderer militärischer Status« der DDR habe der damalige NATO-Generalsekretär Wörner in einer Rede in Hamburg am 8.2.1990 benutzt; sie sei von Blackwill und Zelikow aufgenommen und von Scowcroft für den Brief Bushs vom 9.2.1990 erlaubt worden.

Ich würde Sie bitten, dem Präsidenten zu sagen, dass wir mit Ihnen in Kontakt bleiben, mit Ihnen Informationen und falls nötig Ideen zu diesem Problem austauschen wollen.

Baker: Das tue ich unbedingt. Ich möchte, dass Sie verstehen: Ich sage nicht, dass wir der emotionalen Welle nachgeben sollen. Aber ich denke, dass die innere Integration Deutschlands bald eine Tatsache sein wird. Unter diesen Bedingungen besteht unsere Pflicht vor den Völkern, unsere Pflicht für den Frieden in der ganzen Welt darin, alles Mögliche dafür zu tun, um solche Mechanismen auszuarbeiten, die eine Stabilität in Europa garantieren. Deshalb habe ich diesen Mechanismus vorgeschlagen.

Nach den eher abwägenden und nachdenklichen, aber im Sinne einer strategischen Antwort auf Bakers Vorschläge wenig konkreten Aussagen Gorbatschows führt der amerikanische Außenminister den sowjetischen Präsidenten zu dem für ihn Wesentlichen zurück.

Ich möchte Ihnen eine Frage stellen, die unbedingt jetzt zu beantworten ist. Vorausgesetzt, die Vereinigung findet statt, was ist für Sie respektabler: Ein vereinigtes Deutschland außerhalb der NATO, vollständig unabhängig, ohne amerikanische Truppen – oder ein vereinigtes Deutschland, das Verbindungen zur NATO unterhält, aber mit einer Garantie dafür, das die Jurisdiktion oder das Heer der NATO nicht über die gegenwärtige Linie nach Osten ausgeweitet wird.

Auf diese direkte, fast eine Antwort erzwingende Frage Bakers antwortet Gorbatschow nur:

Wir überlegen uns das alles. Wir beabsichtigen all diese Fragen auf der Ebene der Führung tiefgreifend zu beraten.

Und dann kommt der einzige konkrete Satz zu dem angesprochenen Problem, aber er fordert nicht – wie nach dem Beratergespräch und nach dem Besuch Modrows zu erwarten gewesen wäre – die Neutralität eines vereinten Deutschland:

Gorbatschow: Es ist selbstverständlich klar, dass eine Ausweitung der NATO-Zone nicht annehmbar ist.

Baker: Wir sind damit einverstanden.

Gorbatschow: Es ist durchaus möglich[80]*, dass in dieser Situation, wie sie jetzt entsteht, die Anwesenheit des amerikanischen Heeres eine zügelnde Rolle spielen kann (!). Möglich, dass wir mit Ihnen zusammen, wie Sie sagten, darüber nachdenken müssen, dass ein vereinigtes Deutschland möglicherweise Wege zur Umrüstung* (Aufrüstung? – AvP) *suchen wird, wie das nach Versailles geschah, die Schaffung einer neuen Wehrmacht. Tatsächlich, wenn es sich außerhalb der europäischen Strukturen befindet, so kann sich die Geschichte wie-*

80 Wörtlich übersetzt: »vollkommen möglich«.

derholen. Das technische und industrielle Potenzial erlaubt Deutschland, dies zu machen. Falls es im Rahmen der europäischen Strukturen existieren wird, so kann man diesen Prozess verhindern. Über all das muss man nachdenken.

»Über all das« hat die sowjetische Führung jedoch schon länger nachgedacht, und es stellt sich die Frage, warum Gorbatschow nicht in klarer Form die Interessen formuliert, die noch auf dem Beratertreffen 15 Tage zuvor zumindest deutlicher gemacht worden waren. Denn auch seine Abschlussbemerkungen sind mehr als vage.

Vieles, was Sie sagten, stellt sich als realistisch dar. Also lassen Sie uns nachdenken. Irgendeine Bilanz zu ziehen ist jetzt nicht möglich. Sie wissen, dass die DDR eng mit uns verbunden ist, und die BRD ist unser erster Handelspartner im Westen. Historisch gesehen war Deutschland immer ein starker Partner Russlands. Wir und Sie haben die Möglichkeit, auf die Situation Einfluss zu nehmen. Und diese Möglichkeit sollten wir nutzen, wenn wir eine rationale Herangehensweise ausarbeiten, die die Interessen unserer und anderer Länder berücksichtigt, wenn wir einen entsprechenden Mechanismus erarbeiten. Diese Möglichkeiten sollten nicht unterbewertet werden. Natürlich, jetzt wird die Sache sehr erschwert durch den Wahlkampf, die Glut der Leidenschaften, welche die Gesellschaft erhitzen. Wir werden die Situation beobachten und überlegen, wie vorzugehen ist.

Das sind wieder nur allgemeine Äußerungen und Mahnungen, aber kein politisches Konzept.

Die in diesem Gespräch zweimal von Baker abgegebene Zusicherung, bei der Vereinigung Deutschlands die NATO nicht um einen Zoll in östliche Richtung auszudehnen, hatte für die sowjetischen Politiker enorme Bedeutung. Auch wenn Gorbatschow sie nur in einer kleinen Bemerkung in seinen Erinnerungen[81] wiedergibt und sie ansonsten in seinen späteren Verhandlungen nicht ins Spiel brachte, spielte sie bei ihm und vor allem bei seinen Gegnern eine größere Rolle.

So wiederholte Jegor Ligatschow, der Hauptgegner Gorbatschows im Politbüro des ZK der KPdSU, noch 1999 voller Empörung im Interview mit mir, Baker habe

die Versicherungen seitens der Vereinigten Staaten von Amerika, seitens Deutschlands darüber abgegeben, dass keine NATO-Erweiterung in östlicher Richtung folgen wird, erfolgen würde. Was nun geschehen ist, das sehen doch

81 Hier wiederholt Gorbatschow nur die Sätze Bakers, darunter auch die Zusicherung, die NATO nicht über die jetzigen östlichen Grenzen auszudehnen, aber diese Bemerkung wiederholt Gorbatschow nicht mehr, auch nicht in seinem zusammenfassenden Schlussteil dieses Kapitels, in dem er Gründe für seine Zustimmung zur Wiedervereinigung erläutert. Gorbatschow 1995, S. 716.

alle. Es läuft eine unaufhaltsame Erweiterung der NATO in östliche Richtung. Und dies ist eine Bewegung in Richtung der GUS-Grenzen.[82]

Er macht Gorbatschow den Vorwurf, dem allen zugestimmt zu haben, um die Beziehungen zum Westen nicht zu gefährden, habe damit aber eine Bedrohung der Sowjetunion in Kauf genommen.

Diese Zusage wird jedoch weder von Bush noch von Baker wiederholt, auch nicht in Bakers Memoiren, die ansonsten sehr ausführlich von seinen Gesprächen mit Schewardnadse und Gorbatschow am 8., 9. und 10. Februar in Moskau berichten. Aber seine Zusage wird – wie wir gesehen haben – eindeutig durch das sowjetische Protokoll bestätigt und Baker wird sofort bei seiner Rückkehr deswegen kritisiert werden (siehe unten).

Modrow fasst später die Ergebnisse des Baker-Besuchs zusammen:

Baker hat erst eine Begegnung mit Schewardnadse, dann am 9. eine Begegnung mit Gorbatschow. Und dort genau ist der Knackpunkt vom Tisch. Es ist keine Rede mehr über ein militärisch neutrales Deutschland, sondern jetzt wird der Prozess der deutschen Wiedervereinigung ohne irgendwelche Vorbedingungen von Seiten der Sowjetunion in dieser Frage durchgeführt.[83]

Richtig daran ist, dass Gorbatschow gegenüber Baker nicht auf der Neutralität eines vereinten Deutschland bestand, ja sie nicht einmal ansprach, was er noch zehn Tage zuvor angekündigt hatte, sondern eher Schewardnadse. Man kann hinzufügen, dass Gorbatschow auch seine andere Bedingung, die er stellen wollte, nämlich den parallelen Abzug der amerikanischen und sowjetischen Truppen, fallen ließ bzw. ein größeres Kontingent der amerikanischen als der sowjetischen Truppen zuließ. Kein Wunder also, dass Baker euphorisch von diesem Gespräch berichtete und es als Durchbruch in der Frage der Mitgliedschaft des vereinten Deutschland empfand. Falsch wäre es jedoch zu behaupten, dass Gorbatschow keine Vorbedingung gestellt hätte: Es war allerdings eine andere, nämlich keine Ausweitung der NATO – und genau dies hat Baker verbindlich zugesagt.

Als Hauptergebnis des Gesprächs zwischen Baker und Gorbatschow lässt sich zusammenfassen: Der sowjetische Generalsekretär trat nicht deutlich gegen Bakers Vorstellungen von einer Mitgliedschaft des vereinten Deutschland in der NATO, von der Anwesenheit der amerikanischen Truppen in Mitteleuropa auf, stimmte Baker sogar im Allgemeinen zu, zierte sich noch, nahm die Einheit Deutschlands hin und deutete sogar an, dass man die Mitgliedschaft Deutschlands in der NATO nicht bekämpfen werde. Gorbatschows Undeutlichkeiten konnte Baker zu Recht in diese Richtung interpretieren. Die sowjetische Hauptforderung, wie sie in Gorbatschows vorherigen Ankündigungen formuliert worden war, nämlich »Gleichzeitiger Abzug der

82 Ligatschow im Gespräch mit mir am 5.11.1999 in Moskau.
83 Nach dem ZDF-Interview mit Modrow Band 82/04:14:30–04:16:01.

amerikanischen und der sowjetischen Truppen« oder sogar »Neutralität des vereinten Deutschland« als Teil dieses Einigungsprozesses, wurde hier nicht erhoben. Stattdessen hatte Baker verbindlich erklärt, es werde keine Ausweitung der NATO nach Osten geben.[84]

5.2.3 Kohl am 10. Februar in Moskau: ein weiterer Schlüssel zur Einheit

Bundeskanzler Kohl flog am 10. Februar 1990 nach Moskau zu Gesprächen mit Gorbatschow, die nun endlich zustande kamen. Er landete dort unter für seine Politik relativ günstigen Bedingungen: In der DDR standen die Zeichen auf Einheit, der Wahltermin war auf den 18. März vorgezogen worden, eine Reihe von oppositionellen Parteien und Gruppen bildete sich, seine CDU kam mit der Blockpartei Ost-CDU zusammen und sammelte weitere Verbündete. Die SPD versuchte einen anderen Weg über eine eigene, organisatorisch noch schwache Ostpartei SDP. Modrow und die SED-PDS gerieten immer mehr in Bedrängnis, seine Regierung schien jedoch bis zu den Wahlen zu halten.[85]

In den internationalen Beziehungen trug das Zusammenspiel mit den USA seine Früchte: Die harte Abwehrposition der britischen Premierministerin, Margaret Thatcher, bröckelte. Mitterrand musste einsehen, dass die deutsche Einheit rasch kommen würde und seine Hoffnung auf ein *Nacheinander* von zunächst europäischer und dann deutscher Vereinigung begraben werde; auch seine vorsichtigen Fühler in Richtung einer (allerdings unklaren) europäischen Friedensordnung über die Ost-Westgrenzen hinaus trafen auf keine positive Antwort – nicht einmal Gorbatschow hatte reagiert. Aber immerhin hatte die deutsche Bundesregierung – was für Mitterrand äußerst wichtig war – dem Euro und der europäischen Währungs- und Sozialunion zugestimmt.

Sogar der polnische Ministerpräsident hatte nur noch begrenzte Vorbehalte: Mazowiecki erinnerte in einem gerade geschriebenen Brief nur in sehr versteckter Form an die Grenzfrage, sondern sprach stattdessen deutlicher Kreditwünsche an.[86] Dennoch blieb die Oder-Neiße-Grenze ein Quell der Kritik an Kohl.

84 Manche vermuten, dass Baker die Erklärung, die NATO-Verantwortlichkeit werde nicht auf DDR-Gebiet übertragen, nur mit Rücksicht auf Genscher gemacht hat. (John Kornblum in einem Interview vom 3.11.1994 nach Weidenfeld 1998, S. 723, Fußnote 52). Das scheint mir eher unglaubwürdig, da es hier einen ständigen Austausch zwischen Genscher und Baker gab, und Baker alle diese damit zusammenhängenden Lösungen geradezu als seine ausgibt, die er – wie erwähnt – Genscher vorgestellt habe, der von dieser Idee »begeistert« gewesen war.

85 Zelikow/Rice 1997, S. 226: »Sowohl Washington als auch Bonn hofften, dass Modrow sein Land bis zu den Wahlen im Mai zusammenhalten konnte.«

86 DzD, Dok. Nr. 154, S. 744 ff.

Aus den USA kam allerdings ein Vorstoß, der eine Ur-Befürchtung der Amerikaner äußerte und Kohl Unannehmlichkeiten bereiten konnte. Der US-amerikanische Vizeaußenminister Eagleburger sprach am 30. Januar in Bonn »im Auftrag von AM Baker« die »Sorge« an, die Europäische Gemeinschaft könne an der NATO vorbei agieren. In der NATO habe es eine Vereinbarung gegeben, dass man über einen »KSZE-II-Gipfel« »weiter *reden* müsse«. »Dann habe aber die EG in einem anderen Gremium beschlossen, dass dieser Gipfel *stattfinden* werde. Damit werden den USA die Hände gebunden. (...) Da die USA in EG-Gremien nicht vertreten seien, komme in erster Linie die NATO in Frage, die nach wie vor für die USA die grundlegende Verbindung nach Europa sei.«

Das war eine im Kern für Bonn komplizierte, eventuell sogar brisante Frage, da sich dahinter das Problem verbarg, ob die NATO-Interessen und die europäische Einheit (Ost und West) in diesem Prozess der deutschen und der europäischen Vereinigung immer kompatibel bleiben würden. Was wäre, wenn Gorbatschow eine deutliche Position gegen die Anwesenheit der amerikanischen Truppen in Europa beziehen würde – als Vorbedingung der Einheit? Wenn er den gleichzeitigen Abzug der sowjetischen und der amerikanischen Truppen aus Mitteleuropa fordern würde? Hier lag eine wirkliche Gefahr für die Kohlsche Einheitspolitik.

Wir wissen inzwischen, dass Kohl niemals in diese Bedrängnis gebracht wurde, da Gorbatschow diese »Karte nicht spielte« und schon am 25. Januar den Rückzug der sowjetischen Truppen zumindest ins Auge gefasst hatte, ohne von den Amerikanern Gleiches zu verlangen, und er hat dieses auch nicht von Baker bei dem Gespräch am 9. Februar gefordert. Aber Kohl war das vermutlich noch nicht bekannt. Es wurde ihm erst kurz vor seinem Treffen mit Gorbatschow durch Bakers Brief am 10. Februar verdeutlicht.

Der Satz von Portugalow, man habe »den Dicken nicht auf die Folterbank gespannt, sich zwischen Einheit und Westbindung zu entscheiden«, müsste aus sowjetischer Sicht in dieser Situation abgewandelt werden: Die sowjetische Seite hat Kohl nicht auf die Folterbank gespannt, sich zwischen Einheit und gleichzeitigem Abzug der amerikanischen und der sowjetischen Truppen aus Mitteleuropa bzw. für ein europäisches Sicherheitssystem zu entscheiden.

Der Bundeskanzler versuchte Eagleburger mit Bemerkungen über die »gleichbedeutende« Freundschaft zu Paris und Washington zu beruhigen, man werde sich »deshalb auch an keinen Plänen beteiligen, etwa die USA herauszudrängen, sondern strikt dagegen auftreten«.[87]

Einen weiteren Anlass für diese amerikanische Sorge hatte der französische »Sherpa«, der Berater Mitterrands, Jacques Attali, gegeben. Auf dem Treffen der Beauftragten der Staats- und Regierungschefs der G-7-Staaten (so genannter Sherpas) hatte Attali nach dem Bonner Protokoll gesagt: »Europa müsse sich auf eine Zeit einstellen, in der die USA und die Sowjetunion

87 Das Gespräch Kohl – Eagleburger ist abgedruckt in DzD, Dok. Nr. 153, S. 739 ff.

aus Europa heraus seien.«[88] Hier wird wieder die französische Position in Richtung auf ein eigenständigeres Europa sichtbar.

Dennoch: Bundeskanzler Kohl brauchte also nur noch das sowjetische Plazet für die Wiedervereinigung, und dies unter für die Bundesregierung möglichst günstigen Voraussetzungen: keine Neutralität des vereinten Deutschland, kein Abzug der amerikanischen Truppen aus Zentraleuropa, auch kein gleichzeitiger Abzug amerikanischer und sowjetischer Truppen, weitere Mitgliedschaft Deutschlands in der NATO. Zu klären war: Welchen militärischen Status hätte dann das (ehemalige) DDR-Gebiet? Wie sah das neue Verhältnis zu welcher Art Warschauer Pakt aus?

Horst Teltschik hatte am 7. Februar eine Vorlage für den Bundeskanzler geschrieben, die den Titel trug: »›Gesamteuropäische Sicherheitsstruktur‹. Sicherheitspolitik der Bundesregierung auf dem Wege zur deutschen Einheit«.[89] Ziele seien u. a.: gesamteuropäische Stabilität, die Achtung der Sicherheitsinteressen aller beteiligten Staaten. Er verwies auf die bewährten Sicherheitsstrukturen in Europa, auf die unverzichtbare US-Präsenz. Die Mitgliedschaft der DDR und der Bundesrepublik in verschiedenen Militärbündnissen sei »ein Problem«. Teltschik schlussfolgert:

> *Ein geeintes Deutschland wird weder ganz noch teilweise entmilitarisiert. (…) Ein geeintes Deutschland bleibt Mitglied der NATO und der WEU.*

Und dann kommt etwas Neues, das sich aber seit Genschers Tutzing-Vortrag, seit den Debatten in den USA zwischen Weißem Haus, Sicherheitsstab und Außenministerium und seit dem Vortrag des NATO-Generalsekretärs Wörner in Hamburg über den Sonderstatus der DDR in der NATO als Konsens zwischen Bonn und Washington herausgeschält hatte. Teltschik schrieb:

> *Allerdings werden keine Einheiten und Einrichtungen des Bündnisses* (NATO – AvP) *über die bisherige innerdeutsche Grenze hinaus nach Osten verschoben.*[90]

Das heißt in Abwandlung der Tutzing-Position Genschers, dass das Gesamtdeutschland in der NATO wäre, nur die Einheiten der Verbündeten blieben in Westdeutschland. Diese Position war eine andere als diejenige, die Baker in Moskau vertrat. Sie stand aber in Übereinstimmung mit den Überlegungen im Weißen Haus zu dieser Zeit, die in einem Brief an Bundeskanzler Kohl vom 9. Februar fixiert und erläutert wurden – genau zu der Zeit, als Baker gegenüber Gorbatschow seine Zusage gab, die NATO nicht nach Osten zu erweitern.

Offiziell war zwar immer noch von längeren Zeiträumen bis zur Wiedervereinigung die Rede, aber alle Weichenstellungen vor allem in Bonn und

88 Ebenda, S. 743.
89 In den Akten des Bundeskanzleramtes, DzD, Dok. Nr. 166
90 Ebenda, S. 775.

Washington liefen auf baldige Entscheidungen nach den Wahlen in der DDR hinaus, falls von der sowjetischen Seite keine fundamentalen Einwände kämen. Als Scowcroft Teltschik am 3. Februar in München traf, war er – so Teltschik in seinem Tagebuch – »tief beeindruckt vom Tempo der Entwicklung und ahnt, dass nach der Wahl am 18. März alles sehr schnell in Richtung Einheit laufen könnte«. Scowcroft fragte dann: »Welches Pfand habe die Sowjetunion gegen die Bundesregierung in der Hand? (...) Ich verwies auf die Viermächte-Verantwortung. Da werden die USA nicht mitmachen, erwiderte Brent. Das lasse sie (die USA – AvP) auch zögern, einem KSZE-Gipfel zuzustimmen, weil die Sowjetunion versucht sein könnte, daraus eine Ersatz-Friedenskonferenz über Deutschland zu machen.«[91]

Nichts von dem, was hier Scowcroft und Teltschik von der Sowjetunion befürchteten, war noch in den strategischen Überlegungen der sowjetischen Führer geblieben, außer den eigenen Truppen als Pfand, und auch dieses Pfand wurde gerade aus der Faust gegeben ...

5.2.3.1 Zwei Briefe an Kohl

Zwei amerikanische Schreiben erreichten Bundeskanzler Helmut Kohl zur Vorbereitung seines Treffens mit Gorbatschow am 10. Februar: ein Brief von Bush (9. Februar) und einer von Baker (10. Februar), der über seine Begegnung mit Gorbatschow berichtete und den er beim amerikanischen Botschafter in Moskau gelassen hatte. Kohl und Baker verpassten sich knapp.

George Bush hatte sich zwischen zwei Konzepten zu entscheiden, was den militärischen Status des DDR-Territoriums nach der Vereinigung betraf: eines, das der Tutzing-Position Genschers nahe stand – also keine Ausdehnung der militärischen Strukturen der NATO auf DDR-Territorium bei allgemeiner Bündniszugehörigkeit –, und ein anderes, das im Unterschied dazu das gesamte DDR-Gebiet der NATO zuschlug und ihr damit »Schutzgarantien gewährte«, aber zugleich einen Sonderstatus zuwies, was die Truppenstationierung der Verbündeten betraf.[92] Das entsprach den Überlegungen des Bundeskanzleramtes vom 7. Februar, auch wenn die Unterschiede minimal erscheinen.[93]

In dem Brief von George Bush vom 9. Februar, der zugleich mit einem in deutscher Sprache geschriebenen persönlichen Brief ankam[94], hieß es zunächst in Bekräftigung einer gemeinsamen deutsch-amerikanischen Grundlage:

91 Teltschik 1991, S. 127.
92 Zelikow/Rice 1997, S. 262.
93 Die Genscher-Version wird hier von den Mitarbeitern des Weißen Hauses (Zelikow und Rice) überscharf von ihrer eigenen abgegrenzt, vermutlich auch deshalb, weil sich Baker gegenüber Gorbatschow festgelegt hatte im Sinne von Genschers Auffassung: Es würde keine Ausdehnung der NATO auf das Territorium DDR geben. Hier werden die kleinen Konkurrenzen zwischen Weißem Haus und State Department sichtbar.
94 In den Akten des Bundeskanzleramtes DzD, Dok. Nr. 170 (der private 171), S. 784 f.

Wir werden es auf keinen Fall zulassen, dass die Sowjetunion den Viermächte-Mechanismus als Druckmittel gegen Sie nutzt, um Sie dazu zu zwingen, ein Deutschland nach den Vorstellungen und dem Tempo, die Moskau vorgibt, zu schaffen.

Er setzt dann fort mit den Problemen der NATO-Zugehörigkeit des vereinigten Deutschland:

Natürlich ist auch dies wieder etwas, was das deutsche Volk und die von ihm gewählten Vertreter zu entscheiden haben. So habe ich Ihre Ablehnung des Neutralitätskonzepts (im Modrow-Plan – AvP) *und Ihre entschiedene Erklärung, dass ein geeintes Deutschland Mitglied der NATO bleiben würde, mit großer Genugtuung aufgenommen. In diesem Zusammenhang begrüße ich die Idee, dass ein Aspekt der NATO-Mitgliedschaft eines geeinten Deutschland in der Zuerkennung eines militärischen Sonderstatus für das Gebiet der heutigen DDR bestehen könnte. Wir glauben, dass ein solches Vorgehen sowohl mit der Sicherheit Deutschlands als auch seiner Nachbarn in Einklang gebracht werden könnte – im Kontext eines wesentlichen, letztendlich vielleicht totalen Rückzugs der sowjetischen Truppen aus Mittel- und (!) Osteuropa.*

Hier wird ein wesentlicher Impetus der amerikanischen Politik in Zusammenhang mit der deutschen Einheit deutlich: der vollständige Abzug der sowjetischen Truppen aus Mittel- und Osteuropa. Was wäre dann aber mit den amerikanischen Truppen, um Gorbatschows Gedanken aus dem Beratertreffen vom 25. Januar aufzunehmen? Bushs Antwort:

In Bekräftigung Ihres Standpunkts habe ich gesagt, dass ich erwarte, dass Deutschland Mitglied der NATO bleibt, wobei ich angemerkt habe, dass sich die Aufgabe der NATO dahingehend ändern wird, dass ihrer ursprünglichen politischen Rolle[95] *mehr Bedeutung zukommt. Wir sind uns sicher auch darüber einig, dass die Präsenz amerikanischer Streitkräfte auf Ihrem Territorium und die Fortsetzung der nuklearen Abschreckung für die Sicherung von Stabilität in dieser Zeit des Wandels und der Unsicherheit entscheidend sind. Selbst wenn die Sowjetunion, wie wir hoffen, alle ihre Truppen aus Osteuropa abzieht, so wird sie immer noch die bei weitem mächtigste einzelne Militärmacht in Europa sein. US-Truppen in Deutschland oder sonst irgendwo in Europa, geschützt durch eine zuverlässige Abschreckung, müssen, so denke ich, helfen, die Sicherheit des Westens zu erhalten, solange unsere Verbündeten unsere militärische Präsenz in Europa als Teil einer gemeinsamen Verteidigung wünschen.*[96]

95 Was könnte damit gemeint sein: die ureigenste politische Rolle der NATO im Kalten Krieg? Oder einfach nur: die NATO als politisches Instrument? Warum dann der Begriff der ursprünglichen politischen Rolle?

96 DzD, S. 784 f.

Das ist die amerikanische Gesamtstrategie, wie sie schon im Mai 1989 angedeutet worden war, nun auf dem Weg zum Erfolg: die sowjetischen Truppen ziehen ab, die amerikanischen bleiben in Europa und auch in Deutschland. Die einzige Kompensation, die angeboten wird: keine alliierten Truppen in der DDR entsprechend ihres Sonderstatus. Konnte das Gorbatschow hinnehmen? Würde er noch seine eigentliche Trumpfkarte, die eigenen Truppen in Deutschland, wieder ins Spiel bringen? Oder hatte sich die sowjetische Führung mit der amerikanischen Hegemonialpolitik in Mitteleuropa abgefunden, würde sich nicht nur aus Mitteleuropa, sondern auch aus den anderen osteuropäischen Staaten zurückziehen?

Baker machte sich, so behaupten es seine rivalisierenden Partner aus dem Weißen Haus, diese neue Linie sofort zu eigen. Das heißt die Zusicherung Bakers[97] – keine Ausdehnung der NATO-Jurisdiktion um einen Zoll nach Osten mit der Wiedervereinigung – galt gerade einmal einen einzigen Tag.

Der amerikanische Außenminister informierte in seinem Brief den Bundeskanzler über die Ergebnisse seines Gesprächs zur deutschen Frage mit Gorbatschow und Schewardnadse, besonders über die sowjetischen Besorgnisse:

- vor allem das Bedenken, ob die Wiedervereinigung nicht die Sicherheit und Stabilität in Europa gefährde
- ob die Grenzen auf Dauer von den Deutschen akzeptiert würden
- ob die jetzigen Zusicherungen von späteren Regierungen eingehalten würden
- ob die Sicherheit der anderen europäischen Staaten – nach den geschichtlichen Erfahrungen (mit den Deutschen) – garantiert werden könnte.

Er, Baker, habe gegenüber Gorbatschow versichert, dass die Bundesregierung diese Bedenken ernst nehmen würde, aber niemand außer den Deutschen könnte über das Schicksal Deutschlands entscheiden. Baker betonte zweimal, dass er die eigenständige deutsche Verantwortung für die inneren Aspekte der Wiedervereinigung hervorgehoben habe. Die äußeren Aspekte sollten nicht über das Instrument der Vier-Mächte abgewickelt werden, was die Deutschen nicht akzeptieren würden, sondern über einen 2+4-Mechanismus. Er habe sich auch gegen die KSZE (CSCE) als Instrument ausgesprochen, sie könnte aber sanktionieren, was in dem 2+4-Arrangement beschlossen worden sei. Alles könne erst nach den Wahlen vom 18. März beginnen. Er habe Gorbatschow gegenüber erwähnt, dass er mit Genscher darüber gesprochen hätte, aber nicht mit »Ihnen«, dem Kanzler. Gorbatschow habe diese Ideen als »gangbar in dieser Situation« bezeichnet. Baker berichtet weiter, dass er Gorbatschow unterrichtet habe, dass Deutschland in der NATO bleiben wolle, dass das auch die Meinung der USA sei, dass er deshalb Gorba-

97 Auch Zelikow und Rice beschreiben dies als »verbindliche Zusage« Bakers (S. 261), vermutlich nicht ganz frei davon, die härtere Linie Bushs, dem sie näher als dem Außenminister standen, als die »richtigere« Linie zu präsentieren.

tschow die Frage gestellt habe: Wollen Sie lieber Deutschland außerhalb der NATO sehen, unabhängig und ohne amerikanische Truppen, oder wollen Sie ein vereintes Deutschland mit engen Banden zur NATO und mit der Zusicherung, dass sich die NATO nicht einen Zoll nach Osten ausdehne?[98] Gorbatschow habe geantwortete, man werde sich das alles überlegen, quasi in einem Seminar der sowjetischen Führung. Im übrigen sei Gorbatschow nicht festgelegt. Die 2+4-Mechanismen und der KSZE-Rahmen könnten geeignet sein, ihm weiterzuhelfen.[99]

Damit ist klar, dass der amerikanische Außenminister diesen Brief in Moskau geschrieben hat, als er noch nicht zur etwas anderen Linie des Präsidenten umgeschwenkt war.

5.2.3.2 Das Gespräch

So vorbereitet, wenn auch mit leichten Nuancierungen in den amerikanischen Positionen, kam Kohl nach Moskau, wurde sehr herzlich empfangen und führte seine Gespräche mit Gorbatschow, einmal ein »Vier-Augen-Gespräch« unter Teilnahme der Dolmetscher und wiederum Horst Teltschiks sowie Anatoli Tschernajews, zum zweiten ein Gespräch danach, »in erweiterter Zusammensetzung«. Das Protokoll des Vier-Augen-Gesprächs wurde auf deutscher Seite von Horst Teltschik verfasst und in den Akten des Bundeskanzleramtes abgedruckt.[100] In der russischen Version wird es in den noch nicht freigegebenen Akten des Präsidentenarchivs aufbewahrt, aber eben auch in der Gorbatschow-Stiftung, verfasst oder bestätigt von Anatoli Tschernajew.[101] Dasselbe gilt für das Gespräch »im erweiterten Kreis«, wie es im Russischen heißt, bzw. für das »Delegationsgespräch«, so im Deutschen.[102]

Zur Erinnerung: Gorbatschow hatte sich in dem Rollenspiel mit Kohl während des Beratergesprächs vom 25. Januar vorgenommen, den Bundeskanzler damit zu konfrontieren, dass die Westmächte insgeheim gegen die Wiedervereinigung seien, dass er die sowjetischen Truppen nicht aus Deutschland abziehen werde, ohne dass dies parallel nicht auch die Amerikaner täten, dass er der Wiedervereinigung nur zustimmen werde, wenn das geeinte Deutschland neutral bliebe, in jedem Falle werde er eine NATO-Mitgliedschaft Deutschlands nicht zulassen. Außerdem wollte er Kohl gegen die SPD ausspielen.

Nun zum Gespräch selbst, das ich nach dem bisher nicht veröffentlichten sowjetischen Protokoll wiedergebe und bei dem ich besondere Abweichungen vom deutschen kommentiere.

98 Dass Baker die Bedrohung durch ein neutrales Deutschland betonte, erwähnt er nicht.
99 Brief Bakers nach den Bundeskanzleramtsakten, Dok. Nr. 173, S. 793.
100 DzD, Dok. Nr. 174, S. 795 ff.
101 Gorbatschow-Stiftung, Gesprächsprotokolle, 90FEB10A.
102 DzD, Dok. 175, Gorbatschow-Stiftung, 90FEB10B.

Nach einer für Gorbatschows sonstige Einleitungen kurzen Begrüßung machte der Gastgeber eine Bemerkung über die »wirklich nicht einfache Zeit«: »Wir halten uns in der Sowjetunion ständig unter Spannung, um, wie man sagt, kein Geschirr zu zerschlagen. Zurückhaltung und Ausgewogenheit braucht man selbstverständlich nicht nur für die inneren Angelegenheiten, sondern auch in der Außenpolitik. Sie sind Gast, Sie haben das Wort.«

Der Bundeskanzler bedankte sich und meinte: »Unser heutiges Treffen wurde akut, das Gespräch wird sehr wichtig.«[103] Gorbatschow stimmte dem zu.

Kohl erinnerte an das Treffen im vergangenen Sommer in Bonn und würde gerne auf dieser Unterhaltung aufbauen wollen, in derselben Aufrichtigkeit und Offenheit. Es habe sich vieles verändert, aber die »gegenwärtige Entwicklung, so meine ich, verläuft im Geiste dieser Gemeinsamen Erklärung« von Bonn. Er beglückwünschte Gorbatschow auch zu dem letzten ZK-Plenum, das dank guter Vorbereitung »zu einem solchen beeindruckenden, hervorragenden und überdurchschnittlichen Ereignis« wurde.

Im deutschen Protokoll ist dieses Lob nicht ganz so überschwänglich, dafür wird Kohls Bemerkung zitiert, dass er sich vorstellen könne, »was vor und während des ZK-Plenums hinter den Kulissen alles losgewesen wäre«. Dazu Gorbatschow: »Und auch im Plenum.«

In beiden Protokollen wird dann die »Lebensmittelaktion« (im deutschen) bzw. die »Bereitstellung einer Finanzhilfe an die Sowjetunion für die Lieferung von Lebensmitteln« (im sowjetischen Protokoll) erwähnt.[104]

Gorbatschow bedankte sich – nun wieder dem russischen Protokoll folgend – sehr »für diese Initiative, die weit über den üblichen Rahmen einer Beziehung hinausgeht und einen edelmütigen politischen Klang gewinnt«, wie es wörtlich übersetzt heißt. Kohl erklärte, er habe damit einen Test bestanden, »und außerdem sehr leicht«, meinte damit vermutlich seine Bitten an deutsche Handelspartner. Diese Hilfe, so habe er Schewardnadse im Auto erklärt, entspreche »vollständig den Zusicherungen, die ich im vergangenen Sommer vorigen Jahres in Bonn gemacht habe«. Er bat weitere Hilfe an. »Herr Generalsekretär, falls eine Situation entsteht, in der Sie Hilfe und Unterstützung brauchen, und Sie denken, dass ich Ihnen helfen kann, bitte ich Sie, wenden Sie sich an mich.«[105]

Nach Gorbatschows Dank wendete sich der Bundeskanzler der gegenwärtigen deutschen und internationalen Lage zu: Das »deutsche Gleis« und das »europäische Gleis« seien eng miteinander verbunden. Sein Bericht über die DDR

103 In Bonn war man sich der Bedeutung auch in der Vorbereitung sehr bewusst und verglich dieses Treffen mit dem ersten Besuch Konrad Adenauers in Moskau.

104 Es handelt sich um jene Hilfe, die Kohl als besonders wichtige vertrauensbildende Maßnahme in schwieriger Zeit am Beginn dieses Besuches bezeichnete. (Vgl. das Kapitel »Grandioser Empfang« in Bonn.)

105 Dieses erneute Hilfsangebot wird im Russischen sehr viel ausführlicher zitiert als im Deutschen.

war ähnlich katastrophal wie der von Modrow, den er im Übrigen für einen »aufrichtigen Menschen« hält. Die Staatsautorität sei seit dem 20. Januar zusammengebrochen. Kohl habe am 19. Dezember in Dresden geglaubt, Modrow werde sich mit ihm über die Vertragsgemeinschaft und die Konföderation unterhalten. »Modrow änderte jedoch sein Konzept und konzentrierte sich auf die ökonomische Seite der Angelegenheit und auch auf das Wahlrecht.«

380 000 Übersiedler seien im vergangenen Jahr in den Westen gekommen, davon waren 200 000 jünger als 30 Jahre, hochqualifizierte Leute. Sie kämen nicht wegen des Geldes, sondern wegen ihrer Zukunft. Wenn das Tempo so weiterginge, werden im Februar 65 000 bis 70 000 »zu uns kommen«. Geschäfte zwischen Betrieben in der DDR werden zunehmend in »BRD-Mark« abgewickelt. Einige Bezirke lösten sich von Berlin, Rache und Aufrufe zur Vergeltung sind immer mehr zu hören. »Er selbst (Helmut Kohl) treibt diese Entwicklung nicht voran, versucht sie abzubremsen.« Der Magistrat von Ostberlin habe sich gestern früh an den Senat von Westberlin gewandt, Krankenhäuser zu übernehmen. Zwei Drittel der Ärzte seien gegangen, ebenso viele Elektronikspezialisten und Wissenschaftler aus anderen Disziplinen. »Jetzt befindet sich die Bevölkerung der DDR im Zustand einer Depression.« Bisher verliefe alles friedlich, es gebe keine Radikalisierung.

Kohl: In der DDR sind sowjetische Truppen in einer Größe von etwa 400 000 Menschen stationiert. Dort wohnen Frauen und Töchter sowjetischer Offiziere. Die Pflicht der sowjetischen Regierung ist es, sie zu schützen. Das ist eine elementare Logik, ein legitimes Interesse, und ich unterstütze das.

Bisher habe er darüber gesprochen, was die gegenwärtige Wirklichkeit sei[106], jetzt will er darüber reden, was geschehen könnte.

Kohl: Ich versuche eine Prognose aufzustellen. Am 18. März werden in der DDR Wahlen durchgeführt. Ich und meine Regierung versuchen alles dafür zu tun, dass es bis zu den Wahlen dort nicht zum Zusammenbruch kommt.[107] *Nach den Wahlen wird ein neues Parlament zusammengestellt, gibt es eine neue Regierung. Unabhängig vom Ausgang der Wahlen – der Drang zur Vereinigung Deutschlands wird anwachsen. Jetzt gibt es in der DDR nicht eine Partei, die gegen die Vereinigung ist. Für die Einheit Deutschlands tritt sogar die ehemalige SED ein. Wir zweifeln nicht daran, dass die Parteien der DDR und die neue Regierung ihrem Drang zur Einheit Deutschlands Ausdruck geben. Es wird eine vernünftige Reaktion benötigt. Genau deshalb wurde von mir der Vorschlag zur Schaffung einer Währungsunion und die Ausweitung der ökonomischen Zusammenarbeit gemacht. Ziel derselben ist die Wiederaufrichtung der Ökonomie*

106 In der Schilderung der desolaten Zustände in der DDR ist Teltschiks Protokoll wesentlich ausführlicher.

107 Dass Kohl dieses nicht täte, war einer der Hauptkritikpunkte Modrows, weil die notwendigen Mittel nicht zur Verfügung gestellt würden.

der DDR und die Verhinderung weiterer Übersiedlungen aus ihr. Für die BRD sind das Probleme, aber lösbare Probleme.

Kohl fuhr fort, dass man handeln müsse:

Und ich möchte im engen Kontakt mit Ihnen, Herr Generalsekretär, handeln. Die sich vollziehenden Veränderungen sind nicht zuletzt Resultat der Politik der Perestroika, deshalb wollen wir an der Seite mit Ihnen sein.

Der Bundeskanzler verwies auf ein weiteres »negatives Moment«. Es gebe in der Bundesrepublik gerade eine stürmische Debatte über die Atomkraftwerke in der DDR. Das berühre nicht nur uns, sondern auch die Sowjetunion.

Bundesminister Töpfer, der für die Fragen des Umweltschutzes, so auch für die Sicherheit der Atomkraftwerke (im Russischen: Atomstationen), *verantwortlich ist, erhielt während seines jüngsten Aufenthaltes in der DDR von ihrer Führung den Vorschlag unterbreitet, das Problem der Garantie der Sicherheit der Atomreaktoren zu übernehmen. Töpfer sagte, dass das zum gegenwärtigen Zeitpunkt nicht möglich sei. Nach der Besichtigung des Atomkraftwerks in Greifswald schlug er allerdings vor, es sofort abzuschalten. Der Zustand ist dort bedrohlich. Die Ausstattung dieses Kernkraftwerkes ist noch älter als die in Tschernobyl. Die Leute laufen aus dieser Gegend weg. Sie wissen, dass nach Tschernobyl bei uns eine richtige Hysterie war.*

Die militärische Sicherheit ist der nächste wichtige Punkt, zu dem Kohl nun überging:

Man muss mit Vernunft und mit Vertrauen zueinander die gegenseitigen Sicherheitsinteressen berücksichtigen. Sie bestehen aus realen Interessen und psychologischen Faktoren. Es gab Hitler, die deutsche Wehrmacht zog durch die Sowjetunion, Frankreich, Holland und Polen. Für die Deutschen ist das eine bittere Geschichte, und sie zogen daraus ihre Lehren. Ich möchte zusammen mit Ihnen, Herr Generalsekretär, an der Gestaltung des beginnenden Jahrzehnts der 90er Jahre teilnehmen. Die Lehren der Geschichte sollen uns dabei ständig vor den Augen stehen. (...)[108]

Falls ein vereintes Deutschland in der Zusammensetzung BRD-DDR-Berlin entsteht, wird es notwendig sein, entsprechende Verträge abzuschließen. In ihnen gilt es als Hauptpunkt, einen Schlussstrich unter die Grenzfrage zu ziehen. Ich weiß, dass es in der Sowjetunion Zweifel hinsichtlich der bekannten Entscheidung des Bundesverfassungsgerichts gibt. Diese Entscheidung machen wir zu keinem Problem. Wenn die Entwicklung so verläuft, wie sie sich jetzt andeutet, so nimmt die neue Regierung Deutschlands, das geeinte deut-

108 Im deutschen Protokoll wird stärker betont, dass »beide Seiten« die Lehren aus der Geschichte ziehen sollten (a.a.O., S. 798).

sche Parlament eine abschließende Entscheidung an. Hier soll nicht der Schatten eines Zweifels oder ein Grund für Misstrauen sein.

Der Schatten war deshalb entstanden, weil allen Betroffenen auch eine frühere Erklärung möglich erschien. Hans-Dietrich Genscher hatte den erwähnten vermittelnden Vorschlag gemacht, nach der Wahl in der DDR von *beiden* deutschen Parlamenten eine solche Erklärung verabschieden zu lassen.

Kohl ging darauf aber nicht ein, sondern zu einem weiteren, wenn nicht dem wichtigsten Punkt in den Augen der sowjetischen Führung über:

Anders steht die Frage der NATO und des Warschauer Vertrages. Ich hörte, dass Sie eine fruchtbare Unterhaltung mit dem Außenminister J. Baker hatten. Um mich nicht in Einzelheiten zu verlieren, möchte ich nur sagen: Wir treten für einen weiteren Fortschritt in den Fragen der Abrüstung ein und werden diesen allseitig fördern. Wir sind für einen Fortschritt in Wien, für einen Erfolg bei den START-Gesprächen[109] *und insbesondere bei den Chemiewaffen. Natürlich darf man dabei die Raketen mit kürzerer Reichweite nicht vergessen, die bei Ihnen als taktische bezeichnet werden. Darüber stehen auch Gespräche bevor.*

Was wir nicht wollen, ist die Neutralität. Das wäre eine historische Dummheit. Ein solcher Fehler wurde bereits nach 1918 begangen. Für die Deutschen wurde damals ein spezieller Status festgelegt. Der Sinn von Rapallo[110] *bestand darin, aus diesem speziellen Status herauszukommen. Man muss die Fehler nicht wiederholen.*

Wir meinen, dass die NATO ihren Aktionsradius nicht ausweiten soll.

Im deutschen Protokoll lautet dieser Satz klarer: »Natürlich könne die NATO ihr Gebiet nicht auf das heutige Gebiet der DDR ausdehnen.«[111] In dieser Allgemeinheit entspricht der Satz eigentlich nicht mehr dem Diskussionsstand mit den Amerikanern, besonders dem Brief Bushs über den Sonderstatus der DDR bei Mitgliedschaft des vereinten Deutschland in der NATO; er entspricht nicht einmal der Tutzing-Formulierung Genschers, sondern geht darüber hinaus. Warum Tschernajew diese Stelle so viel unkonkreter fasst, ist nicht ausmachbar. Vielleicht hatte er die Unterschiedlichkeit zwischen Bakers und Bushs Position in ihrer Brisanz noch nicht nachvollziehen können; möglicherweise hat aber auch Teltschik diesen Satz in seiner Niederschrift klarer formuliert, als es im Gespräch gesagt wurde. In den Unterhaltungen mit Anatoli Tschernajew war hier keine Präzisierung möglich.

109 START = Strategic Arms Reduction Talks (SNW im russischen Protokoll abgekürzt).

110 In Rapallo 1922: Vertragsabschluß des Deutschen Reichs mit der Sowjetunion, womit beide ihre internationale Isolierung durchbrachen und gegenseitig auf Bezahlung von Kriegsschäden und Kriegsfolgekosten verzichteten. Es bestand die Befürchtung besonders bei Polen und den Kriegsgegnern Deutschlands, dass dieses neue Bündnis gegen sie gerichtet wäre.

111 DzD, S. 799.

Kohl fuhr fort:

Man muss hier eine vernünftige Regelung finden. Ich verstehe die Sicherheitsinteressen der Sowjetunion richtig und gebe mir Rechenschaft darüber, dass Sie, Herr Generalsekretär, und die sowjetische Führung das, was vor sich geht, bald der Bevölkerung der UdSSR werden erklären müssen. Eine Sache ist die, wenn wir reden, aber eine andere Sache ist, wenn einfache Leute reden. Sie erinnern sich an das Schicksal ihrer Väter und Brüder. Das ist eine ganz normale Erscheinung. Allerdings, wenn wir nicht handeln werden, wird die Lage kritisch. Das müssen wir vermeiden. Und wir sind bereit, gemeinsam mit unseren Partnern, Nachbarn und Freunden zu handeln. Bei uns ist Ihr Ausspruch, wer zu spät kommt, bestraft die Geschichte, sehr populär. Wir sind bereit, uns von ihm leiten zu lassen.[112]

Soweit die erste längere Einlassung von Kohl. Gorbatschow antwortete: »Vielen Dank für ihre Überlegungen. Ich habe einige Fragen.« Seine erste betraf eine seiner Hauptsorgen, die ökonomische Stabilität der DDR. Kohl warf ein: »Dort wird ein anderes ökonomisches System gebraucht.« Gorbatschow fragte: »Wenn von einer Währungsunion geredet wird – sind irgendwelche Fristen vorgesehen?« Die Antwort Kohls ist nicht uninteressant:

Ich kann aus folgendem Grunde auf diese Frage nicht antworten. Hätte man mir diese Frage Ende Dezember gestellt, hätte ich gesagt, dass für einen solchen Wechsel einige Jahre erforderlich sind. Das wäre vernünftig, meinen die Ökonomen. Aber jetzt werde ich nicht gefragt. Die Menschen entscheiden alles mit den Füßen. Es beginnt ein Chaos. Wahrscheinlich kann darauf in einigen Wochen eine Reaktion erfolgen, womöglich auch nach Monaten.

Gorbatschow: Das heißt gleich nach den Wahlen?

Kohl: Das ist möglich. Ich möchte auch nichts überstürzen. Allerdings sprach ich bereits über den Vorschlag des Magistrats von Ostberlin an den Senat von Westberlin. In der nächsten Woche kommt der Bürgermeister von Westberlin zu mir und sagt, dass man wird zahlen müssen. Und ich kann ihm keine Absage geben. Die Lage ist eine derartige, dass jetzt jeder alles tut, was er für richtig hält. Aber es wird eine ökonomische Regelung benötigt. Darin besteht der eigentliche Sinn meiner bekannten Zehn Punkte. Sie sehen Punkt für Punkt die Schaffung einer Vertragsgemeinschaft vor.

Gorbatschow ging auf diese Bemerkung zu den »10 Punkten« nicht ein, sondern stellte seine zweite Frage:

Gorbatschow: Ich habe Ihre Überlegungen über den Abschluss eines neuen Vertrages, in dem abschließend die Frage der Grenzen reguliert wird, nicht verstanden. Stehen sie etwa nicht fest? Oder ist hier die Übersetzung ungenau?

112 Dieser ganze Absatz ist erstaunlicherweise im Deutschen sehr viel sensibler im Sinne der sowjetischen Ängste beschrieben.

Kohl: Ja, sie ist reguliert in den Moskauer und den Warschauer Verträgen. Aber diese Verträge wurden mit der BRD abgeschlossen. Deshalb geht es um die Bestätigung dessen, was in ihnen gesagt wurde. Falls sich die DDR und BRD vereinigen, so muss das neue deutsche Parlament den Bestand dieser Verträge bestätigen. Hinsichtlich ihres Inhalts kann es keinen Zweifel geben. Aber die Entscheidung des Bundesverfassungsgerichts[113] *betrifft den Moskauer Vertrag, der zwischen der Sowjetunion und der BRD abgeschlossen wurde.*

Nach dem russischen Protokoll fragte Gorbatschow nicht nach, nach dem deutschen zwei Mal: einmal, ob es um eine Bestätigung des Moskauer Vertrags gehe, zum zweiten: Der Vertrag müsse doch »nicht bestätigt, sondern vielmehr bekräftigt werden«.

Weiter nach dem russischen Protokoll:

Gorbatschow: Erschreckt Sie das nicht? Sie werden doch die BRD beerdigen?[114]

Kohl: Ich habe keine Angst davor. Ich stelle mir vor, dass das neue Staatsgebilde, das vereinte Deutschland, nicht neue Verträge abschließen muss.[115] *Der neue Staat kann in die Rechte der alten Verträge eintreten, selbstverständlich mit dem Einverständnis von Moskau und Warschau. Das ist aber eine technische und keine politische Frage. Ihre Klärung scheint mir nicht besonders kompliziert.*

In der folgenden Passage gibt es eine kleine Differenz zwischen dem deutschen und dem sowjetischen Protokoll. Nach dem deutschen sprach Kohl die wesentliche Frage an: »Die Hauptfrage sei der Status des künftigen Deutschlands, vor allem der militärische«. Nach dem russischen war es Gorbatschow, der dies tat:

Gorbatschow: Die zentrale Frage betrifft den Status Deutschlands hinsichtlich der militärischen Sicherheit.

Kohl: Hier kann man eine Lösung finden.

Dann wurde der Bundeskanzler jedoch eher allgemein:

Kohl: Die Sowjetunion hat ein Recht, sich um die Absicherung ihrer Sicherheitsinteressen zu bemühen. Wir sind interessiert an der Souveränität (des vereinten Deutschland – AvP). *Man muss von beiden Seiten Wege zur Festi-*

113 Das Bundesverfassungsgericht war in Auslegung des Grundgesetzes der Ansicht, dass weder die Bundesregierung noch der Bundestag für das vereinte Deutschland sprechen dürfen, sondern erst das gesamtdeutsche Parlament (nach einem Friedensvertrag). Zu den damit während der Vereinigung verbundenen Problemen vgl. die Kapitel »Die Volkskammer, der Bundestag, die polnische Regierung und die Grenzfrage« sowie »Die Abschlüsse«.

114 Nach dem deutschen Protokoll: »Werde die Bundesrepublik verschwinden?, fragte GS Gorbatschow. Habe der Bundeskanzler keine Angst davor?« (lacht).

115 Gerade hatte er dies jedoch in der Grenzfrage behauptet.

gung des Vertrauens finden. Das betrifft nicht nur uns, sondern auch die USA, Großbritannien und Frankreich. Ich bin davon überzeugt, dass man viel machen kann. Ich meine, es wird zum Beispiel sehr wichtig, wenn (im deutschen Protokoll: dass*) der neue deutsche Staat die gleiche Haltung einnimmt, die gleichen Verpflichtungen übernimmt, die die BRD hinsichtlich der nuklearen, bakteriologischen und chemischen Waffen übernommen hat. Das wird wichtig für die Sowjetunion, und für die USA, Großbritannien und Frankreich. Die Franzosen und Engländer sind im Grunde der Seele sehr froh darüber, dass sie Waffen haben, die die Deutschen nicht besitzen. Sie sind nicht deshalb darüber froh, weil sie uns mit diesen Waffen bedrohen können. Für sie hat diese Freude eine spezifische psychologische Grundlage.*

Gorbatschow: Könnte es nicht geschehen, dass das pluralistische System in der BRD und die Wahlkampagne Mechanismen in Gang setzen, die das Problem der Vereinigung zum Gegenstand eines Wettkampfes verschiedener Kräfte machen? Das würde dazu führen, dass die Gesellschaft in der DDR gespalten würde. Und wird es nicht schlimmer, wenn in die Gesellschaft der DDR diese Auseinandersetzung hineingetragen wird?

Kohl: Dies geschieht nicht.

Gorbatschow: Aber wurde die DDR nicht eine Geisel der Wahlkampagne?

Kohl: Nein. In der DDR begann alles bereits bedeutend früher, als die Entscheidung für die Wahlen angenommen wurde. Überhaupt wäre es dort etwas ruhiger, wenn Honecker zumindest im Frühjahr 1989 mit Reformen begonnen hätte.

Gorbatschow: Ich habe ihm das gesagt.

Kohl: Das ist mir bekannt.

Und dann lobte Kohl die historische Bedeutung Gorbatschows. »Was wäre die Sowjetunion ohne Sie?« Seine Gegner hätten keine Ahnung von Politik und Geschichte. »Was die Wahlen beträfe, so haben wir nicht vor, sie aus der Bundesrepublik zu führen.« Kohl brachte als Beispiel dafür, kaum verstehbar, seine Reise nach Dresden, die ein Erfolg war und die er, Gorbatschow, bestimmt gesehen habe. »Ich habe in ihr speziell gesagt, dass wir zusammen mit der Sowjetunion einen gemeinsamen Weg gehen.« Anschließend gab er, wenn man dem russischen Protokoll folgt, einen erstaunlichen historischen Rückblick.

Kohl: Was die Wahlen in der DDR betrifft, so gelten solche Gebiete wie Thüringen und Sachsen als ein Bollwerk der historischen Parteien.[116] *Seinerzeit agierten dort erfolgreich Marx, Engels, Bebel, Lassalle. Große Parteitage von historischer Bedeutung wurden in Eisenach und Gera* (er meint Gotha – AvP) *durchgeführt. Im Jahre 1932, noch bevor die Nazis an die Macht kamen,*

116 Nach dem deutschen Protokoll heißt es glaubwürdiger: »Was den Wahlkampf in der DDR betreffe, müsse der Generalsekretär wissen, dass es sich im Falle von Thüringen und Sachsen um uralte deutsche Provinzen handele, die von einer großen Parteigeschichte geprägt seien.« (S. 801).

konnten die Kommunisten in Sachsen die meisten Stimmen auf sich vereinen. Und erst hinter ihnen kamen die Sozialdemokraten. Die Sozialdemokraten haben allgemein bessere Ausgangspositionen als die anderen. 1945 kam mit Hilfe Marschall Schukows ihre Vereinigung mit den Kommunisten zustande. Jetzt ist diese Partei erneut entstanden. Willy Brandt, den Sie gut kennen, reist jetzt wie ein Bischof oder Metropolit durch die DDR und gibt allen seinen Segen. Er wurde sogar zum Ehrenvorsitzenden der DDR-SPD gewählt.

Gorbatschow warf unhöflicher als im deutschen Protokoll ein:

Gorbatschow: Sie sitzen auch nicht rum. Damals in Davos, als Sie die Diskussion führten, streiften Sie das Thema der Nichteinmischung. Sie erwähnten es im Zusammenhang mit dem inneren Zerfall der DDR.

Kohl: Ja, das ist so.

Gorbatschow: Gut, wenn das so wäre. Aber verschiedene Kräfte in der DDR bitten die BRD, mit ihnen nicht wie mit kleinen Kindern umzugehen.

Kohl: Das machen wir nicht.

Gorbatschow: Ich kenne die Formulierung des bekannten Wissenschaftlers Carl Friedrich von Weizsäcker, der dazu aufruft, sich mit Einmischungen zurückzuhalten.

Noch eine Frage. Ist es wahr, dass die Führung der BRD die Vereinigung Deutschlands schon nicht mehr im Rahmen des gesamteuropäischen Prozesses sieht, sondern außerhalb dessen?

Kohl: Das eine wie das andere. Das geht doch alle an. Ich sehe keinen Unterschied.[117]

In Teltschiks Mitschrift heißt es verständlicher beginnend mit Gorbatschows Frage:

Wolle der Bundeskanzler mit seinen Ausführungen sagen, dass die Probleme der Vereinigung Deutschlands nicht mehr im Rahmen der europäischen Einigung, sondern außerhalb gelöst werden sollten? Der Bundeskanzler verneinte dies. Für ihn bestünde zwischen beiden Entwicklungen kein (!) Unterschied.

Dann wurde es für den Bundeskanzler und Horst Teltschik wirklich spannend, als Gorbatschow feststellte:

Man kann wohl sagen, dass es zwischen der Sowjetunion, der BRD und der DDR keine Unstimmigkeiten über die Frage der Einheit der deutschen Nation gibt und darüber, dass die Deutschen selbst diese Frage entscheiden sollen. Einfach ausgedrückt, im Hauptausgangspunkt gibt es eine Auffassung: Die

117 Im deutschen Protokoll wird zur Einmischung von Gorbatschow noch hinzugefügt: »... dass die Bundesrepublik über alle Kanäle die Entwicklung in der DDR beeinflusse. Aber dies sei Sache der Deutschen.« (Ebenda)

Deutschen sollen ihre Wahl selbst treffen. Und sie sollen diese unsere Position kennen.

Kohl: Die Deutschen wissen das. Sie wollen sagen, dass die Frage der Einheit die Wahl der Deutschen selbst ist

In beiden Protokollen kommt diese Feststellung fast nebenbei. Aber Horst Teltschik berichtet von der Spannung dieser Situation für ihn als »Note-Taker« im Interview:

Und dann kam fast unvermittelt dieser zentrale Satz, den ich wahrscheinlich bis zum Lebensende nie vergessen werde. Jetzt nicht ganz wörtlich, aber fast wörtlich: »So es ist jetzt Sache der Regierung der Deutschen Demokratischen Republik und der Bundesrepublik Deutschland, ob sie sich vereinigen wollen, wann sie sich vereinigen wollen, wie schnell sie sich vereinigen wollen und wie sie sich vereinigen wollen.«[118] *Wenn Sie daneben sitzen, wissen Sie, dass Sie da einen historischen Moment erleben. Das ist Geschichte. Da ist also, da ist mir schon ein Schauer über den Rücken gelaufen. Ich musste das ja nun alles mitschreiben. Und der Dolmetscher hat übersetzt, ich musste das mitschreiben. Da geht es ja nun wirklich darum, dass Sie jedes Wort richtig festhalten. Denn ein Missverständnis ist tödlich. Und da habe ich den Bundeskanzler angestoßen und habe ihm gesagt, Gorbatschow muss das wiederholen. Helmut Kohl hat also so geredet, dass Gorbatschow diesen Satz drei Mal wiederholt hat.*

In beiden Protokollen, auch in beiden Mitschriften der Delegationsgespräche, ist übrigens nicht von den *Regierungen* der DDR und der Bundesrepublik die Rede, sondern von *den Deutschen*, die über die Einheit entscheiden sollen. Nachdem nun die wesentlichen Sätze gefallen waren, ging es in mehrfacher Hinsicht wieder von vorne los. Kohl wiederholte, dass vom deutschen Volk Frieden ausgehen soll, was Gorbatschow für eine wichtige Feststellung hielt.

Aber plötzlich und unerwartet entwickelte sich eine neue erstaunliche Dramatik, als der Generalsekretär erneut Zweifel in der Grenzfrage des neuen Deutschland äußerte und Kohl antwortete – eine Dramatik, die mir bisher nach Kenntnis des deutschen Protokolls neu war:

Gorbatschow: Wir müssen das vereinigte Deutschland auf einer fundamentalen Basis aufbauen. Deshalb stellte ich die Frage über die Grenzen. Das ist eine fundamentale Sache.

Und jetzt steht im deutschen Protokoll nur: »Der Bundeskanzler erläuterte seine Position zur Oder-Neiße-Grenze.« Aber im russischen steht mehr:

Kohl: Für mich bringt diese Frage innenpolitische Schwierigkeiten. Aber ich halte daran fest, was ich Ihnen gesagt habe. Ich habe Landsleute, die ihre

118 Dieser Satz steht so in keinem der beiden Protokolle.

Heimat verloren haben. Am Ende des zweiten Weltkrieges hat das Reich ein Drittel seines Territoriums verloren. 13 Millionen Menschen wurden aus ihrer historischen Heimat vertrieben, 2 Millionen kamen während der Flucht um. Jetzt sind von den 13 Millionen Übersiedlern 4–5 Millionen unter den Lebenden verblieben. Sie haben Kinder und Enkel. Sie fühlen mit dem Verstand, die ehemaligen Territorien – das ist Gestern. Wenn eine Meinungsumfrage durchgeführt würde, würden 88–89 Prozent sagen, dass das Vergangenheit ist.

Wenn ein Referendum darüber durchgeführt wird, dass die Vereinigung von DDR und BRD bei gleichzeitiger endgültiger Anerkennung der Oder-Neiße-Grenze stattfindet, so sprechen sich 92–93 Prozent dafür aus. Aber wenn man ehrlich ist, so geht bei vielen Menschen der Schmerz in der Seele nicht weg. Dieses Problem ist ein Teil der Innenpolitik der BRD. Auf mich wird Druck ausgeübt, auf einen bestimmten Teil der Wähler einzuwirken, ihre Stimmen zu erobern. Aber ich halte an den vertraglichen Abmachungen fest.

Sollte das Protokoll stimmen, ist Kohls Gedankengang kaum und nur in Teilen nachvollziehbar: Warum war für ihn die Oder-Neiße-Grenze ein so gewichtiges Problem, wenn seiner Ansicht nach für die jetzt geplante Vereinigung unter Einschluss der »endgültigen« Anerkennung der Oder-Neiße-Grenze eine so übergroße Mehrheit sein würde? Weil er befürchtete, dass »bei vielen Menschen der Schmerz in der Seele nicht weggeht« und dies langfristig doch ein Problem werden könne? Oder sollte Kohls deutschnationales Herz Widerspruch erheben, dass unter seiner Kanzlerschaft der »dritte Teil Deutschlands« endgültig abgeschrieben würde? War es der Schatten Adenauers und seiner damals wirkungsvollen Parole »Deutschland dreigeteilt – niemals«, der auf ihn fallen könnte? Kaum vorstellbar bei dem Europäer Kohl. Aber es kommt noch problematischer – immer noch nach dem sowjetischen Protokoll, weil Teltschik hier etwas aussparte:

Kohl: Ich habe an Sie, Herr Generalsekretär, eine große persönliche Bitte. Es wäre sehr gut, wenn das Thema der Grenzen in Verbindung mit dem Schicksal der Vertriebenen bis zu dem Tag nicht aufgenommen wird, bis nicht volle Klarheit herrscht. Für mich ist nicht wichtig, wann dieser Tag erreicht ist, morgen, nach vier Monaten oder nach vier Jahren. Das ist mein innenpolitisches Problem, und ich möchte nicht, dass der Druck auf mich verstärkt wird.

Nach dieser denkwürdigen Bitte ausgerechnet an den Vorsitzenden des Obersten Sowjet und Generalsekretär der KPdSU setzt Teltschiks Mitschrift wieder ein. Es ist zu vermuten, dass diese Auslassung nicht ohne Kohls Bitte erfolgte.

Aber Gorbatschow antwortete auf diese bemerkenswerte Bitte Kohls abwehrend:

Gorbatschow: Aber Sie müssen anerkennen, dass ich, Jaruzelski, Modrow, die Führung der Tschechoslowakei, dass wir alle auch ein innenpolitisches Problem haben. Haben Sie schon dem letzten Plenum des ZK (der KPdSU – AvP)

Ihre Aufmerksamkeit geschenkt? (Dort hat man ihn gefragt: – AvP) *»War dieses Thema Gegenstand«, »wird jene Politik durchgeführt«? »Haben Sie nicht die Opfer des Volkes* (im Großen Vaterländischen Krieg – AvP) *vergessen?« Das drang hervor, und das ist bei uns sehr präsent. Der Kanzler muss das berücksichtigen. Wenn man ein einiges Deutschland baut, ist es wichtig zu wissen, wo sein Platz in der Völkergemeinschaft ist. Diesen Kontext müssen wir alle berücksichtigen. Wir sind dafür, zusammenzuleben, und zum gegenseitigen Vorteil miteinander zusammenzuarbeiten.*

Kohl: Ich sagte bereits, dass von deutschem Boden nur Frieden ausgehen soll. Falls es keinen inneren Frieden gibt, so gibt es überhaupt keinen Frieden. Und kurzsichtige Leute und Dummköpfe gibt es überall.

Was die Grenzen angeht, so ist es für den (meinen? – AvP) *inneren Frieden wichtig*[119]*, sich zur Oder-Neiße-Linie zu bekennen. Mit der Tschechoslowakei haben wir keine Probleme. Vor 14 Tagen erklärte die sudetendeutsche Landsmannschaft, dass sie keine Fragen hinsichtlich der Grenzen mit der Tschechoslowakei hat. Der Geist der Rache ist verflogen. An seine Stelle trat der Wunsch, gemeinsam zu leben und zusammenzuarbeiten. Was die Grenze an der Oder-Neiße angeht, so müsste ich die innere Unterstützung*[120] *der Mehrheit der Bevölkerung im Land bekommen. Dafür habe ich gute Chancen. Das, was ich unlängst in Warschau gesagt habe, wurde, so scheint mir, positiv aufgenommen.*

Warum hatte Helmut Kohl dann eben diesen merkwürdigen Ausbruch? Und warum wurde er im deutschen Protokoll ausgespart mit dem Hinweis, der Bundeskanzler erläuterte seine Position zur Oder-Neiße-Grenze? Der Bundeskanzler beruhigt:

Herr Generalsekretär, die Deutschen in der DDR und in der BRD treffen eine Entscheidung im Kontext der gesamteuropäischen Entwicklung. Man muss sich nicht über das Schicksal der Grenzen beunruhigen. Hier ist alles klar, und am Tag »X« wird diese Frage als endgültig geklärt von der Tagesordnung genommen. Aber heute diese Frage hervorzuholen wäre zu früh. Ich sagte Ihnen, dass bei mir mit ihr innenpolitische Probleme verbunden sind. Diese Frage sollte Sie nicht weiter beunruhigen. Aber ich bitte um Ihr Verständnis, dass ich das jetzt nicht machen kann. Aber mein Wort halte ich.

Danach ging es zunächst um eine Einladung Gorbatschows durch Kohl, um die Anerkennung der Bedeutung der neuen Handelsbeziehungen zwischen der BRD und der Sowjetunion, wenn die DDR mit der Bundesrepublik zu-

119 Im deutschen Protokoll: »Der Bundeskanzler unterstrich noch einmal seine Position, dass von deutschem Boden Friede ausgehen solle. Dies setzt jedoch voraus, dass der innere Frieden gewahrt bleibt.« (DzD, S. 802)

120 Im deutschen Protokoll: Kohl wolle die »innere Zustimmung der großen Mehrheit der betroffenen Deutschen« erreichen.

sammengehe. Aber dann kommt Gorbatschow noch einmal auf seinen Hauptpunkt zurück:

> *Als Kern bleibt die militärische Komponente. Sie spielt die entscheidende Rolle bei der Bestimmung der europäischen und Weltbalance. Sie haben dieses Thema angesprochen. Unsere Formel schließt ein: Von deutschem Boden soll keine Kriegsgefahr ausgehen; die Nachkriegsgrenzen müssen unantastbar sein. Und der dritte Punkt: Das Territorium Deutschlands soll nicht von äußeren Kräften genutzt werden. Es steht die Frage, welchen Status soll das vereinigte Deutschland haben. Ich weiß, dass der Kanzler eine Neutralisierung nicht annimmt.*[121] *Man sagt, dass dies das deutsche Volk erniedrigen würde. (...) Und doch sehe ich das vereinigte Deutschland – mit einem für seine Verteidigung ausreichenden nationalen Militärpotenzial – außerhalb* (internationaler – AvP) *militärischer Strukturen.*

Gorbatschow führte ins Feld, dass auch andere Staaten nicht durch einen Neutralitätsstatus gedemütigt werden, wie Indien, China oder die Blockfreien. »Und das erniedrigt sie nicht. Warum soll ein solcher Status die Deutschen erniedrigen? Das ist keine Neutralität. Das ist eine Kraft, und nicht nur eine europäische, sondern eine weltweite.« Es wäre auch keine »ernsthafte« Lösung, »wenn ein Teil des Staates in der NATO, und der andere im Warschauer Vertrag wäre. Irgendwo am Fluss steht eine Armee und am anderen Ufer schon eine andere.« Im deutschen Protokoll ist ein weiterer Satz dazu enthalten, der im russischen fehlt – ein Satz, der implizit sowohl gegen Bushs, aber auch gegen Genschers und Bakers Vorschlag gerichtet verstanden werden könnte:

> *Dies gelte auch,* sagte Gorbatschow nämlich im deutschen Protokoll, *für den anderen Vorschlag, dass bestimmte Truppen bis zu einem bestimmten Fluss, jedoch nicht im anderen Teil Deutschlands stationiert sein sollten.*[122]

Es ist merkwürdig, dass Gorbatschows Abwehr dieses Vorschlags für einen Sonderstatus des DDR-Territoriums in Tschernajews Protokoll nicht auftaucht, aber in dem von Teltschik. Tschernajew wusste nichts von der Diskussion zwischen den Regierungschefs und den Außenministern in Washington und Bonn, aber er kannte ja Bakers Standpunkt, während Teltschik von den Differenzen sehr genau gewusst haben dürfte.

Gorbatschow fuhr nach dem russischen Protokoll fort:

> *Man sagt: Was ist die NATO ohne die BRD? Aber es ist auch erlaubt zu fragen: Was ist der Warschauer Vertrag ohne die DDR? Das ist eine ernste Frage. In militärischen Fragen sollte es keine Divergenzen geben. Man sagt, dass die*

121 Dies ist eine erstaunliche Gesprächs-Figur Gorbatschows: Er führt ein Thema ein, relativiert es zugleich im Sinne des Gegenspielers und nimmt es dann wieder auf.
122 DzD, S. 804.

NATO ohne die BRD auseinander fällt. Aber auch der Warschauer Vertrag stirbt ohne die DDR. Wenn wir uns über das Hauptsächliche verständigen wollen, so ist es wichtig, dass wir uns darin einig sind.

Kohl: Das ist nicht das gleiche. Es reicht, auf die geographische Karte zu sehen.

Gorbatschow: Falls wir einseitig alle Truppen aus der DDR rausführen, würden Sie die NATO nicht zurückziehen.[123] *Es sind vernünftige Entscheidungen nötig, die die Atmosphäre in unseren Beziehungen nicht vergiften.*

Nun sagte Gorbatschow etwas, was m. E. seine Position nicht gerade gestärkt haben dürfte: »... dieser Teil des Gesprächs, denke ich, sollte nicht an die Öffentlichkeit dringen. Sagen wir, dass wir ein fruchtbares Gespräch zu einem breiten Kreis von Fragen der europäischen und weltweiten Entwicklung hatten und dass der Meinungsaustausch fortgesetzt wird.« Helmut Kohl bestätigt, das man zu »irgendeiner Übereinkunft kommen« müsse. Die USA sollen dabei nicht unberücksichtigt bleiben.

Das nahm Gorbatschow zum Anlass, auf den 2+4-Modus überzuleiten, und zwar in der deutschen Reihenfolge und nicht in der sowjetischen »4+2«: Nach den Wahlen in der DDR könnten die Vertreter der beiden deutschen Staaten und der vier Mächte sich versammeln, bevor sich andere in das Gespräch einmischen. Eine Idee, die dem Bundeskanzler»sehr gut gefällt«.

Kohl: Aber zur Klarheit möchte ich eindeutig sagen, dass eine gesonderte Konferenz der vier Mächte für uns nicht annehmbar ist.

Gorbatschow: Ohne Sie wird nichts geklärt werden.

Kohl: An dem Tisch mit den vier Mächten sollen zwei deutsche Staaten oder, falls die Geschichte schnell verläuft, ein deutscher Staat sitzen. Sehr gut wäre es, wenn dieser Tisch in Deutschland stehen würde.

Gorbatschow: Das ist nicht ausgeschlossen.

Kohl: Für uns ist das wichtig aus psychologischen Gründen.

Gorbatschow: Aber, wo nur? Zwei Stuhlbeine auf der einen Seite der Grenze und zwei auf der anderen?

Gorbatschow ist offensichtlich aufgekratzt. Kohl möchte alles unter Dach und Fach bringen.

Kohl: Gestatten Sie mir jetzt ein kleines Resümee zu ziehen. Falls ich Sie richtig verstanden habe, so sprachen Sie davon, dass die Entscheidung über die Vereinigung der Deutschen eine Frage der Deutschen selbst ist.

Dabei sollten die Lehren aus der Vergangenheit gezogen werden: Von Deutschland solle Frieden ausgehen.

123 Im deutschen Protokoll sinnvoller: »Dagegen würde der Westen die NATO zusammenhalten.« (DzD, S. 804)

Kohl: Weiter. Parallel zum Vereinigungsprozess Deutschlands ist es notwendig, eine alle befriedigende Lösung über die Existenz der NATO und des Warschauer Vertrags zu suchen. Das entsprechende Gespräch mit den Partnern muss sofort begonnen werden. Das, so denke ich, kann man öffentlich sagen.

Aber nicht für die Öffentlichkeit bestimmt ist unsere Absprache darüber, dass wir eine Inventarisierung der ökonomischen Beziehungen zwischen der DDR und der Sowjetunion durchführen, um so die Erfüllung der von ihnen übernommenen Verpflichtungen zu gewährleisten, damit ein vereinigtes Deutschland diese Verpflichtungen übernimmt und ihre Erfüllung garantiert.

Es muss mit unseren Partnern – den USA, Frankreich und Großbritannien – vereinbart werden, dass sich beide deutsche Staaten oder ein deutscher Staat und die vier Mächte für die letztliche Ausarbeitung treffen.

Diese Zusammenfassung wurde von Gorbatschow im Wesentlichen bestätigt, er hätte nur gerne eine Ergänzung:

Ich möchte zum Anfang unseres Gesprächs zurückkommen: Die Sowjetunion und die BRD konstatieren unter Berücksichtigung der Meinung Modrows, dass sie keine Meinungsverschiedenheiten zum Problem der Einheit Deutschlands und zum Recht der Deutschen, ihre Wahl zu treffen, haben. Und es gibt Verständnis und Zustimmung darüber, dass das deutsche Problem nicht nur die Vereinigung und die Befriedigung der Hoffnungen der Deutschen angeht. Es berührt die Interessen der Nachbarstaaten, die Situation in Europa und in der ganzen Welt.

Kohl: Hier sind wir einer Meinung.

Danach ging es um verschiedene Einzelfragen: die Russlanddeutschen, die Nationalitätenprobleme in der Sowjetunion, allerdings nur gestreift, um die Japaner, die auch nicht mehr graue Zellen (im Kopf) als die Europäer hätten, aber das »Know how« besser einkaufen als diese.

Der Kanzler bemerkte unvermittelt, offensichtlich Gorbatschows Sorgen über die DDR-Wirtschaft und Hoffnungen auf die der Bundesrepublik erahnend:

Kohl: Wenn die deutsche Frage als Bremsfaktor verschwindet, öffnen sich Möglichkeiten für ein breites Zusammenwirken unserer Länder. Jetzt ist die BRD in einer stabilen ökonomischen Lage. Die letzten acht Jahre waren die allerbesten in unserer Geschichte. Wir haben ein breites Feld für die Zusammenarbeit mit der Sowjetunion, in der Ökonomie, in der Wissenschaft und in der Technik.

Nach dem Vier-Augen-Gespräch gab es ein weiteres »im erweiterten Kreis«, in dem Schewardnadse allgemeine Zustimmung zu der Linie der »Führer« signalisierte und Genscher berichtete, die Außenminister hätten über die Stabilisierung der ökonomischen Lage in der DDR und über die »Notwendigkeit der intensiven Vorbereitung für das gesamteuropäische Treffen auf höchster Ebene gesprochen«. Dann weist er – nach meiner Kenntnis zum ersten Mal – auf die kommende »Open-Sky-Konferenz« in Ottawa hin, auf der man die »Möglichkeit hätte, gründlich darüber zu reden«.[124] Genscher hatte Kohl außerdem »unter dem Tisch beglückwünscht« zu den Ergebnissen des Gesprächs mit Gorbatschow.

Auf dem gemeinsamen Abendessen scherzte man: Gorbatschow und der Kanzler waren sich einig, dass ihre Außenminister »ein schönes Leben« hätten, weil ihnen ihre Arbeit abgenommen werde. Selbst Falin, der mit Sagladin an diesem Essen teilnahm und nach eigenem Bekunden verstört war, dass die Bedingungen für die Einheit nicht auf Ergebnisse hin mitverhandelt worden waren, soll gewitzelt haben: Sie beide könnten ja nun in Pension gehen, da die deutsche Frage gelöst sei.[125]

Am Abend um 22 Uhr gab es eine Pressekonferenz an einem Ort, der aussah – ich habe die Fernsehbilder gesehen – wie ein Hörsaal mit steriler Atmosphäre. Uwe Kaestner und Horst Teltschik bereiteten die Erklärung mit dem Kanzler in dessen Suite vor, die »wie immer völlig überheizt« war. Als der Kanzler diktierte, glaubte Teltschik (dessen Hand beim Protokollieren des Gesprächs mit Gorbatschow »angesichts dieser historischen Stunde« über das Papier »geflogen« war) »nicht richtig zu hören – es klingt wie ein geschäftsmäßiger Bericht. Wie kann man einen solchen Riesenerfolg so verkaufen?« Er protestierte und machte Vorschläge. Teltschik machte noch eine bissige Bemerkung über den deutschen Außenminister: »Genscher ist wie immer mit seinen Mitarbeitern und drei Journalisten direkt in sein Gästehaus gefahren. Er wird die Journalisten besser unterrichten.«[126]

Der Kanzler nahm Teltschiks Formulierungsvorschläge an. Dennoch blieben die Medienvertreter auf der Pressekonferenz merkwürdig unbeeindruckt, als Kohl seinen Satz formulierte:

> *Ich habe heute Abend an alle Deutschen nur eine einzige Nachricht zu übermitteln. Generalsekretär Gorbatschow und ich stimmten darin überein, dass es das alleinige Recht des deutschen Volkes ist, die Entscheidung zu treffen, ob es in einem Staat zusammenleben will. Generalsekretär Gorbatschow hat mir unmissverständlich zugesagt, dass die Sowjetunion die Entscheidung der Deutschen, in einem Staat zu leben, respektieren wird; und dass es die Sache der Deutschen ist, den Zeitpunkt und den Weg der Einigung selbst zu bestimmen. (...) Ich danke Generalsekretär Gorbatschow, dass er dieses historische Ergebnis ermöglicht hat. Meine Damen und Herren, dies ist ein guter Tag für Deutschland und ein glücklicher Tag für mich persönlich.*[127]

124 Gorbatschow-Stiftung, Gesprächsprotokolle, 90FEB10B.
125 Nach Horst Teltschik 1993, S. 141 f.
126 Teltschik 1993, S. 143.
127 Erklärung des Bundeskanzlers Kohl vor der Presse am 10.2.1990 in Moskau in:

Im Interview aus dem Jahre 2001 macht Teltschik seinem Ärger über die pomadigen deutschen Journalisten Luft:

> *Das Ergebnis hieß ja nichts anderes: Wir können uns wieder vereinigen. Der Kanzler trägt das vor, Genscher beschreibt dann noch die Szene, dass er ihm unterm Tisch gratuliert hat zu diesem Ergebnis. Und da sitzen zweihundert deutsche Journalisten – keine Reaktion. Ich habe zu meinem Mitarbeiter gesagt: Das verstehe ich nicht. Eigentlich hätten alle aufstehen müssen und klatschen. Ich meine, das ist doch eine Sensation! Erst im Flugzeug, als ich denen die »Prawda« gezeigt habe – ich habe ja mal Russisch gelernt, und hab' ihnen den Satz gezeigt, da haben sie es begriffen. Dann wurde plötzlich – dann haben sie gerufen: Wir müssen Sekt trinken. Und dann kam die berühmte Szene, dass wir da im Flugzeug Sekt getrunken haben.*[128] *Aber weil die deutschen Journalisten so schnell begriffen haben.*[129]

In der sowjetischen Nachrichtenagentur TASS wurde der entscheidende Satz des Treffens zwischen Gorbatschow und Kohl noch deutlicher und etwas anders formuliert: Es gebe »zur Zeit zwischen der UdSSR, der BRD *und der DDR* keine Meinungsverschiedenheit darüber, dass die Deutschen selbst die Frage der Einheit der deutschen Nation lösen und selbst ihre Wahl treffen müssen, in welcher Staatsform, zu welchen Zeitpunkten, mit welchem Tempo und *zu welchen Bedingungen* (!) sie diese Einheit realisieren werden«.[130] Das dürfte Gorbatschows Aussage für die Presse gewesen sein.

Hier wurde also auch Modrow erwähnt, denn auch er hatte die Zulassung der Einheit als Ergebnis seines Gesprächs mit dem sowjetischen Generalsekretär nach Hause mitgebracht, aber es wurde nicht so deutlich formuliert und begrenzter veröffentlicht. Nun aber gab es auch in den sowjetischen Medien einen Rummel.

Kohl sprach bei seiner Rückkehr von dem »Schlüssel zur Einheit«, den er jetzt in der Hand halte. Teltschik meinte in seinem Tagebuch, die Verhandlungen seien ein Durchbruch gewesen, der Kanzler werde als Kanzler der Einheit in die Geschichte eingehen. Sicherlich war dieses Gespräch von großer Bedeutung, auch wenn über die Bedingungen noch keine fixierten Ergebnisse vorlagen und später noch zu Auseinandersetzungen führen sollten. Aber dennoch stimmt diese Beschreibung der herausragenden oder gar alleinigen Bedeutung der Ergebnisse, die der Bundeskanzler erzielt hatte, nicht (ganz).

Denn auch Modrow hatte geglaubt, er habe den Schlüssel zur Einheit gefeilt. Modrow korrigierte sich später:

Faksimile, DzD, S. 812 f.
128 Diese Szene wurde gefilmt.
129 Teltschik im »Lüdenscheider Gespräch« mit mir am 27.9.2002.
130 Teltschik 1993, S. 143. Hervorhebungen von mir.

Heute würde ich sagen, dass ich da eine dumme Bemerkung gemacht habe, indem ich damals sagte: Helmut Kohl hat den Schlüssel abgeholt, den ich schon gefeilt hatte ... Aber er hat da einen ganz anderen Schlüssel bekommen, als den, an dem ich gefeilt hatte. Aber das habe ich erst später begriffen.[131]

Denn er, Modrow, war noch von anderen Bedingungen wie einem neutralen Deutschland ausgegangen.

Ganz sicher hatte Baker den entscheidenden Durchbruch erzielt, und sein Gespräch mit Gorbatschow war vermutlich von größter Bedeutung unter diesen dreien, die Gorbatschow vom 30. Januar bis zum 10. Februar führte. Modrow meint sogar:

Zunächst begriff ich gar nicht die Tragweite dessen, was sich in Gorbatschows Denken nach dem Gespräch mit Baker verändert hatte. Er gab die DDR frei, nichts weniger und nichts mehr. Und diese Chance nutzte Bonn gnadenlos.

Man kann jedoch nicht sagen, dass Kohl hätte kämpfen müssen, um die Zusage zur Einheit von Gorbatschow zu erreichen.

Anatoli Tschernajew machte sich auf sanfte Weise über die Deutschen mit seiner Bemerkung lustig, sie hätten so getan, als ob *sie* alles erreicht hätten, obwohl sie wussten, dass mit den *Amerikanern* schon alles vorverhandelt worden war.[132]

Dennoch hatten alle ein wenig recht: Modrow, Baker, Kohl und – Tschernajew. Das Tor zur Einheit hatte viele Schlösser.

5.3 Fragen an Gorbatschow und seine Antworten

Die Treffen mit Modrow, Baker und schließlich mit Kohl wurden ein Erfolg für die Wiedervereinigungspolitik des Bundeskanzlers und für alle, besonders in Deutschland, die die Einheit wünschten sowie für die amerikanische NATO-Politik. Nimmt man jedoch die sowjetische Perspektive ein, bleibt die Frage auch und gerade nach diesem Treffen, warum Gorbatschow im Sinne *sowjetischer* Interessen fast nichts von dem zum *Verhandlungsgegenstand* gemacht hat, was er sich vorgenommen hatte: den gleichzeitigen Abzug der amerikanischen und der sowjetischen Truppen aus Mitteleuropa, die Neutralisierung Deutschlands (deren Verhandlung er hier verschob), ein gesamteuropäisches Sicherheitssystem als Teil der Verhandlungen über die Einheit, oder auch nur das Ausspielen der SPD gegen Kohl, wie er das im Beratergespräch in dem Rollenspiel mit Kohl vorinszeniert hatte. Manches wollte Gorbatschow in späteren Verhandlungen zu einem anderen Zeitpunkt wieder

131 Modrow im ZDF-Interview Band 83/00:13:29 ff.
132 Im Gespräch mit Elke Scherstjanoi und mir am 28.2.2002.

aufnehmen – aber Zeit dafür hatte er nicht mehr angesichts der inneren Entwicklungen in der Sowjetunion, angesichts des damals schon hoch wahrscheinlichen Wahlsiegs der Parteien in der DDR, die für die Einheit Deutschlands waren.

Das stellt Gorbatschow implizit selbst auf meine Frage nach dem parallelen Truppenrückzug fest:

> *Über den gleichzeitigen Rückzug der sowjetischen und amerikanischen Truppen aus den beiden Deutschlands: Als es* (Deutschland – AvP) *sich schnell in einen einheitlichen Staat verwandelte, betraf das Vorhandensein von ausländischen Truppen auf seinem Territorium schon die Souveränität dieses unabhängigen Staates.*[133]

Das war allerdings erst etwas später. Die Frage war doch, wie hätte die Bevölkerung, wie hätten die Politiker reagiert, wenn Gorbatschow öffentlich diese Forderung erhoben hätte, selbst noch Anfang Februar 1990? Die Mehrheit der Deutschen, auch in der DDR, war zu dieser Zeit bereits für die Wiedervereinigung, aber es gab keine Mehrheit für die Bündniszugehörigkeit zur NATO und – ist zu vermuten – damit für die Anwesenheit ausländischer Truppen. Das hatten, wie erwähnt, auch die Amerikaner mit Sorge bemerkt. Gorbatschow versuchte aber überhaupt nicht, diesen Widerspruch zu nutzen. Er spielte zwar souverän auf dem Klavier der Gewinnung der Menschen im Westen, aber ihm war offensichtlich überhaupt nicht bewusst, dass er damit auch im Westen hätte Einfluss nehmen und etwas bewegen können. Im Gegenteil: Er wollte diese Fragen nach dem Gespräch mit Kohl nicht veröffentlichen.

Ähnlich antwortet er auf die Frage zum Verhandlungspunkt »Neutralität«:

> *Gorbatschow: Die Frage der Neutralität wurde unter den Bedingungen gestellt, als alle interessierten Seiten von einer allmählichen Annäherung beider deutschen Staaten ausgingen. Allerdings die Ereignisse, deren Tempo bereits das deutsche Volk selbst bestimmte – diese Idee entsprach schon nicht mehr den sich schnell ändernden Realitäten.*[134] *Das betrifft auch die Frage der Zugehörigkeit eines vereinten Deutschlands zur NATO. Die deutsche Nation* (deren Willen in dieser Zeit der Kanzler Kohl zum Ausdruck brachte – AvP) *traf gerade diese Wahl.*

Ich hatte gefragt, warum er seine früheren Argumente gegen die Mitgliedschaft in der NATO nicht oder nur erwägend, jedenfalls nicht im Sinne einer Bedingung vorgebracht hätte, warum er seine Ankündigung, die sowjetischen Truppen nur gleichzeitig mit den amerikanischen aus Mitteleuropa zurückzuziehen, nicht wahrgemacht hätte. Gorbatschow antwortet mit einem

133 Gorbatschows Brief an mich vom 6.3.2002.
134 Der Satz ist im russischen Original nicht vollständig.

Gedanken, der meiner Ansicht nach seiner damaligen Haltung nicht entsprach, um es milde auszudrücken:

Die Sache so darzustellen, als ob ich dies (die NATO-Mitgliedschaft) hätte verhindern können, hieße meine eigene Wahl zu unterschätzen, die sich auf die Moral und die demokratischen Prinzipien stützte und die perspektivischen Interessen des eigenen Landes, die guten und gegenseitig vorteilhaften Beziehungen mit der deutschen Nation, mit Deutschland berücksichtigte.

Will Gorbatschow damit sagen, dass er selbst die Wahl traf für die NATO-Mitgliedschaft des geeinten Deutschland wegen des zukünftigen Verhältnisses der Sowjetunion zu Deutschland? Sicherlich wurde das – je länger die zögerliche Haltung der sowjetischen Führung andauerte – zu einem Argument, aber nicht in der Zeit der beginnenden Verhandlungen, um mit diesem Argument seine wenigen Trümpfe aus der Hand zu geben. Das hieße, dass seine Gegner Recht bekämen, die ihm genau dieses unterstellten. Das hieße auch, dass er im Gespräch mit Kohl seine Überzeugungsversuche, dass alle früheren und späteren Abwehrbemühungen und Ausbrüche[135] gegen die NATO-Mitgliedschaft nur gespielt gewesen wären. Das ist wenig glaubwürdig vor allem in einer Situation, als es ihm darum ging, die Sicherheitsinteressen des eigenen Landes im Zuge der Wiedervereinigung zu bestimmen. Das europäische Haus unter Einschluss der Sowjetunion scheiterte gerade, der Warschauer Pakt löste sich auf, es gab keinen Ersatz, kein europäisches Sicherheitssystem – wo blieben da die sowjetischen Sicherheitsinteressen?

Gegen diese seine Sicht spricht auch das Telefonat Gorbatschows mit Modrow am 12. Februar, durch das er den Ministerpräsidenten der DDR über seine Gespräche mit Kohl und Baker informieren wollte.[136] In diesem Telefonat zeichnete der sowjetische Generalsekretär ein negatives Bild vom Auftreten Kohls, der »sich in Moskau augenscheinlich als Retter der Deutschen, als Vater der deutschen Vereinigung darzustellen« versuchte. »Im Großen und Ganzen entstand bei mir der Eindruck, dass Kohl arrogant (oder hochmütig) auftrat«, so Gorbatschow nach dem Protokoll in seiner Stiftung. Er berichtete, dass er Kohl erklärt habe, »dass der Verbleib in der NATO für uns unannehmbar ist«. Andererseits soll er – so berichtet es Modrow – angekündigt haben, dass er ihm nicht mehr werde helfen können. Modrow selbst, der in seinem ersten Buch das Telefonat nicht erwähnt, meint im zweiten[137], dass er »mit der ganzen Leidenschaft, zu der ich mich überhaupt in der Lage fühlte«, insistiert und um »Unterstützung für mein Gespräch mit Kohl in zwei Tagen« nachgesucht habe. Aber darauf »reagierte er gar nicht. Er sagte

135 Tschernajew in seinem Buch 1993, S. 297.

136 Dieses Telefonat muss nach dem sowjetischen Protokoll am 12.2. und nicht am »nächsten Tag« nach dem Gespräch Gorbatschows mit Kohl stattgefunden haben, wie sich Modrow erinnert. Es ist aufgezeichnet in: Gorbatschow-Stiftung, 90FEB12.

137 Modrow 1998 (Die Perestroika, wie ich sie sehe), S. 114.

mir, dass es wichtig sei, einen konsequenten Kurs beizubehalten, wünschte mir viel Erfolg und legte auf. Ich war konsterniert.«[138] Diese Wiedergabe kann man nach dem sowjetischen Protokoll nicht bestätigen. Dort findet man keine Spur von einem Hilfsersuchen oder etwas von der Leidenschaft, mit der Modrow Gorbatschow um Unterstützung für sein unmittelbar bevorstehendes Gespräch mit dem Bundeskanzler gebeten haben will. Modrow berichtete allerdings sehr realistisch von der Lage in der DDR und drückte sein Bedauern darüber aus, dass er von den Plänen für eine Währungsunion aus den Massenmedien erfahren musste. Bonn habe ihn nicht informiert, und die Experten, die er Bonn für Verhandlungen um Finanzfragen benannt hatte, seien nicht eingeladen worden. Stattdessen wurde einseitig die Bonner Erklärung über eine Währungsunion veröffentlicht. Auch die Darstellung Kohls, es habe ein Ersuchen des (Ost)Berliner Magistrats an den Westberliner Senat um Unterstützung in der Patientenversorgung gegeben, sei vom (Ost)Berliner Oberbürgermeister Krack dementiert worden. Modrow zu Gorbatschow: »Das ist eine reine Provokation«.[139]

Die Schwierigkeiten international wie national hatten für die sowjetische Führung solche Ausmaße angenommen, dass es keinem Herkules der Weltgeschichte hätte gelingen können, alle Probleme auf einmal zu einer auch nur ansatzweisen Lösung zu bringen. Die Sowjetunion brach auseinander, Litauens KP hatte sich schon unabhängig gemacht, dann das ganze Land; in Baku kamen mehrere hundert Menschen um, als die Unabhängigkeitsbewegung niedergeschlagen wurde. Die Lebensmittelkrise war schon in vollem Gange, für die Kohl Hilfslieferungen bei der deutschen Wirtschaft in bemerkenswerter Schnelligkeit erreicht hatte. An ganz verschiedenen Ecken des Landes, auf unterschiedlichen Ebenen spitzte sich die Lage zu. Die Politbüromitschriften offenbaren nach unserer Durchsicht der Tagesordnung ein Verhältnis von ca. 80 zu 20, was die Häufigkeit der nationalen zu den internationalen Tagesordnungspunkten betrifft. Und bei den außenpolitischen Problemen nahm die deutsche Frage auch nur einen, wenn auch wichtigen, Teil ein. Bei den innenpolitischen Themen spielten die Unabhängigkeitsbestrebungen eine wesentlich gewichtigere Rolle ebenso wie die wirtschaftlichen Probleme und institutionellen Umgestaltungen. So fand kurze Zeit nach dem Beratertreffen vom 25. Januar, nämlich am 29. Januar, eine Politbürositzung statt, die sich mit einem neuen Gesetzentwurf befasste, der das Verhältnis von Autonomie und Bindungen der Einzelrepubliken an die Sowjetunion neu regeln sollte.[140] Hier wird Gorbatschows Position klar ersichtlich ebenso wie die der Mehrheit des Politbüros: größere Autonomie – ja, Lösung von der Sowjetunion – nein. Was hätte sich Modrow an Hilfe von dieser Sowjetunion im Februar

138 Ebenda, S. 114.
139 Gorbatschow-Stiftung, 90FEB12.
140 Gorbatschow-Stiftung, Politbüro-Sitzung vom 29.1.1990.

und März 1990 noch erhoffen können, was hätte Gorbatschow ihm anbieten können?

Modrow führte einen zusätzlichen Grund an, der Gorbatschows Haltung erkläre: Der sowjetische Generalsekretär wäre von Kohl hauptsächlich gewonnen worden, weil der Bundeskanzler angeboten hätte, die Handelsverträge der DDR mit der Sowjetunion zu übernehmen.[141] Das wäre meines Erachtens auch durchaus im Interesse der Sowjetunion gewesen angesichts des zu erwartenden Untergangs der DDR. Seit dem Besuch von Egon Krenz am 1. November 1989 hatte Gorbatschow versucht, die Bundesrepublik stärker in die Lösung der Wirtschaftsprobleme der Sowjetunion und der DDR einzubeziehen. Das war neben den Sicherheitsgarantien der wesentliche Inhalt des Dreiecks Sowjetunion – Bundesrepublik – DDR, wie er ihn formuliert hatte.

Meine Frage an Gorbatschow lautet daher anders: Wenn Gorbatschow und seine Führung diesen Niedergang der DDR seit dem Krenz-Besuch am 1. November 1989 erwartet hatten, dann wäre – wieder von einer sowjetischen Perspektive aus gesehen – eine rasche Strategie zur Formulierung der sowjetischen Bedingungen für die deutsche Einheit notwendig gewesen. Dazu gehörten vor allem Probleme der militärischen Sicherheitsfragen, der Beziehungen von Warschauer Pakt und NATO sowie der besondere militärische Status des vereinten Deutschland bzw. des Territoriums der DDR. Alle diese Fragen wurden jedoch von den Regierungen der USA und der Bundesrepublik früher formuliert und – trotz leichter Differenzen – Gorbatschow gegenüber forciert. Dem hatte er nichts Vergleichbares im Sinne eines strategischen Konzepts entgegenzusetzen, außer dem gleichzeitigen Abzug der amerikanischen und sowjetischen Truppen und einer allgemeinen Vorstellung von Neutralität, wobei diese Forderungen nur schwach und uneinheitlich vertreten wurden. Je weiter die Zeit voranschritt, desto mehr verschwand das »Faustpfand DDR« und desto geringer wurden die Chancen der Durchsetzbarkeit.

Angesichts dieses Hintergrundes und angesichts seiner historischen Bedeutung bei der Transformation der Sowjetunion hat Gorbatschow es nicht nötig, so zu tun, als ob er gerade die Sicherheitsfragen so habe lösen wollen, wie sie letztlich dann gelöst worden sind.

141 Dieser Gedanke Modrows findet sich auch bei Timothy Garton Ash 1993, S. 513.

5.4 Die USA und die Bundesrepublik haben die Zügel in der Hand: Der Beginn der 2+4-Verhandlungen

5.4.1 Die Protagonisten der 2+4-Verhandlungen

Unmittelbar nach dem Besuch des Bundeskanzlers Helmut Kohl in Moskau begann die sogenannte »Open-Sky-Konferenz« in Ottawa. Dort trafen sich vom 11. bis zum 13. Februar 1990 die Außenminister der NATO- und der Warschauer-Pakt-Staaten, um über Inspektionsflüge und Luftaufnahmen in den gegnerischen Lufträumen zu verhandeln. Aber am Rande der Konferenz – vermutlich auf Initiative Genschers – vereinbarten die Außenminister der beiden Deutschlands und der alliierten Siegermächte die »2+4-Konferenzen«, auf denen die äußeren Aspekte der deutschen Einheit inklusive der Sicherheitsfragen der Nachbarstaaten verhandelt werden sollten. Erste Beratungen auf Beamtenebene sollten bald stattfinden. Damit wurde ein schnelleres Tempo vorgelegt, als dies Schewardnadse und die Moskauer Führung gewollt hatten. Der sowjetische Außenminister bekam zunächst andere Weisungen aus Moskau, stimmte aber schließlich der 2+4-Regelung in eigener Verantwortung zu, wie er schrieb[142], ebenso wie Dumas, der für die französische Regierung ebenfalls die 4+2-Lösung mit einer stärkeren Betonung der Viermächte-Verantwortung bevorzugt hatte.

Schewardnadses Sicht der Dinge:

Dieser Mechanismus hat sehr solide funktioniert. Und wenn es irgendwelche Widerstände gab, und es gab massive Widerstände, wurden sie alle in diesem Mechanismus verdaut. Auf diese Weise kamen wir immer zu einem Konsens. Unsere Auffassungen deckten sich nicht immer. Ich hatte zum Beispiel Auftritte in Bonn und Berlin. Und meine Aussagen damals schienen ziemlich kontrovers zu dem, was meine Kollegen sagten. Aber das war die Auffassung des Politbüros. Denn parallel zum Vier-Plus-Zwei-Modell funktionierte das andere Modell, der andere Mechanismus, das war das Politbüro. Und dieses Politbüro hatte ein Ziel, dem sowjetischen Außenminister Richtlinien vorzuschreiben, nach denen er handeln musste, nach denen er seine Aussagen zu machen hatte.

Der Vorsitzende der Internationalen Abteilung des ZK der KPdSU, Valentin Falin, beschreibt dies etwas anders:

Schewardnadse fungierte zu einer bestimmten Zeit schon nicht mehr als ein Instrument von Gorbatschow, sondern er gewann Geschmack an einer gewissen Selbständigkeit. Zuerst in Gesprächen mit den Amerikanern – sehen Sie, wie er mit dem amerikanischen Außenminister zusammen zu zweit Fische angelte. Was sie dort miteinander besprochen haben, ist bis heute nicht ganz

142 Zu Ottawa Schewardnadse 1993, S. 236 ff.

klar. Gorbatschow hat Schewardnadse beauftragt, darauf zu bestehen: Die Formel soll 4+2 lauten. Schewardnadse hat in Ottawa, wie er es später darstellte, auf Bitte von Genscher hin diese Formel verwandelt in 2+4. Gorbatschow war zwar empört, aber »der Zug war abgefahren«, wiederum. (...) 2+4 bedeutete eine vollkommen andere Konstellation. In dieser Konstellation hat auch Mitterrand keine Chance, kaum eine Chance auch Margaret Thatcher.[143]

In seinem Buch »Politische Erinnerungen« schrieb Falin, dass »der sowjetische Außenminister die ›strikte‹ Anweisung« bekam, auf der »Version ›4+2‹ zu bestehen«, nicht nur »weil die Verantwortung für ›Deutschland als Ganzes‹ den Vier Mächten obliegt... Aber das Wichtigste und Grundsätzliche war: Die Formel ›4+2‹ gab die richtigen Prioritäten wieder. An erster Stelle steht die Sicherung des europäischen Friedens.«[144] Als Tschernajew nach Ottawa im Namen Gorbatschows eine Presseerklärung über die Bedeutung der »4+2«-Verhandlungen schrieb, bat ihn Schewardnadse um eine »Präzisierung« – so zumindest Falin. Es sei die Formel »2+4« vorgezogen worden. Tschernajew habe unmittelbar nach diesem »peinlichen Gespräch« mit ihm, Falin, gesprochen: »Es ist empörend! Michail Sergejewitsch hat ihm ausdrücklich klargemacht, dass für uns nur die Formel ›4 plus 2‹ in Frage kommt. (...) Wissen Sie, was er (Schewardnadse) auf meine Frage: ›Wie kommt das?‹ geantwortet hat? ›Genscher hat so sehr darum gebeten, und Genscher ist ein guter Mensch.‹«[145] In den Interviews mit Anatoli Tschernajew ist von dieser Empörung elf Jahre später allerdings nichts zu spüren.

Der Konsens, der dann in Ottawa mit Schewardnadse und Dumas zustande kam, war das Ergebnis eines rasanten diplomatischen Parforceritts zwischen den beteiligten Außenministerien, der zeitweilig auch Bush und Kohl[146] in Informationsrückstand gebracht und Misstrauen zwischen Kanzleramt (Teltschik) und dem Bundesaußenministerium gesät hatte. Denn als Baker Bush und Scowcroft über den Stand der Verhandlungen informieren wollte, hielt Scowcroft die 2+4-Verabredungen – so Baker in seinen Memoiren – für »keine gute Idee«, weil Kohl nicht einverstanden wäre. Baker war erstaunt und bat den anwesenden Genscher um Klärung, der von Bakers Hotel-Schlafzimmer in Ottawa aus Kohl anrief und mit der Meldung zurückkam: »Kohl ist hundertprozentig einverstanden und ruft Bush gleich an.«[147] Nach-

143 Falin im Gespräch mit Hans-Christoph Blumenberg 1999.
144 Falin 1995 (Erstausgabe 1993), S. 491.
145 Ebenda, S. 492.
146 Vgl. das Telefonat Bush – Kohl vom 13.2.1990 in: DzD, Dok. Nr. 180, S. 826 f.
147 Baker 1996, S. 193 f. Der amerikanische Außenminister führt diese »Konfusion« nicht nur auf mangelnde Abstimmung zwischen Kanzleramt und Bonner Außenministerium bzw. auf das schlechte Verhältnis zwischen Teltschik und Genscher, sondern auch auf Mitarbeiter des Nationalen Sicherheitsrates, also Scowcroft, zurück, die den Präsidenten gegen die 2+4-Formel »bearbeitet« hätten – warum auch immer. Weidenfeld meint, dass die Verwirrung auf eine Bemerkung von Teltschik gegenüber Scowcroft zurückgehe, er sei nicht über die Einzelheiten des 2+4-Prozesses informiert worden und habe erst durch

dem dann auch Bush zwei Mal mit Kohl gesprochen hatte und die kaum verständlichen amerikanischen Befürchtungen, Kohl könne möglicherweise nicht hinter dem 2+4-Vorschlag der Außenminister stehen, ausgeräumt worden waren, konnte Bakers Mitarbeiter, Robert Zoellick, bereits am 12. Februar (!) einen ersten Arbeitsvorschlag vorlegen, in dem die 2+4-Lösung als bereits entschieden vorausgesetzt wurde.[148] Am Ende lautete die so strittig gewesene Erklärung kurz und bündig: Die Außenminister der »Sechs« kamen überein, dass sie sich »treffen werden, um die außenpolitischen Aspekte der Erlangung der deutschen Einheit[149] zu besprechen, einbezüglich der Fragen der Sicherheit der benachbarten Staaten. Vorgespräche auf offizieller Ebene werden in Kürze beginnen.«[150] Was daran strittig gewesen sein soll nach all den Vorgesprächen, bleibt einigermaßen unklar – es sieht eher nach Pikiertheiten und Konkurrenzen zwischen Sicherheitsrat und State Department in Washington aus, vielleicht auch das Gefühl mangelnder Information bei Teltschik; denn Kohl konnte nichts dagegen haben, da diese Erklärung in nichts über das hinausging, was bereits in den 14 Tagen zuvor besprochen worden war.

> *Genscher: Am Ende verständigten wir uns auf 2+4 und dass wir über, wie es hieß, die äußeren Aspekte der deutschen Vereinigung in diesem Rahmen verhandeln wollen. Diese Verhandlungen nahmen wir auf nach der Abhaltung der ersten freien Wahlen in der DDR, die am 18. März 1990 stattfanden, so dass wir auch auf der DDR-Seite als Partner eine demokratisch gewählte Regierung hatten. Das war für uns ganz essentiell für die Durchführung dieser Verhandlungen.*[151]

5.4.2 »Out of the game« – die anderen Europäer

Mehreres ist an diesen Verabredungen in Ottawa bemerkenswert. Zunächst einmal kann festgehalten werden, dass auch nach Durchsicht der sowjetischen Protokolle der Gespräche Gorbatschows und nach der Durchsicht der Politbüromitschriften[152] nichts darauf hindeutet, dass die Führung der DDR

Baker das Notwendige erfahren (Weidenfeld 1998, S. 729, Fußnote 89).

148 Vgl. zur Konferenz in Ottawa vor allem Genscher 1995, S. 724 ff., Kohl in Diekmann/Reuth 1999[2] (Erste Auflage 1996), S. 268 ff., Baker 1995, S. 187 ff., Weidenfeld 1998, S. 250 ff., Zelikow/Rice 1997, S. 271 ff.

149 Der Begriff »Erlangung der deutschen Einheit« kam auf Drängen Genschers und mit Unterstützung Bakers zustande (Baker 1996, S. 195).

150 Baker 1996, S. 195.

151 Genscher im »Lüdenscheider Gespräch« 2001, a. a. O.

152 Die Zusammenstellung dieser Politbüro-Mitschriften ist noch nicht beendet; daher kann auch eine Durchsicht heute nur eingeschränkt sein. Ich vermute, dass diese Zusammenstellung unvollständig bleiben wird, da die drei Mitschreibenden nicht an allen Sitzungen teilnehmen konnten. Überdies soll nicht alles veröffentlicht werden (Auskunft Tschernajews am 2. März 2002). Aber immerhin ist die Zusammenstellung

in die Vorbereitung der 2+4-Verhandlungen durch Schewardnadse, Gorbatschow oder das sowjetische Außenministerium einbezogen worden wäre.[153] Die DDR war für die Sowjetunion faktisch nicht mehr existent, obwohl ihr Außenminister mit an der Entscheidung in Ottawa beteiligt war.

Das zweite große Problem während der Verhandlungen in Kanada war: Welche Rolle war neben den sechs verhandlungsführenden Regierungen den kleineren europäischen Staaten zugedacht? Es werden Erinnerungen wach, wenn man die Verabredungen in Ottawa mit denen in Jalta und Potsdam 1945 vergleicht: In den Konferenzen der »Großen Drei« (später Vier) bei Kriegsende waren die anderen, kleineren europäischen Siegerstaaten nicht beteiligt, in Ottawa ebenso wenig. Allerdings wurde das Heraushalten der anderen europäischen Staaten diesmal nicht ohne Widerspruch hingenommen; in Ottawa war der Protest vielleicht sogar lautstärker als in Jalta, da die Entscheidung an einem Ort fiel, an dem die Außenminister der kleineren Staaten anwesend waren. Denn die Verabredung, dass es auch um die Sicherheitsinteressen der umliegenden Staaten gehen sollte, brachte sowohl Polen als auch westeuropäische Staaten auf den Plan, die befürchteten, dass man über, aber ohne sie verhandelte. Der polnische Außenminister Skubiszewski ließ sich von Genscher beruhigen, der erneut betonte, dass nur die Bundesrepublik, die DDR und Berlin vereinigt werden sollten und keinerlei Gebietsansprüche gestellt werden würden.

Aber besonders der italienische Außenminister Gianni de Michelis opponierte zusammen mit seinem niederländischen Kollegen, weil sie annahmen, dass europäische Gremien ausgeschlossen blieben, wenn all dies von den 2+4-Repräsentanten und vor allem im NATO-Rat behandelt werden würde.

Baker berichtet im Interview plastisch von diesen Debatten:

> *Ich erinnere mich noch gut an den Moment, als wir in Ottawa bekanntgaben, dass wir vorhatten, »Zwei plus Vier« zu verhandeln. Wir haben das dem NATO-Rat mitgeteilt. Und dann brach die Hölle los – die Niederländer und die Italiener und all die anderen haben den Aufstand geprobt, weil sie dabei sein wollten. Also – wenn 16 oder 15 Länder Mitspracherecht in Fragen der deutschen Wiedervereinigung gefordert hätten, dann wäre sie wohl nie zustande gekommen. So hatten wir auf dem NATO-Treffen in Ottawa eine kontroverse Debatte, als wir sagten: »So sieht unser Plan für die deutsche Wiedervereinigung aus.« Und plötzlich sagte Gianni de Michelis, damals italienischer Außenminister: »Dies ist wichtig: Es betrifft uns – und es betrifft die Zukunft Europas. Wir müssen mit am Tisch sitzen.« Und Hans-Dietrich*

der Tagesordnungslisten relativ weit vorangeschritten. Die Frage, inwieweit Modrow vom 2+4-Prozess durch das sowjetische Außenministerium informiert war, könnte erst nach der Öffnung des Archivs des sowjetischen Außenministeriums beantwortet werden. Im Bestand des Ministerpräsidenten der DDR konnte ich aber auch darauf keinen Hinweis finden.

153 Dadurch wird u.a. Weidenfeld 1998, S.726, Fußnote 78 bestätigt.

(Genscher) stand auf und sagte: »Lassen Sie mich Ihnen eines sagen.« Und dann sagte er harsch: »Sie sind nicht mit im Spiel.« Und er war in dieser Sache unnachgiebig. Ich habe ihn deswegen schon irgendwie bewundert. Wenn nämlich alle europäischen Länder darauf bestanden hätten, sich mit den beiden deutschen Staaten an einen Tisch zu setzen, hätten wir die Sache nie zu Ende bringen können. So leid es mir tut, mit zwei deutschen Staaten, 15 – Entschuldigung – 14 westeuropäischen Ländern und der Sowjetunion, den USA und Kanada, hätte das nie funktioniert.[154]

Und Schewardnadse berichtet von den erbitterten Moskauer Gefechten im Hintergrund für seine Verhandlungen in den 2+4-Sitzungen:

Es war wirklich ein Kampf. Es war ein dauernder Kampf im Politbüro. Wenn Sie zum Beispiel meine Auftritte, meine Erklärungen während der Sitzungen der Vier plus Zwei jetzt unter die Lupe nehmen würden, Sie würden sehen, die ersten Erklärungen und die letzten Erklärungen unterscheiden sich stark voneinander. Und diese Aussagen waren Widerspiegelungen der Prozesse, die im Politbüro vor sich gingen. Die ersten Aussagen waren scharf, sie waren ziemlich stark. Aber mit der Zeit, Schritt für Schritt, wurden sie milder. Das war das Ergebnis des schweren Kampfes im Politbüro. Das war sozusagen das, was wir erreicht hatten im Politbüro. Und natürlich hat dazu die in Ostdeutschland entstandene Bewegung, die Volksbewegung beigetragen. Genauso die Ereignisse in Polen, in anderen osteuropäischen Ländern. Und sogar der konservative Teil im Politbüro verstand, dass etwas verändert werden muss.[155]

Hier tut auch Schewardnadse so, als ob er immer eine Haltung eingenommen hätte, die den Entscheidungen in Ottawa entsprach. Das war jedoch keineswegs der Fall: Auf dem Beratertreffen Ende Januar wie in seinen Reden und Briefen hatte er zunächst eine Viermächte-Verhandlung[156], später dann kurzzeitig den KSZE-Mechanismus bevorzugt.

Trotz aller Widerstände der kleineren europäischen Staaten und trotz aller Schwankungen in Moskau blieb es dabei: Über die äußeren Bedingungen entschieden die Sechs.

154 Baker im Interview mit mir 1999. Dabei rechnete er nicht einmal die osteuropäischen Staaten mit.

155 Schewardnadse im Interview mit Hans-Christoph Blumenberg 1999.

156 Gegen den Viermächte-Vorschlag war Schewardnadse allerdings nach einer der beiden Protokoll-Fassungen des Beratertreffens am 25.1.1990 aufgetreten, weil er die Dominanz der Westmächte festgeschrieben hätte.

5.5 Fragen an Gorbatschow II: Europäisches Sicherheitssystem als Voraussetzung für die deutsche Einheit oder umgekehrt?

In Ottawa gab es außerdem Gespräche zwischen Schewardnadse und Baker über die sowjetischen und amerikanischen Truppen in Europa, besonders in Zentraleuropa. Das war ein wesentlicher Punkt der Position Gorbatschows sowohl im Beratertreffen vom 25. Januar in Moskau als auch – enorm abgeschwächt – am 9. Februar im Gespräch mit dem amerikanischen Außenminister gewesen. Am 11. Februar 1990 wurde in Ottawa *mit sowjetischer Zustimmung* zwar die Obergrenze von 195 000 Mann in Zentraleuropa verabredet, aber den Amerikanern wurden weitere 30 000 Mann in anderen Teilen Europas zugestanden, nämlich u. a. in Großbritannien, Italien und der Türkei.[157] Baker konnte es nicht glauben, als er von Schewardnadse darüber unterrichtet worden war, und fragte wegen offensichtlicher Übersetzungsfehler erneut nach und wurde bestätigt: Im mittleren Teil Europas sollte es ein Gleichgewicht geben, im übrigen ein Ungleichgewicht zugunsten der USA. Baker berichtet, wie er mit dem Gefühl in die Plenarsitzung zurückging, »dass die Initiative wieder in unseren Händen lag.«[158] Hier sehe ich einen weiteren Einbruch der sowjetischen Haltung, vielleicht sogar die letzte Möglichkeit von der Sowjetunion aus gesehen, etwas in Richtung ihrer Forderung Neutralität oder in Richtung auf ein gesamteuropäisches Sicherheitssystem unter Einschluss der Sowjetunion zu bewegen. Denn die Gleichheit der Truppenreduktion (oder später sogar eines Abzuges sowjetischer *und* amerikanischer Truppen) in der Zahl und in der Zeit war auf dem Beratertreffen vom 25. Januar in Gorbatschows Augen das einzige wirksame Mittel gewesen, Druck auszuüben: Die sowjetischen Truppen in Deutschland waren dort als Faustpfand und Druckmittel angesehen worden. Indem diese Reduktion nicht im Sinne der Gleichheit akzeptiert wurde, verlor dieses Druckmittel an Kraft – nur drei Wochen nach dem Beratertreffen und Gorbatschows markigen Worten dazu.

Das »Warum?«, die Fragen nach den Gründen für den nachlassenden Druck auf die westlichen Regierungen und Verhandlungspartner in Richtung dieser sowjetischen Forderungen bestimmten meine Befragungen in Moskau, vor allem Tschernajews, aber auch der Gegner Gorbatschows und Gorbatschows selbst.

Anatoli Tschernajew antwortete zunächst, dass die unnachgiebige Haltung der Deutschen, auf der NATO-Mitgliedschaft zu bestehen, eine entscheidende Bedeutung für die Engländer, die Franzosen und die Amerikaner gehabt hätte. Auf die Nachfrage, was dies für die Sowjetunion bedeutete, sagte er:

157 Zelikow/Rice 1997, S. 272.
158 Baker 1996, S. 192.

Tschernajew: Was heißt für uns? Wir mussten uns in diesen Prozess einfügen. Mitterrand hatte Gorbatschow gesagt: Sie bleiben allein (mit der Anti-NATO-Position – AvP)*, allein bei den 2+4-Verhandlungen. Ich werde Sie nicht unterstützen können, denn gegen meine Bündnispartner werde ich nicht stimmen.*

AvP.: Und was wäre passiert, wenn Sie geblockt hätten?

Tschernajew: Ich denke, der Prozess wäre nur um einige Monate aufgehalten worden, hätte aber letztlich das gleiche Resultat gehabt. Hier muss man auch unsere innere Situation berücksichtigen: eine starke Schwächung der Position Gorbatschows im Lande, die Wirtschaftslage in Russland, die Verschlechterung der allgemeinen Lebensbedingungen, im Prinzip eine Krise der Perestroika. Gorbatschow hatte immer weniger Ressourcen (Kraftreserven – AvP) *um sich zu behaupten.* (Und dann lachend:) *Außerdem ist die Frage »Was wäre geschehen, wenn ...« keine Frage für den Historiker.*[159]

Meine Bemerkung, dass eher die Frage gemeint war, wovor sie Angst gehabt haben, wenn die sowjetische Führung »Nein« gesagt hätte, trug auch keine Früchte. Bei einem früheren Interview[160] hatte er auf die Frage, ob sie Sorge gehabt hätten, aus Europa gedrängt zu werden, erklärt: »Nein, wir haben uns nie an den Rand gedrängt gefühlt.« Aber in seinem nur in Russisch vorliegenden Erinnerungen mit Tagebuch-Auszügen schrieb er, dass es solche Befürchtungen gab.

Tschernajew im Interview: Nun, an dieser Stelle wird konstatiert, dass sich Osteuropa von uns löst. Und dass Westeuropa nach ihm (Osteuropa) greift, die NATO und die Europäische Gemeinschaft nach ihm greifen. Und sie (die osteuropäischen Staaten) streben selber dorthin. Und wirklich, von diesen Prozessen der (europäischen) Integration drohte die Sowjetunion ausgegrenzt zu werden. Integration im Sinne einer europäischen Einigung einschließlich Osteuropa. Und so ist es ja auch gekommen. Solche Befürchtungen benenne ich hier. Oder fragen Sie jetzt vielleicht, ob ich mich persönlich abseits fühlte? (Lacht.) *Ich persönlich habe mich nicht abseits gefühlt.*

Trotz seines Lachens fährt Tschernajew etwas melancholisch fort:

Sehen Sie, wenn Sie sich mit unserer Geschichte befasst haben, wissen Sie, was Dostojewski geschrieben hat über die Beziehungen zwischen Russland und dem Westen. (...) Mitte des 19. Jahrhunderts erschien das berühmte Buch Danilewskis »Der Westen und Russland«, wo sie beide, Dostojewski und Danilewski, sagten: Ganz gleich, wie wir uns auch bemühen, dem Westen zu gefallen, lieben wird man uns nicht. Diese Tradition lebt bis heute. Auch die ge-

159 Interview mit Tschernajew am 11.12.2001. Das Gespräch führte ich zusammen mit Elke Scherstjanoi, die auch übersetzte.

160 Interview mit Tschernajew am 6.12.2001.

samte Politik Gorbatschows zeigt doch, dass Gorbatschow mit offener Seele auf Europa und Amerika zuging. Und man hat uns trotzdem nicht geglaubt. Das ist übrigens einer der Faktoren für den Zusammenbruch der Perestroika. Man vertraute Gorbatschow nicht. Sie nahmen an, er würde auch nur spielen, bleibt Kommunist, glaubt an den Sozialismus, also kann er nicht mit dem Westen zusammengehen.

Scherstjanoi: Und wer konkret hat ihm nicht geglaubt?

Tschernajew: Sowohl Bush als auch Baker. Was die Deutschen betrifft, so hat sie die Ideologie Gorbatschows wenig interessiert. Kommunist oder nicht Kommunist. Für sie war wichtig, mit Gorbatschow einen persönlichen Kontakt zu finden, Genscher und Kohl, auch Teltschik. Ihnen ging es um die Lösung ihrer nationalen Frage mit Hilfe Gorbatschows. Sie sahen in ihm einen Menschen, der das versteht, der dazu bereit ist und der ihnen helfen wird. Und Schluss.

Immer wieder wurde von allen, auch ansonsten zerstrittenen, befragten russischen Politikern betont, dass man besondere Hoffnung auf Deutschland gesetzt habe, aber – kann man hinzufügen – dennoch waren ihnen die Amerikaner wichtiger, zumindest für die globale Politik.

Tschernajew: Und was die Deutschen betrifft, da bin ich überzeugt, denn wir haben zu ihnen trotz allem besondere Beziehungen entwickelt über 300 Jahre hinweg, die Deutschen waren nicht gegen eine Integration Russlands in Europa. Aber wenn man ganz Europa nimmt, Großbritannien, Frankreich, die kleineren Länder, so hatte Europa im Ganzen eher Angst vor Russland und wollte es nicht. Die Deutschen waren in diesem Sinne etwas Besonderes. Sie waren bereit, einen sehr engen Bund mit den Russen einzugehen.

Das ist ein wesentlicher Satz: Die sowjetische Führung vertraute der Politik Kohls und Genschers gerade in der Frage des »Hereinholens« Russlands bzw. der Sowjetunion nach Europa. Aber das war nicht im Sinne der Amerikaner. Daher lag hier ein wunder Punkt der Politik des Bundeskanzlers und auch des Bundesaußenministers, der von Gorbatschow nicht genutzt wurde im Sinne einer frühen alternativen Entscheidung: Wiedervereinigung – ja, aber nur mit einem Europa, das die Sowjetunion »einschließt«. Gorbatschow habe dieses Vertrauen in die Deutschen auch persönlich gehabt.

Tschernajew: Wenn Sie seine Memoiren lesen ... Er sagte: Man glaubt uns nicht. Ich habe schon alle Karten offengelegt, trotzdem vertraut man uns nicht, vertraut uns nicht völlig. Ich vertraue allen, den Deutschen, den Amerikaner, ich vertraue sogar Thatcher, Mitterrand vertraue ich, aber mir vertraut man nicht restlos.«[161]

161 Interview mit Tschernajew vom 11.12.2001.

Ich war erstaunt, dass er allein von Vertrauen redet, wenn sich das Vertrauen doch gerade in fixierten Verhandlungsergebnissen äußern müsste oder wenn es um die eigenen Interessen in Verhandlungen mit hartgesottenen Diplomaten geht.

AvP: Aber das alles ohne konkrete Pläne eines europäischen Sicherheitssystems. Die sowjetische Führung hatte zu dieser Zeit trotz allem keine konkreten Vorstellungen davon, wie, mit welchen Sicherheitsstrukturen, das »gesamteuropäische Haus« zu bauen ist. Sie war nicht genügend vorbereitet.

Tschernajew (stockt ein wenig): Nun, warum sollte denn Moskau das vorbereiten?

AvP: Dass man diplomatisch abspricht, wie die zukünftige Verteidigungsgemeinschaft oder ähnliches ausgesehen hätte. Darum geht es doch letztlich.

Tschernajew: Gorbatschow hat auf jede erdenkliche Weise versucht, das gemeinschaftlich zu machen. Und schließlich hat er eine gesamteuropäische Beratung erreicht, die im November (1990) in Paris stattfand. Und da wurden die Prinzipien vereinbart. Aber es wurde zugleich gesagt, dass Mechanismen zu schaffen seien, Mechanismen der Sicherheit, Mechanismen der Zusammenarbeit.

Aber da waren die wesentlichen Entscheidungen schon getroffen. Anatoli Tschernajew schließt einen Satz an, der trotz aller verständnisvollen Erklärungen seine tiefe Enttäuschung offenbart:

Und was folgte, waren zehn Jahre Einbruch. Als die Sowjetunion zusammenbrach, hat sich keiner mehr darum geschert.

Mir ist es unverständlich, warum er oder Gorbatschow glaubten, dass man in der Diplomatie hoffen konnte, dass sich ohne fixierte Verträge irgendjemand um vage Absprachen »scheren« sollte, wenn die Position der anderen Seite schwächer wird. Ich frage nach:

Gab es diplomatische Vorschläge, gibt es fassbare Protokolle, wirkliche Pläne, wie eine europäische Sicherheitskonföderation aussehen könnte?

Das wird von Elke Scherstjanoi etwas taktvoller übersetzt:

Leider finden wir in den Dokumenten auch nicht die kleinste Spur von Vorstellungen, die von Ihren Spezialisten ausgearbeitet worden waren, Vorstellungen darüber, wie das gesamteuropäische Haus funktioniert und wie es aufgebaut ist, nach welchen konkreten Prinzipien es funktionieren soll.

Tschernajew: Ja, solche Konzepte gab es wirklich nicht. Aber, sagen wir mal, Mitterrand hatte die Konzeption der europäischen Konföderation. Indes, die Franzosen haben dazu doch auch kein konkretes System eingebracht. Das hätten alle Europäer gemeinsam ausarbeiten müssen, nicht allein Moskau oder allein Paris. Gorbatschow war mit dieser Konzeption einverstanden. Sie sei der seinigen sehr verwandt.

Der Verweis auf das Fehlen einer Konzeption in der französischen Regierung, einer Ausarbeitung ihrer Vorstellungen von der Architektur eines Gesamteuropa ist nur begrenzt hilfreich, da Frankreich nicht vor der Gefahr stand zu erodieren wie die Sowjetunion. Tschernajew, der selbst maßgeblich an der Deutschland- und Europa-Politik Gorbatschows beteiligt war, betont dann erneut seine damalige und heutige Vorstellung eines klaren Nacheinanders von deutscher und europäischer Vereinigung:

> *Selbstverständlich waren zuerst die Grundfragen zu klären. Der Kalte Krieg war zu beenden und Deutschland musste vereint werden. Diese Teilung musste bereinigt werden. Als zweiter Schritt waren alle Europäer an einen Tisch zu bringen. Man musste sich einigen auf die Prinzipien und Hauptideen der europäischen Einigung. Und dies wurde geleistet von der Pariser Beratung im November 1990, als die Charta für Europa angenommen wurde. Und als dritten Schritt hätte man konkrete politische Mechanismen erarbeiten müssen der kollektiven Sicherheit, der kollektiven Zusammenarbeit. Dafür ...*
>
> *Scherstjanoi* (unterbricht): *Aber dafür hatten Ihre Spezialisten noch keine Vorbereitungen getroffen?*
>
> *Tschernajew: Wir hätten das zusammen* (mit den anderen Europäern – AvP) *tun müssen. Wir haben uns doch geeinigt auf der Pariser Beratung, eine Kommission geschaffen, die sich hätte zusammenfinden müssen. Sie bestand aus den Außenministern. (...) Mehr noch, wir haben sogar vorgeschlagen, einen Vertrag abzuschließen zwischen der NATO und dem Warschauer Vertrag. Das war ein ganz konkreter Vorschlag. Und die Amerikaner ließen sich darauf ein. Aber das Unglück bestand darin, dass ein Jahr später die Sowjetunion als Subjekt jener Verträge verschwand.*

Ansonsten wäre man vielleicht schon in der NATO oder die NATO gäbe es nicht mehr. Ich bezweifelte, ob dieses Nacheinander von Punkt 1 bis 3, das für die deutsche Politik der Wiedervereinigung äußerst positiv werden sollte, so günstig für die Sowjetunion gewesen wäre: Meine Fragen laufen immer darauf hinaus, ob man das europäische Sicherheitssystem nicht besser als Voraussetzung oder zur Frage eines Handels um die Einheit Deutschlands hätte ins Spiel bringen sollen.

Aber Tschernajew bekräftigt die Richtigkeit der von ihm dargelegten Reihenfolge: Alles andere hätte in ein Chaos geführt. Nach dem Mauerfall hätten Bush und Gorbatschow sich die Hände gereicht und erklärt:

> *»Wir sind keine Feinde mehr, keine Gegner mehr, der Kalte Krieg ist zu Ende.« Aber solange die Berliner Mauer bestand, hielt der Kalte Krieg an und würde noch immer anhalten. Das war also die allererste Frage, die in Europa zu lösen war, die Schlüsselfrage. Solange die Berliner Mauer stand, konnte man über eine europäische Einigung nicht sprechen.*

Dieses Thema Vertrauen und Moral in der Politik war ebenfalls Gegenstand der Gespräche mit anderen Politikern. Auch Gorbatschow bezog sich darauf, als ich ihn nach der Zustimmung zur NATO-Mitgliedschaft fragte und er antwortete, er habe die Entscheidung selbst gewollt, »die sich auf die Moral und demokratischen Prinzipien stützte« (siehe oben). Ich fragte Gorbatschow ebenso wie Tschernajew nach der »Reihenfolge« von deutscher Einheit und europäischem Sicherheitssystem.

> *Gorbatschow: Das Problem der Synchronisierung der Vereinigung Deutschlands und des gesamteuropäischen Prozesses als System der europäischen Sicherheit war ständig bei allen Verhandlungen Ende der achtziger und Anfang der neunziger Jahre präsent. Dafür* (oder: »Dabei«, in der Original-Übersetzung heißt es: »Damit« – AvP) *waren H. Kohl mit Genscher, und F. Mitterrand, und G. Bush, und J. Baker, und G. Andreotti. Allerdings gab das deutsche Volk dem ersten Prozess* (Wiedervereinigung – AvP) *ein ungestümes Tempo, und der zweite war seiner Natur nach recht kompliziert, um mit ihm Schritt zu halten, oder ihn gar zu bestimmen.*
>
> *Den Deutschen damals »Bedingungen« zu stellen, was Sie für möglich halten,*[162] *wäre auf meiner Ebene einfach unseriös gewesen. Das hätte mit einer blutigen Explosion oder mit einer Vereinigung, die Deutschland und die Sowjetunion zu Gegnern oder gar zu Feinden gemacht hätte, geendet.*

Meine Frage zielte allerdings auf seine eigenen Bedingungen, die er auf dem Beratertreffen am 25. Januar selbst durchgespielt hatte und darüber hinaus, wie schon gegenüber Anatoli Tschernajew, nach den konkreten sowjetischen Konzepten für ein europäisches Sicherheitssystem und auf das Problem, warum er nicht schon Ende 1989 nach dem Besuch von Egon Krenz ein Angebot gemacht hätte, die Wiedervereinigung im Rahmen einer europäischen Sicherheitskonferenz rasch anzugehen und dafür die eigenen Interessen deutlich zu formulieren. Die internationalen Debatten darüber hätten sicherlich nicht zu einer Schwächung der Sowjetunion geführt.

In einem anderen Gespräch fragte ich Tschernajew, ob die Sowjetunion nicht mehr hätte »herausholen« können.

> *Tschernajew: Wissen Sie, ich persönlich hatte überhaupt keine Ader für solche diplomatischen Spiele. Daher habe ich auch Falin und die anderen vom Außenministerium beargwöhnt. Das waren Leute, die spielten. Dabei ging es doch um das Schicksal einer großen Nation, um die Beziehungen zwischen den beiden großen, entscheidenden Nationen in Europa! Das war doch die Aufgabe. Und solche Spielereien dabei ... Natürlich, die* (Westeuropäer und Amerikaner – AvP*) hatten ihr eigenes Spiel gespielt. Aber wir haben ein ehrliches Spiel gemacht. Baker schrieb in seinen Memoiren zu meinem Erstau-*

162 Wie Gorbatschow selbst es auf dem Beratertreffen für möglich gehalten hatte.

nen – ich habe ihn später nie wieder getroffen, sonst hätte ich es ihm gesagt: »Ja, ich sagte Gorbatschow, dass sich die NATO um keinen Zentimeter ausbreiten wird. Aber ich sagte das, um ihn zum Einverständnis mit der NATO-Mitgliedschaft Deutschlands zu bewegen.« So schrieb er es in seinen Memoiren. Er gibt also zu, dass er mit Gorbatschow gespielt hat.[163]

Wenn man die Protokolle der Gespräche Gorbatschows mit seinen westlichen Kollegen im Hinblick auf die Art der Verhandlungsführung Gorbatschows geballt hintereinander liest, dann kommt einem schon die Frage nach der Bedeutung des »subjektiven Faktors Gorbatschow« in den Sinn.

Er hatte einen Verhandlungsstil, der sich von dem seiner Verhandlungspartner deutlich unterschied. Er ging selten direkt auf den Gegenstand zu, wie dies Baker in großer Klarheit machte, sondern kleidete seine Meinung in Erfahrungen mit der Perestroika in der Sowjetunion, wenn er mit Verantwortlichen aus den RGW-Staaten sprach. Er berichtete von Kongressen oder Seminaren und dort vertretenen Auffassungen, wenn er westliche Partner von einer Auffassung überzeugen wollte. Er war – mit der einen Ausnahme ausgerechnet im Gespräch mit Hans-Dietrich Genscher am 5. Dezember 1989 – niemals wütend oder gar drohend, immer liebenswürdig, um Vertrauen bemüht, manchmal sogar witzig, die Atmosphäre auflockernd. Helmut Kohl, der sich ebenfalls um ein persönliches Verhältnis zu seinen Gesprächspartnern bemühte, war dagegen bei aller Höflichkeit nicht undeutlich oder missverständlich. Eine der Lieblingsformulierungen Gorbatschows war: »Wir werden darüber nachdenken«; selten äußerte er schroffe Ablehnung, nur manchmal formulierte er deutlich seine Interessen oder verfolgte eine klare Verhandlungstaktik. Dieser Gegensatz führte natürlich nicht nur zu Missverständnissen, sondern auch zu peinlichen Unehrlichkeiten, wenn es um unvereinbare Positionen und Interessen ging, die nicht durch harmonisierende Konsensbemühungen zu lösen waren, wie zum Beispiel bei seiner Hinhaltetaktik Modrow gegenüber. Manchmal glaubte er, er hätte etwas zu deutlich zum Ausdruck gebracht, was aber so vage war, dass es unterschiedlich interpretiert werden konnte. Aber selbst in den Protokollen ist etwas von seiner Wirkung auf Menschen zu spüren, um nicht von Charisma zu reden.

Die mangelnde Konfliktbereitschaft Gorbatschows ist häufig beschrieben worden, aber der Widerspruch zwischen kühnen perspektivischen Großprojekten oder strategischen Entwürfen einerseits und den vorsichtigen, fast rücksichtsvollen und begrenzten, wenig aufdringlichen Unterhandlungen und Gesprächen andererseits ist frappierend und schlägt sogar in den trockenen Verhandlungsprotokollen durch. Ein Grundzug seiner Verhandlungsführung

163 Das Merkwürdige ist, dass im Gegensatz zu Tschernajews Erklärung in der mir vorliegenden Fassung der Memoiren Bakers weder die Zusage, die NATO werde sich nicht einen Zoll nach Osten bewegen, enthalten ist noch die Begründung, dass er dies gemacht hätte, um die Sowjets für die deutsche Einheit einzunehmen.

springt ins Auge – und hier könnte eine Erklärung für diesen Widerspruch zu finden sein: Er glaubte offensichtlich, dass man überzeugen könne, wo es um Interessen geht. Immer wieder versuchte er Diplomaten, die ihre strategischen Interessen zu vertreten hatten, menschlich zu gewinnen.

5.6 Differenzen zwischen dem Außen- und dem Verteidigungsministerium in Bonn

Bakers Zusicherung, die NATO werde sich nicht nach Osten ausdehnen, entsprach der Überlegung Genschers, die er in seiner Rede vor der Evangelischen Akademie Tutzing Ende Januar 1990 vorgetragen hatte. Doch während Bakers Besuch in Moskau rückte man in Washington wieder davon ab zugunsten einer Lösung, nach der das vereinigte Deutschland insgesamt in der NATO sein sollte, damit die »Schutzgarantien« und die Bündnispflicht auch für die DDR wirksam werden könnten – so die Begründung. Aber dennoch sollte für das Territorium der DDR ein Sonderstatus gelten. Gerhard Stoltenberg, der Verteidigungsminister der Bundesrepublik Deutschland, setzte Mitte Februar an dieser Unklarheit des Begriffs »Sonderstatus« an und vertrat nach dem Protokoll des Bundeskanzleramtes vom 14. Februar 1990[164] folgende Meinung: »BM Stoltenberg erklärte sich einverstanden mit dem Konzept, dass ein vereinigtes Deutschland Mitglied der NATO sei, *ohne dass* das DDR-Gebiet Bündnisgebiet werde; er meinte, dass dies nicht Demilitarisierung heiße (nichtintegriertes deutsches Territorialheer wäre möglich) und stellte auch die Frage, ob die Schutzgarantie der NATO sich auf das DDR-Gebiet erstrecken könne.«

Genscher wandte sich auf derselben Sitzung am 14. Februar »nachdrücklich« gegen den Gedanken, »nichtintegrierte Bundeswehreinheiten in der DDR zu stationieren; dies würde auf Widerstand von allen Seiten stoßen. Allerdings solle die Bündnisgarantie für ganz Deutschland gelten.«[165]

In der FDP wurden die Töne gegen den »Brandstifter« Stoltenberg schärfer mit der strikten Formel: Keine Ausdehnung der NATO! Stoltenberg machte eine zuspitzende Presseerklärung; schließlich gab es ein Gespräch zwischen dem Kanzler, Genscher und Stoltenberg, auf dem sich der Außenminister durchsetzte: In der gemeinsamen Erklärung hieß es sogar, dass es keinerlei Verbände der Bundeswehr nach der Vereinigung auf dem Gebiet der DDR geben würde. Das ist deshalb bemerkenswert, weil dies nicht der Position des Kanzleramts entsprach. Horst Teltschik hatte in seinem Quasi-Tagebuch noch am 14. Februar vermerkt, Genscher hätte in seiner Rede vor

164 Konstituierende Sitzung der Arbeitsgruppe Außen- und Sicherheitspolitik des Kabinettausschusses Deutsche Einheit, Bonn, 14. Februar, in: DzD, Dok. Nr. 182, S. 830 f.
165 Ebenda.

dem Bundestag erklärt, dass »kooperative Sicherheitsstrukturen«[166] die Bündnisse immer mehr überwölben würden, die darin »auch aufgehen können«. Damit ginge – so Teltschik – Genscher über die Erklärung des Kanzlers weit hinaus. Im Deutschlandfunk habe Genscher eine Ausdehnung der NATO-Jurisdiktion über die gegenwärtigen Gebiete hinaus abgelehnt. Diese Formulierung (die der Bakers in Moskau entsprach) wurde vom Bundeskanzleramt nicht akzeptiert, »weil sie die NATO-Mitgliedschaft eines geeinten Deutschland generell in Frage stellt«.[167]

Dennoch hatte man dieser gemeinsamen Erklärung zugestimmt, die keine wirkliche Klärung bedeutete, da es nach wie vor den Widerspruch gab zwischen einer NATO-Mitgliedschaft des geeinten Deutschlands einerseits und der Ablehnung jeder »Ausdehnung der NATO-Jurisdiktion« andererseits. Welche »deutschen Truppen« auf dem Gebiet der DDR stationiert werden sollten, blieb ebenso unklar wie die Zukunft der NVA-Einheiten.

Dieser Streit zwischen Genscher und Stoltenberg hatte auch eine innenpolitische Komponente. Der Verteidigungsminister erklärte am 28. Februar in einem Interview, dass langgediente Angehörige der Nationalen Volksarmee (NVA) nicht in die Bundeswehr übernommen werden sollten, weil er schwerste Sicherheitsbedenken hätte wegen ihrer langjährigen kommunistischen Ausrichtung. Nur die jüngeren NVA-Soldaten hätten eine Chance auf Übernahme.[168] Das zog sofort die Frage nach sich: Welche Einheiten würden dann auf dem DDR-Territorium stationiert werden können, mit welchem NATO-Status?

Trotz dieser Unklarheiten: Mitte Februar 1990 waren die Grundentscheidungen getroffen, und die Sowjetunion konnte kaum hinter die Vereinbarungen zur Einheit Deutschlands und hinter den »2+4-Mechanismus« zurückfallen – wenn es nicht doch einen Coup d'État zur Ablösung Gorbatschows geben sollte.

166 Das war Genschers Formulierung schon in Tutzing gewesen, die er noch vor dem Wechsel in der Haltung der Amerikaner vorgetragen hatte und jetzt – nach diesem Wandel – wiederholte.
167 Teltschik 1993, S. 149.
168 Nach Bahrmann/Links 1999, S. 255 (28.2.1990).

6 Die Wahlen in der DDR und die Folgen

6.1 Die Verfassung, die Wirtschaftsunion und die Opposition in der DDR

Am 3. Februar trafen Bundeskanzler Helmut Kohl und Ministerpräsident Hans Modrow in Davos zusammen. Regierungsdirektor Mertes hatte am selben Tag eine Vorlage an den Kanzler geschrieben, in der er seinem Chef nahe legte, sich wie bei dem Zehn-Punkte-Plan erneut »an die Spitze der Bewegung« zu stellen. Im Zentrum stünde jetzt der »wirtschaftliche Neuaufbau in der DDR«. Die Lage in der DDR müsse sich »in überschaubarer Zeit zum Besseren wenden«, wenn die Menschen »in ihrer Heimat« bleiben sollen.[1] Mertes fügte zwei Papiere bei, ein »Statement« für eine Erklärung des Kanzlers über die nächsten Aufgaben zur Erreichung der Einheit Deutschlands und ein Papier »Schritte zur deutschen Wirtschaftseinheit«.[2]

Der Hauptinhalt des »Statement« war:

Erstens sollte unmittelbar nach den Wahlen eine Wirtschafts- und Währungsunion errichtet werden,

zweitens sollten ebenfalls nach den Wahlen Regierungsausschüsse zum Zweck der »Harmonisierung des Rechts in Deutschland« geschaffen werden,

drittens sollte ein »Gesamtdeutscher Rat« gebildet werden mit dem Ziel der »Ausarbeitung einer freiheitlichen Verfassung für einen gemeinsamen Bundesstaat« (diese Forderung wurde gerade überholt),

viertens sollten »im Rahmen des KSZE-Prozesses übergreifende Sicherheitsstrukturen in Europa« entwickelt werden. Auch hier waren als erste und wesentliche Schritte die »2+4«-Verhandlungen im Außenministerium und fast zeitgleich auch im Kanzleramt geplant. (Man muss sich erinnern, dass Mertes diese Vorlage am 2. Februar Kohl übermittelte, also noch vor dessen Besuch bei Gorbatschow),

fünftens: »Am Ende des Weges muss die Wiederherstellung der staatlichen Einheit Deutschlands in einer Föderation, d. h. einem Bundesstaat stehen.«[3]

1 Vorlage des Regierungsdirektors Mertes an Bundeskanzler Kohl, Bonn, 2. Februar 1990, in: DzD, S. 749 ff.
2 DzD, Dok. Nr. 157A und 157B, S. 751 und 752 f.
3 DzD, S. 751.

Die »Schritte zur Wirtschaftseinheit« sollten sein:

1. sofortige Einführung der D-Mark als gemeinsame Währung in Deutschland,
2. ein kurzfristiges Hilfsprogramm für die DDR,
3. ein mittelfristig angelegtes Infrastrukturprogramm für die DDR,
4. eine Ausdehnung vorhandener Förderprogramme,
5. Auflage eines gesonderten »Wiederaufbauprogramms«,
6. ein zügiger Übergang von sozialistischer Planwirtschaft zu Sozialer Marktwirtschaft in der DDR – Freiheit statt Sozialismus,
7. die soziale Absicherung von Renten und Einkommen,
8. die schrittweise Übernahme der bundesdeutschen Umweltstandards in der DDR (mittelfristiges Ziel: Umweltunion).

Wie Modrow befürchtet hatte, wurde seiner Forderung nach umfassender finanzieller Unterstützung nicht entsprochen. Statt seiner erhofften 15 Mrd. DM Soforthilfe bot die Bundesregierung detaillierte Pläne zur Währungsunion an. Im Prinzip aber war allen Seiten klar, dass vor den Wahlen in der DDR am 18. März nichts Entscheidendes vertraglich geregelt werden würde. Das sah auch Modrow so, der in seinem Telefonat mit Gorbatschow am 12. Februar 1990 gemeint hatte, dass vor diesen Wahlen keine »grundlegenden Entscheidungen zwischen der DDR und der BRD« angenommen würden.[4]

Woran sich Modrow allerdings später – nach der Vereinigung – nur ungern erinnerte: Auf diesem Treffen mit Kohl in Davos am 3. Februar hatte er erklärt, die D-Mark als »Alleinwährung« sei eine Möglichkeit für die Währungsunion bzw. Vertragsgemeinschaft (er nannte keine andere). Und er fügte laut dem Bonner Protokoll hinzu: »Es müsse dann in der DDR entsprechend der niedrigen Produktivität ein niedrigerer Lohn gezahlt werden.«[5] Von diesem Teil des Gesprächs scheint er aber zu Hause nichts berichtet zu haben, denn noch am 9. Februar wandte sich DDR-Wirtschaftsministerin Christa Luft gegen eine baldige Währungsunion auf D-Mark-Grundlage.[6]

Überhaupt ging Modrow in vielen Fragen der Ökonomie »weiter« als die Bürgerbewegung, zumindest war er realistischer, was den Gang der wirklichen Entwicklung betraf, so in der Frage der Vertragsgemeinschaft bzw. der Konföderation, der Treuhand, der Wirtschaftspolitik angesichts des ökonomischen Niedergangs der DDR, der Kredite von der BRD, des Abbaus der Subventionen usw. Er hat dies auch gegenüber Kohl formuliert, so zum Beispiel im Gespräch mit ihm an diesem 3. Februar 1990 in Davos. Dort soll Modrow nach den Akten des Bundeskanzleramtes gesagt haben: »Er würde gerne schneller an die Subventionen herangehen und sie abbauen. Aber wie

4 Telefonat Modrow – Gorbatschow vom 12.2.1990, in: Gorbatschow-Stiftung, 90FEB12.

5 Gespräch des Bundeskanzlers Kohl mit Ministerpräsident Modrow in Davos, in: DzD, S. 753 ff.

6 Nach Bahrmann/Links 1999, S. 224.

solle das bewerkstelligt werden? Bei der Kinderkleidung habe man diesen Versuch gemacht. Bei der Umpreisung eines Pakets von 30 Mrd. Mark seien hierfür 300 000 Menschen am Wochenende nötig. Wenn er vorher mit dem Runden Tisch diskutiere und sich die Angelegenheit eine Woche hinziehe, sei die DDR ›erledigt‹. Mit Unterstützung der Bundesrepublik müsse man über den März hinweg bis Anfang Mai kommen. Wenn dies nicht erfolge, könne alles passieren.«[7]

Helmut Kohl umging jede Antwort auf Hans Modrows implizite oder explizite Forderungen, Bitten oder Ansinnen, sondern betonte das anhaltende Übersiedler-Problem und stellte nur fest, dass er »die Dramatik durchaus begriffen habe«. Ansonsten ging er auf die internationalen Aspekte der Einheit ein und wandte sich noch einmal gegen eine Viermächte-Verhandlung über Deutschland. Die vier Mächte »dürfen uns nicht als Protektorat ansehen. PM Thatcher habe dies offensichtlich nicht ganz verstanden.« Bei Mitterrand sei es etwas anders.[8]

Modrow kam bereits am 13. und 14. Februar wieder mit Kohl zusammen. Eine große Ministerdelegation begleitete ihn nach Bonn. Zuvor, nämlich am 9. Februar, hatte Staatssekretär Köhler vom Bundesministerium der Finanzen an Ministerialdirigent Claus-Jürgen Duisberg vom Bundeskanzleramt einen Entwurf eines Vorschlags an die Regierung der DDR über die Schaffung eines gemeinsamen Wirtschafts- und Währungsgebietes geschickt, der nun allseits abgestimmt war. Er enthielt zwei Teile: »Zu einem Stichtag wird die Mark der DDR als Währungseinheit und gesetzliches Zahlungsmittel durch die D-Mark ersetzt.« Und: »Zeitgleich müssen von der DDR die notwendigen rechtlichen Voraussetzungen für die Einführung einer sozialen Marktwirtschaft (Rechtsangleichung auf den zentralen Feldern der Wirtschaftsordnung) geschaffen werden.«[9] Dafür werden der DDR sofortige Verhandlungen vorgeschlagen.

Kohl legte Modrow am 13. Februar im Übrigen dar, dass er den Abschluss der Verhandlungen um die inneren Aspekte der Einheit noch vor dem Ende der 2+4-Verhandlungen erreichen möchte. Der DDR-Ministerpräsident bemängelte, dass er keine Antwort auf seinen Vertragsentwurf über Zusammenarbeit und gute Nachbarschaft mit der BRD (vom 17. Januar)[10] erhalten habe, legte die Vermögenssituation der DDR offen und »stellte noch einmal die Frage nach einem Solidarbeitrag[11] der Bundesregierung. Nach seiner Meinung müsse sich vor dem 18. März noch etwas bewegen. Der Runde Tisch habe den Wunsch nach 15 Milliarden DM geäußert. Die Länder würden ihrerseits da und dort Millionenbeträge zur Verfügung stellen. Die DDR-

7 Ebenda.
8 Ebenda, S. 756.
9 DzD, Dok. 169 und 169A.
10 DzD, Dok. Nr. 145a, S. 713 ff.
11 Nach dem Bonner Protokoll sprach er diesmal nicht von einem »Lastenausgleich«.

Bürger würden jetzt von der Bundesregierung erwarten, dass sich in dieser Frage etwas tue.«[12]

Der Runde Tisch bzw. die beteiligten Gruppen und Parteien hatten ein Positionspapier entwickelt[13], in dem sie diesen von Modrow erwähnten Solidarbeitrag in einer »Höhe von 10 bis 15 Milliarden DM für angemessen (hielten), und dies sofort, unabhängig von allen weiteren Verhandlungen«.

In seinem Gespräch mit den »Ministern ohne Geschäftsbereich der DDR«, also den Vertretern des Runden Tisches, die sich seit einer Woche im Amt befanden, erläuterte Kanzleramtsminister Seiters[14], dass man im Interesse der Stabilisierung der DDR das »weitreichende Angebot zur Schaffung einer Währungsunion und Wirtschaftsgemeinschaft« gemacht hätte. »Transferleistungen in Milliardenhöhe hielten wir dagegen in der gegenwärtigen Lage für den falschen Weg.« Minister Walter Romberg (SPD) wies auf die Bedeutung der »Sicherung der Wahlen« hin; in der DDR erwarte man außerdem einen größeren finanziellen Betrag der Bundesrepublik; die Währungsunion müsse vorbereitet werden. Minister Gerd Poppe (Gruppe »Frieden und Menschenrechte«) meinte, »die Wahlen dürften nicht durch den Eindruck belastet werden, dass das Ergebnis fremdbestimmt sei«. Man müsse sich Gedanken über das »soziale Netz« machen, es dürfe nicht »reißen«. 72 Prozent der DDR-Bevölkerung wolle die Währungsunion nicht so schnell. Tatjana Böhm vom Unabhängigen Frauenverband fügte hinzu, dass die Verunsicherung der sozial Schwächeren zugenommen habe. Minister Matthias Platzeck (Grüne Liga[15]) bekräftigte, dass in der DDR das Gefühl der Fremdbestimmung wachse; Hilfe ohne Bedingungen sei nicht gekommen. Minister Wolfgang Ullmann (Demokratie Jetzt) betonte ebenfalls die »gemeinsame Verantwortung für die Entwicklung«. Die Feststellung von Seiters, man sei bereits über die Idee der Vertragsgemeinschaft hinaus (die der Kanzleramtsminister mit dem immer noch wachsenden Flüchtlingsstrom begründet hatte), trage nicht zur Stabilisierung bei. Er sei aber dafür, dass die Kommission zur Währungsreform bald eingesetzt werde, das könne Signalwirkung für die Stabilisierung der Demokratie haben.

Am deutlichsten in seiner (zumindest protokollierten) Kritik war Minister Sebastian Pflugbeil vom Neuen Forum. Er habe den Auftrag seiner Organisation, sich hier gegen »die Teilnahme von Politikern aus Westdeutschland im Wahlkampf der DDR« auszusprechen. Minister Schlüter vom Grünen Forum

12 Treffen des Bundeskanzlers Kohl mit dem Ministerpräsidenten der DDR, Bonn, 13. Februar 1990, in: DzD, Dok. Nr. 177 (Vieraugengespräch), S. 814 ff.

13 BArch, B 136/20579, 221 – 35014 Ge 33 Bd. 2, DzD, Fußnote 5, S. 816.

14 Gespräch des Bundesministers Seiters mit den Ministern ohne Geschäftsbereich der DDR, Bonn, 13. Februar 1990, in: DzD, Dok. 178, S. 819 f.

15 Die dezentrale Grüne Liga war eine der wenigen, die sich noch vor den Wahlen gegen die Einheit aussprach; die anderen waren unter unterschiedlichen Bedingungen dafür – einige Voraussetzungen, wie die Verfassunggebende Versammlung mit einer neuen Konstitution rückten – realpolitisch gesehen – schon zu dieser Zeit in weite Ferne.

charakterisierte die Übersiedler aus der DDR gar als »Wirtschaftsflüchtlinge«. Bisher habe es eine bescheidene wirtschaftliche Sicherheit in der DDR gegeben, »die nun aber rasch schwinde«. Minister Rainer Eppelmann vom Demokratischen Aufbruch wies ebenfalls auf die Ängste in der DDR-Bevölkerung hin. »Notwendig sei eine Penizillin-Spritze; er bitte deshalb um einen ungebundenen 5-Mrd.-DM-Kredit.« Romberg warnte noch einmal vor einer Unterschätzung der sozial-psychologischen Ängste der DDR-Bevölkerung. »Auch für ihn stelle sich daher die Frage nach der Teilnahme westdeutscher Politiker an den Wahlen.« Klaus Schlüter und Matthias Platzeck wiederholten ihren Appell »für eine Hilfe in Milliardenhöhe. Der Runde Tisch sei Garant dafür, dass diese Beträge nicht in ein Fass ohne Boden fallen würden.« Gerd Poppe äußerte hellsichtig die Sorge, »dass die Oppositionsbewegung, die die Entwicklung in der DDR herbeigeführt und geprägt habe, jetzt nicht verloren gehen dürfte«.

In dem anschließenden Delegationsgespräch, das Bundeskanzler Kohl mit Modrow und seinen Ministern führte[16], waren die Argumente ähnlich. Deutlicher noch als gegenüber Seiters wurde hier betont, dass die ganze Entwicklung in der DDR mehr Zeit brauche. Der Flüchtlingsstrom, meinte Ullmann, könne nur aufgehalten werden, »wenn niemand mehr das Gefühl haben müsse, von dem wirtschaftlichen und technischen Niveau Westdeutschlands ausgeschlossen zu werden«. Das Ziel müsse daher bei allen Stufenplänen herausgestellt werden. Zugleich wandte er sich gegen den »Beitritt« nach Artikel 23 des Grundgesetzes. Ein »Anschluss« (laut Protokoll benutzte er beide Begriffe) würde »in der Mitte Europas ein Machtkartell entstehen lassen, das zu internationalen Problemen führen müsse«. Helmut Kohl antwortete auf die Bedenken der Minister ohne Geschäftsbereich ähnlich wie Seiters und wandte sich explizit gegen den Begriff »Anschluss« in diesem Zusammenhang. »Die Bundesrepublik habe in den 40 Jahren ihrer Existenz entscheidend zu Stabilität und zum Frieden in Europa beigetragen. Das Grundgesetz sei die freiheitlichste Verfassung, die es je in der deutschen Geschichte gab.« Alle anderen Einzelheiten stünden hier nicht zur Diskussion. »Solidarität sei für ihn kein bloßes Wort. (…) Er persönlich möchte, dass die DDR zu einem blühenden Gemeinwesen werde. Die Schwierigkeiten seien auch für uns erheblich; neben den Übersiedlern müsse man auch an die Zahl der Aussiedler denken. Er bitte daher, unser Angebot nicht als einen dilatorischen Schritt zu verstehen. Es sei ein großes Wagnis auch für uns.«[17]

Bemerkenswert in den Aussagen der Minister ohne Geschäftsbereich ist der Widerspruch zwischen den deutlichen Hilfsforderungen an die Bundesregierung und jedweder Ablehnung einer Einflussnahme auf die Willensbildung in der DDR durch die Bundesrepublik. Bemerkenswert vor allem des-

16 Abgedruckt in DzD, Dok. 179, S. 821 ff.
17 DzD, a. a. O., S. 822 und S. 823.

halb, weil sie offensichtlich davon ausgingen, dass man in der Politik etwas bekommt ohne Interessensbefriedigung der »anderen« Seite. In ökonomischen Fragen erscheinen die Vertreter der Bürgerbewegung eher naiv. Machtpolitik und demokratisches Verhalten klafften in der niedergehenden DDR weit auseinander. Dass die Entwicklung ihnen keine Zeit mehr gab, war manchen von ihnen klar, wie zum Beispiel Jens Reich vom Neuen Forum, aber sie ließen dennoch nicht von ihren zunehmend illusionär werdenden Hoffnungen auf eine neue Verfassung, auf eine Hilfe der Bundesregierung oder eine Ökonomie der DDR, die ihnen für eine Selbstreformierung der DDR (und der Bundesrepublik) eine ausreichende Frist gewähren würde.

Gerd Poppe hat dieses Gespräch mit Kohl in unangenehmer Erinnerung. Der Bundeskanzler hätte die Bedenken der Oppositionellen nicht ernst genommen und dies nicht nur verbal, sondern auch in seiner ganzen Körpersprache zum Ausdruck gebracht. So hätte er sie niemals an-, sondern über sie hinweggesehen. Gerd Poppe ließ auch meinen Hinweis nicht gelten, dass Kohl sie von seiner Position aus als störend, vielleicht auch als naiv empfunden haben musste. So fragte ich ihn, der immerhin als einer der wenigen in der Opposition strategische außenpolitische Konzepte entwickelt hatte (wie auch Hans-Jürgen Fischbeck und Reinhard Weißhuhn), warum in der entscheidenden Phase keine wirkliche Diskussion um die 2+4-Verhandlungen und deren Ziele geführt worden wären. Gerd Poppe antwortete, dass er ebenfalls darüber nachdenke und keine andere Erklärung habe, als die, dass sie von der Innenpolitik, insbesondere von der Verfassungsdiskussion und den Problemen mit der Staatssicherheit mit Beschlag belegt gewesen wären. Wenn überhaupt sei die Außenpolitik über Menschenrechtsfragen in die Diskussionen jener Zeit aufgenommen worden. Erst nach den Wahlen vom 18. März 1990 habe man dies anders gesehen.[18]

Wie sehr sich das Tempo der Wiedervereinigung beschleunigt hatte, zeigte auch die Tatsache, dass schon seit dem Januar und mit Höhepunkten in den ersten Februarwochen die verschiedenen Wege und Formen zur Vereinigung der beiden deutschen Staaten diskutiert wurden. Es ging, wie das in Vorlagen des Bundeskanzleramtes mehrfach formuliert worden war, schon nicht mehr um das »Ob«, sondern um das »Wie« der Einheit Deutschlands. Verschiedene Möglichkeiten boten sich an: von einer konstituierenden Versammlung, die eine neue Verfassung für das vereinigte Deutschland verabschieden sollte, was nach Artikel 146 des Grundgesetzes möglich war, bis hin zu einem »Beitritt« oder »Anschluss«[19] an das Gebiet der Bundesrepublik bzw. an den Gel-

18 Gerd Poppe im Gespräch mit mir am 14.2.2002.

19 Beide Begriffe wurden während des Delegationsgesprächs, das Kohl mit Modrow und den Ministern ohne Geschäftsbereich führte, benutzt: der Begriff »Beitritt« von der westdeutschen Seite, um damit die Freiwilligkeit der DDR-Bevölkerung zu beschreiben, der Begriff »Anschluss« von Ministern ohne Geschäftsbereich, um die Dominanz und Über-

tungsbereich des Grundgesetzes nach dessen Artikel 23. Bundeskanzler Kohl hatte mehrfach deutlich seine Bevorzugung der Vereinigung nach Artikel 23 des Grundgesetzes begründet. Für Kohl waren die Hauptgründe für die Fortdauer des Grundgesetzes: die einfache Weiterexistenz der bestehenden Verträge, die Bewährtheit des Grundgesetzes und seine Abwehr von plebiszitären Elementen in einer neuen Verfassung. Außerdem sprach für die Lösung nach Artikel 23 die potenzielle Schnelligkeit der Prozeduren angesichts der immer noch wachsenden Umsiedlerzahlen und angesichts der notwendigen Synchronisierung der inneren und äußeren Aspekte der Einheit. Fast dieselben Gründe waren für die Vertreter des Runden Tisches vorherrschend in ihrer Abwehr dieser Lösung, da sie die Eigenständigkeit der DDR zumindest noch zeitweilig erhalten wollten.

Die Minister ohne Geschäftsbereich als Repräsentanten der Opposition der DDR hatten offensichtlich nach wie vor die Hoffnung, dass es doch noch zu einer gleichberechtigten Vereinigung kommen könnte, eine Vereinigung »auf gleicher Augenhöhe«, wie sich Ulrike Poppe ausgedrückt hatte. Allerdings konnte diese Hoffnung nur eine Chance haben, wenn die von ihnen abgelehnte Bundesregierung zugleich der DDR eine umfassende Finanzhilfe geben würde. Das tat diese jedoch aus naheliegenden realpolitischen Gründen nicht. Nach den Gesprächen in Bonn sagte Kohl nur eine humanitäre Soforthilfe von 5 Milliarden DM zu, Finanzminister Waigel reservierte für den Bundeshaushalt 1990 noch nachträglich 30 Milliarden DM. Ansonsten gab es das *Angebot* der Währungsunion und Wirtschaftsgemeinschaft *nach* der Wahl. Das war – so Kohl – durchaus ein »Akt der Solidarität«: »Wir beteiligten damit … unsere Landsleute im Osten unmittelbar und direkt an dem, was wir in den zurückliegenden Jahrzehnten aufgebaut hatten.« Modrow sprach später ähnlich wie Platzeck während des Gesprächs von einer »bedingungslosen Übergabe der DDR an die BRD«, die sich hier am 13. Februar in Bonn abgezeichnet habe.[20]

Außerdem machten sich die Minister ohne Geschäftsbereich zum Anwalt einer Stimmung in der DDR – Sorge vor der Dominanz der Bundesrepublik –, die es nur bei einem Teil der Bevölkerung gab. Die meisten sollten bald per Stimmzettel zeigen, dass sie gerade diese Dominanz und Stärke der Bundesrepublik oder der Bundesregierung bevorzugten gegenüber einer ungewissen Eigenständigkeit der DDR, die ihnen ganz im Gegensatz zur Anwaltschaft der Minister ohne Geschäftsbereich weniger zukunftsträchtig erschien als der Beitritt zur oder der Anschluss an die Bundesrepublik. Es gab in dieser Zeit

mächtigkeit der Bundesrepublik deutlich zu machen. Gegen den Begriff »Anschluss« gab es noch einen anderen Grund: die Anklänge an den »Anschluss« Österreichs an das Deutsche Reich unter Hitler, obwohl der Grad der Freiwilligkeit auch damals hoch gewesen sein dürfte.

20 Alle Zitate Kohls ebenso wie die Modrows in: Diekmann/Reuth 1996, S. 266 f.

einen starken Gegensatz zwischen den Umfragen in der DDR-Bevölkerung zur Wiedervereinigung und den Haltungen der aktiven Oppositionellen.

Lothar de Maizière stimmte meiner Feststellung zu, dass die Minister ohne Geschäftsbereich noch zu dieser Zeit eine Politik für eine langsamere Gangart zur Wiedervereinigung oder sogar eine Politik für die Beibehaltung einer reformierten DDR betrieben, jedenfalls fast alle diese Minister ohne Geschäftsbereich gegen die Übernahme des Grundgesetzes für die DDR waren, im Gegensatz zur Mehrheit der DDR-Bürger, die am 18. März 1990 für eine rasche Wiedervereinigung stimmten.

> *De Maizière: Das haben sie* (die Bürgerrechtler – AvP) *im Übrigen durchgehalten. In der Abstimmung in der Volkskammer im August 1990 über das Datum der Herstellung* (der Einheit – AvP) *und über den Einigungsvertrag haben von den gesamten Bürgerrechtlern, die ja in der Fraktion Bündnis 90/Grüne zusammengefasst waren, nur Konrad Weiß und Joachim Gauck für die deutsche Einheit gestimmt, alle anderen haben dagegen gestimmt oder sich enthalten. Und beim Einigungsvertrag hat sich einer enthalten, alle anderen haben dagegen gestimmt. Also, dieser Saulus-Paulus-Effekt ist erst wesentlich später eingetreten.*[21]

Sowohl die Bundesregierung als auch die Delegation Modrows war sich im Klaren, dass Modrow weder als Person noch mit seiner Partei, deren Ehrenvorsitzender er war, nach den kommenden Wahlen in der DDR die Regierung bilden würde. Die Einheits-Lawine, vor der sie hergelaufen waren, um ein Bild Modrows zu gebrauchen, erfasste sie und würde sie bald vollständig überrollt haben.

Der Vorwurf der Naivität in der Politik wurde den Oppositionellen immer wieder gemacht.

> *Blumenberg: Haben Sie diese Ostängste ernst genommen? Die waren ja zum Teil parteiübergreifend.*
>
> *Schäuble: Die habe ich schon ernst genommen. Aber ich habe zunehmend doch geglaubt, dass es in Wahrheit eben doch eine Minderheitenposition war. Es hat sich herausgestellt, dass diejenigen, die Aktivisten der ersten Zeit der Wende und der Revolution gewesen sind, dass die eigentlich zunächst einmal die DDR modernisieren, demokratisieren wollten. Die Wiedervereinigung war ihnen gar nicht so wichtig. Dann kam die nächste Stufe, dann wollte man möglichst viel von dem, was die DDR war, in eine gemeinsame Deutsche Ordnung hineinbringen. Die wollten natürlich nicht einfach nur beitreten oder gar angeschlossen werden, was ja auch richtig oder verständlich war.*[22]

21 De Maizière im Interview mit mir am 1.11.2000.
22 Wolfgang Schäuble im Gespräch mit Hans-Christoph Blumenberg 1999.

Das war in der Tat die Frage: Was hatte die DDR in den Augen der Repräsentanten der Bürgerbewegung noch anzubieten, zunächst einmal im Sinne der Stärkung ihrer Verhandlungspositionen gegenüber der Bundesregierung? Aber diese Frage stellte sich auch weitergehend im Sinne materieller Errungenschaften oder im Sinne von für das gemeinsame Deutschland wesentlichen Erfahrungen. Oder ganz allgemein: Was brachte die DDR mit in dieses vereinte Deutschland? Wenn man hier keine Antwort fand, dann konnte man auch keine Kraft der Selbstbehauptung gegen die Übernahme durch die Bundesregierung entfalten. Ein wesentlicher Punkt des Selbstbewusstseins war: Die Repräsentanten der Bürgerbewegung glaubten – verständlich genug –, dass sie eine Erfahrung politischer Basisdemokratie aus der Zeit der Umwälzung mitbrachten, die der Gesellschaft der Bundesrepublik fehlte. Das führte später zu Auseinandersetzungen darum, inwieweit diese Erfahrung der Wenigen, also der Repräsentanten der Bürgerbewegung, nicht auch die »68er« des Westens mitbrachten, die möglicherweise mehr als in der DDR die Gesellschaft erfasst hatte.

Was die DDR ansonsten mit in die Bundesrepublik transportierte – darüber hatte die Opposition Vorstellungen, die nicht so weit entfernt von dem waren, was Lothar de Maizière in seiner Regierungserklärung am 19. April 1990 formulieren sollte.

Man kann also entgegen vieler nachträglicher Mythen oder Auslassungen in den Medien nicht davon sprechen, dass die Bürgerbewegung eine Avantgarde der wirklichen Entwicklung zur Wiedervereinigung darstellte – so bedeutsam sie für den Niedergang des SED-Regimes war und so sympathisch und innovativ manche ihrer Ziele auch heute noch erscheinen. Ziel und Richtung der Wiedervereinigung wurden von den Staatskanzleien der verschiedenen beteiligten Staaten und ihren Außenministerien bestimmt, insbesondere von denen der Bundesrepublik, was die inneren Aspekte betrifft. Die Bürgerbewegung war eine DDR-Opposition und erlebte ihren Niedergang mit dem der DDR, ihre verschiedenen Richtungen mussten sich dann eingliedern in die kritischen Oppositionellen der Bundesrepublik. Aber, um es paradox zu formulieren, diese demokratische Bürgerbewegung, die etwas anderes als jene Staatskanzleien wollte, war dennoch wesentliche Voraussetzung für deren Politik.

6.2 Die Volkskammerwahlen

6.2.1 Der Sieg der CDU-Allianz – feindliche Übernahme mit dem Willen der Übernommenen?[23]

Der politischen Führung in Deutschland war also seit Anfang Februar klar, dass es nicht mehr um eine »Vertragsgemeinschaft« oder eine »Konföderation« gehen würde, sondern um eine Vereinigung ohne große andere Zwischenschritte. Bundeskanzler Kohl sprach Anfang März auch öffentlich von der Vereinigung nach Artikel 23 des Grundgesetzes. Kohl setzte auf die Parteien in der DDR, die für die Einheit eintraten, wenn auch unter unterschiedlichen Voraussetzungen. Nicht nur das: Die CDU Ost und West hatte sich am 5. Februar mit anderen Gruppen und Parteien zur »Allianz für Deutschland« verbunden. Die SPD hatte nicht dieselben Möglichkeiten: keine Blockpartei, nur eine organisatorisch und zahlenmäßig schwache SDP, die sich bald der SPD anschloss. Dennoch hoffte die SPD mit dem Kanzlerkandidaten Oskar Lafontaine, der anders als Willy Brandt und Hans-Jochen Vogel nicht gerade zu den Aktivisten der Einheit gehörte und die nationale Frage bzw. ihre staatliche Formung in Zentraleuropa für eine Frage des 19. Jahrhunderts hielt, auf einen Wahlsieg. Daneben trat die PDS an mit einer relativ starken inneren Struktur – hierin ganz Nachfolgepartei der SED. Die Liberalen hatten sich ebenfalls mit einer Blockpartei, der LDPD, zu einem Bunde gefunden. Oppositionelle Gruppen schlossen sich zum Bündnis '90 zusammen und später auch mit den westdeutschen Grünen zur Partei »Bündnis '90/Die Grünen«. Diese empfand sich als die eigentliche und genuine Vertreterin der DDR-Bevölkerung, daher übten die westlichen Grünen die weitestgehende Zurückhaltung im Wahlkampf.

Jede Partei spielte im Wahlkampf mit der Zustimmung oder den Sorgen der anderen Länder Europas, besonders die PDS mit den Befürchtungen in der Sowjetunion. Im Westen und im Osten Europas wurden im März 1990 Umfragen über die Haltung der Bevölkerung zur Vereinigung Deutschlands durchgeführt mit den folgenden Ergebnissen, die manchen Annahmen über die Haltungen in anderen Ländern widersprechen:

In der Sowjetunion beispielsweise waren 60 Prozent (!) für die Einheit Deutschlands, 24 Prozent dagegen und 19 Prozent ohne Meinung, aber 67 Prozent sprachen sich gegen die Einbeziehung eines vereinigten Deutschlands in Militärblöcke aus.[24]

23 Diese Kapitelüberschrift lehnt sich an eine Sendung der DDR-Schriftstellerin Daniela Dahn im Deutschlandfunk an.

24 Institut für Soziologie der sowjetischen Akademie der Wissenschaften, wiedergegeben in der Zeitschrift »Argumenty i Fakty« und zitiert nach Maier 1990, S. 100.

Im Vergleich dazu:

	für Einheit	*dagegen*	*weder noch*	*keine Angaben*
Großbrit.	45 %	30 %	19 %	6 %
Frankreich	61 %	15 %	19 %	5 %
Polen	41 %	44 %	14 %	1 %
USA	61 %	13 %	9 %	17 %[25]
BRD (11/89)	70 %[26]			
BRD (2/90)	69 %	11 %[27]		

Mitte Februar hatten sich 58 Prozent der bundesrepublikanischen Bevölkerung für die Neutralität eines vereinigten Deutschland ausgesprochen, was in anderen NATO-Staaten und besonders in der politischen Führung der USA Sorgen verursachte. Die Regierung der Bundesrepublik vertrat demgegenüber explizit und vehement eine Position gegen jede Neutralisierung. In Polen gab es die meisten Bedenken gegen eine Wiedervereinigung – vermutlich Ausdruck alter Ängste, vielleicht auch wegen der Hinhaltepolitik Kohls in der Grenzfrage, die in Polen registriert worden war.

Die meisten politischen Beobachter gingen vor dem 18. März von einem Wahlsieg der SPD aus.[28] Die Überraschung war groß, als die »Allianz für Deutschland«, die aus der Christlich-Demokratischen Union, der Deutschen Sozialen Union (DSU) und dem Demokratischen Aufbruch (DA) bestand, als deutlicher Sieger aus diesen Wahlen hervorging. Das amtliche Endergebnis dieser Wahlen zur Volkskammer der DDR zeigt die Tabelle (Seite 305).

Die Allianz für Deutschland erhielt also zusammen ca. 48 Prozent der Stimmen. Das hieß zugleich, dass der Vorsitzende der CDU als der stärksten Partei, Lothar de Maizière, mit der Regierungsbildung beauftragt wurde. Für die SPD bedeutete dies eine verheerende Niederlage, mit der sie nicht gerechnet hatte. Dagegen konnte die Nachfolgepartei der SED, die PDS, als drittstärkste Kraft aus diesen Wahlen hervorgehen. Bemerkenswert war auch, dass in Ostberlin die SPD 35,0 Prozent erhielt und die PDS 30,0 Prozent, während die Allianz hier nur 21,6 Prozent erhielt im Gegensatz zu Thüringen, wo sie ihr bestes Ergebnis mit 60,2 Prozent hatte. Die Bürgerbewegung dagegen, die gespalten angetreten war und sich auf das Bündnis 90, Grüne-UFV, AVL, Demokratischen Aufbruch und andere verteilte, wurde geradezu

25 The Economist 10/1990 nach ebenda, S. 100.

26 ZDF-Politbarometer nach Teltschik vom 20.11.1989, S. 41.

27 Institut für Demoskopie Allensbach vom Februar 1990, zitiert nach: »Die Wende in der DDR«, S. 65.

28 Auch bei den nichtrepräsentativen lebensgeschichtlichen Befragungen, die Niethammer, Wierling und ich 1987 in der DDR durchführten, war Helmut Schmidt der beliebteste deutsche politische Führer in Nachkriegsdeutschland gewesen (Niethammer/v.Plato/Wierling 1990).

desavouiert: Ihr schlechtes Abschneiden, nicht nur gemessen an der Allianz oder der SDP, sondern auch und vor allem an dem der PDS, enttäuschte viele ihrer Aktivisten tief, auch dann, wenn sie keine großen Hoffnungen in die Masse der DDR-Bevölkerung gesetzt hatten, die sich jahrelang in Anpassung geübt habe.

Ergebnisse der Volkskammerwahlen vom 18. März 1990

Partei Abk.	*Parteiname bzw. Zusammenschluss*	*Stimmenzahl*	*Prozent*	*Mandate*
CDU	Christlich-Demokratische Union	4 710 598	40,59	163
SPD	Sozialdemokratische Partei Deutschlands	2 525 534	21,76	88
PDS	Partei des Demokratischen Sozialismus	1 892 381	16,32	66
DSU	Deutsche Soziale Union	727 730	6,27	25
BFD	Bund Freier Demokraten: Deutsche Forumpartei, Liberaldemokratische Partei, Freie Demokratische Partei	608 935	5,28	21
Bündnis 90	Neues Forum, Demokratie Jetzt, Initiative Freiheit und Menschenrechte	336 070	2,89	12
DBD	Demokratische Bauernpartei Deutschlands	226 932	2,17	9
Grüne-UFV	Grüne Partei (nicht: Die Grünen), Unabhängiger Frauenverband	226 932	1,96	8
DA	Demokratischer Aufbruch – sozial und ökologisch	101 146	0,93	4
NDPD	National-Demokratische Partei Deutschlands	44 292	0,38	2
DFD	Demokratischer Frauenbund Deutschlands	38 192	0,33	1
AVL	Aktionsbündnis Vereinigte Linke, Die Nelken	20 342	0,18	1
Sonstige		52 773	0,45	–

(Quelle: Das amtliche Ergebnis in: Maier 1990, S. 127[29])

29 Etwas korrigiert, und zwar bei den Prozenten für Bündnis 90 statt 2,17: 2,89 Prozent.

6.2.2 Internationale Auswirkungen

6.2.2.1 Die westlichen Verbündeten

International wurde dieser Erfolg der Allianz als eine deutliche Bestätigung des Willens zur Einheit in der DDR gesehen, den man befürchtete oder nicht in dieser Klarheit erwartet hatte. Er wurde aber auch als ein persönlicher Sieg Helmut Kohls und seiner Politik begriffen, den man, wie Thatcher, Powell, Clark und andere später schrieben, unterschätzt habe. Dieses Wahlergebnis machte den Regierenden in Ost und West unmissverständlich klar, dass nun auch die äußeren Aspekte der Einheit im Sinne eines neuen, stärker gewordenen Deutschland rasch geregelt werden müssten – sei es in der Beschränkung dieses neuen Deutschland, sei es in dessen Anerkennung. Das galt sowohl für die Sowjetunion, die jetzt von jeder Illusion eines souveränen zweiten deutschen Staates Abschied nehmen musste, wenn sie es nicht, wie Gorbatschow zumindest kurz zuvor, schon getan hatte. Dieser Wahlsieg war auch in Washington als eine Bestätigung ihres engsten Verbündeten Kohl, aber auch der Politik George Bushs erschienen. Er nahm der US-Regierung vor allem die Sorge, dass sich in Deutschland neutralistische oder anti-amerikanische Tendenzen durchsetzen und in den kommenden 2+4-Verhandlungen »stören« könnten.

Helmut Kohl hatte Mitte Februar zunächst Mitterrand (am 15. Februar) besucht und dann George Bush (am 24. Februar) in Camp David. Französische Zeitungen und Fernsehanstalten hatten danach von einem »Zerwürfnis« zwischen dem Staatspräsidenten und dem Bundeskanzler gesprochen. Denn Mitterrand hatte noch einmal deutlich seine Befürchtungen vor Entwicklungen, die mit der Einheit verbunden sein könnten, formuliert – man erwarte von ihm ja wohl nicht, wie »ein deutscher Patriot« zu reden, da er »französischer Patriot« sei. Die Sorge, dass die europäische Einheit leide, dass die Grenze zu Polen oder andere Grenzen in Europa in Frage gestellt und dass sich Deutschland gegen die Anwesenheit anderer ausländischer Truppen stellen werde, wenn erst einmal die sowjetischen Truppen das Land verlassen hätten. Kohl betonte zwei Mal in diesem Gespräch, die deutsche Bevölkerung denke nicht so. Ein »erwachsenes Deutschland« sei, fuhr Mitterrand fort, erfreulich, aber er müsse als Anwalt auch der Polen diese Ängste formulieren. Mitterrand hatte die grundlegende Befürchtung, dass die Hinterlassenschaft der schlechten Politik Stalins 1945 über Deutschland nun in das Gegenteil verkehrt werden könne. Die Frage sei auch, ob dieses vereinte »erwachsene« Deutschland seinen Bündnisverpflichtungen nachkäme, ob zum Beispiel »ein vereintes Deutschland im Hinblick auf eine atomare Bewaffnung die gleiche Verpflichtung eingehen werde wie die Bundesrepublik Deutschland«.[30] Antwort: »Der Bundeskanzler versi-

30 Auch Mitterrand ging damals nicht von einer Weiterexistenz der Bundesrepublik und einem Beitritt der DDR zur Bundesrepublik nach Artikel 23 des Grundgesetzes aus, sondern von einem neuen Deutschland nach der Vereinigung.

chert, dass dies der Fall sein werde.« Kohl versuchte, auch in anderen Fragen zu beruhigen: Die Oder-Neiße-Frage sei »ohne Not hochgespielt« worden. »Je mehr Rechte Deutschland an die EG übertrage, desto weniger wirklich erscheine das Gespenst eines Vierten Reiches.«[31] Trotz aller Besänftigungen wurde hinterher in der Presse vermutet, dass das Verhältnis Kohl – Mitterrand gegenwärtig keinem Vergleich standhalten würde zu den Beziehungen zwischen de Gaulle und Adenauer oder zwischen Giscard d'Estaing und Helmut Schmidt. Kohl sah dies anders. Mitterrand selbst hätte seine Differenzen zwar formuliert, aber zugleich auch bekräftigt, »er wolle alles, was getan werden müsse, mit mir tun: ›Mit wem denn sonst? Vielleicht sind wir schon so etwas geworden, wie ein altes Ehepaar.‹«[32] Aber es gab eine Differenz, die die unterschiedlichen Konzeptionen trotz aller Nettigkeiten noch einmal deutlich machte: Mitterrand wollte, um die Bedeutung der europäischen Einigung hervorzuheben, »die für den Dezember 1990 vorgesehene Konferenz betreffend Währungsfragen zeitlich etwas vorziehen« – und dies in einer gemeinsamen Erklärung benennen. Der Bundeskanzler warf ein, das sei ihm nicht möglich – vermutlich deshalb nicht, weil die Währungsunion und Wirtschaftsgemeinschaft mit der DDR seiner Ansicht nach vorher geregelt sein müsse.

Mit der britischen Premierministerin kam es zu einer gewissen Entspannung, nachdem sie nach einem Gespräch mit Kohl am 30. März vorgeschlagen hatte, noch vor dem Treffen Bushs mit Gorbatschow verschiedene Optionen in der NATO-Frage zu erarbeiten. Die Allianz müsse sich in diesen Fragen einig sein. Kohl hatte bekräftigt, dass er nicht jeden Preis für die Einheit zahlen werde, »insbesondere nicht den der Neutralität«. Am 10. April sprach sich die Premierministerin in einem Interview im amerikanischen Fernsehen für eine Lösung in der NATO-Frage »gemeinsam mit der Sowjetunion« aus. Innerhalb der NATO müsse es Veränderungen geben, ihre Strategien müssten überdacht werden, das Bündnis müsse mit weniger Streitkräften auskommen. Auch Margaret Thatcher, bemerkt Horst Teltschik dazu, begann sich nun auf die veränderte Situation in Europa einzustellen.[33]

Das Treffen mit George Bush[34] war gegenüber dem mit Mitterrand unkompliziert. Beide empfanden sich als die Macher einer erfolgreichen Politik. Nur die Sowjetunion musste noch der NATO-Mitgliedschaft eines vereinten Deutschland zustimmen. Hier lag das Hauptproblem der kommenden Verhandlungen bilateral wie im 2+4-Prozess. Denn die Sowjetunion musste nach

31 Dieses letzte Zitat nach Kohl in Diekmann/Reuth 1996, S. 269. Der Begriff »Viertes Reich« war im Prinzip weniger eine französische als vielmehr eine englische Angstformel.
32 Der Satz, er wolle alles zusammen mit dem Bundeskanzler tun, findet sich auch im deutschen Protokoll, der Satz über das altgewordene Ehepaar nicht, sondern wird von Kohl erzählt in: ebenda, S. 272.
33 Teltschik 1993, S. 189 und S. 195.
34 Das Protokoll ist abgedruckt in den Akten des Bundeskanzleramtes DzD, Dok. Nr. 192, S. 860 ff.

dem Verlust ihrer Verbündeten, der DDR unter SED-Führung, nun den europäischen Prozess in den Sicherheitsfragen stärker betonen, was sie vorher im Wiedervereinigungsprozess zwar angesprochen, aber sträflich kraftlos behandelt hatte, wenn man dies aus Sicht sowjetischer Interessen betrachtet.

6.2.2.2 Die Sowjetunion, die deutsche Einheit und Litauens Unabhängigkeit

Horst Teltschik hatte in Vorbereitung des Treffens zwischen Kohl und Bush eine Vorlage geschrieben[35], in der es hieß: »GS Gorbatschow und AM Schewardnadse haben in Interviews das Recht der Deutschen auf Einheit bekräftigt, zeichnen jedoch … eine engere Linie.« Gorbatschow fordere einen »völkerrechtlich verbindlichen Akt (›Friedensvertrag‹)«, Schewardnadse empfinde den Vereinigungsprozess als »überstürzt«. Und dann folgt der entscheidende Satz: »Beide halten sich die Option offen und versuchen, die deutsche Frage als Hebel für ein gesamteuropäisches Sicherheitssystem zu benutzen.«[36]

Das war also ein später Versuch der sowjetischen Führung in Richtung völkerrechtlich fixierter Verträge und in Richtung eines verbindlichen europäischen Sicherheitssystems, aber ihre »Karten« waren durch die Wahlen in der DDR schlechter geworden. Die deutsche Frage, die sie als »Hebel für ein gesamteuropäisches Sicherheitssystem« einsetzen wollte, war im Prinzip mit den Ergebnissen der Volkskammerwahlen nicht mehr »offen«. Dieser Hebel war kraftloser, als er es noch ein paar Monate zuvor gewesen wäre.

Die Sowjetunion stand unter extremem Druck: Am 11. März hatte der Oberste Rat der Republik Litauen – möglicherweise bestärkt durch die Entwicklungen in Polen, Ungarn und der DDR – eine »Erklärung über die Wiederherstellung des unabhängigen litauischen Staates« abgegeben. Das war ein hochbedrohlicher Schuss vor den Bug des ohnehin leckgeschlagenen Schiffes »Perestroika«. Das war wahrscheinlich *die* Wende der Gorbatschow-Ära: Es drohte der innere Zerfall der Union der Sowjetrepubliken, nicht mehr »nur« des äußeren Hegemonialbereichs. Das war sicherlich auch für die Gegner Gorbatschows im Politbüro und im ZK der KPdSU das alarmierendste Signal, wesentlich erschreckender und bedeutsamer für sie und die Militärs als die deutsche Frage, deren Lösung ohnehin in einer unbestimmten Zeit zu erwarten stand. Das Politbüro hatte immer wieder die baltische Frage diskutiert – nach unserer Durchsicht der Tagesordnungspunkte des Politbüros häufiger als das Problem der deutschen Einheit. Hier war zwar am 29. Januar 1990 ein neues Gesetz zur Autonomie, Mitgliedschaft und Austritt aus der Union besprochen worden[37], das aber viel zu spät kam, so

35 Vorlage des Ministerialdirektors Teltschik an Bundeskanzler Kohl, Bonn, 22. Februar, in: DzD, Dok. 191, S. 857 ff.
36 Ebenda.
37 In der Gorbatschow-Stiftung in den Politbüro-Mitschriften vom 29.1.1990. (Es liegt mir vollständig vor.)

dass man der zentrifugalen Kräfte in der Sowjetunion nicht mehr Herr wurde. Eine »düstere Stimmung« muss Gorbatschow erfasst haben, wie die britische Premierministerin nach einem Gespräch mit ihm feststellte und von dem sie Bonn, Paris und Washington berichtete.[38] Gorbatschow habe festgestellt, dass er »die verfassungsmäßige Pflicht (habe), die Union zu erhalten«. Sie wies ihn darauf hin, dass jede Gewaltanwendung nationale wie internationale Probleme nach sich ziehen würde. Trotzdem habe er ihr nicht versichert, dass es eine friedliche Lösung geben werde. Margaret Thatcher erklärte, dass man sich trotz einer prinzipiell anderen Auffassung zur Annexion der baltischen Staaten durch die Sowjetunion Anfang der 40er Jahre zurückgehalten hätte, um Gorbatschows »Schwierigkeiten nicht zu vermehren« (!), aber man habe dabei großes Gewicht auf seine »öffentliche Zusicherung gelegt, keine Gewalt anwenden zu wollen«. Der sowjetische Präsident erklärte dagegen, dass er »stark und entschieden zu handeln« habe, es sehe danach aus, »dass man durch diese Prüfung hindurch müsse«.

Es muss fast wie ein Hilferuf geklungen haben, als Gorbatschow der britischen Premierministerin gegenüber erklärte:

> *Im Westen gibt es eine Tendenz, ihn (Gorbatschow) als nur vorübergehendes Phänomen anzusehen, das es nicht wert sei, unterstützt zu werden.*

Margaret Thatcher betonte demgegenüber, dass es eine breite Unterstützung für seine Reformpolitik im Westen gebe.

Am 28. März kam Nikolai Portugalow nach Bonn mit einer Erklärung und einer Hauptfrage, die beide mit Anatoli Tschernajew abgesprochen waren. Die sowjetische Führung sei sich im Klaren, dass der Beitritt der DDR zur Bundesrepublik nach Artikel 23 des Grundgesetzes nicht zu verhindern und im Übrigen eine Sache der internen Regelung der Deutschen sei. Aber in eben jenem Artikel 23 des Grundgesetzes sei die Rede von »anderen Teilen Deutschlands«, in denen ebenfalls das Grundgesetz nach Beitritt in Kraft treten könne. Was wäre nach der Vereinigung mit diesen »anderen deutschen Gebieten« und vor allem mit der deutschen Staatsangehörigkeit dort? Außerdem stellte Portugalow fest, dass die DDR nach deren Auflösung aus sämtlichen internationalen Verpflichtungen entlassen werde, »während die der Bundesrepublik fortgälten. Die Sowjetunion sei deshalb an Lösungen interessiert, die den bestehenden Verpflichtungen der DDR gegenüber der Sowjetunion gerecht würden.« Und daran schloss Portugalow Fragen nach der NATO-Mitgliedschaft des vereinten Deutschland an, ob es nicht einen Status wie den französischen geben könne, ob nicht die Verpflichtungen der DDR gegenüber dem Warschauer Pakt aufrechterhalten bleiben könnten. Und schließlich folgte die weitestgehende Frage: »Vielleicht könne man auch

38 DzD, Dok. Nr. 235, S. 987 f.

über eine Art NATO-Mitgliedschaft der Sowjetunion nachdenken.« [39] Portugalow bündelt diese Überlegungen in der Feststellung: »Je flexibler und je großzügiger Deutschland in der Frage des militärischen Status sei, desto flexibler werde die Sowjetunion sich in der Frage des Friedensvertrages verhalten.« Besorgt zeigte sich Portugalow über die politische Führung in Litauen. »In diesem Zusammenhang sei die Position auch der Bundesrepublik für die Sowjetunion von großem Interesse.« In der Tat hat Kohl nach den mir bisher zugänglichen Informationen Litauen in der Frage der Unabhängigkeit kaum unterstützt, sondern eher zur Mäßigung aufgerufen, ganz im Gegensatz zu dem amerikanischen Präsidenten Bush. Im Gespräch der Ministerpräsidentin Prunskiene mit Bundeskanzler Kohl in Bonn am 11. Mai 1990 »regte« der Kanzler an »zu prüfen, ob es gerade angesichts der Lage in Moskau nicht möglich sei, dass Litauen die Unabhängigkeitserklärung einschließlich der danach erlassenen Gesetze bis auf weiteres einfriere«.[40] Der Bundesregierung ging es eben mehr um die Wiedervereinigung im Rahmen (West-)Europas, während der amerikanischen Regierung ein Zurückdrängen des sowjetischen Einflusses in ganz Europa wesentlich war.

Teltschik fasst am Ende seinen Eindruck des Gesprächs mit Portugalow zusammen, dass sich die Führung der Sowjetunion über zentrale Fragen bisher keine abschließende Meinung gebildet hat, insbesondere war Teltschik erstaunt über die nur angedeutete Frage einer möglichen Mitgliedschaft der Sowjetunion in der NATO.[41]

Zur Vorbereitung der 2+4-Verhandlungen hatte sich seit dem 14. Februar die »Arbeitsgruppe Außen- und Sicherheitspolitik des Kabinettsausschusses Deutsche Einheit« getroffen. Am 2. April fanden sich nun Genscher und Stoltenberg, Seiters, Kastrup, Generalmajor Naumann aus dem Führungsstab des Verteidigungsministeriums und Teltschik beim Bundeskanzler ein.[42] Hier setzte Kohl andere Akzente als noch in der Schlichtung des Streits zwischen Genscher und Stoltenberg:

Man war sich einig, dass die Schutzklauseln in Artikel 5 und 6 des NATO-Vertrages für ganz Deutschland gelten müssen.

Offen bleibt, ob sie vom Tag der Vereinigung an oder erst nach Abzug der sowjetischen Truppen gelten sollen. Helmut Kohl spricht sich nachdrücklich

39 Gespräch des Ministerialdirektors Teltschik mit dem Berater der Abteilung für internationale Beziehungen des Zentralkomitees der KPdSU, Portugalow, Bonn, 28. März 1990 in: DzD, Dok. Nr. 232, S. 981 ff.

40 DzD, Dok. 274, S. 1103 ff. Vgl. auch den gemeinsamen Brief von Mitterrand und Kohl an Präsident Landsbergis vom 28.4.1990.

41 Teltschik 1993, S. 187.

42 Das Protokoll dieses Treffens ist nicht in den Akten des Bundeskanzleramtes veröffentlicht und gehört damit vermutlich zu jenen 10 Prozent der Dokumente, die nach Auskunft des Bearbeiters dieser Akten, Hanns Jürgen Küsters, zumeist aus sicherheitspolitischen Gründen nicht veröffentlicht wurden (Gespräch mit Hanns Jürgen Küsters vom 14.2.2002). Ich stütze mich daher auf Horst Teltschiks 329 Tage (1991, S. 190).

dafür aus, für den Abzug der sowjetischen Truppen ein festes Datum zu vereinbaren. Ebenso entschieden tritt er dafür ein, dass die Bundeswehr in Gesamtdeutschland stationiert und die Wehrpflicht überall gelten soll.

Damit waren nicht nur weitere Konflikte mit der Sowjetunion angelegt, sondern es waren auch eher die Positionen Stoltenbergs als die Genschers übernommen worden. Gerade noch hatte Portugalow für Genschers Rede vor der WEU am 23. März in Luxemburg großes Lob geäußert (Portugalow: die Rede »war große Klasse gewesen«, wie Teltschik genüsslich protokollierte.). Nun war die Gangart in der Frage des militärischen Status des DDR-Territoriums wieder härter geworden.[43]

6.2.3 Die Regierungserklärung de Maizières

Obwohl die »Allianz für Deutschland« 192 Sitze bekam, war dies nicht die absolute Mehrheit. Aber de Maizière wollte ohnehin eine Koalitionsregierung. Mit den Liberalen hätte seine Regierung 63 % der Stimmen repräsentiert, aber auch diese Mehrheit reichte ihm nicht für die anstehenden Aufgaben aus, daher wollte er auch die SPD in die Verantwortung nehmen, um für alle Fälle eine Zwei-Drittel-Mehrheit zu haben. Diese Regierung aus »mehr als einer großen Koalition« kam auch zustande, auf der Grundlage eines Koalitionsvertrages, der natürlich nur die gemeinsamen Nenner aller Beteiligten formulierte und Kritik im Bundeskanzleramt hervorrief.[44] Am 12. April wurde de Maizière als Ministerpräsident vereidigt, und bereits am 19. April hielt er seine Regierungserklärung vor der Volkskammer. Hinter den Kulissen gab es ständige Beratungen mit den westlichen Politikern, die aber nicht allzu deutlich werden sollten. So berichtet Horst Teltschik, wie er für seine Treffen mit dem Ministerpräsidenten oder mit Sylvia Schulz, der Büroleiterin de Maizières, den Hintereingang des Ministerratsgebäudes benutzte. Teltschik beschrieb »neue Politiker« in der DDR fast wie Szenenangehörige »mit Pullover und Cordhose, als gehe er einer Freizeitbeschäftigung nach« – womit in diesem Falle Außenminister Markus Meckel gemeint war.[45] De Maizière dagegen meinte: »Das Erfrischende bei den ostdeutschen Politikern war, dass sie alle neu in diesem Bereich waren. Sie bildeten einen Querschnitt durch die Berufswelt der DDR. Drei Viertel waren Christen. Es waren aber keine ausgewiesenen Kenner der Politik, keine Berufspolitiker.«[46]

43 DzD, Dok. Nr. 232, S. 982.
44 Vorlagen dazu von Duisberg und von Nehring in: DzD, Dok. 245 und 246, S. 1012 ff.
45 Teltschik 1993, S. 198.
46 De Maizière 1996, S. 81.

In seiner Regierungserklärung am 19. April 1990[47] dankte de Maizière als erstem Michail Sergejewitsch Gorbatschow und bat die Bürger der Sowjetunion, ein vereinigtes Deutschland trotz der historischen deutschen Schuld nicht als feindlich anzusehen, dann erst dankte er den demokratischen Gruppen der DDR und den Trägern der friedlichen Revolution, durch die erreicht worden wäre, dass die Volkskammer nun zum ersten Mal ihren Namen zu Recht trage. »Die Menschen des Widerstandes in der DDR sind der Stolz, und ihre Leistung ist der moralische Schatz unseres Volkes.« De Maizière vergaß aber auch nicht die Freiheitsbewegungen in Osteuropa, besonders in Polen und in Ungarn, und nicht die Bürger der Bundesrepublik: Diese hätten zu ihnen gehalten, Mut gemacht und geholfen. »Das uneingeschränkte Bekenntnis verantwortlicher Politiker der Bundesrepublik – ich nenne nur Richard von Weizsäcker, Helmut Kohl, Willy Brandt und Hans-Dietrich Genscher – zur Selbstbestimmung und Einheit des deutschen Volkes versetzten uns auch in die Lage, jetzt die Einheit zu verwirklichen.«

De Maizière fand auch Worte für jene, die jetzt meinten, der gegenwärtige Weltprozess sei »letztlich konterrevolutionär«. »Wer Sozialismus faktisch mit brutaler Parteidiktatur, Entmündigung der Gesellschaft, Staatseigentum an den Produktionsmitteln und mit zentralistischem Plandirigismus gleichsetzte«, der habe sich gründlich geirrt.

Wir werden gefragt: Haben wir gar nichts einzubringen in die deutsche Einheit? Und wir antworten: Doch, wir haben! Wir bringen ein unser Land und unsere Menschen, wir bringen geschaffene Werte und unseren Fleiß ein, unsere Ausbildung und unsere Improvisationsgabe. Not macht erfinderisch. Wir bringen die Erfahrungen der letzten Jahrzehnte ein, die wir mit den Ländern Osteuropas gemeinsam haben. Wir bringen ein unsere Sensibilität für soziale Gerechtigkeit, für Solidarität und Toleranz. In der DDR gab es eine Erziehung gegen Rassismus und Ausländerfeindlichkeit, auch wenn sie in der Praxis wenig geübt werden konnte. Wir bringen unsere bitteren und stolzen Erfahrungen an der Schwelle zwischen Anpassung und Widerstand ein. Wir bringen unsere Identität ein und unsere Würde.

Was für schöne Worte, die bald an der realen Entwicklung gemessen werden würden, was für Hoffnungen, die sich in der ökonomischen Katastrophe und in der Praxis der Aufnahme des »armen« durch den »reichen« Zwilling behaupten mussten.[48]

47 Die folgenden Zitate aus DDR-Ministerpräsident Lothar de Maizière: Regierungserklärung zum demokratischen Neuanfang in der DDR-Gesellschaft und zur deutschen Einheit, in: Texte zur Deutschlandpolitik, Reihe III/Band 8a – 1990, S. 167 ff.

48 Zu den mentalitätsgeschichtlichen Entwicklungen nach der Wende von 1989 und 1990 vergleiche neben den jahrelangen demoskopischen Panel-Analysen des Allensbacher Instituts auch »Erfahrungsgeschichte der DDR«, ein Studienbrief der Fernuniversität Hagen von 2000, der von mir herausgegeben wurde.

De Maizière schlug von Anfang an der Sturm ins Gesicht: Die Wirtschaft der DDR kollabierte, der Staatshaushalt brach zusammen, Arbeitslosigkeit drohte, die Staatsbediensteten konnten nur mit westdeutscher Hilfe bezahlt werden, die Übersiedlerzahlen waren immer noch hoch. Die Eigentumsfragen mussten geregelt werden im Spannungsfeld zwischen Rückgabe und Entschädigung. Und last, but not least: Die sowjetischen Truppen standen noch im Land, und die Angst vor deutschen Provokationen gegen sowjetische Militärs oder gegen ihre Einrichtungen trieb den Ministerpräsidenten nach eigener Aussage Tag und Nacht um. »Das hätte ein Pulverfass sein können, und das angesichts der Ausrüstung der Sowjets. 1,5 Millionen Tonnen Munition lagen da rum. Gar nicht auszudenken.«[49]

Auf der anderen Seite forderte »in jeder zweiten Volkskammer-Sitzung jemand (...), wir wollen sofort (der Bundesrepublik – AvP) beitreten, und zwar am liebsten mit Wirkung von vorgestern. Das erste Mal war es am 17. Juni. In Erinnerung an 1953 glaubte der DSU-Fraktionsvorsitzende den Antrag stellen zu müssen.«[50]

Im Bonner Bundeskanzleramt wurde die Regierungserklärung des neuen Ministerpräsidenten der DDR aufmerksam gelesen und analysiert, was darauf schließen lässt, das sie nur allgemein, aber nicht genau mit Teltschik, Seiters oder mit jemand anderem aus dem Kanzleramt abgesprochen worden war. Besonders die »außen- und sicherheitspolitischen Aussagen« de Maizières führten zu einer Vorlage des Ministerialdirigenten Hartmann unter Mitwirkung des Vortragenden Legationsrates Westdickenberg an Bundeskanzler Kohl.[51] Die wichtigsten Punkte de Maizières zu diesem Komplex, der kein Schwerpunkt, »allerdings der Schlusspunkt der Rede« gewesen sei, waren nach Hartmann:

- Bekenntnis zu Europa, mit dem Ziel einer gesamteuropäischen Ordnung«,
- Bekräftigung der bestehenden Grenzen, insbesondere »Anerkennung der polnischen Westgrenze (keine Aussage zum Procedere!)«,
- Unterstreichung des KSZE-Prozesses,
- Versicherung gegenüber der Sowjetunion und den übrigen WP-Staaten[52], dass ihre Sicherheitsinteressen berücksichtigt werden,
- eine »knappe Aussage zum Sicherheitsstatus der DDR mit sowjetischen Streitkräften neben einer stark reduzierten NVA«,
- Ablösung der alliierten Rechte durch die 2+4-Gespräche,
- stufenweiser »Abbau der militärischen Verpflichtungen der DDR, aber Intensivierung der politischen Zusammenarbeit im WP«,
- Unterstützung einer stufenweisen Erweiterung der EG im Hinblick auf die osteuropäischen Staaten«,
- »zweimalige Erwähnung (...) der Herausforderungen im Nord-Süd-Konflikt«.

49 De Maizière im »Lüdenscheider Gespräch« am 1.11.2000.
50 Ebenda.
51 DzD, Dok. Nr. 249, S. 1021 ff.
52 WP = Warschauer Pakt.

Positiv bewertete Hartmann neben dem Bekenntnis zu Europa, dass de Maizière, anders als dies im Koalitionsvertrag[53] seiner Regierung festgelegt worden war, die Paraphierung eines Vertrages zur Oder-Neiße-Grenze nicht wiederholte, ebenso wenig wie die Forderung nach dem »völligen Abzug der Nuklearwaffen von deutschem Boden« oder die Festsetzung der »Größe (gesamt-)deutscher Streitkräfte sowie ihre Reduzierung im Vorgriff auf VKSE-1-Ergebnisse[54] oder die Gleichsetzung amerikanischer und sowjetischer Streitkräfte in Deutschland.«

Hartmann fügte hinzu, dass »diese Veränderungen gegenüber dem Koalitionspapier (…) auf unsere Gespräche am Ostermontag in Ost-Berlin zurückzuführen sein« dürften.[55] Das hieße jedoch nicht, dass »wir in Zukunft mit Fragen wie ›Denuklearisierung‹ nicht mehr zu rechnen haben«.

Kritisch bewertete der Ministerialdirigent vor allem, dass »die NATO und die NATO-Mitgliedschaft eines geeinten Deutschland überhaupt nicht erwähnt werden«, stattdessen jedoch von einer »Loyalität gegenüber dem WP« (Warschauer Pakt) die Rede sei. Wünschenswert – so Hartmann – wären klare Absagen an eine Demilitarisierung, an die Neutralitätsvorstellungen und präzise gefasste Aussagen zum Schicksal der NVA. »Vorsicht empfiehlt sich gegenüber einer Verknüpfung zwischen den ›2+4‹-Gesprächen und dem KSZE-Prozess, wie sie in der Regierungserklärung anklingt: Gefahr des Missverständnisses, dass die 35 KSZE-Staaten Mitspracherecht hätten.«

Man kann angesichts dieser Anmerkungen erahnen, welch schmales und schnelles Gewässer de Maizière mit seiner Regierungserklärung zu durchschiffen hatte, bedroht von den Klippen seiner ohnehin begrenzt loyalen Koalitionspartner auf der einen und denen des Bundeskanzleramtes und der West-CDU auf der anderen Seite.

Am 6. Mai brachten die »ersten freien Kommunalwahlen in der DDR« alles in allem eine Bestätigung des Wahlsieges vom 18. März – trotz vieler Annahmen, dass es nunmehr nach der Zunahme der Ängste in der Bevölkerung vor einer Währungsunion und ihren Folgen anders werde. Die CDU wurde mit 34,37 Prozent trotz eines Verlustes um 6 Prozent stärkste Partei, vor der SPD mit 21,27 Prozent, der PDS mit 14,59 Prozent und den Liberalen mit 6,65 Prozent. Alle anderen blieben unter 5 Prozent.

53 Enthalten in DzD, Dok. Nr. 245, S. 1012 ff.
54 VKSE = Verhandlungen über Konventionelle Streitkräfte in Europa.
55 Vgl. hierzu DzD, S. 1011 (Gespräche Teltschiks mit de Maizière und Minister Reichenbach) oder die bereits erwähnte Passage über Teltschiks Besuche in Ostberlin in: Teltschik 1993, S. 197 ff.

6.2.4 Europäische Sicherheitspolitik – de Maizière bei Gorbatschow am 29. April 1990

Bereits am 29. April 1990 besuchte der neue Ministerpräsident der DDR den sowjetischen Generalsekretär Gorbatschow in Moskau – ein Zeichen der besonderen Wertschätzung, die de Maizière schon in seiner Regierungserklärung zum Ausdruck gebracht hatte.

Aber schon vorher, am 16. April, kam es zu einem denkwürdigen Gespräch des neuen Ministerpräsidenten mit dem sowjetischen Botschafter in Berlin, Kotschemassow, der ihn schon unmittelbar nach der Wahl angerufen hatte:

> *De Maizière: Er sagte, ich sollte bei ihm vorbeikommen. Das war er so gewohnt, dass die DDR-Chefs bei ihm vorbeikamen. Nun wurde ihm gesagt, nein, das hätte sich leider geändert. Er müsse vorbeikommen, und er kriegte auch sehr schnell einen Termin. Zwar nicht exakt den, den er sich wünschte, aber eine Stunde später oder früher. Ich weiß es nicht mehr genau. Aber es war für ihn eine völlig neue Erfahrung.*[56]

Der Botschafter habe de Maizière angedeutet, wer immer noch das Sagen in der DDR hätte, ansonsten sei es um Wirtschaftsfragen gegangen. Moskau lege Wert darauf, dass die Lieferverträge mit der Sowjetunion und den RGW-Staaten erfüllt würden. Das bestätigt für de Maizière wieder einmal den schon von Modrow geäußerten Verdacht, dass es der Sowjetunion darum besonders gegangen sei.

De Maizière fährt in seiner Geschichte fort:

> (Botschafter Kotschemassow – AvP) *brachte mir ein so genanntes Non-Paper. Bis zu dem Tag wusste ich nicht, was ein Non-Paper ist. Das ist also eine Note eines Staates ohne Unterschrift. Aber, dass sie von dem Staat ist, erkennt man daran, dass der Botschafter sie bringt. Er begann damit, dass ich derjenige wäre, den sich die Sowjetführung am allerwenigsten gewünscht hätte. Nun müsse man aber mit mir leben, und er legte mir das Papier vor und dort stand: Wir werden keine Einigung nach Artikel 23 respektieren. Wir werden nicht respektieren, dass es zu irgendwelchen Überprüfungen der* (Sowjetischen Militär – AvP) *Tribunale durch deutsche Gerichte oder deutsche staatliche Organe kommt, wegen der Zwangsdeportation, wegen der Enteignungen* (1945–1949 – AvP).[57] *All*

56 De Maizière im Gespräch mit mir am 1.11.2000. Horst Teltschik behauptet demgegenüber, dass de Maizière ihm am 16.4.1990 berichtet habe, Kotschemassow hätte ihn zum Gespräch gebeten, und der Ministerpräsident wäre zu ihm gegangen. »Ich sagte ihm, dass das ein Fehler gewesen sei, der Botschafter habe zu ihm als Ministerpräsidenten zu kommen und nicht umgekehrt.« (Teltschik 1993, S. 198)

57 In dem Non-Paper selbst ist dieser letzte Satz in solcher Konkretion nicht enthalten, sondern nur der Gedanke, dass alle Viermächte-Verträge, insbesondere das Potsdamer Abkommen eingehalten werden müssen. Das Non-Paper ist abgedruckt in: 16. April 1990. Non-Paper der Regierung der UdSSR zu Fragen der deutschen Einheit, in: Texte zur Deutschlandpolitik, Reihe III/Bd. 8a – 1990, S. 161 ff.

diese Fragen sollten unberührt bleiben. Wir werden nicht hinnehmen, dass das geeinte Deutschland der NATO angehört. Wir werden Einfluss nehmen auf die Truppenstärke, wir werden zu verhindern wissen, dass Deutschland jemals über ABC-Waffen verfügt oder deren Herstellung, Verbreitung, Besitz und all diese Geschichten. Also, das war ein ganzer Katalog von Forderungen, der in diesem Non-Paper deutlich wurde. Dass die Bündnisfrage so herausgestellt worden ist ... (lag daran), *dass die Amerikaner eine ganz klare Erwartungshaltung äußerten und sagten, das geeinte Deutschland wird NATO-Mitglied sein. Die andern Dinge interessierten sie sehr viel weniger, um es mal so zu sagen.*[58]

Das Non-Paper vom 16. April selbst ist im Ton nicht so harsch, wie es Kotschemassow gegenüber de Maizière nach dessen Bericht gewesen sein soll, aber dennoch wurde, wenn auch höflich, die Position der Sowjetunion in aller Deutlichkeit klargemacht. Insbesondere wurde die Vereinigung nach Grundgesetzartikel 23 kritisiert wegen der schon von Portugalow am 28. März formulierten Bedenken zu den Staatsgrenzen und wegen der Staatsangehörigkeit von Deutschen außerhalb der nun zu vereinigenden deutschen Gebiete. Im Non-Paper Kotschemassows wurde vor allem bemängelt, dass in diesem Grundgesetzartikel noch von den Grenzen des Deutschen Reiches von 1937 die Rede sei, dass es keine Einverleibung des einen durch den anderen Staat geben dürfe, und es wird der »Versuch eines NATO-Landes« zurückgewiesen, »die souveränen Rechte eines Landes des Warschauer Vertrages zu usurpieren«. Das sei ein »schlechter Dienst an der gesamteuropäischen Sache«.

Nun war auch der sowjetischen Führung klar, dass es ein Dilemma geben musste, wenn sich die beiden Deutschlands als Mitglieder zweier unterschiedlicher und früher gegnerischer Militärbündnisse miteinander vereinen, aber andererseits die jeweiligen Verträge mit den Militärbündnissen bestehen bleiben sollen. Der sowjetische Ausweg aus diesem Dilemma war bisher die Neutralisierung Gesamtdeutschlands gewesen. Nun fehlte dieser Begriff, es heißt in dem Non-Paper Kotschemassows nur: »Die Eingliederung eines vereinigten Deutschlands in die NATO ist unannehmbar, und daran ändern auch keinerlei Vorbehalte über eine zeitweilige bzw. ständige Ausklammerung des gegenwärtigen Territoriums der DDR aus der Einflusssphäre (!) der NATO etwas.«

Und dann folgt die neue Lösung: »Der Ausweg ist die Schaffung eines gesamteuropäischen Sicherheitssystems.« Offensichtlich wird der sowjetischen Führung jetzt erst klar, was sie seit Monaten hätte formulieren und in ein ausgefeiltes Angebotskonzept hätte gießen müssen, wenn sie ihre Interessen gegenüber den anderen europäischen Staaten und gegenüber der NATO behaupten wollte. Fünf, vier oder sogar drei Monate früher hätte sie damit zumindest Mitterrand zu ernsten Überlegungen gebracht sowie die USA (und

58 De Maizière im Gespräch mit mir am 1.11.2000 in Lüdenscheid.

die Bundesregierung) unter Druck gesetzt, denn eine Lösung der deutschen Frage in einem europäischen politischen Rahmen, auf den die USA geringeren Einfluss als innerhalb der NATO gehabt hätte, fürchtete die Bush-Administration am meisten: Immer wieder war dies von ihren Repräsentanten formuliert worden: explizit von Bush selbst gegenüber Kohl, von Eagleburger ebenfalls dem Bundeskanzler gegenüber (auch in seiner Kritik an den Äußerungen von Jacques Attali in diese Richtung) oder vom amerikanischen Sicherheitschef Brent Scowcroft gegenüber Teltschik am Rande der Wehrtagung in München, während Kohl mit Modrow in Davos konferierte, also am 3. Februar.[59] Aber für diese Lösung standen die Zeichen inzwischen schlechter, das Ende der Sowjetunion als Supermacht war längst von den Verhandlungspartnern registriert worden und die Wahlen in der DDR erschienen wie eine Besiegelung dieses Niedergangs.

Die Bundesregierung bekam vom »sowjetischen Geschäftsträger« in Bonn ebenfalls ein Non-Paper überreicht, das sehr viel kürzer war als das, das de Maizière drei Tage zuvor erhalten hatte. Es sei »bekannt geworden«, hieß es dort, »dass die Regierung der BRD den Entwurf eines Vertrages über die Schaffung einer Währungs-, Wirtschafts- und Sozialunion« zwischen der BRD und der DDR vorbereite. In diesem Non-Paper wurde kritisiert, dass der Vertrag zwischen der BRD und der DDR kein gleichberechtigtes Abkommen sei, sondern »sowohl in seiner Form als auch in seinem Sachinhalt eher an ein Ultimatum erinnert«. Ansonsten sprach es knapp einige der Punkte an, die auch de Maizière deutlicher gemacht worden waren, vor allem der Einspruch gegen eine Vereinigung nach Grundgesetzartikel 23. Aber zugleich wurde noch stärker auf die »Erarbeitung von Maßnahmen zur Erfüllung der wirtschaftlichen Verpflichtungen der DDR gegenüber der Sowjetunion« hingewiesen. »Wir verlassen uns auf die Versicherungen der Bundesregierung, dass unter Berücksichtigung der weitverzweigten Handels- und Wirtschaftsverbindungen der UdSSR mit der DDR im Zuge der Vereinigung der beiden deutschen Staaten der UdSSR kein volkswirtschaftlicher Schaden zugefügt wird, und wir rechnen mit konkreten Schritten der BRD zur Untermauerung dieser Versicherungen.«[60] Die Sowjetunion stand auch ökonomisch vor dem Bankrott …

Sein Gespräch mit Gorbatschow, das wenig später, am 29. April, stattfand, schildert de Maizière als eine große Enttäuschung:

> *Das Merkwürdige war: Er kam an und erzählte mir erst einmal zehn Minuten lang, was er von mir alles erwarte, was ich zu tun hätte. Als ich dann sagte, er irrte sich, es wären ein paar (...) Wechsel eingetreten, ich wäre – anders als meine Vorgänger – nicht mehr zum Befehlsempfang gekommen, sondern ich stütze mich auf 75 Prozent einer frei gewählten Volkskammer. Ich wäre bereit,*

59 Teltschik 1993, S. 127. Vgl. auch die Einleitung von Hanns Jürgen Küsters in DzD, S. 91.
60 Alle Zitate aus dem »Non-Paper der UdSSR«, 19. April 1990, in: DzD, Dok. Nr. 250, S 1023 f.

mit ihm über die Dinge zu reden, die uns gemeinsam interessierten, (...) aber nicht mehr im Sinne von Befehlsempfang. Da war er ziemlich – also, er ging ziemlich aus dem Leim. Das habe ich ihm gar nicht zugetraut, dass er so heftig werden könnte: Er ließe sich das von mir nicht unter die Nase reiben und was weiß ich nicht alles. Ich will das auch nicht verbreitern. Dann kam diese Frage nach der wirtschaftlichen Situation, und mir war völlig klar, dass er sich in dem Moment schon orientierte und sagte, dann muss ich mich an die Bundesrepublik halten und sehen, dass ich dort die notwendige Wirtschaftshilfe bekomme.[61]

De Maizière hatte – wahrscheinlich noch nicht über den Umfang und die Tiefe der Krise in der UdSSR informiert – wenigstens geringe wirtschaftliche Kooperation mit der Sowjetunion, insbesondere was die Rohstofflieferungen betraf, erwartet. Er war jedoch nicht erfolgreicher als Krenz und Modrow. Gorbatschow kam es mehr darauf an, dass die Bundesrepublik in die Verträge mit der Sowjetunion einstieg, als alte Verträge mit der DDR zu früheren Bedingungen fortzusetzen.

Im Gegensatz zu de Maizières mündlichem Bericht zeigt das sowjetische Protokoll dieses Treffens[62] ein sehr offenes, Sympathie ausdrückendes, vielfältige Themen ansprechendes und zeitweilig tiefschürfendes Gespräch, das viele Ähnlichkeiten in den Auffassungen offenbart. Es ist manchmal – hier besonders – erstaunlich, wie scharf sich Erinnerungen und Protokolle unterscheiden, und es ist keineswegs so, dass die Protokolle »mehr Recht« hätten als persönliche Auskünfte. Beide sind Ausdruck unterschiedlicher Dimensionen oder Perspektiven. De Maizière erinnert sich an die Ansprüche Gorbatschows und setzt seine eigene Selbstbehauptung dagegen; die Protokolle haben diese Differenzen, falls sie so scharf waren, diplomatisch abgeschliffen und referieren die Inhalte, die kaum Unterschiede offenbaren.

Beide bemerken, dass gegenwärtig der deutsche Vereinigungsprozess den gesamteuropäischen überhole. Gorbatschow kritisierte darüber hinaus Bundeskanzler Kohl, weil er diesen Prozess entgegen anderslautenden Deklarationen noch beschleunige.

Gorbatschow: Vielleicht zeigt auch Kanzler Kohl mehr Realismus in der Bewertung der Situation, wenn auch nicht in allen Fällen. Ich musste nicht nur einmal zu ihm sagen, dass man mit größter Verantwortung sowohl in innerdeutschen wie auch in internationalen Erwägungen handeln muss. Am Anfang hat man die Angelegenheit so betrachtet, dass man sich die DDR nur in die Hosentasche zu stecken brauchte, man überlegte nur in welche, die rechte oder linke. Aber das ist erstens nicht realistisch und zweitens macht man so keine Politik. Ich sagte ihm (Kohl – AvP) *das bei allen möglichen Gelegenheiten*

61 De Maizière im »Lüdenscheider Gespräch« am 1.11.2000.
62 Gespräch de Maizières mit Gorbatschow in Moskau am 29. April 1990 in: Gorbatschow-Stiftung, 90APR29.

und nahm ihn beim Wort, welches er mir in Bonn gegeben hatte. Denn wir hatten verabredet, dass in der Zeit, wenn Osteuropa und der ganze Kontinent in eine Periode der Veränderungen eintreten, wenn auch die Destabilisierung sich bemerkbar macht, man sich besonders verantwortungsbewusst benehmen, den Egoismus und auch den übermäßigen Appetit der großen Bedeutung dieser positiven Prozesse, die in Europa beginnen, unterdrücken muss. Denn es geht darum, dass jetzt der Grundstein für die Zukunft Europas für die nächsten hundert Jahre gelegt wird. Aber der Kanzler war nicht konsequent genug. Er hat nicht selten das Eine angekündigt und etwas Anderes ausgeführt. Was uns betrifft, so ist die Vereinigung Deutschlands für uns kein neues Problem. Sogar als am Ende des Zweiten Weltkrieges die Frage nach der Nachkriegsordnung stand, haben wir uns für die Ganzheit Deutschlands ausgesprochen, obwohl, wie Sie wissen, auch ganz andere Pläne bestanden. Man wollte Deutschland teilen, um somit für immer seinem mächtigen Potential in der Mitte Europas ein Ende zu setzen. (...)

De Maizière: Wichtig ist, dass das Verständnis der Notwendigkeit in der letzten Zeit anwächst, dass dieser Prozess einen geregelten Verlauf nehmen soll. Dies wird nicht gelingen, wenn der Prozess der Vereinigung nicht in den Kontext einer Bildung eines neuen europäischen Sicherheitssystems eingebunden wird. Im Zusammenhang mit Ihren Bemerkungen über die Positionen des Kanzlers Kohl kann man wohl sagen, dass er die Veränderungen der Zeit versteht. Es werden schwierigere Prozesse anlaufen. Im Programm der Regierung habe ich festgelegt, dass der Prozess der Vereinigung unter Achtung und Erhaltung der Würde und Eigenart der DDR verlaufen soll. Eine Komponente unserer Eigenart ist auch die ganze Geschichte unseres engen Verhältnisses zur Sowjetunion. Leider überholt der Prozess der Vereinigung zweier deutscher Staaten jetzt den gesamteuropäischen Prozess. Es scheint so, dass wir gemeinsam überlegen müssen, wie diese beiden Prozesse verbunden werden können. Unsere Regierung drückt ihren festen Willen aus, ein zuverlässiger und berechenbarer Partner zu sein.

De Maizière betonte, dass es besonders wichtig wäre, »sich bereits jetzt in dreiseitigen Gesprächen vor allem über Wirtschaftsfragen zu einigen, d. h. unter Berücksichtigung der BRD«. Gorbatschow antwortete:

Ein solches Dreieck habe ich bereits bei meinem ersten Gespräch mit Kohl am Telefon erwähnt. Ich unterstrich, dass die Frage der Einigung Deutschlands eine wichtige Konstante in der Weltpolitik ist. Das muss man möglichst gut und genau verstehen. Bei solchen Fragen darf man sich nicht wie der Elefant im Porzellanladen aufführen.

Nach dieser eher unkonkreten Kritik gehen beide zu der großen Frage des Verhältnisses der beiden Militärblöcke, eines europäischen Sicherheitssystems und zur Rolle der Amerikaner in dieser Entwicklung über.

Gorbatschow: Ich denke, dass Kohl sich verständnisvoll zeigen muss gegenüber unserer Zusammenarbeit. Er hofft auf die volle Unterstützung von Seiten der drei westlichen Mächte. Aber er weiß nicht alles über ihre Einstellung. Die Unterstützung von ihrer Seite ist nicht so eindeutig, wie es ihm scheint. Ich weiß darüber Bescheid. Nichtsdestoweniger wird die Hauptunterstützung von Seiten der Amerikaner kommen. Sie wollen die BRD enger an sich binden, denn sie fürchten sich vor einer westeuropäischen Integration und noch mehr vor einer gesamteuropäischen vom Atlantik bis zum Ural.

Hier spricht Gorbatschow die US-amerikanische Politik, die einer europäischen Einigung skeptisch gegenüber stehe, deutlicher als gewöhnlich an. Das ist für ihn ein springender Punkt: Wie soll man angesichts dieser amerikanischen Skepsis gegenüber den europäischen Einigungstendenzen und deren Institutionen die deutsche Einheit in die europäische integrieren, wenn sich die Regierung Kohl auf die Amerikaner stützen muss? Und, kann man hinzufügen, wenn die europäischen Partner der Bundesregierung und der deutschen Vereinigung gegenüber fast skeptischer sind als die Amerikaner gegenüber den europäischen Instanzen in diesem Prozess.

In den Überlegungen zu diesem Thema kommt eine große Nähe in den Auffassungen Gorbatschows und de Maizières zum Vorschein. Deshalb möchte ich einige Passagen ausführlicher zitieren.

De Maizière: Ich teile in vielen Fragen diese Ihre Meinungen. Das Ziel, ein gemeinsames europäisches Haus zu schaffen, schließt nicht aus, dass zwei Staaten in ihm bestimmte gemeinsame Beziehungen haben. Wenn man sich die Geschichte Deutschlands betrachtet, so kann man daraus ersehen, dass es den Deutschen immer gut ging, wenn sie gute Beziehungen zu Russland unterhielten.

Gorbatschow: Und im Grunde hatte auch Europa davon profitiert.

De Maizière: Wenn ich von der Wichtigkeit der Beziehungen zwischen Deutschland und Russland rede, muss man natürlich die Interessen Polens und der anderen Länder berücksichtigen. Denn es gab auch Zeiten, als die Beziehungen zwischen unseren beiden Ländern gut waren und es den anderen Ländern nicht so gut ging. Ich bin überzeugt von der Notwendigkeit eines europäischen Sicherheitssystems, aus dem man natürlich die Amerikaner nicht ausschließen darf, denn ohne ihr Mitwirken gäbe es keine internationale Stabilität. Ich muss nicht erwähnen, erst gar nicht davon sprechen, dass man ohne die sowjetisch-amerikanische Zusammenarbeit ein so wichtiges Problem nicht lösen kann, wie die Atomwaffenabrüstung. Deswegen erwarten wir mit großem Interesse und Hoffnungen Ihr Treffen im Mai in den USA. (...)

Gorbatschow: Es ist wirklich so, wie Sie bemerkt haben, dass sich der gesamteuropäische Prozess und die Vereinigung Deutschlands unterschiedlich schnell entwickeln. Und wir müssen gemeinsam überlegen, wie man dies korrigieren kann. Die Vereinigung muss sich gut in den gesamteuropäischen Kontext einordnen. Dies muss auch zum Thema ernsthafter Gespräche bei den Treffen der »Sechs« werden. Eine Entwicklung neuer Strukturen der Sicherheit in Europa ist unabdingbar. Wenn dies nicht in Dokumenten fixiert wird, können viele unterschiedliche Lesarten und praktische Widersprüche auftreten. Unseren westlichen Partnern haben wir diesen Gedanken schon nahe gebracht. In allen Fragen der Vereinigung Deutschlands, die die Sicherheit betreffen, werden wir Ansprüche stellen (sehr fordernd sein – AvP), *wie auch alle anderen, nicht weniger und auch nicht mehr.*

Hier wird also deutlich eine Korrektur der bisherigen Politik zugunsten der Schaffung neuer Sicherheitsstrukturen in Europa gefordert. Damit müsste sich Gorbatschow angesichts seiner bisherigen Politik durchaus selbst gemeint haben. Sein Problem bei dieser Korrektur spricht er auch sofort im Anschluss an die letzte Passage an.

Gorbatschow: Sie haben Recht, dass ohne die Beteiligung der USA in wichtigen internationalen Angelegenheiten nichts gelingen wird. Deswegen widmen wir auch den Beziehungen zu den Amerikanern so viel Aufmerksamkeit, arbeiten mit ihnen zusammen bei der Beurteilung regionaler Konflikte und versuchen, mit ihnen gemeinsam bei ihren Regulierungen zu wirken. Umso notwendiger ist eine aktive Beteiligung der USA in der neuen Periode der gesamteuropäischen Zusammenarbeit, in der Schaffung eines neuen europäischen Sicherheitssystems. Ohne die Mitwirkung der Amerikaner in dieser Angelegenheit können wir kein gesamteuropäisches Haus bauen, nicht einmal eine gesamteuropäische Garage. Wenn man beginnt, sie zu isolieren, müssten wieder alle einen eigenen Unterschlupf bauen. Die Amerikaner fühlen das. Deswegen muss man mit ihnen auch in der Frage der Vereinigung Deutschlands zusammenarbeiten. In einem der Telefongespräche versuchte mich Bush davon zu überzeugen, dass sich die Deutschen im Westen und auch im Osten soweit verändert hätten, dass sich die Sowjetunion keine Sorgen über einen Beitritt des vereinten Deutschland zur NATO machen muss. Als Antwort darauf, die gleichen Argumente verwendend, habe ich eine Alternative vorgeschlagen: das vereinte Deutschland in den Warschauer Pakt aufzunehmen. Dieser Vorschlag brachte Bush in Verlegenheit. Die Vereinigung Deutschlands schafft reale, schwierige Probleme, die man unter Berücksichtigung der Sicherheitsinteressen lösen muss, in erster Linie der Nachbarn Deutschlands und aller Staaten, die Teilnehmer des gesamteuropäischen Prozesses sind.

Wenn Sie versuchen, uns zu überzeugen, dass die Aufnahme eines vereinten Deutschland in die NATO uns in keiner Hinsicht gefährden wird, so möchte man sagen: Man muss uns nicht überreden. Dies ist kein Kindergarten, und es geht nicht um Spielzeug, sondern um ein so ernstes Thema wie die Sicherheit.

Ganz offensichtlich haben die sowjetischen Strategen selbstkritisch ihre bisherige Passivität in puncto europäisches Sicherheitssystem im Wiedervereinigungsprozess – gemessen an den sowjetischen Interessen und ihrer Umsetzung – aufgegeben.

Gorbatschow: Wir denken viel darüber nach, wie man die Vereinigung Deutschlands mit dauerhaften Garantien für die Sicherheit verbinden kann. Wir kamen zu dem Schluss, dass man schneller eine europäische Sicherheitsstruktur schaffen muss. Und man muss grundlegend überlegen, wie die Übergangsperiode bis zu ihrer Schaffung sein soll. Vielleicht kann man in diesem Zusammenhang über eine Doppelmitgliedschaft des vereinten Deutschland in der NATO und im Warschauer Pakt nachdenken. Einige lehnen so eine Symbiose von Anfang an ab, aber ich wiederhole, man muss gelassen alle Möglichkeiten und Varianten abwägen. Bis jetzt ist uns nur eines völlig klar, die in der DDR stationierten sowjetischen Streitkräfte müssen dort bleiben und sollten normale Bedingungen für ihren Aufenthalt haben.

An keiner Stelle wird so deutlich wie hier, dass die bisherigen Mängel in der sowjetischen Außenpolitik durch eine Strategie der Doppelmitgliedschaft des vereinten Deutschland in beiden Militärallianzen, die schon bei Bakers Besuch angedacht, aber nicht verfolgt worden war, korrigiert werden sollen, um das Nachhinken der gesamteuropäischen Sicherheit in Form einer Übergangsperiode zu kompensieren. Denn diese Übergangsperiode mit einer Doppelmitgliedschaft war notwendig geworden, weil nicht früher die Einheit Deutschlands an die (Vor-)Bedingung neuer Sicherheitsstrukturen unter Einschluss der Sowjetunion gekoppelt worden war. Mit jedem Monat wurde nun aber die Sowjetunion schwächer, nach innen (Litauen) wie nach außen (durch die Wahlergebnisse in der DDR); dennoch kündigte Gorbatschow an, dass man auf jede Übervorteilung scharf reagieren werde. Er drohte in diesem Gespräch sogar damit, die Abrüstungsverhandlungen in Wien zu blockieren. Das Erstaunliche ist nicht nur dies, sondern die Antworten de Maizières in ihrer Ähnlichkeit zu den Ansichten Gorbatschows – und zu denen Modrows, zumindest im Beginn der folgenden Passage.

De Maizière: Ich stimme dem zu, dass wirklich eine Reihe sehr ernster Probleme auftreten. Wenn das vereinte Deutschland als Ganzes in die NATO integriert wird, so würde das eine Leugnung der DDR als Faktor der Stabilität und Sicherheit im Zentrum Europas bedeuten. Andererseits – eine einfache Fixierung der jetzigen Situation ohne Berücksichtigung der Veränderungen, die mit der Vereinigung Deutschlands verbunden sind, könnte zu einer Destabilisierung bei uns führen. Und das wird auch nicht zur Lösung des Problems führen. Unsere Position besteht darin, dass wir es nicht für nötig halten, die Mitgliedschaft des vereinten Deutschland in der NATO zu verstärken. Wir sind für eine Politik des Fortschreitens hin zur Auflösung der Blöcke und somit natürlich auch der NATO.

Ich würde gerne drei Aspekte dieses Fortschreitens erläutern. Erstens ist eine Institutionalisierung des gesamteuropäischen Prozesses vonnöten. Das könnten sein: reguläre Treffen der Außenminister, Sicherheitsminister, der Befehlshaber der Streitkräfte aller teilnehmender Staaten. Vorstellbar wäre ein zweckmäßi-

ges, multilaterales Organ für die Regulierung von Streitfragen. Man muss die Modelle für die Kontrolle der Verträge berücksichtigen, die die Abrüstung und militärische Entspannung betreffen. Zweitens muss man den Wiener Gesprächen einen neuen Impuls geben. Uns beunruhigt, dass sie ins Stocken geraten sind. Nach Wien-I muss Wien-II, ein Gipfeltreffen, folgen.

Hier wird ziemlich klar, dass de Maizière eine eigenständige »europäische« Politik vertrat, die – besonders im folgenden Punkt – nicht gerade mit den Amerikanern oder der Bundesregierung abgestimmt erscheint.

Drittens sind wir für die Veränderung der Struktur und der Strategie der NATO. Und solche Veränderungen sollen nicht nur deklariert werden, sondern sich auch in der Praxis zeigen. Der Charakter der NATO an sich muss sich verändern zugunsten der Priorität der politischen Zusammenarbeit über dem Militärischen. Eine Koalitionsabsprache zwischen den Parteien, die die Regierung (der DDR – AvP) *bilden, sieht die Möglichkeit eines solchen Beitritts des vereinten Deutschland in die NATO vor, welcher für die Nachbarn und andere europäische Staaten annehmbar wäre. Gemeint ist dabei, dass die NATO ihren Charakter ändern würde. Außerdem ist ein besonderes militärisches Regime vorgesehen für das Territorium, auf dem sich jetzt die DDR befindet. Auf diesem Territorium soll es keine NATO-Streitkräfte geben, sondern Streitkräfte, die sich aus der jetzigen Volksarmee der DDR bilden (!), und sie sollten in technischer Hinsicht mit dem Warschauer Pakt verbunden sein und auf gar keinen Fall werden sie mit den militärischen Strukturen der NATO verbunden sein (!). Sonst verwandelt sich der Ostteil Deutschlands in ein Ziel für Angriffe. Und da das Territorium der DDR dicht besiedelt und von einer großen Zahl wirtschaftlicher Objekte bedeckt ist, ist es sehr schwierig, sie zu verteidigen.*

Diese Position stand in klarem Widerspruch zu den Auffassungen des US-Präsidenten George Bush und zu denen des Bundeskanzleramtes. Inwieweit hier de Maizière einen Alleingang versuchte oder sich von Genscher zumindest unterstützt glaubte, vielleicht gar von ihm »vorgeschickt« wurde, kann nach einigen Andeutungen de Maizières nur vermutet werden. Man muss sich erinnern, dass gleichzeitig die Vorbereitungen für das 2+4-Außenministertreffen in Bonn liefen, auch die Vorarbeiten und Abstimmungen zwischen den beiden deutschen Außenministern Genscher und Meckel.

Der sowjetische Präsident stimmte im Anschluss im Wesentlichen den Ansichten Lothar de Maizières zu.

Gorbatschow: Der Lauf des Vereinigungsprozesses in Deutschland stellt die Frage nach einer Beschleunigung der Schaffung neuer gesamteuropäischer Sicherheitsstrukturen. Das ist das E r s t e. Z w e i t e n s können wir uns nicht vorstellen, dass das vereinte Deutschland vollständig in die NATO integriert wird.

De Maizière: Das können wir uns auch nicht vorstellen.

Gorbatschow: Drittens sind wir dafür, dass die Inhalte der Tätigkeiten des Warschauer Paktes und der NATO verändert werden, entsprechend den Veränderungen, die schon in Osteuropa geschahen und geschehen. Wir haben das Recht, der NATO die Fragen zu stellen, von denen Sie sprachen: Ratifizierung der Sicherheitsdoktrin, Veränderungen der Strukturen und der Richtung dieses Bündnisses. Umso mehr, da im Warschauer Pakt diese Veränderungen sich bereits vollziehen. In diesem Zusammenhang musste ich die Amerikaner und Westeuropäer kritisieren, die eigentlich die Militärdoktrin der NATO ohne Veränderungen erhalten wollen, dafür zeugen entgegen verschieden gearteten Deklarationen die charakteristischen militärischen Übungen, die sie durchführen. Wir besprechen auch die Zweckmäßigkeit der Kontakte zwischen der NATO und dem Warschauer Pakt, die Schaffung gesamteuropäischer Mechanismen, die die Ereignisse in Europa voraussehbar werden lassen, d. h. ungefähr der Komplex an Vorhaben, von dem auch Sie gesprochen haben. So in dieser Art kann man ungefähr die Übergangsperiode zur Schaffung einer neuen europäischen Sicherheitsstruktur kennzeichnen: Veränderung der Doktrinen, Strukturen und Ausrichtungen der Tätigkeit der NATO und des Warschauer Paktes mit der Stützung nicht auf militärische, sondern auf politische Aspekte ihrer Tätigkeit.

De Maizière: Herr Präsident, wir sind einverstanden damit, dass die Veränderungen in der NATO nicht nur verbal bleiben sollen, sondern real und dementsprechend zu fixieren sind. Das jetzige Modell der NATO ist nicht das einzig mögliche, gerade in dem Licht, dass die Organisation des Warschauer Paktes als Resultat der letzten Ereignisse in Osteuropa ihren eigentlichen Charakter verändert hat. Wir wissen, wie man sich zum Warschauer Pakt in Ungarn und in der Tschechoslowakei verhält. Man muss realistisch die Veränderungen beurteilen, und alle sollten daraus eine Lehre ziehen. Unsere Jugend will lieber überhaupt nicht in der Armee dienen oder nur unter dem Vorbehalt einer Reihe von Bedingungen und Forderungen. Unsere Grenze ist faktisch offen, und es gibt keine Möglichkeit sie zu schließen.

Gorbatschow: Dann sind also Ihre jungen Leute schon bereit, in der Bundeswehr zu dienen?

De Maizière: Nein, das ist nicht so.

Gorbatschow: Ich denke, es wäre Ausdruck eines ungemeinen Optimismus, die reale Möglichkeit zuzulassen, dass im vereinten Deutschland zwei verschieden orientierte Armeen existieren, eine nach dem NATO-Prinzip und eine nach dem Prinzip des Warschauer Paktes. Umso mehr, da die jetzigen Regierungen der BRD und DDR von einer neuen abgelöst werden, einer einzigen Regierung, und diese wird sich natürlich auf einen einzigen Staatsapparat stützen und auch auf eine einzige Armee. Etwas anderes kann man sich auch nur schwer vorstellen. (...) Wir beide könnten für sehr große Optimisten gehalten werden, wenn wir davon ausgehen, dass im vereinten Deutschland, wie soll man sagen, zwei Typen verschieden orientierter Streitkräfte existieren sollen. Denn die Logik der politischen Entwicklung wird im vereinten Deutschland nicht mehr die sein wie heute.

De Maizière: Bis zu diesem Zeitpunkt haben wir noch keine endgültigen Entscheidungen von unserer Seite vorgebracht. Wir versuchen eine Kompromisslösung zu finden, ausgehend davon, dass man über so ein Problem gemeinsam nachdenken muss.

Gorbatschow sprach sich im Laufe des Gesprächs strikt gegen eine Vereinigung Deutschlands nach dem Artikel 23 des Grundgesetzes aus, vor allem wegen der dadurch eventuell offenen Grenzfragen. Diese Striktheit relativierte er etwas nach de Maizières Argumentation.

De Maizière: Sie, Herr Präsident, haben sich kritisch geäußert zu der Möglichkeit einer Vereinigung Deutschlands aufgrund des Artikels 23 des Grundgesetzes der BRD. Wir bewerten diese Situation anders. In unserer Wahlkampagne haben wir offen diesen Weg der Vereinigung vorgezogen und haben dafür das Mandat unserer Wähler erhalten. Wir halten so einen Weg für möglich und berechtigt, denn er soll nach unserer Meinung zur Veränderung des Grundgesetzes und schließlich zur Streichung des Artikel 23 führen. Dies soll zeigen, dass das vereinte Deutschland keine territorialen Ansprüche hat. Aber eigentlich denke ich, dass die Diskussion, welchem Artikel man den Vorrang bei der Vereinigung geben soll, dem 23 oder 146, mehr ein Streit zwischen Juristen ist, als einer, der den Sinn der Sache bestimmt.

Gorbatschow: Ich möchte, dass Sie meine Kritik am Artikel 23 des Grundgesetzes nicht als Versuch der Verlangsamung des Prozesses der Vereinigung Deutschlands werten. Dem ist nicht so. Wir gehen von prinzipiellen Vorstellungen aus. (...) Ich denke, es ist sehr wichtig, alle Zweideutigkeiten und alles Unbestimmte in all dem zu vermeiden, das die Interessen der Nachbarn Deutschlands berührt und auch der anderen europäischen Staaten. Schauen sie nur, wie scharf die Versuche Kohls aufgenommen wurden, keine genauen Antworten auf bestimmte Forderungen zu geben, zum Beispiel auf die Frage der Polen nach der endgültigen Anerkennung der Oder-Neiße-Grenze.

De Maizière: Wir wären naiv, wenn wir diese Probleme nicht bemerken würden. Sie wissen, dass unsere Position in dieser Beziehung eindeutig ist. Die Volkskammer hat sich klar über die endgültige Anerkennung dieser Grenze geäußert. Ich glaube nicht, dass Kanzler Kohl den Artikel 23 des Grundgesetzes aus außenpolitischen Gründen anwendet. Eher ist sein Verhalten im gegebenen Fall mit innenpolitischen Gründen zu erklären, wie dem Druck des »Bundes der Vertriebenen« und so weiter. (...) Die Sache besteht darin, dass der Verweis auf die Grenzen von 1937 nur eine Bedeutung für die Bestimmung der Staatsangehörigkeit hat und keine territorialen Ansprüche in sich trägt. Ich musste mich extra mit diesem Thema auseinandersetzen.

Gorbatschows Skepsis gegenüber dieser Argumentation blieb, obwohl er de Maizières Haltung für glaubwürdig hielt und anerkannte; denn auch de Maizière erwähnte, dass manche Vertriebene aus diesem Artikel juristische Ansprüche territorialer Art ableiten.

In diesem Gespräch ging es auch um wirtschaftliche Fragen; denn Lothar de Maizière hoffte auf wirtschaftliche Hilfe, insbesondere auf Beibehaltung der alten RGW-Zahlungsweisen ohne die frei konvertierbaren Währungen auf der Grundlage von Weltmarktpreisen. Außerdem hoffte er auf Regelungen der Kosten für die Rote Armee. Und beide hatten große Hoffnung, um nicht zu sagen: die große Illusion, dass die besonderen wirtschaftlichen Beziehungen zwischen der DDR und der Sowjetunion auch dem vereinten Deutschland großen Nutzen bringen würden.

De Maizière: Ich denke, dass man sich über die Ausgaben für den sowjetischen Teil der Streitkräfte einigen muss. Solche Ausgaben werden im Laufe der Gespräche mit der BRD über die Währungs- und Sozialunion berücksichtigt. Sie hören in diesem Fall auf unsere Meinung.

Gorbatschow: Ich machte Kohl darauf aufmerksam. Der Kanzler sagt, dass er daran interessiert ist, die wirtschaftlichen Beziehungen, die zur Zeit zwischen der DDR und der Sowjetunion bestehen, zu erhalten und diese Beziehungen sogar noch dynamischer werden zu lassen. Die guten Kenntnisse der Vertreter der DDR über den sowjetischen Markt sind auch ein Plus, das dem ganzen Deutschland helfen wird, erfolgreicher den sowjetischen Markt zu betreten.

De Maizière: Ja. Die guten Beziehungen zur Sowjetunion – das ist unser Vorteil.

Gorbatschow: Vor kurzem, als ich in einem der Rüstungsbetriebe in Swerdlowsk war, habe ich festgestellt, dass sich dort bereits Beziehungen zur westdeutschen (!) Firma »Philips« gebildet haben. Ungefähr vor einem Jahr gab es diese nicht. Jetzt jedoch, als die Westdeutschen sahen, was für Möglichkeiten wir haben und sie einschätzen konnten, ist eine schnellere Zusammenarbeit möglich. Schon in zwei Jahren könnte eine gemeinsame Produktion auf allen Weltmärkten konkurrieren. Aber die Spezialisten der DDR kennen nicht nur zwei, drei unserer Betriebe, sondern praktisch das ganze Land.

In diesem Zusammenhang deutet der Ministerpräsident der DDR Skepsis über die positiven Möglichkeiten der Währungs- und Sozialunion nach innen an.

Was die Gespräche mit der BRD über die Währungs- und Sozialunion betrifft, so ist der Rahmen der gemeinsamen Handlungen durch zwei Momente bestimmt. Einerseits ist die BRD bereit, auf unsere Interessen einzugehen, wenn auch die westdeutschen Bürger dafür nicht allzu viel zahlen wollen. Andererseits erwarten die DDR-Bürger eine schnelle Einführung der West-Mark. Und wenn man ihren Erwartungen nicht gerecht wird, so wird sich die Flucht in den Westen wieder verstärken. Es gab Tage, an denen mehr als dreitausend unserer Bürger dorthin gegangen sind, im Allgemeinen junge qualifizierte Arbeiter. Heute beträgt die Abwanderung eintausend Menschen pro Woche. Im

Endergebnis verschlechtert sich die Alterspyramide unserer Bevölkerung. Das erzeugt Spannungen. Die Leute bei uns sehen jetzt vordergründig die West-Mark und bemerken hinter ihr nicht die Gefahr für die Situation unserer Betriebe, für ihre eigene soziale Stellung.

Am Ende des Gesprächs äußerten beide ihre Befriedigung über ihr Treffen, denn die Ähnlichkeiten waren trotz des Teilwiderspruchs zur Vereinigung nach Artikel 23 des Grundgesetzes besonders in der Sicherheits- und NATO-Frage sowie in dem Grenzproblem sehr groß; hier scheint es zu diesem Zeitpunkt größere Gemeinsamkeiten zwischen de Maizière und Gorbatschow als zwischen dem ostdeutschen und dem westdeutschen CDU-Führer gegeben zu haben. Das hatten auch die Analysten der Regierungserklärung de Maizières aus dem Bundeskanzleramt bemerkt.

Der sowjetische Präsident fragte am Ende sogar nach:

Ich bin sehr froh, mich mit Ihnen bekannt gemacht zu haben, Herr de Maizière. Haben wir uns vielleicht nicht schon früher einmal getroffen?

De Maizière: Nein, leider nicht. Die ist das erste Treffen, und ich bin mit ihm zufrieden.

Gorbatschow: Wir sind für die Fortsetzung und Erweiterung unserer Kontakte auf ganzer Linie, in diesem Zusammenhang auch mit den gesellschaftspolitischen Organisationen der DDR und mit der Christdemokratischen Partei, deren Vorsitzender Sie sind, mit den Sozialdemokraten, mit der Partei des Demokratischen Sozialismus, deren Vorsitzender Gysi ist. Sie haben doch mit ihm zusammengearbeitet im Anwaltskollegium?

De Maizière: Er war der Vorsitzende des Kollegiums und ich der Stellvertreter des Vorsitzenden.

Nach diesem Gespräch musste man sich fragen, wie denn die beiden deutschen Außenminister und die beiden Regierungschefs bei den »2+4-Verhandlungen« gemeinsam auftreten würden.

6.2.5 Die wirtschaftliche Entwicklung und die Währungs-, Wirtschafts- und Sozialunion

Obwohl die Einigungsverträge und die innere wirtschaftliche Entwicklung der DDR und der Bundesrepublik mit der Währungs-, Wirtschafts- und Sozialunion nur begrenzt Themen dieses Buches sind, sind sie zum Verständnis der internationalen Aspekte notwendig und sollen hier wenigstens kurz gestreift werden. Das schwierigste Problem in der DDR war die Anpassung der ostdeutschen Wirtschaft an den westlichen und damit an den Weltmarkt, ohne dass die Wirtschaft der DDR total zusammenbrach. Zu diesem Problemkreis gehört auch die Frage nach den Konvertierungssätzen der Mark zur D-Mark.

Bundesbankpräsident Pöhl hatte schon am 30. März dem Kanzler geschrieben: »Eine Umstellung 2:1 ist vor allem im Interesse der Wettbewerbsfähigkeit der DDR notwendig.« Aber die Menschen hätten natürlich am liebsten eine Umstellung 1:1. Dazu Pöhl: »Ein Umstellungssatz 1:1 würde die Wirtschaft der DDR dem internationalen Wettbewerb mit einem Kostenniveau und einer Verschuldung aussetzen, dem die meisten Betriebe nach unserer Auffassung nicht gewachsen wären.«[63]

Die Hoffnungen, dass der osteuropäische Markt ein Argument für Investitionen der westdeutschen Industrie auf dem Gebiet der DDR sein würde, erwiesen sich als Illusion, denn auch der RGW-Markt kollabierte. Helmut Kohl hatte am 12. Januar 1990 in einer Rede vor der niederrheinischen Industrie- und Handelskammer gesagt: »Ich bin überzeugt, dass der wirtschaftliche Aufstieg nur dann kommt, wenn die Rahmenbedingungen stimmen. Die Investoren müssen das Vertrauen haben, dass ihre Investitionen sinnvoll und lohnend sind.«[64] Helmut Kohl erklärte zehn Jahre später, dass damals keiner davon ausging, dass die Sowjetunion so schnell zusammenbrechen würde, darauf habe er aber seine Hoffnung für die »blühenden Landschaften« im Osten der neuen Republik aufgebaut. Wer heute behaupte, er hätte dies damals gewusst, der lüge.[65]

Bis heute geht der Streit darüber, ob die Währungsunion der Bundesrepublik und der DDR zu diesem Kollaps und der Inflation in Osteuropa und besonders in der DDR beitrug oder ob die Wirtschafts- und Währungsunion eben wegen dieser Implosion des RGW-Marktes früher als geplant notwendig wurde. Es gab auch viele kritische Stimmen im Westen, die meinten, dass die Einführung der Währungsunion zu schnell kommen würde und der DDR-Wirtschaft keine Zeit der Umstellung ließe (Bundesbankpräsident Pöhl) und »damit den Rest gebe«. So schrieb Horst Siebert im »Handelsblatt«:

> *Die Anpassung in den Niveauunterschieden zwischen der DDR und der Bundesrepublik erfolgt nicht mehr über den Wechselkurs, sondern vielmehr über die Mobilität der Arbeit und des Kapitals, und soweit Faktoren immobil sind, über eine Anpassung der Preise für die immobilen Faktoren. In einer Währungsunion gibt die DDR also eine wichtige Instrumentenvariable für ihren Aufholprozess auf: Die Unternehmen der DDR stehen vor gewaltigen Anpassungsproblemen, wenn sie in die Weltwirtschaft integriert werden. Nur ein kleiner Teil der Betriebe war am Weltmarkt orientiert.*[66]

63 Schreiben des Bundesbankpräsidenten Pöhl an Bundeskanzler Helmut Kohl, Frankfurt (Main), 30.3.1990, in: DzD, Dok. Nr. 239, S. 1002 f.
64 Presse- und Informationsdienst der Bundesregierung vom 18.1.1990, nach Maier 1990, S. 90.
65 Helmut Kohl unter anderem im Interview mit Guido Knopp 2000, Take 151, S. 6.
66 Horst Siebert – Wirtschaftswissenschaftler und damals Präsident des Instituts für Weltwirtschaft an der Universität Kiel – im »Handelsblatt«, Beilage 1990/48.

Der damalige Ministerpräsident von Baden-Württemberg, Lothar Späth, erklärte in einem Interview der »Stuttgarter Zeitung« vom 10. Februar 1990:

Die Währungsunion hat überhaupt nur Sinn, wenn sie gleichzeitig mit der Wirtschaftsgemeinschaft verwirklicht wird. Das heißt, dass die DDR alle unsere Wirtschafts- und Eigentumsgesetze übernimmt. Beides muss an ein und demselben Tag in Kraft treten. Alles andere bringt nicht die schnelle Wende und gibt den Leuten kaum Hoffnung.

Frage: Das heißt, dass Sie die bedingungslose wirtschaftliche Kapitulation der DDR einfordern.

Späth: Ich sage mal ganz brutal: ja.[67]

De Maizière ist bis heute vehement der Auffassung, dass der Zusammenbruch der DDR-Wirtschaft nicht Folge der Währungsunion war, sondern Voraussetzung für deren schnelles Zustandekommen, und begründet dies ebenfalls mit dem rapiden Verfall der sowjetischen Wirtschaft, mit dem Zusammenbruch des RGW und mit dem Niedergang der DDR-Ökonomie *schon vor* seinem Regierungsantritt. Überdies sei die DDR-Industrie seit langem hoffnungslos überaltert gewesen. Der Verschleißgrad lag zwischen 70 und 85 Prozent.

De Maizière: Eine Werkshalle durfte in der DDR mit maximal 2 Prozent pro anno abgeschrieben werden, d. h., die musste 50 Jahre halten. Und so sah sie ja denn im Ergebnis auch aus. Die Staatsquote, d. h. der Verbrauch der öffentlichen Hände, betrug in den letzten Jahren der DDR über 80 Prozent, in der Bundesrepublik z. Z. 53 Prozent. Und alle sind sich einig darüber, dass auch das zu hoch ist. Im Prinzip muss eine Volkswirtschaft, wenn sie gesund ist, 50 Prozent reinvestieren und akkumulieren und 50 Prozent kann in den konsumtiven Bereich gehen. In der DDR waren dies (letzteres – AvP) *über 80 Prozent. Das heißt, wir hatten also den Beginn einer galoppierenden Inflation, und uns ist letztendlich nur durch die Währungsunion das erspart geblieben, was die Polen, die Tschechen und vor allen Dingen die Russen erleben mussten an Inflationen.*

Wenn der osteuropäische Markt nicht zusammengebrochen wäre, so betont auch er, hätten die »Investitionen der westdeutschen Betriebe Sinn gemacht. (…) Das war die entscheidende Fehlkalkulation in dieser Geschichte.«[68]

Im Bundeskanzleramt rechnete man am 13. Mai 1990 »mit folgender Größenordnung für das Haushaltsdefizit in der DDR (…) (ohne Bundeshilfen): zweites Halbjahr ca. 44 Mrd. DM, 1991 (gesamtes Jahr): ca. 75 Mrd. DM.«[69] In der zentralen Frage des Umtauschkurses, so Helmut Kohl später, sei ein

67 »Stuttgarter Zeitung« vom 10.2.1990.
68 De Maizière im »Lüdenscheider Gespräch« am 1.11.2000.
69 Vorlage des Beauftragten des Bundeskanzlers, Tietmeyer, und des Ministerialrats Ludewig an Bundeskanzler Kohl, Bonn, 13. Mai 1990, in: DzD Dok. Nr. 276, S. 1108 ff.

Kompromiss ausgehandelt worden. Löhne und Gehälter wurden im Verhältnis 1:1 angeglichen, die Renten auf 70 Prozent gebracht, die Sparguthaben wurden »je nach Alter der DDR-Bürger (…) bis zu 2 000 Mark (0- bis 13jährige), 4 000 Mark (14- bis 58jährige) und 7 000 Mark (59jährige und ältere) im Verhältnis 1:1 in DM umgestellt. Für alle darüber hinaus gehende Spareinlagen galt das Verhältnis 2:1.«[70]

Nach Bekanntgabe der vorgesehenen Regelungen der Währungs-, Wirtschafts- und Sozialunion Mitte Mai 1990 gab es vehemente Proteste und einige Streiks in der DDR, unterstützt von Gewerkschaften und der SPD sowie der PDS gegen den wirtschaftlichen Ausverkauf der DDR an die BRD. De Maizière sprach von einer der schwersten Krisen, vor der die DDR stünde. Beide – Kohl und de Maizière – trafen sich am 14. Mai zu einem »schwierigen« Gespräch. Einig war man sich, dass die Renten im Verhältnis 1:1 umgetauscht werden könnten. (Beide sehen dies und die Verbesserung der Renten in den Neuen Bundesländern nach der Wende bis heute auch als persönlichen Erfolg ihrer Politik.) Kohl wollte aber de Maizière vor allem ausreden, dass man in der Eigentumsfrage eine Übergangszeit von zehn Jahren einführt für Personen, die an einem »bestimmten Stichtag ihren Wohnsitz nicht in der DDR hatten«. In dieser Übergangszeit wäre diesen Personen, die in den Westen übergesiedelt waren, ein Erbpachtrecht zugestanden worden, um Spekulationen zu verhindern (de Maizière). Kohl war dagegen, weil »es jede Investitionsbereitschaft im Kern erstickt« hätte[71] – eine Aussage, die fragwürdig ist, da die zum Teil außerordentlich lange Klärungszeit der Eigentumsverhältnisse mindestens ebenso die Investitionen behinderte. Der Bundeskanzler war für vollständige Rückgabe und nicht für eine – ebenfalls diskutierte – Entschädigungszahlung für früheres Eigentum.

De Maizière: Die Mehrzahl der Alteigentümer lebte im Westen, hatte ihren Lebensmittelpunkt längst hier gefunden, wollte ihn auch nicht wieder dort nehmen, sondern sie hatten ein wirtschaftliches Interesse daran. Das Produktivvermögen Ostdeutschlands ist (im Jahre 2000 – AvP) *zu über 90 Prozent nicht im Eigentum Ostdeutscher, was zu erheblichen mentalen Spannungen führt.*

AvP: Milde ausgedrückt, ja.

De Maizière: Also, diese Eigentumsproblematik war von Anfang an außerordentlich schwierig im Verhandlungswege.

AvP: Darf ich Sie trotzdem direkt fragen. Sie sprechen jetzt ja doch so, als ob Sie das Entschädigungsprinzip mit einigen Ausnahmen und Einschränkungen bevorzugt hätten.

De Maizière: Ja, mit vielen Einschränkungen.

70 Weidenfeld/Korte (Handwörterbuch) 1992, 759 f., etwas abweichend Kohl nach Diekmann/Reuth 1996, S. 335.

71 Nach Diekmann/Reuth 1996, S. 336.

AvP: Mit vielen Ausnahmen und Einschränkungen. Wir wissen, es ist umgekehrt gekommen. Ist das mit Ihrer Zustimmung geschehen?

De Maizière: Wissen Sie, Sie müssen ja nicht immer überlegen, was vernünftig und richtig ist, sondern Sie müssen überlegen, wofür sie Mehrheiten finden.

AvP: Aber Sie fanden das Entschädigungsprinzip vernünftiger?

De Maizière: Ich hätte ein Entschädigungsprinzip mit vielen, vielen Ausnahmen vernünftiger gefunden.[72] *Ich glaube gar nicht, dass wir uns sehr viel anders geeinigt hätten. Ob wir uns so rum dem Punkt nähern oder so rum. Aber ich glaube, der Weg wäre erträglicher und nachvollziehbarer gewesen. Aber, wir hätten damals weder im Bundestag noch im Bundesrat eine Mehrheit dafür gefunden im Einigungsvertrag und so wie die Situation in der Volkskammer war, war auch dort eine Mehrheit nicht sicher.*[73]

Am 18. Mai wurde der Staatsvertrag über die Schaffung einer Währungs-, Wirtschafts- und Sozialunion zwischen der Bundesrepublik Deutschland und der Deutschen Demokratischen Republik unterzeichnet.[74]

Im Juli 1990 – so de Maizière – hätte die DDR die Löhne und Gehälter nicht mehr zahlen können. Im 2. Halbjahr 1990 hatte der DDR-Haushalt einen Umfang von 63 Mrd. DM gehabt, es waren aber nur 55 Mrd. DM vorhanden, 32 Mrd. DM wurden durch Transferleistungen aus dem Westen finanziert (22 Mrd. DM durch Bundeszuschüsse und 10 Mrd. DM Bundesbankkredit.)[75]

Die Bundesregierung bereitete – teilweise zusammen mit der DDR-Regierung, teilweise ohne sie – in hoher Energieleistung die Währungs-, Wirtschafts- und Sozialunion vor, versuchte Verfassungsprobleme der Einheit zu klären und zugleich die äußeren Aspekte der Einheit in den 2+4-Gesprächen zu verhandeln, um nur drei der wichtigsten Komplexe zu nennen. Wenn man die täglichen Protokolle des Bundeskanzleramtes liest, muss man auch diese Energieleistung konstatieren.

Am 1. Juli wurde die D-Mark allgemeines Zahlungsmittel in ganz Deutschland, und die Währungs-, Wirtschafts- und Sozialunion trat in Kraft.

72 De Maizière: Selbst die Bourbonen hätten nach der Vertreibung Napoleons keine (vollständige) Rückführung des Eigentums durchgesetzt (im Gespräch 1, 1 11.2000).

73 De Maizière im »Lüdenscheider Gespräch« am 1.11. 2000.

74 Der Wortlaut ist enthalten in: Texte zur Deutschlandpolitik, Reihe III/Band 8a – 1990, a.a.O., S. 215 ff.

75 De Maizière 1996, S. 98/99. De Maizière beruft sich auf den Expräsidenten der DDR-Staatsbank, Stoll.

6.2.6 Der Canossa-Gang de Maizières am 2. August 1990

Spätestens Mitte 1990 wurde de Maizière klar, dass die DDR wirtschaftlich und finanziell das laufende Jahr nicht überleben würde im Gegensatz zu den Plänen, erst 1992 oder 1991 die Einheit »zu vollenden«. Diese Erkenntnis war bitter, denn auch er hatte gehofft, dass es für das Zusammenwachsen beider deutschen Gesellschaften und Staaten, für das Selbstbewusstsein in der DDR-Bevölkerung und auch der neuen DDR-Politiker besser gewesen wäre, wenn die DDR mit mehr Eigengewicht in die Einheit hätte gehen können.

Hinzu kam wohl auch, dass de Maizière einen früheren Beitritt als persönliche Niederlage gegenüber Kohl empfand, der ihn gerade im Anfang ihrer politischen Kontakte eher umgangen hätte.

> *De Maizière: Es ist ja wahrscheinlich auch damals der Öffentlichkeit nicht verborgen geblieben: Wir haben nicht sonderlich gut miteinander gekonnt. Und ich sage ganz bewusst, dass, wenn zwei Menschen nicht miteinander können, es immer an beiden liegt. Auch an mir. Wir sind in der Art des Herangehens an Probleme völlig unterschiedlich. Er ist Generalist, zeichnet gern in großen Linien, während ich wahrscheinlich von meinem bisherigen beruflichen Leben her kommend eher ein Detail-Puzzler bin ... und dafür ist er gar nicht zu gewinnen. Ja, dann gibt es die Dinge, die man schwer beschreiben kann. Wissen Sie, wenn Sie das Gefühl haben, Sie sind in einem Raum, jetzt kommt Kohl rein, und der Raum ist voll und Sie kriegen keine Luft mehr, dann hat das ja nicht nur mit ihm zu tun, sondern es hat auch etwas mit mir zu tun.*

Dennoch sei der Umgang miteinander, in der Zeit, »als wir politisch aufeinander angewiesen waren, fair, wenn auch nicht herzlich« gewesen. Die wirklich ernsthaften Zerwürfnisse seien später gekommen und gingen um programmatische Fragen, auch um Finanzfragen zum Beispiel des CDU-Landesverbandes Brandenburg. »Aber bis zum 3. Oktober, bis zu dem, was wir gemeinsam zu leisten hatten, kann ich mich über mangelnde Fairness nicht beklagen.« Ich fragte de Maizière, warum er seinen Besuch bei Kohl während dessen Urlaub am Wolfgangsee im Sommer 1990 als Canossa-Gang bezeichnet habe.

> *AvP: Das Ergebnis dieses Besuchs war die vorgezogene Einheit. Was war das »Canossahafte« daran?*
>
> *De Maizière: Ja, also hinzugehen und zu sagen: Wir müssen den Laden schneller abgeben, weil wir sonst pleite gehen werden –* (Er lässt den Satz im Raum stehen. – AvP) *Wenn Sie noch einmal die Regierungserklärung gelesen haben, die ich im April gehalten habe, dort habe ich ja gesagt: Das Wichtigste ist, dass es uns gelingt, diesen Prozess der Einheit in Würde zu gestalten. Und ich war der Hoffnung, dass es uns gelingen könnte, ein Stück weit unsere Verhältnisse auch selber zu sortieren, zu ordnen und die Demokratisierung voran zu bringen, um dann mit geordneten Verhältnissen gleichberechtigter in die*

Einigungsverhandlungen einzutreten und nicht unter dem Zwang zu stehen, bei jeder Verhandlung zu wissen, es kommt im nächsten Monat die Überweisung, der fällige Scheck, damit ich überhaupt noch die Löhne im öffentlichen Dienst bezahlen kann.

Der Fonds »Deutsche Einheit« sollte die Finanzierung der Lasten der Deutschen Einheit zwischen Bund und Ländern in einem bestimmten Verhältnis regeln, dort rechnete man insgesamt, so de Maizière, mit 120 Milliarden DM in vier Jahren.

De Maizière: Nach meiner Überzeugung würden 80 bis 85 Mrd. pro Jahr gebraucht werden. Das war noch optimistisch.

AvP: Das war sehr optimistisch, wie wir jetzt wissen.

De Maizière: Wir wissen heute, dass es 120 bis 150 waren. Gut. Man war, glaube ich, nicht bereit, es zu hören. Man war der Meinung, dass die DDR-Wirtschaft sehr viel schneller in Gang kommen würde, damit das Steueraufkommen größer sein würde. Sie entsinnen sich an Vokabeln, die heute kein Mensch mehr gebraucht. Anschubfinanzierung. Wir sollten Anschubfinanzierung bekommen für die Arbeitslosenversicherung, für die Sozialversicherung, für die Rentenversicherung, ... als ob dann so ein Perpetuum Mobile entsteht, an dessen Funktionieren man ja nach allgemeiner wissenschaftlicher Kenntnis zweifeln kann.

Ich bin also zu Kohl zum Wolfgangsee gefahren und habe erklärt: Erstens werde ich, wenn die Voraussetzungen für die Herstellung der Einheit da sind, wenn der Zwei-plus-vier-Prozess abgeschlossen ist, die Volkskammer nicht mehr festhalten können. Und wenn es Zufallsmehrheiten sind, es wird zu dem Beschluss (zur Selbstauflösung und zum sofortigen Beitritt – AvP) *kommen. Das heißt, die Volkskammer wird damit aufhören zu existieren mit einem solchen Meinungsbeschluss. Aber wir haben noch keine frei gewählten Landtage, wir haben noch keine gesamtdeutschen Bundestagswahlen. Es wird ein Machtvakuum, ein parlamentarisches Vakuum entstehen. Und deswegen war ich dafür, dass wir die ersten gesamtdeutschen Wahlen zum Bundestag vorziehen auf den 14. Oktober, weil da die ersten freien Landtagswahlen im Osten sein sollten. Und zum anderen musste ich ihm ja den finanziellen Offenbarungseid leisten – und das ist mir schwer gefallen. Deswegen die Bezeichnung Canossa-Gang. Soll ja damals dem Heinrich auch nicht leicht gefallen sein, als er ...*

AvP: ... barfuß durch den Schnee lief.

Schon vor dem Canossa-Gang wurde die deutsche Einheit vorbereitet. Am 22. Juli beschloss die Volkskammer die Einführung von fünf neuen Bundesländern und entsprechend die Landtagswahlen zum 14. Oktober. Die Konflikte um den Modus der gesamtdeutschen Bundestagswahlen am 2. Dezember spitzten sich in der Koalitionsregierung de Maizières derart zu, dass zunächst die Liberalen und dann am 20. August auch die Sozialdemokraten die Regierung verließen.

7 Was ist national, was international in den 2+4-Verhandlungen?

7.1 Die 2+4-Außenministerkonferenz

Seit dem 14. März 1990 verhandelten die Regierungen der sechs Staaten »2+4« auf Beamtenebene über die äußeren Aspekte der Wiedervereinigung. Für die Bundesrepublik waren dies vor allem Dieter Kastrup und Frank Elbe vom Außenministerium sowie Peter Hartmann vom Bundeskanzleramt. Am 5. Mai 1990 trafen sich die Außenminister. Neu auf diesem Parkett war DDR-Außenminister Markus Meckel von der DDR-SPD. Er bereitete sich gemeinsam mit Genscher auf diese 2+4-Konferenz vor, die in Bonn stattfinden sollte, nachdem durch ein weiteres Beamtentreffen am 30. April die Konferenz der Außenminister vorbereitet worden war.

Diese Vorbereitungen von Genscher und seinem DDR-Kollegen Meckel dürften nicht ohne Pikanterie gewesen sein, denn einerseits hatte der bundesrepublikanische Außenminister eine gewisse Sympathie für die eher auf eine gesamteuropäische Lösung gerichtete Diplomatie der DDR, die die kleineren Staaten Osteuropas und die Sowjetunion einbeziehen wollte. De Maizière erwähnte mir gegenüber, dass Genscher, wie bereits angedeutet, die DDR-Regierung manchmal »vorgeschickt« habe, wenn es um den militärischen Sonderstatus oder die Einbeziehung der osteuropäischen Staaten in eine gesamteuropäische Sicherheitsarchitektur ging. Andererseits dürften die Vorstellungen Meckels für Genscher zu weit gegangen sein, vor allem ohne Kenntnis und ohne diplomatisches Geschick den westeuropäischen Staaten und den USA gegenüber. Neben dieser mangelnden diplomatischen Erfahrung kritisierte man: Die Ablehnung der Bonner Beamten auch aus dem bundesdeutschen Außenministerium durch Meckel, das stärkere Gewicht, das der DDR-Außenminister der KSZE gegenüber der sich ausdehnenden NATO geben wollte, denn er vertrat gegen Bonn den Gedanken eines eher neutralen Sonderstatus der DDR in der NATO; schließlich unterstützte er die kleineren Staaten Osteuropas gegenüber der EG. Die öffentlich am meisten wahrgenommene Differenz lag in der vom DDR-Außenminister vorgeschlagenen Territorialarmee *aus Truppen der Volksarmee*, was helfen sollte, die Widersprüche zu Gorbatschow in der Frage der Ausdehnung der NATO abzuschwächen. Die Bonner Regierung drängte de Maizière immer wieder um Klarstellungen der DDR-Außenpolitik gegen Markus Meckel, was für de Maizière nicht ganz einfach gewesen sein dürfte, da er und sein Außenminister in vielem durchaus ähnliche Ansichten hatten. Meckels Positionen bekamen ab April 1990 gerade zu der Zeit offizielles Gewicht, als diese Haltungen international an Gewicht und an potenzieller Realisierbarkeit verloren.[1]

In Moskau kam es vor dem Abflug Schewardnadses zu diesem Außenministertreffen »im Politbüro zu einer heftigen Diskussion«, wie Anatoli Tschernajew berichtet. Gorbatschow ließ sich »hinreißen, den Verbleib Deutschlands in der NATO kategorisch abzulehnen: ›Eher nehme ich das Scheitern der Wiener KSZE-Verhandlungen und des START-Vertrags in Kauf, aber das lasse ich nicht zu.‹«[2] Zu dieser Diskussion kam es wegen eines »Entwurfs« vermutlich der Rede Schewardnadses, »der bei weitem nicht so schroff gefasst« war wie Gorbatschows Ablehnung in diesem Ausbruch. Dieser Entwurf war unterzeichnet von Schewardnadse, Jakowlew, Jasow und Krjutschkow, also immerhin von zweien der späteren Hauptputschisten gegen Gorbatschow vom August 1991 (die beiden letzteren). Aber hier unterzeichnen sie noch den »weniger schroffen Entwurf« – ein weiterer Hinweis darauf, dass sie erst nach der Lösung der deutschen Frage zu erbitterten Feinden Gorbatschows wurden. Nach Gorbatschows Aufbrausen seien alle mit Ausnahme Schewardnadses in dieser Sitzung »stumm wie die Fische« geblieben. Tschernajew war nicht gefragt worden, schrieb aber am nächsten Morgen ein Memorandum an Gorbatschow. »Deutschland wird sowieso in der NATO bleiben, und wir rennen dann wieder dem abgefahrenen Zug hinterher. Wir legen es geradezu auf ein Scheitern an, anstatt dass wir jetzt klare Bedingungen für unser Einverständnis stellen.«[3]

In Bonn eröffnete Genscher als Gastgeber die erste 2+4-Außenministerkonferenz und unterstrich das Interesse an einem Verbleib des geeinten Deutschlands in der NATO. Nach Bundeskanzler Kohl zeitigte dieses Außenministertreffen keine besonders wichtigen Ergebnisse, außer dass den Deutschen das Recht auf staatliche Einheit erneut zugebilligt wurde. Der Bundeskanzler hielt danach eine Pressekonferenz ab, auf der er außerdem erklärte, dass »die Bundesregierung zusammen mit der DDR für eine abschließende völkerrechtliche Regelung der bestehenden polnischen Westgrenze« eintrete.[4]

Trotz dieser gemäßigten öffentlichen Erklärung hatte es auf der Konferenz eine gewisse Dramatik gegeben, als der sowjetische Außenminister Eduard Schewardnadse vorschlug, dass man doch die »inneren und äußeren Aspekte der Einheit zeitlich entkoppeln« solle. Der dahinter stehende Gedanke war klar: Die Sowjetunion wollte dadurch Zeit gewinnen, um im Rahmen der KSZE-Konferenzen Spielraum zu bekommen für eine gesamteuropäische

1 Vgl. dazu mit einschlägigen internen Erfahrungen: Misselwitz 1996.
2 Tschernajew 1993, S. 297.
3 Ebenda.
4 Kohls Presseerklärung vom 6.5.1990 in: Texte zur Deutschlandpolitik Reihe III/Band 8a – 1990, S. 212.

Regelung, in der nicht einseitig das DDR-Territorium zum Teil der NATO werden würde. Vermutlich hieß dies auch, dass die 2+4-Verhandlungen an Bedeutung gegenüber der KSZE verlieren sollten. Genscher rief daraufhin den Bundeskanzler an, der sich mit großer Entschiedenheit dagegen aussprach. Er erklärte im Rückblick: »Diese auf den ersten Blick elegant erscheinende Übergangslösung hätte aber einen entscheidenden Nachteil gehabt: Das vereinte Deutschland wäre auf unbestimmte Zeit massiven Einschränkungen seiner Souveränität unterworfen gewesen. Vor allem wäre uns – das war ja auch erkennbar der Hintergedanke der sowjetischen Seite! – auf unbestimmte Zeit das Recht vorenthalten geblieben, über unsere Bündniszugehörigkeit frei zu entscheiden.« Kohl meint sogar, dass die sowjetische Führung mit Hilfe der »national-neutralistischen« Linken doch noch eine Neutralisierung zu erreichen hoffte«.[5]

Unterstützung bekam die deutsche Verhandlungsdelegation auch von der US-amerikanischen unter Baker, da die USA immer dann vehement opponierten, wenn europäisch dominierte Institutionen wie die KSZE größere Bedeutung bekommen sollten, weil ihr Einfluss in den 2+4-Verhandlungen und im NATO-Rat dadurch reduziert worden wäre. Die Sowjetunion kam mit ihrem Vorstoß nicht nur wegen dieses deutsch-amerikanischen Widerstandes und nicht nur wegen ihrer eigenen Schwäche zu spät, sondern auch und vor allem, weil sich die eigenen Bündnispartner aus den Warschauer-Vertrags-Staaten bereits auf einem Wege gen Westen befanden. Auf der Außenministerkonferenz des Warschauer Paktes kurz zuvor hatten sich die Tschechen, die Polen und die Ungarn nicht mehr gegen die NATO-Mitgliedschaft des vereinten Deutschland gestellt.

Die Dramatik verschärfte der sowjetische Außenminister übrigens dadurch, dass er öffentlich in dieser Runde erklärte, dass die Gegner Gorbatschows und seiner Person nur auf eine Gelegenheit warteten, sie des Ausverkaufs sowjetischer Interessen zu überführen.[6] Schewardnadses Vorschlag auf Entkoppelung der Verhandlungen in die äußeren und inneren Aspekte der Einheit wurde dennoch nicht nur von seinen westlichen Kollegen zurückgewiesen, sondern auch von ihm selbst nicht mehr verfolgt. Schewardnadse betonte aber noch einmal seine »negative Haltung« gegenüber einer Mitgliedschaft des vereinten Deutschland in der NATO und warnte vor einer neuen Spaltung Europas. Ginge man jedoch von einer gemeinsamen Zielsetzung aus, »dann sollte man sich nicht auf Blöcke, sondern auf gesamteuropäische Sicherheitsstrukturen stützen«.

Im Gegensatz zu Kohl äußerte Genscher seine Dankbarkeit für die prinzipiell positive Haltung Schewardnadses zur Einheit Deutschlands. Genscher ging sogar einen Schritt weiter: »Hier fühlte ich mich in meiner Auffassung

5 Kohl in Diekmann/Reuth a.a.O., S. 331.
6 Genscher 1995, S. 780.

bestätigt, dass wir künftig unbedingt zu einem neuen Verhältnis der beiden Bündnisse zueinander kommen müssen.«[7]

Vielleicht vermutete die Presse nicht ganz zu Unrecht, dass es in diesen Fragen Differenzen zwischen Kohl und Genscher gab. Zwar war auch Genscher für einen Abschluss der 2+4-Verhandlungen zeitlich *vor* dem (inneren) Deutschlandvertrag, aber für die »Frankfurter Allgemeine Zeitung« entstand der Eindruck: »Genscher begrüßt Moskaus Bereitschaft zur Trennung der inneren und äußeren Aspekte der Vereinigung.« Genscher dementierte, aber es blieb eine gewisse Verwirrung.

7.2 Teltschik mit deutschen Bankiers in Moskau: Kredit für NATO-Mitgliedschaft?

Als der sowjetische Außenminister Eduard Schewardnadse Anfang Mai 1990 wegen der 2+4-Verhandlungen nach Bonn kam, musste er offenbaren, wie miserabel die wirtschaftliche Lage der Sowjetunion war und welche Bedeutung dies für die Politik im Lande hatte. Er bat Bundeskanzler Helmut Kohl um einen 5-Milliarden-Kredit.[8] Der wiederum schickte Horst Teltschik nach Moskau, um über diesen Kredit zu verhandeln. Teltschik flog unter größter Geheimhaltung am Nachmittag des 13. Mai 1990 mit den Bankiers Hilmar Kopper von der Deutschen Bank und Wolfgang Röller von der Dresdner Bank nach Moskau – nicht einmal der Pilot wusste Bescheid, wer da außer Teltschik in seinem Flugzeug saß.

Teltschik: Und das war ein sensationeller Tag in Moskau. Wir haben an einem Tag die gesamte sowjetische Führung gesehen, von Gorbatschow über Ryschkow, den Ministerpräsidenten, den Außenminister, Zentralbankchef, Finanzminister, Wirtschaftsminister – alle haben diesen Kredit verhandelt.[9]

Horst Teltschik berichtet zugleich Überraschendes:

Bei dem Gespräch mit Gorbatschow ging es darum, das war mein Auftrag (!), ihm deutlich zu machen: Der Kanzler ist bereit, diesen Kredit zu geben. Aber, wir wollen auch was dafür haben. (Lacht.) Und das konnte ich nicht deutlich sagen. Ich meine, die schwierige Situation in solch einem Gespräch ist, dem Partner zu verstehen zu geben, dass wir einen solchen Kredit als Teil der Gesamtlösung ansehen, ohne dass es verärgert, weil wir es sagen, ohne dass Sie hier schlechte Gefühle auslösen. Das war mein Auftrag.

AvP: Was war denn jetzt die Gegenleistung?

7 Alle Zitate aus Genschers Bericht über die 2+4-Verhandlungen in Bonn am 5. Mai, in: Genscher 1995, S. 768 ff., hier S. 772.

8 Wie sich später – so Teltschik – herausstellte, wäre die UdSSR kurze Zeit danach zahlungsunfähig gewesen.

9 Vgl. zu diesem Abschnitt Teltschik 1991, S. 230 ff.

Teltschik: Die Gegenleistung war, dass wir gesagt haben, der Kredit ist mit der Preis, den wir zahlen für die NATO-Mitgliedschaft.

AvP: Für die NATO-Mitgliedschaft. Also, das ist ja der wichtige Punkt.

Teltschik: Ja. Also, das gehört mit zum Paket. (...) Am Ende haben wir immer von einer Paketlösung gesprochen. Wir müssen ein Paket von bilateralen, multilateralen Maßnahmen knüpfen, damit wir Gorbatschow über die Hürde der NATO-Mitgliedschaft helfen.[10]

Genau diese Tatsache erwähnt Teltschik noch nicht in seinem Buch von 1993, sondern erst auf Nachfrage in diesem späteren Interview aus dem Jahre 2000.[11] Warum er in seinem Buch die »Gegenleistung« der NATO-Mitgliedschaft weglässt und warum er die Gelegenheit nicht nutzt, diese Kreditverhandlungen als Durchbruch in der Frage der NATO-Mitgliedschaft des vereinten Deutschland darzustellen, und zwar zwei Wochen vor den Amerikanern, war mir unverständlich. Denn auf diese Weise sollten es Bush und seine Regierung sein, die sich später diesen Erfolg an die eigene Brust heften konnten. Wäre das im Interesse der Bundesregierung gewesen? Sollte es vielleicht genau so sein oder so erscheinen, dass die Amerikaner diese schwierige Frage im Gespräch mit Gorbatschow entscheiden? Oder hat Teltschik diesen Tauschhandel – Kredit gegen NATO-Mitgliedschaft – gar nicht angesprochen, wie Portugalow mir dies gegenüber erklärte, da dies den diplomatischen Gepflogenheiten widerspreche?[12]

Ich erhoffte mir eine Antwort darauf aus dem sowjetischen Protokoll des Gesprächs zwischen Gorbatschow und Teltschik vom 14. Mai 1990[13], denn während dieses Gesprächs habe er, so Teltschik wie oben zitiert, diesen Handel vorsichtig angesprochen. Aber in diesem Protokoll steht davon nichts. Auf meine briefliche Nachfrage antwortete Teltschik erneut, dass »ich die Gewährung des Kredits als Bestandteil einer Paketlösung dargestellt (habe). Ich hatte keinen Zweifel, dass diese Botschaft verstanden wurde, dass damit auch die NATO-Mitgliedschaft eines geeinten Deutschlands einbezogen war. Das war ja eine der ganz wenigen zentralen Fragen, die noch ungelöst waren.« Einen Beleg dafür sieht Horst Teltschik in der kurze Zeit später ausgesprochenen Einladung an Kohl in Gorbatschows Heimat, was Teltschik selbst vorgeschlagen hatte.[14]

Gorbatschow wiederum widersprach mir gegenüber, dass es eine solche Verknüpfung von Kredit und NATO-Mitgliedschaft in diesem Gespräch gegeben habe:

10 Teltschik im Gespräch mit mir am 27.9.2000.

11 Darunter auch im Gespräch mit mir. Siehe Teltschik 1991, 230 ff.

12 Portugalow im Gespräch mit mir am 1.10.2001 in Moskau.

13 Sowjetisches Protokoll des Gesprächs Gorbatschows mit Horst Teltschik in der Gorbatschow-Stiftung, 90MAY14.

14 Brief Horst Teltschiks vom 19.2.2002.

Die Geschichte mit Teltschik, welcher angeblich den Vorschlag, unsere Zustimmung zum Eintritt Deutschlands in die NATO »zu kaufen«, nach Moskau »gebracht hat«, ist eine Erfindung, die vielfach von uns und den Deutschen dementiert wurde.[15]

Dennoch gibt es einen kleinen Hinweis darauf, dass Teltschik diese Kombination angesprochen haben könnte. Denn in dem besagten Gespräch vom 14. Mai 1990 bemühte sich Gorbatschow, Teltschik klarzumachen, dass ein Kredit keineswegs die Aufgabe der politischen Unabhängigkeit bedeute. Die Sowjetunion wolle in dem Übergang zur Marktwirtschaft Sozialleistungen erhalten und Betriebe in die schwarzen Zahlen führen. Für diesen Übergang benötige man die Kredite.

Gorbatschow: Zusammenarbeiten – das heißt nicht, sich in Abhängigkeit befinden, besonders in politischer. Für die Sowjetunion ist eine solche Abhängigkeit moralisch nicht hinnehmbar. (...) Falls wir etwas nehmen, so zahlen wir dafür. (...) Früher lag der Schwerpunkt unserer Wirtschaft auf der Schwerindustrie, auf dem Verteidigungssektor. Jetzt richten wir ihn auf die Lösung der sozialen Fragen, die Produktion von Waren des Massenbedarfs. (...) Dafür brauchen wir Schutzmaßnahmen, so eine Art Versicherungsfonds. Darunter verstehen wir einen günstigen Kredit von unseren westlichen Partnern.[16]

Offensichtlich hatten die Sowjets auch von den Amerikanern Kredite erbeten, die aber Bedingungen gestellt haben sollen, was eine Verärgerung auf sowjetischer Seite und eine Richtungsänderung zur Folge gehabt haben soll, vielleicht sogar eine Umorientierung mit stärkerem Gewicht auf Europa. Das legen Gorbatschows anschließende Sätze aus dem Moskauer Protokoll nahe:

Die Amerikaner wollen sich nicht in unsere Lage versetzen. Für mich ist das eine prinzipielle Frage, das soll auch die Führung der BRD wissen. Wir haben eine Wendung mit allen daraus hervorgehenden schwierigen Folgen begonnen, und es wäre unmoralisch zu versuchen, diese Instabilität auszunutzen. So können keine Politiker auftreten, sondern nur engstirnige Pragmatiker, die von Wahl zu Wahl in alten Kategorien denken.

Gorbatschow fuhr dann in ungewöhnlich scharfer Form fort – ungewöhnlich, weil er so über die nichtanwesenden Amerikaner gegenüber einem Dritten, nämlich Teltschik sprach:

Im Weltmaßstab zeigen sich Anfänge einer Art amerikanischen Revanchismus. Man spürt das Anwachsen von Großmachtambitionen. (...) Wir möchten gern, dass alle fühlen, dass wir unsere Partner in erster Linie in Europa suchen. Wir orientieren uns auf sie im Kontext des gesamteuropäischen Prozesses, der Ver-

15 Brief Gorbatschows vom 6.3.2002.
16 Ebenda.

tiefung der Zusammenarbeit zum gegenseitigen Vorteil auf dem Wege zur Schaffung eines gesamteuropäischen Hauses. Europa ist uns näher als alles andere.

Ich interpretiere diesen ganzen Komplex so, dass Gorbatschow, enttäuscht von den Amerikanern, die Europäer und das gesamteuropäische Sicherheitssystem neu bzw. wieder entdeckt, weil sich dies implizit gegen den amerikanischen Einfluss in Europa über die NATO wendet, nachdem er zwischenzeitlich stärker auf die *Viermächteverantwortung über* Deutschland gesetzt hatte. Diese erneute Höherbewertung der Europäer kam sehr spät und unter für die Sowjetunion keineswegs vorteilhafteren Bedingungen als noch im November/Dezember 1989 oder Januar 1990.

Aber: Wenn es diese erneute Umorientierung gab, warum hat Gorbatschow dann die entscheidende Wende in der NATO-Frage nicht gegenüber den Deutschen oder zehn Tage später gegenüber Mitterrand vollzogen, sondern gegenüber den Amerikanern, die er gerade kritisiert hatte?

7.3 Mitterrand bei Gorbatschow am 25. Mai 1990: Die NATO, die »Überwindung der Blöcke«, eine »Europäische Konföderation« und »gesamteuropäische Sicherheitsstrukturen«

Wenn man das Gesprächsprotokoll[17] des Treffens zwischen Gorbatschow und Mitterrand – drei Wochen nach der ersten 2+4-Außenministerkonferenz, zehn Tage nach Teltschiks Besuch und nicht einmal eine Woche vor dem Gespräch Gorbatschows mit US-Präsident Bush – liest, ahnt man, warum Anatoli Tschernajew glaubt, dass Gorbatschow am meisten auf Mitterrand »hörte« und ihn besonders schätzte.[18] Keine Begegnung zuvor macht beider Überlegungen in Richtung auf ein Gesamteuropa so deutlich wie diese, und gleichzeitig wird Gorbatschow selten deutlich von Mitterrand dazu gedrängt, sich klar – negativ oder positiv – zur NATO-Mitgliedschaft des vereinten Deutschland zu äußern.

Mitterrand: Wir haben gute Beziehungen zu den Deutschen. Aber wir sind nicht blind. Wir haben nie die Augen davor verschlossen, wie sie alle Kräfte darauf konzentrierten, dass die Vereinigung Deutschlands so schnell wie möglich erfolgt. All diese Zeit habe ich Folgendes erklärt: Ich stelle keine Vorbedingungen für die Wiedervereinigung, meine aber, dass die Folgen der Vereinigung Deutschlands Gegenstand von Verhandlungen auf der Grundlage entsprechender Garantien sein sollten.

17 Aufzeichnungen der Unterredungen von M. S. Gorbatschow mit F. Mitterrand (Treffen unter vier Augen) 25. Mai 1990, in: Gorbatschow-Stiftung, 90MAY25.

18 Dies erwähnte Tschernajew mir gegenüber mehrfach.

Nach vielen Geplänkeln um das NATO-Problem und andere fragte Mitterrand in der Mitte des Gesprächs erneut:

Jetzt ist die reale Schwierigkeit mit der Frage der Mitgliedschaft des vereinigten Deutschland in der NATO verbunden. Die USA, aber auch die Führer der beiden Deutschlands, würden sie gerne so schnell wie möglich lösen, und natürlich in Richtung einer Mitgliedschaft. Eine andere Sache ist, was die deutsche Bevölkerung, die einfachen Deutschen darüber denken.[19] *Selbstverständlich werden diese Fragen zwischen den Deutschen selbst gelöst werden, aber welche Variante könnten Sie ihnen vorschlagen?*

Gorbatschow (direkt wie nur selten – AvP)*: Die Mitgliedschaft des zukünftigen Deutschland gleichzeitig in beiden Blöcken.*

Mitterrand: Ich denke nicht, dass dieser Vorschlag, eigentlich ein kluger, angenommen wird. Dabei möchte ich erinnern, dass ich persönlich für die allmähliche Liquidierung der Militärblöcke eintrete. Es entsteht der Eindruck, dass die Frage der Mitgliedschaft des zukünftigen Deutschland in der NATO verbunden wird mit dem Gang der Abrüstungsgespräche. Um konkret zu sprechen, werden Sie eine solche Verknüpfung zu den Wiener Gesprächen herstellen? Sie werden doch nicht auf solche Trümpfe wie die Abrüstungsgespräche verzichten.[20] *Auf jeden Fall nicht bis dahin, bis Sie zu dem gegebenen Aspekt der deutschen Regulierung eine Antwort erhalten. Mit anderen Worten, werden Sie den Lauf der Abrüstungsgespräche in Abhängigkeit vom Gang der deutschen Angelegenheiten abbremsen?*

Gorbatschow: Das könnte eine der Folgen sein, über die ich sprach.

Mitterrand: Ich spüre nicht den kleinsten Zweifel hinsichtlich der Entschiedenheit der BRD und der sie unterstützenden USA, was die Frage der NATO betrifft. Anscheinend werden Sie darüber auf dem bevorstehenden Treffen mit Präsident Bush sprechen.

Gorbatschow: Unbedingt.

Wir werden sehen, was – einmal mehr – von dieser »unbedingten« Klarheit in den Verhandlungen mit Präsident Bush über die Abrüstung als Vorbedingung der Mitgliedschaft Deutschlands in beiden Blöcken eine Woche später übrig blieb. Auch Mitterrand schien darüber nachzudenken, welche Mög-

19 An anderer Stelle dieses Gesprächs beschreibt Mitterrand sehr genau, was die Deutschen zu Gorbatschows Vorschlag anderes als ihre Regierungen denken: »Ich kann wie jeder Mensch Fehler machen, aber, wie ich meine Bündnispartner in der NATO kenne, gibt es keine Chance, dass sie einem solchen Vorschlag zustimmen. Wissen Sie, von wem Ihr Vorschlag am besten angenommen wird? Von den Deutschen selbst. Ich meine die Öffentlichkeit, aber nicht die ›Stäbe‹.«

20 Ich konnte bei meinen Gesprächen in Moskau nicht herausfinden, auch nicht bei Anatoli Tschernajew, ob Mitterrand diese Frage stellte, weil er von Tschernajew oder anderen informiert worden war, dass Gorbatschow Anfang Mai im Politbüro selten scharf erklärt hatte, dass er eher die Abrüstungsverhandlungen scheitern lassen würde, als die Mitgliedschaft des vereinten Deutschlands in der NATO zuzulassen.

lichkeiten Gorbatschow eigentlich hätte, seine Position der Zugehörigkeit Deutschlands zu beiden Militärblöcken in Washington durchzusetzen:

Mitterrand: Ich bin kein Pessimist. Ich denke aber, dass Bush außerordentlich überrascht sein wird, wenn Sie Ihren Vorschlag mitteilen. Er ist darauf nicht vorbereitet. Die Idee der Zugehörigkeit Deutschlands zu zwei Blöcken scheint ihm etwas unsinnig. Einerseits gibt sie Deutschland ungewöhnlich starke Positionen, und andererseits weisen die Deutschen sie selbst ab.

Gorbatschow: Darauf kann man sagen, dass so die Sachen aus Washington scheinen, aber gleichzeitig haben die Europäer ihre Ansichten. Um offen zu sprechen, mir gefällt das Streben Kohls und Bushs nicht, die Situation auszunutzen, wenn sich die Sowjetunion auf ihre inneren Angelegenheiten konzentriert und ihre Kräfte den sich bei uns vollziehenden tiefgreifenden Veränderungen widmet. (...)

Mitterrand: Ich habe meine Aufmerksamkeit darauf gerichtet, was Sie hinsichtlich eines Friedensvertrages oder einer friedlichen Regulierung, in der alle notwendigen Bedingungen für die europäische Sicherheit, aber auch für die Sicherheit der UdSSR, festgelegt würden, gesagt haben. Ich stelle mir vor, dass ein solches Herangehen besser verstanden werden würde als der Vorschlag über die gleichzeitige Mitgliedschaft Deutschlands in zwei Bündnissen.

Anatoli Tschernajew verbindet seine Erinnerung an diese Phase des Gesprächs mit einem Urteil:

Mitterrand war eleganter (als Baker – AvP). *Er sagte: »Ich verstehe Sie. Sie wollen nicht, dass Deutschland in die NATO geht, ich verstehe die Gefühle des sowjetischen Volkes. Aber Herr Gorbatschow, Sie haben die Kraft nicht, das zu verhindern. Sie können sich dem nicht entgegenstellen. Wenn die Deutschen das wollen und die Amerikaner, dann können Sie die Sache nicht aufhalten. Also stellen Sie sich nicht dagegen, Sie verlieren nur.« Also, er überzeugte Gorbatschow ganz elegant.*

Das scheint mir eine eigenwillige Interpretation zu sein. Denn Mitterrand drängte Gorbatschow geradezu die Abrüstungsverhandlungen als Druckmittel einzusetzen. Mitterrand merkt an, dass er Bush gebeten habe, im Interesse des Gleichgewichts in Europa die amerikanischen Truppen nicht nach Ostdeutschland auszudehnen. Beide – Mitterrand und Gorbatschow – sind sich bewusst, dass die Amerikaner die europäischen Institutionen für den Wiedervereinigungsprozess weniger nutzen wollen als die NATO. Diese Frage führt Mitterrand und Gorbatschow zu weiteren gesamteuropäischen Überlegungen.

Mitterrand: Welche Mittel stehen uns zur Verfügung? Die USA sind vollständig an der Seite der BRD. Sie sind für eine sofortige Vereinigung. Großbritannien nimmt eine mehr zurückhaltende Position ein. Ich meine sogar, dass es dem Wesen nach einer Vereinigung Deutschlands feindlich gegenüber steht. Aber die Engländer haben sich eindeutig für die deutsche Mitgliedschaft in der NATO ausgesprochen.

Die Sicherheitsfragen stünden – Mitterrand zufolge – momentan im Vordergrund aber nicht nur für die Sowjetunion, sondern

> *... auch für die europäische Sicherheit im Ganzen. Von diesem Ziel lasse ich mich leiten, speziell, wenn ich meine Idee über die Schaffung einer europäischen Konföderation vorbringe. Sie ähnelt Ihrer Konzeption vom Bau des gesamteuropäischen Hauses. Man könnte sagen, dass ihre Idee vom gesamteuropäischen Haus mehr Konzeptcharakter trägt, während mein Vorschlag zugleich mehr politisch-juristisch angelegt ist. Auf diese Weise braucht die zukünftige Konföderation entsprechende Strukturen. Das könnten, wie ich schon sagte, ein ständiges Sekretariat, mehrmalige Treffen von Außenministern im Jahr, aber womöglich auch der Finanz- und anderer Minister sein. Dabei muss die volle Gleichberechtigung zwischen allen europäischen staatlichen Mitgliedern garantiert sein. Nicht eines von ihnen sollte das Gefühl verspüren, dass es sich in einer abhängigen Lage befindet. Wir könnten nicht nur bei den Fragen der Sicherheit eine gemeinsame Position finden, sondern auch bei der Technologie, bei der Umwelt und in vielen anderen Sphären. Dann nehmen die europäischen Staaten die Angewohnheit an, zusammenzuarbeiten. Das um so mehr, weil schon zwei, drei Organisationen existieren, die – jede auf ihrem Gebiet – dem Wesen nach in diese Richtung agieren.*

So deutliche Worte von Mitterrand über ein Ost-West-Gesamteuropa habe ich nirgendwo sonst in Gesprächen mit Gorbatschow oder mit westlichen Gesprächspartnern gelesen, vor allem nicht in dieser Kombination mit dem langfristigen Abzug der amerikanischen Truppen aus Europa.

> *Mitterrand: Selbstverständlich geht es in erster Linie um die KSZE. Man sollte nicht danach streben, dass sie ausgetauscht wird. Im Laufe einer bestimmten Periode ist die Anwesenheit der USA und Kanadas ein positives Element.*[21] *Allerdings ist die KSZE nicht das europäische Haus. Sie ist eine Etappe auf dem Weg zu ihm.*

Man sieht: Die bereits erwähnte Äußerung von Mitterrands Berater Attali auf der G7-Konferenz, »Europa müsse sich auf eine Zeit einstellen, in der die USA und die Sowjetunion aus Europa heraus seien«[22], die Eagleburger zur Intervention bei Kohl führte, kam nicht von ungefähr. Attali ist übrigens bei diesem »Vier-Augen-Gespräch« dabei ebenso wie Anatoli Tschernajew und die beiden Dolmetscher. Es war in Wirklichkeit wie immer ein »Zwölf-Augen-Gespräch«.

21 Hervorhebungen im Original.
22 Nach dem Gespräch Eagleburger – Kohl, in: DzD, S. 743.

Mitterrand meinte jedoch, dass für die gegenwärtige Situation seine Vorstellungen von einer europäischen Konföderation nicht reif seien, obwohl er ansonsten in früheren und in diesem Gespräch die Vereinigung Deutschlands eigentlich lieber *nach* oder *mit* dem gesamteuropäischen Einigungsprozess gesehen hätte. Hier lag das eigentliche strategische Problem.

Mitterrand: Ich habe mich schon öfters hinsichtlich der europäischen Konföderation geäußert. In der gegenwärtigen Zeit kann eine solche Konföderation keine Antwort auf die entstandene Situation sein. Sie wird auch in drei Jahren noch keine Antwort sein. Aber in zehn Jahren passiert es. Ihr Ziel (ist es – AvP)*, es so zu machen, dass die Europäer zusammen sind, ihre Angelegenheiten beraten und entscheiden, die Kriegsgefahr abwenden, aber auch – und das ist wichtig – zu einer Wirtschaftsmacht werden.*

Gorbatschow stimmte Mitterrand in all diesen Fragen zu.

Beide waren sich darüber im Klaren, dass sie wenig tun könnten, wenn Bush und Kohl die NATO-Mitgliedschaft des vereinten Deutschland durchsetzen wollten.

Mitterrand: Was die Frage über die Mitgliedschaft Deutschlands in der NATO betrifft, so bin ich bereit, zu helfen, aber ich meine, dass sich der Schlüssel bei Ihnen befindet. Was kann ich machen? Eine Division dorthin schicken?

Gorbatschow: Für uns ist es einfacher – unsere Divisionen befinden sich schon dort. (Gelächter.)

Wieder zurück in Paris, ließ Mitterrand durch seinen sicherheitspolitischen Berater, Hubert Védrine, die Bonner Bundesregierung in Gestalt des Vortragenden Legationsrates Joachim Bitterlich von seinem Treffen mit Gorbatschow unterrichten.[23] Dieser Bericht spiegelt wenig von der Nähe der Gedanken Mitterrands und Gorbatschows, wenig auch von der Schärfe, mit der beide über verschiedene Möglichkeiten gesamteuropäischer Sicherheitskonzepte diskutiert hatten. Demgegenüber betonte Mitterrand verständlicherweise, dass er »Ihre Haltung verteidigt« hätte, also die des Bundeskanzlers, als von Gorbatschow die Doppelmitgliedschaft des vereinten Deutschland in NATO und Warschauer Vertrag ins Spiel gebracht worden war. Nach dem sowjetischen Protokoll ist das ein diplomatischer Euphemismus, denn Mitterrand hatte diesen Vorschlag – »eigentlich ein kluger« – nur als wenig aussichtsreich beschrieben, da er nicht angenommen werden würde.

Aus welchen Gründen auch immer: Mitterrand bzw. Védrine lassen der deutschen Regierung übermitteln, dass Gorbatschow eine »›Verbindung‹ zwischen dem Prozess der Abrüstung und dem künftigen militärischen Status Deutschlands hergestellt« habe. Auch dieses stimmt nach dem sowjetischen

23 Vorlage des Ministerialdirigenten Hartmann an Bundeskanzler Kohl, Bonn, 30.5.1990, in: DzD, S. 1162 ff.

Protokoll nicht. Aber noch erstaunlicher ist, dass sich – für die Bonner Ohren natürlich – der »Elysée fragt …, ob Gorbatschow damit (ein) echtes Junktim herstellen oder lediglich den engen Zusammenhang verdeutlichen wollte«.[24] Wir erinnern uns: Nach dem sowjetischen Protokoll war es Mitterrand gewesen, der diese »Trumpfkarte« Gorbatschow geradezu in die Hände legte.

> *Mitterrand: Es entsteht der Eindruck, dass die Frage der Mitgliedschaft des zukünftigen Deutschland in der NATO verbunden wird mit dem Gang der Abrüstungsgespräche. Um konkret zu sprechen, werden Sie eine solche Verknüpfung zu den Wiener Gesprächen herstellen? Sie werden doch nicht auf solche Trümpfe wie die Abrüstungsgespräche verzichten.*

Man verzeihe mir diese Wiederholung, aber sie macht deutlich, dass die Trumpfkarte auch eine – um im Bild zu bleiben – »gezinkte Karte« Mitterrands war: Er stellte sich gegenüber Kohl anders dar als gegenüber Gorbatschow und: anders, als er vermutlich strategisch dachte.

7.4 Gorbatschow in Washington und die NATO-Frage

Nicht einmal eine Woche nach dem Gespräch Gorbatschows mit Mitterrand und zwei Wochen nach dem mit Teltschik kam es vom 31. Mai bis zum 2. Juni 1990 zu dem lange vorbereiteten, allerdings in den wesentlichen Fragen strittigen Gipfeltreffen zwischen dem US-Präsidenten George Bush und dem sowjetischen Präsidenten Michail S. Gorbatschow in Washington und in Camp David.

Baker war zur Vorbereitung dieses Treffens vom 16. bis zum 18. Mai in Moskau gewesen und hatte dort eine sowjetische Führung vorgefunden, die vor allem durch die Unabhängigkeitserklärung Litauens in enorme Schwierigkeiten geraten und in außenpolitischen Fragen – vermutlich wegen dieser Verunsicherung – auf »starre Positionen« zurückgekehrt war. Juli Kwizinski, der bisherige sowjetische Botschafter in Bonn, der nun nach Moskau zurückberufen worden war, schilderte demgegenüber die dortigen außenpolitischen Überlegungen als einen »surrealistischen Wust von Ideen«[25]; allerdings hatte sich eine Phalanx gegen die NATO-Mitgliedschaft des vereinten Deutschland von Gorbatschow über Achromejew und Jasow bis hin zu Falin gebildet. Eine Rolle für die keineswegs amerikafreundlichen Positionen dürfte dabei die Litauen-Entscheidung des US-Senats gespielt haben, der mit klarer Stimmenmehrheit von 73:24 beschloss, »alle Handelsbegünstigungen der USA gegenüber der UdSSR solange zurückzustellen, bis die unentschiedene Lage in Litauen gelöst und das (sowjetische – AvP) Wirtschaftsembargo auf-

24 Die beiden letzten Zitate aus Vorlage Hartmann in: DzD, S. 1163.
25 Nach Zelikow/Rice 1997, S. 361.

gehoben« sei.[26] Außerdem waren Kreditanfragen von den USA – ganz im Gegensatz zur Bundesrepublik Deutschland – abgewiesen worden. Auch dies dürften Gründe für die in diesen Wochen in Moskau zumindest zeitweilig zunehmende Orientierung auf Westeuropa gewesen sein. Dennoch machte Baker in seinen Gesprächen mit Schewardnadse sowohl in Bonn als auch in Moskau Anfang und Mitte Mai mit der litauischen Ministerpräsidentin Kazimiera Prunskiene und Gorbatschow deutlich, dass die Differenzen zwischen der neuen litauischen Führung und der Gorbatschow-Politik nicht so groß waren, dass sie nicht hätten gelöst werden können. Aber offensichtlich seien da »symbolische Differenzen« von Bedeutung, die Baker an den Nahen Osten erinnerten und zum Kollisionskurs führen könnten, wie er meinte.[27]

Außerdem versuchte Baker, die Zugeständnisse zu betonen, die man in der Beachtung sowjetischer Sicherheitsinteressen gemacht habe, was Schewardnadse in Bonn am 5. Mai durchaus anerkannt und einer weiteren amerikanischen Truppen-Präsenz von »sieben bis zehn Jahren oder länger« zugestimmt hatte. Das schrieb Baker an seinen Präsidenten nach der ersten 2+4-Außenministerrunde und erwähnte zugleich, dass die Sowjets gegen die NATO-Mitgliedschaft seien, aber offenbar »kein Rezept für die Quadratur des Kreises haben«. Nach seinem Abflug aus Bonn hatte Baker einen Zwischenstopp in Warschau gemacht, um die Polen wegen der Grenzfrage zu »beruhigen« und um den polnischen Außenminister zum nächsten 2+4-Außenministertreffen im Juli in Paris einzuladen.[28] Am 18. Mai war Baker dann schließlich in Moskau und musste bemerken, dass sein Kollege Schewardnadse angesichts der anstehenden Probleme überfordert schien und seine Glaubwürdigkeit in den Abrüstungsfragen vor den eigenen Mannschaften herauskehren musste. Schewardnadse fuhr mit Baker nach Sagorsk in das Priesterseminar, wo sie gemeinsam Kerzen anzündeten, was bei Baker ein »merkwürdiges Gefühl« auslöste, und ungestört über Nationalitäten-Probleme in der Sowjetunion nachdachten.

In seinem fünfstündigen Gespräch am 18. Mai mit Baker[29] erklärte der sowjetische Präsident »zum ersten Mal«, dass er das Gefühl habe, die USA seien auf ihren (einseitigen und kurzfristigen[30]) Vorteil bedacht, so in Osteuropa, besonders in Litauen, und in Deutschland. Nach seinen Informationen wollten die USA Osteuropa von der Sowjetunion trennen (oder gar isolieren). Gorbatschow betonte, dass er selbstgewählte Wege unterstützen werde, aber es sei nicht in Ordnung, wenn Staaten Osteuropas dazu gedrängt wer-

26 Baker 1995, S. 214.
27 Vgl. Zelikow/Rice 1997, S. 363; Baker 1995, S. 222.
28 Baker 1995, S. 217 und 218.
29 Vgl. dazu die sowjetischen Gesprächsprotokolle in Gorbatschow-Stiftung, 90MAY18A und 90MAY18B.
30 Die Adjektive in der Klammer erwähne ich, weil sie im sowjetischen Protokoll auftauchen, aber nicht in Bakers Bericht.

den. Bezogen auf Deutschland meinte Gorbatschow, dass das vereinte Deutschland in der NATO eine bedenkliche und gefährliche Störung des europäischen Gleichgewichts bedeuten würde. Überdies versuchten die USA, Bedingungen an die Beteiligung der Sowjetunion am ERP-Hilfsprogramm (der Europäischen Bank für Wiederaufbau und Planung) zu knüpfen. Baker bestritt all diese Vorwürfe mit Ausnahme der Kreditbedingungen: Es könne nicht erwartet werden, dass amerikanische Steuergelder für ein Land ausgegeben werden, das Kuba, Kambodscha und Vietnam jährlich mit »zehn, ja fünfzehn Milliarden Dollar subventioniere und gleichzeitig seine hohen Verteidigungsausgaben beibehalte«.[31] Am Ende wurde von sowjetischer Seite ein Gespräch zwischen Baker und Schewardnadse abgesagt, auch die Bemühungen von Rice und Zoellick, die Baker begleitet hatten, nützten da nichts. Gorbatschow klang, so Baker, wie ein »Bräutigam, der vor dem Altar stehen gelassen worden war«. Ein merkwürdiges Bild, da die Braut die Sowjetunion selbst war. Diese Differenzen und die mangelnden Ergebnisse ließen Schwierigkeiten für den Gipfel zwischen Gorbatschow und Bush am 31. Mai erwarten.[32]

Helmut Kohl hatte eben wegen dieses Besuchs einen Tag zuvor Präsident Bush angerufen und genau den für die Amerikaner entscheidenden Punkt angesprochen: »Wichtig sei es, dass Gorbatschow jetzt begreife, dass die USA und die Bundesrepublik Deutschland eng zusammenstünden, gleichgültig, wie sich die Dinge entwickelten. Ausdruck hierfür sei die Mitgliedschaft eines künftigen wiedervereinigten Deutschland in der NATO, und zwar ohne jede Einschränkungen.« Vielleicht hat der Bundeskanzler auch deshalb angerufen, weil Brent Scowcroft, der Sicherheitsberater Bushs, Teltschik gegenüber das »großzügige Angebot« Kohls (so Bush im Telefonat) wegen der Reduzierung der Truppenstärke des vereinten Deutschland als »vorausschauend,« aber verfrüht bezeichnet hatte. Kohl wollte Bush wahrscheinlich signalisieren, dass dieses Angebot nicht einer »Aufweichung« der deutschen Position entsprach, sondern das Ziel verfolgte, von Gorbatschow die Mitgliedschaft in der NATO zugestanden zu bekommen.[33]

Das Gipfeltreffen zwischen Bush und Gorbatschow sollte in der Tat den entscheidenden Durchbruch in der Frage der NATO-Mitgliedschaft des vereinten Deutschland bringen. Neben diesem strittigen Punkt gab es in den Gesprächen der beiden Präsidenten eine Reihe weiterer, vor allem in Abrüstungsfragen.

31 Baker 1996, S. 221.

32 Hier sind sich die sowjetischen Protokolle und die Berichte bei Zelikow und Rice (S. 363), bei Baker in seinen Memoiren (S. 218 ff.) oder bei Weidenfeld (S. 466 ff.) alle ziemlich ähnlich. In den sowjetischen Protokollen wird die Position Gorbatschows allerdings länger und deutlicher dargestellt. Außerdem wird die fordernde Haltung gegenüber den USA klarer.

33 Telefongespräch des Bundeskanzlers Kohl mit Präsident Bush, 30.5.1990, DzD, Dok. Nr. 293, S. 1161 f.

Zweierlei springt bei der Durchsicht der sowjetischen Protokolle[34] dieses Gipfeltreffens ins Auge: Gorbatschow versucht einerseits – anders als bei Teltschik und Mitterrand – die USA nun wieder zum Hauptpartner zu machen, zum anderen wollte er quasi in letzter Minute die deutsche Frage mit der gesamteuropäischen Sicherheitskonzeption verbinden.

7.4.1 Bei Bush: Europäische Sicherheitskonstruktion und Mitgliedschaft des vereinten Deutschland in der NATO

Der sowjetische Staatspräsident wusste natürlich, dass der letzte dieser beiden Punkte für die USA strittig war, dass die USA immer die NATO als die erste und entscheidende Instanz sehen wollten und erst dann irgendwelche europäischen Institutionen – und sei es die KSZE, an der sie selbst beteiligt waren. Daher betonte Gorbatschow zunächst das erste Element, die führende, allerdings gefährdete Rolle der USA und der Sowjetunion:

> *Ich denke, dass es für die Vereinigten Staaten – bei all ihrer Macht – heute schwierig ist, ihre Führerschaft in der Welt zu erhalten. Entsteht unter diesen Bedingungen etwa nicht die Frage der Zusammenarbeit unserer beiden Länder? Ist dies etwa nicht klüger als zu versuchen, gegeneinander irgendwelche Karten – die deutsche, die chinesische oder eine beliebige andere – auszuspielen? Ich bin überzeugt, dass dafür die Zeit vergangen ist. Damit eine Zusammenarbeit möglich wird, muss man bestimmen, als was die Sowjetunion die Vereinigten Staaten, und die USA die UdSSR, sehen will. Ich sage direkt: Wir meinen nicht, dass eine geschwächte USA, eine USA mit einer verkleinerten Rolle in den Weltangelegenheiten, zu unserem Vorteil ist. Darin kann für uns kein Gewinn liegen, weil eine Schwächung oder irgendeine Kränkung der Vereinigten Staaten Instabilität in der Welt bedeutet.*

Aber Gorbatschow versieht diesen Gedanken mit einem leichten Seitenhieb gegen die Verlierer des Zweiten Weltkrieges:

> *Herr Präsident, ich weiß nicht, ob Sie mir zustimmen oder nicht, aber die Tragödie besteht darin, dass unsere beiden Länder in der Nachkriegsperiode in einen solchen Gegensatz gerieten, der Sie und uns zermürbt hat. Und andere Länder haben sich in dieser Zeit aufgerichtet und gingen voran.*
>
> *Bush: Ja, das ist eine sehr richtige Feststellung.*
>
> *Gorbatschow: Und mit welchem Resultat? Es ergab sich so, dass die Besiegten aufblühen, aber die Sieger mit wachsenden Schwierigkeiten konfrontiert sind. Aber um offen zu sprechen – und hier unter vier Augen müssen wir so reden: Einige von ihnen begannen sich herausfordernd, um nicht zu sagen*

34 Gorbatschow-Stiftung, 90MAY31A, 90MAY31B, 90JUN01, 90JUN02A, 90JUN02B.

frech, aufzuführen. Schauen Sie, wie Japan sein Imperium schafft, wie ein neues europäisches Zentrum der Kraft und ökonomischen Macht entsteht. Wir sehen uns hier mit einer Tendenz konfrontiert, welche unsere und ihre Interessen ernsthaft berührt. (...) Es verändert sich die Weltbalance. Es vollzieht sich eine Umgruppierung der Kräfte. Die Welt wird polyzentristisch.

Man weiß selbstverständlich nicht, ob Bush diese Position Gorbatschows ähnlich wie Baker nach seinem Moskau-Besuch Anfang Februar interpretierte, nämlich als einen bewussten oder unbewussten Versuch Gorbatschows, die Schwäche seines Landes herunterzuspielen und – wie hier in Washington – dabei zugleich die Führerschaft der USA als von außen gefährdet zu beschreiben, um sie auf gleiche Höhe zu bringen und mit ähnlichen Interessen wie die Sowjetunion auszustatten. Aber einer der »frechen« Besiegten, Deutschland, war zuvor als strategischer Verbündeter der Sowjetunion von Gorbatschow gegenüber Teltschik beschrieben worden; ebenso hatte er Europa als Zentrum und Ziel sowjetischer Politik gegenüber Mitterrand bezeichnet; und schließlich hatte er drittens noch im selben Monat Mai beiden gegenüber die USA als feindselig, ja revanchistisch, also gegen die Sowjetunion gerichtet, charakterisiert. War dies nur »Diplomatie« oder Ausdruck mangelnder Konsistenz seiner Außenpolitik oder Ausfluss eines strategischen Konzepts, wie es im Gespräch mit de Maizière entwickelt worden war? Das ist auch nach Kenntnis der sowjetischen Protokolle schwer zu entscheiden. In Washington betonte Gorbatschow stärker als in Malta Anfang Dezember 1989 oder während des Baker-Besuchs in Moskau am 9. Februar den Zusammenhang von europäischer und deutscher Einigung, ganz im Sinne des Ratschlags Mitterrands.

Gorbatschow: Ich möchte Ihnen in diesem Zusammenhang vorschlagen, die Frage des sich verändernden Europas und die Prozesse, die mit der Vereinigung Deutschlands zusammenhängen, gleich in einem Komplex zu behandeln. Das ist so miteinander verbunden, dass man eins vom anderen nicht trennen kann. Sogar wenn man die allerstrengsten Kriterien anlegt – Osteuropa und die Sowjetunion ändern sich in Richtung der Zusammenarbeit mit anderen Staaten –, so öffnen sich neue Facetten für die gesamte menschliche Zivilisation. Genau das schafft die Grundlage nicht einfach für einen Dialog, sondern für eine tiefgreifende Änderung der Formen der Zusammenarbeit und führt uns direkt zu neuen Strukturen der Sicherheit in Europa. Ich unterstreiche, das Wichtigste ist, wie der Prozess in der Sowjetunion und in Osteuropa verläuft. Was die Probleme betrifft, die durch die Vereinigung Deutschlands hervorgerufen wurden, so sind sie bei all ihrer Wichtigkeit und Schärfe doch eine zweitrangige Erscheinung – der Maßstab ist wirklich ein globaler.

Deshalb gilt es die Anstrengungen auf die Vertiefung der gesamteuropäischen Prozesse zu konzentrieren und dafür die notwendige Folgerichtigkeit der Schritte und Grenzen zu bestimmen. Wir teilen das Streben der amerikani-

schen Seite für eine baldige Vereinbarung in Wien, damit sie auf einem gesamteuropäischen Treffen auf höchster Ebene unterzeichnet werden kann.

Gorbatschow spricht sich dann für eine »etappenweise Vereinbarung« aus, was ein anderes Nacheinander erlaubt und Zeitgewinn bedeutet hätte vor allem für das »Wie« der »Beziehungen im neuen Europa«. Gorbatschow stellt Bush und sich die Frage, wie »der weitere gesamteuropäische Fortschritt mit einer gerechten Regelung der äußeren Fragen, die durch die Vereinigung Deutschlands entstehen, zusammenzubringen« sei. Er drängt auf »Tempo«, um von »Helsinki I zu Helsinki II« zu kommen.

Gorbatschow: Und hier ist absolut klar, dass das neue Europa nicht ohne die aktive Beteiligung der USA gebaut wird. Genauso, wie nichts Gutes bei Versuchen, die Sowjetunion zu isolieren, herauskommt, auch wenn sie nicht isoliert und einfach zur Seite gedrängt wird. Falls wir solche Manöver bemerken, so, das sage ich offen, folgt eine entsprechende Antwortreaktion.

Hier erscheint die Verknüpfung von amerikanischer Führungsrolle bzw. ihrer Gefährdung und europäischer Einigung eher als Konzept, um die Amerikaner zu gewinnen oder gar einzubeziehen in eine europäische Sicherheitskonzeption. Aber die Amerikaner fühlten sich nicht in ihrer Führungsrolle gefährdet und zwar wegen des Zusammenbruchs des sowjetischen Imperiums, sie benötigten die Sowjets nur noch begrenzt für die Einheit Deutschlands und noch weniger wollten sie eine europäische Einigung unter Einbeziehung der Sowjetunion. Im Gegenteil: In ein Gesamteuropa wollten die USA die Sowjetunion möglichst nicht einbeziehen und waren auch gerade erfolgreich dabei, mit Hilfe der deutschen Einheit und wegen der Umorientierungen der osteuropäischen Staaten die Sowjets aus Europa herauszudrängen. Sie benötigten die Sowjets nun eher in anderen Teilen der Welt, wie zum Beispiel in der sich zu dieser Zeit verschärfenden Auseinandersetzung mit dem Irak in Kuwait.

Außerdem brachte die *litauische Frage* nicht nur die Gorbatschow-Führung, sondern auch die Bush-Regierung in Bedrängnis: Im Kongress wurde eine deutlichere amerikanische Stellungnahme zugunsten der litauischen Unabhängigkeit verlangt, Bush selbst hatte sich – wie Gorbatschow verärgert konstatierte – auch bereits in diese Richtung entschieden und gab seine frühere Zurückhaltung auf, die die Gefährdung Gorbatschows durch eine Unterstützung der litauischen Unabhängigkeitsbewegung stärker in Rechnung gestellt hatte. Immer wieder während der mehrtägigen Gespräche in Washington und in Camp David ging es um das Dilemma, in das Gorbatschow durch die litauische Frage gebracht wurde. Ich habe bereits erwähnt, dass dieses Problem im Politbüro eine wesentlich bedeutsamere Rolle spielte als die deutsche Frage – zumindest was die Häufigkeit der Behandlung dieser Komplexe in diesem Gremium betrifft. Gorbatschow selbst schloss sogar eine Unabhängigkeit Litauens nicht aus, wenn diese »im Rahmen der sowjetischen Verfassung« erfolge und nicht durch einseitige Erklärungen und Handlungen. Denn er befürchtete eine Kettenreaktion in den sowjetischen Republiken, in denen bereits Unabhängigkeitskämpfe entbrannt waren.[35]

In dieser schwierigen Gemengelage waren die Amerikaner, aber auch die Sowjets in Fragen der Abrüstung zu Kompromissen bereit. Gorbatschow signalisierte seine Bereitschaft, in einer längst entschiedenen Frage nachzugeben, nämlich in der Begrenzung der amerikanischen Truppen in Europa statt auf 195 000 auf 225 000 Mann.

James Baker, der ebenfalls bei dem zweiten Gespräch des Gipfeltreffens dabei war, erklärte, dass die Amerikaner in der Vorbereitung dieser Besprechungen von der »Unterstützung der Schaffung gesamteuropäischer Strukturen« überzeugt wurden, »was wir früher vermieden haben«. Nun war allerdings auch eine entscheidende Schwächung der Sowjets eingetreten, was es den Amerikanern erleichtert haben dürfte, diese verbale Zustimmung zu geben, wenn sie dafür zuvor die NATO-Mitgliedschaft des vereinten Deutschland erhielten. Baker betonte darüber hinaus weitere acht Punkte, in denen man den Sowjets nachgegeben habe, darunter:

- die »Politisierung« der NATO (was aber auch schon seit Mai 1989 eine amerikanische Position gewesen war),
- die »Versicherung«, »dass es im Laufe einer begrenzten (!) Periode[36] in der DDR keine NATO-Truppen geben wird,
- die »Reduzierung der bewaffneten Kräfte, einschließlich der Bundeswehr«, um die »wir uns bemühen«,[37]
- »wir (!) sind bereit, während eines kurzen Zeitabschnitts, die Anwesenheit sowjetischer Truppen auf dem Territorium der DDR zuzulassen«,[38]
- »schon jetzt bemühen wir uns, eine abschließende und allen passende Grenzlösung zu gewährleisten«,
- »wir haben mit den Deutschen eine Regelung hinsichtlich der Verpflichtung des zukünftigen Deutschlands, auf den Besitz von nuklearen, chemischen und bakteriologischen Waffen zu verzichten, erreicht«,
- und schließlich haben sich die USA bemüht, günstige politische Bedingungen für die sowjetisch-deutschen Wirtschaftsbeziehungen zu schaffen.

35 Eine (vorläufige) Lösung des Litauenkonflikts gab es einen Monat später, am 29. Juni, als Litauen unter leichter Änderung des Vorschlags von Kohl und Mitterrand die Unabhängigkeitserklärung zeitweilig außer Kraft setzte, worauf Gorbatschow am nächsten Tag das Embargo gegen Litauen aufhob.

36 Das ist eine nicht ungeschickte Formulierung, weil sie Baker »das Gesicht wahren« lässt. Aber von einer zeitlichen Begrenzung der »Nichtstationierung« von NATO-Truppen auf dem Gebiet der früheren DDR war am 9.2.1990 bei Bakers Besuch in Moskau nicht die Rede gewesen.

37 Damit brachte Baker das zur Sprache, was gerade von Bush und Scowcroft als »verfrüht« bezeichnet worden war.

38 Baker fügte hinzu, dass der Präsident diese Frage später »mit Ihnen ausführlich besprechen« möchte.

Baker: All das ist eindeutig auf die Sicherung der berechtigten Interessen der Sowjetunion gerichtet.

Auch wenn dies ein wenig übertrieben erscheint und einzelne Punkte ohnehin von den Deutschen gewollt oder bereits zugestanden waren, sollte deren Wiederholung Kompromissbereitschaft der USA in der Akzeptanz sowjetischer Interessen andeuten.

Den folgenden Auszug möchte ich ungekürzt vorstellen, weil er die offenen Gegensätze zwischen den sowjetischen und den amerikanischen Verhandlungsdelegationen und die Kompromissbereitschaft exemplarisch deutlich macht. Im Anschluss an Baker erklärte sein sowjetischer Kollege:

Schewardnadse: Wir sind bereit, mit dem Außenminister an diesen Fragen zu arbeiten. Aber die zentrale Frage des militär-politischen Status des zukünftigen Deutschland erfordert eine Entscheidung auf präsidialer Ebene. Es ist notwendig, auch den Inhalt der Übergangsperiode festzulegen, im Laufe derer die Verantwortung des vereinten Deutschland vor der NATO und vor dem Warschauer Pakt erhalten bliebe. Das ist keine Chimäre, da parallel die Annäherung zweier Blöcke sowie der Abbau der militärischen Konfrontation durchgeführt und auch der Grundstein für die kollektive Sicherheit in Europa gelegt wird.

Bush: Die NATO ist ein Anker der Stabilität.

Gorbatschow: Aber zwei Anker sind zuverlässiger. Sie als Seemann sollten das wissen.

Bush: Aber wo finden wir den zweiten Anker?

Gorbatschow: Im Osten. Welchen konkret, darüber sollen sich unsere Minister die Köpfe zerbrechen.[39]

Bush: Ja, sollen sie nachdenken. Aber man muss das ungewöhnliche Tempo der Vereinigung Deutschlands berücksichtigen. Nach dem erfolgreichen Abschluss der Übereinkunft im Rahmen »2+4« kann man dem neuen Deutschland die Hand reichen. Aber man kann sich in diesem Moment nur auf die NATO stützen. Natürlich lohnt es sich, eine Vergrößerung der Rolle des KSZE-Prozesses zu beraten, aber ich sage Ihnen ehrlich, er ist zu sperrig, um mit einem schnellen und konkreten Resultat zu rechnen.[40]

Gorbatschow: Wir schließen keine Varianten aus. Es ist möglich, dass die NATO und der Warschauer Vertrag in irgendeiner Form für eine längere Zeit

39 Entgegen Mitterrands Ratschlag vertritt also Gorbatschow die Position: Das vereinte Deutschland sollte für eine gewisse Zeit in beiden Militärblöcken sein, bis die sich umgewandelt oder aufgelöst hätten.

40 Hier formuliert Bush deutlich das amerikanische Interesse: NATO ja, KSZE nein oder noch nicht. Aber er widerspricht damit dem einen von Bakers neun Punkten, der auf Anerkennung der Bedeutung des KSZE-Prozesses abzielte. Obwohl hier der Schwachpunkt der Argumentation liegt, ebenso wie Bakers im Februar, nimmt Gorbatschow diese Schwachstelle ebenso wenig wie im Februar auf. Aber er kämpft auf anderen Ebenen gegen diese Position.

erhalten bleiben, als man sich das jetzt vorstellen kann. Dann könnten sie eine Vereinbarung abschließen, die die Bildung eines einigen Deutschland, aber auch die Metamorphosen der eigenen Organisationen berücksichtigt. Wieder würde die Möglichkeit für eine gleichzeitige Mitgliedschaft im Warschauer Vertrag und in der NATO existieren. Wenn wir für immer die Spaltung des Kontinents beenden wollen, so muss man die militär-politischen Strukturen in Übereinstimmung mit den Vereinigungstendenzen des gesamteuropäischen Prozesses bringen. Heute klingt das womöglich überraschend, aber wir treten in eine absolut neue Periode der europäischen Politik. Außerdem war der Zweite Weltkrieg schon Zeuge der Geburt einer sehr ungewöhnlichen Koalition – vereint durch ein edelmütiges Ziel. Sind wir denn dümmer als Stalin und Roosevelt?

Bush: Man muss auch ihre Fehler berücksichtigen.

Gorbatschow: Lassen Sie uns eine neue freie (Koalition? – AvP) *schaffen, verändern wir Doktrinen und Institutionen, bestätigen wir das Primat der Politik über die militärischen Strukturen.*

Baker (wie immer sehr konkret – AvP)*: Wie stellen Sie sich praktisch die Existenz einer neuen NATO und eines neuen Warschauer Vertrages vor?*

Gorbatschow: Zu Beginn eine konkrete Vereinbarung zwischen den Blöcken, aus der ein vielfältiger Austausch, die Schaffung gemeinsamer Organe zur Festigung des Vertrauens und Verhinderung von krisenhaften Situationen hervorgehen. Diese Prozesse werden eine gute Hilfe für die Wiener Gespräche sein, garantieren ihre politische Absicherung. Wenn man anders handelt, das mächtige vereinte Deutschland in ein Bündnis einschließt, so entsteht ein Ungleichgewicht, werden wir vor Fragen gestellt, auf die niemand antworten kann.

Bush: Sind Sie einverstanden mit unserer Ausgangsthese, dass man Deutschland in keine besondere Lage bringen soll?

Gorbatschow: Ich stimme dem zu, wenn Sie die assoziierte Teilnahme, das Prinzip der Annäherung der Blöcke bei Vermittlung des vereinigten Deutschland annehmen, das heißt eine Lage, die weder die gegenwärtigen Verpflichtungen der BRD noch der DDR ändert, aber danach folgt selbstverständlich die Reform der Blöcke selbst – in organischer Verbindung mit den Wiener und gesamteuropäischen Prozessen. Die schrecklichen Opfer, welche wir während des Zweiten Weltkrieges erlitten haben, sind heute auch psychologische und politische Realitäten. Und keiner – nicht wir und nicht Sie – kann sie unberücksichtigt lassen.

Bush: Und dennoch, ich kann Sie kaum begreifen. Es kann sein, weil ich keine Angst vor der BRD habe, ich sehe in diesem demokratischen Land keine aggressive Macht. Wenn Sie nicht Ihr psychologisches Stereotyp durchbrechen, wird es schwer, miteinander zu sprechen. Aber eine Vereinbarung ist möglich, wir und Kohl wollen doch mit Ihnen auf allen Gebieten zusammenarbeiten.

Gorbatschow: Hier darf es keine Unklarheiten geben. Wir fürchten niemanden, weder die USA noch die BRD. Wir sehen einfach die Notwendigkeit für eine Veränderung der Verhältnisse, für einen Bruch mit den negativen und für die Schaffung konstruktiver Modelle. Das ist unsere freie Wahl.

In dieser Passage wird einiges deutlich: Zunächst einmal vertreten Gorbatschow und Schewardnadse deutlicher als jemals zuvor, aber in wesentlich schwächerer Position, die Auffassung, dass eine gesamteuropäische Sicherheitskonstruktion *Teil* der Wiedervereinigung Deutschlands sein müsse. Aber diese Deutlichkeit kommt vom sowjetischen Standpunkt aus gesehen zu spät angesichts der inneren Entwicklung in Deutschland und angesichts der ansonsten sehr weit vorangeschrittenen »2+4-Verhandlungen«. Als Zweites: Gorbatschow befolgt nicht den Rat Mitterrands, sondern vertritt die Position der zeitweiligen Mitgliedschaft Deutschlands in beiden Militärblöcken – und dies angesichts des gerade stattfindenden Zusammenbruchs des Warschauer Vertrages.

Ein weiterer Vorwurf der Gegner wie Krjutschkow an Gorbatschow war, er habe die NATO-Position der Amerikaner übernommen. Auch ein Teil der Argumente Falins geht in diese Richtung. Sehen wir, wie sich der Durchbruch in der NATO-Frage entwickelt. Zunächst einmal spricht Gorbatschow eine Kritik Bushs an:

Sie behaupten, dass wir den Deutschen nicht trauen. Aber warum haben wir dann unsere Zustimmung für ihr Streben nach Vereinigung gegeben? Wir hätten die Ampel auf Rot stellen (das rote Licht anschalten – AvP) *können, die Mechanismen hatten wir. Aber wir haben ihnen die Möglichkeit eingeräumt, ihre Wahl auf demokratischem Wege zu treffen. Sie sagen, dass Sie der BRD trauen, aber ziehen sie in die NATO und gestatten ihr nicht, ihr Schicksal nach einer endgültigen Regelung selbst zu bestimmen. Soll sie selbst entscheiden, in welchem Bündnis sie stehen will.*

Damit saß Gorbatschow quasi in der eigenen »demokratischen Falle«. Denn er selbst war es (nach dem sowjetischen Protokoll) und nicht Bush, der die Frage der NATO-Mitgliedschaft des vereinten Deutschland aufwarf – anders als die bisherigen Annahmen oder Behauptungen von amerikanischen oder deutschen Politikern bzw. Historikern und die seiner Gegner in Moskau. Die Entscheidung darüber sollte »die BRD« treffen – meinte er damit die Regierung oder »die Deutschen«? Nach einem Kabinettsbeschluss oder nach einem demokratischen Entscheidungsprozess in Deutschland? Bush nimmt sofort diesen kritischen Punkt auf:

Ich bin mit dem vollkommen einverstanden. Aber die Deutschen haben doch schon ausreichend ihre Wahl getroffen.

Gorbatschow: Nein. Sie streben danach, sie unter Ihre Kontrolle zu stellen.

George Bush schien sich sicher, dass zumindest die deutschen Regierungen im Sinne der NATO-Mitgliedschaft entscheiden würden, da ihm die Umfragen bekannt gewesen waren, die unterschiedliche Stimmungsbilder zwischen der Bevölkerung und der Regierung in dieser Frage offenbaren. Gorbatschow setzte dagegen offensichtlich auf eine andere Entscheidung, möglicherweise in der Hoffnung auf ein Referendum.

Bush: Falls Deutschland nicht in der NATO bleiben will, so ist es ihr (der Deutschen – AvP) *Recht, ein anderes Los zu wählen. So steht es in der Abschlusserklärung.*

Gorbatschow: Lassen Sie uns eine öffentliche Erklärung über die Ergebnisse unserer Gespräche abgeben, dass der Präsident der USA zustimmt, dass ein souveränes vereinigtes Deutschland selbst entscheidet, welchen militärpolitischen Status es wählt – die Mitgliedschaft in der NATO, die Neutralität oder etwas anderes.

Das klingt fast so, als ob Gorbatschow dies als Sieg seiner Position begriff, als ob er annahm, dass, indem er diese Frage der amerikanischen Regierungsentscheidung entzog, seine Chancen gewachsen seien, doch noch die NATO-Frage zu verzögern oder in Zusammenhang mit einer gesamteuropäischen Sicherheitslösung zu bringen. Der weitere Gang des Gesprächs:

Bush: Ein Bündnis zu wählen ist das Recht eines jeden souveränen Landes. Falls die Regierung der BRD – ich spreche rein hypothetisch – nicht in der NATO bleiben will und sogar unseren Truppen vorschlägt zu gehen, so nehmen wir diese Wahl an.

Gorbatschow: Das heißt, dass wir das auch so formulieren (können – AvP)*: Die Vereinigten Staaten und die Sowjetunion sind dafür, dass das vereinigte Deutschland beim Erreichen einer endgültigen Regelung, die die Ergebnisse des Zweiten Weltkrieges berücksichtigt, selbst entscheidet, in welchem Bündnis es Mitglied sein will.*

Bush: Ich würde eine etwas andere Redaktion vorschlagen: Die USA treten eindeutig für die Mitgliedschaft des vereinigten Deutschlands in der NATO ein, allerdings, wenn es eine andere Wahl trifft, werden wir sie nicht anfechten und sie achten.

Gorbatschow: Einverstanden. Ich nehme Ihre Formulierung.

Man einigte sich darauf, eine solche Passage in das Abschlussdokument aufzunehmen. Dabei gab es noch einmal eine Diskussion um die Doppelmitgliedschaft.

Baker: Wie Sie das auch immer formulieren, aber gleichzeitige Verpflichtungen ein und desselben Landes gegenüber dem Warschauer Vertrag und der NATO sind unvereinbar (schizophren – AvP).

Gorbatschow: Nur für einen Finanzier, der Cents und Dollars zählt. Aber Politik ist bisweilen die Suche des Möglichen in der Sphäre des Ungewöhnlichen.

Bush selbst schildert diesen Moment im Interview mit deutlicherer Betonung seiner eigenen Rolle und dramatischer, als er in der Trockenheit eines durchaus spannenden Protokolls zum Ausdruck kommt.

> *Bush: Ich muss immer wieder auf die Tatsache zurückkommen, dass Deutschland sich das Recht erworben hatte, selbst zu bestimmen, was es sein und tun wollte. Und ich habe lange gebraucht, um Michail Gorbatschow – hoffentlich erfolgreich – davon zu überzeugen. Ich werde nie ein Treffen im Weißen Haus vergessen, gar nicht weit von hier, wo wir beide jetzt miteinander reden. Und dann sagte Gorbatschow zum ersten Mal: »Lassen Sie die Deutschen entscheiden.« Daraufhin wurde mir eine Notiz gereicht: »Lassen Sie ihn das noch einmal wiederholen. Vergewissern Sie sich, dass wir das richtig verstanden haben. Bekommen Sie heraus, ob er wirklich so denkt.« Und ich ging noch einmal zu ihm und sagte: »Michail, ich möchte sichergehen, dass ich Sie richtig verstehe. Glauben Sie, dass Deutschland das Recht hat, selbst über die Wiedervereinigung zu entscheiden?« Und er sagte: »Ja.« Ein dramatischer und spannungsvoller Moment im Weißen Haus.*[41]

7.4.2 Abrüstung

Nachdem die strittigste aller Fragen gelöst schien, waren beide Seiten offensichtlich kompromissbereiter in den Abrüstungsfragen, die zum Teil noch in der unmittelbaren Vorbereitung dieses Gipfeltreffens kontrovers geblieben waren. In dem Delegationsgespräch am 1. Juni 1990 im Weißen Haus berichteten unter Anwesenheit der beiden Präsidenten die beiden Abrüstungsexperten, Viktor P. Karpow und Reginald Bartholomew, der anstelle von Baker, der eigentlich von Bush aufgefordert worden war, vortrug. Dem sowjetischen Experten wurde der Vortritt gelassen, und er fasste knapp die gemeinsamen und die strittigen Positionen zusammen. Es ging vor allem um die Reduzierung von strategischen Atomwaffen aller Art, um Interkontinentalraketen, um chemische, biologische und bakteriologische Waffen, um die Beschränkung unterirdischer Atomtests. Strittig war die Zahl und Qualität der sowjetischen Bomber, die für die Luftwaffe begrenzt worden waren, aber für die Seestreitkräfte nicht. Differenzen gab es auch bei der Reduzierung der atomaren Gefechtsköpfe – die sowjetische Seite war für deren Vernichtung, die amerikanische Seite nicht.

41 Bush im Interview mit mir 1999 in Washington. Übrigens, an diesem Gipfelgespräch nahmen auf sowjetischer Seite neben Gorbatschow und Schewardnadse auch S. F. Achromejew teil, also der spätere Putschist, außerdem A. A. Bessmertnych, A. F. Dobrynin, V. Falin, Ju. D. Masljukow, A. A. Obuchow, E. M. Primakow und mit fast unleserlicher Unterschrift der Note-Taker Anatoli Tschernajew, der am nächsten Tag abreiste. Auf amerikanischer Seite neben Bush und Baker auch L. Eagleburger, M. Fitzwater (Präsidentensprecher), R. Gates, D. Metlock, B. Scowcroft, R. Seitz und R. Zoellick.

Im Anschluss trug auch Bartholomew vor und betonte stärker die Kritik an der Sowjetunion wegen der Bomber der sowjetischen Seestreitkräfte. Er hob wesentlich schärfer als Karpow einen Punkt hervor, der zur entscheidenden Differenz werden sollte: die sogenannte »Umgehung«, wie es im russischen Protokoll heißt. Damit war eine Möglichkeit des Westens gemeint, die Atomwaffenbegrenzung zu umgehen, indem die Briten nicht die Reduktionen vornehmen mussten wie die Amerikaner, wodurch es nach sowjetischer Sicht ein Schlupfloch der Abrüstung innerhalb der NATO gab.

Bartholomew: Nichtumgehung. Hier sind wir sehr weit gegangen, um die Beunruhigung der sowjetischen Seite zu berücksichtigen. Es ist bekannt, dass bei uns schon seit 40 Jahren eine bestimmte Struktur der Zusammenarbeit mit Großbritannien existiert, welche es erlaubt, die englischen Atomkräfte auf einem modernen Niveau zu halten. Die sowjetische Seite fordert, dass wir von einer solchen Zusammenarbeit Abstand nehmen, das würde jedoch nicht nur Folgen für das Vereinigte Königreich, sondern auch für unsere Beziehungen mit unseren anderen Bündnispartnern haben. Das können wir nicht machen.

Gorbatschow meinte vor der Rede von Bartholomew sogar, dass ohne Klärung dieser strittigen Fragen keines der Dokumente unterzeichnet werden könnte.

Nach Bartholomews Vortrag erklärte Bush versöhnlich:

Mich hat all das Gehörte stark und angenehm überrascht. Das bedeutet, dass wir nicht so weit voneinander entfernt sind. Wahrscheinlich nur in den Fragen der »Nichtumgehung« und bei einigen anderen Fragen, wie zum Beispiel bei den schweren interkontinentalen ballistischen Raketen und beim sowjetischen Bomber. Deshalb schlage ich vor, dass diese Fragen in der zweiten Tageshälfte erneut behandelt werden. In der Erklärung über die zukünftigen Gespräche sollte man (...) auf ihre zukünftigen positiven Möglichkeiten verweisen. All das wird nicht nur die Schaffung einer positiven Atmosphäre im Verhältnis zwischen unseren Ländern fördern, sondern wird auch positiv in der ganzen Welt aufgenommen.

Baker fügte sogar hinzu, dass man auch die Begrenzung der mobilen ballistischen Interkontinentalraketen erreichen könne, so dass nur die Bomber-Problematik, die schweren ballistischen Interkontinentalraketen und – die Differenzen der »Nichtumgehung« blieben.

In den Fragen, bei denen eine Einigung möglich schien, wurden denn auch noch Lösungen erarbeitet. Aber für Gorbatschow waren die Differenzen bei der »Nichtumgehung« entscheidend, so dass er zu diesem Thema eine der längsten Ausführungen dieses Gipfels machte, die sehr klar und konkret seine Positionen deutlich machte, aber auch seine Erbitterung über die westlichen Haltungen ihm gegenüber. Man könne nicht solche Schlupflöcher schaffen oder erhalten, wenn man nicht alles gefährden wolle. Sonst würde man bei Verhandlungen Ergebnisse erzielen, die danach einfach umgangen werden. Er fühlte sich in diesem Punkt von den Amerikanern und Briten düpiert und reagierte selten scharf. Aber letztlich musste er – die Westmächte waren ihm dafür vor allem in Abrüstungs- und Sicherheitsfragen entgegenkommen – nachgeben angesichts der inneren und äußeren Schwäche der Sowjetunion. In der Frage der Mitgliedschaft des neuen, vereinten Deutschland in der NATO hatte der sowjetische Präsident eine demokratische Position eingenommen, die die Allianzfrage zu einer Entscheidung der Deutschen selbst machte, obwohl man doch gerade dieses Problem als das entscheidende der *äußeren* Aspekte der deutschen Einheit und damit der 2+4-Verhandlungen bezeichnet hatte. Dieser Widerspruch blieb. Manchmal war auch in den Gesprächen mit Gorbatschow der Gedanke aufgeblitzt, dass die Sowjetunion selbst Mitglied der NATO werden könnte – auch dann wäre das deutsche Problem kein besonderes mehr gewesen. Solche Gedanken setzten jedoch voraus, dass die USA die Sowjetunion in der NATO wollte und nicht mehr als potenziellen Feind begriff. In allen wichtigen Fragen haben Frankreich und England den deutsch-amerikanischen Positionen zugestimmt, auch wenn sie kurz zuvor noch ihre differierenden Haltungen deutlich gemacht hatten. Die britische Premierministerin hatte hier ebenfalls Korrekturen vorgenommen und am 8. Juni bei ihrem Besuch in Moskau die von der amerikanischen und der deutschen Bundesregierung entwickelten Abrüstungsangebote an Moskau im Wesentlichen mitgetragen. Sie war schließlich für die Mitgliedschaft des vereinten Deutschland in der NATO bei gleichzeitig deutlich formulierten Befürchtungen wegen des Tempos der Wiedervereinigung Deutschlands, das wegen des Anschlusses nach Artikel 23 des Grundgesetzes keine längere Übergangsperiode erlaube. Wegen dieser Befürchtungen vor einem starken vereinten Deutschland sprach sie sich erneut für die amerikanische Militärpräsenz in Deutschland aus, die mit Atomwaffen ausgerüstet bleiben sollte, wenn auch reduziert. Auch die britische Armee müsse weiterhin mit nuklearen Waffen ausgerüstet bleiben.[42]

In diesem Punkt blieben also die Differenzen mit der Sowjetunion erhalten.

7.5 Exkurs zum Grundbesitz – Rückgabe vor Entschädigung?

Bis heute gibt es einen Grundsatzstreit darüber, ob die Sowjetunion alle Gesetze, Enteignungen, Verfolgungen und sonstige Maßnahmen, die sie als Besatzungsmacht bis 1949 durchführte, für unantastbar erklärt hat. Hinter dieser Frage verbergen sich eine Reihe anderer Probleme, die die Trennlinie von »äußeren« Aspekten der Einheit, die von den 2+4-Verhandlungen übernommen werden sollten, und »inneren« Problemen verschwimmen ließen.

Zunächst einmal war damit die Zuständigkeitsfrage angesprochen: Soll das Problem der Nachwirkungen der damaligen Rolle der Besatzungsmacht im

42 Vgl. die sowjetischen Protokolle der Gespräche Gorbatschows mit Thatcher in Moskau in der Gorbatschow-Stiftung, 90JUN08.

Rahmen der 2+4-Verhandlungen geklärt werden, sind dafür eher trilaterale Gespräche zwischen den beiden Deutschlands und der Sowjetunion geeignet, oder ist das ein innerdeutsches Problem? Alle deutschen Beteiligten haben übereinstimmend dieselbe Aussage gemacht, auch vor dem Bundesverfassungsgericht: Die sowjetische Seite habe gewollt, dass dieses Problem im Zusammenhang mit den 2+4-Verhandlungen gelöst werden soll.

Das zweite Problem lag in der daraus folgenden unterschiedlichen Behandlung der Enteignungen vor und nach 1949: Wenn diejenigen, die bis 1949 enteignet worden waren, keinen Anspruch auf ihr früheres Eigentum haben sollten im Gegensatz zu jenen, die nach 1949 ihr Eigentum verloren, dann läge darin eine tiefe Ungerechtigkeit.

Das dritte Problem: Wem gehört dann dieser vor 1949 enteignete Besitz?

Das vierte Problem hing damit nur in Teilen zusammen: Sollte man die alten Eigentümer, die vor oder nach 1949 enteignet worden waren, entschädigen oder ihnen ihren alten Besitz zurückgeben? Wenn die vereinte Bundesrepublik der neue Eigentümer würde, warum könne diese dann nicht auch das Eigentum, das vor 1949 enteignet wurde, den alten Besitzern billig verkaufen oder ihnen zumindest Entschädigung dafür bezahlen, unabhängig davon, ob die Sowjetunion ihre damaligen Aktivitäten berücksichtigt wissen wollte? Viele dieser früheren Besitzer haben später in Anzeigenkampagnen die Bundesregierung angegriffen und sogar absichtlich beleidigende Äußerungen verbreitet (»Betrüger Kohl« usw.), um die straf- und zivilrechtlichen Seiten noch einmal aufzurollen.

In diesem Streit schlug wie eine Bombe ein, dass Gorbatschow erklärte, er habe diese Forderung nach Anerkennung der Gesetze, Verordnungen und sonstigen Aktivitäten der sowjetischen Besatzungsmacht überhaupt nicht gestellt. Nun geriet plötzlich die Bundesregierung in Verdacht, sich in einem »großen Coup« und unter Behauptung falscher Tatsachen die Latifundien der alten Großgrundbesitzer über den Umweg sowjetischer Enteignungen unter den Nagel gerissen zu haben, um ihre belasteten Staatsfinanzen in Ordnung zu bringen.[43]

Anatoli Tschernajew bestätigte mir gegenüber in einem Gespräch die Aussage Gorbatschows, dass die sowjetische Verhandlungsführung nicht explizit auf Beibehaltung dieser alten sowjetischen Positionen beharrt hätte. Als ich de Maizière darauf ansprach, geriet er in Wallung:

> *Im Juli hatten wir den Vertrag Zwei-plus-Vier fast fertig. Und zum ersten September zu der nächsten 2+4-Beamtenrunde in Berlin kamen die Leute* (die Sowjets – AvP) *mit einem neuen Entwurf, in dem ein neuer Artikel neun ein-*

43 Zu den Ergebnissen dieser Auseinandersetzung siehe vor allem den Einigungsvertrag und dessen Anlage III »Gemeinsame Erklärung zur Regelung offener Vermögensfragen« vom 15. Juni 1990, in: Texte zur Deutschlandpolitik Reihe III/Band 8 b – 1990, S. 7 ff. bzw. S. 603 ff.; Schäuble 1991, Wambach 1991; Stern/Schmidt-Bleibtreu 1990; Krum/Prokop 1994.

gefügt war, der genau diese Fragen alle noch einmal explizit enthielt. Und da haben wir gesagt, das haben wir aber schon geregelt im alten Vertrag, weil dies kein außenpolitischer Aspekt der deutschen Einheit sei, sondern ein innenpolitischer. Die Sowjets bestanden aber darauf, dass dies ein außenpolitischer Aspekt wäre. Wir haben die Lösung gefunden, dass zeitgleich mit dem Zwei-plus-Vier-Vertrag in Moskau ein Brief unterschrieben worden ist, der Bestandteil des Zwei-plus-Vier-Vertrages ist. Der Brief wurde von Genscher und mir unterschrieben im Beisein von Gorbatschow und wurde Schewardnadse übergeben.

Dieser Brief enthält vier Punkte. Erstens: keine Restitution der Eigentumsmaßnahmen 1945/49; zweitens: das geeinte Deutschland verpflichtet sich, alle sowjetischen Grab- und Kriegsdenkmale zu pflegen, zu warten und deren Unterhaltung zu finanzieren; drittens: das geeinte Deutschland wird keine neofaschistischen Parteien oder Organisationen zulassen oder im Falle ihres Entstehens sie verbieten, und viertens: der gesamte völkerrechtliche Vertragsbestand der DDR mit der Sowjetunion wird unter Beachtung der Grundsätze des Vertrauensschutzes von der Bundesrepublik übernommen oder abgewickelt.[44] De Maizière berichtet ein interessantes Detail:

Das haben wir in Moskau, wie gesagt, unter den Augen Gorbatschows unterschrieben. (...) (Die sowjetischen Verhandlungspartner – AvP) *bestanden darauf, dass dieser Brief gesiegelt wird. Wir hatten aber kein Siegel mit von unserer Delegation, so dass ein reitender Bote in die DDR-Botschaft in Moskau fahren musste, das Siegel von dort holen, und dann wurde er gesiegelt. Die Zeit wurde überbrückt mit der Behauptung, dass der Computer den deutschen und den französischen Text des Zwei-plus-Vier-Vertrages nicht ausdruckte. Aber in dem Moment, als der Brief gesiegelt war, funktionierte der Computer wieder. Wir haben den Vertrag dann unterzeichnet. Also, für die Vergesslichkeit von Gorbatschow in diesem Zusammenhang fallen mir ehrenwerte Gründe nicht ein.*

AvP: Eigentlich widerspricht es ja auch Gorbatschows eigenem Interesse, innerhalb der Sowjetunion bzw. Russlands heute nicht dazustehen als jemand, der in dieser Frage klein beigegeben hätte.

De Maizière: Und dem könnte er damit entgegen treten. Abgesehen davon, dass mir Juli Kwizinski erzählt hat und auch Bondarenko, sie hätten eine Verhandlungsdirektive vom Politbüro[45] *gehabt. Und jeder, der östliche Politik*

44 Der genaue Wortlaut ist abgedruckt in: Texte zur Deutschlandpolitik Reihe III/Band 8b. 1990, S. 678 ff.

45 Das ist ein interessanter Hinweis; denn über die sowjetische Deutschland-Politik soll in diesen Monaten bereits – darüber waren sich alle Gesprächspartner einig – nicht mehr das Politbüro entschieden haben, sondern Gorbatschow im Wesentlichen allein, assistiert von seinen engsten Beratern und von Schewardnadse. In den uns vorgelegten Politbüro-Mitschriften fand sich zu diesem Komplex keine Aussage, was angesichts des Grads ihrer Unvollständigkeit nicht mit Sicherheit heißt, dass es keine Sitzung dazu gab.

kennt, weiß: Eine Politbürodirektive ist so was Ähnliches wie das »Amen in der Kirche«. (...) Diese Direktive ist vom Politbüro beschlossen worden, dessen Generalsekretär Gorbatschow war. Das heißt, die Weichenstellung dafür ist durch ihn in dieser Politbürositzung gefallen.[46]

Für de Maizières Sicht spricht, dass der sowjetische Botschafter Kotschemassow ähnliche Forderungen während seines ersten Besuchs bei de Maizière erhoben hatte.

Besondere Verbitterung hat bei de Maizière ausgelöst, dass Gorbatschows »Nicht-Erinnern« zu einigen Klagen in Deutschland geführt hat. Gegen ihn selbst wurde der Vorwurf einer uneidlichen Falschaussage erhoben.

De Maizière: Es ist also zu einem Ermittlungsverfahren gekommen gegen Kinkel, Kastrup, mich und ich weiß nicht gegen wen noch. (...) Das Verfahren war wie eine heiße Kartoffel. Die Anzeige war in Berlin erhoben worden. Berlin sagte, wir sind nicht zuständig, schickte es nach Bonn. Bonn sagte, wir sind auch nicht zuständig, obwohl da die Regierung saß. (...) Und dann musste die Staatsanwaltschaft Karlsruhe darüber befinden. Die haben dann das Verfahren irgendwann eingestellt. Trotzdem muss ich Ihnen sagen, als Anwalt und Jurist lässt es einen nicht kalt, ein Ermittlungsverfahren wegen uneidlicher Falschaussage vor dem obersten deutschen Gericht (zu bekommen – AvP). *Das ist kränkend.*

Georgi Schachnasarow, ein weiterer der wichtigen Berater Gorbatschows, sieht dies zunächst ähnlich:

Es trifft nicht zu, wenn manche westlichen Politiker behaupten, dass wir unsere Zustimmung zur Wiedervereinigung von der Bedingung abhängig gemacht hätten, dieses Eigentum nicht an seine früheren Besitzer zurückzugeben.

Aber er stimmt zu, dass die »Einziehung (Enteignung – AvP) als unumkehrbar anerkannt worden« sei und dass keine »diesen Zusagen widersprechenden Rechtsakte vorzunehmen« seien. Dennoch macht Schachnasarow einen wesentlichen Unterschied zu den Interpretationen von de Maizière und Genscher deutlich, der in der deutschen öffentlichen Debatte wenig berücksichtigt wurde: In dem Brief der beiden damaligen deutschen Außenminister sei geäußert worden,

dass dem gesamtdeutschen Parlament das Recht zustehen sollte, die endgültige Entscheidung über eventuelle staatliche Kompensationsmaßnahmen zu treffen.[47]

In der Tat heißt es auch in dem deutschen Abdruck des gemeinsamen Briefes der beiden damaligen deutschen Außenminister und in der dort zitierten

46 Alle Zitate aus dem Gespräch de Maizières mit mir am 1.11.2000

47 Schachnasarow 1996, S. 152.

»Gemeinsamen Erklärung der Regierungen der Bundesrepublik Deutschland und der Deutschen Demokratischen Republik zur Regelung offener Vermögensfragen vom 15. Juni 1990«:

> *Sie* (die Regierung der Bundesrepublik – AvP) *ist der Auffassung, dass einem künftigen gesamtdeutschen Parlament eine abschließende Entscheidung über etwaige staatliche Ausgleichsleistungen vorbehalten bleiben muss.*[48]

Warum also hätte es nicht nach dem 3. Oktober 1990 weitergehende Kompensationsmöglichkeiten geben können? Nach der Vereinigung hätte man unterscheiden können zwischen der Anerkennung der Rechtsakte der sowjetischen Besatzungsmacht und den deutschen Ausgleichsleistungen an die früheren Besitzer. Gorbatschow jedenfalls kann nicht dafür verantwortlich gemacht werden, dass dies nicht geschah, sondern es war eine politische Entscheidung der Regierung des vereinten Deutschland, die von obersten deutschen Gerichten anerkannt wurde.

7.6 Die Volkskammer, der Bundestag, die polnische Regierung und die Grenzfrage

Ein weiteres Grundproblem durchzieht von Beginn an die Verhandlungen um die deutsche Einheit: die vertraglichen Regelungen zur deutsch-polnischen Grenze.[49] International sahen es die einen als Schwachstelle Kohls, die besonders der Regierung Polens und anderen osteuropäischen Regierungen Anlass zur Sorge gab, oder »als mittlere PR-Katastrophe«, wie es Condoleezza Rice kritisierte. Die anderen, vor allem Kohl selbst und das Bundeskanzleramt, meinten, die Grenzfrage sei unnötig hochgespielt worden. Immer wieder war der Streit darum aufgeflackert, besonders deutlich mit Tadeusz Mazowiecki und seinem Außenminister seit dem Zehn-Punkte-Plan vom Ende November 1989 oder mit hoher Emotionalität im Gespräch zwischen Gorbatschow und Kohl am 10. Februar 1990. Mazowiecki hatte an seiner Haltung keinen Zweifel gelassen: Polen könne sich kein »Vakuum« erlauben, in dem der Grenzvertrag mit der DDR von 1950 und der Warschauer Vertrag mit der Bundesrepublik von 1970 nicht mehr gelten würde bis zu einem Vertrag mit einem vereinten Deutschland. Anfang Februar hatte er bereits die Teilnahme Polens an den Sechsmächte-Verhandlungen gefordert, und am 16. Februar 1990 den »Abschluss eines Friedensvertrags über die Grenzfrage mit der Bundesrepublik und der DDR vor Wiederherstellung der deutschen Einheit«

48 Texte zur Deutschlandpolitik Reihe III/Band 8b – 1990, S. 679.

49 Vgl. zum folgenden Abschnitt vor allem: Dokumente zum Konflikt um den deutsch-polnischen Vertrag,. 1991, S. 760–764; Pflüger/Lipscher 1993; Mackorw 1995, S. 32 ff.; Ludwig 1990, S. 99–116; Jacobsen/Tomala 1992; Bingen 1993; Baczkowski/Buszko/Cziomer/Pilch 1987; Wolff-Poweska 1990; Teltschik 1990, S. 3–14; v. Münch 1991.

verlangt. Am 21. Februar 1990 schlug er »auf einer Pressekonferenz eine Stufenlösung für einen Friedensvertrag vor. Nach der Volkskammerwahl wolle die polnische Regierung mit beiden deutschen Staaten einen Friedensvertrag abschließen, in dem die gegenwärtigen Grenzen anerkannt werden. Nach der Wiedervereinigung soll die gesamtdeutsche Regierung den Vertrag unterzeichnen.«[50]

Seit dem 28. November 1989 war die Grenzfrage auch innenpolitisch zentraler Punkt der Auseinandersetzungen zwischen Genscher bzw. der FDP und Bundeskanzler Kohl sowie zwischen der SPD und der CDU. Kohl hatte darüber mit den Vertriebenen-Verbänden Meinungen ausgetauscht und die Amerikaner zu beruhigen versucht, dass diese Frage von der ersten gesamtdeutschen Regierung gelöst werden würde. Genscher hatte demgegenüber, wie erwähnt, der polnischen Regierung das Angebot gemacht, dass beide deutschen Parlamente dazu noch vor der Vereinigung eine Entschließung verabschieden würden. Nach der Volkskammerwahl vom 18. März 1990 entwickelte sich ein neuer Streit mit neuen Partnern, nämlich zwischen den beiden CDU-Regierungen in Bonn und Berlin sowie innerhalb der Regierungskoalition und mit den verschiedenen Parteien der Volkskammer und des Bundestages. Die Differenzen bestanden vor allem in der rechtlichen Auslegung des Grundgesetzes und in der Vorgehensweise, wie, wann und durch wen es zu einer endgültigen vertraglichen Regelung in der Grenzfrage kommen sollte. Dies war eine fundamentale Frage auch für die 2+4-Verhandlungen. Denn die polnische Regierung unter Mazowiecki trat seit Mitte 1989 zwar für das Selbstbestimmungsrecht der Deutschen und damit auch für eine mögliche Vereinigung ein, aber wollte noch vor der Vereinigung eine Grenzgarantie. Kohl war demgegenüber der Meinung, dass es im Grundgesetz einen friedensvertraglichen Vorbehalt gab, der es nicht zuließ, vor der Vereinigung einen Grenzvertrag zur polnischen Westgrenze vertraglich zu schaffen. Das müsse durch das erste gesamtdeutsche Parlament geschehen. Genscher und die anderen Bundestagsparteien – zumindest sehr ähnlich – hielten jedoch daran fest, unbeschadet dessen könne es eine gemeinsame Grenzgarantie beider deutschen Parlamente vor der Einheit geben. Kohl hatte sogar noch Anfang März 1990 die gemeinsame Entschließung beider deutschen Parlamente zur Grenzfrage mit einem polnischen Reparationsverzicht und obendrein mit der Behandlung der deutschen Minderheit in Polen zu verknüpfen versucht, was nicht nur in Polen Unverständnis oder gar Empörung hervorrief. Kohl stimmte Mitte März schließlich zu, dass man eine gemeinsame bzw. gleichlautende Entschließung beider deutschen Parlamente vorbereiten sollte.

Der polnischen Forderung nach Teilnahme bei den speziellen 2+4-Verhandlungen zur Grenz- und zu einigen Sicherheitsfragen wurde stattgegeben, aber

50 Hanns Jürgen Küsters in seiner Einleitung zu den Akten des Bundeskanzleramtes, in: DzD S. 115.

die Forderung nach Ratifizierung eines Grenzvertrages *vor* der Vereinigung durch beide deutschen Parlamente stand noch im Raum, wenn es auch Mazowiecki selbst war, der diesen Plan seit Anfang April nur mäßig verfolgte: Den »Sechs« war Ende April ein polnischer Vertragsentwurf vorgelegt worden, der in einem wesentlichen Punkt von den früheren polnischen Forderungen abwich: Die Paraphierung vor der Einheit Deutschlands durch die beiden bzw. drei Parlamente wurde nicht mehr explizit vorgetragen. Um so empörter war die polnische Seite, als Mitte Mai in dem inoffiziellen Vorschlag der Bundesregierung für eine gemeinsame Erklärung die Endgültigkeit der Grenze abermals nicht fixiert worden war, ebenso wenig wie der genaue Grenzverlauf.

Als herauskam, dass das bundesrepublikanische Außenministerium in den trilateralen Gesprächen auch über Grenzfragen gesprochen hatte, war Kohl am 25. Mai so verärgert, dass er zum Telefonhörer griff und sich mit dem Außenministerium verbinden ließ. Von der folgenden starken Szene berichtet Werner Weidenfeld, der sich »auf Informationen aus dem Außenministerium« beruft: Der Staatssekretär Sudhoff bekam Kohls ganzen Ärger zu spüren, als der Bundeskanzler »lautstark« erklärte, dass es mit Genscher Absprachen gegeben habe, dass man nicht mit den Polen über die Grenzfrage redete, dass er als Bundeskanzler die Richtlinienkompetenz habe und klarstellen wolle, dass »derartige Gespräche über einen Grenzvertrag nicht in Frage kämen«. Er wolle nach Absprachen innerhalb der Koalition und mit de Maizière eine gemeinsame Erklärung im Bundestag einbringen. Er lasse sich jedoch von den Polen nichts vorschreiben. Sudhoff wies darauf hin, dass das Bundeskanzleramt den trilateralen Gesprächen vorher zugestimmt habe. Diese Gespräche hätten dazu gedient, »der deutschen Seite bei den ›Zwei-plus-vier-Verhandlungen‹ den Rücken freizuhalten«. Die polnischen Wünsche, über einen konkreten Vertrag zu sprechen, seien von der Bonner Delegation deutlich zurückgewiesen worden.[51] Nach diesem Telefonat rief Peter Hartmann aus dem Bundeskanzleramt bei Sudhoff an, »um klarzustellen, dass Kohl keinesfalls eine Absage der nächsten trilateralen Runde in der kommenden Woche verlange«, allerdings solle dort nicht über einen Vertrag gesprochen werden. Kohls telefonischer Auftritt hatte die Konsequenz, dass auch das nächste trilaterale Treffen vom 29. Mai ohne Ergebnis blieb. Die konkrete Beschreibung der Grenze wurde weiterhin von der deutschen Seite abgelehnt.[52]

Am 30. Mai, also kurz vor dem Besuch Gorbatschows in Washington, schrieb Teltschik eine Vorlage, die sich mit den beiden Resolutions-Entwürfen der DDR und der Bundesregierung zur polnisch-deutschen Grenze, der SPD und der Grünen auseinander setzte und die folgende Ziele hatte: »möglichst weitgehende Entlastung der 2+4-Gespräche von Grenzdiskussionen

51 Nach Weidenfeld 1998, S. 496.
52 Ebenda.

und Begrenzung der polnischen Teilnahme (an diesen 2+4-Gesprächen – AvP) auf ein Minimum und nach Möglichkeit auch Polen zur Akzeptanz unseres Vorgehens zu bewegen«.[53] Der Entschließungs-Entwurf der DDR war bereits zum Ärger der Bonner bei den trilateralen Gesprächen mit Polen eingebracht worden, und die polnischen Verhandlungspartner hatten ihn als annehmbar betrachtet, während sich die westdeutsche Seite »entsprechend Ihrer (des Bundeskanzlers – AvP) Weisung rezeptiv verhalten« habe (Teltschik). Der DDR-Entwurf war konzipiert als erster Teil, dem ein weiterer Teil mit Vertragsverhandlungen noch vor der Vereinigung folgen sollte. Die Bundesregierung wollte – und das klingt nach den bisherigen Vorbehalten fast erstaunlich – »jetzt nicht in Vertragsverhandlungen« eintreten, sondern wünschte, sofort die Grenzfrage als Entschließung zum Abschluss zu bringen, um damit den 2+4-Vertrag schnell zu ermöglichen. Der Vertragsentwurf der DDR lag jedoch »erfreulich nahe bei unseren Vorstellungen« (Teltschik). Und in der Tat scheinen diese Differenzen bzw. ihre Brisanz von heute her gesehen kaum nachvollziehbar oder aber: Es sind nicht mehr die Differenzen wie in den vergangenen zwölf bzw. acht Monaten, sondern andere. Indem das Bundeskanzleramt sich auf die Willens- und Verpflichtungserklärungen mit der Anerkennung der Grenzen, ihrer Unverletzlichkeit und jedem Verzicht auf Gebietsansprüche beschränkt und zugleich die Einheit in freier Selbstbestimmung betonte, konnte es auf die Akzeptanz der anderen Vier bei den internationalen Verhandlungen hoffen, während der DDR-Entwurf eben weitere Vertragsverhandlungen ins Auge fasste bei sonstiger inhaltlicher Ähnlichkeit. Im Entwurf des Kanzleramtes wurde auch nicht verwiesen auf einen möglichen späteren Vertrag zwischen Polen und einer gesamtdeutschen Regierung.

Hier hat sich also – so könnte man meinen – eine Wende bei Kohl vollzogen, die ihn dennoch das Gesicht wahren und den friedensvertraglichen Vorbehalt des Grundgesetzes bestehen ließ. An dieser Stelle schließt sich aber eine völkerrechtliche Grundfrage an: Würde nicht der 2+4-Vertrag einer friedensvertraglichen Regelung entsprechen, also völkerrechtlich bindend sein, wenn er eine Passage zur Anerkennung der Grenzen und dem Verzicht auf weitere Gebietsansprüche enthielt wie die Entschließungen der beiden Parlamente? Würde also mit dem 2+4-Vertrag der friedensvertragliche Vorbehalt erledigt? Nach allgemeinem juristischen Urteil wurden diese Fragen mit »Ja« beantwortet.[54]

Trotz seines Einlenkens blieb der Bundeskanzler jedoch misstrauisch gegenüber einer gemeinsamen Entschließung des Bundestages und der Volkskammer, besonders wenn diese den Grenzverlauf und dessen völkerrechtli-

53 Vorlage des Ministerialdirektors Teltschik an Bundeskanzler Kohl. Bonn, 30. Mai 1990, in: DzD, Dok. Nr. 296, S. 1165 ff. mit Anlagen.

54 Gespräch Gottfried Mahrenholz, ehemaliger Vizepräsident des Bundesverfassungsgerichts, mit mir am 12.6.2002. Vgl. auch Horn 1990, S. 2173–2176.

che Bindung berührte. Von einer Verknüpfung mit Reparationsfragen oder mit der Lage der deutschen Minderheit in Polen oder gar mit der Vertriebenenproblematik ist in dem Entwurf des Bundeskanzleramtes, den Teltschik am 30. Mai mit Kommentaren versehen dem Bundeskanzler vorlegte, nicht mehr und noch nicht wieder die Rede.[55] Die Vertriebenen *sowohl* auf polnischer *wie* auf deutscher Seite sollten in der später verabschiedeten Entschließung enthalten sein. Mit seinen Vorbehalten stand Kohl auch im Widerspruch zu den mehrfachen deutlichen und uneingeschränkten Erklärungen des amerikanischen Präsidenten zur Anerkennung der Oder-Neiße-Grenze.[56]

Die Vorlage von Teltschik vom 30. Mai und der Entwurf der Bundesrepublik für die Entschließung des Bundestages waren jedoch relativ eindeutig, was die Endgültigkeit der Grenze und ihren Verlauf betrifft, wenn auch nicht explizit, so doch durch den Bezug auf die Verträge von 1950 und 1970. Aber in einem Brief an de Maizière vom 31. Mai 1990[57] stellte Kohl klar, dass man das Vorpreschen der DDR in der Grenzfrage nicht wünsche und dass eine gemeinsame Entschließung nichts an seiner, Kohls, Grundposition ändere: »Erst der gesamtdeutsche Souverän wird die Frage der Grenzen dann durch Vertrag mit der Republik Polen abschließend und in völkerrechtlich verbindlicher Form regeln.« Auf dem Beamtentreffen der 2+4-Verhandlungen am 9. Juni erreichte die bundesrepublikanische Delegation, dass die trilateralen Gespräche ausgesetzt wurden. Auf informellem Wege ließ die Bundesregierung die polnische Regierung wissen, was sie schon vermutet haben dürfte, dass die deutsche Seite nicht an Vertragsverhandlungen vor der Einheit interessiert sei.

Nach weiteren Rücksprachen Kohls mit Genscher, de Maizière, Vogel als SPD-Chef und mit der CDU/CSU wurde schließlich am 21. Juni 1990 die gemeinsame Entschließung von der Volkskammer und vom Bundestag angenommen. Der Text selbst enthält im Gegensatz zu manchen Behauptungen keinen Hinweis auf einen späteren Vertrag zwischen Polen und einem vereinigten Deutschland.[58] In der Bundestagsdebatte enthielt sich auch Genscher jeder Andeutung auf baldige Vertragsverhandlungen oder auf die Fortsetzung von trilateralen Gesprächen. Am folgenden Tag, dem 22. Juni, fand das zweite Treffen der Außenminister der 2+4-Runde in Berlin-Niederschönhau-

55 Finanzminister Theo Waigel hat kurze Zeit später eine solche Verbindung von Grenzvertrag, deutscher Minderheit und Vertriebenen-Rechten erneut herzustellen versucht (Weidenfeld 1998, S. 500).

56 Bush hakte auch bei Kohl in dieser Frage nach, so in seinem Telefonat mit dem Bundeskanzler am 20.3.1990, in: DzD, Dok. Nr. 224, Telefongespräch des Bundeskanzlers Kohl mit Präsident Bush, 20. März 1990, S. 961 ff.

57 Schreiben des Bundeskanzlers Kohl an Ministerpräsident de Maizière, Bonn, 31. Mai 1990, in: DzD, Dok. Nr. 298, S. 177 f.

58 Der Text der gemeinsamen Entschließung ist abgedruckt in: Texte zur Deutschlandpolitik Reihe III/Band 8a – 1990, S. 411 f. Unter anderem stellt Weidenfeld fest, dass in den »identischen Beschlüssen« der Volkskammer und des Bundestages die »völkerrechtlich verbindliche Festschreibung nach der Vereinigung angekündigt wurde« (1998, S. 499).

sen statt, wo die Außenminister »ein von den Experten bereits erarbeitetes Papier ›Prinzipien zu den Grenzen‹« billigten.[59] Diese fünf Prinzipien waren:

erstens, dass das vereinte Deutschland die Gebiete der Bundesrepublik, der DDR und ganz Berlin umfassen soll. Seine Außengrenzen werden definitiv am Tag des Inkrafttretens der endgültigen Regelung (der 2+4) sein;

zweitens, dass das vereinte Deutschland und Polen »die bestehende Westgrenze Polens in einem völkerrechtlich bindenden Vertrag« bestätigen;

drittens, dass das vereinte Deutschland keinerlei Gebietsansprüche erhebe;

viertens – und hier spürt man die Wünsche auch der sowjetischen Verhandlungspartner –, dass die beiden deutschen Regierungen dafür sorgen werden, dass die Verfassung des vereinten Deutschland »keinerlei Bestimmungen enthalten wird, die mit diesen Prinzipien unvereinbar sind« (Präambel, Artikel 23 Satz 72 und Artikel 146 des GG);

fünftens, die Regierungen der Vier nehmen die »entsprechenden Verpflichtungen und Erklärungen der Regierungen der Bundesrepublik Deutschland und der Deutschen Demokratischen Republik förmlich entgegen und stellen fest, dass mit deren Verwirklichung den Grenzen Deutschlands ihr definitiver Charakter bestätigt wird«.[60]

Man sollte denken, mit der Annahme dieser Prinzipien durch die Außenminister sei nun der Schlüssel für die Einigung gefunden, weil damit sowohl der Friedensvertragsvorbehalt aus der Welt geschaffen werden könnte als auch die Sorge der Polen vor einem rechtlichen Vakuum. Aber der Streit sollte noch weitergehen. Die polnische Reaktion auf die Entschließung beiden deutscher Parlamente war zunächst mit Einschränkungen positiv und verzichtete weiterhin auf ein Essential des Mazowiecki-Plans, nämlich die Paraphierung eines Vertrages *vor* der Vereinigung, andererseits stellte die polnische Regierung ihrerseits fest, dass diese Entschließungen beider deutschen Parlamente kein völkerrechtlich verbindlicher Vertrag sei. Außenminister Skubiszewski übergab am 3. Juli 1990 eine Antwortnote seiner Regierung, in der die Entschließung als Etappe auf dem Weg zu einem Vertrag zwischen Polen und dem vereinten Deutschland bezeichnet wurde. Zugleich verknüpfte die polnische Regierung das »Inkrafttreten« dieses Vertrages zeitlich mit dem der abschließenden Regelungen der 2+4-Verhandlungen.

Horst Teltschik schreibt, dass man bei der Rückkehr vom G7-Gipfel aus Houston am 12. Juli eine Erklärung des polnischen Ministerpräsidenten vorfand, in der Mazowiecki forderte, »dass die Viermächteverantwortung über Deutschland so lange aufrechterhalten werden müsse, bis der deutsch-polnische Grenzvertrag ratifiziert worden sei. Gegen dieses Junktim wolle

59 Zweites Treffen der Außenminister der Zwei plus Vier, Berlin-Niederschönhausen, 22. Juni 1990, in: DzD, Dok. Nr. 325, S. 1249 ff.

60 Anlage 1 (zum Außenministertreffen Zwei plus Vier), Prinzipien für die Diskussion unter Tagesordnungspunkt 1, in: DzD, Dok. Nr. 325A, S. 1251.

der Kanzler einen Brief an Mazowiecki schreiben.«[61] Mit diesem Junktim setzte die polnische Regierung nicht ungeschickt die Bundesregierung und die verhandelnden Beamten bei den 2+4-Konferenzen unter Druck, die sich am folgenden Tag trafen. Denn der Zeitfaktor, also die Unklarheit über den Zeitraum zwischen Inkrafttreten der »endgültigen Regelung« und dem deutsch-polnischen Vertrag, war der Schwachpunkt der »Fünf Prinzipien« gewesen. Auf dem »Beamtentreffen« forderte Kastrup die polnischen Vertreter, die dort zeitweilig anwesend waren, auf, ihr Junktim zurückzunehmen, was jedoch auf Ablehnung stieß. Die polnischen Vertreter forderten neben diesem Junktim auch, dass die Grenzregelung »grundlegender Bestandteil einer Friedensregelung in Europa« sein sollte, was eigentlich ganz im Sinne Kohls gewesen wäre, um dem Friedensvertragsvorbehalt den Boden zu entziehen.[62] Andererseits war die Bundesregierung abwehrend, wenn es auch nur Anklänge an den Begriff »Friedensvertrag« gab. Die deutsche Delegation und auch die westlichen Delegationspartner konnten allerdings darauf verweisen, dass sich durch den Titel »Endgültige Regelung« des Zwei-plus-Vier-Vertrages[63] die Problematik des Friedensvertragsvorbehalts nicht mehr stelle. Über die Einheitlichkeit der westlichen Haltung zu dieser Frage auch auf der kommenden Außenministerkonferenz in Paris am 17. Juli gibt es unterschiedliche Berichte. Frankreich und England hatten durchaus Sympathien für die polnische Argumentation, dass die Grenzregelung Teil einer europäischen Friedensregelung sein sollte.[64] Die polnische Haltung passt auch zu den Ausführungen, die Mitterrand in den letzten Gesprächen mit Gorbatschow gemacht hatte, und die Annahme liegt nahe angesichts der besonderen französisch-polnischen Beziehungen, dass es über diese Haltung zuvor einen Austausch gegeben hatte. Auch der stellvertretende sowjetische Außenminister und frühere sowjetische Botschafter in Bonn, Kwizinski, soll für das polnische Junktim gewonnen worden sein.

Kohl schrieb also am 13. Juli Mazowiecki einen Brief[65], in dem er bedauerte, dass die gemeinsame Resolution der beiden deutschen Parlamente so geringe positive Reaktion in Polen gefunden habe[66] und feststellte, dass er

61 Teltschik 1991, S. 311. Die Erklärung Mazowieckis und das Schreiben des polnischen Außenministers sind nicht in den Akten des Bundeskanzleramtes abgedruckt.

62 So im Bericht über die »Sechste Gesprächsrunde Zwei plus Vier auf Beamtenebene unter Beteiligung Polens, Berlin-Niederschönhausen, 3./4. Juli 1990, in: DzD, Dok. Nr. 339, S. 1293 f.

63 »Abschließende Regelung« hieß es dann bei der Verabschiedung am 12.9.1990 in der deutschen Fassung.

64 Vgl. dazu Zelikow/Rice 1997, S. 369 ff.; Ludwig 1991, S. 84 ff.; Weidenfeld 1998, S. 502 ff.; Haijnitz 1995 passim.

65 Schreiben des Bundeskanzlers Kohl an Ministerpräsident Mazowiecki, Bonn, 13. Juli 1990, in: DzD, Dok. Nr. 349, S. 1339 f.

66 Diese Behauptung wird in Mazowieckis Antwortschreiben zurückgewiesen, in: DzD, Dok. Nr. 371 Schreiben des Ministerpräsidenten Mazowiecki an Bundeskanzler Kohl, Warschau, 25. Juli 1990, S. 1418 ff.

eigentlich einen »umfassenden Vertrag über gutnachbarschaftliche und freundschaftliche Beziehungen« wollte. Er müsse jedoch davon ausgehen, dass dies nicht »Ihren jetzigen Überlegungen« entspricht. Deshalb schlug er vor, dass sich »der erste zwischen dem vereinten Deutschland und der Republik Polen abzuschließende Vertrag auf die Grenzfrage beschränken sollte«. Die inhaltlich passenden Absätze dazu könnten aus der gemeinsamen Resolution von Volkskammer und Bundestag übernommen werden. Und dann folgt die entscheidende Passage:

> *Sie, Herr Ministerpräsident, können davon ausgehen, dass die Regierung des vereinten Deutschland bereit sein wird, binnen drei Monaten nach dem Zusammentreten des gesamtdeutschen Parlaments Ihrer Regierung einen Vertragsentwurf auf der Grundlage der eben genannten Resolution zu übermitteln. Die Bundesregierung ist bereit, im Rahmen der bevorstehenden »Zwei-plus-Vier«-Gespräche auf Ministerebene* (Paris am 17. Juli 1990 – AvP) *eine derartige Absichtserklärung auch in den »Zwei-plus-vier«-Prozess einzuführen.*[67]

Man kann sich nach den früheren Positionen Kohls vorstellen, über welchen Schatten er gesprungen sein muss, nun doch eine zeitliche, nämlich dreimonatige Verbindung zwischen dem gesamtdeutsch-polnischen Vertrag und der »Abschließenden Regelung« herzustellen und eine inhaltliche Aussage zur deutsch-polnischen Grenze als Absichtserklärung in das 2+4-Dokument *vor* der Einheit aufzunehmen (obwohl dies, verwirrend genug, offensichtlich zuvor die Position bei Beamten des Außenministeriums gewesen sein dürfte). Dennoch betonte Kohl auch in diesem Brief, »dass beim Zeitpunkt der Vereinigung der gesamtdeutsche Staat seine volle Souveränität erhält. Eine Verbindung dieser Frage mit dem Inkrafttreten des deutsch-polnischen Grenzvertrages ist für uns deshalb nicht annehmbar.« Dass er dennoch sowohl Inhalt wie Zeit (drei Monate) diesem neuen Souverän vorwegnahm, klingt etwas widersprüchlich und muss für ihn eine unangenehme Kröte gewesen sein, die er wegen des schnellen Abschlusses der 2+4-Verhandlungen angesichts der niedergehenden DDR und der deshalb früher notwendig gewordenen Vereinigung schlucken musste.

Die polnische Regierung ließ ihr Junktim vor der nächsten 2+4-Außenministerrunde fallen. Dass sie dies tat, wird auf unterschiedliche Gründe zurückgeführt: auf diesen Brief Kohls, auf Gorbatschows Unterstützung der Kohlschen Position in der Grenzfrage während seines Besuchs in der Sowjetunion in den folgenden Tagen (was es noch zu untersuchen gilt) oder auf die mangelhafte Unterstützung durch die USA. Wie auch immer – letztlich wurde nach diesem Vorschlag Kohls verfahren.

Man kann sich nur fragen: Warum erst jetzt, warum nicht zuvor?

67 DzD, S. 1339.

Waren es historische Gründe allein, vor allem bei den Polen, nach dem Hitler-Stalin-Pakt, nach Eroberungen und Besetzungen durch deutsche und sowjetische Armeen, die kein »Vakuum« zwischen alter und neuer Bundesrepublik erlaubten? Es waren so viele vertragliche Einbindungen dieser Frage international vorgenommen worden, dass für eine wirkliche Bedrohung durch ein solches Rechtsvakuum keine Möglichkeiten bestanden. Welche Gründe waren es auf der Seite des Bundeskanzlers, der hier sein ganzes Gewicht gegen alle »Abweichungen« von der Position, keine Verbindung von Grenzvertrag und voller Souveränität Deutschlands zuzulassen, einsetzte und schließlich nach großem Druck selbst eine Korrektur vornahm? Aber – wie Gorbatschow es formulieren sollte – es war eben eine »Herzensangelegenheit der Polen« nach den historischen Erfahrungen mit Deutschland.

Warum Kohl für diese manchmal übertrieben erscheinenden polnischen Sorgen weniger Gespür hatte als für ähnliche Sorgen auf der Seite Gorbatschows, wird nicht ganz klar. Gorbatschow allerdings war weniger besorgt und garantierte zwei Tage nach dem Brief Kohls an Mazowiecki Deutschland die volle Souveränität und schlug zugleich einen davon abgelösten Vertrag zwischen Deutschland und der Sowjetunion vor (vgl. das nächste Kapitel).

Wenn man all dies Taktieren, alle Merkwürdigkeiten in der gesamten Politik weniger der polnischen Seite als auf der Seite Kohls zur Oder-Neiße-Grenze, Revue passieren lässt,

wenn man dessen Emotionalität gegenüber Staatssekretär Sudhoff, die Weidenfeld schildert, analysiert,

wenn man sein offensichtlich emotionales Verhalten auch im Gespräch mit Gorbatschow vom 10. Februar 1990 zu demselben Thema hinzunimmt (das das sowjetische Protokoll wiedergibt bei gleichzeitigem Verschweigen dieser Haltung im deutschen),

und wenn man zugleich bedenkt, dass in keiner anderen internationalen Frage Kohl so abwehrend, so emotional und manchmal tricksend agiert hatte, muss man sich nach dem »Warum« fragen. Wenn man außerdem in Rechnung stellt, dass in keiner anderen Frage Kohl auf so viel internationale Kritik stieß, dann verstärkt sich die Frage nach dem Sinn, besonders nach dem Verhältnis von langfristig negativen Folgen zum Erfolg.

Was lohnte in seinen Augen den Kampf um den Friedensvertragsvorbehalt, gemessen an dem Misstrauen, das er weckte, und gemessen an dem Porzellan, das zu Bruch ging von Polen bis nach Amerika? Eine mögliche und immer wieder gegebene Antwort zielt auf die Vertriebenen in Deutschland. Aber er selbst war es, der am 10. Februar 1990 Gorbatschow gegenüber die breite Zustimmung in Deutschland zur Oder-Neiße-Grenze hervorgehoben hatte. Falls er dennoch diese Sorge vor den Flüchtlingsverbänden und anderen Kritikern in den eigenen Reihen wirklich gehabt haben sollte, was er ebenfalls im Gespräch mit Gorbatschow am 10. Februar bestritt, oder nur nicht in öffentlichen Gegensatz zu ihnen geraten wollte, so stellte sie sich als übertrieben heraus: Die gemeinsame Entschließung wurde am 21. Juni 1990 im Bundestag mit der überwältigenden Mehrheit von 487 zu 15 Stimmen angenommen, wobei die Gegenstimmen alle aus dem CDU-CSU-Lager stammten.

Und: Auch dann, wenn man Kohls Grundbedenken, nämlich den Friedensvertragsvorbehalt des Grundgesetzes, als vertretbar hinnehmen würde, bleiben zwei Unklarheiten:

Die fundamentale Bedeutung, die Helmut Kohl diesem Vorbehalt in Bezug auf die deutsch-polnische Grenze gab, scheint mir wenig gerechtfertigt, da er zugleich die Wiedervereinigung auf der Grundlage des Artikels 23 vollziehen ließ, also ohne eine neue Verfassung unter *Beibehaltung* des Grundgesetzes. Das Grundgesetz würde mit der Einheit seinen provisorischen Charakter verlieren und endgültig werden, und so kam es dann ja auch. Es hätte doch bei dem gleichzeitigen Verzicht auf territoriale Ansprüche keine weitere Vereinigung oder eine neue Verfassung geben können – oder nur dann, wenn er die Vereinigung von DDR, Bundesrepublik und Berlin nicht für das Ende des Vereinigungsprozesses hielt. Das möchte und sollte man aber dem Europäer Kohl nicht unterstellen.

Und die zweite Unklarheit: Der Bundeskanzler interpretierte erst spät die entsprechende Grenzpassage im 2+4-Vertrag im Sinne des Friedensvertragsvorbehalts, sah aber in anderen Fragen den 2+4-Vertrag als völkerrechtlich bindend an und wollte keinen anderen Friedensvertrag dulden. Oder anders: Es macht wenig Sinn, sich unter dieser Voraussetzung so gegen das Junktim, das von den Polen vorgeschlagen wurde, zu wehren.

Es bleibt ein schwer erklärlicher Rest, gerade was die Emotionalität und die Haltung gegenüber Polen betrifft, die seiner sonstigen absichernden Politik widerspricht: Hatte Kohl als »Enkel Adenauers« trotz aller europäischen Visionen eine existentielle Angst davor, mit dem Makel des »Verzichts« in die Geschichte einzugehen? Auch wenn dieser Verzicht auf die Ostgebiete zur Einheit führte und zu weiteren Integrationsmöglichkeiten Europas, wie er selbst immer wieder betonte?

Der endgültige Vertrag zwischen Polen und dem vereinten Deutschland folgte am 14. November 1990, also zwei Monate nach dem Zwei-plus-Vier-Vertrag. Und er enthielt genau die Passagen, wie sie in der gemeinsamen Resolution von Volkskammer und Bundestag zur Grenzfrage enthalten war – mit einer Ausnahme: Nun wurden die Vertreibungen beider Völker – von Polen *und* von Deutschen – erwähnt.[68]

68 Texte zur Deutschlandpolitik, Reihe III/Band 8b – 1990, S. 672 ff. (Zwei-plus-Vier-Vertrag vom 12. September 1990), S. 868 ff. (Vertrag zwischen der Bundesrepublik Deutschland und der Republik Polen vom 14. November 1990).

7.7 Kohl in der Sowjetunion und Falins Kritik

7.7.1 In Moskau

Bevor Kohl am 15. Juli 1990 mit Gorbatschow sprach, hatte Valentin Falin, der Vorsitzende der Internationalen Abteilung des ZK der KPdSU, ein Memorandum an seinen Generalsekretär und Präsidenten geschrieben.[69] Die kommende Begegnung hielt er für die letzte Möglichkeit, »um in der Position der BRD noch Reserven zu erschließen und bei den Verhandlungen einen Fortschritt zu erzielen«. Hauptfragen waren für ihn: a) Vereinigung beider deutscher Staaten oder Einverleibung der DDR? Und b) NATO-Mitgliedschaft oder Neutralität bzw. Mitgliedschaft in beiden Militärblöcken? Die 2+4-Verhandlungen seien »zu einem Mechanismus geworden, mit dessen Hilfe sowjetische Zugeständnisse fixiert und originäre Rechte der UdSSR demontiert werden«. Wenn die Vereinigung weiter in den bisherigen Bahnen verlaufe, verliere die UdSSR »alle Grundrechte als Siegermacht«, während die Westmächte »effektive Kontrollhebel« in der Hand behielten (vor allem über die NATO). Der Artikel 23 des Grundgesetzes werde nicht nur herangezogen, um die Einverleibung der DDR »maximal zu vereinfachen«, sondern vor allem um die »Asymmetrie im Umgang mit den Rechten der UdSSR« und mit den Verpflichtungen der DDR und Bonns (gegenüber der Sowjetunion) zu legalisieren. Beachtenswert sei die Taktlosigkeit, mit der man sich in Bonn nicht rechtzeitig bemüht hatte, die »anrüchigsten Bestimmungen« aus dem Grundgesetz zu entfernen (z.B. der Bezug auf die Grenzen von 1937). Selbst wenn sich die DDR »auflösen« würde, habe die Sowjetunion noch das Recht, ihre Truppen dort zu stationieren. Die Weigerung Bonns, die Grenzfragen völkerrechtlich zu regeln, könne bedeuten, dass Bonn noch weitere »Ungerechtigkeiten« korrigieren wolle (Ostgebiete). Die Oder-Neiße-Grenze sei nicht nur eine deutsch-polnische, sondern eine »gesamteuropäische Kategorie«. Die UdSSR solle ihre Rechte aus dem Krieg verlieren, während die Bundesrepublik als Verursacher des Krieges von allen Verpflichtungen befreit werde.

Bis hierhin war Falins Memorandum ein Klagen ohne politisches Konzept, eher ein Nicht-wahr-haben-Wollen des katastrophalen Niedergangs oder ein Nachtrauern der früheren Stärke der UdSSR. Nun kam er zum militärischen Status des vereinten Deutschland. Hier wurde er politisch praktisch: Solange in einem Teil Deutschlands ausländische Truppen stationiert seien, müsse das durch Truppenstationierung im anderen ausgeglichen werden. »Vor allem wird eine atomare Präsenz im Westen ein atomares Äquivalent im Osten haben. Entweder – oder. Halbe Lösungen kann es hier nicht geben.« Er forderte für Deutschland ein Verbot der Herstellung von Atomwaf-

69 Valentin Falin 1999 (Konflikte im Kreml), S. 202 ff.

fen (was in den 2+4-Verhandlungen schon bestätigt worden war). Falin interpretierte das gegenwärtige Verhalten Bonns so: »Man zieht eine zeitweilige Bilanz des Krieges, um in der nächsten Etappe den Kampf für die Revision der Ereignisse des Zweiten Weltkrieges mit großem Einsatz zu führen oder, wie man es manchmal aus deutschem Munde hören kann, die noch anstehende Entscheidungsschlacht gegen die Sowjetunion zu gewinnen.«

Was konnte Gorbatschow mit diesem Bedrohungsszenario anfangen, das nur eine wirkliche politische Handlungsdirektive angab: Mit der sowjetischen Armee in der DDR bleiben, Atomwaffen dort behalten, bis sich die Amerikaner zurückziehen. Dies forderte er zu einem Zeitpunkt, da die DDR von einer politischen Führung regiert wurde (sich nicht »auflöste«, zumindest noch nicht), die den Beitritt zur Bundesrepublik nach Artikel 23 auf ihre Fahnen geschrieben hatte, zu einem Zeitpunkt, da in Anwesenheit Falins Gorbatschow in Washington die Frage der Allianzzugehörigkeit zu einer Angelegenheit der Deutschen gemacht hatte und vor allem: als die Sowjetunion und der Warschauer Pakt zusammenbrachen. Was hätte das für eine europäische Konfliktgefahr heraufbeschworen, vor der Falin gerade warnen wollte? Und wie hätte die Sowjetunion sie bestehen können? Ich interpretiere diese Passagen aus seinem zweiten Buch – in seinem ersten hatte er sein Memorandum nur beiläufig erwähnt – dahin, dass er seine politischen Freunde von seiner Gegnerschaft zur Politik Gorbatschows überzeugen wollte, denn zu dieser Zeit der Mitte des Jahres 1990 hätte sein Konzept auf keine sicheren Verbündeten mehr bauen können außer den sowjetischen Republiken Russland, Ukraine und Weißrussland, von einer weltweiten Verschärfung der Kriegsgefahr und damit der Ausweitung der Rüstungsindustrie, die die Sowjetunion angesichts ihrer wirtschaftlichen Schwäche nicht durchgestanden hätte, ganz zu schweigen.

Ebenfalls vor dem Treffen Gorbatschow/Kohl, aber schon etwas früher, hatte der amerikanische Präsident den Bundeskanzler von seinen Gesprächen mit Gorbatschow berichtet und gemeint, dass Gorbatschow sich noch »abmüht« mit der deutschen Vereinigung, aber:

> *Es war ein Schritt nach vorn, dass er keine Einwände gegen meine Erklärung auf unserer Pressekonferenz am Sonntag erhob, als ich sagte, dass er und ich uns zwar nicht darüber einig seien, dass das vereinte Deutschland volles Mitglied der NATO sein solle, wir jedoch darin übereinstimmten, dass die Frage der Bündniszugehörigkeit in Übereinstimmung mit der Schlussakte von Helsinki von den Deutschen entschieden werden müsse.*

Bush setzte dann fort, und dies ist vom Bundeskanzler am Rande doppelt angestrichen worden:

> *In dem Maße, wie wir den sowjetischen Sicherheitsinteressen außerhalb der 2+4-Gespräche Rechnung tragen können – in unseren bilateralen Beziehun-*

gen, in Wien und auf dem NATO-Gipfel –, werden unsere Chancen steigen, dass wir Gorbatschow dazu bewegen können, ein vereinigtes Deutschland als volles Mitglied der NATO zu akzeptieren. Er muss wissen, dass die volle NATO-Mitgliedschaft nicht zur Disposition steht, wir ihm aber in anderer Weise helfen können.[70]

Eine weitere Vorbemerkung zu dem folgenden Gespräch Gorbatschows mit Kohl: DDR-Außenminister Markus Meckel hatte kurz zuvor seine Bedenken gegen die Zwei-plus-Vier-Politik der Amerikaner und der Bundesregierung zum Ausdruck gebracht. Die Amerikaner sahen darin eine Verteidigung der sowjetischen Sicherheitsinteressen in Bezug auf die Nuklearwaffen und einen Angriff auf die Anwesenheit amerikanischer und britischer Truppen in Deutschland sowie auf die Einbeziehung der DDR in die NATO. Genscher erklärte am 12. Juli, also kurz vor dem Abflug nach Moskau, dass er die Unstimmigkeiten mit Meckel nicht habe beseitigen können.[71] Auch James Baker und Brent Scowcroft sollen hier nicht erfolgreicher als Genscher gewesen sein.[72] Man darf sich nach diesen Differenzen fragen, ob nicht die Entlassung bzw. der Rücktritt der SPD-Minister aus dem Kabinett der Großen Koalition der DDR am 15. und 20. August 1990 der Bundesregierung und vielleicht auch de Maizière gut in das Konzept passte und ob die SPD bei diesen Entscheidungen die internationale Komponente völlig aus den Augen verloren hatte.

Falins Vorschläge und Meckels Kritik waren jedoch wenig hilfreich, denn was hatte Gorbatschow zu dieser Zeit überhaupt noch für andere Chancen, sowjetische Sicherheitsinteressen zu wahren, als die, die Bush anbot? Er hatte kaum noch die Möglichkeit wie am Anfang des Jahres, die NATO-Mitgliedschaft des vereinten Deutschland nur im Rahmen eines neuen europäischen Sicherheitssystems mit den europäischen Staaten und den USA zu akzeptieren, was er damals jedoch politisch-strategisch nicht verfolgt hatte. Seit dem April vertrat er zwar eine solche Politik, seine Position war aber unvergleichlich schwächer geworden, so dass ihm die Durchsetzungskraft fehlte: Das Faustpfand DDR war in den Westen »übergelaufen«, die meisten Warschauer-Vertrags-Staaten ausgeschert, und die Union der Sowjetrepubliken brach auseinander. So konnte er eigentlich nur einige Sicherheits- bzw. Grenzgarantien und weitergehende Abrüstungsschritte für die NATO-Mitgliedschaft des vereinten Deutschland aushandeln. Das wusste natürlich –

70 Fernschreiben des Präsidenten Bush an Kohl, 4. 6.1990, in DzD, Dok. Nr. 299, S. 1178 ff.

71 Es gab dann auch eine wenig inhaltsreiche Erklärung de Maizières am 5.7.1990 in der Volkskammer und »Klarstellungen« von Meckel, die die Differenzen offenbarten, vor allem in der Territorialarmee aus Verbänden der Volksarmee, wie sie Meckel vorschlug in Unterstützung Gorbatschows gegen die Ausdehnung der NATO.

72 Teltschik 1991, S. 311. Von dem Gespräch Scowcrofts mit Meckel berichten Zelikow/Rice 1997, S. 456 und S. 626, Fußnote 17, und berufen sich auf Zelikows Notizen über das Gespräch Meckels mit Scowcroft, nicht auf die Akten des Gesprächs mit Baker.

nicht erst nach dem Fernschreiben des amerikanischen Präsidenten – auch der Bundeskanzler, dem es nur noch darum zu gehen brauchte, möglichst jedes Störpotential für seine bereits erfolgreiche Politik zu entschärfen.[73]

Horst Teltschik berichtet, dass die deutsche Delegation auf dem Flug nach Moskau dementsprechend sehr hoffnungsfroh war. Der eine Grund: Die Einladung Kohls durch Gorbatschow in den Kaukasus. Als die Einladung nach Archys während des G7-Gipfels in Houston überbracht worden war, »habe ich zum Bundeskanzler gesagt: ›Das ist ein gutes Zeichen. Denn wenn Gorbatschow Streit wollte, dann führte er Sie nicht in seine Heimat.‹«[74] Außerdem war man optimistisch, die beiden Hauptprobleme – Verzicht der vier Siegermächte auf ihre Rechte und »die volle Mitgliedschaft des geeinten Deutschland in der NATO« – zu lösen.

Hier erstaunt zum ersten Mal, dass von der Vereinbarung zwischen Bush und Gorbatschow vom 31. Mai 1990 über die NATO-Zugehörigkeit als Sache der Deutschen bei Teltschik keine Rede ist, als ob sie gar nicht existiert hätte. Dafür berichtet er ein interessantes kleines Detail. Kohl sei schon vor dem Gespräch mit Gorbatschow bereit gewesen, für die Mitgliedschaft in der NATO das Angebot eines Generalvertrags mit der Sowjetunion, der umfassende Sicherheitsgarantien bot, zu machen und die Obergrenze der deutschen Streitkräfte auf 400 000 Mann zu senken. Darüber brach er – so Teltschik – im Flugzeug einen Streit mit Genscher über eine alte Auseinandersetzung mit den Amerikanern und mit Stoltenberg[75] vom Zaune: Der Außenminister wollte die Obergrenze auf 350 000 Mann senken »inklusive der 25 000 Mann Marine«. Kohl klagte Genscher an, damit hinterrücks die Berufsarmee durchsetzen zu wollen, was Genscher empörte, worauf Kohl einen Präsidiumsbeschluss der FDP dazu wegen abweichender Aussagen des FDP-Politikers Möllemann verlangte, was der Außenminister ablehnte: Er, Genscher, müsse »sonst die CDU auffordern, einen Beschluss zu fassen, dass sie eine christliche Partei sei«.[76]

Ein vom Parteitag[77] vollkommen übermüdeter Präsident Gorbatschow und ein ebenfalls von den verschiedenen Gipfeln erschöpfter Bundeskanzler Kohl

73 Der kanadische Premier Mulroney soll auf dem G7-Gipfel gesagt haben, »dass niemand auf diesem Gipfel den Bundeskanzler überbieten könne: Deutschland sei Fußballweltmeister geworden, vollende die Einheit, habe die Weltausstellung zugesagt bekommen und sei auch noch Vorreiter in Umweltfragen.« (Teltschik 1991, S. 307).

74 Gespräch mit mir am 27.9.2000.

75 Vgl. dazu auch Zelikow/Rice 1997, S. 370 ff.

76 Teltschik 1991, S. 317 f.

77 Auf dem XXVIII. Parteitag der KPdSU, auf dem es scharfe Auseinandersetzungen um die gesamte Politik Gorbatschows gegeben hatte, wurde er dennoch am 10.7.1990 als Generalsekretär der KPdSU bestätigt. Ligatschow, der auf diese vielleicht letzte Gelegenheit gegen Gorbatschow gesetzt hatte, erlitt eine für ihn verheerende Niederlage gegen den Gorbatschow-Kandidaten für das neue Amt des Stellvertreters des Generalsekretärs, Wladimir Iwaschko. Ligatschow vertrat dort die Position, wie er sie mir gegenüber als seine allgemeine erläutert hatte: für die Wiedervereinigung, aber gegen einen Anschluss der DDR an die Bundesrepublik (vgl. dazu Kaiser 1992, S. 336 ff.; Kwizinski 1993, S. 37 f.,

trafen sich zunächst in Moskau und führten am 15. Juli ein erstes Vier-Augen-Gespräch unter Anwesenheit von Anatoli Tschernajew und Horst Teltschik sowie den Dolmetschern.[78] Nach dem Austausch allgemeiner Ansichten betonte Gorbatschow, dass sich jetzt eine Situation entwickle, die Russland und Deutschland wieder zusammenführen müsse. »Für ihn sei dieses Ziel gleichrangig mit der Normalisierung der Beziehungen zu den USA.« Helmut Kohl bot einen »umfassenden Vertrag« zwischen dem vereinten Deutschland und der Sowjetunion an, mit dem »jetzt schon in diskreter Weise begonnen« werden könne. Präsident Bush habe auf dem NATO-Gipfel in London den Vorschlag[79] aufgegriffen, »dass die Mitgliedstaaten beider Bündnissysteme unter dem Dach der KSZE eine Erklärung über Gewaltverzicht und Nichtangriff vorbereiten. Das könne auch im bilateralen Vertrag zwischen Deutschland und der Sowjetunion aufgegriffen werden.«[80] Der Bundeskanzler hoffte überdies auf einen Erfolg dieser Gespräche in drei Bereichen, »wenn der zeitliche Rahmen gewahrt bleiben solle«: erstens über die Abwicklung des Abzugs der sowjetischen Truppen aus der DDR, zweitens über die Mitgliedschaft des geeinten Deutschland in der NATO, drittens über die zukünftige Obergrenze der deutschen Streitkräfte.

Gorbatschow antwortete nicht ebenso konkret, sondern lobte den Kanzler wegen seiner jüngsten Politik und wegen seines Einwirkens auf Washington, fand ebensolche lobende Worte für Bush, der die NATO politischer mache, und Ähnliches mehr. Sie beide würden jetzt ihre Bevölkerung an die neue Entwicklung gewöhnen müssen. Bei Militärs und bei Journalisten sei das Geschrei momentan groß, dass er – Gorbatschow – die Früchte des Sieges im Zweiten Weltkrieg gegen DM verkaufen würde. Und dann übergab der Präsident dem Bundeskanzler »keinen Vertragsentwurf«, wie er sagte, sondern »Überlegungen zum Inhalt eines Vertrages über Partnerschaft und Zusammenarbeit zwischen der UdSSR und Deutschland«. Dasselbe tat der Bundeskanzler mit seinen Überlegungen zum Inhalt eines bilateralen Vertrages, der Ähnlichkeiten zum »deutsch-französischen Freundschaftsvertrag« enthielte. Beide versicherten sich, dass das alles sehr persönliche Überlegungen seien.

Nachdem man sich so aufeinander zu bewegt hatte, suchte Gorbatschow eine Bestätigung in einem neuralgischen Thema, nämlich in der Grenzfrage: Das neue Deutschland werde doch in den Grenzen der Bundesrepublik, der

Tschernajew 1993, S. 302 ff.).

78 Das sowjetische Protokoll befindet sich in der Gorbatschow-Stiftung, 90JUL15; das deutsche in: DzD, Dok. Nr. 350, S. 1340 ff. In Gorbatschow 1993 (Gipfelgespräche), S. 162–177 sind Auszüge aus dem sowjetischen Protokoll abgedruckt, vorweg bereits in »Die Weltwoche« vom 18.2.1993 und vom 25.2.1993. Vgl. auch die relativ ausführlichen Passagen in Teltschik 1991, S. 319 ff.; Tschernajew 1993, S. 305 f.; Gorbatschow 1993, S. 161 ff.

79 Ein entsprechender Vorschlag war von Gorbatschow einen Tag vorher, am 14. Juli, in Moskau dem NATO-Generalsekretär Wörner übergeben worden (Gorbatschow-Stiftung, 90JUL14).

80 DzD, S. 1342.

DDR und Berlins gebildet. »Das sei kein Problem, warf der Bundeskanzler ein«, heißt es im deutschen Protokoll. »Er erläuterte das Verfahren, das der polnischen Regierung vorgeschlagen worden sei. Dieses Verfahren sei wasserdicht und eindeutig. Der Bundeskanzler fügte hinzu, dass er die polnische Haltung nicht immer verstanden habe.« Er habe Ministerpräsident Mazowiecki angeboten, sofort nach der Einigung Deutschlands innerhalb von drei Monaten einen Grenzvertrag zu unterzeichnen. Und dann vermischt Kohl nicht ungeschickt die unterschiedlichen Haltungen zu verschiedenen Zeiten: »Sein Vorschlag sei jedoch darüber hinausgegangen. Sein Ziel sei ein Vertrag mit Polen, der weit in die Zukunft reiche. Die polnische Regierung sei zögerlich.« Aber er könne sich vorstellen, wie die Reaktion Polens sein würde, wenn Deutschland einen Vertrag mit der Sowjetunion schließen werde. Gorbatschow antwortet darauf sibyllinisch: »Das müsse man berücksichtigen.«

Nach dem sowjetischen Protokoll sagte Kohl über sein Angebot an die polnische Regierung: »Zwei Schritte – zuerst die Grenzen und dann der große Vertrag. Die Polen beeilen sich nicht, weichen einer endgültigen Antwort aus. Aber wenn Deutschland mit der Sowjetunion einen Vertrag abschließen wird, so werden sie die Nase heben, werden anfangen zu schreien und auf die Geschichte verweisen. Es gilt zu überlegen, wie man dem aus dem Wege gehen, wie man die Polen zur Vernunft bringen kann.« Aber nach dem sowjetischen Protokoll gab Gorbatschow nicht einmal die erwähnte sibyllinische Antwort wie im deutschen Protokoll, sondern ging ohne Antwort sofort zum nächsten Punkt über.

Der Präsident erklärte – nun wieder nach dem deutschen Protokoll –, dass nach der Grenzfrage »zweitens Deutschland auf ABC-Waffen verzichten müsse. Er wisse, dass das auch die Position des Bundeskanzlers sei«. Der widerspricht nicht.

Der anschließende kurze Dialog ist es wert, ganz zitiert zu werden:

> *»Drittens dürften«,* so Gorbatschow weiter, *»die militärischen Strukturen der NATO nicht auf das DDR-Territorium ausgedehnt werden. Außerdem müsse eine Übergangsregelung für die Präsenz der sowjetischen Truppen vereinbart werden. Viertens müssten die Viermächte-Rechte abgelöst werden.« Der Bundeskanzler fragte den Präsidenten, ob das heiße, dass Deutschland seine volle Souveränität mit der Einigung erhalten werde. Präsident Gorbatschow bejahte diese Frage: »Selbstverständlich.«* (Und wiederholt:) *Das setze jedoch voraus, dass die NATO-Militärstrukturen nicht auf die DDR ausgedehnt würden und eine Übergangsregelung für die Präsenz der sowjetischen Truppen vereinbart werde.*
>
> *Als wichtigste Frage bezeichnete Präsident Gorbatschow die Mitgliedschaft eines geeinten Deutschlands in der NATO. De jure sei die Frage klar. De facto sehe es so aus, dass nach der Vereinigung Deutschlands der Geltungsbereich der NATO nicht auf das Territorium der DDR ausgedehnt werde.*

Die Lage sei die, dass es um die Regelung für eine Übergangszeit gehe. Die Mitgliedschaft in der NATO bleibe bestehen. Solange jedoch sowjetische Truppen in der DDR stationiert seien, könne der Geltungsbereich der NATO nicht auf das DDR-Territorium ausgeweitet werden.

Diese Aussage bekräftigte Gorbatschow noch zwei Mal.

Dann der nächste wesentliche Punkt: Der Bundeskanzler betonte das Interesse seiner Regierung, die Viermächte-Rechte so früh wie möglich zu beenden und die volle Souveränität für Deutschland zu erreichen. Gorbatschow »verstand« dies und erklärte sich bereit, die Vier-Mächte-Rechte mit dem Abschluss des 2+4-Vertrags aufzuheben:

Gorbatschow: Das Abschlussdokument, das die Hauptprinzipien enthalten werde, werde die Aufhebung der vierseitigen Verantwortung o h n e Ü b e r g a n g s z e i t zum Ausdruck bringen.[81]

Im sowjetischen Protokoll ist diese entscheidende Aussage zur Aufhebung der Viermächte-Rechte »ohne Übergangszeit« schwer auszumachen. Gorbatschow sagte danach:

Sie bestehen darauf, dass mit dem Moment der Bildung eines vereinten Deutschlands die vierseitigen Rechte und Verantwortungen abgelöst werden. Diese Forderung ist nicht ganz realistisch, weil die Ratifizierung eines entsprechenden Dokuments der »Sechs« erforderlich ist. Sie erfordert einige Zeit. I m P r i n z i p könnten wir dem zustimmen, dass im Dokument über die grundlegenden Prinzipien ein Punkt über die Ablösung der vierseitigen Rechte und Verantwortungen fixiert wird. Voraussetzung dafür ist der Abschluss eines neuen Vertrages über die Bedingungen der Anwesenheit unserer Streitkräfte in Deutschland im Zeitraum von drei bis vier Jahren, oder die Bestätigung der Wirksamkeit aller Verträge mit der DDR, die gegenwärtig die Anwesenheit der sowjetischen Streitkräfte dort regulieren.[82]

Das klingt alles ähnlich wie die deutsche Fassung, besitzt jedoch nicht die Klarheit des maßgeblichen Satzes im deutschen Protokoll. Es spricht viel dafür, dass die Mitschrift Teltschiks den Auffassungen und eventuell auch den Aussagen Gorbatschows entspricht; denn der ganze Verlauf der Gespräche auch des nächsten Tages geht in die Richtung einer Aufgabe der Viermächte-Rechte, einer Zulassung der vollen Souveränität des vereinten Deutschland *sofort* mit dem 2+4-Vertrag, unter der Voraussetzung eines Vertrages über den Abzug der sowjetischen Truppen.

81 Hervorhebungen von mir, da die sofortige Wirkung des 2+4-Vertrages im Fall Polens ein schwieriger Punkt (auch anfänglich auf der Seite des Kanzlers) war und eine ablehnende Haltung bei der sowjetischen Führung im Bereich des Möglichen lag.

82 Hervorhebungen von mir.

Gorbatschow schlug daher vor, die Frage des weiteren Verbleibes sowjetischer Truppen aus dem Gesamtkomplex herauszunehmen, damit sie separat gelöst werden könne. Dadurch solle die Herstellung der vollen Souveränität Deutschlands möglich werden, ohne dass die Frage der Truppenpräsenz störend wirke. Sonst würden die sowjetischen Truppen als Besatzungstruppen bleiben (und so empfunden werden, wie er es im sowjetischen Protokoll meinte).

Das war für den Bundeskanzler nicht unwichtig, und für Teltschik war dies »die zweite Überraschung«[83]: Kohl bestätigte, dass keine NATO-Truppen (oder meint er: keine ausländischen NATO-Truppen?) auf das DDR-Territorium verschoben werden.

Der Bundeskanzler fragte erneut – wahrscheinlich für die Protokollanten – und Teltschik schrieb alles auch ein drittes Mal mit: »Wenn er den Präsidenten richtig verstanden habe, dann solle der Geltungsbereich der NATO auf das DDR-Territorium erst nach Abzug der sowjetischen Truppen ausgeweitet werden.

Das sei das gemeinsame Interesse, erwiderte Präsident Gorbatschow. Das vereinigte Deutschland werde Mitglied der NATO sein. De facto werde es aber so aussehen, dass das jetzige Territorium der DDR nicht zum Wirkungsbereich der NATO gehöre, solange (dort) sowjetische Truppen stationiert seien. Die Souveränität Deutschlands stelle er nicht in Frage. Deutschland bleibe Mitglied der NATO. Notwendig sei jedoch eine Vereinbarung über die Präsenz der sowjetischen Truppen. De facto müsse sie so aussehen, daß das DDR-Territorium nicht zum Wirkungsbereich der NATO gehöre, solange sowjetische Truppen dort stationiert seien. De jure werde Deutschland Mitglied der NATO sein. Nach einem Jahr sollten Verhandlungen über den völligen Abzug der sowjetischen Truppen erfolgen. Über die rechtliche Grundlage für die sowjetische Truppenpräsenz sollte ein separater Vertrag vereinbart werden, oder die Verpflichtungen der DDR sollten bekräftigt werden.

Teltschiks Kugelschreiber flog über das Papier. Jedes Wort des Dolmetschers wollte er originalgetreu protokollieren. So dramatisch schildert er in seinen »329 Tagen« diese Minuten. Dagegen blieb der Bundeskanzler »ohne erkennbare Reaktion«.

Kohl schlug vor, einen solchen separaten Vertrag sofort aufzusetzen. Man sprach dann über die finanziellen Hilfen für die Umzüge, über neue Wohnungen für die Armeeangehörigen und über den Zeitraum von vier Jahren bis zum Abzug der sowjetischen Truppen, der weniger ihm – so Kohl –, sondern Gorbatschow Schwierigkeiten bereiten werde.

Horst Teltschik schrieb in sein »Tagebuch«: »Der Durchbruch ist erreicht! Welch eine Sensation! So klare Zusagen hatten wir nicht erwartet. Alle Vor-

83 Teltschik 1991, S. 324.

zeichen waren zwar positiv, doch wer hätte ein solches Ergebnis voraussagen wollen? Für den Bundeskanzler ist das ein unglaublicher Triumph.«[84]

Auch hier kann man kaum glauben, dass Teltschik die Abmachung in Washington zwischen Gorbatschow und Bush zur NATO-Mitgliedschaft nicht erwähnt. Die Zusagen Gorbatschows hier in Moskau waren zwar konkreter und von großer Bedeutung für die Abwicklung der Fragen, die mit der NATO-Mitgliedschaft, der Souveränität und dem Truppenabzug verbunden waren, aber sie fußten auf dem Washingtoner Durchbruch, von dem das Bundeskanzleramt nicht nur durch das Fernschreiben Bushs vom 4. Juni 1990 informiert war. So sieht das übrigens auch Genscher: In Washington »war der wirkliche Durchbruch, und mich rief Baker an und sagte: ›Die Sache ist gelaufen‹, Gorbatschow hat … sich (auch) vor der Öffentlichkeit festgelegt. Das war für uns der entscheidende Durchbruch, so dass es, als wir im Kaukasus waren, im Grunde nur noch um Fragen ging, die Folgen daraus waren, nämlich … wie lange die sowjetischen Truppen in Deutschland bleiben und wie hoch deutsche Zahlungen sind.«[85]

Als diese Grundfragen geklärt und zur weiteren Erledigung an die Ressorts gegangen waren, kamen die unbelasteten Teile des Delegationsprogramms: zunächst ein Gespräch im erweiterten Kreis mit der gesamten Delegation, das die Ergebnisse des Vier-Augen-Gesprächs in vorsichtiger Form bestätigte, die Fahrt zum Flughafen, während der Teltschik nicht einmal dem Botschafter Klaus Blech und dem ansonsten überall beteiligten Dieter Kastrup von dem »Durchbruch« in der Frage der NATO-Mitgliedschaft berichtete, schließlich der Flug nach Stawropol und die Fahrt nach Archys in den Kaukasus, in die Heimat Gorbatschows. Dort machte man Spaziergänge, genoss die Schönheit der Natur, den Geruch der beginnenden Ernte. Die Bilder gingen um die Welt: die Chefs in Strickjacken, die anderen nicht, der Abstieg zum Fluss, Kohl und Gorbatschow Hand in Hand. Abends saß man beieinander, erzählte sich Geschichten und Anekdoten. Die Frauen der beiden Staatschefs waren dabei, und Teltschik konstatiert ein großes Einvernehmen zwischen Raissa und Michail Gorbatschow; Portugalow sagte mir, dass es wirklich eine große Liebe gewesen sei, die einzige bei Staatsoberhäuptern, die er kenne.

In der Nacht vor dem nächsten Gespräch Gorbatschows mit Kohl, Genscher und der deutschen Delegation im Kaukasus saß ein grimmiger Falin in seinem Zimmer und wartete auf den Anruf seines Präsidenten, den er um ein Gespräch gebeten hatte. Um Mitternacht – so der Abteilungschef – klingelte schließlich das Telefon.

Gorbatschow: Was wolltest du (!) mir sagen?

84 Teltschik 1991.
85 Genscher im Gespräch mit mir am 25.4.2001.

Falin: In Ergänzung zu meinem Memorandum halte ich es für meine Pflicht, Ihre (!)[86] *Aufmerksamkeit besonders auf drei Momente zu lenken.*[87]

Man wolle der Sowjetunion den Anschluss »aufhalsen« inklusive aller finanziellen, moralischen und juristischen Kosten. Dadurch würden »einige hunderttausend Menschen potenziell zu Angeklagten«. Gorbatschow: »Verstanden. Weiter.« Der zweite Punkt Falins war die NATO-Mitgliedschaft des vereinten Deutschland: Anders als in seinem Memorandum, fordert er jetzt nur noch eine »Nichtbeteiligung an der Militärorganisation (wie Frankreich – AvP). Minimum minimorum – die Nichtstationierung von Nuklearwaffen auf gesamtdeutschem Territorium. Den Umfragen zufolge sind 84 Prozent der Deutschen für die Entnuklearisierung Deutschlands.«[88] Der dritte Punkt betraf die Eigentumsfragen, die bis zur Unterzeichnung des 2+4-Vertrages geregelt sein müssten. Beispielsweise sollten die sowjetischen Experten die ökologischen Kosten des deutschen Überfalls 1941 berechnen, falls die Deutschen ökologische Schäden in der DDR zur Debatte stellen. Gorbatschow habe dann noch präzisierende Fragen gestellt, besonders zum Artikel 23 des Grundgesetzes und zum Militärstatus, meinte dann aber: »Ich werde tun, was ich kann. Nur fürchte ich, dass der Zug schon abgefahren ist.« Falin bemerkt dazu später in seinem Buch, dass man sich dann nur noch »quer auf die Gleise legen« könne.

7.7.2 Im Kaukasus

In Archys, der Heimat Gorbatschows bei Stawropol, wurden dann am nächsten Tag, dem 16. Juli 1990, die Absprachen aus dem Vier-Augen-Gespräch Gorbatschows mit Kohl für die kommenden Verträge und für die Öffentlichkeit konkretisiert.[89] Dabei sollte es, trotz der grundsätzlichen Klärung über

86 Dieses »Siezen« nach oben und das »Duzen« nach unten ist kein Zufall: Das entsprach allgemein dem hierarchischen Umgang innerhalb der KPdSU, wie mir Portugalow an verschiedenen Beispielen erläuterte.

87 Diese Sätze sind in Falins beiden Büchern enthalten, auf S. 494 (Politische Erinnerungen, 1995) und S. 208 (Konflikte im Kreml, 1999). Dieses Letztere wurde übrigens für den Siedler-Verlag von Helmut Ettinger übersetzt, dem jahrelangen Russisch-Dolmetscher der führenden DDR-Politiker.

88 Falin 1999, S. 208.

89 Das sowjetische Protokoll des Gesprächs des Präsidenten Gorbatschow mit Bundeskanzler Kohl (mit Delegation) liegt in der Gorbatschow-Stiftung unter der Bezeichnung 90JUL16, die Aufzeichnung des Bundeskanzleramtes, dieses Mal von Ministerialdirigent Walter Neuer, in: DzD, Dok. Nr. 353 »Gespräch des Bundeskanzlers Kohl mit Präsident Gorbatschow im erweiterten Kreis, Archys/Bezirk Stawropol, 16. Juli 1990, S. 1355 ff. Teilnehmer waren auf sowjetischer Seite neben Gorbatschow und Schewardnadse der stellvertretende Ministerpräsident Sitarjan, der stellvertretende Außenminister Kwizinski, Botschafter Terechow, Sprecher Maslennikow und der Dolmetscher Kurpakow. Marschall Achromejew war nach dieser offiziellen Liste nicht dabei, im Gegensatz zu Schewardnadses Behauptung im Interview (vgl. den Abschnitt »Das Militär, der Marschall und Gor-

die NATO-Mitgliedschaft des vereinten Deutschland in Washington und ersten Konkretisierungen am Vortag in Moskau, noch einige fundamentale Auseinandersetzungen geben. Einig war man sich darüber, dass es zusätzlich zu dem 2+4-Dokument einen gesonderten bilateralen Vertrag zwischen der Sowjetunion und der Bundesrepublik geben sollte, der die Bedingungen der Anwesenheit und des Abzugs der sowjetischen Truppen im Zusammenhang mit dem Eintritt in die volle Souveränität Deutschlands regelt. Über das 2+4-Dokument sagte der Generalsekretär nach der sowjetischen Mitschrift vom 16. Juli:

> *Unserer Meinung nach sollte das Dokument alle prinzipiellen Fragen erfassen, die zu den äußeren Aspekten der deutschen Vereinigung gehören:*
> – *Schaffung eines neuen Deutschlands in den Grenzen der DDR, der BRD und Berlins;*
> – *Verzicht Deutschlands auf atomare, chemische und bakteriologische Waffen;*
> – *das Verhältnis zu den Rechten und Pflichten der Vier Mächte.*[90]
> *Das Resultat wird die Herstellung der vollen Souveränität sein. In diesem Zusammenhang gilt es, das Bestehen einiger Probleme zu konstatieren, für die eine Lösung gefunden werden muss.*
>
> *Genscher: Welche Probleme meinen Sie, Herr Präsident?*
>
> *Gorbatschow: Hauptsächlich die Nichtausweitung der Militärstrukturen der NATO auf das Territorium der DDR und für eine bestimmte, gemeinsam festgelegte Periode die weitere dortige Anwesenheit der sowjetischen Streitkräfte. Wir haben gestern mit dem Bundeskanzler die Idee eines Abschlusses eines gesonderten Vertrages über die Bedingungen der Anwesenheit unserer Truppen in Deutschland besprochen. Im Abschlussdokument der »Sechs« sollte es dazu eine prinzipielle Feststellung geben. Mit einem Wort, es wird eine rechtliche Grundlage benötigt, im gegenteiligen Fall würde die Anwesenheit unserer Truppen in der Luft hängen.*
>
> *Genscher: Das entsprechende Abschlussdokument der »Sechs« verstehen wir so, dass das vereinigte Deutschland in Übereinstimmung mit dem Abschlussdokument von Helsinki das Recht der Wahl besitzen wird, in dieses oder jenes Bündnis einzutreten. Sie wissen, dass wir dafür sind, dass es in der NATO ist. Zwischen uns sollte Klarheit in dieser Hinsicht sein.*[91]

Anschließend betonte Kohl noch einmal, dass volle Souveränität auch die Freiheit der Bündniswahl bedeute, man aber die Punkte sammeln solle, die am Ende des Gesprächs geklärt sein sollten. An dieser Stelle differieren das

batschows Sessel« in dem Kapitel »Putsch gegen oder für Gorbatschow?«). Auf deutscher Seite nahmen neben Kohl und Genscher teil: die Minister Waigel und Klein, Botschafter Blech, Teltschik, Kastrup, Haller vom Finanzministerium, Neuer und Weiß als Dolmetscher.

90 Dieser Punkt zu den Vier Mächten fehlt hier im deutschen Protokoll.

91 Zitiert nach dem sowjetischen Protokoll.

sowjetische und das deutsche Protokoll in einer entscheidenden Frage. Nach dem deutschen Protokoll machte der sowjetische Präsident in dem Punkt der Ausweitung der NATO auf das dann ehemalige DDR-Gebiet nach dem Abzug der sowjetischen Truppen folgende Aussage:

Es sei klar, dass das vereinigte Deutschland in der NATO bleibe. Eine Erstreckung des NATO-Gebiets dürfe jedoch so lange nicht stattfinden, wie sowjetische Truppen in der DDR seien.

Das heißt im Umkehrschluss, dass sich nach dem Abzug der sowjetischen Truppen die NATO auf das Gebiet der DDR ausdehnen dürfe. Diesen Satz gibt es nicht im sowjetischen Protokoll an dieser Stelle. Über diese Frage und deren Präzisierung sollte es zwei Monate später jedoch noch Streit geben, der die 2+4-Verhandlungen kurz vor ihrem Ende in Frage stellen sollte. Daher möchte ich die gesamte Passage wörtlich aus dem sowjetischen Protokoll zitieren.

Gorbatschow: Es wird eine solche Situation entstehen, dass im Ostteil Deutschlands sowjetische Truppen disloziert werden.[92] *Es versteht sich von selbst, dass auf ihn die Strukturen der NATO nicht ausgeweitet werden können. Das stellt die souveränen Rechte Deutschlands nicht in Frage. Es wird natürlich ein gesonderter zweiseitiger Vertrag über die Bedingungen der Anwesenheit unserer Truppen nach der Vereinigung Deutschlands gebraucht.*

Genscher: Das vereinigte Deutschland wird ein souveräner Staat, aber für eine bestimmte Zeit werden auf seinem Territorium, dort, wo sich früher die DDR befand, sowjetische Truppen stationiert. Das muss in einem gesonderten Vertrag reguliert werden.

Gorbatschow: Dem Wesen nach geht es um die Zusammenführung Ihrer und unserer Positionen. Deutschland ist Mitglied der NATO, aber auf die DDR wird die Aktionssphäre der NATO nicht ausgeweitet.

Kohl fragt direkt in diesem wesentlichen Punkt zweimal nach:

Solange dort die sowjetischen Streitkräfte verbleiben?

Gorbatschow (will keine konkrete Antwort geben)*: Schauen wir, wie die Entwicklung verläuft. (...) Das neue souveräne Deutschland teilt uns mit, dass es unsere Besorgnis versteht und dass die NATO-Staaten mit ihren Atomwaffen nicht auf das Territorium der DDR vorrücken werden.*

Kohl: Solange sich dort die sowjetischen Truppen befinden?

Gorbatschow: Wenn wir über den Abzug der Truppen reden werden, beraten wir diesen Umstand. Dann, zu diesem Zeitpunkt, gibt es vielleicht Bewegungen in Wien, entsteht eine neue Qualität in den Beziehungen zwischen dem Warschauer Vertrag und der NATO und alles wird anders aussehen. Jetzt in-

92 Dem Dolmetscher zufolge heißt hier »dislozieren« nicht abziehen, sondern verteilen.

teressiert uns die unmittelbare Zukunft. Falls von Ihrer Seite irgendwelche Erklärungen über die Ausweitung der Sphäre der NATO auf das Territorium der DDR erfolgen, so entsteht bei uns eine gewaltige Bewegung des Widerstandes. Das gilt es zu berücksichtigen.

Genscher: Es muss Klarheit herrschen, um Zweifel an der Souveränität Deutschlands zu vermeiden. Falls man uns fragt, so sagen wir, dass die Frage in Übereinstimmung mit der sich real entwickelnden Situation entschieden wird, aber die Souveränität wird davon nicht berührt.

Gorbatschow: Die Souveränität stellen wir nicht in Frage. Das ist Taktik. Falls gefragt wird, was wird nach dem Abzug der sowjetischen Truppen sein, so antworten wir, dass wir sie beim Eintreten einer solchen Situation bedenken werden.

Genscher: Im Rahmen der Souveränität?

Gorbatschow: Ja.

Schewardnadse (ablehnender als sein Chef in dieser Frage)*: Die Frage der Truppen ist eine prinzipielle und erfordert eine Abstimmung. Falls nach dem Abzug der sowjetischen Truppen auf das Territorium der DDR die NATO vorrückt und dort Atomwaffen erscheinen, so kommt es zur Explosion, und alles, was wir abgesprochen haben, wird beerdigt.*

Hier im sowjetischen Protokoll wird also deutlich: Die sowjetische Seite gibt keine klare Antwort auf die Frage, ob es *nach* dem Abzug der sowjetischen Truppen eine Ausdehnung der NATO-Strukturen auf das Gebiet der dann ehemaligen DDR geben dürfe oder überhaupt nicht, also niemals. Im Gegenteil: Gorbatschow betonte ebenso wie Schewardnadse die Gefährdung der Sowjetunion durch eine solche Politik, den Widerstand dagegen oder gar eine »Explosion«. Alle diese scharfen Einwände finden sich im deutschen Protokoll nicht. Gleichzeitig will aber auch die sowjetische Führung nicht die Souveränität des vereinten Deutschland in Frage stellen. Daher hakt Genscher nach: Einmal habe der Präsident von einer *prinzipiellen* Nichterweiterung der NATO-Strukturen auf das Territorium der DDR gesprochen, das andere Mal von der Entscheidungsmöglichkeit in voller Souveränität Deutschlands nach dem Abzug der sowjetischen Truppen. Auf diesen Widerspruch machte Genscher aufmerksam, der aber zugleich bereit schien, die Frage der Ausdehnung der NATO-Strukturen auf das DDR-Territorium später beantworten zu lassen. Der sowjetische Präsident fasst daher zusammen:

Es geht um die Zusammenführung zweier prinzipieller Fragen – um die souveränen Rechte des vereinigten Deutschlands und darum, was in der Zukunft zu tun ist. Das Leben ändert sich sehr schnell, und wenn das nächste Stadium erreicht ist, gilt es, die entsprechenden Entscheidungen zu treffen. Hier vorauszueilen würde die allergefährlichsten Folgen heraufbeschwören. (...)

Kohl (sieht dies etwas anders)*: Das souveräne Deutschland entscheidet selbst, in welches Bündnis es eintritt. Wir sagen, dass es Mitglied der NATO* *wird. Gleichzeitig sagen wir, dass in der Zeit der Anwesenheit der sowjetischen Truppen die Strukturen der NATO auf den Osten nicht ausgeweitet werden. Das souveräne Deutschland hat auch das Recht, eine Entscheidung darüber zu treffen, was nach dem Abzug der sowjetischen Streitkräfte von dort, wo sie sich jetzt befinden, zu tun ist.*

Nach dem deutschen Protokoll stimmte Gorbatschow dieser Zusammenfassung zu, nach dem russischen hielt der sowjetische Außenminister dagegen:

Schewardnadse: Am klügsten wäre es, klar und deutlich festzuhalten, dass nach dem Abzug der sowjetischen Truppen vom Territorium der ehemaligen DDR keine ausländischen Truppen und Atomwaffen auftauchen, dass das Territorium nicht gegen die Sowjetunion benutzt wird.

Gorbatschow: Im Vertrag sollte der Gedanke enthalten sein, dass der Abzug der sowjetischen Truppen nicht genutzt wird für die Schaffung einer Gefahr für die Sicherheit der Sowjetunion. Zwischen uns wird es ein Einverständnis geben, dass Deutschland Mitglied der NATO ist, aber der Abzug der sowjetischen Truppen untergräbt nicht die Sicherheit der Sowjetunion.

Im deutschen Protokoll fehlt die Dramatik dieser Debatte weitgehend.

BM Genscher macht Gorbatschow darauf aufmerksam, er habe zuvor gesagt, Deutschland werde nach dem Abzug der sowjetischen Truppen in seiner Souveränität entscheiden. Jetzt sage er, er gehe von dem Verständnis aus, dass keine Erstreckung der NATO-Strukturen erfolge. Dies sei eine Änderung der sowjetischen Position.

Gorbatschow: 1. Keine Erstreckung des NATO-Territoriums auf das Gebiet der heutigen DDR, s o l a n g e[93] *sowjetische Truppen dort anwesend seien. Über den Aufenthalt der Truppen solle ein Vertrag abgeschlossen werden. 2. Er gehe davon aus, dass die NATO-Strukturen sich nicht auf dieses Gebiet erstreckten, ohne dass dieses in dem Vertrag gesagt werde.*

BM Genscher stellt die Frage, ob in dieser Zeit, d. h. der Zeit der Anwesenheit sowjetischer Truppen, deutsche Streitkräfte in der DDR stationiert sein könnten, die nicht in die NATO-Verbände integriert seien. Ob man sich hierüber einig sei?

Präsident Gorbatschow bejahte diese Frage mit der Begründung, Deutschland habe ja die volle Souveränität.

Nach dem sowjetischen Protokoll blieb Gorbatschow in dieser Frage widersprüchlich, auch nachdem der deutsche Außenminister folgendes Angebot machte.

93 Hervorhebung von mir.

Genscher: Notwendig ist es, die Frage zu klären, ob in dieser Zeit noch irgendjemandes Truppen auf dem Territorium der DDR sein werden. Es könnten deutsche Streitkräfte sein, die nicht der NATO unterstellt sind.

Darauf antworten zunächst weder Gorbatschow noch Schewardnadse, sondern Kohl präzisiert:

Das werden Soldaten der Bundeswehr sein, die nicht der NATO unterstellt sind.

Eventuell betonte der Bundeskanzler, dass es sich um *Bundeswehr*truppen handeln sollte, deshalb, weil es bei de Maizière und Meckel eine Überlegung gab, der sowjetischen Seite in diesem Zusammenhang deutsche »Territorialverteidigungstruppen« vorzuschlagen, die sich nur um die deutschen Grenzen zu kümmern hätten und nicht der NATO unterstellt wären. Dabei war offensichtlich noch nicht geklärt, ob diese Territorialverteidigung auch außerhalb der Bundeswehrstrukturen bleiben oder eventuell sogar nur aus Truppen der NVA zusammengesetzt werden sollte. Der Kanzler dürfte dies auch deshalb präzisiert haben, weil Genscher nach dem sowjetischen Protokoll eben nur von deutschen Streitkräften gesprochen hatte. De Maizière meint sogar, dass Genscher derselben Auffassung gewesen war wie er und Meckel in dieser Frage, aber die DDR-Kollegen »vorgeschickt« hätte, wenn er es selbst aus Rücksicht auf den Kanzler oder die Amerikaner nicht tun wollte oder konnte.[94]

Zurück zur Verhandlung: Der Bundeskanzler suchte eine Formulierung, die diesen Widersprüchen zwischen der deutschen und der sowjetischen Delegation Rechnung tragen könnte, das heißt auch den Widersprüchen bei Gorbatschow selbst.

Kohl: Es soll nicht so sein, dass ein Vertrag abgeschlossen wird, und nach einigen Jahren Atomwaffen auftauchen. (...) Jetzt kann ich keine Formulierung vorschlagen, aber sie wird unbedingt gefunden werden müssen.

Gorbatschow: Deutschland vereinigt sich, erhält die politische Souveränität, wird Mitglied der NATO, es wird der Artikel 5[95] *wirksam. Es könnte sein, dass eine entsprechende Formulierung über die Absichten im erwähnten Brief des Kanzlers vorgeschlagen wird.*

Kohl: Jetzt weiß ich noch nicht, wie dieser Satz am besten zu formulieren ist. Ich möchte nochmals konkretisieren, dass Sie davon ausgehen, dass nach dem Abzug der sowjetischen Streitkräfte auf dem Territorium der ehemaligen DDR zum Beispiel keine amerikanischen Soldaten und keine Atomwaffen sein werden. Oder sind nur Atomwaffen gemeint?

Gorbatschow: Weder ausländische Truppen noch Atomwaffen.

94 So de Maizière im Gespräch mit mir am 19.7.2002.

95 Über die allgemeine Schutzpflicht der NATO gegenüber ihren Mitgliedern, hier also auch für das Territorium der DDR.

Und nun kommt eine nicht nachvollziehbare Wendung: In deutlichem Widerspruch zu dieser letzten Aussage schließt der Generalsekretär nach dem sowjetischen Protokoll unmittelbar mit einem fast gegenteilig lautenden Gedanken an:

Solange die sowjetischen Streitkräfte anwesend sind, können Truppen der Territorialverteidigung anwesend sein. Dann, nach dem Abzug unserer Truppen, kann die Bundeswehr erscheinen, das heißt die Teile, welche in die NATO integriert sind, aber ohne Atomwaffen.

Die gesamte bisherige Verhandlungsführung legt nahe, dass hier im letzten Halbsatz ein »nicht« fehlt, so dass es heißen müsste: »... das heißt die Teile (der Bundeswehr), welche *nicht* in die NATO integriert sind«. Aber die erneute Prüfung des Originals und auch der Computer-Datei in der Gorbatschow-Stiftung ergab, dass auch in der Urfassung kein »nicht« steht. Und auch die weiteren Verhandlungen zeigen, dass es an dieser Stelle, dem sowjetischen Protokoll folgend, einen ungeklärten und unbegründeten Bruch gab: Nun würde es den Deutschen erlaubt sein, Bundeswehreinheiten, die in die NATO integriert sind, nach dem Abzug der sowjetischen Truppen auf dem Gebiet der dann ehemaligen DDR zu stationieren. Der stellvertretende sowjetische Außenminister fügt zu Gorbatschows letztem Satz hinzu:

Kwizinski: Und ohne Träger von Atomwaffen.

Kohl (wiederholt): Volle Souveränität Deutschlands bedeutet, dass nach dem Abzug der sowjetischen Truppen auf das Territorium der ehemaligen DDR beliebige deutsche Truppen stationiert werden können, aber zu ihrer Bewaffnung sollen keine Träger von Atomwaffen gehören. Auf dem Territorium der ehemaligen DDR werden keine ausländischen Streitkräfte stationiert.

Gorbatschow erklärt nach dieser Zusammenfassung im weiteren Verlauf im Wesentlichen nur noch die Notwendigkeit der Klärung und Ratifizierung des zweiseitigen Vertrages zwischen der BRD und der UdSSR »nach Unterzeichnung des Abschlussdokuments der ›Sechs‹«.

Hier stellt sich die Frage nach den Gründen für Gorbatschows Wechsel in seiner Verhandlungsführung oder nach der Genauigkeit des sowjetischen Protokolls. Denn die sowjetische Führung hatte sich gerade noch mit Vehemenz und dramatischen Formulierungen gegen die Ausdehnung der NATO-Strukturen auf das Gebiet der ehemaligen DDR während der Anwesenheit der sowjetischen Truppen dort *und auch nach* ihrem Abzug gewandt, desgleichen gegen die Stationierung von Bundeswehrtruppen, die der NATO unterstellt sind, und nun wird diese Position einfach umgeworfen und dem Bundeskanzler bzw. seinem Außenminister dies alles zugestanden. In diesen hier zunächst umkämpften Verhandlungszielen hatte es – wie bekannt – noch im Februar starke Differenzen zwischen Genscher und Stoltenberg, auch zwischen Genscher und Kohl sowie zwischen der DDR-Regierung in Berlin und der Bundesregierung in Bonn gegeben. Eben noch war nur die Rede von deutschen Territorialtruppen, die auf dem DDR-Gebiet auch nach dem Abzug der sowjetischen Truppen agieren dürften, und nun dieser Wechsel. Dass dieser Unterschied Gorbatschow oder Tschernajew als »Note-Taker« nicht klar gewesen wäre, kann angesichts des sonstigen Gesprächsverlaufs nicht angenommen werden. Möglicherweise war die von Genscher signalisierte Bereitschaft zum Zugeständnis, sich auf Territorialverteidigungstruppen zu beschränken, im Verein mit dem Angebot eines bilateralen Vertrags durch Kohl für Gorbatschow ausreichend, die volle sofortige Souveränität des vereinten Deutschland nach Unterzeichnung des 2+4-Abschlussdokuments und des bilateralen Vertrages auch in dieser Frage anzuerkennen. Eventuell schien es dem Generalsekretär auch für die Zukunft gefährlich, von der Regierung des vereinten Deutschland zu verlangen, einen Teil Deutschlands als NATO-Gebiet zu behandeln, den anderen nicht. Aber die Garantien für die sowjetische Sicherheit, die er dafür verlangte, waren gering.

Gorbatschow jedenfalls unterschied nach dieser entscheidenden Phase des Gesprächs ebenso wie Genscher und Kohl zwischen den Truppenteilen der Bundeswehr, die in die NATO integriert sind, und solchen, die als »Territorialverteidigung« nicht der NATO unterstellt werden sollten. Aber der sowjetische Präsident griff nicht nach dem Strohhalm, den Genscher und Kohl ihm reichten, auch nach der Rückkehr der sowjetischen Truppen in die UdSSR nur Territorialverteidigungstruppen, die *nicht* der NATO angehören, im östlichen Teil Deutschlands stationiert zu sehen. Letztlich stimmt Gorbatschow der Anwesenheit der deutschen NATO-Einheiten ohne Atomwaffen auf DDR-Gebiet nach Abzug der sowjetischen Truppen zu, allerdings keinen ausländischen.

In dem deutschen Protokoll wird die widersprüchliche Position Gorbatschows zusammengefasst:

> *Präsident Gorbatschow wirft ein, wenn in der bilateralen Vereinbarung gesagt werde, nach dem Abzug der sowjetischen Truppen werde nichts unternommen, was die Sicherheit der Sowjetunion beeinträchtige, so stelle dies keine Einschränkung der Souveränität Deutschlands dar. Es solle nicht niedergeschrieben werden, dass das vereinigte Deutschland Mitglied der NATO werde, aber die sowjetische Seite meine dies. Es solle auch nicht geschrieben werden, dass die DDR nach dem Abzug der sowjetischen Truppen nicht NATO-Gebiet werde, aber die sowjetische Seite habe dieses Verständnis, insbesondere dürften keine Nuklearwaffen stationiert werden. Eine gesamtdeutsche Bundeswehr dürfe auf diesem Gebiet stationiert sein.*

Bundeskanzler Kohl fasst in einer späteren Phase dieses Delegationsgesprächs auch nach dem deutschen Protokoll zusammen, »dass die volle Souveränität Deutschlands bedeute, jede Art deutscher Truppen dürfe nach dem Abzug der sowjetischen Truppen auf dem Gebiet der heutigen DDR stationiert werden mit Ausnahme nuklearer Träger. Es dürften jedoch keine ausländischen Truppen dort stationiert werden.« Gorbatschow bittet darum, dass im Schlussdokument der 2+4-Verhandlungen eine Zeile eingefügt werde, »dass über den Aufenthalt der sowjetischen Truppen auf dem Gebiet der heutigen DDR ein bilateraler Vertrag abgeschlossen werden solle«. Der Bundeskanzler sah darin kein Problem. Als Gorbatschow plötzlich von fünf bis sieben Jahren Zeitdauer sprach, wies Kohl ihn darauf hin, dass sie zuvor von drei bis vier Jahren gesprochen hätten, und machte Hilfsangebote für die Rückführung und Integration der sowjetischen Soldaten in ihre Heimat. Gorbatschow erklärte seine Befriedigung darüber. Außerdem werde mit dem Rückzug der sowjetischen Truppen die deutsche Seite die Zahl ihrer Soldaten verringern. »Die Obergrenze würde 370 000 Mann betragen«, sagte der Bundeskanzler am Ende des Gespräches zu, und dies in drei bis vier Jahren, eine Zahl, die auch Genscher zuvor im Gespräch genannt hatte, nachdem Schewardnadse von 350 000 Mann ausgegangen war. Damit hatten sich Kohl und Genscher auf einen Mittelwert des Streits vom Anflug auf Moskau geeinigt – gegen die Position Stoltenbergs, der bei der Zahl von 400 000 Mann bleiben wollte, und mindestens gegen Teile der amerikanischen Führung.[96]

De Maizière berichtet überdies, dass Genscher und er der DDR-Verhandlungsdelegation bereits zuvor für die Wiener Abrüstungsverhandlungen über die konventionellen Waffen die Obergrenze von 370 000 Mann vorgeschlagen hätten, was ein Licht auf die Beziehungen Genschers zu Kohl wirft. In der Tat erklärte der letzte Ministerpräsident der DDR in diesem Zusammenhang erneut, dass Genscher in manchen Fällen die DDR-Vertreter »vorgeschickt« hätte, Dinge zu vertreten, die er selbst nicht sagen wollte, um sein Verhältnis zu Kohl oder den Amerikanern nicht zu gefährden, so in diesem Fall der Truppenobergrenze und prinzipiell in den Fällen, die den Sonderstatus des DDR-Territoriums in der NATO oder eine gesamteuropäische Sicherheitsarchitektur betroffen hätten.[97]

Bundesaußenminister Genscher legte in diesem Gespräch in Archys noch einmal die *deutsche Position in der Grenzfrage zu Polen* dar. Die Bundesregierung sei nicht mit der polnischen Forderung einverstanden, den Deutschen erst dann die volle Souveränität zu geben, »wenn der Grenzvertrag zwischen Deutschland und Polen abgeschlossen sei«. Genscher verwies auf die gemeinsame Entschließung von Bundestag und Volkskammer zum »Abschluss

96 Zelikow und Rice schreiben allerdings, dass man in Washington einer solchen Obergrenze schon vorher zugestimmt hatte, wenn man dafür im Gegenzug die Anerkennung der Vollmitgliedschaft des vereinten Deutschland in der NATO erhielte. Darauf hätten sich Teltschik und Scowcroft auf dem G7-Gipfel in Houston geeinigt (Zelikow/Rice 1997, S. 455 ff.).

97 So im Gespräch mit mir noch am 19.7.2002.

eines Grenzvertrages«. Die Polen forderten ferner, Bestimmungen des Grundgesetzes und damit innerdeutsches Recht zu ändern. Er habe bereits auf den 2+4-Verhandlungen gesagt, »dass die Bestimmungen beseitigt oder verändert würden, die durch die deutsche Vereinigung überflüssig würden. Dazu stünden wir. Es sei aber unser souveränes Recht.«

> *Genscher: Wir sind bereit, einen Grenzvertrag abzuschließen, aber ohne die Schaffung eines Sonderstatus für die polnisch-deutsche Grenze. Das wird ein unerwünschter Präzedenzfall. (...) Wenn das so weitergeht, können die Polen fordern, der polnisch-sowjetischen Grenze einen Sonderstatus zuzuerkennen.*

Im sowjetischen Protokoll wird keine Reaktion Gorbatschows oder Schewardnadses registriert; im deutschen Protokoll antwortete dagegen Gorbatschow:

> *Präsident Gorbatschow unterstreicht, dass es sich für Polen hier um eine Herzensfrage handelt.*
> *BM Genscher möchte sicher sein, dass die sowjetische Seite diese Frage ebenso wie wir beurteile.*
> *Der Bundeskanzler wirft ein, mit der Grenze gebe es kein Problem. Wir bekämen jedoch ein erhebliches innenpolitisches Problem, wenn die deutsch-polnische Grenze zu d e r Grenze in Europa gemacht werde.*
> *BM Genscher fragt, ob man in der Sache einig sei.*
> *AM Schewardnadse bejaht diese Frage.*

Nichts davon im sowjetischen Protokoll. Aber deutlich war die sowjetische Zustimmung auch nach dem deutschen Protokoll des Delegationsgesprächs vom 16. Juli nicht. Ob Schewardnadses Zustimmung – Gorbatschow hat sich weder nach dem deutschen noch nach dem sowjetischen Protokoll abschließend geäußert – wirklich dazu ausgereicht hat, um die polnische Position in der Frage des Junktims zu ändern, scheint mir zweifelhaft; denn die polnische Regierung war nicht mehr an der sowjetischen Regierung orientiert wie Regierungen zuvor und Schewardnadse war kein begeisterter Verfechter der deutschen Position.[98]

Ganz am Ende bittet Kohl um Einladung von Bundesminister Schäuble nach Moskau, um über die Probleme der in der Sowjetunion lebenden Deutschen zu sprechen. Dazu heißt es im sowjetischen Protokoll: »Wir wollen nicht, dass alle weggehen. Es müssen Bedingungen für sie geschaffen werden, dass sie zu Hause bleiben.« Daher könnte Schäuble vielleicht in der UdSSR vor Ort die Lage erkunden. Gorbatschow berichtet, dass der Oberste

98 Beim Abflug im Hubschrauber sprachen Genscher und Schewardnadse über die am folgenden Tag in Paris beginnende dritte Runde der 2+4-Gespräche: »Genscher geht es vor allem darum, die Unterstützung Schewardnadses gegen Polen zu erreichen. Dieser zeigt sich sichtlich unlustig und will sich aus der Sache möglichst heraushalten.« (Teltschik 1991, S. 339)

Sowjet schon einige Schritte in dieser Frage unternommen hätte. »Die Bevölkerung des Gebietes Uljanowsk ist bereit, eine bestimmte Zahl von sowjetischen Deutschen aufzunehmen. (…) Und was die Reise Ihres Innenministers anbelangt, so könnte er auf Einladung unseres Innenministers zur Erörterung von Fragen des Kampfes gegen Kriminalität (…) herkommen, und am Rande könnte er sich auch mit der Situation der Sowjetdeutschen vertraut machen.« Im deutschen Protokoll heißt es wertender, dass Gorbatschow die offene Nennung des Zweckes der Reise als zu »demonstrativ« empfindet und vorschlägt, dass Schäuble zum Zwecke der internationalen Verbrechensbekämpfung eingeladen werde. »Dann würde diese Einladung kein Problem darstellen. Der Bundeskanzler erklärt sich mit diesem Vorgehen einverstanden.«

Damit waren die wesentlichen Fragen geklärt. Es wurden noch die kostenträchtigen Elemente des Rückzugs der sowjetischen Truppen besprochen, allerdings ohne Zahlen zu nennen. Darüber sollten sich vor allem Finanzminister Waigel und der stellvertretende Vorsitzende des Ministerrates Stepan Sitarjan beraten. Man einigte sich nur noch darauf, dass man öffentlich den 2+4-Vertrag nicht vorwegnehmen könne, deshalb nur publizieren wolle – so Gorbatschow –, »Deutschland erhalte die volle Souveränität. Der vereinigte deutsche Souverän müsse über die Bündniszugehörigkeit entscheiden.«

Horst Teltschik sah in seiner Zusammenfassung die für seine Regierung positiven Hauptergebnisse darin, dass Deutschland nach der Vereinigung die volle Souveränität nach innen und außen zurückerhalten werde, die Beistandspflicht der NATO für ganz Deutschland vom ersten Tag der Einigung an gelten soll, dass sofort Verbände der Bundeswehr auf dem ehemaligen Territorium der DDR und in Berlin stationiert und »diese nach Abzug der sowjetischen Truppen in die NATO integriert werden können«. »Das bringt uns Positionen zurück, die beispielsweise in der Genscher/Stoltenberg-Erklärung vom Februar[99] und in vielen Stellungnahmen anderer deutscher Politiker längst aufgegeben« worden waren.

Diese Positiva für die deutsche Seite werfen die Frage auf, ob Gorbatschow die Bereitschaft des Kanzlers und des Außenministers[100] zum Nachgeben gerade in der letzten Frage wirklich »ausgereizt« hatte oder ob er dies – wie er es im Jahre 2002 äußerte – so gewollt habe.[101]

Die Pressekonferenz zu diesem Treffen fand in einem Ort namens Shelesnowodsk bei der Stadt Mineralnyje Wody (Mineralwasser) statt, die einen Flughafen besaß. Überall gab es Menschenmengen. Im Sanatorium von She-

99 Vgl. das Kapitel »Differenzen zwischen dem Außen- und dem Verteidigungsministerium in Bonn«.

100 Das »Zusammenwirken zwischen Kohl und Genscher« habe »reibungslos« ineinander gegriffen – ein »erfreulicher Aspekt« (Teltschik 1991, S. 339).

101 Als Antwort auf meine entsprechende Frage (s. o.).

lesnowodsk warteten die Journalisten. Die bereits am Vortag von Teltschik vorbereitete und von Bundeskanzler Kohl vorgetragene Presseerklärung brauchte kaum verändert zu werden. Sie enthielt acht Punkte:

Erstens: Die Einigung Deutschlands umfasst die Bundesrepublik, die DDR und Berlin.

Zweitens: Nach Vollzug der Einigung werden die Viermächte-Rechte- und -Verantwortlichkeiten vollständig abgelöst. Das geeinte Deutschland erhält zum Zeitpunkt seiner Vereinigung seine volle und uneingeschränkte Souveränität.

Drittens: Das vereinte Deutschland kann in Ausübung seiner uneingeschränkten Souveränität frei und selbst entscheiden, ob und welchem Bündnis es angehören will. (Über Teltschiks Entwurf hinaus hieß es dann in der Presseerklärung:) Das entspricht der KSZE-Schlussakte. (Dann folgt ein weiterer, nicht von Teltschik geschriebener Punkt, da er nicht als gemeinsames Ergebnis vorgetragen werden sollte:) Ich habe als die Auffassung der Regierung der Bundesrepublik Deutschland erklärt, dass das geeinte Deutschland Mitglied des Atlantischen Bündnisses sein möchte. Und ich bin sicher, dies entspricht auch der Ansicht der Regierung der DDR.[102]

Viertens: Das geeinte Deutschland schließt mit der Sowjetunion einen zweiseitigen Vertrag zur Abwicklung des Truppenabzugs aus der DDR, der innerhalb von drei bis vier Jahren beendet sein soll. Gleichzeitig soll mit der Sowjetunion ein Überleitungsvertrag über die Auswirkungen der D-Mark in der DDR für diesen Zeitraum abgeschlossen werden.

Fünftens: Solange sowjetische Truppen noch auf dem ehemaligen DDR-Territorium stationiert bleiben, werden die NATO-Strukturen nicht auf diesen Teil Deutschlands ausgedehnt. Die sofortige Anwendung von Artikel 5 und 6 des NATO-Vertrages (Schutzpflicht) bleibt davon von Anfang an unberührt. Nichtintegrierte Verbände der Bundeswehr (bei Teltschik fehlte der Zusatz: das heißt Verbände der territorialen Verteidigung), können ab sofort nach der Einigung Deutschlands auf dem Gebiet der heutigen DDR und in Berlin stationiert werden.

Sechstens: Für die Dauer der Präsenz sowjetischer Truppen auf dem ehemaligen DDR-Territorium sollen nach der Vereinigung (bei Teltschik fehlt: »nach unserer Vorstellung«) die Truppen der drei Westmächte in Berlin verbleiben. (Ebenfalls war ursprünglich nicht vorgesehen:) Die Bundesregierung wird die drei Westmächte darum ersuchen und die Stationierung mit den jeweiligen Regierungen vertraglich regeln.

Siebtens: Die Bundesregierung erklärt sich bereit, noch in den laufenden Wiener Verhandlungen eine Verpflichtungserklärung abzugeben, die Streitkräfte eines geeinten Deutschland innerhalb von drei bis vier Jahren auf eine

102 Auch dieser letzte Satz war in der von Teltschik vorbereiteten Erklärung nicht vorgesehen und dürfte DDR-Außenminister Markus Meckel verärgert haben, der aber ohnehin kurz vor seinem Ausscheiden aus der Regierung der DDR stand, so dass am 20.8.1990 Lothar de Maizière auch das Amt des Außenministers übernahm.

Personalstärke von 370 000 Mann zu reduzieren. Die Reduzierung soll mit dem Inkrafttreten des ersten Wiener Abkommens begonnen werden.

Achtens: Ein geeintes Deutschland wird auf Herstellung, Besitz und Verfügung über ABC-Waffen verzichten und Mitglied des Nichtverbreitungsvertrages bleiben.[103]

Das »Raunen« unter den Journalisten wuchs von Punkt zu Punkt, berichtet Teltschik. Diese weitgehenden Ergebnisse waren auch in ihrer Konkretion nicht erwartet worden. Tschernajew schrieb, dass Gorbatschow in diesen Gesprächen mit Kohl nicht einmal »abgeschwächte« Varianten bezüglich der NATO-Mitgliedschaft vorgeschlagen hatte, was aber wohl einige sowjetische Politiker erwartet hatten.[104] Nicht unter diesen acht Punkten war der Fünf-Milliarden-Kredit der Bundesrepublik an die UdSSR, denn Gorbatschow hatte – so nur im deutschen Protokoll – seine Sorge geäußert, dass man ihm vorwerfen werde, er habe die NATO-Mitgliedschaft für D-Mark verkauft. Über die genaue Höhe der Kosten des Rückzugs der sowjetischen Armee sollte es noch Ausarbeitungen geben – und Konflikte …

Die beiden Verhandlungsführer dankten sich gegenseitig, und Gorbatschow betonte, dass ohne die Erklärungen des Londoner NATO-Gipfels vom 6. Juli diese Ergebnisse so nicht zustande gekommen wären. Das entsprach seiner Linie schon vor dem XXVIII. Parteitag der KPdSU, die deutsche Einheit in den Zusammenhang der veränderten Allianz-Politiken zu stellen, um damit seinen Gegnern weniger Raum zu geben.[105]

Wegen der schlechten Kommunikationsmöglichkeiten erfuhren die staunenden Verbündeten erst relativ spät von den Ergebnissen der deutsch-sowjetischen Verhandlungen. Da diese Ergebnisse aber auf der abgesprochenen Wunschliste ganz oben gestanden hatten, trafen nach den ersten Verwirrungen bald die Glückwunschtelegramme aus aller Welt in Bonn ein.

103 Dies ist eine Kompilation der Berichte aus Hans Klein 1991, S. 305 ff., und Teltschik 1991, S. 340 f.

104 Tschernajew 1993, S. 305.

105 So hatte man im sowjetischen Außenministerium nach Übermittlung der Erklärungen vom Londoner Gipfel am 6. Juli innerhalb einer Stunde die Resolutionen analysiert und eine eher positive Antwort verfasst, damit Achromejew dieser Antwort nicht seinen Stempel aufdrücken konnte. Der Sinn war, die deutsche Frage nicht isoliert in der sowjetischen Öffentlichkeit und innerhalb der Partei diskutieren zu lassen, um die Emotionen in Bezug auf den Verlierer des Zweiten Weltkrieges, also Deutschland, durch den Zusammenhang zu den Abrüstungs- und Friedensinitiativen von NATO und Warschauer Pakt abzuschwächen. (Vgl. dazu Zelikow/Rice 1997, S. 453, die sich auf ein Interview mit Tarassenko berufen; vgl. außerdem Pawel Palazchenko 1993, der Dolmetscher Gorbatschows und Schewardnadses gewesen war und die NATO-Erklärung positiv in der Presse gewürdigt hatte.) Baker berichtete später, dass er durch Schewardnadse erfahren hatte, wie bedeutsam für die Sowjetunion eine positive Erklärung der NATO wirken würde (Schewardnadse 1991 [Ausgabe von 1993], S. 257).

8 Die Abschlüsse

8.1 Der schwierige Weg zur Unterzeichnung der 2+4-Vereinbarungen

8.1.1 Die letzten großen Hindernisse

Man schien wieder im Zeitplan zu sein. Das Grenzproblem war geklärt, das Selbstbestimmungsrecht der Deutschen hatte man auch in der Frage der Allianz-Zugehörigkeit in Washington und die vollständige Souveränität in Moskau erhalten, die NATO-Frage und die Modalitäten des Abzugs sowjetischer Truppen aus Deutschland waren konkretisiert.

Auf der nächsten Zwei-plus-Vier-Außenministerkonferenz am 17. Juli in Paris, einen Tag nach dem Kaukasus-Treffen, ging es um die »Mühen der Ebene«, also um die Umsetzung der gefassten Beschlüsse und deren endgültige Formulierung für die Verträge. Allerdings musste DDR-Außenminister Meckel von den Erfolgen für die Bundesregierung erst einmal überzeugt werden, denn die DDR-Regierung war nicht richtig informiert worden, zumindest nicht durch Bonn, sondern durch Moskau. Das verärgerte natürlich, und so ist Meckels Murren darüber verständlich, dass immer noch einige Probleme zwischen den beiden Deutschlands existierten. Aber auch ihm war klar, dass die »Sache gelaufen« war.

Wie hilfreich die Beschlüsse von Moskau und Archys nicht nur für die Bundesrepublik, sondern vor allem für die USA waren, zeigte sich mit aller Deutlichkeit am 2. August, als die irakische Armee Kuwait angriff. Da nun die NATO-Politik von der deutschen Problematik entlastet war, konnte sich die gesamte amerikanische Außen- und Militärpolitik ganz auf diese Krise konzentrieren. Die jüngsten Verhandlungen mit den Sowjets hatten auch zu einer enormen Entspannung des Klimas für die Zusammenarbeit zwischen Ost und West geführt. Es erstaunt daher nur auf den ersten Blick, wenn Baker das Ende des Kalten Krieges nicht bei dem Abschluss des 2+4-Vertrages ansiedelt:

Wie ich in meinem Buch schreibe, war der Kalte Krieg – jedenfalls für mich – am 3. August 1990 zu Ende, am Tag nachdem der Irak Kuwait angegriffen hatte. Und ich stand neben dem Außenminister der Sowjetunion auf dem Mos-

kauer Flughafen und beide verurteilten wir diesen Angriff. Das war das erste Mal seit dem Ende des Zweiten Weltkrieges, dass die Außenminister der Sowjetunion und der Vereinigten Staaten so gehandelt hatten, insbesondere gegenüber dem Irak – beinahe ein sowjetischer Satellitenstaat. Und wie Schewardnadse dort neben mir stand und diese Tat verurteilte und sich mit einem Waffenembargo gegen den Irak einverstanden erklärte – zusammen mit dem US-Außenminister – das machte sehr deutlich, dass der Kalte Krieg vorüber war.[1]

Der Irak-Krieg führte dann auch zu einer Sondersitzung der NATO-Außenminister-Konferenz in Brüssel am 10. August. Dort informierte Genscher seine Kollegen, dass die Vereinigung Deutschlands in den Oktober vorgezogen werde; ansonsten spielte die deutsche Frage keine Rolle. Die Akten des Bundeskanzleramtes enthalten zwei Telefonate zwischen dem amerikanischen Präsidenten und dem Bundeskanzler im ganzen Monat August, und in denen war von der deutschen Frage nicht die Rede.[2]

In den konkreten Absprachen mit der Sowjetunion stellte sich als das schwierigste der übrig gebliebenen Probleme nicht etwa der Vertrag zwischen Deutschland und der Sowjetunion heraus, sondern das Geld: Einmal ging es um die Fortführung der Handelsabkommen mit der DDR, die in der Umstellung auf die D-Mark Probleme schuf, zum anderen um die Stationierungs- und Abzugskosten der sowjetischen Armee. Außerdem wurde der Zeitfaktor von der sowjetischen Generalität ins Spiel gebracht: In drei bis vier Jahren sei der Rücktransport nicht zu schaffen, höchstens in fünf bis sieben Jahren. Nach den Verhandlungen auf den verschiedenen Ebenen Mitte August bis Anfang September zwischen Kastrup und Kwizinski, den beiden Außenministern Schewardnadse und Genscher sowie zwischen Waigel und Sitarjan kam es schließlich am 7. September zu einem langen Telefonat zwischen Kohl und Gorbatschow.[3] Nach den Einleitungen mit Erinnerungen an Moskau und Archys ging es »zur Sache« wie nie zuvor. Kohl erklärte nach der Aufzählung der Einzelposten: »Er halte ein Gesamtangebot in einer Größenordnung von 8 Milliarden DM für denkbar« und gab den Rat, sich besonders auf den Wohnungsbau zu konzentrieren. Gorbatschow blieb hart und sagte »mit Deutlichkeit«, dass diese Zahl in eine Sackgasse führt und die bisherige gemeinsame Arbeit untergrabe. Er verglich diese Zahl mit der Schätzung der Kosten für die Integration der DDR, die damals auf 500 Mrd. DM im Laufe von zehn Jahren veranschlagt wurden, also 50 Mrd. DM pro Jahr. (Wenn Gorbatschow geahnt hätte, was die wirklichen Kosten sein würden …)

1 Baker im Gespräch mit mir 1999.

2 DzD, Dok. Nr. 390, S. 1484 f., und Dok. Nr. 406, S. 1514; vgl. auch Teltschik 1991, S. 350, 358; Zelikow/Rice 1997, S. 473.

3 Das sowjetische Protokoll liegt in der Gorbatschow-Stiftung, 90SEN07, das deutsche ist abgedruckt in: DzD, Dok. Nr. 415, S. 1527 ff.

Nach »sowjetischen Berechnungen«, so fuhr Gorbatschow fort, würde allein »der Wohnungsbau mit dazugehöriger Infrastruktur (Kindergärten, Schulen, medizinische Einrichtungen) allein auf 11 Mrd. DM« geschätzt. Kohl zeigte sich nach dem sowjetischen Protokoll erstaunt über diesen »völlig neuen Punkt« der Infrastruktur.

Als man nicht weiter kam, drohte Gorbatschow klar und konkret wie selten mit dem Zeitdruck, unter dem Bonn stand: »Gorbatschow betont, er denke auch an den 12. September, wo die 2+4 in Moskau auf Ministerebene zusammenkommen. Welche Weisungen solle er AM Schewardnadse geben? Er müsse sagen, die Situation sei für ihn sehr alarmierend. Es komme ihm so vor, als sei er in eine Falle geraten. Der Bundeskanzler widersprach dezidiert – so könne und wolle man nicht miteinander reden. Dies sei nicht seine Absicht, und er wisse, dass dies auch nicht die Absicht des Präsidenten sei. Gorbatschow verwies auf die Realitäten.« Kohl deutete Schwierigkeiten bei der Fleischlieferung in die UdSSR nach dem 3. Oktober an, lud aber mit Hinweis auf Bush Gorbatschow zur Feier der Einheit – »ganz und gar außerhalb des Protokolls«[4] – am 3. Oktober ein. Für Gorbatschow hing sein Kommen von der guten Atmosphäre ab. Man vertagte sich unverrichteter Dinge auf ein Telefonat am »kommenden Montag«, dem 10. September.

Im Bundeskanzleramt war man erstaunt über dieses »wirklich dramatische« Telefonat (Teltschik), das in der sowjetischen Fassung inhaltlich zwar ähnlich ist, die sowjetische Position aber wesentlich weniger scharf und weniger bedrohlich wiedergibt. In den kommenden Tagen wurden die verschiedenen Kontakte intensiviert. Gegenüber Waigel nannte der stellvertretende Vorsitzende des Ministerrates, Sitarjan, eine Summe von 18 Milliarden. Waigels Gegenvorschlag lautete maximal 11 bis 12 Milliarden. Bei dem nächsten Telefonat zwischen den beiden Staatschefs am 10. September[5] meinte Gorbatschow, »15 bis 16 Milliarden DM werden sich schon finden lassen«, »damit kein Schatten auf das bisher zwischen uns Erreichte fällt«. Er betonte seinen Kampf, den er in Moskau darum geführt habe; denn »wir können keine drei bis vier Monate warten« auf das Geld. »Ich bin wirklich in einer sehr schwierigen Situation und kann nicht handeln.« »Ich möchte Sie bitten, Verständnis zu zeigen. (…) Wir sind in unseren Bitten sehr bescheiden.« Nach einigem Hin und Her sagte Gorbatschow: »Nach den Kämpfen mit unserer Regierung, unseren Finanzleuten und den Militärs sehen wir keine Möglichkeit, unter 15 Milliarden zu gehen. Drei Milliarden müssen unbedingt noch gefunden werden.« Darauf Kohl, der unter Zeitdruck stand: »Wir wären bereit, einen zinslosen Kredit über fünf Jahre bereitzustellen« und 12 Milliar-

4 So in dem sowjetischen Protokoll.

5 Das Telefonat ist aus mir unbekannten Gründen nicht in den Akten des Bundeskanzleramtes enthalten. Das sowjetische Protokoll in der Gorbatschow-Stiftung hat die Signatur 90SEN10 und wurde von I. A. Kurpakow aufgezeichnet. Vgl. für die deutsche Seite Waigel/Schell 1994, S. 52 ff.; Teltschik 1991, S. 359 ff.; vgl. auch Duisberg 1994, S. 465 ff.

den Bezahlung. Gorbatschow wiederholte: »Ich habe Sie also richtig verstanden. Sie sprechen von zwei Schritten: Sie stellen 12 Milliarden DM für die Zeit von vier Jahren zum Unterhalt und zum Abtransport der Truppen zur Verfügung, plus einen zinslosen Kredit.« Kohl bestätigte, Gorbatschow hoffte, dass man den Knoten damit entwirrt habe. 15 Milliarden DM wurden also insgesamt ins Auge gefasst. Kohl fragte erneut nach Gorbatschows Teilnahme an den Vereinigungsfeiern in Berlin am 3. Oktober, erhielt aber nur eine unklare Antwort, worauf Kohl bemerkte, dass er auf seine Antwort warten werde.

Alle anderen Vertragsvorbereitungen schritten voran, wenn es auch Probleme gab mit den Amerikanern: Es ging um die neue Rechtsgrundlage für die Anwesenheit der alliierten Truppen in Westdeutschland und Westberlin nach Erlöschen der alten Verträge von 1954 und um die privilegierten Luftfahrtrechte der alliierten Fluggesellschaften. Außerdem musste verhandelt werden über die Eigentumsansprüche von US-Bürgern und der internationalen jüdischen Gemeinden bzw. des Jewish Council in der DDR.

Besonders in der Frage der Stationierungsrechte der alliierten Truppen gab es Differenzen auch in Deutschland zwischen dem Verteidigungs- und dem Außenministerium. Letzteres war für einen neuen Vertrag, Ersteres für die Beibehaltung des alten. Denn die Amerikaner hatten die Sorge, dass eine öffentliche Debatte Probleme für die Anwesenheit der Amerikaner schaffen könnte, besonders durch die SPD und die Grünen. Baker forderte Genscher am 16. August deutlich auf, die alten Verträge zu verlängern. Genscher stimmte schließlich zu. Es wurden entsprechende Verlängerungsverträge geschaffen, auch ein Vertrag über die Erweiterung des NATO-Truppenstatuts auf die DDR.[6] Hier hatte Kohl Genscher gegenüber zuvor die Zusage gemacht: keine Ausdehnung des NATO-Statuts auf das Gebiet der DDR vor dem Abzug der sowjetischen Truppen. Die Waffen auf dem Gebiet der DDR wurden schließlich auf die konventionell ausgerüsteten und dafür vorgesehenen Systeme beschränkt. Die Obergrenze der deutschen *und* der anderen ausländischen Armeen wollten die Sowjets mit ihrem Abzug verbinden, was ebenfalls zu einem Streitpunkt wurde, der aber gelöst werden konnte.

Als man die meisten dieser Hindernisse aus dem Weg geräumt glaubte, schien quasi während des Einlaufs in die Zielgerade die Frage der Stationierung westlicher Truppen auf dem Gebiet der DDR zu einer unüberwindlichen Hürde anzuwachsen: Es waren Unterschiede innerhalb der westlichen Staatsführer, zwischen den amerikanischen, britischen und deutschen Unterhändlern zutage getreten. Unproblematisch waren die deutschen Streitkräfte auf ostdeutschem Boden. Schwierig blieb aber die Frage der Bewegung auslän-

6 Hier sind die zugänglichen Akten auf beiden Seiten mager. Daher stütze ich mich besonders auf Aussagen der Protagonisten. Vgl. auch die ausführliche und informierte Darstellung bei Weidenfeld 1998, S. 590 ff., außerdem Zelikow/Rice 1997, S. 482 ff., und Gerhards 1989, S. 394.

discher Truppen in der DDR. Genscher und Schewardnadse sollen sich am 17. August in Moskau gegen jede Truppenbewegung auf dem Territorium der dann ehemaligen DDR ausgesprochen haben, behaupten die ehemaligen Mitarbeiter im Weißen Haus Zelikow und Rice.[7] Das scheint mir nach den mir heute zugänglichen Informationen falsch zu sein, denn dieses Verbot sollte nur für die Zeit der Anwesenheit der sowjetischen Truppen gelten und nur für die ausländischen NATO-Streitkräfte. So war es im Prinzip auch zwischen Kohl und Gorbatschow bzw. Genscher und Schewardnadse im Kaukasus beschlossen worden.

Zelikow und Rice schreiben: Einig sei man sich auch darin, »dass ausländische Truppen auf dem Gebiet der früheren DDR weder stationiert werden noch irgendwelche anderen militärischen Tätigkeiten dort ausüben« durften, solange die sowjetischen Streitkräfte nicht abgezogen waren. Danach, also ab Ende 1994, sei der Westen zu dem Zugeständnis bereit, dass auf dem Gebiet der früheren DDR keine ausländischen Truppen stationiert werden würden.[8]

Diese angebliche Einigkeit muss man im Gedächtnis behalten, wenn man den folgenden dramatischen Streit analysieren will, der beinahe noch am letzten Tag die Unterzeichnung des 2+4-Vertrages verhindert hätte.

Die Amerikaner und Briten interpretierten die Archys-Beschlüsse nämlich anders: zwar als Ausschluss von Stationierungen, aber nicht als Verbot von Truppenbewegungen, worunter sie Manöver, Flugüberwachungen usw. verstanden. Die sowjetische Verhandlungsdelegation war empört, suchte aber nach Kompromisslösungen. Kwizinski hatte deshalb auf dem letzten 2+4-Beamtentreffen am 11. September in Moskau die Formulierung vorgeschlagen, dass zu dem Satz, ausländische Truppen dürften in der ehemaligen DDR »weder stationiert noch dorthin verlegt« werden, eine Erklärung hinzugefügt werden solle. »Verlegt« sollte bedeuten, so hatten sich auch Genscher und Schewardnadse am selben Tage geeinigt, dass man damit nur *größere* NATO-Manöver meinte.[9] Der britische Unterhändler Weston erklärte jedoch, dass die britische Regierung diese Formulierung so interpretieren werde, dass auch kleinere Manöver »bis 13 000 Mann« (!) erlaubt sein werden und die deutsche Regierung darüber souverän entscheiden werde. Nach mehreren erfolglosen Verhandlungsversuchen wurde das Beamtentreffen von Kwizinski als Tagungsleiter vertagt, man hoffte auf die Minister. Genscher sprach am Abend desselben 11. September mit seinem britischen Kollegen Hurd[10] und legte ihm nahe, wegen dieser Frage nicht die ganze 2+4-Verhandlung scheitern zu lassen.

7 Zelikow/Rice 1997, S. 486.
8 Ebenda, S. 491 f.
9 Vgl. Genscher 1995, S. 492 ff., der von seinem Gespräch mit Schewardnadse ebenso ausführlich berichtet wie von seinen Versuchen, die blockierte Situation auch durch Gespräche mit anderen, besonders Hurd, zu öffnen. Vgl. auch Elbe 1993.
10 Vgl. vor allem Kiessler/Elbe 1993, S. 209 ff., Genscher 1995, S. 869 f.

Genscher: Ich informierte Douglas Hurd, dass wir mit Schewardnadse eine Verständigung erreicht hätten, zeigte ihm den Text und gab eine Zusammenfassung der Unterredung. Hurd nickte. Ich bat ihn, seinen Politischen Direktor anrufen zu lassen und ihm das Einverständnis mit der gefundenen Lösung mitzuteilen, was auch geschah.[11]

Als der von Herzrhythmusstörungen geplagte Genscher gegen Mitternacht in das Moskauer Hotel kam, empfing ihn ein bedrückter Dieter Kastrup und unterrichtete ihn, dass der britische Politische Direktor Weston, »unterstützt von den Amerikanern, bei Zurückhaltung der Franzosen«[12] bei seiner Haltung geblieben wäre mit der Begründung, dass die NATO sonst ihrer Verteidigungspflicht gegenüber den DDR-Gebieten nicht nachkommen könnte.[13] Genscher hebt in seinen Memoiren hervor, dass die Sowjets »bis an die Grenze ihrer Möglichkeiten gegangen sind; immerhin legten sie die Entscheidung vollkommen in deutsche Hände, ohne eine Garantie zu haben, wie diese nach Ablauf der fünf Jahre im Einzelfall aussehen werde«.

Dagegen setzten die Amerikaner und Briten – und man erinnere sich der angeblichen internationalen Einigkeit bei Zelikow und Rice – das Argument, »dass der sowjetische Entwurf mit seinem generellen Verbot der Anwesenheit alliierter Truppen in Ostdeutschland ein Versuch sei, ›Deutschlands NATO-Partner von einem Teil seines Territoriums und seiner Bevölkerung fernzuhalten‹. Dies sei ›unvereinbar mit der angeblichen sowjetischen Bereitschaft, Deutschland zu gestatten, sein Bündnis frei zu wählen‹, und stelle ›eine weitere permanente Verletzung der deutschen Souveränität‹ dar.«[14]

All das steht in deutlichem Gegensatz zu der angeblichen internationalen Einigkeit, »dass ausländische Truppen auf dem Gebiet der früheren DDR weder stationiert werden noch irgendwelche anderen militärischen Tätigkeiten dort ausüben« durften.[15] Überdies ging es um die deutsche Souveränität, nicht um die amerikanische oder britische, die sich aber mit den Deutschen um deren Souveränitätsrechte streiten. Die Behauptung, dass es nach der ak-

11 Genscher 1995, S. 870.
12 Ebenda.
13 Zelikow und Rice behaupten, dass Frank Elbe in seinen Erinnerungen die Amerikaner nicht erwähnt hätte, weil man – in meinen Worten – den britischen Sack schlagen wollte, sich aber vor dem amerikanischen Esel fürchtete. Sie behaupten ebenso, dass es Dieter Kastrup leichter gefallen wäre, die Halsstarrigkeit der Briten als die der Amerikaner zu benennen. Denn die Amerikaner wären derselben Meinung wie die Briten gewesen. Nun kann man umgekehrt fragen, warum Zelikow und Rice als Beleg für diese deutsche Haltung nicht Genscher, sondern Elbe zitieren und überdies behaupten, auch Kastrup hätte alles nur auf die Briten geschoben, aber nicht auf die Amerikaner. Dass dies falsch ist, belegt das Zitat aus Genschers Memoiren, die früher als das Buch von Zelikow und Rice erschienen waren. Ich betone dies, weil hier ein schwelender Grundstreit zwischen Genschers Haltung und der der amerikanischen Führung zum letzten Mal in einer so entscheidenden Frage sichtbar wird.
14 Zelikow/Rice 1997, S. 491. Die Zitate stammen aus einem Bericht Zoellicks an Baker.
15 Dieser Widerspruch wird von Zelikow und Rice, die diese widersprüchlichen Aussagen geschrieben haben, nicht einmal bemerkt.

tuellen Vereinbarung »keinen Schutz« des Territoriums der dann ehemaligen DDR durch die NATO geben würde, ist falsch, da die NATO-Schutzpflicht gegenüber dem DDR-Territorium auch nach diesem Verhandlungsstand bei Nichtanwesenheit von NATO-Truppen unstrittig war. Es ging um Sicherheitsinteressen, in diesem Fall auch um das Interesse der Sowjetunion, während der Jahre ihres Abzugs keine Stationierung und Verlegung ausländischer Streitkräfte – nicht deutsche! – nach Ostdeutschland zu bekommen, was über eine Bedrohung hinaus in der Sowjetunion als Demütigung des ehemaligen Siegers hätte begriffen und zu einer breiten Stimmung gegen die sowjetische und die deutsche Regierung hätte führen können. All dies, was in den Monaten zuvor durchaus in Rechnung gestellt worden war, sollte nun in letzter Sekunde umgeworfen werden. Genscher geht davon aus, dass John Weston nicht nur von Hurd, der »die Vereinigung ohne Vorbehalte wollte«, seine Weisungen bekam, »sondern auch aus London«, sprich von der Premierministerin.[16] Der sowjetische Außenminister soll entschlossen gewesen sein, das Außenministertreffen, auf dem es zur Unterzeichnung des 2+4-Vertrages kommen sollte, abzusagen.

An dieser Stelle entschloss sich Genscher zu einem filmreifen Auftritt[17]: Er sah »Handlungsbedarf« und ließ mitten in der Nacht zum Schrecken der Sicherheitsbeamten den amerikanischen Außenminister Baker wecken unter der Androhung, wenn die es nicht täten, würde er es selbst tun. Genscher ging dann mit Elbe und Kastrup in das »Hotel International«, wo ihn Baker und seine Mitarbeiter im Schlafanzug und in Bademänteln empfingen, alle in demselben grauen Hotel-Design. Genscher beschwor Baker, das »große Werk nicht im letzten Moment scheitern« zu lassen, »und das an einer Frage, die weder essentiell sei noch irgendwo in der Welt verstanden würde«. Es müsse morgen zur Unterzeichnung kommen. Jeder Minister müsse sehen, ob er morgen bei der Unterzeichnung fehlen wolle oder nicht. »Die Weltöffentlichkeit werde dann sehen, wer bei dem feierlichen Akt fehle.« Er, Genscher, wünsche sich, dass Baker morgen neben ihm sitze. Die Drohung eines Abbruchs durch Schewardnadse und Gorbatschow, der inzwischen ebenfalls informiert war, solle man sehr ernst nehmen.

Baker antwortete, dass die USA immer an der deutschen Seite gestanden hätten, sie hätten auch die britische Position unterstützt, er verspreche aber zu helfen. Genscher bat ihn, unverzüglich Schewardnadse anzurufen, dass die Unterzeichnung stattfinde.[18] Als Schewardnadse hörte, dass der Vor-

16 Genscher 1995, S. 873.
17 Nachzulesen ebenda, S. 871.
18 Zelikow und Rice weisen diese Darstellung zurück: Baker habe die amerikanische Position bekräftigt und mit Genscher die Möglichkeit besprochen, das Wort »verlegt« im Text zu belassen, aber eine mündliche Erklärung zu verlangen, dass es sich nur auf Großmanöver beziehe. Das war nun exakt die Position von Kwizinski, von Schewardnadse und von Genscher gewesen; dennoch meinen die beiden amerikanischen Autoren, dass es den »Vorschlag (der Ausdehnung des NATO-Manövergebiets auf die ehemalige DDR – AvP)« nicht gegeben hätte und dass dieser deshalb auch nicht

schlag Westons zurückgenommen und der Begriff »Verlegung« mit der Unterzeichnung – wie geplant – erläutert werden sollte, ließ er die Unterzeichnung stattfinden.

Genscher sprach am nächsten Morgen dringlich mit dem französischen Außenminister Dumas: Er, Genscher, hätte ihn bisher nicht um einen Gefallen gebeten, aber nun müsse er es tun: »Mach Hurd die Situation klar.« Das ist insofern erstaunlich, weil Dumas manchmal deutlichere Worte gegen die Vereinigungspolitik der Bundesregierung gefunden hatte als Mitterrand selbst.

De Maizière berichtet, dass er sich in der Nacht kundig gemacht hätte, so dass er am nächsten Tag in der Debatte vor der Unterzeichnung Hurd hätte darauf hinweisen können, dass auch Großbritannien einen militärischen Sonderstatus hätte, mit Hilfe dessen ausländischen Truppen große Manöver auf britischem Boden nicht erlaubt werden könne. Ob er diesen Sonderstatus preisgeben wolle, wenn er den Deutschen einen ähnlichen Sonderstatus verweigere? Denn es könne ja nicht zweierlei Recht für die NATO-Mitglieder herrschen. Daraufhin sei Hurd etwas überrascht gewesen und habe seinen – offensichtlich andauernden – Widerstand aufgegeben.[19]

Kastrup verbreitete am Beginn der Konferenz den allgemeinen Lösungsvorschlag, dass das souveräne Deutschland bei dem Begriff »verlegt« »die Sicherheitsinteressen aller Vertragspartner berücksichtigen« würde. Das wurde dann, etwas erweitert, wie im folgenden Abschnitt dargelegt, angenommen. Die Unterzeichnung der abschließenden Erklärung der Zwei-plus-Vier-Verhandlungen konnte stattfinden.

Man begreift heute kaum diesen Streit, der mehr als ein Sturm im Wasserglas war. Ging es den Amerikanern und Briten – um mit Kohl zu sprechen – darum, zu zeigen, »wo der Bartel den Most holt«, um die amerikanische Dominanz, um altes NATO-Militärdenken, um Hintertreibung des Ergebnisses eines mühevollen Verhandlungsprozesses über die Souveränität des vereinten Deutschland bei Wahrung sowjetischer Sicherheitsinteressen in letzter Sekunde? Die Gegenargumente gegen die Übergangsregelungen wirken aus heutiger Sicht so kleinlich, wie Genscher das schon damals angenommen hatte, dass man keine löblichen Begründungen finden kann.

8.1.2 Die Unterzeichnung

Am 12. September 1990 wurde in Moskau der »Zwei-plus-Vier-Vertrag über die abschließende Regelung in Bezug auf Deutschland« unterzeichnet. Es waren die Außenminister, die dieses Abschlussdokument signierten, nicht die

zurückgezogen werden konnte. An kaum einer anderen Stelle des Buches von Zelikow und Rice zeigt sich so deutlich der Vorrang ihrer Ideologie gegenüber der wissenschaftlichen Seriosität. Sie waren eben auch Vertreter der Bush-Administration.

19 So de Maizière mir gegenüber am 19.7.2002.

Staats- oder Regierungschefs, wie dies zeitweilig geplant war. Die Zeremonie fand nicht feierlich im Kreml oder in einem repräsentativen Gebäude statt, sondern in einem schlichten Moskauer Hotel. Der Inhalt war jedoch von globaler Bedeutung.

In einer Präambel wurden die Bedingungen genannt, unter denen dieser Vertrag abgeschlossen wurde: die friedlichen Beziehungen nach 1945, die Überwindung der Spaltung des europäischen Kontinents, die Berücksichtigung der Viermächte-Rechte, die Übereinstimmung mit der Charta der Vereinten Nationen und den Prinzipien der Schlussakte von Helsinki, die Berücksichtigung der »Sicherheitsinteressen eines jeden«, die Bereitschaft, die Abrüstung zu verstärken, die Schaffung »geeigneter institutioneller Vorkehrungen im Rahmen der Konferenz über Sicherheit und Zusammenarbeit in Europa positiv in Betracht zu ziehen« (!), die Würdigung des Selbstbestimmungsrechts und der Souveränität der Deutschen, das »Ziel, die abschließende Regelung in Bezug auf Deutschland zu vereinbaren«, die Anerkennung, dass mit der Vereinigung Deutschlands »die Rechte und Verantwortlichkeiten der Vier-Mächte in Bezug auf Berlin und Deutschland als Ganzes ihre Bedeutung verlieren«.[20]

Vertreten waren die Außenminister der sechs beteiligten Staaten: Hans-Dietrich Genscher, Lothar de Maizière, Roland Dumas, Douglas Hurd, Eduard Schewardnadse und James Baker (in der Reihenfolge ihrer Unterschriften). Die zeitweilige Teilnahme des Außenministers der Republik Polen in Paris am 17. Juli 1990 wird explizit im Vertrag erwähnt.

Die zehn Artikel behandeln die folgenden Elemente:

Artikel 1 nennt die Gebiete, die vereinigt werden, seine Außengrenzen (der Deutschen Demokratischen Republik und der Bundesrepublik Deutschland), die Endgültigkeit der Grenzen, die Bestätigung, dass keine Gebietsansprüche bestehen. Im Absatz 2 heißt es: »Das vereinte Deutschland und die Republik Polen bestätigen die zwischen ihnen bestehende Grenze in einem völkerrechtlich verbindlichen Vertrag.«

Artikel 2 bekräftigt, dass »von deutschem Boden nur Frieden ausgehen wird« und jede Störung des friedlichen Zusammenlebens, »insbesondere die Führung eines Angriffskrieges (!), verfassungswidrig und strafbar« sei.

Artikel 3 fixiert den Verzicht auf ABC-Waffen, die Reduzierung der deutschen Streitkräfte auf 370 000 Mann »innerhalb von drei bis vier Jahren«; die Bundesregierung geht davon aus, dass auch die anderen Verhandlungsteilnehmer »ihren Beitrag« zur »Begrenzung der Personalstärken« leisten werden.

Artikel 4 enthält die Erklärung der BRD, der DDR und der UdSSR, den Abzug der sowjetischen Streitkräfte und dessen Dauer (bis Ende 1994) in »vertraglicher Form« zwischen dem vereinten Deutschland und der UdSSR

20 Vollständig abgedruckt in: Texte zur Deutschlandpolitik, Reihe III/Band8a – 1990, S. 672 ff.

zu regeln; überdies wird der Zusammenhang zur Begrenzung der Personalstärke der Streitkräfte der Bundesrepublik und der anderen Staaten in § 3 hergestellt.

Artikel 5 regelt die Territorialverteidigung auf dem »Gebiet der heutigen DDR« in Übereinstimmung mit dem § 4, also die Stationierung ausschließlich deutscher Verbände, »die nicht in die Bündnisstrukturen integriert sind«. Für »die Dauer des Aufenthalts sowjetischer Streitkräfte« »werden auf deutschen Wunsch« Streitkräfte der drei westlichen Verbündeten »in Berlin stationiert bleiben«; ihre Zahl soll nicht stärker sein als zur Zeit der Vertragsunterzeichnung; nach dem Abzug der sowjetischen Streitkräfte aus der »heutigen Deutschen Demokratischen Republik und Berlin können in diesem Teil Deutschlands auch deutsche Streitkräfte stationiert werden«, die der NATO zugeordnet sind, »allerdings ohne Kernwaffenträger«. Und dann folgt der bis zuletzt umstrittene Satz: »Ausländische Streitkräfte und Atomwaffen oder deren Träger werden in diesem Teil Deutschlands weder stationiert noch dorthin verlegt.«

Artikel 6 verbrieft das Recht auf Bündnisfreiheit des vereinten Deutschland.

Artikel 7 erklärt die Ablösung der Viermächte-Rechte durch die Souveränität des vereinten Deutschland.

Artikel 8 erläutert die Ratifikation durch das vereinte Deutschland »so bald wie möglich« – »dieser Vertrag gilt daher für das vereinte Deutschland«.

Artikel 9 legt fest, dass dieser Vertrag in Kraft tritt, wenn die letzte Ratifikations- oder Annahmeurkunde durch die beteiligten Staaten hinterlegt wurde.

Artikel 10 erklärt die Verbindlichkeit dieses Vertrages in deutscher, englischer, französischer und russischer Sprache und die Hinterlegung des Originals bei der Regierung der Bundesrepublik Deutschland.

Neben dem eigentlichen Vertrag gab es eine »Vereinbarte Protokollnotiz«, welche die bis zuletzt strittige Frage der Truppen-Verlegung auf das Territorium der damaligen DDR so regelte, wie es die von Kastrup bzw. Genscher am 12. September morgens vorgelegte Notiz besagte, was in einem solchen Vertragswerk wie ein provisorischer Fremdkörper wirkt:

> *Alle Fragen in Bezug auf die Anwendung des Wortes »verlegt«, wie es im letzten Satz von Artikel 5 Absatz 3 gebraucht wird, werden von der Regierung des vereinten Deutschland in einer vernünftigen und verantwortungsbewussten Weise entschieden, wobei sie die Sicherheitsinteressen jeder Vertragspartei, wie dies in der Präambel niedergelegt ist, berücksichtigen wird.*[21]

Mehr nicht.

21 Ebenda, S. 678.

Und es gab noch den beigefügten »gemeinsamen Brief« der beiden deutschen Außenminister über Rechtsprobleme und Folgen der sowjetischen Besatzungszeit, der u.a. die Enteignungsfragen vor 1949 regelte, was für Zündstoff in den innerdeutschen Auseinandersetzungen sorgte.[22]

Einen Tag nach der Zeremonie zum Abschluss des 2+4-Vertrages, am 13. September, paraphierten Genscher und Schewardnadse den »Vertrag über gute Nachbarschaft, Partnerschaft und Zusammenarbeit« zwischen der Bundesrepublik und der Sowjetunion. Am 14. November folgte der »Vertrag zwischen der Bundesrepublik Deutschland und der Republik Polen über die Bestätigung der zwischen ihnen bestehenden Grenzen«.

Damit waren die wichtigsten Schlusspunkte unter die internationalen Verhandlungen um die Vereinigung Deutschlands gesetzt.

8.1.3 Einige Stimmen von Beteiligten zum Abschluss der 2+4-Verträge

Für die Sowjetunion war es wegen der Innenwirkung nicht unwichtig, die Unterzeichnung in Moskau stattfinden zu lassen, um jeden Eindruck von Unterwerfung unter den Westen zu vermeiden. Dass die Zeremonie schließlich in Moskau stattfinden konnte, geht auf eine Bitte Gorbatschows und Schewardnadses zurück, die Genscher umsetzte.

Genscher: Ich muss sagen, da hat sich eine sehr noble Haltung sowohl des englischen als auch des amerikanischen Außenministers gezeigt: Die Sowjets sagten, wir können in Moskau abschließen. Ich rief beide an und sagte: »Jetzt können wir abschließen in Moskau, aber wir hatten noch keine Verhandlungen in Washington, noch keine in London – ist das für euch eine Prestigefrage, denn wir sind daran interessiert, die Unterschriften so schnell wie möglich zu sehen, weil wir nicht wissen, was passieren kann.« Ein Jahr später kam ja der Putsch, nicht wahr. Und sowohl der Engländer wie der Amerikaner haben sofort gesagt: »Um Gottes willen, so schnell wie möglich unterschreiben.« So kam es dann zu der Unterschrift am 12. September 1990 in Moskau.[23]

Der deutsche Außenminister gab auch eine Erklärung bei der Unterzeichnung ab: »Dies ist eine historische Stunde für das ganze Europa. Es ist eine glückliche Stunde für uns Deutsche. Gemeinsam haben wir in kurzer Zeit einen weiten Weg zurückgelegt.« Dann folgt der Dank an die beteiligten Regierungschefs Gorbatschow, Bush, Mitterrand und Thatcher – in dieser Reihenfolge.

22 Ebenda, S. 678 ff.
23 Genscher im Gespräch mit mir am 25.4.2001.

Parallel gab Bundeskanzler Kohl am 12. September eine bemerkenswert unpathetische Erklärung im Kabinett ab, worin er den 2+4-Vertrag beschrieb, den Beteiligten dankte und hoffte, dass mit diesem und dem geplanten Vertrag mit der Sowjetunion – der Vertrag mit Polen wurde nicht erwähnt und folgte zwei Monate später – das »Tor für eine Zukunft der guten Nachbarschaft, der neuen Partnerschaft und der umfassenden Zusammenarbeit« mit der Sowjetunion »weit geöffnet« ist. Kohl erklärt allerdings, dass sich mit dem 2+4-Vertrag die deutsche Einheit 1990 »im Einvernehmen mit allen unseren Freunden, Verbündeten, Nachbarn, ja mit allen Europäern vollzieht. Ich sage dies mit besonderem Blick auf Polen und die parallelen Entschließungen des Deutschen Bundestages und der Volkskammer zur Grenzfrage. Dies ist die erste Einigung eines Landes in der modernen Geschichte, die ohne Krieg, ohne Leid und ohne Auseinandersetzung erfolgt, die neue Verbitterungen schaffen.«[24]

Lothar de Maizière beschreibt die Situation im Moskauer Hotel, in dem die Unterzeichnung stattfand, mit einer Mischung aus Sentiment und Humor:

> *Um zwölf sollte der Vertrag unterschrieben werden, mittags. Und plötzlich hieß es, der Computer streikt und gibt die deutsche Fassung*[25] *nicht her. Es war der Tisch aufgebaut. Es lagen Füllfederhalter und Ähnliches herum. Wir kriegten mit, dass der Brief* (der beiden deutschen Außenminister, der dem Dokument beigefügt werden sollte – AvP)*, der den Sowjets so wichtig war, noch nicht fertiggestellt und gesiegelt war. Er war schon unterschrieben. Und ich weiß noch, wie ein Mitarbeiter Schewardnadse zurief: »Der Brief ist jetzt da!« Dann sagte Schewardnadse: »So, ist in Ordnung. Dawai!« Und dann tat es auch wieder der Computer. Wir hatten alle Mühe, unsere Füllfederhalter, die offen gelegen hatten, wieder in Gang zu bringen. Ich gestehe, dass ich in dem Moment, als ich unterschrieb, dachte, diesen Stift nimmst Du mit. Das ist der schönste Augenblick in Deinem Leben, der wichtigste wahrscheinlich. Und ich war ganz erstaunt, als ich aufstand, dass alle anderen Füllfederhalter auch weg waren. Offensichtlich müssen die Beteiligten ähnliche Empfindungen gehabt haben. Also, dies Gefühl, hier geschieht etwas, was einmalig ist in diesem Jahrhundert und für das deutsche Volk im Ganzen – ich hatte fast das Gefühl von Gnade und – jedenfalls hat mich das emotional unglaublich umgetrieben. Als ich da rausging, war ich total derangiert.*[26]

Dennoch war der Abschluss der 2+4-Verhandlungen für die Sowjets nicht einfach, denn die Ergebnisse markierten das Ende einer Ära: Die Zeiten der Sowjetunion als Supermacht, als mächtiger Gegenspieler der USA waren vorbei und wurden mit diesem Vertrag besiegelt. Und die Querelen am Ende

24 Erklärung von Bundeskanzler Dr. Helmut Kohl in der Sitzung des Bundeskabinetts am 12. September 1990 in Bonn, in: Texte zur Deutschlandpolitik, Reihe III/Band8b, S. 688 ff.
25 In Genschers Erinnerungen war es die französische Fassung (S. 874).
26 De Maizière im Interview mit Hans-Christoph Blumenberg.

ließen Befürchtungen wachsen, was nach der Unterzeichnung noch alles passieren könnte.

Anatoli Tschernajew:

(Ich hatte früher schon festgestellt,) dass sich Osteuropa von uns löst und dass Westeuropa nach ihm greift, die NATO und die Europäische Gemeinschaft nach ihm greifen. Sie selber streben dorthin. Und wirklich, von diesen Prozessen der Integration drohte die Sowjetunion ausgegrenzt zu werden. Integration im Sinne von einschließlich Osteuropa. Und so ist es ja auch gekommen.

Michail Gorbatschow:

Falls die Sowjetunion nicht zerfallen wäre, hätten die neuen Beziehungen zwischen unseren beiden Nationen und Staaten (Deutschland und der Sowjetunion – AvP) *zur friedliebenden Achse des ganzen europäischen Prozesses werden und ein großes Gewicht in den weltweiten Angelegenheiten erhalten können.*[27]

Anatoli Tschernajew:

Und was die Deutschen betrifft, da bin ich überzeugt, denn wir haben zu ihnen trotz allem besondere Beziehungen entwickelt über 300 Jahre hinweg. Die Deutschen waren nicht gegen eine Integration Russlands in Europa. Aber wenn man ganz Europa nimmt, Großbritannien, Frankreich, die kleineren Länder, so hatte Europa im Ganzen eher Angst vor Russland und wollte es nicht. Die Deutschen waren in diesem Sinne etwas Besonderes. Sie waren bereit, einen sehr engen Bund mit den Russen einzugehen.[28]

Lothar de Maizière:

Dieser Vertrag ist letztendlich so etwas wie das Ende der Geschichte, die mit dem Reichstagsbrand begonnen hatte. (...) Eduard Schewardnadse signalisierte über mehrere Kanäle an Genscher, aber auch über einen Mitarbeiter an uns, dass das für sie nicht hinnehmbar wäre, wenn das zu einem Versailles für die Sowjets würde. (...) Wir müssen ja sehen, dass das einzige wirklich identitätsstiftende historische Ereignis der Sowjets der Sieg im Zweiten Weltkrieg war. Und damals herrschte in Moskau ohnehin so eine Stimmung: Stalin hat den Zweiten Weltkrieg gewonnen, Gorbatschow ist dabei, ihn zu verlieren. Und wir wollten sie stabilisieren, sie stützen.

Nach der Unterzeichnung empfing Gorbatschow Hans-Dietrich Genscher und erklärte: »Das Schicksal habe es so gefügt, dass die sowjetische und die deutsche Seite die wichtigsten Akteure in diesem Prozess gewesen seien. Alles bisher Geschehene wäre ohne tiefgreifende Veränderungen in der Bundesrepublik, in der DDR und in der Sowjetunion nicht möglich gewesen.«[29]

27 Gorbatschow im Brief an mich vom 6.3.2002

28 Im Interview vom 11.12. 2001.

29 Genscher 1995, S. 874.

George Bush, der an der Begrenzung der Rolle der Sowjetunion in Europa bei gleichzeitiger Anerkennung zumindest ihrer wichtigsten Sicherheitsinteressen maßgeblich beteiligt war, denkt über die Rolle Gorbatschows in der Geschichte nach und setzt interessensgemäß andere Akzente.

Bush: Und ich denke, dies wird einer von Gorbatschows wirklichen Beiträgen zur Geschichte sein. Nun werden einige in Russland heute sagen: Er hat uns die Union genommen. Er hat uns Sowjetbürgern den Nationalstolz genommen. Aber ich glaube, noch wichtiger als dies – der Nationalstolz der Sowjetbürger – war die Tatsache, dass Deutschland ein Recht darauf hatte, wiedervereinigt zu werden.[30]

Der Sicherheitsberater Bushs, Brent Scowcroft (Kohl: »ein subtiler und abwägender Politiker, nicht irgendein General-Schreihals«[31]), der direkte Partner Teltschiks in Washington, erklärte:

Naja, irgendwo ist Gorbatschow schon der große Verlierer. Aber ich denke, er hatte den Mut, zu erkennen, dass er die Entwicklung nicht aufhalten konnte. Und er sah keine bessere Lösung, er hatte keine Alternative. Ich denke, er hat gespürt, dass ein neutrales Deutschland im Zentrum Europas sich ungünstig auf die Stabilität in Europa auswirken würde. Es wäre nicht gut für Europa. Und so hat er denn klug und diplomatisch reagiert und gesagt: »O.K. – wir sind einverstanden.«[32]

Gorbatschow erscheint also hier bei den US-Politikern als der große Verlierer, besonders in der NATO-Frage, obwohl gerade die Amerikaner den sowjetischen Vertretern immer wieder nahegebracht hatten, dass diese NATO-Mitgliedschaft des vereinten Deutschland auch im sowjetischen Interesse läge, zumindest in einem längerfristigen Sinn.

Auf die Frage nach ihrer Sicht auf Gorbatschow am Ende all dieser Verhandlungen antwortet eine bemerkenswert sensitive Condoleezza Rice mit ihrer Erinnerung an die Unterzeichnung des 2+4-Vertrages:

Das, woran ich mich am lebhaftesten erinnere, ist die Unterzeichnungszeremonie vom September 1990 in Moskau, nachdem alle Details ausgearbeitet worden waren. Und ich dachte damals: Was für eine Enttäuschung, dass es den Außenministern überlassen wurde, dieses großartige Dokument darüber zu unterzeichnen, was fünfzig Jahre lang die wichtigste Frage der europäischen Politik gewesen war. Und wie ich dort hinter James Baker stand und beob-

30 Interview mit mir, a.a.O.

31 Nach dem sowjetischen Protokoll des Gesprächs zwischen Gorbatschow und Kohl in Moskau am 15. Juli 1990 sagte Kohl: Das ist ein subtiler und abwägender Politiker, nicht irgendein General-Schreihals. Scowcroft kennt Clausewitz und versteht, dass die sowjetisch-amerikanischen Beziehungen auf eine neue Basis gestellt werden müssen. (in: Gorbatschow-Stiftung, 90JUL15).

32 Scowcroft im Interview mit mir 1999.

achtete, wie er mit seiner Unterschrift die Rechte und Verantwortlichkeiten der Amerikaner als einer der vier Mächte quasi fortgab, konnte ich aus den Augenwinkeln einen Blick auf Gorbatschow erhaschen. Er stand hinter einigen Beratern – nicht im Vordergrund. Er schien fast gleichgültig – es war keine Bewegung in seinem Gesicht. Und ich dachte bei mir: Wie muss das sein für den Staatschef der Sowjetunion. Die Staatsoberhäupter der Vereinigten Staaten, Großbritanniens und Frankreichs sahen hierin fünfzig Jahre Westpolitik bestätigt: Deutschland war nun Teil des Westens, Teil der Staatengemeinschaft. Aber für die Sowjetunion war dies eine eindeutige Niederlage. (...)

AvP: Und Genscher, glaube ich, hat Gorbatschow dann dazugeholt –

Rice: Genscher war der erste, der Gorbatschow dort stehen sah, irgendwie allein gelassen. (...) Und Genscher zog ihn dann mit, und plötzlich stand Gorbatschow im Mittelpunkt, und man lächelte ihm zu und applaudierte ihm. Aber da war dieses unterschwellige Gefühl, dass dies irgendwie das Ende war. Das Ende nicht nur für die Präsenz der ehemaligen Besatzungsmacht Sowjetunion in Europa, sondern für die Sowjetunion selbst.[33]

Diese melancholische Szene wird konterkariert durch die Worte Gorbatschows, als er Lothar de Maizière ebenfalls am selben Tage, dem 12. September, empfing.

Gorbatschow: Ich bin froh, Sie an solch einem bedeutungsvollen Tag begrüßen zu dürfen. In Moskau hat sich ein historisches Ereignis vollendet, ein schon lange andauernder objektiver Prozess hat sein logisches Ende gefunden. Es öffnet sich ein neues Blatt der deutsch-sowjetischen Beziehungen. Und ich glaube, wir haben Veranlassung genug, optimistisch in die Zukunft zu schauen.

De Maizière: Ich denke, dass man das Geschehene nur begrüßen kann. Der Prozess, der sich abschließt, nimmt seine Anfänge im März des Jahres 1985. Die Menschen in der DDR haben sehr aufmerksam die Entwicklungen verfolgt, die durch Ihre Perestroika hervorgerufen wurden. Dies war keine teilnahmslose Beobachtung. (...) Von 1985 bis 1989 waren Sie für uns in der DDR der absolute Träger der Hoffnung. Wir werden im vereinten Deutschland weder Sie noch Ihre Mitstreiter vergessen.[34]

33 Interview mit mir 1999.

34 Gorbatschow-Stiftung, Aufzeichnungen des Gesprächs zwischen dem Prsäidenten Gorbatschow und dem Ministerpräsidenten de Maizière am 12. September 1990, 90SEN14.

8.2 Innere Einheit

Auch wenn es hier nicht grundlegend um die inneren Aspekte der Einheit geht, so müssen doch die einzelnen Schritte in ihrer Bedeutung zumindest erwähnt werden; denn der Zeitplan für die Schaffung der inneren und der äußeren Voraussetzungen der Einheit war nicht nur kompliziert für jeweils das eine oder andere Element, sondern auch in der Abstimmung. Die äußeren Aspekte der Vereinigung sollten möglichst vor der Vereinigung geregelt sein.

> *De Maizière: Dann gab es noch unglaublich komplizierte Situationen, weil es allen klar war – wir hatten ja bereits den 3. Oktober als Tag der Einigung beschlossen, bis dahin wird dieser Vertrag nicht durch alle sechs Parlamente gegangen und ratifiziert sein. Aber wir wollten den 3. Oktober als Tag der Einheit in voller Souveränität haben. Es wurde die Konstruktion gewählt, dass die Siegermächte ihre Vorbehaltsrechte über Deutschland suspendierten, aussetzten, nicht wahrnehmen bis zu dem Zeitpunkt, da der letzte der Beteiligten in seinen Vertretungskörperschaften dies ratifiziert hat und der Vertrag hinterlegt werden kann.*[35]

Das wurde auch erreicht: Nach Einführung der Währungs-, Wirtschafts- und Sozialunion am 1. Juli 1990 waren trotz und wegen der Verschlechterung der wirtschaftlichen Lage der DDR die inneren Voraussetzungen für die frühere Vereinigung, die eben am 3. Oktober erfolgen sollte, geschaffen worden. Schäuble und Seiters auf der einen und de Maizières Staatssekretär Günther Krause auf der anderen Seite waren die Verhandlungsführer für den Einigungsvertrag.[36] Am 22. Juli wurde das Gesetz zur Wiedereinführung von fünf Ländern beschlossen; am 23. August folgte der Beschluss der Volkskammer der DDR über den Beitritt zum Geltungsbereich des Grundgesetzes der Bundesrepublik Deutschland, und am 31. August wurde der »Vertrag über die Herstellung der Einheit Deutschlands« zwischen den beiden deutschen Staaten in Berlin unterzeichnet.[37] Die Volkskammer tagte zum letzten Mal am 2. Oktober, und am 3. Oktober wurde die Vereinigung vollzogen.

Beide Abschlüsse für die inneren wie für die äußeren Aspekte der Einheit und die Verträge mit der Sowjetunion und mit Polen beendeten die Nachkriegszeit in Europa – fast, wenn man von den schwierigen Wiedergutmachungsverhandlungen der folgenden Jahre absieht.

35 De Maizière im Interview mit mir am 1.11.2000.
36 Vgl. unter der Fülle der Literatur dazu Schäuble 1991a.
37 Beide sind abgedruckt in Texte zur Deutschlandpolitik, Reihe III/Band 8a – 1990, S. 435 ff. und S. 447 ff.

9 Zusammenfassung und Ausblick

9.1 Einige Ergebnisse

Westeuropa hatte sich mit der Wiedervereinigung Deutschlands nach Osten ausgedehnt ebenso wie das Atlantische Bündnis (NATO). Dies war ohne kriegerische Auseinandersetzungen geschehen, was man jahrzehntelang für unmöglich gehalten hatte. Die Systemkonkurrenz des Kalten Krieges der Nachkriegszeit wurde zugleich mitentschieden: Der Sozialismus sowjetischer Prägung war zusammengebrochen, der Kapitalismus hatte gesiegt. Aus der Perspektive der Politik der USA und der Bundesrepublik Deutschland war dies ein historisch beispielloser Erfolg, der auch anderen Staaten, besonders in Osteuropa, die Befreiung von sowjetischer Vorherrschaft und innerer Diktatur nach schweren Zeiten der Umstellung erlaubte.

Wenn man diese Ergebnisse unter sowjetischem Blickwinkel betrachtet, zeigt sich nach der Wiedervereinigung sowohl in den russischen Medien als auch in persönlichen Stellungnahmen aus unterschiedlichen Milieus ein widersprüchliches Bild: Einerseits brachte die »große Wende« nach 1985 größere persönliche Freiheitsräume, andererseits wurde diese Entwicklung begleitet durch zum Teil tief in das persönliche Leben eingreifende Versorgungs- und Geldkrisen. Die Ereignisse und Ergebnisse der Politik der Jahre 1989 und 1991 trafen den Nationalstolz breiter Bevölkerungsschichten besonders in Russland wegen des Zusammenbruchs des »sowjetischen Imperiums« und wegen der »Niederlage« durch den Besiegten des »Großen Vaterländischen Krieges«, nämlich Deutschland, und durch den jahrzehntelangen Erzfeind USA. In dieser Sicht berühren sich alte Sowjetkommunisten und großrussische Nationalisten.

Man muss sich am Ende dieses Buches, in Kenntnis der internationalen Auseinandersetzungen und der sowjetischen bzw. der deutschen Dokumente aber eine weniger »deutsche«, »sowjetische« oder »amerikanische« Sicht und Fragestellung erlauben, sondern eine »europäischere«, nämlich: Sicherte diese Entwicklung, die zur Einheit Deutschlands und zur Ausdehnung der NATO führte, die Dominanz der Vereinigten Staaten in Europa für eine unbestimmte Zeit und war dies ein wesentliches Element dieser erfolgreichen Politik? Oder anders: Gab es in dieser historischen Entwicklung Versuche einer europäischen Politik, an deren Ende ein europäisches Sicherheitssystem unter Einschluss der Sowjetunion und der USA bei Auflösung der Militärblöcke des Kalten Krieges, aber unter europäischer Dominanz stehen sollte? Wenn man sich diesem Problem stellt, dann führt dieser Frage-Wechsel auch zu weiteren Problemstellungen, zum Beispiel nach der Eigenständigkeit Europas, nach den Folgen der Dominanz der USA nach 1990, und zu anderen Antworten, die zugleich das Verständnis für den real erfolgten Gang der Geschichte vertiefen.

9.1.1 Amerikanische Dominanz, europäische Verweigerung und verspätete sowjetische Reaktion

Nach den vielfältigen Differenzierungen, Darstellungen und Ableitungen lassen sich einige grobe Stränge der Politik hin zur deutschen Souveränität und zur NATO-Erweiterung ohne ein europäisches Sicherheitssystem mit der Sowjetunion herausschälen.

9.1.1.1 Die amerikanisch-deutsche Erfolgskombination

Für die deutsche Politik unter Bundeskanzler Kohl war die Wiedererlangung der nationalen Einheit der Bundesrepublik, Berlins und der DDR ein Wert für sich. Helmut Kohl verfolgte diese Politik mit tiefer, Sicherheit gebender und manchmal – gemessen am »Europäer Kohl« – erstaunlich unhinterfragter nationaler Überzeugung, mit strategischer Zähigkeit, mit einer niemals in Frage stehenden Westbindung, mit Offenheit gegenüber den Versorgungsproblemen und Sicherheitsbedürfnissen der Sowjetunion, mit dem Wunsch der Verbindung von deutscher und europäischer Integration sowie mit einem Gespür für Macht und die unmittelbaren Möglichkeiten der historischen Konstellation. Ihm kam zugute, dass er zunächst von seinen Verhandlungspartnern unterschätzt wurde.[1] Er konnte sich stützen auf eine Mannschaft, die sich professionell und mit hohem Arbeitseinsatz für dieselben Ziele einsetzte und aus der Horst Teltschik mit seinen außenpolitischen Aufgaben herauszuheben ist. An der Seite des Bundeskanzlers stand ein Außenminister, der sein Renommee und seine Erfahrung in der Entspannungspolitik gewonnen hatte, der in größerer Unabhängigkeit von den USA bei ebenso starker Westbindung und ebenfalls mit nationalen Überzeugungen, mit einem frühen strategischen Konzept für eine europäische Sicherheitsarchitektur, einem Gespür für die Besorgnisse auch der kleineren osteuropäischen Staaten, mit einem Sinn für öffentliche Wirkungen und einem Wissen um seine Bindung an Helmut Kohl seine Politik betreiben und die Widersprüche zum Kanzler im

1 Der auch im Deutschen sprachgewandte Nikolai Portugalow hat dafür eine witzige und einprägende Redewendung benutzt: »Helmut Kohl ist als Bettvorleger losgesprungen und als Tiger gelandet.« (im Gespräch mit mir 2000).

Osten nutzen konnte. Sein deutliches Eintreten zum Beispiel für polnische Bedenken, für den militärischen Sonderstatus der DDR, für die sowjetischen Sorgen vor den NATO-Truppen auf DDR-Territorium bis zum Schluss brachten ihm Respekt in Osteuropa und Misstrauen in den USA ein, während in den USA Kohls Politik außerhalb jeden Zweifels stand. Diese Widersprüche zwischen ihnen halfen letztlich sowohl dem Kanzler wie dem Außenminister. Sie wurden Teil des gemeinsamen Erfolgs. Auch der Außenminister konnte sich auf eine Mannschaft aus Berufsdiplomaten stützen, die – manchmal in Widerspruch zum Bundeskanzleramt und besonders zu Horst Teltschik – europäische Akzente setzen konnte. Hervorzuheben sind für diese hier bearbeiteten Bereiche Frank Elbe und Dieter Kastrup. Kohl und Genscher, Kanzleramt und Außenministerium waren ein hocheffizientes konfliktreiches Paar auf dem internationalen Parkett. Genscher hätte sicher mehr erreichen wollen, was ein die Ost-West-Grenzen überwindendes Gesamteuropa betrifft und wurde gebremst, sobald diese Politik an die NATO-Dominanz in den Verhandlungen und an die Ost-Erweiterung des atlantischen Bündnisses rührte. Kohls Schwachstelle, die aus den sowjetischen Protokollen noch deutlicher als aus den deutschen hervorgeht, war seine emotionale Haltung in der Oder-Neiße-Frage, die mit seiner nationalen Überzeugung zu tun haben dürfte. Jedenfalls wurde sie im Osten, aber auch in den USA als Störfaktor gesehen. Ansonsten ist die Politik dieser Bundesregierung – ihr Interesse und die Richtung ihrer Strategie vorausgesetzt – ohne größere Fehler. Helmut Kohl selbst kritisiert einige Entwicklungen, die er sich anders gewünscht hätte: Er habe sich 1990 nicht vorstellen können, dass die Sowjetunion »wie ein Kartenhaus zusammenklappt und damit für die Wirtschaft in der früheren DDR als Handelspartner ausfällt. Dadurch sind uns wichtige Jahre des Übergangs verloren gegangen, in denen die DDR-Betriebe ihre Produktion auf die Bedürfnisse des Weltmarktes hätten umstellen können.« Ob er damit auch die Treuhandpolitik und die »Entindustrialisierung« auf dem Gebiet der früheren DDR insgesamt meint, geht aus diesem Satz nicht hervor, wäre aber konsequent. »Getäuscht habe ich mich auch in der Bereitschaft der westdeutschen Wirtschaft, die eigene Firmenrechnung mal beiseite zu lassen und zu helfen, wo man kann. Der dritte Irrtum: Ich hatte geglaubt, dass die Kirchen ein stärkeres Bindeglied zwischen Ost und West darstellen.«[2]

Für die Regierung unter Bush war die Vereinigung Deutschlands selbstverständlich nicht ein Wert an sich, sondern sie war »Vehikel« ihrer neuen Europa-Politik, die auf ein ungeteiltes Europa unter parlamentarisch-demokratischen Vorzeichen und auf amerikanische Dominanz gerichtet war. Ausgangspunkt war die Abwehr des wachsenden sowjetischen Einflusses in Westeuropa, auch des persönlichen von Gorbatschow als Künder demokratischer Reformen in Osteuropa und des Endes des Kalten Krieges. Aber Osteu-

2 In der »Ost-Illustrierten« »Super-Illu« Nr. 40 vom 28.9.2000, S. 8 ff.

ropa war nicht demokratisch, es stand noch 1989 unter – wenn auch bröckelnder – sowjetischer Hegemonie, und die innerdeutsche Grenze war die Westgrenze dieses sowjetischen Hegemonialbereichs. Warum also Gorbatschow nicht beim Wort nehmen und Demokratie und Selbstbestimmung für das neue Europa fordern, ohne Gorbatschow vorschnell in das politische Abseits zu drängen, sondern in der Einbeziehung unter Druck zu setzen? In den Worten von George Bush: Was nutzt ein europäisches Haus, wenn manche Zimmer verboten sind?[3] Diese Politik hatte nur eine Schwachstelle: Die USA hatten keine politischen Instrumente in Europa, über die sie denselben Einfluss gehabt hätten wie im Atlantischen Militärbündnis, in der NATO. Die KSZE, zu der auch die USA gehörten, war aus der Sicht der US-Regierung ein schwerfälliges Instrument mit starker Ostpräsenz. Daher musste die NATO deutlicher als politisches Instrument genutzt werden. Jede andere europäische Institution sollte demgegenüber in ihrer Wirksamkeit heruntergeschraubt werden. Mit der Bedeutung der deutschen Frage musste das Gewicht der deutschen Bundesregierung anwachsen: zum »partner in leadership«. Seit dem Frühjahr 1989 wurde in diese Richtung Politik gemacht. Niemals stand dabei auch nur zur Diskussion, die NATO zugunsten eines europäischen Sicherheitssystems aufzugeben. Um die Sowjetunion nicht in eine unkontrollierbare Gegnerschaft zu dieser Politik zu bringen, kam man ihr in Abrüstungs- und Sicherheitsfragen entgegen, solange sie nicht das Fundament der NATO-Mitgliedschaft des vereinten Deutschland in Frage stellte. Setzt man die amerikanischen Interessen voraus, dann war diese Strategie der Bush-Regierung zur passenden historischen Zeit entwickelt, enorm wirksam und letztlich in Verbindung mit der Bundesregierung weltpolitisch so erfolgreich wie eigentlich zuvor nur die Marshall-Plan-Politik unter der Präsidentschaft Trumans. Offensichtlich war Bush selbst der eigentliche Stratege, der mit seinem Sicherheitsberater Scowcroft diese Linie entwickelte, unterstützt von einem Außenminister Baker, der mit großer Klarheit in den strategischen Zielen, in unmissverständlicher direkter Form und mit tiefer Überzeugung von dem Vorbildcharakter des amerikanischen Markt- und Demokratiesystems seine Diplomatie betrieb. Beide wurden ebenfalls unterstützt von hochprofessionellen Teams, deren Widersprüche (besonders zwischen Außenministerium und dem Weißen Haus bzw. den dortigen Sicherheitsberatern) durch die persönliche Freundschaft zwischen Baker und Bush ausgeglichen wurde.

3 Im nicht aufgenommenen Teil unseres Gesprächs in Washington 1999. Ich möchte an eine Aussage von Scowcroft erinnern, die ich zu Beginn zitierte (siehe S. 21): »I think, fundamentally it was Gorbatschow, who was speaking some wonderful words. But thus far in early ’89 the words were not matched by actions and the structures of the Cold War in Central and Eastern Europe were still in place. So, what we wanted to see, were actions which would start to dismantle those structures. And, of course, crucial to it all was Berlin and German reunification. That would be a clear signal that the Cold War was over.« (Aus dem Gespräch mit mir 1999)

Diese Kombination von US-amerikanischen Interessen in Europa und bundesdeutschen Wiedervereinigungszielen war die entscheidende Voraussetzung für die Einheit, die Souveranität und die NATO-Mitgliedschaft Deutschlands, aber sie brachte zugleich eine gewachsene Dominanz der USA in Europa, demonstrierte die Widersprüche zwischen den europäischen Staaten und schloss die Sowjetunion für eine unbestimmte Zeit aus diesem Europa aus, auch aus der Sicherheitsstruktur. Für Hans-Dietrich Genscher war dies immer wieder ein Problem in den Verhandlungen, bei Helmut Kohl ist dieser Widerspruch zwischen deutscher Einheit und europäischer Sicherheitsstruktur inklusive der USA und der Sowjetunion, aber unter europäischer Dominanz, selten spürbar. George Bush und seine Mannschaft waren die frühen Initiatoren der neuen Europa- und Deutschlandpolitik, die Bonner Regierung schloss sich mit eigenständigen Interessen und eigenen politischen Zielen an. Über das Erstgeburtsrecht an dieser Strategie gibt es bis heute leichte Konkurrenzen zwischen den deutschen und den US-amerikanischen Politikern.

Die Regierung der DDR unter Hans Modrow setzte demgegenüber auf Beibehaltung zweier deutscher Staaten, zwischen denen eine Vertragsgemeinschaft bzw. eine Konföderation entstehen sollte, auf Neutralität und ein Zusammengehen mit der Sowjetunion. De Maizière und seine Regierung betonten zwar die europäische Sicherheitskonzeption bei Ablösung der Militärblöcke der Nachkriegszeit; sie kam aber mit dieser Strategie zu spät, da der Warschauer Pakt bereits ebenso wie die UdSSR zusammenbrach und die Sowjetunion lange die DDR als selbstständigen Staat unterstützt und auf Neutralität gesetzt hatte. Außerdem stieß die Außenpolitik de Maizières (und besonders Meckels) auf Ablehnung in Washington und Bonn, die DDR war aber grundsätzlich auf Bonner Hilfe angewiesen.

Für die USA brachte der Erfolg in der NATO-Europapolitik auch Entlastung im Irak-Krieg um Kuwait. Der amerikanische Außenminister Baker markierte daher die Unterstützung der USA durch den sowjetischen Außenminister vor der UNO in dieser Frage als das eigentliche Ende des Kalten Krieges. Der Zusammenhang zwischen amerikanisch-deutscher Einheitspolitik und Krieg gegen den Irak stellte sich noch auf andere Weise her: Die USA benötigten deutsche Hilfe in diesem Krieg, es gab in den USA scharfe Diskussionen über die mangelhafte deutsche Beteiligung. In einem ZDF-Interview gibt Helmut Kohl an, dass er den Amerikanern dafür »14 Milliarden« unter anderem deshalb bezahlt habe, weil sich die USA um die deutsche Wiedervereinigung »verdient gemacht hätten wie kein anderes Land«.[4]

Für die Wirksamkeit dieser Kombination USA und Bundesrepublik in der Wiedervereinigungspolitik gab es andere Voraussetzungen, nämlich eine entsprechende Politik der sowjetische Führung und der westeuropäischen Part-

4 Interview Kohl mit Guido Knopp, Take 151, S. 1 ff.

ner. Und diese Voraussetzungen ebenso wie der Erfolg selbst sind in der Wiedervereinigungsliteratur m. E. bisher im Wesentlichen unter deutsch-amerikanischer Perspektive gesehen und kritisiert worden. Sie können nun nach den sowjetischen Protokollen genauer herausgearbeitet werden.

9.1.1.2 Die sowjetische Politik

Die deutsche und die litauische Frage waren Achillesfersen für die internationale und die nationale Politik der sowjetischen Regierung. Beide sind Ausdruck dafür, dass auch in Europa am Ende des 20. Jahrhunderts bei Vorherrschaft durch mächtige Staaten »nationale Fragen« virulent sein können. Das war nicht nur von Kommunisten, sondern auch von den meisten führenden Sozialdemokraten der Sozialistischen Internationale nicht erwartet worden. Nationale Unabhängigkeitsbewegungen wurden als Probleme des 19. Jahrhunderts oder der Dritten Welt gesehen und aus der modernen europäischen Politik weitgehend verbannt. Eine der großen Fehleinschätzungen, die durch die Jahre 1989 und 1990 offenbar wurden.

Die deutsche Frage war auch ein wunder Punkt in der »Reform der internationalen Politik«, für den Einzug der »Demokratie in die Diplomatie«, wie sie Gorbatschow und Schewardnadse verkündet hatten.[5] Die litauische Unabhängigkeit wurde von der sowjetischen Führung ohne Verständnis für die Geschichte der baltischen Staaten als *innenpolitisches* Verfassungsproblem behandelt. Auch Kohl und weniger deutlich sogar Mitterrand stützten zunächst eher die Moskauer Zentrale, jedenfalls nicht die litauische Unabhängigkeit mit der gleichen Haltung wie die deutsche Souveränitäts- und Einheitspolitik. Kohl nahm an, dass die litauische Unabhängigkeit zum Problem für die Einheit Deutschlands werden würde, wenn dadurch Gorbatschow von sowjetischen Militärs beiseite gefegt würde. Es gehört zu den Mängeln der bisherigen deutsch-zentrierten Geschichtsschreibung über die Wiedervereinigung, dass dieser Parallelprozess von deutscher und litauischer Frage so wenig berücksichtigt wurde.

Der Blick in die Tagesordnungen des Politbüros und die Notizen aus dessen Sitzungen beweist – und das ist ein weiteres Ergebnis dieses Buches –, dass die deutsche Frage für das oberste Parteigremium nicht annähernd jene Bedeutung hatte wie die baltische oder die Nationalitätenproblematik.

> *Tschernajew: Die baltische Frage war für uns außerordentlich wichtig, denn hier entschied sich für die Sowjetunion: Sein oder Nichtsein. Es setzte ein Domino-Effekt ein. Ein Stein fiel um, und dann der nächste und immer so weiter.*[6]

5 Vgl. hierzu auch: Wettig 1993, S. 45–63.
6 Im Gespräch mit Elke Scherstjanoi und mir am 6.12.2001.

Diese anderen Steine waren schon in Bewegung: In Aserbaidschan zum Beispiel, aber nicht nur dort. Die litauische Unabhängigkeitsbewegung war für die deutsche Vereinigung deshalb von so großer Bedeutung – anders als Kohl und Mitterrand vermuteten –, weil sich die Gewichte für die sowjetische Politik verschoben: Mit Litauen war die UdSSR selbst bedroht, mit der deutschen Frage »nur« die Ränder ihres Hegemonialbereichs. Dadurch war *wegen* Litauen der Zwang zu sowjetischen Konzessionen in der deutschen und in der NATO-Frage stärker geworden.

Ein weiteres Ergebnis dieser Untersuchung liegt in der Antwort auf die Frage, wer denn eigentlich von den führenden Gegnern Gorbatschows gegen die Wiedervereinigung war. Nach Kompilation der verschiedenen Texte, nach Befragungen sowohl der Gegner wie der politischen Freunde Gorbatschows und von Gorbatschow selbst ist die Antwort mit hoher Plausibilität berechtigt: Auch die Gegner der Perestroika wie Jegor Ligatschow und selbst die (späteren) Hauptputschisten Marschall Achromejew und KGB-Chef Krjutschkow waren nicht prinzipiell gegen die Wiedervereinigung, sondern wollten von den USA und der Bundesrepublik »mehr herausholen« in der Sicherheitspolitik und in der finanziellen Kompensation der Kosten für die Sowjetunion. Sie hofften auf einen jahrelangen Prozess mit entsprechenden Verhandlungen. Aber auch sie wurden von der Entwicklung überrollt, hatten dem Zusammenbruch der eigenen Wirtschaft, dem Zerfall des Warschauer Paktes und des inneren Zusammenhalts der Union der Sowjetrepubliken nichts entgegenzusetzen. Ihre Vorstellungen beruhten auf der Imagination einer gesunden Sowjetunion, die es nicht gab. Wenn man so will, war Gorbatschow mit seinem Versuch eines neuen Autonomiegesetzes für Sowjetrepubliken mit entsprechenden Verfassungsänderungen, das am 29. Januar 1990 im Politbüro diskutiert wurde, der letzte mächtige Verteidiger dieses Zusammenhalts, nicht seine »konservativen« Gegner – und auch er scheiterte. Was hätten diese Männer, die selbst aus dem Gorbatschow-Lager stammten und ohne einflussreichen fraktionellen oder militärischen Hintergrund[7] waren, an der katastrophalen Situation ändern können, so dass sie darüber hinaus noch in der Lage gewesen wären, neben Litauen auch noch die DDR besetzt zu halten? Ich meine, dass hier in der westlichen Politik selbst eine Imagination vorlag von der Stärke der sowjetischen Generalität, die auf der anderen Seite hilfreich war, um die Schnelligkeit der Aktionen zu begründen, das nur kurze Zeit »offene Fenster« (Kohl) für die Wiedervereinigung nachzuweisen. Auch ein angeblich im Januar 1990 drohender Putsch gegen Gorbatschow, von dem Schewardnadse später Teltschik berichtet hat, wird von Gorbatschow bestritten[8] und ist nach dem bisher vorliegenden Material äu-

7 Selbst Verteidigungsminister Jasow, ebenfalls an dem Putsch vom 21.8.1991 beteiligt, war nicht vom Militär getragen und militärisch unterstützt worden.

8 Gorbatschow: »Anfang 1990 gab es keine realen Pläne (und Möglichkeiten) einen Umsturz durch Generäle oder einen anderen Umsturz zu organisieren. Murren, Geschimpfe auf verschiedenen

ßerst unwahrscheinlich.[9] Gorbatschow saß hier in gewisser Weise in der eigenen Falle, weil er selbst solche Gefahren hervorhob. Der eigentliche sowjetische Gewinner war entgegen allen Imaginationen Jelzin, der aber gerade wegen seiner demokratischen Haltung u. a. in der baltischen Frage erfolgreich war.

Der sowjetische Generalsekretär kritisierte zugleich Kohl wegen dessen Destabilisierungspolitik seit dem Mauerfall. Darüber war Gorbatschow mehrfach besonders empört, weil sie beide im Sommer 1989 in Bonn ausgemacht hätten, dass es von Bonner Seite keine Ausnutzung der osteuropäischen Komplikationen und keine Destabilisierungspolitik geben würde.

Das strategische Hauptproblem für die sowjetische Außenpolitik lag aber bekanntermaßen woanders: Mit der deutschen Frage war aus sowjetischer Sicht eine potentielle Bedrohung durch die Ausdehnung der NATO nach Osten verbunden. Die deutsche Frage war damit – als internationaler Schwachpunkt – mit der größten innersowjetischen Belastung verknüpft: mit der katastrophalen Versorgung und der tiefen ökonomischen Krise in der Innenpolitik. In der Rüstungsfrage trafen sich die internationalen und die nationalen Schwächen der Sowjetunion. Die sowjetische Führung unter Gorbatschow musste und wollte auf eine Friedenspolitik setzen, die ihr die enormen Militärkosten und die Bedeutung des »militärisch-industriellen Komplexes«[10] in der Sowjetunion reduzieren half, ohne den Amerikanern das Feld in Zentraleuropa zu überlassen. Angesichts des Auseinanderbrechens des Warschauer Paktes und der miserablen Ökonomie sowie in Anbetracht der wachsenden Nationalitätenprobleme innerhalb der Sowjetunion wurde dies zur Quadratur des Kreises und verlangte frühe Entscheidungen.

Ein ausländischer Besuch war es, der noch vor dem Mauerfall die Notwendigkeit früher Entscheidungen aus einem anderen Grund deutlich machte, nämlich der Antrittsbesuch des Honecker-Nachfolgers Egon Krenz mit seinem schonungslosen Bericht am 1. November 1989 in Moskau. Krenz machte der sowjetischen Führung klar, dass die DDR ebenfalls nicht nur gesellschaftlich, sondern auch ökonomisch bedrohlich in die Krise geraten war.

Versammlungen und Proteste gab es in unterschiedlichen Kreisen, aber keine Verschwörungen.« (Im Brief an mich vom 6.3.2002)

9 Inzwischen diskutieren ernsthafte Wissenschaftler, ob nicht auch der Putsch vom 21.8.1991 von Achromejew, Krjutschkow, Jasow und anderen durchgeführt wurde, um die Gorbatschow-Politik vor weitergehenden Entwicklungen, die zur Zerstörung der Union der Sowjetrepubliken hätten führen können, zu »schützen«. So auf der Konferenz »Der Kalte Krieg und die Entspannung«, die vom Institut für Allgemeine Geschichte der Akademie der Wissenschaften und der Akademie für Diplomatie vom 27. bis 29.6.2002 in Moskau durchgeführt wurde. Diskutanden zu diesem Thema waren der ehemalige Botschafter Dubinin sowie die Wissenschaftler Anatoli Utkin und Alexander Kwarzow.

10 Ein Begriff aus dem Westen, den Georgi Schachnasarow für die enge Beziehung zwischen Politik und Industrie (nicht nur der unmittelbaren Rüstungsindustrie) in der Sowjetunion nutzte, um deren Bollwerkcharakter gegen die Politik Gorbatschows zu zeigen.

Gorbatschow: Ich war wirklich überrascht, als nach der Ablösung Honeckers ein reales Bild der Lage in der DDR zum Vorschein kam.[11]

Selbst der eine, bereits erwähnte Satz in der Politbüromitschrift vom 3. November (»Die DDR lebt zu einem Drittel über ihre Verhältnisse«) deutet an, dass es Gründe gab, warum Krenz schon Anfang November 1989 fragen musste, ob die Sowjetunion noch zu ihrer Vaterschaft der DDR stehe.

Ich berichte davon, um zu zeigen, dass ab Anfang November 1989 die sowjetische Führung wusste, sie müsse eine Strategie entwickeln für den Fall des politischen und ökonomischen Bankrotts der DDR. Und diese Strategie müsste umfassende Vorschläge enthalten zu der Zukunft des Warschauer Vertrags, denn wenn die DDR als wichtigster Verbündeter der Sowjetunion an der Westgrenze des Warschauer Vertrags fallen würde, funktionierte das gesamte militärische Konzept nicht mehr, würden die diplomatischen Möglichkeiten schwinden und die Bedrohungsfaktoren steigen. Die deutsche Frage setzte damit die Zukunft beider Militärallianzen in Europa auf die unmittelbare Tagesordnung.

In Bonn und Washington, den wichtigsten Zentralen auf der anderen Seite für diese Politik, reagierte man schnell und positionierte schon drei Wochen nach dem Mauerfall diese Fragen auf das internationale Programm. Und dies ausgerechnet nach dem Besuch des sowjetischen Kundschafters Nikolai Portugalow, der eigentlich nur eruieren sollte, wie weit man denn in Bonn schon denke, und mit seinem Non-Paper die »10 Punkte« Kohls ausgelöst hatte. Denn in Bonn glaubte man – was für ein grandioses Missverständnis –, in Moskau sei man schon weit in den Überlegungen zur Vereinigung und sogar zur Mitgliedschaft des vereinten Deutschland in internationale Allianzen. Die »10 Punkte« Kohls waren außerdem eine Reaktion auf die Vorschläge einer »Vertragsgemeinschaft« durch Hans Modrow, dem diese Idee angeblich – so behauptet Portugalow – von der Internationalen Abteilung unter Falin »eingeflüstert« worden sei, was dieser jedoch bestreitet. Überhaupt zeichnete sich Hans Modrow in dieser Zeit durch weitgehende strategische Konzepte aus, derentwegen er damals im Westen überschätzt wurde und heute unterschätzt wird, da sich seine Politik nicht behaupten konnte.

Kohls »10 Punkte« behandelten die Frage der Allianz-Zugehörigkeit eines konföderierten oder vereinten Deutschland noch nicht, aber die »Vier Grundsätze« Bushs einen Tag später, am 29. November in Washington, und erneut am 4. Dezember auf dem NATO-Gipfel in Brüssel stellten den Zusammenhang von deutscher Einheit und NATO-Erweiterung unmissverständlich wieder her. Die Strategie war klar: Vereinigung Deutschlands ja, aber nur unter der Mitgliedschaft des vereinten Deutschland in der NATO. Dadurch wurde Kohls Wiedervereinigungspolitik durch Washington auf eine Weise abgesi-

11 In seinem Antwortschreiben vom 6.3.2002.

chert, die den westeuropäischen Kritikern kaum abweichende Möglichkeiten ließ; denn die aus unterschiedlichen Gründen zögerlichen bis abwehrenden Regierungschefs in Westeuropa wurden durch Washington in die NATO-Räson gerufen. Dadurch wurde auch – wenn es nicht schnell andere strategische Konzepte gab – der Spielraum für eine eigenständige Politik Europas und für die Entwicklung eines neuen europäischen Sicherheitssystems stark eingeengt.

Was tat die Sowjetunion in diesen Wochen, da fundamentales schnelles Umdenken und neue Strategien gefordert waren? Zunächst bat Gorbatschow die westlichen Regierungschefs darum, die Schwäche in Osteuropa nicht auszunutzen, die Situation nicht zu destabilisieren, und pochte zugleich auf den Fortbestand der DDR als souveränen Staat, dessen Existenz die Stabilität in Europa sichere. Dies war eigentlich seit Mitte November illusionär und unbrauchbar nach Absetzung der SED-Führung unter Krenz – da lagen die Vier Grundsätze von Bush schon auf dem Tisch. Mitte Dezember versuchte die sowjetische Führung die Viermächte-Verantwortung über Deutschland stärker ins Spiel zu bringen.[12] Am 19. Dezember warf der sowjetische Außenminister Schewardnadse vor dem Politischen Ausschuss des Europäischen Parlaments in Straßburg verschiedene strategische Möglichkeiten in die Debatte, ohne Lösungen anzubieten, was für die Beteiligten die politische Hilflosigkeit der Sowjets offenbarte. Aber bis zum Beratertreffen am 25. Januar 1990 blieb man intern unentschieden, ob man den Deutschen die Einheit als Ausdruck ihres Selbstbestimmungsrechtes zubilligen wollte oder nicht. Die Bedingungen, unter denen es zu dieser Einheit kommen sollte, blieben unklar: Die Forderung nach militärischer Neutralität des vereinten Deutschland wurde erhoben, aber schon gegenüber Baker, der sich am 9. Februar scharf dagegen wandte, nicht wirklich zum Ausdruck gebracht. Doch die Forderung nach Neutralität blieb im Raum. Ebenfalls am 25. Januar wurde beschlossen, dass es eine Intensivierung der Abrüstungsgespräche auf allen Ebenen und einen *gleichzeitigen* Abzug der sowjetischen und der amerikanischen Streitkräfte aus Mitteleuropa geben solle, was gegenüber Baker und am 11. Februar in Ottawa vor der Open-Sky-Konferenz von Schewardnadse wieder fallen gelassen wurde. Anatoli Tschernajew dachte fast zeitgleich mit den Amerikanern und den Bundesdeutschen über ein »Sechser-Treffen« nach.

Alle diese strategischen Unentschiedenheiten, sogar die Forderung nach Neutralität, gingen an einem wirklichen strategischen Neukonzept vorbei. Die sowjetische Führung war damit auch nicht erfolgreich, weil sie so keinen Keil zwischen Europa und die USA oder zwischen Bonn und Washington

12 Obwohl Schewardnadse zwei Wochen später – nach *einer* Fassung des Protokolls des Beratertreffens vom 25.1.1990 – die Sorge äußerte, dass bei Viermächte-Verhandlungen die Sowjetunion in eine schwächere Position kommen könnte.

treiben konnte. Im Gegenteil. Anders als große Teile der deutschen Bevölkerung wollte keine der europäischen Regierungen Deutschlands Neutralität, und zwar wegen der allgemeinen Ansicht, Deutschland müsse eingebunden sein in ein Bündnissystem. Damit lenkte die Neutralitätsfrage von einem gesamteuropäischen Konzept ab.

Erst nach den Wahlen in der DDR im April und Mai 1990 berichtete Gorbatschow in den Gesprächen mit Lothar de Maizière, dann mit Horst Teltschik und besonders mit François Mitterrand, dass man in letzter Zeit verstärkt über ein europäisches Sicherheitssystem bei Überwindung der bisherigen Militärblöcke nachgedacht hätte, und zwar unter Teilnahme der Amerikaner. Die Frage ist, warum kam diese Überlegung so spät? Warum hatte die Sowjetunion nicht Ende 1989 der Wiedervereinigungspolitik unter NATO-Dominanz eine Strategie entgegengesetzt, bei der die deutsche Wiedervereinigung Teil eines europäischen Sicherheitssystems werden sollte – inklusive der Sowjetunion und der USA bei Auflösung der Militärbündnisse? Vermutlich bestand nur zu jener Zeit eine reelle Chance für den Erfolg einer solchen Strategie: Man stelle sich vor, dieses wäre die Antwort auf die »10 Punkte« Kohls oder die »Vier Grundsätze« Bushs gewesen, und nicht das Pochen auf die Souveränität und die Bedeutung einer eigenständigen DDR für den Frieden in Europa. Wie hätte man in Deutschland reagiert, in der DDR gewählt, in Paris nachgedacht?

Diese Überlegung wurde jedoch vorgetragen, als die meisten Felle der sowjetischen Politik bereits weggeschwommen und die »Faustpfänder« verloren waren: die DDR, die meisten Staaten des Warschauer Vertrags, der parallele Abzug von sowjetischen und amerikanischen Truppen aus Mitteleuropa. Wie selbstbewusst hatte Gorbatschow noch auf dem Beratertreffen am 25. Januar mit diesen Möglichkeiten gespielt.

Anatoli Tschernajew meinte zu Beginn unserer Gespräche 1999, dass es unmöglich gewesen wäre, ohne vorherige Lösung der deutschen Frage ein solches Sicherheitssystem zu schaffen. Ihr Konzept sei gewesen: erst die Wiedervereinigung, dann das europäische Sicherheitssystem. Später, 2001 und 2002, meinte er jedoch, man sei damals ohne wirkliches strategisches Konzept gewesen, und in der Frage des europäischen Sicherheitssystems hätte es westliche Zusagen gegeben, die dann aber nicht eingehalten worden wären, da die Sowjetunion kein wirklicher Partner mehr gewesen wäre, dem man Zugeständnisse hätte machen müssen. Das sei erst anders geworden, als der »Anti-Terror-Krieg« seit dem Herbst 2001 die strategische Einbeziehung der Sowjetunion notwendig machte.

Auch Bundeskanzler Helmut Kohl wurde 1989/1990 nicht auf die »Folterbank gespannt« (Portugalow), also nicht wirklich vor die Alternative »Wiedervereinigung oder Westbindung« gestellt.[13] Das wäre auch nicht die

13 Vermutlich wäre für Kohl die Westbindung höherwertig gewesen, hier ganz der Enkel

angemessene Folter-Alternative gewesen, sondern sie hätte lauten müssen: Entscheiden Sie sich für eine deutsche Vereinigung unter amerikanischer NATO-Dominanz oder im Rahmen eines gesamteuropäischen Sicherheitssystems. Aber auch nur das Pochen auf den parallelen Abzug der sowjetischen und der amerikanischen Truppen aus Mitteleuropa als Vorbedingung der Einheit hätte die Kohlsche Einheitspolitik in Bedrängnis gebracht. Doch Gorbatschow hat diese »Karte« nicht gespielt.

Lediglich in den Finanzfragen blieb Gorbatschow noch bis kurz vor dem Ende der 2+4-Verhandlungen hart, in den politischen dagegen nicht. Er selbst sieht keinen Fehler von historischer Bedeutung in seiner Politik jener Jahre, weil er selbst von einem bestimmten Zeitpunkt an die Wiedervereinigung auch in der NATO gewollt habe.[14] Dem widersprechen jedoch seine vielfältigen anderen strategischen Versuche, die scheiterten. Gorbatschows Politik zeichnete sich daher in diesem hier behandelten Komplex weniger durch eine »meisterliche Taktik« (so der »Spiegel«) aus, sondern mehr durch Lavieren, Ausweichen vor Konfrontationen und Abwarten, durch Nachziehen von Entscheidungen des Westens oder Erzielen von kleinen Zugeständnissen, durch Unklarheit in den Zielstellungen und durch undeutliche Verhandlungsführung.[15] Aber das heißt nicht, dass Gorbatschow nicht relativ klare Einschätzungen über die deutschen und die amerikanischen Interessen gehabt hätte. Keineswegs, nur tritt der Gegensatz zwischen diesen zum Teil sehr weitsichtigen Einschätzungen einerseits und seinen eher schwachen strategischen Konzepten und seinen weniger klaren Verhandlungspositionen bzw. seiner Durchsetzungsbereitschaft andererseits zutage. In den Gesprächen und Politbüronotizen gibt es zumindest eine Erklärung für diesen Gegensatz: Die Prioritäten seiner Politik lagen auf der sowjetischen Innenpolitik und der Abwehr der Bedrohung des Bestandes der Union der Sowjetrepubliken. Durch die Lösung der »deutschen Frage« konnte er nicht nur Forschritte in den Abrüstungsverhandlungen erreichen, sondern auch die Rüstungskosten abbauen und zusätzliche Einnahmen von der Bundesregierung bei der Rückführung der (teuren) sowjetischen Truppen und deren Integration erzielen, die dem Umbau der sowjetischen Gesellschaft zugute kommen sollten. Überdies wurden in der sowjetischen Außenpolitik neue Maßstäbe gesetzt: Selbstentscheidung der osteuropäischen Parteien und Staaten, kein Einsatz

Adenauers. So betonte der damalige Bundeskanzler am 30.3.1990 gegenüber Margaret Thatcher, daß er nicht bereit sei, jeden Preis für die Einheit Deutschlands zu zahlen, »insbesondere nicht den der Neutralität« (Teltschik 1991, S. 189, auch in der »Iswestija« vom 6.4.1990).

14 In seinem Brief an mich vom 6.3.2002.

15 Gorbatschow schwankte besonders im Frühjahr 1990, ob er die USA oder die (West-)Europäer als »Hauptpartner« behandeln sollte. Er redete bei den Europäern gegen die USA und in Washington gegen die Europäer, besonders Deutschland. Eine konsistente Linie zugunsten eines europäischen Sicherheitssystems inklusive der USA war daher kaum erkennbar.

von Militär zur Lösung politischer Differenzen. Auch in die internationale Diplomatie, nicht nur in ihrem Hegemonialbereich, sollten demokratische und moralische Prinzipien eingeführt werden. Gorbatschows Dilemma war, dass er dies »undemokratisch« ohne Einbeziehung des ZK oder des Politbüros tun musste.[16] Auf wen hätten er und seine Mannschaft sich stützen können? Tschernajew hielt es für den Hauptfehler seines Chefs, sich auf die KPdSU, auf »seine« Partei stützen zu wollen. Genau hier setzte Jakowlews Begründung für einen »Coup d'État« zugunsten Gorbatschows an.

Ausdruck der Hoffnungen der sowjetischen Führung auf einen neuen moralischen Stil in der Diplomatie war auch, dass sie den westlichen Verhandlungspartnern wirklich Glauben schenkte, so bei Bakers Zusage, die NATO nicht gen Osten erweitern zu wollen oder bei Kohls Zusage, die DDR nicht zu destabilisieren. Das ist das eigentlich Erstaunliche, dieser fast naiv anmutende Glaube in hartgesottene Diplomaten, die vor allem ihre Interessen durchzusetzen hatten und mündlich vereinbarte Offerten ohne schriftliche Fixierung nicht notwendigerweise in die praktische Politik umsetzen würden. Gorbatschow schien in der Tat, das schlägt einem aus den Protokollen geradezu entgegen, »mit offener Seele« (Tschernajew) auf den Westen zugegangen zu sein, während in Washington und Bonn das Ziel der Diplomatie aus einer Interessensdurchsetzung in den wesentlichen Fragen bestand bei Zugeständnissen in weniger wichtigen Bereichen. Gorbatschow versuchte Prinzipien einzuführen, die auf Vertrauen und Verlässlichkeit beruhten, und scheiterte damit – ich glaube vor allem deshalb, weil man ihm als Vertreter eines Landes, das zuvor in besonderer Weise Interessens- und Hegemoniepolitik vertreten hatte, nicht glauben wollte oder weil man dies für eine geschickte Strategie oder umgekehrt für naiv und hilflos hielt. Gorbatschow blieb auch dabei, selbst als deutlich wurde, dass er damit in den wichtigen Fragen keinen Erfolg haben würde. Als die Sowjetunion zusammenbrach, konnte er nicht auf fixierte Verträge, sondern nur auf »Goodwill«-Erklärungen pochen. Insbesondere war seine Hoffnung und die seines Stabes gescheitert, *nach* der Wiedervereinigung noch ein europäisches Sicherheitssystem zu schaffen.

Die Verdienste Gorbatschows aus russischer Sicht lagen weniger in einer Strategie gegen die NATO-Erweiterung als vielmehr in seinem herkulischen Versuch, die Sowjetunion aus dem bürokratisch-totalitären System herauszuführen und den osteuropäischen Staaten ihre Eigenständigkeit nach 50-jähriger sowjetischer Hegemonie und Unterdrückung wiederzugeben – ohne jedes militärisches Eingreifen.

16 Er setzte auch keine eigene, ansonsten bei einem solchen Anlass wie der deutschen Einheit übliche Kommission ein.

9.1.1.3 *Mitterrand und die Europäer*

Am deutlichsten wurde das Bild von François Mitterrands Deutschland- und Europa-Politik durch die sowjetischen Protokolle korrigiert, auch mein Bild. Fast alle west- und osteuropäischen Staatsführungen lehnten wegen der historischen Erfahrungen mit Deutschland im Ersten Weltkrieg und besonders wegen des Nationalsozialismus mit dem Holocaust und dem Zweiten Weltkrieg eine Vereinigung zunächst ab, weshalb sie auf Verzögerung setzten. Man befürchtete eine deutsche Dominanz in Europa. Die meisten führenden westeuropäischen Politiker blieben zumeist in dem alten Denken des Kalten Krieges und des Zweiten Weltkrieges verhaftet. Damit bevorzugten sie – ungewollt oder nicht – die Nachkriegsordnung des Kalten Krieges mit der Sowjetunion gegen eine Politik der Einheit und Sicherheit in ganz Europa und stimmten schließlich für eine Erweiterung Westeuropas und der NATO unter amerikanischer Vorherrschaft. Zu den wenigen Ausnahmen zählten der sozialistische spanische Regierungschef González und der französische Europapolitiker Dumas. Die schärfste Ablehnung erfuhr die Kohlsche Politik durch die britische Premierministerin Margaret Thatcher.[17] Fast immer wird in der einschlägigen Literatur die Politik François Mitterrands ähnlich wie die der britischen Premierministerin behandelt oder sogar mit dieser gleichgesetzt. Die sowjetischen Protokolle lassen einen anderen Mitterrand erscheinen: Hier wird deutlich, dass Mitterrand – zunächst ähnlich wie Kohl und Genscher – versuchte, mindestens vier Problemkreise unter ein Dach zu bekommen: die Vereinigung Deutschlands, die Einheit Westeuropas, die Integration Gesamteuropas wenigstens in militärischen Fragen und die Stützung der sowjetischen Führung unter Gorbatschow. Bei ihm wird deutlich, dass er die Einheit Deutschlands fürchtete, wenn sie die europäische Einigung gefährdete, aber es schälte sich in den Gesprächen mit Gorbatschow seit dem 6. Dezember 1989 in Kiew der tastende Versuch heraus, die deutsche Einigung – anders als Kohl – im Rahmen eines europäischen Sicherheitssystems unter Einschluss der Sowjetunion bei Auflösung der Militärblöcke des Kalten Krieges zumindest mittelfristig zu erreichen. Allerdings war er sich unsicher, ob nicht Kanzler Kohl die Vereinigung Deutschlands so stark favorisieren könnte, dass sowohl das westeuropäische Währungssystem als auch ein gesamteuropäisches Sicherheitssystem gefährdet wäre. In der Frage der Einheit Westeuropas war die Kohlsche Politik ähnlich wie die Mitterrands, so dass die bundesdeutsche Regierung das europäische Währungssystem vor der Einheit Deutschlands beschloss, obwohl dies nach Kohls Meinung nicht unmittelbar im deutschen Interesse lag. Aber in der Frage des gesamteuropäischen Sicherheitssystems als Teil oder gar Voraussetzung der Vereinigung

17 Thatchers Berater Powell übernahm wie bereits erwähnt im Interview 1999 übrigens eine Einschätzung Margaret Thatchers aus ihrem Buch »Downing Street No 10«, dass die britische Politik zur Wiedervereinigung ein »failure« war.

Deutschlands, eines Sicherheitssystems, das das vereinte Deutschland und die Sowjetunion einbeziehen würde und dabei die USA als Garantiemacht erhalten könne, wäre ein Konflikt Mitterrands mit den Regierungen in Washington und Bonn hoch wahrscheinlich gewesen: Kohl wollte vorrangig die Einheit und dafür die Gunst der Stunde nutzen. Dabei konnte er in Rechnung stellen, dass sich die Regierung Bush nicht die NATO als ihr politisches Instrument dieser Europapolitik unter ihrer Dominanz nehmen lassen würde. In keinem Fall hätte Bush eine Führungsrolle Europas bei der Auflösung der Militärblöcke im Rahmen europäischer Institutionen akzeptiert oder begünstigt. Ein gesamteuropäisches Sicherheitssystem barg daher für die französische Regierung offensichtliche Risiken und hätte zu einer Isolation Frankreichs führen können. Daher schloss sich Mitterrand mehrfach der rabiaten Ablehnungspolitik der britischen Ministerin an und hoffte zugleich auf die sowjetische Führung, die er anregte, die Abrüstungsfragen als Trumpf im Sinne einer Reduktion nicht nur der sowjetischen Truppen, sondern auch der amerikanischen aus Mitteleuropa zu »spielen«. Das wäre zumindest eine Voraussetzung für ein stärkeres europäisches Gewicht in den Sicherheitsfragen gewesen. Seine Enttäuschung war daher groß, als Gorbatschow den Amerikanern in der gleichzeitigen Truppenreduktion nachgab, ohne ein europäisches Sicherheitssystem ins Spiel zu bringen, in das eben auch Deutschland eingebunden wäre. Mitterrand hatte – so sein Berater Attali – Sorge, dass langfristig Kriegsgefahren in Europa drohten, wenn Deutschland, aber auch wenn die Sowjetunion aus Europa ausgeschlossen würden. Das vereinigte Deutschland wurde, nachdem eine europäische Alternative nicht mehr durchsetzbar war, in die sich erweiternde NATO integriert, aber die Sowjetunion blieb ausgeschlossen. Die NATO stand jedoch unter US-amerikanischer Dominanz, während Mitterrand sicherlich eine Lösung mit europäischen Institutionen unter europäischer Dominanz bevorzugt hätte. Letztlich scheiterten beide – sowohl Gorbatschow wie Mitterrand. Die amerikanische Regierung war äußerst aufmerksam, wenn es auch nur Anzeichen gab, dass Frankreich den NATO-Rahmen zugunsten eines europäischen zu verändern beabsichtigte.

Ob bewusst oder unbewusst, Thatcher verweigerte Gorbatschow jene Unterstützung, die sie ihm angeblich geben wollte, als sie die deutsche Wiedervereinigung hinauszögerte. Denn dadurch konnte es keine Lösung im Rahmen eines europäischen Sicherheitssystems geben, die Gorbatschow weniger gefährdet hätte als eine Vereinigung unter NATO-Erweiterung gen Osten. Bei Thatcher war die Ablehnung der Wiedervereinigung prinzipiell wegen des wachsenden Gewichts Deutschlands (und des abnehmenden Gewichts Großbritanniens) in Europa. Bei Mitterrand war dies zwar anders, aber nach seinen gescheiterten Versuchen, Gorbatschow für ein europäisches Bündnis zu gewinnen, beschränkte er sich auf westeuropäische Integrationsbemühungen bei gleichzeitiger Zustimmung zur NATO-Erweiterung. Es bleibt natürlich die Frage, ob der Gorbatschow-Politik nicht ein gesamteuropäisches Sicherheitssystem unter Einschluss der Sowjetunion sowie der USA (und Kanadas) wesentlich mehr genützt hätte. Diese Möglichkeit blieb aber angesichts der »Generationenangst« vor den Deutschen bei Thatcher und den anderen West- und Osteuropäern nur eine schwache Alternative. Und Gorbatschow war erst sehr spät bemüht, die Westeuropäer für eine solche Lösung zu gewinnen. Die Westeuropäer unterstützten schließlich die Erweiterung der NATO und der (West-)Europäischen Gemeinschaft nach Osten. Bei Mitterrand bestand zwar ebenfalls eine Sorge vor den Deutschen, aber er hätte sich auch für ein militärpolitisches Gesamteuropa entscheiden können als erstem Schritt für ein politisches Europa über die bisherigen Ost-West-Grenzen hinweg, wenn er Unterstützung durch die Sowjetunion und aus Westeuropa erhalten hätte. Im Gegensatz zu seinen Gesprächen mit Westeuropäern, besonders mit Kohl, warb der französische Präsident bei Gorbatschow offen dafür, hat sie aber nicht erhalten. Es bleibt auch nach den sowjetischen Protokollen, die diese Unterschiede offen legen, unklar, warum Gorbatschow so wenig auf Mitterrand einging, am sichtbarsten bei dem Vorschlag auf eine gemeinsame Reise zu Modrow am 6. Dezember 1990 sowie bei den Überlegungen zu einer Auflösung der Blöcke und zu einem neuen europäischen Sicherheitssystem am 25. Mai 1990. Gorbatschow sah offensichtlich in der Situation der kollabierenden Sowjetunion mehr Chancen für die Neutralität eines Gesamtdeutschland oder die Mitgliedschaft in beiden Blöcken als in einem Gesamteuropa. Gerade diese Ansicht und die daraus folgende Politik sollten aber mit dazu beitragen, dass sich die NATO bald bis an die Grenze der ehemaligen Sowjetunion erweiterte.

Also auch hier die Schlussfolgerung: Wenn man nur die Wiedervereinigungspolitik als deutsches Problem und unter deutsch-amerikanischen Vorzeichen sieht, war sie ein Erfolg. Aber wenn man sie unter der Möglichkeit eines gesamteuropäischen Sicherheitssystems bei Einschluss der Sowjetunion und der USA betrachtet, ist die Einheit unter amerikanischer NATO-Dominanz zugleich ein Misserfolg der europäischen Staatengemeinschaft, die sich bei einem Erfolg von beiden Großmächten unabhängiger hätte machen können – das hieß *nach* 1990 natürlich vor allem: von den USA. Wohin eine Sowjetunion außerhalb der NATO und damit außerhalb des sich annähernden übrigen Europa tendieren wird, ist offen. Auch wenn man nicht Mitterrands oder Attalis Sorgen vor einer Kriegsgefahr in Europa teilt, falls die Sowjetunion aus diesem Kontinent herausgehalten wird, bleibt ungewiss, wohin Europa geht, wenn Russland und andere GUS-Staaten aus Europa ferngehalten werden.

9.1.2 Akten und Erinnerung

Wer als Wissenschaftler mit subjektiven Erinnerungszeugnissen arbeitet, wird mit kritischen Vorbehalten konfrontiert über die »Subjektivität«, die »mangelnde Glaubwürdigkeit« oder gar über die »Verlogenheit« derartiger Erinnerungen. Eine ähnlich scharfe Kritik an Akten als historischen Quellen ist demgegenüber äußerst selten. Nachdem nun die Einsicht in die Akten des Bundeskanzleramtes, der DDR-Führung und der Gorbatschow-Stiftung möglich wurde, springt geradezu ins Auge, wie unterschiedlich die verschiedenen Mitschriften ein und desselben Treffens sind, bei ähnlicher Darstellung des Gesprächsverlaufs. Die Akten spiegeln eben das Interesse der jeweiligen Regierungen und ihrer Protokollanten wider. Akten sind also ebenfalls äußerst »subjektiv« oder interessengeleitet. Umgekehrt teile ich die unter Historikern übliche Sorge vor subjektiven Quellen – denn der kritische Umgang mit solchen Zeugnissen gehört zum Alltag mentalitätsgeschichtlicher Arbeiten –, aber manchmal sind persönliche Erinnerungen oder Tagebücher äußerst hilfreich, besonders dann, wenn es um subjektive Sichten in der historischen Arbeit geht.

Dennoch war ich, als ich meine Untersuchungen begann, der Meinung, dass Interviews mit *Prominenten* wenig oder gar nichts bringen: Gerade führende Politiker sind gewöhnt an Medien und Journalisten, setzen sie ein für ihre Interessen. Sie würden im Gegenteil mich nutzen wollen für ihre Ziele und mir überdies nichts Neues sagen. Alle diese Überlegungen waren richtig – fast richtig, und dennoch lag ich falsch:

Die Befragungen von diesen mit allen Medienwassern gewaschenen Politikern waren äußerst hilfreich: Sie haben viel deutlicher als die Protokolle gezeigt, wo die wirklichen Widersprüche lagen, wer gegen wen mit welchen Argumenten opponierte und welche persönlichen Feindschaften bestanden. Auch die Bedeutung der Widersprüche zwischen Parteivertretern eines Landes, zwischen Staatskanzleien und Außenministerien oder zwischen den Regierungen der verschiedenen Länder wurde deutlicher konturiert. Die Akten, besonders die Protokolle der Gespräche auf höchster Ebene, sind überdies diplomatische Dokumente, in denen die Widersprüche abgeschwächt oder abgeschliffen wurden. Manche versteht man nur mit dem Wissen aus den Interviews. Und manches war mir wirklich neu, wie beispielsweise der Vorschlag Jakowlews für einen Staatsstreich zugunsten Gorbatschows oder de Maizières Hinweise auf Genschers Nutzung der DDR-Regierung zum Austesten von gesamteuropäischen Überlegungen. Umgekehrt geben Protokolle und Akten deutlicher über Daten[18] und Gesprächsverläufe, manchmal sogar über die eigenen Interessen der Protagonisten Auskunft.

18 Das ist allgemein richtig trotz der Schwierigkeiten, den 25.1.1990 als Termin des Beratertreffens über eine subjektive Quelle, nämlich das Tagebuch Tschernajews, zu bestimmen.

Auch und besonders auf diesem Feld gilt der Grundsatz: Beide Quellengattungen müssen herangezogen, interpretiert oder kritisiert und die Ergebnisse miteinander verglichen werden. Dann erst hat man Chancen auf einen beachtlichen und aufschlussreichen Erkenntnisgewinn – manchmal sogar gegen die professionellen Mediennutzer aus der großen Politik.

9.1.3 Mythen und ihr Sinn

Die Vereinigung Deutschlands mit dem Ende des Kalten Krieges war ein politisches Weltereignis mit weitreichenden Folgen. Um solche fundamentalen Umwälzungen ranken sich naturgemäß nationale wie internationale Mythen. Einerseits dienen sie in der Tat dazu, das »gebeutelte Leben von Millionen von Menschen zu erklären, andererseits können damit Ruhmes-Kränze für siegreiche Politiker oder Dornenkronen für die Verlierer geflochten« werden. Die Auseinandersetzung um diese Geschichte wird entsprechend den Interessen des Landes oder der eigenen Fraktion, entsprechend auch den eigenen Selbstdarstellungswünschen von beteiligten Politikern geführt. Ein Vergleich der unterschiedlichen Mythisierungen relativiert die eigene Sicht, lässt kritische Blicke auf die Schönrednereien und auf dahinter liegende Interessen der eigenen, aber auch der anderen Regierungen zu. Das macht gerade eine der Bedeutungen solcher Gegeneinanderstellungen aus. Dass diese Konflikte um die Geschichte der Vereinigung Deutschlands in Russland heute besonders zugespitzt sind, dürfte deutlich geworden sein. Hier sind die Mythen-Gemeinschaften scharf voneinander abgegrenzt, ihr Kampf um das Bild vom Niedergang der Sowjetunion ist nicht beendet und wird vermutlich noch länger andauern. Denn es gibt dort keinen nationalen Mythos, der allen Fraktionen ihr Recht und ihre Würde lässt. Der Niedergang des Sowjetimperiums und das Sinken des Lebensstandards großer Teile der Bevölkerung verliefen parallel mit der Einführung demokratischer Institutionen – keine gute Voraussetzung für die letzteren und die Vertreter derer, die diesen Weg zu verantworten haben. Vermutlich wird erst dann, wenn Demokratie und Lebensstandard, demokratische Institutionen und nationaler Niedergang nicht dermaßen konträr gesehen werden können oder müssen wie heute, auch dieser Kampf um die Geschichte eine andere Richtung nehmen.

Ganz anders war und ist dies in der Bundesrepublik. Hier hat fast jede Fraktion ihren Platz, ihr Recht und ihre Würde in jenem Zerrbild erhalten, das ich zu Beginn als potenziellen künftigen Vereinigungsmythos beschrieb – unter der Einschränkung, das dies noch ein westdeutsch-medial bestimmter Mythos ist, der der Stimmungslage in den Gebieten der ehemaligen DDR nach der Wende nicht gerecht wurde: Die CDU kann für sich in Anspruch nehmen, die hiesige Führungsrolle gehabt und ausgefüllt zu haben – die Schrammen, die Kohl seitdem abbekommen hat, werden daran ebenso wenig ändern, wie dies bei Bismarck – so der häufigste Bezug – der Fall war.[19] Die Bürgerbewegung und damit auch die Bündnis-Grünen, die sich als deren rechtmäßige Nachfolger betrachten, können ihren Platz in diesem nationalen Vereinigungsmythos finden.[20] Sogar die SPD, die in diesem Prozess mit Ausnahme einiger Persönlichkeiten wie Willy Brandt und Hans-Jochen Vogel nur eine geringe Rolle spielte[21], kann nicht nur auf Brandt verweisen, sondern auf die sozialdemokratischen Bürgerrechtler, die die SDP gründeten und danach im Kabinett Modrows und de Maizières die Politik mitbestimmten.

In den USA kann dagegen großzügig auf die Inanspruchnahme der Führungsrolle verzichtet werden, denn die amerikanischen Interessen haben sich so weitgehend durchgesetzt, dass es eigentlich keiner Steigerung der öffentlichen Bedeutung und des Gewichts der Person Bushs und seiner strategischen Fähigkeiten bedarf. Aber auch diese Stärke scheint ambivalent, wenn man mögliche Antworten auf die Frage sucht, warum in Europa die Rolle der US-amerikanischen Regierung heruntergespielt, manchmal sogar verschwiegen wird. Naheliegend wäre: weil dies die eigenen Meriten der deutschen und der Politiker anderer Staaten reduziert hätte. Aber dahinter steckt vermutlich mehr: Es hätte sich in der deutschen, west- und osteuropäischen Politik nicht besonders gut gemacht, wenn die Wiedervereinigung auch als Stärkung des »amerikanischen Ankers« in Europa erschienen wäre, als Ausfluss einer Strategie, die zumindest auch von amerikanischen Interessen geleitet war. Und noch weiter gehend: Europa ist auf dem Weg, Eigenständigkeit gegenüber den USA zu erlangen – wie würde es sich in diesem Prozess ausnehmen, wenn das neue vereinte Europa als Ergebnis auch und besonders der amerikanischen Strategie und amerikanischer Interessen erscheint?[22] Und für einen nationalen Wiedervereinigungsmythos in Deutschland eignet sich amerikanische Strategie schon gar nicht – weniger jedenfalls als eine Bürgerbewegung mit den Rufen »Wir sind ein Volk« oder als ein Bundeskanzler, der die britische Scylla ebenso geschickt umschiffte wie die sowjetische Charyb-

19 Vielleicht wird sich noch herausstellen, dass Kohl mit den Ungarn die weitere Öffnung der Grenzen auch für sein politisches Überleben 1989 einsetzte, indem er mit jenen die Bekanntgabe dieser Öffnungen just für den Tag des Bremer Parteitages der CDU vereinbarte, als die Königsmörder schon in Gestalt von Geißler, Biedenkopf und Späth bereit standen. Aber auch solche Wahrheiten werden das Bild des Taktikers und politischen Fuchses nur differenzierter erscheinen lassen.

20 Und dies, obwohl die Grünen der Wiedervereinigung lange skeptisch gegenüberstanden. Vgl. dazu ihre Schrift mit dem Titel »Kooperation statt Anschluß«, wo es beispielsweise in einer Stellungnahme zum 10-Punkte-Plan von Kohl heißt: »Die Politik von Kohl, die die DDR einverleiben und kapitalistisch umwandeln will, stellt eine Gefahr für Europa dar.« (Die Grünen – Bundesgeschäftsstelle: Kooperation statt Anschluß, Bonn 1990).

21 Wuthe 1991, S. 1170–1179.

22 Nach meinen Vorträgen mit ähnlicher Thematik war eine, wenn auch seltene, Zuhörer-Reaktion: »Antiamerikanismus«. Keineswegs: Es ist die Darstellung eines beeindruckenden strategischen Denkens in der amerikanischen Politik, das in Europa und besonders an europäischen Universitäten selten ist.

dis, und dies nur, weil er allen Sirenen trotzte, die die deutsche Einheit gegen die Westintegration oder die sowjetischen Nöte gegen die westlich dominierte Einheit besangen.

9.2 Ausblick

Für die Westeuropäer und die Osteuropäer gibt es noch ganz andere Bilder und Selbstbilder, die keineswegs mit den deutschen oder amerikanischen übereinstimmen. Eine Bemerkung Mitterrands bei seinem Besuch in der DDR im Dezember 1989, die Gregor Gysi berichtet, scheint mir für diesen Zusammenhang bedenkenswert: Es könnten sich, soll der französische Präsident gesagt haben, mit der Wiedervereinigung weniger Bedingungen aus der Zeit vor dem *Zweiten* Weltkrieg, sondern aus der Zeit vor dem *Ersten* Weltkrieg wieder herstellen.[23] In der Tat: Setzen sich nicht Polen und die baltischen Staaten weiter von Russland ab und organisieren neue (west-)europäische Verbindungen? Gilt Ähnliches nicht für Ungarn, Tschechien, die Slowakei oder Kroatien und Slowenien? Russland, das erst nach dem Zweiten Weltkrieg diese Staaten (Polen und das Baltikum schon zuvor) unter seine Hegemonie brachte, sah sich sogar dieses »Cordon sanitaire«, der schon vor dem Ersten Weltkrieg die Großmächte Russland, Preußen/Deutschland und Österreich abpufferte, durch eine Osterweiterung der NATO beraubt und – nach vergeblichen Hoffnungen auf ein gesamteuropäisches Sicherheitssystem – betrogen. Wie stark wird sich dies auf die innere Stimmung und die Politik in Russland auswirken?

Aber auch hier setzt sich nicht nur Altes durch: Der »Anti-Terror-Krieg« der USA unter dem Sohn Bush hat dem Jelzin-Nachfolger Putin die Möglichkeit gegeben, in gewisser Weise dort anzuknüpfen, wo Gorbatschow notgedrungen aufhören musste, nämlich stärker in die NATO-Strukturen eingebunden zu werden. Zugleich wurde der NATO von den Amerikanern in diesem »Anti-Terror-Krieg« schon zehn Jahre nach der deutschen Vereinigung geringere Bedeutung zugestanden als noch zur Zeit der Wiedervereinigungspolitik. Aber nun ist Russland auch schwächer, wurde international in der Systemkonkurrenz zurückgedrängt, so dass es nur eine globale Hegemonialmacht und schwache gesellschaftspolitische Alternativen gibt.

Die Frage ist, ob sich andere Staaten, die sich durch die NATO bzw. eine Europäische Union bedroht, oft zugleich angezogen fühlen, wie Weißrussland, Bulgarien, Rumänien und Restjugoslawien, an Russland annähern, wenn sie nicht in die Europäische Union oder in erweiterte Sicherheitsstrukturen Europas aufgenommen werden; ob unter diesen Staaten, sofern sie nicht durch (zwei?) europäische Sicherheitssysteme eingebunden sind, alte

23 Gregor Gysi im Interview mit Blumenberg (für den Film »Deutschlandspiel«), a.a.O.

Regionalkonflikte à la Jugoslawien wieder aufbrechen werden. Die Bosnien- und Kosovo-Kriege stellten frühere Staaten und Grenzen wieder her und lieferten dabei erste Anzeichen für solche tieferen Konflikte zwischen einem reduzierten Ost- und einem erweiterten Westeuropa.

Wohin also die Geschichte ohne ein (sicherheits-)politisches Gesamt-Europa, vor allem ohne die GUS-Staaten, gehen wird, ist nicht abzusehen. Ob beispielsweise Deutschland, falls die Europäische Union nur langsam vorangeht oder gar Rückschläge erlebt, seine Westbindungen lockern und die Schwerpunkte wie früher nach Ostmitteleuropa setzen würde, ist nicht endgültig entschieden. Im Resümee heißt dies, dass wir die äußeren Folgen der Wiedervereinigung in ihren Langzeitwirkungen nach diesem bisherigen kurzen Zeitraum nur eingeschränkt beurteilen können. Aber wir können sehen, wie man sich in der Vergangenheit um diese damals zukünftige Geschichte bemüht hat, welche Interessen dabei wirkten und wie man sich darin heute sehen möchte. Dass in Zukunft die jeweiligen nationalen Mythisierungen Gewicht in Politik und im öffentlichen Bewusstsein haben werden, wird man in Rechnung stellen müssen – besonders in Russland und den anderen osteuropäischen Staaten, aber auch in Deutschland und Westeuropa. In der Russischen Föderation ist die Gefahr besonders groß, dass sich großrussische Nationalisten und sowjetorientierte Kommunisten in einem Bündnis treffen können. Die amerikanisch-deutsche Sicht und die Erfolgsgeschichte reichen also zu einer Gesamtbeurteilung der Wiedervereinigung nicht aus. Und was die deutsche Einheit für ein eigenständiges Gesamteuropa über den Ost-West-Gegensatz hinaus bedeuten wird, ist heute noch nicht in vollem Umfang erkennbar. Insofern war die »Vereinigung Deutschlands ein weltpolitisches Machtspiel« um Europa, das die USA (gemeinsam mit Deutschland) zunächst für sich entscheiden konnten.

Anhang

Abkürzungen

ADN	Allgemeiner Deutscher Nachrichtendienst (der DDR)
AL	Alternative Liste (Westberlin)
ARD	Arbeitsgemeinschaft der öffentlich-rechtlichen Rundfunkanstalten der Bundesrepublik Deutschland
CDU	Christlich-Demokratische Union
CIA	Central Intelligence Agency (US-Geheimdienst)
COCOM	Coordinating Committee for East-West-Trade-Policy (Koordinationsausschuss für Ost-West-Handel)
COMECON	Council for Mutual Economic Assistance (Rat für gegenseitige Wirtschaftshilfe)
ČSSR	Tschechoslowakische Sozialistische Republik
DA	Demokratischer Aufbruch
DBD	Demokratische Bauernpartei Deutschlands
DEFA	Deutsche Film-Aktiengesellschaft
DGB	Deutscher Gewerkschaftsbund (der BRD)
DKP	Deutsche Kommunistische Partei (der BRD)
DSU	Deutsche Soziale Union
EG	Europäische Gemeinschaft
EKO	Eisenhüttenkombinat Ost
FDGB	Freier Deutscher Gewerkschaftsbund (der DDR)
GS	Generalsekretär
GVVS	Geheime vertrauliche Verschlusssache
HV A	Hauptverwaltung Aufklärung (im MfS)
IM	Inoffizieller Mitarbeiter (des MfS)
IWF	Internationaler Währungsfonds
KGB	Komitet gossudarstwennoi besopasnosti (Komitee für Staatssicherheit beim Ministerrat der UdSSR)
KoKo	Kommerzielle Koordinierung (im Ministerium für Außenhandel der DDR)
KP	Kommunistische Partei
KPD	Kommunistische Partei Deutschlands
KPdSU	Kommunistische Partei der Sowjetunion
KSZE	Konferenz für Sicherheit und Zusammenarbeit in Europa
KZ	Konzentrationslager
LDPD	Liberal-Demokratische Partei Deutschlands
MfAA	Ministerium für Auswärtige Angelegenheiten (der DDR)
MfS	Ministerium für Staatssicherheit (der DDR)
MP	Ministerpräsident
NATO	North Atlantic Treaty Organization (Nordatlantikpakt)
NDPD	National-Demokratische Partei Deutschlands
NSC	National Security Council (Nationaler Sicherheitsrat der USA)
NVA	Nationale Volksarmee (der DDR)
OECD	Organization for Economic Cooperation and Development (Organisation für wirtschaftliche Zusammenarbeit und Entwicklung)
OSZE	Organisation für Sicherheit und Zusammenarbeit in Europa
PB	Politbüro
PDS	Partei des Demokratischen Sozialismus

PGH	Produktionsgenossenschaft des Handwerks
RGW	Rat für gegenseitige Wirtschaftshilfe
SDP	Sozialdemokratische Partei (der DDR)
SED	Sozialistische Einheitspartei Deutschlands
SPD	Sozialdemokratische Partei Deutschlands
SS	Surface-to-Surface Missile (Boden-Boden Flugkörper)
START	Strategic Arms Reduction Talks (SNW im Russischen)
SU	Sowjetunion
TASS	Telegrafnoje Agenstwo Sowjetskowo Sojusa (sowjetische Nachrichtenagentur)
UdSSR	Union der Sozialistischen Sowjetrepubliken
UNO	United Nations Organization
US(A)	United States (of America) – Vereinigte Staaten von Amerika
VdgB	Vereinigung der gegenseitigen Bauernhilfe
VKSE	Verhandlungen über Konventionelle Streitkräfte in Europa
VL	Vereinigte Linke
VP	Vizepräsident
WWU	Währungs- und Wirtschaftsunion
ZDF	Zweites Deutsches Fernsehen
ZK	Zentralkomitee

Zeittafel[1]

Mai 1989

2. Mai: Ungarn beginnt als erstes Land des Warschauer Paktes mit der Öffnung seiner Grenze zum Westen. Der Stacheldrahtzaun zu Österreich wird schrittweise abgebaut.
7. Mai: Der DDR-Regierung werden von oppositionellen Gruppen Fälschungen bei den Kommunalwahlen nachgewiesen, es kommt zu ersten spontanen Protestaktionen in mehreren Städten.
30. Mai: US-Präsident Bush spricht sich bei seinem ersten Besuch bei Kanzler Kohl in der Bundesrepublik für ein Europa ohne Grenzen aus und bietet Deutschland einen Status als »Partner in Leadership« an.

Juni 1989

12.–14. Juni: Der sowjetische Partei- und Staatschef Gorbatschow bekennt sich bei seinem Besuch in Bonn zum »Selbstbestimmungsrecht der Deutschen«; Kohl sichert ihm zu, dass er die Situation in der DDR nicht destabilisieren wird.

Juli 1989

6. Juli: Gorbatschow spricht sich vor der Parlamentarischen Versammlung des Europarates in Straßburg für ein Ende der Ost-West-Konfrontation und die Einheit Europas aus.

August 1989

8.–23. August: Massenflucht von DDR-Bürgern während der Sommerferien in bundesdeutsche Botschaften, die bald wegen Überfüllung schließen müssen: Ostberlin (8.8.), Budapest (14.8.), Prag (23.8.); es werden Notaufnahmelager eingerichtet.
19. August: Im Anschluss an ein »Paneuropäisches Picknick« bei Sopron gelingt 900 DDR-Bürgern die Massenflucht von Ungarn nach Österreich.
25. August: Bei einem deutsch-ungarischen Gipfeltreffen werden Ungarn großzügige Kredite eingeräumt.

1 Aus Platzgründen finden hier nur die wichtigsten Ereignisse Berücksichtigung; für weitergehende Informationen wird auf folgende Chroniken hingewiesen: Bundesminister für innerdeutsche Beziehungen (Hg.): Informationen Nr. 17/1989–2/1990 (Chronik), Bonn 1990. Chronik der Ereignisse in der DDR (Edition Deutschland Archiv), Köln 1990. Der Fischer Welt-Almanach. Sonderband DDR, Frankfurt 1990, S. 146–254. Wimmer, Micha u.a.: Wir sind das Volk. Die DDR im Aufbruch. Eine Chronik in Dokumenten und Bildern, München 1990. Hannes Bahrmann, Christoph Links: Chronik der Wende. Berlin 1995 und 1999.

September 1989

4. September: Beginn der Leipziger Montagsdemonstrationen, die Woche für Woche mehr Zulauf erhalten; gefordert werden demokratische Grundrechte, darunter Versammlungsfreiheit und Reisefreiheit.
11. September: Nach dem weiteren Anschwellen des Flüchtlingsstroms von DDR-Bürgern öffnet Ungarn in Absprache mit der Bundesrepublik die Grenze zu Österreich vollständig; es kommt in den nächsten Wochen zu einem Massenexodus von 57 000 Menschen.
30. September: Bundesaußenminister Genscher verkündet in Prag den Flüchtlingen die bevorstehende Ausreise in den Westen; mit Sonderzügen der DDR-Reichsbahn gelangen rund 5 500 DDR-Bürger anschließend aus Prag und etwa 800 aus Warschau durch DDR-Gebiet in die Bundesrepublik.

Oktober 1989

4. Oktober: 2 500 Vertreter von oppositionellen Gruppen verabschieden in Ostberlin eine gemeinsame Erklärung, in der sie eine demokratische Umgestaltung der DDR und freie Wahlen unter UNO-Kontrolle fordern.
7. Oktober: Im Anschluss an die Feiern zum 40. Jahrestag der DDR kommt es in vielen Städten zu Protestdemonstrationen, die durch brutale Polizeieinsätze aufgelöst werden; Staatsgast Gorbatschow mahnt Reformen an.
9. Oktober: Großdemonstration Leipzig mit 70 000 Teilnehmern, die Polizei wagt kein Eingreifen mehr.
17. Oktober: Auf der SED-Politbüro-Sitzung wird Parteichef Erich Honecker zum Rücktritt gezwungen, Egon Krenz wird als Nachfolger vorgeschlagen.
18. Oktober: Das ZK der SED bestätigt den Rücktritt Erich Honeckers als Generalsekretär der SED; Wahl von Egon Krenz zum Nachfolger; Absetzung der ZK-Sekretäre Günter Mittag (Wirtschaft) und Joachim Herrmann (Agitation und Propaganda).
23. Oktober: Großdemonstrationen in zahlreichen Städten der DDR unter der Losung »Wir sind das Volk«.
24. Oktober: Die Wahl von Egon Krenz zum Vorsitzenden des Staatsrates und des Nationalen Verteidigungsrates durch die Volkskammer ruft neue Proteste hervor.
26. Oktober: In einem ersten Telefongespräch mit Helmut Kohl erklärt Egon Krenz, dass die DDR sozialistisch bleiben werde und eine Vereinigung nicht auf der Tagesordnung stehe; er bittet um Respektierung der DDR-Staatsbürgerschaft.

November 1989

1. November: Bei seinem Antrittsbesuch in Moskau informiert Egon Krenz Michail Gorbatschow über die desolate Wirtschaftslage der DDR und bittet um Unterstützung.
2. November: Bei den deutsch-französischen Konsultationen erklärt Kohl gegenüber Mitterrand, dass er bei seiner Vereinigungspolitik von den Ministerpräsidenten González (Spanien), Martens (Belgien) und Santer (Luxemburg) unterstützt werde.
3. November: Zum erstenmal erlaubt die DDR ihren Bürgern die direkte Ausreise aus der ČSSR in die Bundesrepublik; in Zügen und endlosen »Trabi«-Kolonnen kommen Zehntausende in den Westen; die Prager Führung verlangt von der DDR eine schnelle Lösung des Ausreiseproblems.

4. November: Massendemonstration von mehr als 500 000 Menschen in Berlin für Presse-, Versammlungs- und Reisefreiheit; eine Vereinigung mit der Bundesrepublik wird nicht gefordert.
7. November: Rücktritt der DDR-Regierung unter Willi Stoph.
8. November: Rücktritt des SED-Politbüros; Wiederwahl von Egon Krenz zum Generalsekretär.
9. November: SED-Politbüromitglied Schabowski kündigt am Abend unvermittelt die Öffnung der Westgrenze an; Tausende strömen noch in der Nacht zur Berliner Mauer und erzwingen den Grenzübertritt; nach 28 Jahren der Teilung kommt es überall zu Freudenfesten.
9.–14. November: Während der (unterbrochenen) Polenreise von Kohl und Genscher wird mit der Unterzeichnung mehrerer Abkommen zur Verbesserung der Zusammenarbeit ein »Durchbruch« in den deutsch-polnischen Beziehungen erreicht.
13. November: Wahl von Hans Modrow zum neuen Regierungschef der DDR und von Günter Maleuda (DBD) zum neuen Präsidenten der Volkskammer.
17. November: Regierungserklärung des neuen Ministerpräsidenten Hans Modrow; Vorschlag einer Vertragsgemeinschaft mit der Bundesrepublik; Ankündigung einer Kooperation mit der EG.
21. November: Das Mitglied der Internationalen Abteilung des ZK der KPdSU Portugalow überreicht in Bonn ein »Non-Paper«, in dem die Frage der Wiedervereinigung und der künftigen Mitgliedschaft des vereinten Deutschland in Militärbündnissen aufgeworfen wird.
26. November: Veröffentlichung des Aufrufs »Für unser Land«, in dem sich zahlreiche Persönlichkeiten des öffentlichen Lebens für die Eigenstaatlichkeit der DDR einsetzen.
28. November: Bundeskanzler Kohl stellt sein »Zehn-Punkte-Programm zur Überwindung der Teilung Deutschlands und Europas« vor, das die schrittweise Bildung einer bundesstaatlichen Ordnung vorsieht; Egon Krenz erklärt, dass er im Gegensatz dazu für die Existenz zweier deutscher Staaten eintrete.

Dezember 1989

1. Dezember: Die Volkskammer beschließt die Streichung des Führungsanspruchs der SED aus der Verfassung und spricht eine offizielle Entschuldigung der DDR-Regierung für die Beteiligung an der militärischen Intervention 1968 in der ČSSR aus.
2./3. Dezember: Gipfeltreffen zwischen George Bush und Michail Gorbatschow auf der »Maxim Gorki« vor Malta: Bush spricht sich nicht gegen die Theorie zweier deutscher Staaten aus.
3. Dezember: Das Politbüro und das ZK der SED treten geschlossen zurück; ein Arbeitsausschuss übernimmt die Leitung der SED; Staatssekretär Alexander Schalck-Golodkowski, zuständig für den Devisenhandel der DDR, flieht in den Westen.
4. Dezember: Auf dem NATO-Gipfel in Brüssel verkündet US-Präsident Bush seine »Vier Prinzipien« zur deutschen Vereinigung, mit denen er Kohls »Zehn Punkte« unterstützt; dazu gehört neben einer »friedlichen und schrittweisen Vereinigung« auch ein Bekenntnis zur NATO;
der Politisch Beratende Ausschuss der Warschauer Vertragsstaaten unterstützt in Moskau die »Sechs Punkte« Gorbatschows zur deutschen Frage: Anerkennung der Nachkriegsordnung mit zwei deutschen Staaten; die DDR wird als Stabilitätsfaktor in Europa und »unser strategischer Verbündeter« bezeichnet.

5. Dezember: Gorbatschow zeigt sich bei einem Treffen mit Außenminister Genscher in Moskau in selten scharfer Form empört über den nicht mit ihm abgestimmten »10-Punkte-Plan« von Kohl;
Premier Hans Modrow und Kanzleramtsminister Rudolf Seiters vereinbaren einen deutsch-deutschen Devisenfonds zur Finanzierung der Privatreisen.
6. Dezember: Egon Krenz tritt nach anhaltenden Protesten vom Amt des Vorsitzenden des Staatsrates und des Nationalen Verteidigungsrates zurück; amtierendes Staatsoberhaupt wird Manfred Gerlach (LDPD);
der französische Staatschef Mitterrand erörtert mit Gorbatschow in Kiew Fragen der deutschen Vereinigung im Rahmen eines Gesamteuropa und kritisiert dabei das von Kohl vorgelegte Tempo.
7. Dezember: Beginn der Beratungen am »Runden Tisch«, wobei sich die Regierung verpflichtet, wichtige politische Entscheidungen mit den inzwischen entstandenen Oppositionsgruppen abzustimmen und alle Daten offenzulegen.
8./9. Dezember: Auf dem EG-Gipfel der westeuropäischen Staats- und Regierungschefs in Straßburg wird das Recht der Deutschen auf Einheit prinzipiell akzeptiert und eine Einbindung dieses Einigungsprozesses in die europäische Integration gefordert, es wird der Euro als gemeinsame Währung beschlossen; Kohl wird für sein rasches Einigungstempo kritisiert; besonderer Widerstand kommt aus Großbritannien.
9. Dezember: Auf dem SED-Sonderparteitag wird der Berliner Rechtsanwalt Gregor Gysi zum neuen Vorsitzenden der SED gewählt; die Partei will eine innere Erneuerung beginnen.
11. Dezember: Auf der Leipziger Montagsdemonstration spitzt sich die Auseinandersetzung pro und contra deutsche Einheit zu, verstärkt skandieren die Demonstranten »Deutschland einig Vaterland« und »Wir sind *ein* Volk« statt »Wir sind *das* Volk«;
im Gebäude des alliierten Kontrollrats findet auf sowjetischen Wunsch erstmals seit 18 Jahren ein Botschaftertreffen der Vier Mächte statt, was auf Empörung der deutschen Regierung stößt.
12. Dezember: Arbeitsfrühstück von Baker mit Kohl, bei dem der deutsche Kanzler erklärt, nicht er bestimme das Tempo der Wiedervereinigung, sondern die Menschen in der DDR; man müsse ihnen jetzt den Weg zum Ziel der Einheit zeigen;
US-Außenminister Baker erklärt vor dem Presseclub in Berlin, dass die Sowjets den Fortbestand der NATO selbst dann zu akzeptieren hätten, wenn sich der Warschauer Pakt auflösen würde; man müsse Moskau dazu bringen, mit einem vereinten Deutschland in der NATO einverstanden zu sein; anschließendes Treffen von Baker mit DDR-Regierungschef Modrow in Potsdam, wobei die Paktfrage jedoch nicht behandelt wird.
14./15. Dezember: NATO-Außenministerkonferenz in Brüssel, auf der die deutsche Einheit begrüßt wird; Genscher kritisiert das Botschaftertreffen der Siegermächte, denn Deutschland dürfe nie wieder am »Katzentisch« sitzen.
16. Dezember: Die SED bricht offiziell mit ihrer stalinistischen Vergangenheit und ergänzt ihren Namen; sie heißt jetzt SED-PDS (Partei des Demokratischen Sozialismus) und ab dem 4. Februar 1990 dann nur noch PDS.
17. Dezember: In Meinungsumfragen in Ostdeutschland sprechen sich 73 Prozent für eine selbständige DDR aus, lediglich 27 Prozent befürworten einen gemeinsamen Staat mit der Bundesrepublik.
19. Dezember: Rede Schewardnadses vor dem Politischen Ausschuss des Europäischen Parlaments, in der er – anders als Gorbatschow zehn Tage zuvor – von der Wiedervereinigung als Möglichkeit spricht, zugleich aber Probleme der europäischen Stabilität und sowjetische Sicherheitsinteressen anspricht, ohne ein Konzept zu offenbaren; die Rede macht dem Westen die Hilflosigkeit der sowjetischen Außenpolitik deutlich.

19./20. Dezember: Bei ihrem ersten Treffen in Dresden vereinbaren Modrow und Kohl Verhandlungen über eine deutsch-deutsche Vertragsgemeinschaft; Modrow möchte »Lastenausgleich« von 15 Mrd. DM, was der Bundeskanzler ablehnt; Kohl hält eine Rede vor der Frauenkirche und wird von den Zehntausenden umjubelt; die Menge ruft immer wieder »Einheit, Einheit«.
21. Dezember: Der französische Präsident Mitterrand zeigt sich bei seinem Besuch als erster westlicher Regierungschef in Ostberlin gegenüber einer deutschen Vereinigung zurückhaltend.
22. Dezember: Das Brandenburger Tor wird geöffnet.
24.–26. Dezember: Um Mitternacht des 24. Dezember entfallen Visumzwang und Mindestumtausch für Bundesbürger bei DDR-Besuchen. 380 000 Westdeutsche und 760 000 Westberliner reisen während der Weihnachtsfeiertage in den Osten, zwei Millionen DDR-Bürger besuchen den Westen.
31. Dezember: Die Gesamtzahl der Übersiedler aus der DDR in die Bundesrepublik hat sich in einem Jahr nahezu verzehnfacht von 39 832 im Jahr 1988 auf 343 854 Personen im Jahr 1989.

Januar 1990

2. Januar: Der Präsident der ČSSR, Václav Havel, besucht vier Tage nach seinem Amtsantritt beide deutschen Staaten, wobei er sich zurückhaltend zu einer möglichen deutschen Einheit äußert.
8. Januar: Die West-CDU fordert ihre Schwesterpartei im Osten auf, die DDR-Regierung zu verlassen, um sich für den bevorstehenden Wahlkampf klarer als Oppositionskraft zu profilieren; Parteichef Lothar de Maizière entscheidet sich aber angesichts der schwierigen Lage im Land für die Erhaltung der Koalitionsregierung.
11. Januar: Die Volkskammer verabschiedet ein neues Reisegesetz, das allen Bürgern Reisefreiheit zusichert. Modrow bekräftigt in seiner Regierungserklärung, dass für ihn eine Wiedervereinigung derzeit nicht auf der Tagesordnung stehe; er bietet den Oppositionsparteien Mitarbeit in der Regierung an, lehnt jedoch ein Vetorecht für sie ab.
15. Januar: Am frühen Abend besetzen 2 000 Demonstranten in Ostberlin das Ministerium für Staatssicherheit, das fortan von einem Bürgerkomitee kontrolliert wird.
17. Januar: Regierungschef Modrow übermittelt einen Vertragsentwurf zur Verbesserung der Beziehungen zwischen der DDR und der BRD im Sinne der Absprachen vom 19. Dezember über die Schaffung einer Vertragsgemeinschaft, der jedoch unbeantwortet bleibt, da Bundeskanzler Kohl erst nach den Wahlen mit einer legitimierten Regierung verhandeln will.
20. Januar: Gründung der Deutschen Sozialen Union (DSU) in Leipzig, die sich (mit Unterstützung der CSU) für eine schnellstmögliche deutsche Vereinigung einsetzt.
25. Januar: Die DDR-Regierung beschließt volle Gewerbefreiheit und die Zulassung von Unternehmen mit ausländischer Beteiligung; die CDU zieht ihre Minister aus der Regierung zurück, um den Weg für ein oppositionelles Wahlbündnis freizumachen;
bei einem Treffen Gorbatschows mit einigen Ministern und Beratern wird die Lage in der DDR analysiert und festgestellt, dass das Land nicht zu halten sein wird und man sich daher der deutschen Einheit unter bestimmten Bedingungen (u.a. keine Mitgliedschaft des vereinten Deutschland in der NATO, sondern Neutralität, paralleler Abzug der amerikanischen und der sowjetischen Truppen aus Mitteleuropa) nicht mehr in den Weg stellen will; Marschall Achromejew wird angewiesen, den eventuellen Rückzug der sowjetischen Truppen aus der DDR vorzubereiten;

Treffen von Vertretern des Runden Tisches mit Kanzleramtsminister Seiters in Ost-Berlin, wobei sich die Oppositionellen gegen eine Übernahme der DDR durch die BRD wenden.
28. Januar: Ministerpräsident Modrow schlägt die Bildung einer Übergangsregierung unter Einbeziehung der Opposition und vorgezogene Wahlen am 18. März vor; er teilt mit, dass der Fehlbetrag im Staatshaushalt auf 17 Milliarden Mark angewachsen ist.
30. Januar: Bei einem Besuch Modrows in Moskau legt der DDR-Ministerpräsident den »Modrow-Plan« vor: Vertragsgemeinschaft, Konföderation beider deutschen Staaten, Einheit Deutschlands; der sowjetische Staats- und Parteichef erklärt, dass er sich einer Vereinigung der Deutschen nicht entgegenstellen werde.
31. Januar: Bundesaußenminister Genscher entwickelt in einer Rede in Tutzing ein konkretes Konzept zur deutschen Einheit; es sieht die Vereinigung von Bundesrepublik, DDR und Berlin bei Grenzgarantien für Polen und einem Sonderstatus für das DDR-Territorium bei NATO-Mitgliedschaft des vereinten Deutschland vor.

Februar 1990

1. Februar: Ministerpräsident Modrow überrascht die Öffentlichkeit mit einem eigenen Drei-Stufen-Plan zur deutschen Einheit; vorgesehen ist die schrittweise Bildung einer Konföderation und ein neutraler Status für das vereinigte Deutschland mit Regierungssitz in Berlin.
3. Februar: Während eines Besuchs von Genscher bei Baker in Washington wird die 2+4-Formel für die Regelung der äußeren Aspekte der deutschen Einheit beschlossen;
Treffen Modrows mit Kohl in Davos: Die DDR erbittet Kredite und westliche Hilfe, Kohl bleibt jedoch zurückhaltend; Modrow hält die D-Mark als »Alleinwährung« für eine Möglichkeit bei einer Währungsunion bzw. Vertragsgemeinschaft.
5. Februar: Die Volkskammer stimmt der »Regierung der Nationalen Verantwortung« zu, in der acht Vertreter der Opposition Ministerposten ohne Geschäftsbereich erhalten;
der Demokratische Aufbruch, die Deutsche Soziale Union und die CDU vereinbaren, zur Volkskammerwahl am 18. März als »Allianz für Deutschland« anzutreten.
6. Februar: Nach einer repräsentativen Umfrage befürworten inzwischen 76 Prozent der DDR-Bürger eine Vereinigung beider deutschen Staaten. Den Sozialdemokraten werden die besten Wahlchancen eingeräumt.
7. Februar: Die Bundesregierung beschließt eine baldige Währungs- und Wirtschaftsunion mit der DDR und bildet dafür einen Kabinettsausschuss »Deutsche Einheit«.
7.–9. Februar: US-Außenminister Baker berät (nach Konsultationen mit seinem französischen Amtskollegen Dumas) in Moskau über einen angemessenen Mechanismus zur Regelung der äußeren Aspekte der deutschen Einheit, wobei er einen engen Verhandlungskreis aus den beiden deutschen Staaten und den vier Siegermächten des Zweiten Weltkrieges vorschlägt und die Einbeziehung aller KSZE-Staaten ablehnt; Baker besteht auf der weiteren Anwesenheit amerikanischer Truppen in Deutschland und dem Verbleiben des vereinigten Landes im westlichen Militärbündnis, sagt aber zu, dass es keine Ausweitung der NATO in östliche Richtung geben werde; Gorbatschow will darüber nachdenken, widerspricht aber unter dieser Voraussetzung der deutschen Einheit nicht.
8. Februar: Die britische Premierministerin Margaret Thatcher gibt öffentlich ihre Vorbehalte gegen eine Vereinigung der beiden deutschen Staaten auf.
10. Februar: Bei Verhandlungen von Bundeskanzler Kohl mit Michail Gorbatschow in Moskau gibt die sowjetische Seite ihre Zusage zur deutschen Einheit, besteht aber auf einer Klärung der Bündnisfrage.

13. Februar: Beim Besuch der DDR-Regierungsdelegation unter Premier Modrow in Bonn wird die Bildung einer gemeinsamen Expertenkommission zur Vorbereitung der Währungsunion vereinbart. Der Wunsch der DDR-Seite nach einem bundesdeutschen Solidarbeitrag wird abgelehnt.
12.–14. Februar: Die beiden deutschen Staaten und die vier Siegermächte des Zweiten Weltkrieges kommen am Rande einer Abrüstungskonferenz über einen »offenen Himmel« in Ottawa überein, Verhandlungen über die äußeren Aspekte der deutschen Einheit aufzunehmen.
19. Februar: Der Runde Tisch wendet sich ausdrücklich gegen einen Anschluss der geplanten Länder der DDR an die Bundesrepublik nach Artikel 23 des Grundgesetzes; grundsätzlich abgelehnt wird auch eine NATO-Mitgliedschaft des vereinten Deutschland.
20. Februar: Die Volkskammer ebnet mit der Verabschiedung des neuen Wahlgesetzes den Weg zur ersten freien Wahl in der DDR am 18. März; die deutsch-deutsche Währungskommission tagt zum ersten Mal.
21. Februar: Polens Ministerpräsident Mazowiecki verlangt noch vor der deutschen Einheit die Paraphierung eines deutsch-polnischen Grenzabkommens durch beide deutsche Staaten; Bundeskanzler Kohl will eine solche Erklärung erst nach der Einheit und bei polnischem Verzicht auf Reparationen abgeben, wohingegen sich Frankreich und die USA für entsprechende frühzeitige Grenzgarantien aussprechen.
24./25. Februar: Kohl und Bush verständigen sich bei einem Treffen in Camp David darauf, dass das vereinte Deutschland Mitglied der NATO bleiben soll.

März 1990

1. März: Die Regierung der DDR beschließt auf dem Weg in die Marktwirtschaft, volkseigene Betriebe in Kapitalgesellschaften umzuwandeln und dafür eine Treuhandanstalt zu bilden; ferner wird ein Gesetzentwurf zur Niederlassungsfreiheit auch für westliche Unternehmen gebilligt.
6. März: Eine DDR-Regierungsdelegation, zu der auch die oppositionellen Minister ohne Geschäftsbereich gehören, trifft in Moskau mit der sowjetischen Staatsführung zusammen, um sich über den weiteren deutschen Vereinigungsprozess abzustimmen.
12. März: Der Runde Tisch lehnt auf seiner letzten Sitzung erneut eine Übernahme des bundesdeutschen Grundgesetzes für die DDR ab; vorgeschlagen wird eine neue, gesamtdeutsche Verfassung, über die gesondert nach den Wahlen abgestimmt werden soll.
14. März: Erstes Zwei-plus-Vier-Beamtentreffen in Bonn.
17. März: Persönlichkeiten aus Ost und West rufen zu einer Volksabstimmung über die Frage des Weiterbestehens der DDR oder der Vereinigung mit der Bundesrepublik auf. Eine solch grundlegende Frage könne nicht allein von den Regierungen entschieden werden.
18. März: Bei den ersten demokratischen Wahlen in der DDR seit 40 Jahren wird die »Allianz für Deutschland« mit ca. 48 Prozent der Stimmen der überraschende Sieger. In 12 von 15 Bezirken landet die CDU auf dem ersten Platz. Die SPD gelangt mit knapp 22 Prozent abgeschlagen auf Platz zwei. Die PDS erzielt über 16 Prozent. Die Bürgerrechtsgruppierungen, die die »Wende« im Land initiiert hatten, bleiben alle unter fünf Prozent.
28. März: Frankreichs Präsident Mitterrand und Großbritanniens Premierministerin Thatcher stimmen offiziell einer deutschen Einheit zu.

April 1990

5. April: Die Arbeitsgruppe »Neue Verfassung der DDR« des Runden Tisches stellt ihren Entwurf vor und bittet die Parlamentarier, der Inkraftsetzung gegenüber Einzelgesetzen den Vorrang zu geben.
11. April: Die Koalitionsvereinbarung der Regierung der Großen Koalition unter Lothar de Maizière (CDU) zwischen den Fraktionen von CDU, DSU, DA, den Liberalen und der SPD sieht die zügige Einheit Deutschlands auf der Grundlage des Artikels 23 des Bonner Grundgesetzes vor.
16. April: Die Sowjetunion spricht sich in einem »Non-Paper« an die DDR gegen eine Einigung mit der Bundesrepublik nach Artikel 23 des Grundgesetzes aus und verlangt, dass die innere mit der äußeren Einigung synchron verlaufen soll.
19. April: In seiner Regierungserklärung bekennt sich de Maizière zur Einheit nach Artikel 23 des Grundgesetzes, sieht dafür aber einen Übergangsprozess von mehreren Jahren vor.
24. April: Bundeskanzler Helmut Kohl und DDR-Ministerpräsident Lothar de Maizière geben die Einführung der D-Mark in der DDR zum 1. Juli bekannt; Löhne und Renten werden 1:1 umgestellt, Sparguthaben bis zu einem Betrag von 4 000 Mark ebenfalls 1:1, danach im Wesentlichen 2:1.
25. April: Die Volkskammer lehnt den Antrag der Fraktion Bündnis 90/Grüne mit 179 zu 167 Stimmen ab, den Entwurf des Runden Tisches für eine neue DDR-Verfassung zu erörtern.
28. April: Eine DDR-Delegation unter Ministerpräsident de Maizière und Außenminister Meckel berät in Moskau über den Prozess der deutschen Einheit, wobei Gorbatschow sich deutlich wie nie zuvor für ein europäisches Sicherheitssystem, die Auflösung der Militärblöcke und gegen eine Mitgliedschaft des vereinten Deutschland in der NATO ausspricht; Polens Außenminister Skubiszewski schickt an die Bonner und Berliner Regierung einen Entwurf für einen Grundlagenvertrag; auf dem EG-Sondergipfel zur deutschen Einheit und den Folgen für Europa sprechen sich die Mitgliedsländer für die Vereinigung Deutschlands, aber zugleich für eine Verzahnung von deutscher und europäischer Integration aus; die deutsche Einheit sollte unter einem »europäischen Dach« stattfinden; auf dem Weg dahin wird eine phasenweise Eingliederung der DDR in die EG vorgesehen.

Mai 1990

3. Mai: Erste Verhandlungsrunde beider deutschen Staaten mit Polen zur endgültigen Klärung der Grenzfrage; Bonn lehnt einen Grundlagenvertrag ab und möchte nur eine gemeinsame Erklärung über die Grenzfrage besprechen, die von Volkskammer und Bundestag verabschiedet werden soll.
4. Mai: Schewardnadse übermittelt an Kohl einen Kreditwunsch Gorbatschows in Höhe von 5 Milliarden DM zur Überwindung der akuten Versorgungsengpässe in der Sowjetunion.
5. Mai: Bei der ersten 2+4-Außenministerkonferenz in Bonn schlägt Schewardnadse die Entkoppelung der inneren und äußeren Aspekte der deutschen Einheit vor und spricht sich gegen eine NATO-Mitgliedschaft des vereinten Deutschland aus; beides wird von ihm aber nach Ablehnung durch die anderen Teilnehmer nicht weiter verfolgt.
6. Mai: Bei den ersten freien Kommunalwahlen in der DDR wird die CDU erneut stärkste Partei, auch wenn sie Stimmverluste um etwa sechs Prozent hinnehmen muss.
8. Mai: Die DDR und die EG unterzeichnen in Brüssel ein Handels- und Kooperationsabkommen mit einer Laufzeit von zehn Jahren; die EG-Außenminister erklären sich bereit,

die Visumpflicht für DDR-Bürger bei Reisen in EG-Staaten zum 1 Juli aufzuheben, da am gleichen Tag auch die innerdeutschen Grenzkontrollen entfallen.
13. Mai: Kanzlerberater Teltschik fliegt mit den Bankiers Wolfgang Röller und Hilmar Kopper zu Kreditverhandlungen nach Moskau; bei einem persönlichen Gespräch mit Gorbatschow kommen erneut Überlegungen zu einem europäischen Sicherheitssystem zur Sprache.
18. Mai: Mit der Unterzeichnung des Staatsvertrags zur Wirtschafts-, Währungs- und Sozialunion in Bonn wird der erste entscheidende Schritt zur staatlichen Einheit vollzogen; danach gibt die DDR die Hoheit über die Finanz- und Geldpolitik zum 1. Juli ab; die Bundesrepublik gewährt dafür Zuschüsse zum Staatshaushalt der DDR und subventioniert den Aufbau der Renten-, Kranken- und Arbeitslosenversicherung.
25. Mai: Treffen Gorbatschows mit Mitterrand; es werden weitgehende Überlegungen zu einer neuen Europa-Politik angestellt: »Überwindung der Blöcke«, »Europäische Konföderation« und »gesamteuropäische Sicherheitsstrukturen«.
30. Mai: Das DDR-Kabinett beschließt zum 1. Juli die freie Preisbildung. Subventionen, auch für Grundnahrungsmittel, fallen dann weg. Festgehalten werde vorerst jedoch an staatlichen Stützungen für Mieten, Pachten, Verkehrs- und Energietarife.
30. Mai – 3. Juni: Gorbatschow gibt bei einem Treffen mit Bush in Washington die Zustimmung zur freien Bündniswahl des vereinten Deutschland.

Juni 1990

6. Juni: Der Ministerrat berät über ein neues Treuhandgesetz, wonach eine möglichst schnelle, gewinnträchtige Veräußerung des Volkseigentums eingeleitet werden soll.
9.–12. Juni: DDR-Ministerpräsident de Maizière setzt sich bei US-Präsident Bush in Washington dafür ein, dass mit der Zugehörigkeit Deutschlands zur NATO auch eine Reform der NATO hin zu einer politischen Organisation vonstatten gehen sollte, was Bush unterstützt.
21. Juni: Beide Parlamente verabschieden eine Erklärung zur endgültigen Anerkennung der Oder-Neiße-Grenze als polnischer Westgrenze, die auch den Verzicht auf Gebietsansprüche beinhaltet.
22. Juni: Während des zweiten 2+4-Außenministertreffens in Ostberlin schlägt die sowjetische Seite einen etappenweisen Rückzug aller Siegermächte aus Deutschland vor; erst danach sollte Deutschland seine volle Souveränität zurückerhalten; alle übrigen Teilnehmer sprechen sich für eine Gleichzeitigkeit von innerer Vereinigung und äußerer Selbstständigkeit aus.

Juli 1990

1. Juli: Die zwischen Bonn und Ost-Berlin vereinbarte Wirtschafts-, Währungs- und Sozialunion tritt in Kraft, womit die D-Mark in der DDR Zahlungsmittel wird; außerdem werden die wichtigsten Wirtschafts- und Sozialgesetze der Bundesrepublik übernommen; die Grenzkontrollen zwischen beiden deutschen Staaten entfallen.
5./6. Juli: Beim NATO-Gipfel der westlichen Staats- und Regierungschefs in London wird die Bereitschaft erklärt, mit den Warschauer-Vertragsstaaten zusammenzuarbeiten und die frühere Feindschaft zu beenden.
15./16. Juli: Gorbatschow sagt Kohl bei Verhandlungen in Moskau und seiner kaukasischen Heimat zu, dass das geeinte Deutschland »selbst und frei« darüber entscheiden

kann, welchem Bündnis es angehören möchte; Kohl erklärt sich zur Reduzierung der deutschen Truppen auf 370 000 Mann und zu finanzieller Unterstützung bei der Rückführung der sowjetischen Truppen bereit. Deutschland soll sofort mit dem 2+4-Dokument die volle Souveränität erhalten, aber mit der Sowjetunion einen zweiseitigen Vertrag über die Truppenrückführung abschließen; in dieser drei- bis vierjährigen Übergangszeit soll es keine Ausdehnung der NATO-Strukturen auf das DDR-Territorium geben, nur Bundeswehreinheiten außerhalb des NATO-Kommandos dürfen in dieser Zeit dort stationiert sein.
17. Juli: Beim dritten 2+4-Außenministertreffen in Paris, an dem auch der polnische Außenminister Skubiszewski teilnimmt, wird Einigkeit darüber erzielt, dass die deutsche Einheit nur die DDR, die BRD und Berlin, aber keine weiteren Gebiete betrifft und die bisherigen Grenzen völkerrechtlich fixiert werden; bis zur inneren deutschen Einheit sollen auch alle äußeren Fragen geklärt werden.
22. Juli: Die Volkskammer verabschiedet ein Ländereinführungsgesetz, wonach zum 14. Oktober an die Stelle der 15 DDR-Bezirke fünf neue Länder treten sollen.
24. Juli: Die DDR-Regierungskoalition beginnt auseinander zu brechen; zunächst verlassen die Liberalen die Regierung, drei Wochen später folgen die Sozialdemokraten.

August 1990

2. August: Angesichts der bevorstehenden Zahlungsunfähigkeit der DDR reist Ministerpräsident de Maizière zu Bundeskanzler Kohl an dessen Urlaubsort am Wolfgangsee und bittet um eine möglichst baldige deutsche Einheit binnen weniger Monate.
10. August: Am Rande der NATO-Außenministerkonferenz in Brüssel zum gerade begonnenen Irak-Krieg informiert Bundesaußenminister Genscher seine Amtskollegen über eine deutsche Vereinigung noch in diesem Herbst.
23. August: Auf einer Sondersitzung beschließt die DDR-Volkskammer mit 294 zu 62 Stimmen den Beitritt zur Bundesrepublik Deutschland gemäß Artikel 23 des Grundgesetzes zum 3. Oktober 1990.
31. August: In Ost-Berlin wird der deutsch-deutsche Einigungsvertrag unterschrieben, in dem auf rund 1 000 Seiten die Einzelheiten des DDR-Beitritts zur Bundesrepublik geregelt werden; für die Eigentumsprobleme gilt der von der FDP verfochtene Grundsatz »Rückgabe vor Entschädigung«.

September 1990

5. September: Finanzverhandlungen mit der Sowjetunion in Bonn über Beihilfen beim Rückzug der sowjetischen Truppen aus Deutschland; es wird u.a. der Bau von 36 000 Wohnungen vorgesehen.
11. September: In der Nacht vom 11. auf den 12. September kommt es wegen amerikanisch-britischer Vorstellungen über Manöver in Deutschland und damit einhergehender »Truppenverlegungen« von NATO-Einheiten auf das Gebiet der DDR auch während der Anwesenheit der sowjetischen Truppen fast zum Abbruch der Verhandlungen; Genscher holt nach Mitternacht Baker aus dem Hotelbett; schließlich einigt man sich auf eine zusätzliche Protokollnotiz, wonach NATO-Manöver im Osten Deutschlands nur unter Berücksichtigung der Sicherheitsinteressen der Sowjetunion stattfinden sollen.
12. September: Am Ende des vierten und letzten 2+4-Außenministertreffens wird in Moskau der »Vertrag über die endgültige Regelung in Bezug auf Deutschland« unterzeichnet,

womit Deutschland seine volle Souveränität zurückerhält und seine Außengrenzen festgeschrieben werden; die sowjetischen Truppen werden bis Ende 1994 abgezogen, das vereinte Deutschland bleibt in der NATO.
22. September: Bundeskanzler Kohl verspricht bei einer Veranstaltung zur bevorstehenden Bundestagswahl in Magdeburg, dass die wirtschaftlichen Probleme in Ostdeutschland »in ganz wenigen Jahren« gelöst sein werden.
24. September: Mit einer Protokollunterzeichnung durch DDR-Verteidigungsminister Eppelmann und den sowjetischen Oberkommandierenden des Warschauer Paktes, General Luschew, wird in Ost-Berlin der Austritt der DDR aus dem Warschauer Vertrag besiegelt.

Oktober 1990

2. Oktober: Die DDR-Volkskammer löst sich mit einer Festsitzung im Ostberliner Schauspielhaus auf; am Abend findet vor dem Westberliner Reichstagsgebäude ein großes »Fest der Einheit« statt, an dem sich bis nach Mitternacht fast eine Million Menschen beteiligen; in anderen Stadtteilen kommt es zu Gegendemonstrationen.
3. Oktober: Herstellung der Einheit Deutschlands.

Bibliographie

Interviews

Vorbemerkung: Die folgenden Interviews sind im Institut für Geschichte und Biographie der Fernuniversität Hagen archiviert:

Ca. 60 Interviews mit Akteuren der Einheit wurden im Rahmen der Recherchen für das Zweite Deutsche Fernsehen (ZDF), besonders für das zweiteilige Dokudrama »Deutschlandspiel« vom Herbst 1999 bis zum Frühjahr 2000, geführt von Hans-Christoph Blumenberg, Guido Knopp, Alexander von Plato, Thomas Schuhbauer. Hier berücksichtige ich:

Karl-Heinz Arnold, Jacques Attali, James Baker, Gunter Begenau, George Bush, Jan Carpentier, Pastorin Elisabeth Eschner, Valentin Falin, Walter Friedrich, Hans-Dietrich Genscher, Michail S. Gorbatschow, Gregor Gysi, Viktoria Herrmann, Dieter Kastrup, Heinz Keßler, Helmut Kohl, Wjatscheslaw I. Kotschemassow, Egon Krenz, Wladimir Krjutschkow, Hans Modrow, Bernd-Lutz Lange, Jegor Ligatschow, Georg Langerbeck, Lothar de Maizière, Caroline de Margerie, Igor F. Maximytschew, Markus Meckel, Walter Momper, Gesine Oltmanns, Matthias Platzeck, Ulrike Poppe, Nikolai Portugalow, Charles Powell, Aram Radomski, Condoleezza Rice, Susanne Rummel, Brigitte Sauzay, Günter Schabowski, Wolfgang Schäuble, Eduard Schewardnadse, Gerhard Schürer, Brent Scowcroft, Rudolf Seiters, Fritz Streletz, Horst Teltschik, Lord Thomas of Swynnerton, Anatoli Tschernajew, Christoph Wonneberger, Roland Wötzel.

Darüber hinaus konnte ich auf ein Interview mit Helmut Hackenberg und auf Gespräche zurückgreifen, die ich im Rahmen des Instituts für Geschichte und Biographie der Fernuniversität Hagen in Lüdenscheid geführt hatte: mit Joachim Gauck, Hans-Dietrich Genscher, Michail S. Gorbatschow (Antwortbrief auf schriftliche Fragen am 6. März 2001), Gottfried Mahrenholz, Lothar de Maizière, Gerd Poppe, Ulrike Poppe, Nikolai Portugalow (1999, 2000 und 2001), Horst Teltschik, Anatoli Tschernajew (fünf Mal in den Jahren 1999 bis 2002), Hans-Jochen Vogel; außerdem mit Walter Süß als Spezialist der Staatssicherheit, Gottfried Hain (Bürgermeister von Guben an der Neiße) und Herbert Schirmer (Mitbegründer und Sprecher des Neuen Forum, bis zum 3. Oktober 1990 Mitglied der Volkskammer und Minister für Kultur in der Regierung de Maizière).[1]

Archivalien

Gorbatschow-Stiftung

Politbüro-Mitschriften von Anatoli Tschernajew, Georgi Schachnasarow und Wadim Medwedjew.

Gespräche Michail Gorbatschows 1989/90 mit: Giulio Andreotti, James Baker (3x), Reginald Bartholomew, Willy Brandt, George Bush (mehrfach), Roland Dumas, Hans-Dietrich Genscher, Erich Honecker, Wojciech Jaruzelski, Egon Krenz, Helmut Kohl (mehrfach), Lothar de Maizière (2x), François Mitterrand (3x), Hans Modrow, Oskar Lafontaine, Lothar Späth, Rita Süßmuth, Horst Teltschik, Margaret Thatcher (3x), Richard

1 Hain und Schirmer waren auf einer Veranstaltung am 7.11.1999 der Fachhochschule Hagen, die ich moderierte.

von Weizsäcker sowie mit dem Politbüro des ZK der SED. Außerdem eine Reihe von Telefonaten mit Kohl, Bush, Mitterrand, Thatcher.

Bundesarchiv

SAPMO, Bestand Büro Egon Krenz 1983 bis 1989, DY 30/J IV 2/2.039/312 bis 352

SAPMO, Sitzungen des Politbüros:

1. Sitzung vom 3.1.1989	DY 30/ J IV 2/2/2309
2. Sitzung vom 10.1.1989	J IV 2/2/2310
3. Sitzung vom 17.1.1989	J IV 2/2/2311
4. Sitzung vom 24.1.1989	J IV 2/2/2312
23. Sitzung vom 15.6.1989 (Schewardnadse i. d. DDR)	J IV 2/2/2332
26. Sitzung vom 4.7.1989 (Honecker i. d. UdSSR, zum Protest der DKP gegen Maßnahmen der KP Chinas)	J IV 2/2/2335
27. Sitzung vom 11.7.1989 (Warschauer Vertrag Sitzung Bukarest 7./8.7.1989, SEW-Protest China, Seiters in DDR 4.7.89, Plan UdSSR)	J IV 2/2/2336
28. Sitzung vom 18.7.1989 (Inform. über Gorbatschow in Frankreich)	J IV 2/2/2337
35. Sitzung vom 5.9.1989 (Zu außenpolitischen Fragen, Gewährung eines technischen Kredits der DDR an die UdSSR für 1990)	J IV 2/2/2344
36. Sitzung vom 12.09. 1989 (Außenpolitische Fragen, Maßnahmen der KPdSU zum 40. Jtg. der DDR, SPD + Anti-DDR-Kampagne, Teilnahme an Veranstaltungen Nationalfeierag)	J IV 2/2/2345
37. Sitzung vom 10./11.10.1989	J IV 2/2/2346

SAPMO, SED, Internationale Verbindungen:	DY30/vorl. SED Band 230 (Bd. 6 der intern. Abt.)
Dolmetscher: Botschaftergespräche UdSSR 1988–1989	J IV 2/20.2/46 Bd. 230 (Bd. 6)
Korrespondenz Botschafter UdSSR in DDR	J IV 2/20.2/39
Delegation SED/KPdSU	J IV 2/20.2/47
Außenminister RGW in Bukarest 1988	J IV 2/20/186
Treff Außenmin. Bukarest, Reduzierung Streitkräfte mit Reden	J IV 2/20/219
Bericht und Reden Tagung Warschauer Vertrag in Berlin mit Reden Gorbatschows, Jaruzelskis, Kadars, Ceaușescus, Shiwkows Mai 1987	J IV 2/20/877
Außenminister Warschauer Pakt 13.5.1988	J IV 2/20/926
Gespräch Schewardnadse/Honecker 13.5.1988	J IV 2/20/926
Empfang Honeckers für Wirtschaftsekretäre soz. Länder	J IV 2/20/961
Studentenunruhen China 1987	J IV 2/20/207
Bericht über Gorbatschow in ČSSR 1987	J IV 2/20/207
Einschätzung Symposiums ZK KPdSU zu 40. Jtg. Jalta	J IV 2/20/28

SAPMO, Internationale Verbindungen: Sektor Dolmetscher:

Partei- und Regierungsdelegationen des ZK der KPdSU + SED 1988–1989	J IV 2/20.2/47, 230
Sektor Dolmetscher/Übers. Außenpolitik KPdSU 1987–1989	J IV 2/20.2/35
Sektor Dolmetscher/Übers. Innenpolitik KPdSU	J IV 2/20.2/45
Sektor Dolmetscher/Übers. Außenpol. KPdSU GrBrit. 1988–1989	J IV 2/20.2/49
Sektor Dolmetscher/Übers. Außenpol. UdSSR – USA Abrüstung	J IV 2/20.2/51
Korrespondenz mit Mitgl. Politbüro (Krenz, Dohlus, Herrmann, Felfe) 1984–1988	JIV 2/20.2/29
Korrespondenz Honeckers mit Gorbatschow 1985–1987	J IV 2/20.2/1 2/20/
Dito 1988–1989 zu Fragen der Innen- u. Außenpolitik	J IV 2/20.2/48 2/20/
Korrespondenz Honeckers mit Repräsentanten der UdSSR 1985–1989	J IV 2/20.2/2 2/20/
Dokument SED/SPD: »Der Streit der Ideologien und die gemeinsame Sicherheit«, darin Stellungnahme KPdSU	J IV 2/20.2/44

Volkskammer

Sitzungen, Beschlüsse April – September	1990DA 1/17474

Ausschuss für Deutsche Einheit	
Bd. 1 Sitzungen April – Juli 1990	DA 1/17580
Bd. 2 Juli – September 1990	DA 1/17581
Bd. 3 September 1990	DA 1/17582
Schriftwechsel	DA 1/17583

Zentraler Runder Tisch	(DA/3)

1. Sitzung (Selbstverst.)	DA/3/ /17.12.89
2. Sitzung	DA/3/ /218.12.89
3. Sitzung	DA/3/ /322.12.89
9. Sitzung	DA/3/ /922.01.90
10. Sitzung	DA/3/ /1029.01.90
11. Sitzung	DA/3/ /1105.02.90
12. Sitzung	DA/3/ /1212.02.90
13. Sitzung	DA/3/ /1319.02.90
14. Sitzung	DA/3/ /1426.02.90
15. Sitzung	DA/3/ /1505.03.90
16. Sitzung	DA/3/ /1612.03.90

(Das Vereinigungsgesetz und die Vertragsgemeinschaft wurde auf der 12. Sitzung besprochen; die Verfassung auf der 1., 8., 10., 11., 12.–14. und 16. Sitzung; die Stellungnahme zum Besuch des Bundeskanzlers Kohl in Dresden auf der 2. Sitzung ebenso wie das Minderheitenvotum dazu.)

Veröffentlichte Akten des Bundeskanzleramtes, des Bundesministeriums für Innerdeutsche Beziehungen, des Auswärtigen Amtes der Bundesrepublik Deutschland und der Volkskammer der DDR finden sich im Literaturverzeichnis

Literatur

Ablaß, Werner E.: Zapfenstreich. Von der NVA zur Bundeswehr, Düsseldorf 1992.

Ackermann, Bruce A.: Ein neuer Anfang in Europa. Nach dem utopischen Zeitalter, Berlin 1993.

Ackermann, Eduard: Mit feinem Gehör. 40 Jahre in der Bonner Politik, Bergisch-Gladbach 1994.

Adomeit, Hannes: Gorbachev and German Unification. Revision of Thinking, Realignment of Power, in: Problems of Communism, Nr. 4/1990, S. 1–23.

Adomeit, Hannes: Gorbachev, German Unification and the Collapse of Empire. In: Post-Soviet Affairs, Nr. 3/1994, S. 197–230. (1994a)

Adomeit, Hannes: The Atlantic Alliance in Soviet and Russian Perspectives. In: Neil Malcolm: Russia and Europe. An End to Confrontation?, London, New York 1994, S. 31–58. (1994b)

Albrecht, Ulrich: Neutralismus und Disengagement. Ist Blockfreiheit eine Alternative für die Bundesrepublik? In: ders. u.a. (Hg.): Deutsche Fragen – Europäische Antworten, Berlin 1983, S. 97–121.

Albrecht, Ulrich: Die Abwicklung der DDR. Die »2+4-Verhandlungen«. Ein Insiderbericht, Opladen 1992.

Altenhof, Ralf/Eckhard Jesse: Das wiedervereinigte Deutschland. Zwischenbilanz und Perspektiven, München 1995.

Andert, Reinhold/Wolfgang Herzberg: Der Sturz. Erich Honecker im Kreuzverhör, Berlin 1990.

Armstrong, David/Erik Goldstein (Hg.): The End of the Cold War, London 1990.

Arnold, Heinz Ludwig/Frauke Meyer-Gosau (Hg.): Die Abwicklung der DDR, Göttingen 1992.

Arnold, Karl-Heinz: Die ersten hundert Tage des Hans Modrow, Berlin 1990.

Asholt, Wolfgang/Ingo Kolboom: Frankreich und das vereinte Deutschland. Ein Rückblick nach vorn, in: Europa-Archiv, Nr.7/1992, S.179–186.

Asmus, Ronald D./James F. Brouwn/Keith Crane: Soviet Foreign Policy and the Revolutions of 1989 in Eastern Europe, Santa Monica/CA 1991.

Attali, Jacques: Europe(s), Paris 1994.

Attali, Jacques: Verbatim III (1988–1991), Paris 1995.

Auswärtiges Amt (Hg.): Umbruch in Europa. Die Ereignisse im 2. Halbjahr 1989. Eine Dokumentation, Bonn 1990.

Auswärtiges Amt (Hg.): Deutsche Außenpolitik 1990/1991. Auf dem Weg zu einer europäischen Friedensordnung. Eine Dokumentation, Bonn 1991.

Auswärtiges Amt (Hg.): »2+4«. Die Verhandlungen über die äußeren Aspekte der Herstellung der deutschen Einheit. Eine Dokumentation, 2. Auflage, Bonn 1993.

Baczkowski, Krzysztof/Jozef Buszko/Erhard Cziomer/Andrzej Pilch: Deutschland und die deutsche Frage in der polnischen Geschichtsschreibung im 19. und 20. Jahrhundert, in: Aus Politik und Zeitgeschichte, Nr. B14/1987, S. 18–28.

Bahr, Egon: Sicherheit für und vor Deutschland. Vom Wandel durch Annäherung zur Europäischen Sicherheitsgemeinschaft, München, Wien 1991.

Bahr, Egon: Zu meiner Zeit, München 1996.

Bahrmann, Hannes/Christoph Links: Wir sind das Volk. Die DDR im Aufbruch. Eine Chronik, Wuppertal 1990.

Bahrmann, Hannes/Christoph Links: Chronik der Wende 2: Stationen der Einheit. Die letzten Monate, Berlin 1995.

Bahrmann, Hannes/Christoph Links: Chronik der Wende. Die Ereignisse in der DDR zwischen 7. Oktober 1989 und 18. März 1990, Berlin 1999.
Baker, James A.: Points of Mutual Advantage. Perestroika and American Foreign Policy, in: Frederic J. Fleron/Erik P. Hoffmann/Robbin F. Laird (Hg.): Soviet Foreign Policy. Classic and contemporary Issues, New York 1991, S. 809–818.
Baker, James A. III/Thomas M. Defrank: The Politics of Diplomacy, Revolution, War and Peace 1989–1992, New York 1995 (Deutsche Ausgabe: Drei Jahre, die die Welt veränderten. Erinnerungen, Berlin 1996).
Bald, Detlef: Zum außen- und sicherheitspolitischen Grundgesetz der deutschen Staaten. Der völkerrechtliche Rahmen der 2 plus 4 Verhandlungen, in: S+B Vierteljahresschrift für Sicherheit und Frieden, Nr. 2/1990, S. 59–65.
Barth, Bernd-Rainer u.a. (Hg.): Wer war Wer in der DDR? Ein biographisches Handbuch. Erweiterte und aktualisierte Auflage, Frankfurt/M.1995.
Bartsch, Sebastian/Axel Sauder: Die rechtlichen Grundlagen der ausländischen Truppenstationierung in Deutschland im Wandel der politischen Rahmenbedingungen, in: Gunther Hellmann (Hg.): Alliierte Präsenz und deutsche Einheit. Die politischen Folgen militärischer Macht, Baden-Baden 1994, S. 47–89.
Baumgartner, Gabriele/Dieter Hebig (Hg.): Biographisches Handbuch der SBZ/DDR 1945–1990. 2 Bde., München u.a. 1997.
Becker, Josef (Hg.): Wiedervereinigung in Mitteleuropa. Außen- und Innenansichten zur staatlichen Einheit Deutschlands, München 1992.
Bedarff, Hildegard: Die Viererrunden. Zum Bedeutungswandel multilateraler Koordinationsgremien zwischen westlichen Siegermächten und der Bundesrepublik, in: Zeitschrift für Parlamentsfragen, Nr. 4/1991, S. 555–567.
Beker, Avid/Simona Kedmi: German Unification. A Jewish-Israeli Perspective, Jerusalem 1991.
Bender, Karl-Heinz: Mitterrand und die Deutschen. Die Wiedervereinigung der Karolinger, Bonn 1995.
Bender, Peter: Die »Neue Ostpolitik« und ihre Folgen. Vom Mauerbau bis zur Vereinigung, München 1995.
Bentzien, Joachim F.: Die Ablösung der alliierten Vorbehaltsrechte, in: Recht in Ost und West. Zeitschrift für Rechtsvergleichung und innerdeutsche Probleme 1991, S. 386–393.
Bergsdorf, Wolfgang: Wer will die Deutsche Einheit? Wie sich die Meinungen im In- und Ausland entwickelten, in: Die politische Meinung, Nr. 248/1990, S. 13–19.
Bertelsmann-Stiftung (Hg.): Die Vollendung des Europäischen Währungssystems. Ergebnisse einer Fachtagung, Gütersloh 1989.
Beschloss, Michael R./Strobe Talbott: At the Highest Levels. The Inside Story of the End of the Cold War, Boston, Toronto, London 1993 (Deutsch: Auf höchster Ebene. Das Ende des Kalten Krieges und die Geheimdiplomatie der Supermächte 1989–1991, Düsseldorf u.a. 1993).
Bettzuege, Reinhard: Hans-Dietrich Genscher – Eduard Schewardnadse. Das Prinzip Menschlichkeit, Bergisch Gladbach 1994.
Bewersdorf, Katja: Der Beitrag des Ministeriums für Auswärtige Angelegenheiten zur DDR-Außenpolitik der Regierung de Maizière/Meckel. Rahmenbedingungen, Leitlinien, Umsetzung, Mainz 1995 (unveröffentlichtes Manuskript).
Bierling, Stephan: Wirtschaftshilfe für Moskau. Motive und Strategien der Bundesrepublik Deutschland und der USA 1990–1996, Paderborn u.a. 1998.
Biermann, Rafael: Zwischen Kreml und Kanzleramt. Wie Moskau mit der deutschen Einheit rang, Paderborn u.a. 1997.

Biermann, Rafael: Was Genscher mit Deutschland vorhatte, in: Die Politische Meinung, Nr. 338/1998, S. 49–61.
Bingen, Dieter/Janusz-Józef Wec: Die Deutschlandpolitik Polens 1945–1991. Von der Status-Quo-Orientierung bis zum Paradigmenwechsel, Krakau 1993.
Birke, Adolf M.: Großbritannien und die deutsche Einheit, Coburg 1991.
Blacker, Coit D.: Hostage to Revolution. Gorbachev and Soviet Security Policy. 1985–1991, New York 1993.
Blackwill, Robert D.: Deutsche Vereinigung und amerikanische Diplomatie, in: Außenpolitik 45. Jg. (1994) Nr. 3, S. 211–225.
Blanke, Thomas/Rainer Erd (Hg.): DDR – ein Staat vergeht, Frankfurt/M. 1990.
Blumenberg, Hans-Christoph: Deutschlandspiel. Ein Dokudrama in zwei Teilen (für das Cinecentrum bzw. das ZDF) Drehbuch und Regie, 2000.
Bohse, Reinhard (Hg.): Jetzt oder nie – Demokratie. Leipziger Herbst '89. Neues Forum Leipzig, mit einem Vorwort von R. Heinrich, München 1990.
Boidevaix, Serge: Die deutsche Frage aus europäischer Sicht. Der französische Standpunkt zur europäischen Sicherheit und zur deutschen Frage (Friedrich-Ebert-Stiftung, Vortrag im Arbeitsbereich »Deutschlandpolitisches wissenschaftliches Forum«, Bonn 17. Oktober 1989).
Bortfeldt, Heinrich: Washington – Bonn – Berlin. Die USA und die deutsche Einheit, Bonn 1993.
Bradt, Catherine/John Bradley: Germany. The Reunification of a Nation, London 1992.
Brand, Christoph-Matthias: Souveränität für Deutschland. Grundlagen, Entstehungsgeschichte und Bedeutung des Zwei-plus-Vier-Vertrages vom 12. September 1990, Köln 1993.
Brandt, Willy: ... was zusammengehört. Reden zu Deutschland, Bonn 1990.
Brenner, Stefan: Die Entwicklung der Frage der Bündniszugehörigkeit eines wiedervereinigten Deutschlands von der Maueröffnung bis zum Treffen von Michail Gorbatschow und Helmut Kohl in Schelesnowodsk unter besonderer Berücksichtigung der sowjetischen Position, Egelsbach u.a. 1992.
Bruck, Elke/Peter M. Wagner (Hg.): Wege zum »2+4«Vertrag. Die äußeren Aspekte der deutschen Einheit, München 1996.
Bruck, Elke: Französische Deutschlandbilder und deutsche Frage. Perzeptionen vor, während und seit der Vereinigung, in: Revue d'Allemagne et des Pays de langue allemande Nr. 4/1996, S. 605–618.
Bruns, Wilhelm: Die äußeren Aspekte der deutschen Einigung (Friedrich-Ebert-Stiftung, Studie des Arbeitsbereichs »Außenpolitik- und DDR-Forschung« Nr. 40), Bonn 1990.
Buda, Dirk: Ostpolitik à la française. Frankreichs Verhältnis zur UdSSR von de Gaulle zu Mitterrand, Marburg 1990.
Bullard, Julian: Die britische Haltung zur deutschen Wiedervereinigung, in: Josef Becker (Hg.): Wiedervereinigung in Mitteleuropa. Außen- und Innenansichten zur staatlichen Einheit Deutschlands, München 1992, S. 27–42.
Bundesministerium für innerdeutsche Beziehungen (Hg.): Texte zur Deutschlandpolitik. Reihe III, Bd. 7: 1989, Bonn 1990. (zitiert als TzD)
Bundesministerium für innerdeutsche Beziehungen (Hg.): Texte zur Deutschlandpolitik. Reihe III, Bd. 8a: 1990, Bonn 1991. (zitiert als TzD)
Bundesminister für innerdeutsche Beziehungen (Hg.): Informationen Nr. 17/1989–2/1990 (Chronik), Bonn 1990.
Burke, Justin: The physical Wall is gone, but a mental Wall remains. In: Transition, Nr. 3/1996, S. 5–8.
Bush, George H. W./Brent Scowcroft: A World Transformed, New York 1998.

Calließ, Jörg (Hg.): »... geht nicht allein die Deutschen an«. Die deutsche Einheit als europäische Frage, Rehburg, Loccum 1991.
Calließ, Jörg (Hg.): Getrennte Vergangenheit – Gemeinsame Geschichte. Zur historischen Orientierung im Einigungsprozeß, Rehburg, Loccum 1992.
Cerny, Jochen (Hg.): Wer war wer – DDR. Ein biographisches Lexikon, Berlin 1992.
Chevenement, Jean-Pierre: La France et la sécurite de l'Europe, in: Politique étrangère, Nr. 3/1990, S. 525–531.
Chronik der Ereignisse in der DDR (Edition Deutschland Archiv), Köln 1990.
Cipkowski, Peter: Revolution in Eastern Europe. Understanding the Collapse of Communism in Poland, Hungary, East Germany, Czechoslovakia, Romania and the Soviet Union, New York u.a. 1991.
Clark, Alan: Diaries, London 1994.
Clemens, Clay: CDU Deutschlandpolitik and Reunification 1985–1989, Washington D.C. 1992.
Coker, Christopher: At the Birth of the Fourth Reich? The British Reaction, in: The Political Quarterly, Nr. 3/1990, S. 278–284.
Cole, Alistair: Looking on: France and the New Germany, in: German Politics, Nr. 3/1993 S. 358–376.
Crow, Suzanne: The Changing Soviet View of German Unification. In: Report on the UdSSR, hg. von Radio Liberty, 3.8.1990.
Czempiel, Ernst-Otto: Weltpolitik im Umbruch. Das internationale System nach dem Ende des Ost-West-Konflikts, München 1993.
Dahn, Daniela: Westwärts und nicht vergessen. Vom Unbehagen in der Einheit, Berlin 1996.
Dahrendorf, Ralf: Betrachtungen über die Revolution in Europa, Stuttgart 1990.
Dallin, Alexander/Gail W. Lapidus (Hg.): The Soviet System in Crisis. A Reader of Western and Soviet Views, Boulder/CO 1991.
Daschitschew, Wjatscheslaw: Die sowjetische Deutschlandpolitik in den achtziger Jahren, in: Deutschland Archiv, Nr. 1/1995, S. 54–67.
Davy, Richard: Großbritannien und die Deutsche Frage, in: Europa-Archiv, Nr. 4/1990, S. 139–144.
Dawydow, Juri/Dmitri W. Trenin: Die Haltung der Sowjetunion gegenüber der deutschen Frage, in: Europa-Archiv, Nr. 8/1990, S. 251–263.
Deibel, Terry: Bush's Foreign Policy. Mastery and Inaction, in: Foreign Policy, Spring 1991, S. 3–23.
Delors, Jacques: Das neue Europa, München u.a. 1993.
Denitch, Bogdan: The End of the Cold War. European Unity, Socialism and the Shift in Global Power, Minneapolis 1990.
Der Fischer Welt-Almanach. Sonderband DDR, Frankfurt 1990, S. 146–254.
Deutscher Bundestag (Hg.): Auf dem Weg zur deutschen Einheit I.–V. Deutschlandpolitische Debatten im Deutschen Bundestag, Bonn 1990.
Deutscher Bundestag (Hg.): Enquete-Kommission »Aufarbeitung von Geschichte und Folgen der SED-Diktatur in Deutschland« 9 Bde. in 18 Teilbänden, Baden-Baden 1995.
Dickie, John: Inside the Foreign Office, London 1992.
Die Europäische Gemeinschaft und die Deutsche Vereinigung. Bulletin der Europäischen Gemeinschaften. Beilage Nr. 4/1990.
Diekmann, Kai/Ralf Georg Reuth siehe Helmut Kohl. Ich wollte Deutschlands Einheit, Berlin 1999[2] (1996).

Dienstbier, Jiří: Die Außenpolitik der Tschechoslowakei in einer neuen Zeit. Vorschläge zur wirtschaftlichen Gesundung Osteuropas, in: Europa-Archiv, Nr. 13–14/1990, S. 397–407.

Dietrich, Christian/Uwe Schwabe (Hg.): Freunde und Feinde. Friedensgebete in Leipzig zwischen 1981 und dem 9. Oktober 1989, Leipzig 1994.

Ditfurth, Christian von: Blockflöten. Wie die CDU ihre realsozialistische Vergangenheit verdrängt, Köln 1991.

Doerr, Jürgen: The Big Powers and the German Question 1941–1990. A selected bibliographical Guide, New York 1992.

Dokumente zum Konflikt um den deutsch-polnischen Vertrag, in: Blätter für deutsche und internationale Politik. Nr. 6/1991. S. 760–764.

Dokumente zur deutschen Vereinigung. Der Verlauf der Zwei-Plus-Vier-Gespräche, in: Europa-Archiv, Nr. 19/1990, S. D491–506.

Dokumente zur Deutschlandpolitik. Deutsche Einheit. Sonderedition aus den Akten des Bundeskanzleramtes 1989/90, herausgegeben vom Bundesministerium des Innern unter Mitwirkung des Bundesarchivs, bearbeitet von Hanns Jürgen Küsters und Daniel Hofmann. Wissenschaftliche Leitung: Klaus Hildebrand, Hans-Peter Schwarz, Bundesarchiv: Friedrich P. Kahlenberg, München 1998 (zitiert als DzD).

Dolan, Sean: West Germany on the road to Reunification, New York, Philadelphia 1991.

Dowe, Dieter (Hrsg): Die Ost- und Deutschlandpolitik der SPD in der Opposition 1982–1989, Bonn 1993.

Dowe, Dieter/Reiner Eckart (Hg.): Von der Bürgerbewegung zur Partei. Die Gründung der Sozialdemokratie in der DDR, Bonn 1993.

Dreher, Klaus: Helmut Kohl. Leben mit Macht, Stuttgart 1998.

Druwe, Ulrich: Das Ende der Sowjetunion. Krise und Auflösung einer Weltmacht, Weinheim, Basel 1991.

Duisberg, Claus J.: Der Abzug der russischen Truppen aus Deutschland. Eine politische und militärische Erfolgsbilanz, in: Europa-Archiv Nr. 16/1994, S. 461–496.

Dumas, Roland: Le Fil et la Pelote. Mémoires, Paris 1996.

Dumas, Roland: Muß man vor Deutschland Angst haben? In: Ulrich Wickert (Hg.) Angst vor Deutschland? Hamburg 1990, S. 304–316.

Dumke, Wolfgang/Fritz Vilmar: Kolonialisierung der DDR. Kritische Analysen und Alternativen des Einigungsprozesses, Münster 1995.

DzD siehe Dokumente zur Deutschlandpolitik.

Ehmke, Horst: Mittendrin. Von der großen Koalition zur deutschen Einheit, Berlin 1994.

Ehrhart, Hans-Georg (Hg.): Die »sowjetische Frage« – Integration oder Zerfall? Baden-Baden 1991.

Elbe, Frank: Resolving the external Aspects of German Unification. The »two-plus-four«Process, in: German Yearbook of International Law. Jahrbuch für internationales Recht, Berlin 1993, S. 371–384.

Elvert, Jürgen/Michael Salewski (Hg.): Der Umbruch in Osteuropa, Stuttgart 1993.

Eppelmann, Rainer: Fremd im eigenen Haus. Mein Leben im anderen Deutschland, Köln 1993.

Europäisches Parlament, Informationsbüro für Deutschland (Hg.): Sammlung Wissenschaft und Dokumentation. Die Auswirkungen der Vereinigung Deutschlands auf die Europäische Gemeinschaft, in: Europäisches Parlament und deutsche Einheit. Materialien und Dokumente, Bonn 1990, S. 50–226.

Falin, Valentin: Politische Erinnerungen, München 1993.

Falin, Valentin: Konflikte im Kreml. Zur Vorgeschichte der deutschen Einheit, München 1999 (Erste Ausgabe 1997).

Farwick, Dieter (Hg.): Ein Staat, eine Armee. Von der NVA zur Bundeswehr, Frankfurt/M., Bonn 1992.

Faßbender, Bardo: Zur staatlichen Ordnung Europas nach der deutschen Einigung, in: Europa-Archiv Nr. 13/1991, S. 395–404.

Fieberg, Gerhard/Harald Reichenbach (Hg.): Enteignung und offene Vermögensfragen in der ehemaligen DDR. 2 Bde., Köln 1991.

Fiedler, Wilfried: Die Wiedererlangung der Souveranität Deutschlands und die Einigung Europas. Zum Zwei-plus-Vier-Vertrag vom 12.09.1990, in: Juristenzeitung, Nr. 14/1991, S. 685–692.

Fischer, Alexander/Manfred Wilke: Probleme des Zusammenwachsens im wiedervereinigten Deutschland, Berlin 1994.

Fischer, Angela: Entscheidungsprozeß zur deutschen Wiedervereinigung. Der außen- und deutschlandpolitische Entscheidungsprozeß der Koalitionsregierung in den Schicksalsjahren 1989/90, Frankfurt/M. u.a. 1996.

Fisher, Marc: After the Wall. Germany, the Germans and the Burdens of History, New York 1995.

François-Poncet, Jean: Die europäische Herausforderung für Frankreich und Deutschland, in: Europa-Archiv, Nr. 11/1991, S. 327–331.

Franz, Otmar (Hg.): Europa und Rußland. Das Europäische Haus? Göttingen, Zürich 1993.

Freedman, Lawrence (Hg.): Europe transformed. Documents on the End of the Cold War. Key Treaties, Agreements, Statements and Speeches, New York 1990.

Freney, Michael A./Rebecca S. Hartley: United Germany and the United States, Washington D.C. 1991.

Fricke, Karl Wilhelm/Hans Lechner/Uwe Thaysen: Errungenschaften und Legenden. Runder Tisch, Willkürherrschaft und Kommandowirtschaft im DDR-Sozialismus, Melle 1990.

Friedrich, Wolfgang-Uwe (Hg.): Die USA und die Deutsche Frage 1945–1990, Frankfurt/M., New York 1991.

Fritsch-Bournazel, Renata: Rapallo. Eine hartnäckige Erinnerung an einen unvergleichlichen Augenblick. In: Dokumente, Nr. 3/1982, S. 247–253.

Fritsch-Bournazel, Renata: Europa und die deutsche Einheit, Bonn, Stuttgart 1990.

Fritzsche, Klaus Jürgen (Bearbeitung): Das Jahr der deutschen Einheit. Die Welt war dabei, Berlin, Frankfurt/M. 1991.

Fröhlich, Stefan: Umbruch in Europa. Die deutsche Frage und ihre sicherheitspolitischen Herausforderungen für die Siegermächte, in: Aus Politik und Zeitgeschichte, Nr. B29/1990, S. 35–45.

Fröhlich, Stefan: »Auf den Kanzler kommt es an«: Helmut Kohl und die deutsche Außenpolitik. Persönliches Regiment und Regierungshandeln vom Amtsantritt bis zur Wiedervereinigung, Paderborn 2001.

Frowein, Jochen: Rechtliche Probleme der Einigung Deutschlands, in: Europa-Archiv, Nr. 7/1990, S. 233–238.

Fuchs, Michael: Das NATO-Truppenstatut und die Souveränität der Bundesrepublik Deutschland, in: Zeitschrift für Rechtspolitik, Nr. 5/1989, S. 181–185.

Galkin, Alexander/Anatoli Tschernajew: Die Wahrheit sagen, nur die Wahrheit. Gedanken zu den Erinnerungen, in: Swobodnaja Mysl, Nr. 2–3/1994, S. 19–29.

Gallis, Paul E./Steven J. Woehrel: German Unification. CRS (Congressional Research Service) Report for Congress, Washington D.C., 06.11.1990.

Garthoff, Raymond L.: The Great Transition. American-Soviet Relations and the End of the Cold Warl, Washington D.C. 1994.

Garton Ash, Timothy: The Magic Lantern. The Revolution of ’89 witnessed in Warsaw, Budapest, Berlin and Prague, New York 1990.
Garton Ash, Timothy: Im Namen Europas. Deutschland und der geteilte Kontinent, München, Wien 1993.
Garton Ash, Timothy: Germany’s Choice. In: Foreign Affairs, Nr. 4/1994, S 65–81.
Gasteyger, Curt: Europa von der Spaltung zur Einigung. Darstellung und Dokumentation 1945–1997, Überarbeitete und erweiterte Neuauflage, Bonn 1997.
Gates, Robert M.: From the Shadows. The ultimative insiders’s story of five Presidents and how they won the Cold War, New York 1996.
Gauland, Alexander: Helmut Kohl. Ein Prinzip, Berlin 1994.
Gaus, Günter: Porträts in Frage und Antwort, Berlin 1991.
Gaus, Günter: Neue Porträts in Frage und Antwort, Berlin 1992.
Gedmin, Jeffrey: The Hidden Hand. Gorbachev and the Collapse of Eastern Europe, Washington D.C. 1992.
Geiger, Wolfgang: »Wenn Deutschland erwacht ...« Die deutsche Frage aus französischer Sicht, in: Die neue Gesellschaft/Frankfurter Hefte, Nr. 1/1990, S.63–68.
Geiss, Imanuel: Die deutsche Frage 1806–1990, Mannheim u.a. 1992.
Genscher, Hans-Dietrich: Unterwegs zur Einheit. Reden und Dokumente aus bewegter Zeit, Berlin 1991.
Genscher, Hans-Dietrich: Reden über Deutschland, München 1992.
Genscher, Hans-Dietrich: Erinnerungen, Berlin 1995.
Gerhards, Wolfgang: Das NATO-Truppenstatut und die Souveränität der Bundesrepublik Deutschland, in: Zeitschrift für Rechtspolitik, Nr. 10/1989, S. 394.
Gerlach, Manfred: Mitverantwortlich. Als Liberaler im SED-Staat, Berlin 1991.
Gerster, Florian/Eva-Maria Masyk: Partnerschaft im Wandel. Die sicherheitspolitischen Beziehungen zwischen den USA und Westeuropa, in: Aus Politik und Zeitgeschichte, Nr. B45/1989, S. 3–13.
Gesamtdeutsches Institut/Bundesanstalt für gesamtdeutsche Aufgaben (Hg.): Analysen, Dokumentationen und Chronik zur Entwicklung in der DDR von September bis Dezember 1989, Bonn 1990.
Gibowski, Wolfgang G./Holli A. Semetko: Amerikanische öffentliche Meinung und deutsche Einheit, in: Friedrich, Wolfgang-Uwe (Hg.): Die USA und die deutsche Frage 1945–1990, Frankfurt/M., New York 1991, S. 391–406.
Giesbert, Franz-Olivier: François Mitterrand. Die Biographie, Berlin 1997.
Gießmann, Hans-Joachim: Das unliebsame Erbe. Die Auflösung der Militärstruktur der DDR, Baden-Baden 1992.
Gillesen, Günther u.a.: Deutschland im weltpolitischen Umbruch, Berlin 1993.
Glaeßner, Gert-Joachim: Der schwierige Weg zur Demokratie. Vom Ende der DDR zur deutschen Einheit, Opladen 1991.
Glaeßner, Gert-Joachim (Hg.): Eine deutsche Revolution. Der Umbruch in der DDR, seine Ursachen und Folgen, Frankfurt/M. 1992[2].
Glees, Anthony: The British and the Germans. From Enemies to Partners. In: Dirk Verheyen/Christian Soe (Hg.): The Germans and their Neighbours, Oxford 1993, S. 35–58.
Goldman, Guido (Hg.): German Unification. Power, Process and Problems, Cambridge/MA 1991.
Gorbatschow, Michail S.: Der Zerfall der Sowjetunion, München 1992.
Gorbatschow, Michail S.: Gipfelgespräche. Geheime Protokolle aus meiner Amtszeit, Berlin 1993.
Gorbatschow, Michail S.: Erinnerungen, Berlin 1995.

Gorbatschow, Michail S./Vadim Sagladin/Anatoli Tschernajew: Das neue Denken. Politik im Zeitalter der Globalisierung, München 1997.
Gorbatschow, Michail S.: Wie es war, Berlin 1999.
Gorholt, Martin/Norbert W. Kunz (Hg.): Deutsche Einheit – deutsche Linke. Reflexionen der politischen und gesellschaftlichen Entwicklung, Köln 1991.
Gornig, Gilbert: Der Zwei-Plus-Vier-Vertrag unter besonderer Berücksichtigung grenzbezogener Regelungen, in: Recht in Ost und West. Zeitschrift für Rechtsvergleichung und innerdeutsche Probleme, Nr. 4/1991, S. 97–106.
Gorodetsky, Gabriel (Hg.): Soviet Foreign Policy, 1917–1991. A retrospective, London 1994.
Göttinger Arbeitskreis (Hg.): Sowjetpolitik unter Gorbatschow. Die Innen- und Außenpolitik der UdSSR 1985–1990, Berlin 1991.
Göttinger Arbeitskreis (Hg.): Die revolutionäre Umwälzung in Mittel- und Osteuropa, Berlin 1993.
Grabitz, Eberhard/Armin von Bogdandy: Deutsche Einheit und europäische Integration, in: Neue juristische Wochenschrift, Nr. 17/1990, S. 1073–1079.
Gransow, Volker/Konrad H. Jarausch (Hg.): Die deutsche Vereinigung. Dokumente zu Bürgerbewegung, Annäherung und Beitritt, Köln 1991.
Greenwald, G. Jonathan: Berlin Witness. An American Diplomat's Chronicle of East Germany's Revolution, University Park/PA 1993.
Greiffenhagen, Martin/Sylvia Greiffenhagen: Ein schwieriges Vaterland. Zur politischen Kultur im vereinigten Deutschland, München, Leipzig 1993.
Gribkow, Anatoli: Der Warschauer Pakt. Geschichte und Hintergründe des östlichen Militärbündnisses, Berlin 1995.
Gros, Jürgen: Entscheidung ohne Alternativen? Die Wirtschafts-, Finanz- und Sozialpolitik im deutschen Vereinigungsprozeß 1989/90, Mainz 1994.
Grosser, Dieter/Stephan Bierling/Friedrich Kurz: Die sieben Mythen der Wiedervereinigung. Fakten zu einem Prozeß ohne Alternative, München 1991.
Grosser, Dieter (Hg.): German Unification. The unexpected challenge, Oxord u.a. 1992.
Grosser, Dieter: Das Wagnis der Währungs-, Wirtschafts- und Sozialunion. Politische Zwänge im Konflikt mit ökonomischen Regeln (Geschichte der deutschen Einheit, Bd. 2), Stuttgart 1998.
Grothhusen, Klaus-Detlev (Hg.): Ostmittel- und Südosteuropa im Umbruch, München 1993.
Guggenberger, Bernd/Tine Stein (Hg.): Die Verfassungsdiskussion im Jahr der deutschen Einheit. Analysen – Hintergründe – Materialien, München, Wien 1991.
Gutjahr, Lothar: Wachsen oder wuchern. Die Außenpolitik der CDU zwischen deutscher Wiedervereinigung und westeuropäischer Integration, in: S+F, Vierteljahresschrift für Sicherheit und Frieden, Nr. 1/1990, S. 30–34.
Gysi, Gregor/Thomas Falkner: Sturm aufs Große Haus. Der Untergang der SED, Berlin 1990.
Gysi, Gregor: Wir brauchen einen dritten Weg. Selbstverständnis und Programm der PDS, Hamburg 1990.
Haack, Dieter u.a. (Hg.): Das Wiedervereinigungsgebot des Grundgesetzes, Köln 1989.
Hacke, Christian: Weltmacht wider Willen. Die Außenpolitik der Bundesrepublik Deutschland, Frankfurt/M. 1993.
Haftendorn, Helga/Henning Riecke (Hg.): »... die volle Macht eines souveränen Staates ...« Die Alliierten Vorbehaltsrechte als Rahmenbedingung westdeutscher Außenpolitik 1949–1990, Baden-Baden 1996.
Hajnicz, Artur: Polens Wende und Deutschlands Vereinigung. Die Öffnung zur Normalität 1989–1992, Paderborn u.a. 1995.

Haltzel, Michael H.: Amerikanische Einstellungen zur deutschen Wiedervereinigung, in: Europa-Archiv, Nr. 4/1990, S. 127–132.
Hamann, Rudolf/Volker Matthies (Hg.): Sowjetische Außenpolitik im Wandel. Eine Zwischenbilanz der Jahre 1985–1990, Baden-Baden 1991.
Hamilton, Daniel: Ferne Sterne: Die Beziehungen der USA zur DDR 1974–1990, in: Wolfgang-Uwe Friedrich (Hg.): Die USA und die Deutsche Frage 1945–1990, Frankfurt/M., New York 1991, S. 259–279.
Hancock, Donald M./Helga A. Welsh (Hg.): German Unification. Process and Outcomes, Boulder/CO 1994.
Hanrieder, Wolfram E.: Deutschland, Europa, Amerika. Die Außenpolitik der Bundesrepublik 1949–1994, Paderborn 1995.
Hansen, Niels: Deutschland und Israel. Besondere Beziehungen im Wandel, in: Europa-Archiv, Nr. 18/1992, S. 527–534.
Hase, Karl-Günther von: Britische Zurückhaltung. Zu den Schwierigkeiten Englands mit der deutschen Einheit. In: Die politische Meinung, Nr. 250/1990, S. 13–64.
Hassner, Pierre: Gorbachev and the West, in: Frederic J. Fleron/Erik P. Hoffmann/Robbin F. Laird (Hg.): Soviet Foreign Policy. Classic and contemporary Issues, New York 1991, S. 613–622.
Hatschikjan, Magarditsch/Wolfgang Pfeiler: Deutsch-sowjetische Beziehungen in einer Periode der Ost-West-Annäherung, in: Deutschland Archiv, Nr. 8/1989, S. 883–889.
Heidemann, Ernst: Der real existierende Genscherismus, Frankfurt/M.1991.
Heimann, Gerhard: Die Auflösung der Blöcke und die Europäisierung Deutschlands, in: Europa-Archiv, Nr. 5/1990, S. 167–172.
Heinemann, Ulrich: »Blick nach vorn«. Entwicklung und Stand der deutsch-sowjetischen Beziehungen. Eine Tagung der Landeszentrale für politische Bildung Nordrhein-Westfalen, in: Deutschland Archiv, Nr. 10/1991, S. 1103–1105
Heisenberg, Wolfgang (Hg.): Die Vereinigung Deutschlands in europäischer Perspektive, Baden-Baden 1992.
Hellmann, Gunther (Hg.): Alliierte Präsenz und deutsche Einheit. Die politischen Folgen militärischer Macht, Baden-Baden 1994.
Herles, Helmut/Ewald Rose (Hg.): Vom runden Tisch zum Parlament, Bonn 1990.
Hertle, Hans-Hermann/Theo Pirker/Rainer Weinert: »Der Honecker muß weg!« Protokoll eines Gesprächs mit Günter Schabowski am 24. April 1990 in Berlin West, Berlin 1990.
Hertle, Hans-Hermann: Der Fall der Mauer aus der Sicht der NVA und der Grenztruppen der DDR, in: Deutschland Archiv, Nr. 9/1995, S. 901–919.
Hertle, Hans-Hermann: Chronik des Mauerfalls. Die dramatischen Ereignisse um den 9. November 1989, Berlin 1996.
Hertle, Hans-Hermann/Gerd-Rüdiger Stephan (Hg.): Das Ende der SED. Die letzten Tage des Zentralkomitees, Berlin 1999[4].
Hertle, Hans-Hermann/Kathrin Elsner: Mein 9. November. Der Tag an dem die Mauer fiel, Berlin 1999.
Herzberg, Wolfgang/Patrick von zur Mühlen (Hg.): Auf den Anfang kommt es an. Sozialdemokratischer Neubeginn in der DDR 1989. Interviews und Analysen, Bonn 1993.
Heydemann, Günther: Partner oder Konkurrent? Das britische Deutschlandbild während des Wiedervereinigungsprozesses 1989–1991, in: Franz Bosbach (Hg.): Feindbilder. Die Darstellung des Gegners in der politischen Publizistik des Mittelalters und der Neuzeit, Köln 1992, S. 201–234.
Hildebrandt, Reinhard: Zusammenfügen oder Vereinnahmen? Die internationalen Aspekte deutsch-deutscher Politik, in: Deutschland Archiv, Nr. 7/1990, S. 1047–1057.

Hindenburg, Hanfried von: Die Einhegung deutscher Macht. Die Funktion der Alliierten Vorbehaltsrechte in der Ost- und Deutschlandpolitik der Bundesrepublik Deutschland 1945/49–1990, in: Helga Haftendorn/Henning Riecke (Hg.): »... die volle Macht eines souveränen Staates ...« Die Alliierten Vorbehaltsrechte als Rahmenbedingung westdeutscher Außenpolitik 1949–1990, Baden-Baden 1996, S. 81–124.
Hogan, Michael J. (Hg.): The End of the Cold War. Its Meanings and Implications, New York 1994.
Holeschovsky, Christine: Der innergemeinschaftliche Abstimmungsprozeß zur deutschen Einheit. In: Werner Weidenfeld u.a.: Die doppelte Integration. Europa und das größere Deutschland, Gütersloh 1991, S. 17–29.
Hollitzer, Tobias: Der friedliche Verlauf des 9. Oktober 1989 in Leipzig – Kapitulation oder Reformbereitschaft? Vorgeschichte, Verlauf und Nachwirkung. Ein Beitrag zur Geschichte der Entwicklung 1989/90 in Leipzig, in: »Revolution und Transformation in der DDR 1989/90«, hg. von Günther Heydemann, Gunther Mai und Werner Müller, Leipzig 1999.
Hollitzer, Tobias (Hg.): Heute vor 10 Jahren. Leipzig auf dem Weg zur friedlichen Revolution, Bonn, Dover, Fribourg, Leipzig, New York, Ostrava 2000.
Hom, Lutz: Völkerrechtliche Aspekte der Deutschen Vereinigung, in: Neue Juristische Wochenschrift, Nr. 35/1990, S. 2173–2176.
Honecker, Erich: Erich Honecker zu dramatischen Ereignissen, Hamburg 1992.
Honecker, Erich: Moabiter Notizen, Berlin 1994.
Horelick, Arnold L.: U.S.-Soviet Relations: Threshold of a New Era, in: Frederic J. Fleron/Erik P. Hoffmann/Robbin F. Laird (Hg.): Soviet Foreign Policy. Classic and contemporary Issues, New York 1991, S. 623–637.
Horn, Gyula: Freiheit, die ich meine. Erinnerungen des ungarischen Außenministers, der den Eisernen Vorhang öffnete, Hamburg 1991.
Howe, Geoffrey: Conflict in Loyalty, London-Basingstoke 1994.
Hubel, Helmut: Das vereinte Deutschland aus internationaler Sicht. Eine Zwischenbilanz, Bonn 1993.
Hutchings, Robert J.: American diplomacy and the End of the Cold War. An insider's account of U.S. Policy in Europe 1989–1992, Washington D.C. 1997.
Jackisch, Klaus-Rainer: Diplomatie hinter den Schlagzeilen. Britische Vereinigungsstrategien zwischen Verweigerung und Kooperation, in: Elke Bruck/Peter M. Wagner (Hg.): Wege zum »2+4« Vertrag. Die äußeren Aspekte der deutschen Einheit, München 1996, S. 126–135.
Jacobsen, Hans-Adof/Mieczysław Tomala (Hg.): Bonn, Warschau 1945–1991. Die deutsch-polnischen Beziehungen. Analyse und Dokumentation, Köln 1992.
Jäger, Wolfgang (in Zusammenarbeit mit Michael Walter): Die Überwindung der Teilung. Der innerdeutsche Prozeß der Vereinigung 1989/90 (Geschichte der deutschen Einheit Bd. 3), Stuttgart 1998.
Jakowlew, Alexander: Offener Schluß. Ein Reformer zieht Bilanz. Gespräche (eingeleitet und kommentiert von Lilly Marcou), Leipzig 1992.
James, Harold/Marla Stone (Hg.): When the Wall came down. Reactions to German Unification, New York, London 1992.
Janning, Josef/Melanie Piepenschneider: Deutschland in Europa. Eine Bilanz europäischer Einigungspolitik, Melle 1993.
Jansen, Marlies: Der Grenzvertrag mit Polen, in: Deutschland Archiv, Nr. 12/1990, S. 1820–1821.
Janson, Carl-Heinz: Totengräber der DDR. Wie Günter Mittag den SED-Staat ruinierte, Düsseldorf 1991.

Jarausch, Konrad H.: The Rush to German Unity, New York 1994.
Jarausch, Konrad H.: Die eilige Einheit. Ein historischer Versuch, Frankfurt am Main 1994.
Jarausch, Konrad H.: Die unverhoffte Einheit 1989–1990, Frankfurt/M. 1995.
Jaruzelski, Wojciech: Mein Leben für Polen. Erinnerungen, München 1993.
Jesse, Eckhard/Armin Mitter (Hg.): Die Gestaltung der deutschen Einheit. Geschichte – Politik – Gesellschaft, Bonn 1992.
Joas, Hans/Martin Kohli (Hg.): Der Zusammenbruch der DDR. Soziologische Analysen, Frankfurt/M. 1993.
Jodice, David A.: United Germany and Jewish Concerns. Attitudes Toward Jews, Israel, and the Holocaust, New York 1991.
John, Antonius: Rudolf Seiters. Einsichten in Amt, Person und Ereignisse, Bonn, Berlin 1991.
John, Ieuan G.: The Re-emerge of »the German Question«. A united Germany and European Security and Stability, in: Diplomacy and Statecraft, Nr. 3/1990, S. 126–146.
Kaiser, Karl/Pierre Lellouche (Hg.): Deutsch-französische Sicherheitspolitik. Auf dem Wege zur Gemeinsamkeit? Bonn 1986.
Kaiser, Karl: Deutschlands Vereinigung. Die internationalen Aspekte, Bergisch Gladbach 1991.
Kaiser, Karl/Hans-Peter Schwarz (Hg.): Die neue Weltpolitik, Bonn 1995.
Kaiser, Robert G.: Why Gorbachev happened. His Triumphs and his Failure, New York u.a. 1992[2].
Karaganov, Sergej: Implications of German Unification for the Former Soviet Union, in: Stares, Paul B. (Hg.): The New Germany and the New Europe, Washington D.C. 1992, S. 331–364.
Keithly, David M.: The Collapse of East German Communism. The Year the Wall came down. 1989, Westport/CT 1992.
Keller, Dietmar: Minister auf Abruf. Möglichkeiten und Grenzen von 121 Tagen im Amt, Berlin 1990.
Keohane, Robert/Joseph Nye/Stanley Hoffmann (Hg.): After the Cold War, Cambrige/MA 1993.
Keßler, Heinz: Zur Sache und zur Person. Erinnerungen, Berlin 1996.
Kiessler Richard/Frank Elbe: Ein runder Tisch mit scharfen Ecken. Der diplomatische Weg zur deutschen Einheit, Baden-Baden 1993.
Kiessling, Günter: Neutralität ist kein Verrat. Entwurf einer europäischen Friedensordnung, Erlangen, Bonn, Wien 1989.
Kimminich, Otto: Die abschließende Regelung mit Polen, in: Zeitschrift für Politik, Nr. 4 1991, S. 361–391.
Klein, Hans: Es begann im Kaukasus. Der entscheidende Schritt in die Einheit Deutschlands, Berlin, Frankfurt/M. 1991.
Klein, Paul/Rolf P. Zimmermann (Hg.): Beispielhaft? Eine Zwischenbilanz zur Eingliederung der Nationalen Volksarmee in die Bundeswehr, Baden-Baden 1993.
Klein, Yvonne: British Views on German Unification 1989/90, in: German Politics, Nr. 3/1996, S. 404–528.
Kloth, Hans Michael: »GDR-Reform or Revolution?« Konferenz in Nottingham, in: Deutschland Archiv, Nr. 4/1990, S. 597–599.
Knabe, Hubertus (Hg.): Aufbruch in eine andere DDR. Reformer und Oppositionelle zur Zukunft ihres Landes, Reinbek 1989.
Knapp, Manfred: Die Außenpolitik der USA unter George Bush. In: Aus Politik und Zeitgeschichte, Nr. B44/1992, S. 43–54.

Knodt, Michèle: Unterordnung der EG-Integration der DDR unter den deutschen Einigungsprozeß, Frankfurt/M. 1992.
Knopp, Guido/Ekkehard Kuhn: Die Deutsche Einheit. Traum und Wirklichkeit. Erlangen 1990.
Knopp, Guido (Hg.): Der Fall der Mauer. In Zusammenarbeit mit dem ZDF erstellte Dokumentation. (Meilensteine des 20. Jahrhunderts), (Digital Publishing, 1 CD-ROM) 1997.
Kohl, Helmut: Die Deutsche Einheit. Reden und Gespräche. Mit einem Vorwort von Michail Gorbatschow, Bergisch Gladbach 1992.
Kohl, Helmut: Ich wollte Deutschlands Einheit, dargestellt von Diekmann, Kai/Ralf Georg Reuth, Berlin 1999[2] (1996).
Kohler-Koch, Beate: Deutsche Einigung im Spannungsfeld internationaler Umbrüche, in: Politische Vierteljahresschrift, Nr. 4/1991, S. 605–620.
Kolboom, Ingo: Vom geteilten zum vereinten Deutschland. Deutschlandbilder in Frankreich, Bonn 1991 (1991a).
Kommuniqué der Tagung des Politisch-Beratenden Ausschusses der Mitgliedsstaaten des Warschauer Vertrages am 7. und 8. Juli 1989, in: Europa-Archiv, Folge 20/1989, S. 599.
Korger, Dieter: Die Polenpolitik der deutschen Bundesregierung von 1982–1991, Bonn 1993.
Korte, Karl-Rudolf (unter Mitarbeit von Jürgen Gros und Thomas Lillig): Die Chance genutzt? Die Politik zur Einheit Deutschlands, Frankfurt/M., New York 1994.
Kotschemassow, Wjatscheslaw: Meine letzte Mission. Fakten, Erinnerungen, Überlegungen, Berlin 1994.
Kovács, László: Zur Freiheit durch Ungarn. Die Öffnung der ungarischen Grenze in der Nacht vom 10. auf den 11. September 1989. Symposium, 8. September 1994. Haus Ungarn, Berlin. Dokumentation. Hg. von der Konrad-Adenauer-Stiftung, St. Augustin 1994, S. 8–15.
Kovrig, Bennett: Of Walls and Bridges. The United States and Eastern Europe, New York, London 1991.
Kowalczuk, Ilka-Sascha/Stefan Wolle: Roter Stern über Deutschland. Sowjetische Truppen in der DDR, Berlin 2001.
Kramer, Mark: The Role of the CPSU International Department in Soviet Foreign Relations and National Security Policy, in: Frederic J. Fleron/Erik P. Hoffmann/Robbin F. Laird (Hg.): Soviet Foreign Policy. Classic and contemporary Issues, New York 1991, S. 444–463.
Krämer, Raimund/Wolfram Wallraf: Diplomat oder Parteiarbeiter? Zum Selbstbild einer Funktionselite in der DDR, in: Deutschland Archiv, Nr. 3/1993, S. 326–334.
Krell, Gert: Die Ostpolitik der Bundesrepublik Deutschland und die deutsche Frage. Historische Entwicklungen und politische Optionen im Ost-West-Konflikt, in: Aus Politik und Zeitgeschichte, Nr. B29/1990, S. 24–34.
Krenz, Egon: Wenn Mauern fallen. Die friedliche Revolution. Vorgeschichte, Ablauf, Auswirkungen, Wien 1990.
Krenz, Egon: Anmerkungen zur Öffnung der Berliner Mauer im Herbst 1989, in: Osteuropa, Nr. 4/1992, S. 365–369.
Krenz, Egon: Der 9. November 1989. Unfall oder Logik der Geschichte? In: Siegfried Prokop (Hg.): Die kurze Zeit der Utopie. Die »zweite DDR« im vergessenen Jahr 1989/90, Berlin 1994, S. 71–87.
Kristof; Erich: Der KSZE-Gipfel und die Deutsche Einigung. In: Deutschland Archiv, Nr. 8/1990, S. 1154–1156.

Krum, Horst/Siegfried Prokop: Das letzte Jahr der DDR. Implosion – Einigungsvertrag – »distinct society«, Berlin 1994.
Küchenmeister, Daniel: Honecker – Gorbatschow. Vieraugengespräche, Berlin 1993.
Kuhn, Ekkehard: Gorbatschow und die deutsche Einheit. Aussagen der wichtigsten deutschen und russischen Beteiligten, Bonn 1993.
Kuhrt, Eberhard/Hannsjörg F. Buck/Gunter Holzweißig (Hg.): Am Ende des realen Sozialismus. Beiträge zu einer Bestandsaufnahme der DDR-Wirklichkeit in den 80er Jahren. Bd. 1: Die SED-Herrschaft und ihr Zusammenbruch, Opladen 1996.
Kuhrt, Eberhard (Hg.) in Verbindung mit Hannsjörg F. Buck und Gunter Holzweißig: Opposition in der DDR von den 70er Jahren bis zum Zusammenbruch der SED-Herrschaft, Opladen 1999.
Kulturstiftung der deutschen Vertriebenen (Hg.): Materialien zu Deutschlandfragen. Politiker und Wissenschaftler nehmen Stellung. 1989–1991, Bonn 1991.
Kuppe, Johannes L.: Modrow in Bonn, in: Deutschland Archiv, NL 3/1990, S. 337–340.
Kwizinski, Julij A.: Vor dem Sturm. Erinnerungen eines Diplomaten. Berlin 1993.
Laatz, Horst: Die deutsche Frage und Europa. In: Deutschland Archiv, Nr. 1/1990, S. 97–99.
Lammert, Norbert: Deutsche Einheit und Einheit Europas. In: Civis, Nr. 4/1991, S. 4–8.
Langguth, Gerd: Die deutsche Frage und die Europäische Gemeinschaft, in: Aus Politik und Zeitgeschichte, Nr. B29/1990, S. 13–23.
Larrabee, Stephen F.: The New Soviet Approach to Europe, in: Frederic J. Fleron/Erik Hoffmann/Robbin F. Laird (Hg.): Soviet Foreign Policy. Classic and contemporary Issues, New York 1991, S. 638–663.
Leggewie, Claus: Frankreich 1988/1989. Ende eines Sonderwegs? In: Deutsch-Französisches Institut (Hg.): Frankreich-Jahrbuch 1989. Politik, Wirtschaft, Gesellschaft, Geschichte, Kultur, Opladen 1989, S. 9–26.
LeGloannec, Anne-Marie: France, Germany and the New Europe, in: Dirk Verheyen/ Christian Soe (Hg.): The Germans and their Neighbours, Oxford 1993, S. 13–34.
Lehmann, Ines: Die deutsche Vereinigung von außen gesehen. Angst, Bedenken und Erwartungen in der ausländischen Presse. Bd. 1: Die Presse der Vereinigten Staaten, Großbritanniens und Frankreichs. Frankfurt/M. u.a. 1996; Bd. 2: Die Presse Dänemarks, der Niederlande, Belgiens, Luxemburgs, Österreichs, der Schweiz, Italiens, Portugals und Spaniens und jüdische Reaktionen, Frankfurt/M. u.a. 1997.
Leimbacher, Urs: Westeuropäische Integration und gesamtdeutsche Kooperation, in: Aus Politik und Zeitgeschichte, Nr. B45/1991, S. 3–12.
Lemke, Christiane: Die Ursachen des Umbruchs 1989, Opladen 1991.
Levits, Egil: Die Auseinandersetzung zwischen der Sowjetunion und den Baltischen Staaten um die Wiederherstellung der Unabhängigkeit, in: Hans-Georg Ehrhardt (Hg.): Die »sowjetische Frage«. Integration oder Zerfall? Baden-Baden 1991, S. 43–56.
Liebert, Ulrike/Wolfgang Merkel (Hg.): Die Politik zur deutschen Einheit. Probleme, Strategien, Kontroversen, Opladen 1991.
Ligatschow, Jegor: Inside Gorbachev's Kremlin. The Memoirs of Yegor Ligachev, New York 1993.
Lindner, Bernd: Die demokratische Revolution in der DDR 1989/90, Bonn 1998.
Link, Werner: Die amerikanische Deutschlandpolitik 1945–1949, in: Die Deutschlandfrage und die Anfänge des Ost-West-Konflikts 1945–1949 (Studien zur Deutschlandfrage Bd. 7, herausgegeben vom Göttinger Arbeitskreis), Berlin 1984.
Lippert, Barbara: Die EG als Mitgestalter der Erfolgsgeschichte. Der deutsche Einigungsprozeß 1989/90. In: Barbara Lippert u.a. (Hg.): Die EG und die neuen Bundesländer. Eine Erfolgsgeschichte von kurzer Dauer? Bonn 1993, S. 35–101.

Long, Robert E. (Hg.): The Reunification of Germany, New York 1992.
Loth, Wilfried: Die Franzosen und die deutsche Frage 1945–1949, in: Claus Scharf/Hans-Jürgen Schröder (Hg.): Die Deutschlandpolitik Frankreichs und die französische Zone 1945–1949, Wiesbaden 1983, S. 27–48.
Loth, Wilfried: Europa als nationales Interesse? Tendenzen deutscher Europapolitik von Schmidt bis Kohl, in: Integration, Nr. 3/1994, S. 149–157.
Löw, Konrad (Hg.): Ursachen und Verlauf der deutschen Revolution 1989, Berlin 1993[2].
Lübkemeier, Eckard: Wozu noch NATO? (Friedrich-Ebert-Stiftung, Kurzpapier des Arbeitsbereichs »Außenpolitik- und DDR-Forschung« Nr. 38), Bonn April 1990.
Ludwig, Michael: Die deutsche Frage in der Außenpolitik der neuen polnischen Regierung, in: Beiträge zur Konfliktforschung, Nr. 3/1990, S. 99–116.
Ludwig, Michael: Polen und die deutsche Frage. Mit einer Dokumentation zum deutsch-polnischen Vertrag vom 17. Juni 1991, Bonn 1991.
Luft, Christa: Zwischen Wende und Ende. Eindrücke, Erlebnisse, Erfahrungen eines Mitglieds der Modrowregierung, Berlin 1991.
Lutz, Dieter S./Elmar Schmähling (Hg.): Gemeinsame Sicherheit, Kollektive Sicherheit, Gemeinsamer Frieden. Bd. 6: Auf dem Weg zu einer Neuen Europäischen Friedensordnung, Baden-Baden 1990.
Lynch, Allen: Does Gorbachev matter Anymore? In: Foreign Affairs, Nr. 3/1990, S. 19–29.
Mackorw, Jerzy: Die Normalisierung der neuen alten Nachbarschaft. Zum aktuellen Stand der deutsch-polnischen Beziehungen, in: Aus Politik und Zeitgeschichte, Nr. B39/1995, S. 32–39.
Magenheimer, Heinz: Zur Neukonstellation der Mächte in Europa. Transformation der Bündnisse – Rüstungskontrolle – Sicherheit, in: Aus Politik und Zeitgeschichte, Nr. B18/1991, S. 21–31.
Maier, Charles S.: Dissolution. The Crisis of Communism and the End of East Germany, Princeton 1997.
Maier, Charles S. : Das Verschwinden der DDR und der Untergang des Kommunismus, Frankfurt/M. 1999 (2000).
Maier, Gerhart: Die Wende in der DDR (hg. von der Bundeszentrale für politische Bildung), Bonn 1990.
de Maizière, Lothar: Anwalt der Einheit. Ein Gespräch mit Christine de Mazières, Berlin 1996.
Mallaby, Christopher L. G.: Die deutsche Frage aus europäischer Sicht. Der britische Standpunkt zur europäischen Sicherheit und zur deutschen Frage (Friedrich-Ebert-Stiftung, Vortrag im Arbeitsbereich »Deutschlandpolitisches wissenschaftliches Forum«), Bonn 12. April 1989.
Manfrass-Sirjacques, Françoise: Die französische Europapolitik und die deutsche Frage. Angst vor der dérive allemande, in: Neue Gesellschaft/Frankfurter Hefte, Nr. 2/1990, S. 116–121.
Mantzke, Martin: Was bleibt von der DDR? Abschied von einem ungeliebten Staat, in: Europa-Archiv, Nr. 24/1990, S. 735–742.
Margaret Thatchers Expertenseminar über den deutschen Nationalcharakter. Vertrauliches Memorandum über ein Seminar der britischen Regierungsspitze mit internationalen Deutschlandexperten zum Umgang mit den Deutschen, veranstaltet am 24. März 1990 in Chequers, in: Blätter für deutsche und internationale Politik, Nr. 8/1990, S. 1021–1024.
Marsh, David: The Germans. A people at the crossroads, New York 1990.
März, Peter (Hg.): Dokumente zu Deutschland. 1944–1994, München, Landsberg/L. 1996.

März, Peter: Aspekte der Deutschen Wiedervereinigung, in: Petronella Gietl (Hg.): Vom Wiener Kongreß bis zur Wiedervereinigung Deutschlands. Betrachtungen zu Deutschland und Österreich im 19. und 20. Jahrhundert. Festschrift für Hubert Rumpel zum 75. Geburtstag, Stamsried 1997, S. 231–285.

Maull, Hanns W./Michael Meimeth/Christoph Neßhöver (Hg.): Die verhinderte Großmacht. Frankreichs Sicherheitspolitik nach dem Ende des Ost-West-Konflikts, Opladen 1997.

Maximytschew, Igor F.: German Unification, in: International Affairs (Moskau), Nr. 10/1990, S. 36–42.

Maximytschew, Igor F./Hans-Hermann Hertle: Die Maueröffnung. Teil 1: »Die Situation ist seit 1953 nie so ernst gewesen!« Wie die sowjetische Botschaft Unter den Linden die Wende der DDR erlebte, in: Deutschland Archiv, Nr. 11/1994, S. 1137–1144. (1994a)

Maximytschew, Igor F./Hans-Hermann Hertle: Die Maueröffnung. Teil 2: Der Fall der Berliner Mauer, in: Deutschland Archiv, Nr. 11/1994, S. 1145–1158. (1994b)

Maximytschew, Igor F./Hans-Hermann Hertle: Die Maueröffnung. Teil 3: Nach dem Fall der Mauer. Der Weg zur friedlichen Lösung. Anfang und Ende der Vorbereitung eines militärischen Einsatzes. In: Deutschland Archiv, Nr. 12/1994, S. 1241–1251. (1994c)

Maximytschew, Igor F.: A Missed Chance of Four-Power Cooperation in Berlin, in: International Affairs (Moskau), Nr. 4–5/1995, S. 108–115.

Mazur, Zbigniew: The international aspects of the Unification of Germany, in: Polish Western Affairs, Nr. 1/1991, S. 35–52.

McAdams, A. James: Revisiting the Ostpolitik in the 1990s, in: German Politics and Society, Nr. 21/1990, S. 49–60.

McAdams, A. James: Germany divided. From the Wall to Reunification, Princeton/New Jersey 1993.

Meckel, Markus: Das Schicksal Europas entscheidet sich in Osteuropa, in: Deutschland Archiv, Nr. 1/1992, S. 75–83.

Meckel, Markus/Martin Gutzeit: Opposition in der DDR. Zehn Jahre kirchliche Friedensarbeit, Köln 1994.

Meier-Walser, Reinhard: Deutschland, Frankreich und Großbritannien an der Schwelle zu einem neuen Europa, in: Außenpolitik, Nr. 4/1992, S. 334–343.

Meimeth, Michael: Frankreichs Sicherheitspolitik nach dem Ende des Ost-West-Konflikts (hg. von der Konrad-Adenauer-Stiftung), Sankt Augustin 1993.

Meissner, Boris: Die Wechselbeziehungen zwischen der Innen- und Außenpolitik Gorbatschows, in: Göttinger Arbeitskreis (Hg.): Sowjetpolitik unter Gorbatschow. Innen- und Außenpolitik 1985–1989, Berlin 1991, S. 87–114.

Menge, Marlies: »Ohne uns läuft nichts mehr«. Die Revolution in der DDR, Stuttgart 1990.

Merkl, Peter H.: German Unification in the European context, University Park/PA 1993.

Mertes, Michael u.a.: Europa ohne Kommunismus. Zusammenhänge, Aufgaben, Perspektiven, Bonn 1990.

Meuschel, Sigrid u.a.: Die DDR auf dem Weg zur deutschen Einheit. Probleme, Perspektiven, offene Fragen. Dreiundzwanzigste Tagung zum Stand der DDR-Forschung in der Bundesrepublik Deutschland. 5.–8.Juni 1990, Köln 1990.

Meyer, Carsten: Die Eingliederung der DDR in die EG, Köln 1993.

Meyer, Gerd: Die DDR-Machtelite in der Ära Honecker, Tübingen 1991.

Misselwitz, Hans: In Verantwortung für den Osten. Die Außenpolitik der letzten DDR-Regierung und ihre Rolle bei den »Zwei-plus-Vier«-Verhandlungen. In: Elke

Bruck/Peter M. Wagner (Hg.): Wege zum »2+4«-Vertrag. Die äußeren Aspekte der deutschen Einheit, München 1996.
Miszczak, Krzysztof: Deklaration und Realitäten. Die Beziehungen zwischen der Bundesrepublik Deutschland und der (Volks-)Republik Polen von der Unterzeichnung des Warschauer Vertrages bis zum Abkommen über gute Nachbarschaft und freundschaftliche Zusammenarbeit (1970–91), München 1993.
Mittag, Günter: Um jeden Preis. Im Spannungsfeld zweier Systeme, Berlin, Weimar 1991.
Mitterrand, François: Le coup d'État permanent. Neuauflage (1. Auflage 1964), Paris 1993.
Mitterrand, François: Über Deutschland, Frankfurt/M. 1998.
Modrow, Hans: Aufbruch und Ende, Hamburg 1991.
Modrow, Hans: Die Perestroika, wie ich sie sehe, Berlin 1998.
Modrow, Hans (mit Hans-Dieter Schütt): Ich wollte ein neues Deutschland, München 1999 (Berlin 1998).
Moens, Alexander: American Diplomacy and German Unification, in: Survival, Nr. 6/1991, S. 531–545.
Moisi, Dominique: Auf ein neues »Deutschland über alles«? Sorgen der französischen Eliten nach dem 9. November 1989, in: Günter Trautmann (Hg.): Die häßlichen Deutschen? Deutschland im Spiegel der westlichen und östlichen Nachbarn, Darmstadt 1991, S. 209–211.
Mommsen, Margareta: Wohin treibt Rußland? Eine Großmacht zwischen Anarchie und Demokratie, München 1996.
Momper, Walter: Vier Tage im November, Hamburg 1990.
Momper, Walter u.a.: Bilder aus Berlin. Der Weg zur deutschen Einheit, Berlin 1990.
Müller, Manfred: Deutschlands Rolle in einem neugestalteten europäischen Sicherheitssystem, in: Europa-Archiv, Nr. 6/1990, S. 221–224.
Müller, Reinhard: Der »2+4«-Vertrag und das Selbstbestimmungsrecht der Völker, Frankfurt/M. u.a. 1995.
Münch, Ingo von/Thomas Oppermann/Rolf Stödter (Hg.): Finis Germaniae? Zur Lage Deutschlands nach den Ostverträgen und Helsinki, Frankfurt/M. 1977.
Münch, Ingo von (Hg.): Dokumente der Wiedervereinigung Deutschlands. Quellentexte zum Prozeß der Wiedervereinigung von der Ausreisewelle aus der DDR über Ungarn, die ČSSR und Polen im Spätsommer 1989 bis zum Beitritt der DDR zum Geltungsbereich des Grundgesetzes der Bundesrepublik Deutschland, Stuttgart 1991.
Munske, Barbara: The Two plus Four Negotiations from a German-German Perspective. An Analysis of Perception, Hamburg 1994.
Murswiek, Dietrich, u.a.: Die Vereinigung Deutschlands. Aspekte innen-, außen- und wirtschaftspolitischer Beziehungen und Bindungen, Berlin 1992.
Muszynski, Bernhard (Hg.): Deutsche Vereinigung. Probleme der Integration und der Identifikation, Opladen 1991.
Nakath, Detlef/Gerd-Rüdiger Stephan: Countdown zur deutschen Einheit. Eine dokumentierte Geschichte der deutsch-deutschen Beziehungen 1987–1990, Berlin 1996.
Nakath, Detlef/Gero Neugebauer/Gerd-Rüdiger Stephan (Hg.): Im Kreml brennt noch Licht. Die Spitzenkontakte zwischen SED/PDS und KPdSU 1989–1991, Berlin 1998.
Natter, Erik: Die inneren Ursachen des Umbruchs in der DDR. Eine Analyse der politisch-kulturellen Debatten 1989–1991, Mainz 1994.
Neckermann, Peter: The Unification of Germany – or the Anatomy of a Peaceful Revolution, New York 1991.
Neubold, Hanspeter: Die deutsche Wiedervereinigung und ihre Folgen, in: ders./Paul Luif (Hg.): Das außenpolitische Bewußtsein der Österreicher. Aktuelle internationale Probleme im Spiegel der Meinungsforschung, Wien 1992.

Neustadt, Amnon: Israelische Reaktionen auf die Entwicklung in Deutschland, in: Europa-Archiv, Nr. 11/1990, S. 351–358.
Niethammer, Lutz: Juden und Russen im Gedächtnis der Deutschen, in: Walther Pehle (Hg.): Der Ort des Nationalsozialismus in der Geschichte, Frankfurt/M. 1989, S. 114–134.
Niethammer, Lutz/Alexander v. Plato/Dorothee Wierling: Die volkseigene Erfahrung. Eine Archäologie des Lebens in der Industrieprovinz der DDR. 30 biographische Eröffnungen, Berlin 1991.
Ninkovich, Frank A.: Germany and the United States. The Transformation of the German Question since 1945, New York u.a. 1995.
Nitsche, Rudof: Diplomat im besonderen Einsatz. Eine DDR-Biographie, Schkeuditz 1994.
Oberdorfer, Don: The Turn. From the Cold War to a New Era. The United States and the Soviet Union 1983–1990, New York 1991.
Oeser, Edith: Zwei plus Vier gleich Fünf? Vier Mächte und zwei deutsche Staaten, in: Blätter für deutsche und internationale Politik, Nr. 4/1990, S. 426–433.
Oldenburg, Fred: Die Deutschlandpolitik Gorbatschows 1985–1991, Köln 1992.
Oldenburg, Fred: Moskau und die Wiedervereinigung Deutschlands, Köln 1991.
Palazchenko, Pavel: My Years with Gorbachev and Shevardnadze. The Memoirs of a Soviet Interpreter. With a Foreword by Don Oberdorfer, University Park/PA 1997.
Pawlow, Nikolaj: Die deutsche Vereinigung aus sowjet-russischer Perspektive. Ein Bericht zur Lösung der deutschen Frage versehen mit Kommentaren und historischen Rückblicken, Frankfurt/M. 1996.
Pfeiler, Wolfgang: Moskau und die deutsche Frage, in: Karl-Dietrich Bracher/Manfred Funke/Hans-Peter Schwarz (Hg.): Deutschland zwischen Krieg und Frieden. Beiträge zur Politik und Kultur im 20. Jahrhundert (Festschrift für Hans-Adolf Jacobsen), Bonn 1990, S. 182–197.
Pfeiler, Wolfgang: Gorbatschows Deutschlandpolitik, in: Göttinger Arbeitskreis (Hg.): Sowjetpolitik unter Gorbatschow. Die Innen- und Außenpolitik der UdSSR 1985–1990, Berlin 1991.
Pflüger, Friedbert/Winfried Lipscher (Hg.): Feinde werden Freunde. Von den Schwierigkeiten der deutsch-polnischen Nachbarschaft, Bonn 1993.
Picht, Robert: Deutsch-französische Beziehungen nach dem Fall der Mauer. Angst vor »Großdeutschland«, in: Integration, Nr. 2/1990, S. 47–58.
Pittmann, Avril: From Ostpolitik to Reunification. West German-Soviet political relations since 1974, Cambridge 1992.
Plato, Alexander von: Geschichte und Psychologie – Oral History und Psychoanalyse, in: BIOS – Zeitschrift für Biographieforschung und Oral History 2/1998 (Jg. 11).
Plato, Alexander von: »Entstasifizierung« im Öffentlichen Dienst der neuen Bundesländer nach 1989. Umorientierung und Kontinuität in der Lehrerschaft, in: Jahrbuch für Historische Bildungsforschung, Band 5, Bad Heilbrunn/Obb. 1999, S. 313–342.
Plato, Alexander von: Erfahrungsgeschichte der DDR, Studienbrief der Fernuniversität Hagen 2000.
Plato, Alexander von: Zeitzeugen und die historische Zunft, in: BIOS – Zeitschrift für Biographieforschung und Oral History 1/2000 (Jg. 13), S. 5–29.
Plato, Alexander von: Widersprüchliche Erinnerungen. Internationale Protagonisten der Wiedervereinigung und nationale Vereinigungsmythen, in: Timmermann, Heiner (Hg.): Deutsche Fragen – von der Teilung zur Einheit, Saarbrücken 2002.
Pogorelskaja, Swetlana W.: Deutsche Politik aus russischer Sicht, in: Die politische Meinung, Nr. 290/1994, S. 77–92.

Pond, Elizabeth: Die Entstehung von »Zwei-plus-Vier«, in: Europa-Archiv, Nr. 21/1992, S. 619–630.

Pond, Elizabeth: Beyond the Wall. Germany's Road to Unification, New York 1993.

Poppe, Gerd: Begründung und Entwicklung internationaler Verbindungen, in: Eberhard Kuhrt (Hg.): Opposition in der DDR von den 70er Jahren bis zum Zusammenbruch der SED-Herrschaft, Opladen 1999, S. 349 ff.

Posser, Diether: Die Deutsche Frage. »Wiedervereinigung« und »Oder-Neiße-Grenze«, in: S+F Vierteljahresschrift für Sicherheit und Frieden, Nr. 1/1990, S. 2–8.

Pradetto, August: Europa nach der Revolution. Ost und West vor säkularen Herausforderungen, in: Aus Politik und Zeitgeschichte, Nr. B6/1992, S. 3–10.

Pravda, Alex: Linkages between Soviet domestic and Foreign Policy under Gorbachev, in: Frederic J. Fleron/Erik P. Hoffmann/Robbin F. Laird (Hg.): Soviet Foreign Policy. Classic and contemporary Issues, New York 1991, S. 424–443.

Presse- und Informationsamt der Bundesregierung (Hg.) (mehrfach 1989/1990)

Priesnitz, Walter: Zur Freiheit durch Ungarn. Die Öffnung der ungarischen Grenze in der Nacht vom 10. auf den 11. September 1989, (Symposium 8. September 1994, hg. von der Konrad-Adenauer-Stiftung, Sankt Augustin 1994).

Priewe, Jan/Rudof Hickel: Der Preis der Einheit. Bilanz und Perspektiven der deutschen Vereinigung, Frankfurt/M. 1991.

Prokop, Siegfried (Hg.); Die kurze Zeit der Utopie. Die »zweite DDR« im vergessenen Jahr 1989/1990, Berlin 1994.

Pruys, Karl Hugo: Helmut Kohl. Die Biographie, Berlin 1995.

Przybylski, Peter: Tatort Politbüro. Bd. 1: Die Akte Honecker, Berlin 1991.

Przybylski, Peter: Tatort Politbüro. Bd. 2: Honecker, Mittag, Schalck-Golodkowski, Berlin 1992.

Raap, Christian: Militärische Aspekte der Souveränität der Bundesrepublik Deutschland, in: Zeitschrift für Rechtspolitik 1990, S. 320 ff.

Rae, Nicol C.: Die amerikanische und britische Reaktion auf die Wiedervereinigung Deutschlands, in: Zeitschrift für Politik, Nr. 1/1992, S. 24–33.

Range, Peter Ross: When Walls Come Tumbling Down: Covering The East German Revolution (Woodrow Wilson International Center), Washington/DC 1991.

Rauschning, Dietrich: Der deutsch-deutsche Staatsvertrag als Schritt zur Einheit Deutschlands, in: Aus Politik und Zeitgeschichte, Nr. B33/1990, S. 3–16.

Reading, Brian: The Fourth Reich, London 1995.

Rechberg, Christoph (Hg.): Restitutionsverbot. Die »Bodenreform« 1945 als Finanzierungsinstrument für die Wiedervereinigung Deutschlands 1990. Eine Dokumentation, München, Landsberg/L. 1996.

Reich, Jens: Rückkehr nach Europa, München u.a. 1991.

Rein, Gerhard: Die Opposition in der DDR, Berlin 1989.

Reiss, Jürgen: Die Erfolgsgeschichte. Die amerikanische Deutschlandpolitik und der Wandel in Europa, in: Die politische Meinung, Nr. 251/1990, S. 11–18.

Reißig, Rolf/Gerd-Joachim Glaeßner (Hg.): Das Ende des Experiments. Umbruch in der DDR und deutsche Einheit, Berlin 1991.

Renan, Ernest: Was ist eine Nation und andere politische Schriften, Wien, Bozen 1995 (urspr. 1882).

Ress, Georg: Die abschließende Regelung in bezug auf Deutschland. Garantiefunktion der Vier Mächte? In: Ulrich Beyerlin u.a. (Hg.): Recht zwischen Umbruch und Bewahrung. Festschrift für Rudolf Bernhardt, Heidelberg 1995, S. 825–850.

Reunification of Germany. Themenheft der Zeitschrift für ausländisches öffentliches Recht und Völkerrecht, Nr. 2/1991.

Reuter, Ute (Hg.): Dokumentation zur politischen Entwicklung in der DDR und zu den innerdeutschen Beziehungen. April 1990, Bonn 1990.
Reuter, Ute/Thomas Schulte (Hg.): Dokumentation zur Entwicklung der neuen Parteien und Bürgerrechtsgruppen in der DDR, Bonn 1990.
Reuth, Ralf Georg/Andreas Bönte: Das Komplott. Wie es wirklich zur deutschen Einheit kam, München 1993.
Rice, Condoleezza: Is Gorbachev Changing the Rules of Defense Decision-Making? In: Frederic J. Fleron/Erik P. Hoffmann/Robbin F. Laird (Hg.): Soviet Foreign Policy. Classic and contemporary Issues, New York 1991, S. 488–508.
Riese, Hans-Peter: Die Geschichte hat sich ans Werk gemacht. Der Wandel der sowjetischen Position zur deutschen Frage, in: Europa-Archiv, Nr. 4/1990, S. 117–126.
Robert Bosch Stiftung GmbH (Hg.): »Das neue Deutschland im neuen Europa. Zwei Jahre nach der Vereinigung«. Analyse und Dokumentation 1992, Stuttgart 1993.
Roberts, Geoffrey K.: German Reunification, in: West European Politics, Nr. 4/1994, S. 202–207.
Rogner, Klaus Michael: Der Verfassungsentwurf des Zentralen Runden Tisches der DDR, Berlin 1993.
Rometsch, Dietrich: The Federal Republic of Germany and the European Union. Patterns of institutional and administrative interaction, Birmingham 1995.
Rotfeld, Adam Daniel: Polen und Mitteleuropa. Zwischen Deutschland und Russland, in: Gottfried Niedhart/Detlef Junker/Michael W. Richter (Hg.): Deutschland in Europa. Nationale Interessen und internationale Ordnung im 20. Jahrhundert, Mannheim 1997, S. 131–147.
Rouget, Werner: Grundpositionen französischer Außenpolitik unter Mitterrand, in: Deutsch-Französisches Institut (Hg.): Frankreich-Jahrbuch 1989. Politik, Wirtschaft, Gesellschaft, Geschichte, Kultur, Opladen 1989, S. 67–80.
Sagladin, Wadim: Und jetzt Welt-Innenpolitik. Die Außenpolitik der Perestroika, Rosenheim 1990.
Sana, Heleno: Das Vierte Reich. Deutschlands später Sieg, Hamburg 1990.
Sarotte, Mary E.: Elite Intransigence and the End of the Berlin Wall, in: German Politics, Nr. 2/1993, S. 270–287.
Sauzay, Brigitte: Die rätselhaften Deutschen. Die Bundesrepublik von außen gesehen, Stuttgart 1986.
Schabowski, Günter: Der Absturz, Berlin 1991a.
Schabowski, Günter: Das Politbüro. Ende eines Mythos. Eine Befragung hg. von Frank Sieren und Ludwig Koehne, Reinbek 1991b.
Schabowski, Günter: Abschied von der Utopie, Stuttgart 1994.
Schabowski, Günter: Beitrag in: Am Ende des realen Sozialismus. Beiträge zu einer Bestandsaufnahme der DDR-Wirklichkeit in den 80er Jahren, Opladen 1996 (hg. von Eberhard Kuhrt im Auftrag des Bundesministeriums des Innern).
Schabowski, Günter: Interview mit Günter Schabowski. Das Ex-Politbüro-Mitglied über zehn Jahre Einheit und die PDS, in: Wirtschaftswoche 1999 , 39, S. 32–42.
Schachnasarow, Georgi: Preis der Freiheit. Eine Bilanz von Gorbatschows Berater, hg. von Frank Brandenburg, Bonn 1996.
Schäuble, Wolfgang: 40 Jahre getrennte Entwicklung – Deutschlandpolitische Positionen und Handlungsfelder (Rede vor der Evangelischen Akademie in Bad Boll am 25.2.1989), in: Texte zur Deutschlandpolitik, 1989, S. 43–55.
Schäuble, Wolfgang: Die polnische Heimat. Nach der Anerkennung der deutsch-polnischen Grenze. In: Die politische Meinung, Nr. 252/1990, S. 4–10.

Schäuble, Wolfgang: Der Vertrag. Wie ich über die deutsche Einheit verhandelte. Hg. und mit einem Vorwort versehen von Dirk Koch und Klaus Wirtgen, Stuttgart 1991 (1991a).

Schäuble, Wolfgang: Der Einigungsvertrag – Vollendung der Einheit Deutschlands in Freiheit, in: Guggenberger, Bernd/Tine Stein (Hg.): Die Verfassungsdiskussion im Jahr der deutschen Einheit. Analysen – Hintergründe – Materialien, München, Wien 1991, S. 283–306 (1991b).

Schenk, Fritz: Deutsche Ratlosigkeit. Gorbatschow setzt Westen unter Zugzwang, in: Deutschland Archiv, Nr. 3/1990, S. 388–390.

Schewardnadse, Eduard: Hauptziel Perestrojka. Sowjetische Außenpolitik im Dienst der Umgestaltung. In: Die politische Meinung, Nr. 251/1990, S. 4–10.

Schewardnadse, Eduard: Die Zukunft gehört der Freiheit, Reinbek bei Hamburg 1991 (Ausgabe von 1993).

Schildt, Bernd: Bodenreform und deutsche Einheit, in: Deutsch-Deutsche Rechts-Zeitschrift, Nr. 4/1992, S. 97–102.

Schiller, Karl: Der schwierige Weg in die offene Gesellschaft. Kritische Anmerkungen zur deutschen Vereinigung, Berlin 1994.

Schlotter, Peter: Die 2+4-Verhandlungen und der KSZE-Prozeß, in: Beate Kohler-Koch: Weichenstellung für ein neues Europa, Mannheim 1992, S. 65–87.

Schmidt, Helmut: Deutschlands Rolle im neuen Europa, in: Europa-Archiv, Nr. 21/1991, S. 611–624.

Schoch, Bruno: Deutschlands Einheit und Europas Zukunft, Frankfurt/M. 1992.

Schöllgen, Gregor: Angst vor der Macht. Die Deutschen und ihre Außenpolitik, Berlin, Frankfurt/M. 1993.

Scholz, Rupert: Deutsche Frage und europäische Sicherheit. Sicherheitspolitik in einem sich einigenden Deutschland und Europa, in: Europa-Archiv, Nr. 7/1990, S. 239–246.

Schönbohm, Jörg: Zwei Armeen und ein Vaterland. Das Ende der Nationalen Volksarmee, Berlin 1992.

Schrader, Lutz: Mitterrands Europapolitik oder der lange Abschied vom Gaullismus, in: Aus Politik und Zeitgeschichte, Nr. B32/1993.

Schröder, Hans-Henning: Sowjetische Rüstungs- und Sicherheitspolitik zwischen »Stagnation« und »Perestroika«. Eine Untersuchung der Wechselbeziehung von auswärtiger Politik und innerem Wandel in der UdSSR. 1979–1991, Baden-Baden 1995.

Schuh, Petra/Bianca M. von der Weiden: Die deutsche Sozialdemokratie 1989/90. SDP und SPD im Einigungsprozeß, München 1997.

Schürer, Gerhard: Gewagt und verloren. Eine deutsche Biographie, Berlin 1998 (4. Auflage).

Schütze, Walter: Außen- und Sicherheitspolitik unter Mitterrand, in: Europa-Archiv, Nr. 20/1982, S. 591–602.

Schütze, Walter: De la »note Staline« à la conférence »2+4«. La réunification allemande en perspective, in: Politique étrangère, Nr. 1/1991, S. 21–39.

Schützsack, Axel: Exodus in die Einheit. Die Massenflucht aus der DDR 1989, Melle 1990.

Schwarz, Hans-Peter: Das Gesicht des Jahrhunderts. Monster, Retter und Mediokritäten, Berlin 1998.

Seebacher-Brandt, Brigitte: Die Linke und die Einheit, Berlin 1991.

Seiffert, Wolfgang: Die Deutschen und Gorbatschow. Chancen für einen Interessenausgleich, Erlangen, Bonn, Wien 1989.

Semjonow, Wladimir S.: Von Stalin bis Gorbatschow. Ein halbes Jahrhundert in diplomatischer Mission. 1939–1991, Berlin 1995.

Sheehy, Gail: Gorbatschow. Der Mann, der die Welt verändert hat, Hamburg 1992.
Shumaker, David H.: Gorbachev and the German Question. Soviet-West German Relations 1985–1990, Westport/CT 1995.
Simon, Gerhard/Nadja Simon: Verfall und Untergang des sowjetischen Imperiums, München 1993.
Simons, Thomas W.: The End of the cold war, New York 1990.
Skubiszewski, Krzysztof: Die völkerrechtliche und staatliche Einheit des deutschen Volkes und die Entwicklung in Europa, in: Europa-Archiv, Nr. 6/1990, S. 195–202.
Smyser, William R.: U.S.S.R. – Germany. A Link Restored, in: Foreign Policy, Fall 1991, S. 125–141.
Sodaro, Michael J.: Moscow, Germany and the West: From Khrushchev to Gorbachev, Ithaca/NY 1990.
Spence, David: The European Community and German Unification, in: German Politics, Nr. 3/1992, S. 136–163.
Spittmann, Ilse/Gisela Helwig (Hg.): Die DDR auf dem Weg zur deutschen Einheit. Probleme, Perspektiven, offene Fragen, Köln 1990.
Staack, Michael: Die Außenpolitik der Bundesrepublik auf dem Weg in ein neues Europa. Westintegration und Ostpolitik unter veränderten Bedingungen, in: Aus Politik und Zeitgeschichte, Nr. B4-5/1990, S. 20–30.
Staack, Michael (Hg.): Aufbruch nach Gesamteuropa. Die KSZE nach der Wende im Osten, Münster 1992.
Staadt, Jochen (Hg.): Auf höchster Stufe. Gespräche mit Erich Honecker, Berlin 1995.
Staden, Berndt von: Das vereinigte Deutschland in Europa, in: Europa-Archiv, Nr. 23/1990, S. 685–690.
Stares, Paul B.: The New Germany and the New Europe, Washington D.C. 1992.
Stephan, Gerd R.: »Vorwärts immer, rückwärts nimmer!«. Interne Dokumente zum Zerfall der SED und DDR 1988/89, Berlin 1994.
Stern, Klaus/Bruno Schmidt-Bleibtreu (Hg.): Das Staatsrecht der Bundesrepublik Deutschland. Bd. 2: Einigungsvertrag und Wahlvertrag mit Vertragsgesetzen, Begründungen, Erläuterungen und Materialien, München 1990.
Stern, Klaus/Bruno Schmidt-Bleibtreu (Hg.): Das Staatsrecht der Bundesrepublik Deutschland. Bd. 3: Zwei-plus-Vier-Vertrag, Partnerschaftsverträge, EG-Maßnahmenpaket mit Begründungen und Materialien, München 1991.
Stern, Klaus: Der Zwei-plus-Vier-Vertrag. Das völkerrechtliche Grundsatzdokument zur Wiederherstellung der Deutschen Einheit. In: Bayerische Verwaltungsblätter, Nr. 17/1991, S. 523–529.
Stern, Klaus: Die Wiederherstellung der deutschen Einheit. Retrospektive und Perspektive, Opladen 1992.
Stinnes, Manfred: Die amerikanische Europa-Politik und die Ost-West-Beziehungen, in: Aus Politik und Zeitgeschichte, Nr. B45/1989, S. 14–24.
Stokes, Gale: The Wall Came Tumbling Down. The Collapse of Communism in Eastern Europe, New York 1993.
Stoltenberg, Gerhard: Wendepunkte. Stationen deutscher Politik 1976–1991, Berlin 1997.
Süß, Walter: Ende und Aufbruch. Von der DDR zur neuen Bundesrepublik Deutschland, Frankfurt/M. 1992.
Süß, Walter: Staatssicherheit am Ende, Berlin 1999.
Szabo, Stephen F.: The Diplomacy of German Unification, New York 1992.
Tamas, Paul: A Troubled Legacy for Eastern European Jews, in: Transition, Nr. 3/1996, S. 19–21.

Teltschik, Horst: Interview im Bonner Generalanzeiger vom 6.7.1989, S. 13.
Teltschik, Horst: Die Bundesrepublik Deutschland und Polen. Eine schwierige Partnerschaft im Herzen Europas, in: Außenpolitik, Nr. 1/1990, S. 3–14.
Teltschik, Horst: 329 Tage. Innenansichten der Einigung, Berlin 1991.
Tessmer, Carsten: Innerdeutsche Parteienbeziehungen vor und nach dem Umbruch in der DDR, in: Deutsche Studien, Nr. 114/1991, S. 179–206.
Texte zur Deutschlandpolitik Reihe III/Bd. 8a – 1990, hg. vom Bundesministerium für innerdeutsche Beziehungen, Bonn 1991 (zitiert als TzD).
Texte zur Deutschlandpolitik Reihe III/Bd. 8b – 1990, hg. vom Bundesministerium für innerdeutsche Beziehungen, Bonn 1991 (zitiert als TzD).
Thatcher, Margaret: Downing Street No. 10. Die Erinnerungen, Düsseldorf, Wien, New York, Moskau 1993. Die englische Fassung lautet: Downing Street years, London 1993.
Thaysen, Uwe: Der Runde Tisch. Oder: Wo blieb das Volk? Der Weg der DDR in die Demokratie, Opladen 1990.
Thies, Jochen/Wolfgang Wagner (Hg.): Das Ende der Teilung. Der Wandel in Deutschland und Osteuropa in Beiträgen und Dokumenten aus dem Europa-Archiv, Bonn 1990.
Thomas, Caroline/Klaus-Peter Weiner (Hg.): Auf dem Weg zur Hegemonialmacht? Die deutsche Außenpolitik nach der Vereinigung, Köln 1993.
Tietmeyer, Hans: Erinnerungen an die Vertragsverhandlungen, in: Theo Waigel/Manfred Schell: Tage, die Deutschland und die Welt veränderten: Vom Mauerfall bis zum Kaukasus. Die deutsche Währungsunion, München 1994, S. 57–117.
Timm, Angelika: Alles umsonst? Verhandlungen zwischen der Claims Conference und der DDR über »Wiedergutmachung« und Entschädigung, Berlin 1996.
Timmermann, Heiner (Hg.): Deutsche Fragen – von der Teilung zur Einheit, Saarbrücken 2002.
Timofeewa, Tatjana in: Die Gorbatschow-Zeit: Ansichten dreier Generationen, in: BIOS – Zeitschrift für Biographieforschung, Oral History und Lebensverlaufsanalysen, Heft 1/2002.
Trautmann, Günter (Hg.): Die häßlichen Deutschen. Deutschland im Spiegel der westlichen und östlichen Nachbarn, Darmstadt 1991.
Tschernajew, Anatoli: Die letzten Jahre einer Weltmacht. Der Kreml von innen, Stuttgart 1993.
Tschernajew (Chernaiev, [Cernaev], Anatoli): Gorbachev and the Reunification of Germany. Personal Recollections, in: Gabriel Gorodetsky (Hg.): Soviet Foreign Policy, 1917–1991. A retrospective, London 1994, S. 158–169.
Turner, Henry A.: Germany from partition to Reunification, New Haven 1992.
Umbach, Frank: Die Rolle des sowjetischen Generalstabes im politischen Entscheidungsprozeß unter Gorbatschow, Köln 1992.
Unger, Frank: Strategische Partnerschaft. Eine Carnegie-Studie zur Zukunft der deutsch-amerikanischen Beziehungen, in: Blätter für deutsche und internationale Politik, Nr. 3/1994, S. 303–309.
Ungerer, Werner: Die Europäische Gemeinschaft und die Einigung Deutschlands, in: Blätter für deutsche und internationale Politik, Nr. 4/1990, S. 434–444.
Urban, George R.: Diplomacy and Disillusion at the Court of Margaret Thatcher. An Insider's View, London, New York 1991.
Uschner, Manfred: Die Ostpolitik der SPD. Sieg und Niederlage einer Strategie, Berlin 1991.

Van Oudenaren, John: The Role of Shevardnadze and the Ministry of Foreign Affairs in the Making of Soviet Defense and Arms Control Policy, Santa Monica/CA 1990.

Védrine, Hubert/Jean Musitelli: Les changements des années 1989–1990 et l`Europe de la Prochaine décennie, in: Politique éetrangère, Nr. 1/1991, S. 167–177.

Védrine, Hubert: Les mondes de François Mitterrand. À l`Elysee 1981–1995, Paris 1996.

Veen, Hans-Joachim: Die Westbindung der Deutschen in einer Phase der Neuorientierung, in: Europa-Archiv, Nr. 2/1991, S. 31–40.

Vernet, Daniel: L`Ostpolitik de Weimar à Berlin, in: Politique étrangère, Nr. 1/1994, S. 273–281.

Villain, Jean: Die Revolution verstößt ihre Väter. Aussagen und Gespräche zum Untergang der DDR, Bern 1990.

Vogel, Heinrich: Die Vereinigung Deutschlands und die Wirtschaftsinteressen der Sowjetunion, in: Europa-Archiv, Nr. 13/1990, S. 408–414.

Vogtmeier, Andreas: Egon Bahr und die deutsche Frage. Zur Entwicklung der sozialdemokratischen Ost- und Deutschlandpolitik vom Kriegsende bis zur Vereinigung, Bonn 1996.

Voigt, Karsten D.: Deutsche Einheit und gesamteuropäische Ordnung des Friedens und der Freiheit, in: Deutschland Archiv, Nr. 4/1990, S. 562–567.

Volle, Angelika: Großbritannien und die deutsche Einheit. Die Auswirkungen des 9. November auf die britische Regierungspolitik. In: Jochen Thies/Günther van Well (Hg.): Auf der Suche nach der Gestalt Europas. Festschrift für Wolfgang Wagner, Bonn 1990, S. 130–144.

Voslensky, Michael S.: Das Geheime wird offenbar. Moskauer Archive erzählen 1917–1991, München 1995.

Voß, Hans: Die Konferenz für Sicherheit und Zusammenarbeit in Europa und die DDR, in: Zeitschrift für Geschichtswissenschaft, Nr. 12/1993, S. 1061–1070.

Waever, Ole: Three competing Europes: German, French, Russian, in: International Affairs (London), Nr. 7/1990, S. 477–493.

Wagenlehner, Günther: Der Systemwandel in Osteuropa und in der DDR als Folge der Perestrojka, in: Göttinger Arbeitskreis (Hg.): Die revolutionäre Umwälzung in Mittel- und Osteuropa. Berlin 1993, S. 7–30.

Wagensohn, Tanja: Die sowjetische Position im Zwei-plus-Vier-Prozeß, München 1996.

Waigel, Theo/Manfred Schell: Tage, die Deutschland und die Welt veränderten: Vom Mauerfall bis zum Kaukasus. Die deutsche Währungsunion, München 1994.

Wallach, H. G. Peter/Ronald A. Francisco: United Germany. The Past, Politics, Prospects, Westport/CT 1992.

Walters, Vernon A.: Die deutsche Frage aus internationaler Sicht. Der amerikanische Standpunkt zur europäischen Sicherheit und zur deutschen Frage (Friedrich-Ebert-Stiftung, Vortrag im Arbeitsbereich »Deutschlandpolitisches wissenschaftliches Forum«), Bonn 18. Januar 1990.

Walters, Vernon A.: Die Vereinigten Staaten und die europäische Sicherheit nach der Vereinigung Deutschlands, in: Europa-Archiv, Nr. 22/1990, S. 655–662.

Walters, Vernon A.: Die USA und die deutsche Einheit, in: Die politische Meinung, Nr. 262/1991, S. 4–9.

Walters, Vernon A.: Die Vereinigung war voraussehbar. Hinter den Kulissen eines entscheidenden Jahres. Die Aufzeichnungen des amerikanischen Botschafters, Berlin 1994.

Wambach, Lovis M.: Der Einigungsvertrag und die völkerrechtlichen Verträge der ehemaligen DDR unter besonderer Berücksichtigung der Kompetenzen der Europäischen

Gemeinschaften, in: Recht in Ost und West. Zeitschrift für Rechtsvergleichung und innerdeutsche Probleme, 1991, S. 334–336.
Warbeck, Hans-Joachim: Die deutsche Revolution 1989/90. Die Herstellung der staatlichen Einheit, Berlin 1991.
Weber, Hermann: Die DDR 1945–1990, München 1993.
Wec, Józef-Janusz: Die polnische Haltung zum deutschen Einigungsprozeß. Eine Bilanz, in: Deutschland Archiv, Nr. 5/1991, S. 519–529.
Weidenfeld, Werner (Hg.): Die Deutschen und die Architektur des Europäischen Hauses. Materialien zu den Perspektiven Deutschlands, Köln 1990.
Weidenfeld, Werner u.a.: Die doppelte Integration. Europa und das größere Deutschland, Gütersloh 1991.
Weidenfeld, Werner/Karl-Rudof Korte (Hg.): Handbuch zur deutschen Einheit, Frankfurt/M., New York 1993.
Weidenfeld, Werner: Außenpolitik für die deutsche Einheit. Die Entscheidungsjahre 1989/90, Stuttgart 1998.
Weisenfeld, Ernst: Mitterrands Europäische Konföderation. Eine Idee im Spannungsfeld der Realitäten, in: Europa-Archiv, Nr.17/1991, S. 513–518.
Weisenfeld, Ernst: Deutschland, Frankreich und der Osten Europas. Pariser Sorgen um ein neues europäisches Gleichgewicht, in: Dokumente, Nr. 3/1992, S. 192–204.
Weiß, Robert: Chronik eines Zusammenbruchs. Der »heiße« Herbst 1989 und seine Folgen in den Ländern des Warschauer Paktes, Berlin 1990.
Welfens, Paul J. J. (Hg.): Economic Aspects of German Unification. National and International Perspectives, Berlin u.a. 1992.
Weston, Charles: Die USA und der politische Wandel in Europa, in: Aus Politik und Zeitgeschichte, Nr. B49/1990, S. 28–36.
Wettig, Gerhard: Rußland und Deutschland in einem neuen System der europäischen Sicherheit, Köln 1992.
Wettig, Gerhard: Moscow's Acceptance of NATO: The Catalytic Role of German Unification, in: Europe-Asia Studies, Nr. 6/1993, S. 953–972. (1993a)
Wettig, Gerhard: Die Rolle der UdSSR bei der Vereinigung Deutschlands, in: Konrad Löw (Hg.): Ursachen und Verlauf der deutschen Revolution 1989, Berlin 1993, S. 45–63. (1993b)
Wettig, Gerhard: Konzept und Realität der deutschen Vereinigung. In: Deutschland- Archiv, Nr. 1–2/1997, S. 124–131.
Wewer, Göttrik (Hg.): DDR. Von der friedlichen Revolution zur deutschen Vereinigung, Opladen 1990.
Wilke, Manfred: Der Schlüssel zur Einheit, in: Die politische Meinung, Nr. 255/1991, S. 69–76.
Wilms, Dorothee: Probleme und Perspektiven der Deutschlandpolitik (Rede vor dem deutschlandpolitischen Forum der Friedrich-Ebert-Stiftung in Bonn vom 24.1.1989), in: Texte zur Deutschlandpolitik 1989, S. 26–37.
Wilms, Günter E.: The Legal Status of Berlin after the Fall of the Wall and German Reunification, in: Zeitschrift für ausländisches öffentliches Recht und Völkerrecht, Nr. 2/1991, S. 470–493.
Wimmer, Micha u.a.: Wir sind das Volk. Die DDR im Aufbruch. Eine Chronik in Dokumenten und Bildern, München 1990.
Wolf, Markus: In eigenem Auftrag. Bekenntnisse und Einsichten, München 1991.
Wolf, Reinhard: Opfer des eigenen Erfolgs? Perspektiven der NATO nach dem Kalten Krieg. In: Aus Politik und Zeitgeschichte, Nr. B13/1992, S. 3–16.

Wolff-Poweska, Anna: Polen und Deutsche in einem sich vereinigenden Europa, in: Europa-Archiv, Nr. 22/1990, S. 679–684.

Wolffsohn, Michael: Der außenpolitische Weg zur deutschen Einheit. Das Ausland und die vollendeten Tatsachen, in: Eckhard Jesse/Armin Mitter (Hg.): Die Gestaltung der deutschen Einheit. Geschichte – Politik – Gesellschaft, Bonn 1993, S. 142–162.

Wolfrum, Rüdiger: Die Bundesrepublik Deutschland im Verteidigungsbündnis, in: Isensee, Josef/Paul Kirchhof (Hg.): Handbuch des Staatsrechts der Bundesrepublik Deutschland. Bd. 7: Normativität und Schutz der Verfassung – Internationale Beziehungen, Heidelberg 1992, S. 647–667.

Wörner, Manfred: Die Atlantische Allianz in den neunziger Jahren. In: Europa-Archiv, Nr. 3/1991, S. 61–70.

Woyke, Wichard: Gesellschaftliche Grundlagen der französischen Sicherheitspolitik und ihre Auswirkungen auf die deutsch-französischen Beziehungen, in: Wolfgang Asholt/Heinz Thoma (Hg.): Frankreich – ein unverstandener Nachbar, Bonn 1990, S. 87–99.

Wrede, Hans-Heinrich: KSZE in Wien. Kursbestimmung für Europas Zukunft, Köln 1990.

Wuthe, Gerhard: Einheit der Nation. Traum oder Trauma der Sozialdemokratie, in: Deutschland Archiv, Nr. 11/1991, S. 1170–1179.

Yost, David S.: France in the New Europe, in: Foreign Affairs, Nr. 5/1990, S. 107–128.

Zanetti, Benno: Der Weg zur Deutschen Einheit. 9. November 1989 – 3. Oktober 1990 mit den wichtigsten Reden, München 1991.

Zelikow, Philip/Condoleeza Rice: Sternstunde der Diplomatie. Die deutsche Einheit und das Ende der Spaltung Europas, Berlin 1997 (amerikanische Ausgabe 1995).

Zellner, Wolfgang: Die Verhandlungen über Konventionelle Streitkräfte in Europa. Konventionelle Rüstungskontrolle, die neue politische Lage in Europa und die Rolle der Bundesrepublik Deutschlands, Baden-Baden 1994.

Ziebura, Gilbert: Die deutsch-französischen Beziehungen seit 1945. Mythen und Realitäten. Überarbeitete und aktualisierte Neuausgabe, Stuttgart 1997.

Zimmermann, Friedrich: Politik mit Strauß und Kohl 1976–1991, München, Berlin 1991.

Der Spiegel vom 18. Dezember 1989.

Frankfurter Allgemeine Zeitung vom 11. November 1990.

Frankfurter Rundschau vom 9. November 1989.

Handelsblatt, Beilage 1990/48.

Horch und Guck, Heft 23 (2/1998).

Leipziger Volkszeitung vom 12. Dezember 1989.

Neues Deutschland vom 29. November 1989.

Spiegel-Redaktion (Hg.): 162 Tage Deutsche Geschichte, Hamburg 1990.

Stern vom 7. 12. 1999.

Stuttgarter Zeitung vom 10. Februar 1990.

Stuttgarter Zeitung vom 2. Dezember 1989.

Super-Illu Nr. 40 vom 28. September 2000.

Danksagung

Dieses Buch hat viele heimliche Mitautoren. Mein Dank geht daher zunächst an alle Interviewpartner, die sich zum Teil nicht ganz einfachen Fragen stellen mussten. Einige möchte ich besonders hervorheben: Anatoli Sergejewitsch Tschernajew vor allem, der mir den Zugang zu den Gorbatschow-Protokollen ermöglichte, obwohl er aus mindestens fünf Gesprächen wusste, dass ich bei großem Respekt und Sympathie für Gorbatschow und seine Mannschaft kritisch war, was deren Strategien zur Europa- und Deutschlandpolitik in der Vereinigungsperiode betrifft. Dasselbe gilt für die Bereitschaft Michail Sergejewitsch Gorbatschows, der auf meine sicherlich unangenehmen Fragen ironisch schrieb, ich solle nicht erwarten, dass er »Mitarbeiter des Projektes« werden wolle. Nikolai Portugalow bin ich ebenfalls sehr dankbar, weil er mir in mehreren Gesprächen nicht nur zur Realgeschichte der sowjetischen Deutschlandpolitik half, sondern auch vieles zu den Umgangsformen, den Beziehungen und den Konflikten innerhalb der sowjetischen Partei- und Staatshierarchien deutlich zu machen versuchte. Mehr als üblich halfen mir die Archivare und Mitarbeiterinnen in der Gorbatschow-Stiftung Sergej Lewowitsch Kuznezow, Tatjana Leonidowna Michailowskaja, Igor Anatoljewitsch Awerin und Tamara Alexejewna Alexandrowa sowie Natalja Petrowna Timofeewa und Swetlana Wespamjatnich.

In Deutschland sind es viele, denen ich danken möchte: vor allem Ulrich Lenze, dem Freund und Produzenten des ZDF-Zweiteilers »Deutschlandspiel«, mit dem ich von Beginn an inhaltlich eng und produktiv zusammenarbeiten konnte (was bei Produzenten nicht immer der Fall sein dürfte), dem Regisseur Hans-Christoph Blumenberg und dem Rechercheur Thomas Schuhbauer, die mir die Erlaubnis gaben, ihre Interviews auszuwerten, ebenso wie Guido Knopp von der zeitgeschichtlichen Redaktion des Zweiten Deutschen Fernsehens, den Mitarbeiterinnen und Mitarbeitern der Stiftung Archiv der Parteien und Massenorganisationen der DDR im Bundesarchiv in Berlin, besonders Frau Nestler und Frau Schröder.

Unter den deutschen Interviewpartnern bin ich Lothar de Maizière besonders dankbar, der mir mehrfach auch telefonisch half, ebenso Horst Teltschik, der vielfältige Nachfragen zur Kanzleramtspolitik im Allgemeinen und zur deutsch-sowjetischen im Besonderen ertragen musste.

Materiell halfen in einer mir sonst nie begegneten schnellen und unbürokratischen Weise: Jens Mittelsten Scheid und Sigrid Taal von der ERTOMIS-Stiftung, ohne die ich nicht einmal zum Lesen der sowjetischen Dokumente gekommen wäre, außerdem die »Gesellschaft der Freunde der FernUniversität«, die Stadt Lüdenscheid, die Stadtsparkasse Lüdenscheid und viele aus der Verwaltung der FernUniversität, von denen ich namentlich nur nennen kann: Irene Becker-Otto, Jürgen Deitelhoff, Volker Feigenspan und Klaus Krukowka.

An der inhaltlichen Arbeit waren beteiligt: vor allem Elke Scherstjanoi, selbst Historikerin, die sehr kompetent Dokumente der Gorbatschow-Stiftung und sehr einfühlsam russische Interviewpartner übersetzte, der Historiker und Sowjetunion-Spezialist Peter Erler, der den Großteil der Übersetzungen machte und mehrfach meine ungläubigen Fragen über den Inhalt der Dokumente auf sich nehmen musste, Maria Scherbakowa, die mir in Moskau half, die Übersetzerinnen Nina Wegner-Keres und Constance Schmitz sowie Ulrike Poppe, die mir die Vielfalt der DDR-Opposition erläuterte, Hanns Jürgen Küsters, der mich in einem langen Gespräch über die Edition der Bundeskanzleramts-Dokumente aufklärte, Dieter Burger, der mir zu amerikanischen Dokumenten verhalf, Almut Leh, Marlies Wahnbeck, Agnes Frassek, Katja Drescher, Marian Heuser, Henning Schöbel, Henning Tweer, Julia Obertreis im Institut für Geschichte und Biographie und besonders der Lektor und Verleger Christoph Links, der effizient und freundschaftlich redigierte, was in dem sonst konfliktgeladenen Verhältnis zwischen Lektor und Autor eher selten ist. Und last, but not least Alice von Plato, meine Frau, mit der es immer ein erstes Lektorat unserer beider Texte vor allen anderen redaktionellen Bearbeitungen gibt.

Für den Rahmen und die Bedingungen des Entstehens dieser Arbeit sorgten vor allem sie und neben ihr Judith und Johannes von Plato, Henriette und Christoph Schlesinger, Lutz Niethammer, der einst die Voraussetzungen für solche Arbeiten schuf, Irina Scherbakowa in Moskau, Mark Roseman, dem ich seinen Dank hiermit endlich erwidern kann, Gudrun Klose und Dean Jacobs in San Francisco, Brita und Ian Gibson-von Plato in London, Eberhard und Elisabeth von Plato sowie Hellmuth Feyer und Benno Schöning.

Allen, auch denen, die ich nicht nennen konnte, sei herzlich gedankt.

Annotiertes Personenregister

Bush, Kohl und Gorbatschow, die Hauptprotagonisten dieses Buches, wurden wegen häufiger Nennung nicht aufgenommen

Geschichte in Bild und Text

Jürgen Ritter/Peter Joachim Lapp
Die Grenze
Ein deutsches Bauwerk
4. Auflage, 176 Seiten, gebunden
48 Farbfotos, 125 s/w Fotos und Karten
ISBN 3-86153-162-3; 34,80 €

Friedrich Christian Delius/Peter Joachim Lapp
Transit Westberlin
Erlebnisse im Zwischenraum
2. Auflage, 192 Seiten, gebunden
166 Fotos und Karten
ISBN 3-86153-198-4; 34,80 €

Günter Bersch/Ilona Rühmann
Startbahn Ost
Zehn Lebensbilder
208 Seiten, 148 Fotos, gebunden mit Schutzumschlag
ISBN 3-86153-220-4; 34,80 €

Heinz Knobloch/Michael Richter/Thomas Wenzel
Geisterbahnhöfe
Westlinien unter Ostberlin
4. Auflage, 112 Seiten, gebunden
17 Farbfotos, 72 s/w Fotos und Karten,
ISBN 3-86153-034-1; 23,00 €

Laurenz Demps
Berlin Wilhelmstraße
Eine Topographie preußisch-deutscher Macht
3. Aufl., 344 Seiten, gebunden mit Schutzumschlag
6 Farbfotos, 514 s/w Fotos
ISBN 3-86153-228-X; 65,80 €